ERNST SAMHABER

Weltgeschichte

BERTELSMANN
LEXIKON-VERLAG

Redaktion: Birgit-Kristina Koch, M.A.

© Verlagsgruppe Bertelsmann GmbH/Bertelsmann Lexikon-Verlag
Gütersloh · Berlin · München · Wien 1976
Gesamtherstellung Mohndruck Reinhard Mohn OHG, Gütersloh
Printed in Germany
Alle Rechte vorbehalten · ISBN 3-570-05207-9

»Wer sich nicht bemüht,
den belehre ich nicht,
wer nicht strebt,
dem helfe ich nicht.
Ich zeige nur eine Ecke
und wer die drei anderen nicht findet,
dem wiederhole ich mich nicht.«

KONFUZIUS

Inhaltsverzeichnis

Vorwort 9
Die frühen Jäger 11
Ackerbau und Viehzucht 25
Die Stadt 38
Der Pharao 53
Die Megalithleute 66
Der Streitwagen 81
Das Eisen 98
Die Reitervölker 112
Die großen Seher 126
Die hellenistische Welt 143
Druck aus dem Norden 157
Die großen Imperien 173
Der Sieg der Steppe 191
Der Einbruch der Barbaren 207
Vom Siegeszug der Araber 224
Aufstieg der Turkvölker 244
Kaiser und Kirche 260
Die Kreuzzüge 277
Der Mongolensturm 294
Die Ming und die Renaissance 310
Die große Zeit der Entdeckungen 327
Die Kolonialmächte 342
Das Zeitalter des Merkantilismus 359
Die Industrielle Revolution 377
Vom Welthandel zur Weltwirtschaft 394
Zwei Weltkriege und ihre Folgen 413
Register 432

Vorwort

Seit dem vorigen Jahrhundert bemüht sich die Geschichtswissenschaft, die Gesamtentwicklung der Menschen zu einer einheitlichen Weltgeschichte zusammenzufassen. Auf diesem Wege hat sie viel erreicht. Weitete die Entzifferung von Hieroglyphen und Keilschrift den Zeitraum unserer Geschichtskenntnisse beträchtlich aus, so haben Grabungen und Zufallsfunde ihn inzwischen bedeutsam verlängert. Und dieser Prozeß ist noch längst nicht abgeschlossen.

Zugleich dehnte sich auch räumlich das Gebiet der Forschung erheblich aus. Nicht nur die Schöpfer der Hochkulturen, sondern auch die Naturvölker werden in den Ablauf der Menschheitsgeschichte einbezogen. Mögen unsere Kenntnisse von manchen Räumen in jenen frühen Zeiten noch immer unzureichend sein, so läßt sich doch erkennen, daß auch diese Menschen an dem geschichtlichen Verlauf mitgewirkt haben – und sei es allein dadurch, daß sie waren, daß sie lebten. Afrika, Nordasien, die pazifische Inselwelt – haben nicht auch sie einen Beitrag zur Menschheitsgeschichte geleistet? Erst langsam und unvollkommen erschließen sich uns die Quellen für die Geschichte des indianischen Amerika und des alten Indien, aber auch für weite Bereiche Zentralasiens.

Hemmend stand dieser Entwicklung zur weltweiten Betrachtung der Begriff der Nationalstaaten entgegen, einmal, weil er das Verständnis für »die andern« erschwerte, sodann aber auch, weil in weiten Gebieten unserer Erde bis heute Reiche und Staaten gar nicht bestanden haben. Wie soll man Geschichte schreiben von Räumen, die angeblich »geschichtslos« sind?

Seit Jahrzehnten hat sich Ernst Samhaber mit diesen weltgeschichtlichen Fragen beschäftigt, lange bevor er sich daran machte, die Geschichte Südamerikas zu schreiben, die 1939 erschienen ist. Schon diese Arbeit zeigte, wie unzulänglich die bisherigen Maßstäbe der europäischen Geschichtswissenschaft für andere Kontinente sind. Als wichtiger noch erwies sich aber ein zweiter Gesichtspunkt: eine Weltgeschichte braucht eine geistige Konzeption oder – anders ausgedrückt – eine philosophische. Und um die ging es Ernst Samhaber.

Der Weg der Menschheit von den allereinfachsten Lebensformen hin zu jener Welt, in der wir heute leben, ist in hohem Maße eine geistige Leistung. Jahrtausende hindurch hat sich scheinbar nur wenig verändert, dennoch muß der Entwicklungsprozeß weitergegangen sein. Spuren menschlicher Tätigkeit finden wir schon in sehr früher Zeit: Geräte, Zeichen, Idole. Das Weltbild, die Auffassung von den wirtschaftlichen, von den gesellschaftlichen wie von den menschlichen Werten überhaupt, die Einstellung zu den Menschen und zu den Göttern hat schon seit recht früher Zeit einen großen, wenn nicht gar den bestimmenden Anteil daran gehabt, wie sich die Menschen im Einzelfall entschieden, wie sie gehandelt haben – sei es für sich, für ihre Familie oder für die größere Gemeinschaft. Weltgeschichte ist ohne diesen geistigen Hintergrund nicht zu verstehen.

Ernst Samhaber, mein Mann, hat das Manuskript der »Weltgeschichte« gerade noch abschließen können, bevor er – zwei Tage später – für immer die Augen schloß. So blieb mir die Aufgabe, dieses Buch herauszugeben. Möge es das Verständnis für die unendliche Vielfalt menschlicher Möglichkeiten fördern. Alles, was wir heute in dieser Welt sehen, ist historisch entstanden. *Ilse Samhaber*

Die frühen Jäger

Mehr als 500 000 Jahre sind vergangen, seitdem Menschen die ersten Werkzeuge hergestellt haben. Diese Lebewesen, die sich zweifellos von den Tieren unterschieden haben, verdienen bereits den Namen »Menschen«. Ungeklärt ist die Entwicklung, die vor dieser Zeit lag und von den Vorläufern jener Lebewesen zeugt, von denen die ersten Menschen abstammen. Rechnen wir noch die Zeit dazu, da jene Lebewesen zwischen Tier und Mensch gelebt haben, so kommen wir auf mehr als drei Millionen Jahre; und auch sie haben sich vor den Tieren dadurch ausgezeichnet, daß sie Steinknollen als Werkzeuge benutzt haben. Wenigstens glaubt man, die »Kiesel«, die Pebbles, die man in Haufen etwa in Ostafrika und an vielen anderen Stellen fand, so deuten zu können.

Selbst über die halbe Million Jahre, die seit den ersten Werkzeugen verstrichen sind, besitzen wir nur undeutliche Kenntnisse. Da wir auf Zufallsfunde angewiesen sind, gelten alle Aussagen nur unter Vorbehalt. Immerhin scheint es heute festzustehen, daß die ersten Menschen in dem Gebiet gelebt haben, das von Afrika über Vorderasien und Südindien bis nach Südostasien und China gereicht hat. Man hat die ältesten Menschenknochen auf afrikanischem Boden gefunden. Auch lassen sich die späteren Entwicklungen leichter erklären, wenn man von der afrikanischen Herkunft des Menschen ausgeht. In Indien sind bisher noch keine Knochen von Urzeitmenschen gefunden worden, wohl aber deren Steinwerkzeuge; es muß also zweifellos auch dort Menschen gegeben haben.

Über die Klimaverhältnisse in jenen frühen Zeiten sagen die geologischen Forschungen einiges aus. Der Geologe faßt die letzten rund 500 000 Jahre der Erdgeschichte – abgesehen von den letzten 20 000 Jahren – unter dem Namen »Eiszeitalter« zusammen. Dabei handelt es sich, grob gesprochen, um verschiedene, hauptsächlich vier Wellen wachsender und abschwellender Vergletscherung auf der Nordhalbkugel der Erde mit drei Zwischeneiszeiten, in denen sich das Klima wieder mehr dem gegenwärtigen Zustand annäherte oder sogar wärmer war. Auch die eigentlichen »Eiszeiten« sind verschieden. Die zweite Eiszeit brachte die größte Ausdehnung der Gletschermassen, die ganz Nordeurasien, weite Teile Zentralasiens und den größten Teil Nordamerikas bedeckten. Etwa vor 60 000 Jahren verdrängt eine neue Menschenrasse in Westeuropa die ursprüngliche Bevölkerung. Die

Menschen von Cro Magnon setzen sich gegenüber dem »Neandertaler« durch, einem weniger entwickelten Menschenzweig, so genannt nach dem Fundort Neandertal bei Düsseldorf. Der Cro-Magnon-Mensch – genannt nach einer Höhle in Südwestfrankreich – gilt als der erste Mensch in unserem Sinne, als homo sapiens. Auf ihn möchte man gern die große geistige Entwicklung zurückführen, die das Menschengeschlecht seither genommen hat.

Während der letzten Eiszeit vor rund 70 000 Jahren reichte die Vergletscherung nicht mehr ganz so weit wie in der vorangegangenen. In den Warmzeiten konnten sich Tiere und Menschen in der Zwischenzone, also in Süd- und Westeuropa, in Turkestan und Südsibirien halten und dann – als das Eis schmolz – sogar Vorstöße nach Australien und Amerika unternehmen. Offensichtlich hatten die Menschen ihre technischen Fähigkeiten selbst unter diesen harten Lebensbedingungen wesentlich verbessert oder vielleicht gerade unter dem Druck der sich dauernd verschlechternden äußeren Verhältnisse. Sie beherrschten längst das Feuer, sie fertigten sich neue Waffen und sie jagten gemeinsam. Sie trugen auch eine wärmende Kleidung. Das alles war nötig, denn auch weite Gebiete, die nicht von ewigem Eis bedeckt waren, blieben durch die Kälte, die von den Gletschermassen herwehte, wohl recht unwirtlich. Es gab aber jagdbare Tiere und Pflanzen, um die Ernährung zu sichern. Aus den warmen Gebieten Afrikas und Südasiens haben sich die Menschen erst in der letzten Zwischeneiszeit in größerer Zahl über Spanien nach Europa und über Vorderasien nach Südsibirien und über Indonesien nach Australien ausgebreitet. Aus der arabischen Halbinsel und aus Kleinasien waren mehr oder minder große Scharen nach dem Balkan gewandert. Damals war die Ägäis wohl großenteils noch festes Land. Wahrscheinlich sind auch Menschen nach Amerika gekommen.

Allerdings waren Land und Meer damals anders verteilt als heute. Die gewaltigen Eismassen banden so viel Wasser, daß die Weltmeere wohl rund 100 Meter niedriger lagen als heute. Gebiete – heute überflutet – hingen mit dem Festland zusammen, Meeresstraßen waren leicht zu überqueren. Wahrscheinlich würden die Weltmeere um weitere 40 Meter ansteigen, wenn die letzten Eismassen der beiden Pole abschmelzen würden.

Damals waren die Lebensbedingungen in Nordostasien wohl günstiger als im Nordwesten, weil das Klima gerade in den heute besonders kalten Landstrichen von Jakutien wärmer gewesen ist als in Westsibirien. Als der endlose Winter der letzten Eiszeit einsetzte, zogen die jagdbaren Tiere, vor allem Mammut und Ren, ostwärts über die damals trockene Beringstraße nach Amerika, wo sie auf den riesigen Eisblock stießen, der das heutige Kanada und den Norden der Vereinigten Staaten bedeckte. Am Westrand des ewigen Eises kämpften sich die Tiere und ihnen folgend die Jäger nach Süden durch. Als jedoch das Klima wärmer wurde, ging manches Wild der Eiszeit, von dem die Jäger sich bis dahin ernährt hatten, zugrunde. In Mexiko hat man ein Mammutskelett gefunden, in dem noch die Speerspitze aus Stein steckte. Schließlich sind Mammut und Wollnashorn in ganz Amerika ausgestorben. Die Menschen waren darauf angewiesen, sich von kleinen Tieren und Fischfang zu ernähren. Wie viele waren es wohl?

In Jakutien, das etwa halb so groß wie Europa ist, leben heute nur rund 400 000 Menschen, obwohl die Sowjets große Anstrengungen unternehmen, das Land zu entwickeln. Vor vielen Jahrtausenden begann von dort aus die Besiedlung Amerikas. In mehreren Wellen, die offenbar Jahrtausende hindurch aufeinander folgten, drangen die Jäger nach Amerika vor. Die zahlenmäßig bedeutsamste Wanderung ergoß sich um das Jahr 8000 v. Chr. nach Alaska. Wahrscheinlich haben sich ähnliche Wanderungen bereits wesentlich früher während der Eiszeit abgespielt, vielleicht unter ähnlichen Bedingungen, nämlich jedesmal, wenn die Beringstraße trocken lag. Es bleibt die Frage, wie Menschen jener Zeit über so weite Strecken haben wandern können. Jäger sind beweglich. Sie folgen dem flüchtigen Wild. Sie wandern mit.

Es müssen Zehntausende von Jahren vergangen sein, bis die Menschen ihre Werkzeuge wesentlich verbesserten. Sie haben noch lange Zeit den Faustkeil hergestellt, der sich nicht besonders verändert hat. Eines jedoch ist wohl sicher: dieser Faustkeil wurde in weiten Räumen verwendet, in ganz Afrika, wenn man vom undurchdringlichen Urwald absieht, in weiten Gebieten Asiens und in den eisfreien Teilen Europas. Es bleibt erstaunlich, wie einheitlich die Entwicklung der Steinwerkzeuge in jenen frühesten Zeiten in großen Teilen der Welt gewesen ist. Sie weisen eine recht gleichmäßige, wenn auch unendlich langsame Weiterbildung und stete Verfeinerung auf, so daß wir wohl annehmen müssen, daß es einen Austausch der einmal errungenen Fortschritte unter den Menschen gegeben haben muß – trotz der ungeheuren Entfernungen.

Steinwerkzeuge sind wohl mit Steinen wie mit Holz und Knochen bearbeitet worden, und zwar mit verhältnismäßig kurzen Schlegeln. Die Kunst bestand darin, die Gesteinslagen so zu treffen, daß mit einem kräftigen Schlag ein Stück abgespalten wurde. Es gehörten schon eine gute Beobachtung und ein feines Gefühl für den Stein – meist Quarzite und Feuerstein – und seine Struktur wie durch Tradition überlieferte und verfeinerte Übung dazu, um den Stein so behauen zu können, daß ein brauchbares Gerät entstand. Mit der Zeit fertigte man immer bessere Werkzeuge, zugehauen mit anderem, härterem Stein. Während die ersten Werkzeuge nur wenig Anzeichen für eine regelmäßige Verwendung zeigen, hat man die späteren offenbar für das Schneiden und das Schaben gebraucht, vor allem bei der Jagd. Bis dahin haben sich die Menschen mit ihren unzureichenden Waffen nur mühsam gegen die wilden Tiere wehren können. Sie mögen das eine und das andere auch getötet, ja vielleicht sogar planmäßig gejagt haben. In der Regel werden sie wohl auf das Sammeln von Beeren und Pflanzen angewiesen gewesen sein. Bis zu welchem Umfang sie Kleintiere erbeuteten, läßt sich kaum sagen. Das hing jeweils von den örtlichen Bedingungen ab. Während das Sammeln weitergeht, gewinnt die Jagd – und zwar die Jagd auf große Tiere – an Bedeutung. Schließlich hängt das Leben des Stammes weitgehend vom Glück seiner Jäger ab. Da die Menschen den Tieren an Kraft wie an Schnelligkeit weit unterlegen sind, hilft nur Zusammenwirken, List und sorgfältige Vorbereitung.

Die frühen Jäger jagen gemeinsam, vielleicht alle Männer eines Stammes oder einer Sippe. Auch die Wölfe jagen in Rudeln. Aber wir gewinnen den Eindruck, daß die Menschen sich irgendwann einmal bewußt zu einer Gruppe zusammenschließen, die unter einem Anführer steht. Noch ist es viel zu früh, von einzelnen »Persönlichkeiten« zu sprechen. Tatkräftige Männer übernehmen die Führung im täglichen Leben und bei der Jagd. Spätere Zeiten erzählen von dem großen Urahn, dem »Heilbringer«, der von den Göttern abstammen soll. Was sich langsam herausbildete, war eine gesellschaftliche Ordnung, bei der wohl die körperliche Kraft nicht so entscheidend war wie die Gabe des Zauberers und die Umsicht des Anführers. Die geistige Überlegenheit des einzelnen sicherte den Stamm zugleich gegen Angriffe anderer Stämme, sie erlaubte ihm, fremde Stämme vom eigenen Jagdgebiet fortzuweisen oder gar fremde Jagdgründe zu gewinnen. Die Methoden einer sorgfältig geplanten und glücklich durchgeführten Jagd ließen sich bei richtiger Führung auch im Kampf gegen feindliche Menschen anwenden.

Die Macht des Einzelnen in seinem Stamm, des Zauberers oder des Häuptlings, des »Alten« oder des Heilbringers, des Helden oder des Erfinders führte im Laufe der Zeit schließlich zur Macht des einen Stammes über seine Nachbarn. Nur dunkel läßt sich dieser Vorgang aus den alten Sagen der Naturvölker herauslesen.

Irgendwann einmal aber muß sich auch der große Wandel vollzogen haben, der den naturverwurzelten Menschen zum geistigen Wesen werden ließ. Einmal muß ihm der Gedanke aufgeblitzt sein, daß er es nicht nur mit Dingen und Wesen der sichtbaren Welt zu tun hat, sondern mit eigenartigen Gebilden, die gleichsam hinter den Erscheinungen verborgen sind. War es ein Jäger, der unerwartet spürte, daß das Tier, vielleicht der Bär, den er gerade töten wollte, mehr war als nur das Fleisch, das er brauchte? Daß hinter dem gejagten Lebewesen der Herr der Tiere stand, ein »Geist«?

Jedes Tier hat seinen Geist. Es gibt den Bärengeist, den Rentiergeist, in tropischen Gebieten den Leopardengeist usw. Es ist nicht der Geist des einzelnen sichtbaren und erlebbaren Tieres, sondern der Tiere dieser Gattung überhaupt. Und dieser »Bärengeist« wohnt auch in dem einen Bären, der gejagt wird, denn er ist der Geist aller einzelnen Bären. Der Geist schützt seine Tiere, er achtet auf sie. Deswegen ist er auch beleidigt, wenn eines seiner Tiere getötet wird. Der Bärengeist erscheint als Bär. Wie der Bärengeist aussieht, weiß niemand genau. Der Jäger wird wahrscheinlich einen wirklichen Bären schildern. Doch verfügt der Bärengeist noch über besondere Kräfte. Er vermag dem Jäger zu schaden, um sich an ihm zu rächen. Daher bemühen sich die Jäger, den Bärengeist zu beschwichtigen, zu versöhnen – oder zu betrügen. Sie beschwören ihn vor der Jagd, indem sie den zu erlegenden Bären abbilden und symbolisch töten. So rauben sie dem Wild seinen Schutz. Oder sie veranstalten rituelle Feiern, wobei sie dem Geist ihrerseits Opfer bringen. Manchmal rufen die Jäger laut in den Wald, daß sie von einem anderen Dorf kommen. So hoffen sie, der Geist werde die Schuld daran, daß sein Tier getötet worden ist, dem anderen Stamm anlasten.

Seit ihnen die Augen für die Welt der Geister aufgegangen sind, stehen die Menschen jenen geheimnisvollen, rätselhaften und übermächtigen Kräften gegenüber, mit denen sie sich abzufinden, die sie zu beschwichtigen, zu beschwören haben. Das ist die Aufgabe der Schamanen, wie sie in Nordasien, der Medizinmänner, wie sie in Amerika und Afrika heißen. Der Schamane begegnet uns bei den Ureinwohnern Australiens ebenso wie auf den Inseln der Polynesier und der Melanesier. In vielen Tausenden, wohl sogar Hunderttausenden von Jahren hat sich die geistige Welt der frühen Jäger gebildet. Grundvorstellungen haben sich nicht nur bei den Naturvölkern, die noch heute den Schamanen verehren, sondern in uralten Überlieferungen auch bei den späteren Ackerbauern und selbst bei den Völkern der Hochkulturen in abgewandelten Formen bis in unsere Zeit erhalten. Wir können aus den völkerkundlichen Untersuchungen ungefähr ein Bild der geistigen Hintergründe gewinnen.

Diese Weltschau – oder Weltdeutung – wurzelt in der Überzeugung, daß neben – oder hinter – der Welt unserer Sinne und unserer alltäglichen Wahrnehmung eine andere Welt geistiger Wesen vorhanden ist. Man kann diese »geistigen Wesen« auch »Geister« nennen. Klar wird ihr Wesen weder mit dem einen noch dem anderen Wort umrissen. Einmal sollen es Gebilde sein, die nicht mit den sichtbaren Gegenständen oder Lebewesen übereinstimmen. Es sind eben Geister und nicht Gegenstände. Andererseits kann sich der Naturmensch kaum etwas »denken«, was er nicht in sinnlichen Formen zu fassen vermag. Er denkt bildhaft und nicht »abstrakt«, begrifflich.

Wie ist der Mensch wohl zu dieser Auffassung gekommen, als verberge sich hinter den sichtbaren Gestalten und Gegenständen noch etwas anderes, ein geistiges Wesen, ein Geist? Oder anders ausgedrückt: wie ist er zu der Überzeugung gelangt, daß die Welt aus einem sichtbaren und einem unsichtbaren Teil besteht? Das erklärt sich vielleicht aus einem Erlebnis, das allen zugänglich ist, aus dem Traum. Im Traum erlebt der Mensch zweifellos etwas, was mit der realen Welt nicht übereinstimmt. Während des Traumes löst sich etwas, dessen man sich später erinnern kann, vom Körper, der im tiefen Schlaf verharrt. Dieses eigenartige Erlebnis läßt sich auch absichtlich in der Trance und in der Ekstase herbeiführen. Zwei Möglichkeiten stehen dem Menschen seit alten Zeiten offen, um diesen seltsamen Zustand, da der Geist sich vom Körper löst, hervorzurufen: der Tanz und die Drogen. Hierzu gehören bestimmte Pflanzensäfte und Rauschgifte.

Immer werden es Menschen besonderer Art sein, denen dieses Erlebnis zuteil wird. (Einige vermögen sich selber nur durch ihren Willen, also ohne Hilfsmittel, in den Trancezustand zu versetzen.) Solche Männer – und gelegentlich auch Frauen – sind die Schamanen. Es sind also Menschen, die in die Welt der Geister einzudringen vermögen. Ihnen steht der Weg in die jenseitige Welt offen. Dabei erwachsen ihnen ungewöhnliche Kräfte. Sie können mit den Geistern sprechen, sie können sie binden oder vertreiben, sie können sie rufen und zu wohltätigen Handlungen zwingen. Das ist besonders wichtig, um Unheil abzuwenden, Unheil vom einzelnen, etwa eine Krankheit, die auf unheilbringende Geister zurückgeführt wird, oder Unheil vom Stamm, etwa ein verheerendes Unwetter oder ein Unfall bei der Jagd oder ein Überfall von Feinden. Der Schamane kann dank übernatürlicher Gaben die Geister des Stammes wie die der umgebenden Natur »beschwören«. Das bedeutet, daß er Krankheiten heilen kann, daß er aber auch Menschen schadet, indem er sie ins Unglück leitet. Er kann sie »behexen«. Der Frevler findet irgendwie auf geheimnisvolle Weise seinen Tod: auf der Jagd, durch Krankheit, durch Unfall.

Wesentlich ist, daß der Schamane seine großen geistigen Kräfte zum Heil der Mitmenschen einsetzt. Beschwören ist ein furchtbarer und schmerzhafter, ja ein qualvoller Vorgang. Der Schamane nimmt alles das auf sich für das Wohl der anderen, manchmal sogar gegen seinen eigenen Willen. Niemand begebe sich unvorbereitet oder mutwillig in die Trance! Keiner versuche, mit den mächtigen Geistern zu sprechen! Niemand verlasse ohne zwingenden Grund die lichte Welt des Tages, um die geheimnisvolle, furchtbare und gefahrvolle Welt der Geister aufzusuchen! Die Geister würden auch keinen dulden, der nicht reinen Herzens, also ohne kleinliche persönliche Hintergedanken sie aufsucht. Nur der Schamane findet den Weg zu ihnen; er findet aber auch den Weg zurück.

Um Schamane zu werden, muß der Mensch erst geistig sterben. Dieser »Tod« ist fürchterlich. Die Schamanen berichten, daß sie selber ihrem »Tod« beigewohnt haben. Da kommen die Geister, sie trennen die Knochen vom Leibe. Sie lösen das Fleisch von den Knochen und zerlegen das ganze Skelett in seine Bestandteile. Es bleibt nur die »Seele« oder der Geist. Der wird nun in ein Ei verwandelt, das auf einem hohen Baum von Himmelsvögeln ausgebrütet wird. Dann werden die Knochen wieder zusammengefügt, sie bedecken sich wieder mit Fleisch. Und nun steigt der wiedergeborene Schamane vom Baum herunter. Er ist weiser geworden. Er hat Macht gewonnen über seinen eigenen Körper, über seine Leidenschaften und über die Geister. Wer einmal »gestorben« ist und von der Qual des eigenen Todes weiß, zumal wenn er ihn bewußt in allen Einzelheiten erlebt hat, der hat übernatürliche Kräfte gewonnen.

Um an der geistigen Welt des Stammes teilzuhaben, mußte jedes Mitglied in besonderer Form in sie eingeführt werden. Jeder mußte also sterben, um wiedergeboren zu werden. Jeder mußte einen symbolischen Tod und eine symbolische Wiedergeburt erleben. Der symbolische Tod vollzog sich in einem vorgeschriebenen Ritual zu einem bestimmten Zeitpunkt, meist bei der Geschlechtsreife, also beim Eintritt des Knaben in die Gemeinschaft der Männer, richtiger der Jäger. Das sind die geheimnisvollen Initiationsriten. Manche Naturvölker haben auch die Mädchen gewissen Prüfungen bei der Geschlechtsreife unterworfen. In der Regel jedoch bleibt das weibliche Geschlecht von den Riten, die Tod und Wiedergeburt bedeuten, ausgeschlossen. Bei den meist tagelangen Initiationsriten hat der Prüfling – in der Regel der junge Mann – eine Reihe von Proben seines Mutes und seiner Ausdauer zu geben, die den kommenden Jäger, und das heißt doch Krieger, seelisch zu stärken und zu festigen haben, zugleich aber geht es darum, ihn in die andere, in die geistige, die jenseitige, die verborgene Welt einzuführen und ihm die Augen zu öffnen für das, was jenseits der sinnlichen Erfahrung und des täglichen Erlebens steht.

Das Tier lebt und stirbt, und es weiß nichts davon. Wohl kann es die Geburt der Jungen verfolgen. Die Mutter schützt die Brut, aber doch nur so lange, bis die Kleinen für sich selber sorgen können. Dann hört die gefühlsmäßige Bindung auf. Der Mensch will mehr. Er sucht einen »Sinn« für »das Leben«. Er möchte Geburt und Sterben in den großen Weltzusammenhang hineingebettet wissen. Nicht nur er selber, die ganze Welt steht im Zeichen des Lebens, und das bedeutet Geborenwerden und Sterben.

Stirb und werde gelten nun einmal für die Natur dieser Erde, für den Wechsel der Jahreszeiten mit dem Frühling, der das Keimen, dem Sommer, der das Reifen, dem Herbst, der das Absterben, und dem Winter, der die Stille bringt. In den tropischen Gebieten sind die Jahreszeiten allerdings nicht so spürbar. Viel deutlicher wird die ewige Wiederkehr bei den Gestirnen im Kosmos.

Jeden Tag geht die Sonne unter, jeden Morgen steigt sie wieder empor. Sie ist am Abend dahingeschwunden, um am nächsten Tag wieder zu erstehen. Dieser Weg läßt sich noch deuten. Sie hat sich für einige Stunden versteckt oder sie ist durch die Unterwelt gewandert. Anders aber verhält sich der Mond. Er wandert ja auch wie die Sonne und wie die anderen Sterne. Aber er verschwindet für viele Tage, und dann erscheint er wieder und wächst bis zum Vollmond, um dann wieder abzunehmen und zu verschwinden. Haben ihn böse Geister inzwischen vernichtet? Hat ihn der böse Wolf verschlungen – wie Märchen berichten? War er »tot«, um wiedergeboren zu werden? Wer den Sinn des kosmischen Geschehens deuten könnte, würde auch Antwort auf die vielen Fragen gewinnen, die die Welt uns stellt. Gibt es einen Zusammenhang zwischen der Welt der Geister und dem Kosmos? Spiegelt dieser jene wider? Vom Erleben der geistigen Welt in Traum und Trance führt der nächste Schritt zur Deutung. Die Schamanen müssen ihn recht früh vollzogen haben, denn wir finden eine in sich geschlossene Deutung über den ganzen Erdball hinweg.

Es gibt eine obere und eine untere Welt, eine Welt des Lichtes und eine Welt der Dunkelheit. Beide Welten sind von Geistern erfüllt, beide wirken auf den Menschen ein. Jeder Welt sind besondere Tiere zugeordnet, die sie darstellen oder verkörpern, und zwar fast im wörtlichen Sinn. Sie verleihen diesen geheimnisvollen Mächten eine bestimmte Gestalt. Sinnbild der oberen Welt ist der Vogel, der sich in die Lüfte zu erheben vermag. Sinnbild der unteren Welt ist die Schlange, ist der Wurm, ist auch die Schildkröte. Zur Unterwelt gehört das Wasser der Tiefe, zur Oberwelt das lodernde Feuer und das freundliche Licht.

Neben den Geistern, wie sie im Jaguargeist oder im Krokodilgeist Gestalt gewonnen haben, gibt es nun noch jene Geister, die zum Symbol der sehr viel tieferen Überlegung führen, wie die Welt zu deuten ist. Auch das ist das Werk der Schamanen. Sie wissen, daß an Quellen und Teichen, daß auf Hügeln und Bäumen die geheimnisvollen Mächte des Oben und des Unten wirken. Sind sie dieselben? Oder stehen sie in unlösbarem Gegensatz, im ewigen Ringen gegeneinander? Der zündende Blitz, der den Wald- oder Steppenbrand entfacht, und der Sturm, das Wasser, das alles überschwemmt. Was sind das für Mächte? Haben diese Geister etwas mit denen der Tiere zu tun?

Um die Geister zu besänftigen, bringt man ihnen Opfer. Vor etwa 12 000 Jahren haben die Jäger im Hamburger Raum Rentiere in den Teich geworfen. In den geöffneten Brustkorb war ein Stein eingeführt worden, um das Opfertier in die Tiefe hinunterzuziehen. Dieser Teich war also eine Art von Cenote, wie die Opferteiche der Maya in Mittelamerika viele Jahrtausende später genannt werden. Über Jahrtausende hinweg haben manche Plätze ihre geheimnisvolle Weihe behalten. Da dienten Höhlen als Kultstätten, und zwar in weiten Teilen der Welt. Einen gewissen Einblick in geistige Vorstellungen der frühen Menschen gewähren uns die Höhlenmalereien in Südwestfrankreich, in Spanien und im Ural. Zunächst waren die Betrachter von der hohen künstlerischen Qualität der Malereien überrascht. Fast mochte es scheinen, als hätten die Menschen bei ihrer ersten künstlerischen Betätigung einen ganz besonders hohen Stand erreicht. Die Tiere – und darunter befinden sich viele der Tiere aus der Eiszeit, die inzwischen längst ausgestorben sind wie das Mammut – erscheinen in einer Freiheit der Bewegung, in leuchtenden Farben, mit einer Naturtreue und zugleich mit einem so starken inneren Leben, daß man diese Malerei vorwiegend künstlerisch betrachtete.

Dann aber ging man daran, diese Bilder zu deuten, einmal nach Sinn und Zweck, sodann aber auch nach ihrem geistigen Gehalt. Es ist richtig: alle Deutungen beruhen auf Annahmen. Die frühen Jäger haben uns keine Erklärungen überliefert. Und es wäre falsch, in die Schöpfungen dieser längst vergangenen Zeit Vorstellungen und Gedanken hineinzulegen, die unserer modernen Zeit entsprechen würden. Viele dieser uralten Vorstellungen finden sich heute noch bei weit auseinander lebenden Völkern. Ist das ein Zufall? Wohl kaum. Dazu sind die übereinstimmenden Einzelheiten zu ausgeprägt, als daß man annehmen dürfte, solche Glaubensvorstellungen seien jeweils in den verschiedenen Erdteilen oder Landschaften unabhängig voneinander entstanden. Wenn wir jedoch eine gemeinsame Wurzel annehmen, dann müßten sich die Menschen einmal aus einer gemeinsamen Heimat über den ganzen Erdball verbreitet haben, wobei sie die ursprünglichen Vorstellungen mitgenommen und weiterentwickelt hätten, so daß sich im Laufe der Zeit jeweils eigene Formen herausgebildet haben. Es müssen Jahrtausende gewesen sein, über die hinweg die Erinnerung an die uralten Vorstellungen der frühen Jäger gepflegt worden ist.

Wir wissen nicht, wann die Menschen dazu übergingen, auch über das eigene Schicksal nachzugrübeln. Daß sie es taten, zeigen die verschiedenen Formen der Bestattung. Die geistigen Fragen kreisen dabei offensichtlich um den Menschen selbst. Es geht um sein Leben und um seinen Tod. Wann dieser zweite geistige Schritt vollzogen wurde, läßt sich nur schwer bestimmen, doch muß das schon sehr früh gewesen sein, weil diese Auffassungen den Menschen bis zum Feuerland, bis nach Australien und über ganz Asien hinweg gemeinsam gewesen sind. Da Amerika etwa vor 25 000 bis 8000 Jahren besiedelt worden ist und Australien etwa vor 15 000, vielleicht aber auch vor 25 000 Jahren, wird man die besondere geistige Weltschau vielleicht auch so früh ansetzen dürfen.

Irgendwann einmal gingen die Menschen auch dazu über, ihre Toten zu bestatten, sie also der Erde und den Geistern der Tiefe anzuvertrauen. Wann das geschehen ist, läßt sich nicht mehr feststellen. Wann die Sitte aufkam, die Toten zu verbrennen, weiß man auch nicht. Sie sollten durch das Feuer dem Himmel zugeführt werden, und schließlich finden wir die Zwischenform, daß die Menschen zuerst verbrannt, dann die verbliebenen Reste in Urnen doch der Erde übergeben wurden. Die Parsen allerdings, denen sowohl die Erde wie das Feuer heilig sind, überlassen ihre Toten auf den »Türmen des Schweigens« den Vögeln. Seit unvordenklichen Zeiten beherbergen die Vögel die Seelen der Verstorbenen.

Immer tiefer in den Sinn dieser Welt einzudringen, bemühte sich der Mensch. Der Mond, der untergeht und erst nach Tagen wieder erscheint: Stirbt auch er? Dann ist ja Hoffnung, daß auch der Mensch nach seinem Tode »wiederkehrt«, irgendwie in neuer Gestalt auf Erden wandeln wird. Erklärt nicht auch der Unterschied von Sonne und Mond den Gegensatz zwischen dem männlichen und dem weiblichen Geschlecht, ein Gegensatz, der offensichtlich die ganze lebende Natur durchzieht? Über solche Fragen haben die Menschen, wenigstens ihre besten Köpfe, über Jahrtausende hinweg nachgegrübelt. Auf der magischen Welt und nur auf ihr und überall auf ihr ruht der Fortschritt der Menschheit, erwächst Weltgeschichte.

Hand in Hand, vielleicht in unmittelbarem Zusammenhang mit den geistigen Problemen, entwickelte sich die Technik. Auch im materiellen Bereich also, in den erhalten gebliebenen Werkzeugen durchläuft der ganze Erdball einen eigenartigen gleichförmigen Fortschritt.

Deutlich erkennbar schreitet die Menschheit insgesamt in der Fertigung ihrer Werkzeuge von Phase zu Phase voran. Da folgen auf die ersten Erzeugnisse der menschlichen Hand die entsprechend weiter entwickelten. Es ist eine langsame, aber stetige Weiterbildung. Und jedesmal verbreitet sich das neue Werkzeug über die ganze Erde, soweit sich das feststellen läßt. Zwar kann es sein, daß diese technische Entwicklung irgendwo aufhört, daß sie gewissermaßen in einem Gebiet stehenbleibt, während sie anderswo fortschreitet.

Aber eines ist sicher: sie setzt erst wieder ein, wenn ein äußerer Anstoß von einer Stelle kommt, die bereits einen solchen Fortschritt erzielt hat. Das läßt darauf schließen, daß selbst in frühesten Zeiten – oder vielleicht gerade damals – alle Fortschritte jeweils nur an einer Stelle der Erde gemacht worden sind. Von dort haben sie sich wellenförmig so weit verbreitet, als Menschen mit dieser neuen Erfindung in Berührung kamen und auch bereit waren, sie zu übernehmen.

Das wiederum wirft die Frage auf, wie es zu diesen Erfindungen gekommen ist. Man hat sie mit dem »Zufall« erklären wollen: Da ist ein Blitz eingeschlagen, der einen Waldbrand entfachte. Nun bewahren die Menschen das Feuer und benützen es zum Wärmen ihrer Höhlen, zur Abwehr der wilden Tiere oder zum Rösten von Fleisch. Da hämmert ein Neugieriger an einem Stein, und es entsteht ein Beil, eine Klinge, eine Spitze. Mag eine solche Erklärung zunächst auch einleuchtend sein, sie trifft nicht den Kern.

Eine Erfindung ist vor allem eine geistige Tat. Der Zufall mag einen Anstoß, vielleicht sogar einen wichtigen Hinweis geben. Wenn man jedoch den Vorteil des neuen Gerätes nicht erkennt, wenn man sich nicht bemüht, den gleichen Vorgang zu wiederholen, der das neue Werkzeug schuf, dann bleibt die großartige Erfindung wertlos. Dann können andere sie auch nicht wiederholen. Auch diese anderen müssen lernen, sie zu »verstehen«, sie in ihren Alltag einzuordnen. Selbst heute leuchtet der Vorteil einer technischen Erfindung keineswegs gleich ein – und früher war das erst recht so. Zunächst überwiegt das Mißtrauen gegenüber dem anderen. Wer etwas Neues bringt, stiftet Verwirrung, stört die überkommene Ordnung, stürzt vielleicht sogar die altgewohnten Bräuche um. Und er entfesselt die unheilbringenden Geister! Eine Neuerung führt nur dann zum Segen, wenn die empörten Geister beschworen werden, so daß sie eingeordnet werden kann in den althergebrachten Tageslauf. Der Schamane muß mithelfen, eine Erfindung durchzusetzen. Wenn die Geister den Schamanen erleuchten, werden auch Gleichgesinnte die neue Verbesserung aufnehmen. Dort, wo der Schamane das Neue – aus welchen Gründen auch immer – ablehnt, da verharrt der Stamm bei seinen überlieferten Werkzeugen, bis ein Schamane eines Tages das Zeichen zum Wandel gibt.

Zum Ausgang der letzten Eiszeit, also etwa um 10 000 v. Chr., hatte sich über die ganze Erde, allen Unterschieden der Rasse, der Hautfarbe, der klimatischen Verhältnisse zum Trotz, eine recht gleichmäßige materielle und geistige Kultur entwickelt. Die Steinwerkzeuge waren einander ziemlich ähnlich. Ebenso stimmten die Glaubensinhalte und Gebräuche annähernd überein.

Das läßt sich an den Geräten wie den Bräuchen, wie den Kunstwerken – Figuren und Bildern – erkennen. Das gilt selbst noch für die neue Phase, die wir Mittelsteinzeit, das Mesolithikum – im Unterschied zum Paläolithikum, der Altsteinzeit – nennen. Es scheint, als ob diese Kultur, die vor allem durch sehr viel kleinere Werkzeuge, durch Pfeilspitzen wie durch bearbeitete Knochen gekennzeichnet ist und die Pfeil und Bogen in die Jagd einführt, vielleicht aus Asien stammt, aus Gebieten, die bis dahin irgendwie abgesperrt gewesen sein müssen. Dabei dürfte das veränderte Klima der Erde eine entscheidende Rolle gespielt haben.

Während der Eiszeit dehnte sich ein riesiges Meer im Südosten Europas bis weit nach Mittelasien hinein. Es umfaßte wohl das heutige Schwarze Meer, den Kaspisee und den Aralsee, dürfte sich aber über die weiten Flächen von der südrussischen Steppe bis tief nach Kasachstan erstreckt haben. Diese Wasserfläche dürfte die Witterung in Ostsibirien ähnlich aufgewärmt haben wie heute der Golfstrom Westeuropa. Wahrscheinlich war damals Hochasien, also die heutige Mongolei und sogar die Wüsten Taklamakan, Gobi und Schamo weit mehr für eine menschliche Besiedlung geeignet als heute.

Zwischen 13 000 und 8000 v. Chr. schmolzen die riesigen Eismassen weg, die bis dahin auf dem Nordrand des Erdballs gelagert hatten. Sie waren teilweise 3000 Meter und mehr hoch. Dreierlei waren die Folgen: Einmal hoben sich jene Länder empor, die bisher durch das gewaltige Gewicht des Eises gewissermaßen heruntergedrückt worden waren; das waren die Landstriche des Nordens. Gleichzeitig senkten sich wie zum Ausgleich die Landstriche des Südens, vor allem der tropischen Breiten. Sodann ergossen sich gewaltige Mengen von Schmelzwasser in die Weltmeere, die durchschnittlich wohl um 100 Meter anstiegen. Es müssen ungeheure Fluten gewesen sein, die sich nun am Südrand der Eismassen, also in ost-westlicher Richtung, durch das Land zur Nordsee wälzten. Sie wurden zwar noch verschiedentlich durch Sperriegel aufgestaut, aber schließlich bahnten sich die Wassermassen gewaltsam einen Weg. Über den Bosporus und die Dardanellen lief der Überschuß des Schwarzen Meeres in das Mittelmeer ab, dessen Spiegel beträchtlich stieg. Das trockene Land wurde überflutet, die Ägäis entstand. Zwischen dem Uralgebirge und dem Schwarzen Meer öffnete sich eine Landpforte, über die nun Menschen der sibirischen Tasche – Ostsibirien war wohl am stärksten besiedelt – nach Südeuropa und weiter nach Nord-, ja teilweise bis nach Westeuropa einwanderten. Vielleicht haben sie die Kultur des Mesolithikums – die Mittelsteinzeit – nach Europa mitgebracht. Dafür spricht eines: typische mesolithische Werkzeuge fanden sich auch in Amerika. Sie dürften also bei der letzten größeren Wanderung etwa um 8000 von Asien dorthin gelangt sein.

Während die altsteinzeitlichen Werkzeuge über den ganzen Erdball verbreitet gewesen sind, finden wir die Erzeugnisse des Mesolithikums nur im Bereich der letzten Wanderung aus Asien. Also ist anzunehmen, daß Asien diesmal der Ausgangspunkt der neuen Werkzeuge gewesen ist, während für die früheren vielleicht mehr Afrika – insbesondere Nordwestafrika – in Frage kommt. Auch in Afrika müssen, nach den Funden und den Felszeichnungen zu urteilen, die Menschen zum Ausgang der letzten Eiszeit in Bewegung geraten sein, da sich die Lebensbedingungen änderten. Die Niederschläge gingen zurück. Bis dahin war die Sahara – mindestens in einem breiten, nördlichen Streifen – von Bäumen und Gras bedeckt, wo sich viel Wild umhertrieb. Nun trocknete die Wüste aus; sie nahm langsam, zunehmend mit dem 3. vorchristlichen Jahrtausend, die heutige Gestalt an. Ähnlich war es in Arabien, in der Syrischen Wüste und in Zentralasien.

Aus der neuen Oberflächengestalt ergeben sich die großen Sperriegel, die die Menschheit aufgliedern und die die Rassen in den einzelnen Großräumen sich voneinander abschließen lassen, die Rassen und Hand in Hand damit auch die einzelnen Sprachen. Zugleich bilden sich die großen Völkerwege heraus, die die Sperriegel durchstoßen oder – wo das möglich ist – umgehen. Sie verlaufen am Rande der Wüsten, sie überqueren die Gebirge, sie durchstoßen auch die Urwaldgürtel. Eine wichtige Völkerstraße wird die Eurasische Steppe, die sich von der Donaumündung bis zum Amurbecken erstreckt. Eine andere Völkerstraße übersteigt die Gebirge am Südrand dieser eurasischen Steppe und führt aus der Ebene auf das iranische Hochland hinauf und in das Industal hinunter. Am auffallendsten ist der Weg, der vom »Fruchtbaren Halbmond« Vorderasiens über die Sinaihalbinsel zum Niltal und damit nach Afrika führt.

Mit dem Klima ändern sich die Lebensbedingungen, so daß große Völkerwanderungen einsetzen. Noch handelt es sich ja um Jäger, die gezwungen sind, dem Wild zu folgen, das ihnen den Weg wies. Die eine kam aus der arabischen Halbinsel, die damals austrocknete. Dabei dürften vor allem die Bewohner an den Bergrändern am Roten Meer und am Indischen Ozean ihre ursprünglichen Wohnsitze verlassen haben; ihnen stand nicht mehr der Weg quer durch die Wüste in das Zweistromland offen. Eine andere umgeht den riesigen, unwegsamen mittelafrikanischen Urwald im Osten und führt über Ostafrika nach Südafrika. Diesen Weg scheinen die Vorfahren der heutigen Buschmänner gezogen zu sein. Wenn sie nicht in der Sahara gewohnt haben, so müssen sie doch wenigstens Beziehungen zu den Bewohnern Nordafrikas gehabt haben. Sie haben die Felsmalerei der Eiszeit bis in unsere Tage hinein gepflegt, sie haben auch manches von der Kulturstufe der französischen Rentierjäger beibehalten, obwohl sich ihre Lebensumstände gründlich geändert hatten.

Da das Meer stieg, wurden die Landwege unterbrochen, die die Erdteile miteinander verbanden, etwa bei Gibraltar. Jägervölker zogen von Afrika nach Asien. Es begegneten sich in diesen Jahrtausenden, wahrscheinlich am stärksten ausgeprägt im 8. Jahrtausend, zwei Wanderbewegungen: eine aus Asien über die iranische Hochfläche, vielleicht auch über den Kaukasus und über Armenien mit der aus Afrika über die Sinaihalbinsel und Palästina. An der syrischen Küste scheinen sie sich getroffen, überlagert und schließlich wechselseitig befruchtet zu haben. Eine neue Epoche hebt an. Wir nennen sie das Neolithikum, die Jungsteinzeit.

Bisher hatten wir es in der Menschheitsgeschichte mit unendlich langen Zeiträumen zu tun. Wir mußten mit Zehntausenden, wenn nicht mit Hunderttausenden von Jahren rechnen, in denen nur langsam, fast unauffällig, eine Änderung zu beobachten war. Nun aber, mit dem Neolithikum, setzt eine Entwicklung ein, die sich in immer rascherem Tempo vollzieht. Doch sollte man darüber nicht unterschätzen, was die Menschheit gerade dieser ersten unendlich langen Phase verdankt. In der Altsteinzeit ist die geistige Grundlage für fast alles gelegt worden, was sich danach entwickelt hat. Die magische Welt, die sich in grauer Vorzeit geformt hat, ist der Nährboden für die großartigen geistigen Leistungen, die später folgten. Immer wieder scheint dieser Nährboden, gewissermaßen der Untergrund, hindurch. Denn immer wieder steigen aus diesem Untergrund jene Mächte empor, die die spätere Menschheitsgeschichte beeinflussen, wenn nicht bestimmen.

Ackerbau und Viehzucht

An jener Stelle, da sich die Wanderwege schnitten, die aus der Sahara und aus der arabischen Halbinsel in den Fruchtbaren Halbmond, nach Kleinasien und der iranischen Hochfläche führten, entstand die erste feste Siedlung aus Stein: Jericho im Jordantal. Um die Wende vom 8. zum 7. Jahrtausend v. Chr. ist die kleine Siedlung von Jericho beträchtlich gewachsen. Schließlich wurde die Ortschaft mit einer gewaltigen Steinmauer umgeben, die bis 1,75 m dick und heute noch 3,5 m hoch ist. Ihr schließt sich eine Art Turm an, ein kegelstumpfförmiges Bauwerk aus Stein von 8 m Höhe mit einer schmalen Treppe. Später zogen die Bewohner eine weitere Mauer mit einem 8 m breiten und 2 m tiefen Graben, der teilweise in den Felsboden hineingearbeitet werden mußte. Im frühen 7. Jahrtausend verfiel dann die Siedlung. In seiner Blütezeit hat Jericho vielleicht 2000 Bewohner gezählt. Auch in Kleinasien hat es ähnliche wehrhafte Siedlungen in sehr früher Zeit gegeben, doch scheint Jericho sie an Alter zu überragen. Von dort ist die neue Lebensform ausgegangen, in Steinhäusern und größeren festen Siedlungen seßhaft zu werden.

Mit der Seßhaftigkeit ist ein weiterer ganz großer Fortschritt der Menschheit verbunden, der Ackerbau und damit Hand in Hand gehend die Viehzucht. Es läßt sich nicht feststellen, was zuerst war, ob die feste Siedlung oder – vielleicht anderswo – der Ackerbau. Beides ist möglich. Bis dahin hatten sich die Menschen damit begnügt, von dem zu leben, was die Natur ihnen bot. Sie haben die Tiere als Wild gejagt und Fische gefangen, haben Beeren und Körner gesammelt. Jetzt gehen sie dazu über, ihre Nahrung selber zu »erzeugen«. Sie säen die Körner aus, sie halten gezähmte Tiere als Haustiere. Das klingt zunächst alles recht einfach.

Aber der Übergang zu Ackerbau und Viehzucht ist eine der ganz großen Kulturerrungenschaften des Menschen. Beide sind in hohem Maße eine geistige Leistung, weil sie nur durch bewußte Züchtung zu erreichen sind. Die Samenkörner der Wildgräser bringen einen so kümmerlichen Ertrag, daß sich die Mühe, zu säen und zu ernten, einfach nicht lohnt. Da es heute noch Formen der ersten Wildgräser gibt, die sich abseits erhalten haben, wissen wir, wie wenig sie tragen. Der erste Mais, der in alten amerikanischen Gräbern gefunden wurde, hat einen Kolben von der Länge eines Daumens. Lohnte es sich, dafür den Boden zu roden, die Körner zu pflanzen und das Unkraut zu jäten?

Erst als es einmal gelungen war, den Mais so weit zu entwickeln, daß er mehr trug als die Wildform, war es sinnvoll, zu roden und zu säen; erst von da ab können wir wirklich von »Ackerbau« sprechen.

Das gleiche gilt von der Viehzucht. Es genügt nicht, den wilden Stier, den Büffel oder das wilde Pferd einzufangen und in einen Kraal zu sperren. Die an die Wildnis gewöhnten Tiere brechen aus oder sie verkümmern in der Gefangenschaft. In jener frühen Zeit muß die Jagd wesentlich leichter und einfacher gewesen sein als die Züchtung. Heute noch ist man in den zoologischen Gärten stolz, wenn es gelingt, daß wilde Tiere sich vermehren. Welche unendliche Geduld und wieviel liebevolle Pflege gehören dazu! Erst recht gilt das für jene frühe Zeit. Der Mensch muß Mühe und Sorgfalt aufgewendet haben, um Pflanzen weiterzuzüchten, um Tiere zu zähmen und an das Haus zu gewöhnen. In Südostasien hat er den Wasserbüffel so weit gebracht, daß sich dieses mächtige Tier, das selbst vor dem Tiger nicht zurückschreckt, geduldig von einem Kinde führen läßt. Die nordamerikanischen Indianer hingegen, ausgesprochene Jägervölker, haben den Bison nie gezähmt, haben nicht einmal versucht, ihn zu zähmen. Warum sollten sie auch? Es gab so gewaltige Herden von Büffeln, daß es erheblich leichter und müheloser war, das Fleisch durch Jagd zu gewinnen.

Deutlich läßt sich verfolgen, daß Ackerbau und Viehzucht zunächst nur einen geringen Teil der menschlichen Nahrung decken. Lange Zeit lebt man noch überwiegend vom Jagen und Sammeln, doch nimmt der Anteil von Kulturpflanzen und Haustieren an der Versorgung ständig zu, bis er auf dreiviertel und mehr ansteigt. Noch in unserem Jahrhundert haben das Sammeln von Beeren und Pilzen und die Jagd eine nicht unbeträchtliche Rolle gespielt, doch heute lohnt es nicht mehr, weil der Aufwand, ausgedrückt im Arbeitslohn, zu groß geworden ist, so daß die Gärten fast ausschließlich den Bedarf decken. Auch in Jericho hat es eine Periode gegeben, da Ackerbau und Viehzucht nur eine untergeordnete Bedeutung gehabt haben. Dann aber gelang es, die »Kulturpflanzen« und die »Haustiere« so weit zu entwickeln, daß die Ernährung gesichert war. Diese Entwicklung vollzog sich im Fruchtbaren Halbmond, in jenem Gebiet also, das die Arabische Wüste umgreift; es zieht sich von der Sinaihalbinsel über Syrien, Mesopotamien bis zum Persischen Golf.

Im Laufe von Jahrtausenden haben sich Ackerbau und Viehzucht vom Orient über den größten Teil der Erde verbreitet – bis auf das abgeschlossene Australien. Das läßt sich aus zweierlei erkennen: Weizen und Gerste, Rinder, Ziegen und Schafe, die ursprünglich die Grundlagen der menschlichen Ernährung abgaben, kommen gerade im Orient – und fast nur dort – in Wildform vor. Sodann kann man annähernd verfolgen, wie Ackerbau und Viehzucht sich von dort wellenförmig nach allen Seiten ausbreiten. Diese Wellen erfassen im 6. Jahrtausend Nordafrika, erreichen bei dessen Ende bereits die afrikanische Atlantikküste, greifen auf dem Weg über Kleinasien im 6. Jahrtausend auf den Balkan, im 5. Jahrtausend auf Südeuropa über und gelangen im 4. Jahrtausend bis nach Nordeuropa. Die Wellen schlagen im 6. Jahrtausend bis zur iranischen Hochfläche, im 5. nach Mittelasien hinüber. Sie lassen sich im 4. Jahrtausend noch in Nordwestindien verfolgen, bis sie wohl im 3. Jahrtausend das Gangestal erreichen. Vielleicht hatten sie inzwischen auf dem Seeweg bereits Südostasien, ja sogar Ostasien erreicht.

Wann sie wohl – auf dem Seeweg – bis nach Amerika gedrungen sind, läßt sich nicht feststellen. Bereits im 7. Jahrtausend sollen Menschen in Mexiko und im 5. Jahrtausend an der peruanischen Küste Pflanzen ausgesät haben: Pfeffer, Avocados, Kürbis, Bohnen und Amarant, der heute nur noch als Zierpflanze dient. Doch blieb der Anteil der angebauten Pflanzen in der Ernährung bis zum ersten Jahrtausend nur ganz gering. Anfangs soll er weniger als 10 v.H., zum Ausgang des 2. Jahrtausends v. Chr. immer noch kaum 25 v.H. betragen haben. Von diesen Pflanzen allein konnten sich die Menschen nicht ernähren. Der erste Mais aus dem 7. Jahrtausend war eine recht kümmerliche Pflanze, deren Anbau sich wohl erst lohnte, nachdem es gelungen war, größere Kolben zu züchten. Erst dann konnten die Menschen vom Mais leben. Der Ackerbau blieb in Amerika bis 1000 v.Chr. eine Randerscheinung für die Versorgung. Auch weiterhin ernährten sich die Indianer zu einem großen Teil von der Jagd und vom Sammeln und an der Küste vom Fischfang und von Muscheln.

In vier Zonen in der Welt haben die Menschen jeweils besondere Pflanzen und Tiere entwickelt. Im »Fruchtbaren Halbmond« waren es Rinder, Schafe und Ziegen, Weizen, Emmer und Gerste. Aus Afrika kommen Hirse, Yamswurzel und angeblich auch die Baumwolle. Südostasien hat den Reis angebaut und den Wasserbüffel gezähmt. Aus Amerika stammen verschiedene Kürbissorten, der Mais, die Maniokwurzel, die Tomate, der Kakao, die Kartoffel – alles Pflanzen, die bis zum Ausgang des 16. Jahrhunderts in der gesamten übrigen Welt unbekannt geblieben sind. Die Viehzucht konnte sich in Amerika nicht entfalten. Erst seit dem 1. Jahrtausend v.Chr. wurde das Lama, das südamerikanische Kamel, in größerem Umfang als Haustier gehalten – allerdings nur im Hochland der Anden.

Europa hat in dieser frühen Zeit kaum etwas der Menschheit geschenkt. Es hat – meist recht spät – das aufgenommen, was anderswo entwickelt worden ist. Das gilt auch für die Werkzeuge. Zeitlich führend ist eindeutig der Fruchtbare Halbmond, wo sich die Kulturpflanzen mit dem 8. Jahrtausend durchzusetzen beginnen. Im Gebiet des Niger hat man Hirse und Baumwolle vielleicht schon im 5. Jahrtausend, möglicherweise aber auch erst im 3. oder 2. Jahrtausend gezüchtet. In Ostasien tappen wir – was das Alter der Pflanzkulturen anbelangt – noch im dunkeln. Nachzuweisen ist der Ackerbau erst im ausgehenden 3. Jahrtausend, also lange Zeit nachdem die städtische Kultur im Industal bereits eine erstaunliche Höhe erreicht hat. Und daß die Kultur am Indus mit der des Fruchtbaren Halbmondes irgendwie zusammenhängt, erscheint gewiß.

Ob es irgendwelchen Zusammenhang der anderen so weit entfernten Kulturbereiche mit dem Fruchtbaren Halbmond gegeben hat?

Nun kennt man eine erstaunliche Tatsache. In Amerika ist die Baumwolle wohl schon im 2. Jahrtausend v. Chr., wenn nicht früher, angebaut worden, in Asien seit dem späten 4. Jahrtausend. Die wilde Baumwolle Amerikas unterscheidet sich von der asiatischen durch die Anzahl der Chromosomen. Eindeutig läßt sich nachweisen, daß die älteste in Amerika angebaute Baumwolle eine Kreuzung zwischen der amerikanischen und der asiatischen Wildform darstellt. Es bleibt kein Zweifel: bevor Baumwolle in Amerika angebaut werden konnte, muß asiatische Baumwolle von Westen nach Amerika gelangt sein, und das kann eigentlich nur auf dem Seeweg erfolgt sein. Hier liegen immer noch große Rätsel der menschlichen Geschichte. Weder Dokumente noch Sagen können darüber Auskunft geben. Vielleicht werden es eines Tages Funde oder planmäßige Ausgrabungen tun.

Es erhebt sich die grundsätzliche Frage: Konnten sich die Kenntnisse von Ackerbau und Viehzucht, aber auch die von Werkzeugen und technischen Fertigkeiten über den ganzen Erdball ausbreiten, ohne daß ganze Völker wanderten? Manches Kulturgut wird vielleicht von Fischerstamm zu Fischerstamm an der Küste weitergereicht, jeweils nur in recht begrenzten Räumen. Wenn ein Boot vom Sturm verschlagen worden ist, dehnte sich gewissermaßen ein Kulturraum beträchtlich aus. Dann mögen wieder Jahre, Jahrzehnte, vielleicht auch Jahrhunderte vergangen sein, ohne daß sich die neuen Kenntnisse wesentlich ausbreiteten. Vielleicht kamen eines Tages von irgendwoher Menschen, die wiederum neue Gegenstände und das Wissen darum, wie sie gefertigt wurden, mitbrachten. Daraus haben die Ureinwohner ihrerseits neue Formen entwickelt.

Die Kenntnis von gezüchteten Pflanzen und Tieren kann erstaunlich schnell wandern. Als die Spanier wenige Jahrzehnte nach der Entdeckung Amerikas einen tiefen Vorstoß in das Innere Südamerikas unternahmen, fanden sie – tausend Kilometer von der am weitesten vorgeschobenen europäischen Siedlung entfernt – Indianer, die bereits Hühner und Enten besaßen. Diese Tiere, die zweifellos aus Europa stammten, hatten innerhalb von Jahren den weiten Weg in die Wildnis zurückgelegt, sicher von Hand zu Hand gereicht. Andererseits haben Sammler und Jägervölker bis in unsere Tage hinein neben Ackerbauern und Viehzüchtern gelebt, ohne ihre schweifende Lebensweise aufzugeben, ohne also zu einer Wirtschaftsform überzugehen, die dem Jägerdasein weit überlegen zu sein scheint. Die Übernahme von Ackerbau und Viehzucht scheitert auch häufig daran, daß Sammler- und Jägervölker sich innerhalb einer Gemeinschaft auf die Dauer nicht dem Willen eines einzelnen unterordnen wollen, daß sie daher den Anspruch – um das Wort ›Recht‹ zu vermeiden – des einen auf die Ernte seiner Saat oder auf sein eigenes Tier nicht anerkennen. Noch im 19. Jahrhundert sind Jäger von wütenden Viehzüchtern umgebracht worden, weil sie die umherlaufenden Tiere als »Wild«, und damit als Jagdbeute ansahen.

Waren es immer größere Gruppen, ganze Völker oder vielleicht auch nur umherziehende Händler, die die Kulturen verbreitet haben? Es konnten Einzelgänger sein. In der primitiven Gesellschaft der Naturvölker gilt als Regel, daß der Einzelne nichts ist außerhalb der Gemeinschaft. Wird er von seinem Stamm verstoßen, muß er auf sich selber stehen, ist er meist verloren. Er wird ein Opfer der wilden Tiere, der Naturgewalten, der Unbilden der Witterung. Das lehrt die Erfahrung. Und dennoch haben sich seit urvordenklichen Zeiten Menschen aus der Gemeinschaft gelöst. Sie hatten Streit mit dem Vater, der Schwiegermutter, mit den Geschwistern oder den Männern des Stammes. Vielleicht waren es nur Unzufriedenheit und Unruhe. Dann nahm der Mann trotzig seinen Spieß, löste bei Morgengrauen den Nachen vom Ufer und zog los, allen Gefahren zum Trotz, gegen jede Vernunft, eigentlich ohne Hoffnung. Es waren häufig Menschen, deren Schicksal sowieso entschieden war. Sie hatten vielleicht Blutschuld auf sich geladen, sie waren vom Zauberer unter ein Tabu gestellt und vom Stamm gebannt worden. Ihnen blieb kaum etwas anderes übrig, als in die Ferne zu ziehen, geächtet wie sie waren.

Es bleibt erstaunlich, welche Entfernungen die frühen Menschen zurücklegen konnten. Der Jäger folgte den Rentieren jedes Jahr von den Sommerweideplätzen zu den Winterplätzen. Das waren jeweils 350 km hin und 350 km zurück, ohne die langen Streifzüge bei der Jagd selber zu rechnen. Mancher Jäger wird auf diese Weise an die 2000 km im Jahr hinter sich gebracht haben – und das in unwirtlicher Landschaft! Es gab wohl schon recht früh Schneeschuhe, um auf dem Schnee besser voranzukommen. Ein einzelner konnte zudem leichter weite Strecken überwinden als ein ganzer Stamm. Für die Fahrt auf dem Wasser baute man sich Flöße – zusammengebundene Baumstämme – oder Boote, indem man die Stämme aushöhlte, sei es mit den einfachen Steinäxten, sei es mit dem Feuer. Selbst Boote aus Rinden oder mit Häuten bespannt hat es gegeben. Die Kunst, riesige Bäume zu fällen und sie sorgsam auszuhöhlen, ist wohl sehr alt; sie geht mindestens auf das 4. Jahrtausend v. Chr. zurück. In Sibirien hat man einen solchen Einbaum aus dem 3. Jahrtausend v. Chr. gefunden. Auch der Gedanke, Ausleger anzubringen, um dem Einbaum eine bessere Sicherheit zu geben, taucht schon früh auf. Schwierig jedoch dürfte es gewesen sein, Segel zu setzen. In Ostasien sind die Mattensegel heimisch. Sie sind starr, so daß ein Kreuzen vor dem Wind kaum möglich erscheint, dafür eignen sie sich für das Auffangen des Windes, so daß sie eine große Geschwindigkeit erreichen. Es läßt sich kaum feststellen, wann diese Segel wirklich in Gebrauch kamen.

Es besagt auch nichts, daß die Kunst des Schiffbaus oder des Segelns in bestimmten Gebieten später wieder verlorengegangen ist. Ob die Australneger bei der Besiedlung wirklich über See nach Australien gezogen sind oder ob sie eine Zeit ausnützten, da Australien mit dem asiatischen Festland verbunden war, ist ungewiß. Jedenfalls haben sich die Australier von der See abgewandt und in das Innere des Festlandes zurückgezogen. Das gilt auch für die Tasmanier, die vermutlich auch nicht trockenen Fußes ihre Insel erreicht haben. Manche Menschen werden wohl nicht absichtlich, sondern gegen ihren Willen – durch Stürme vertrieben – auf ihren schwanken Fahrzeugen sogar das Meer überquert haben. Selbstverständlich werden es in so früher Zeit nicht große Flotten von riesigen Auslegerbooten gewesen sein, die – wie berichtet wird – Zehntausende von Menschen mitgenommen haben sollen. Die ersten Fahrten werden nur mit kleineren Booten und jeweils nur in geringer Zahl unternommen worden sein.

Was brachten die Einzelgänger oder selbst regelmäßige Fahrten von Abenteurern in die Fremde? Vielleicht nur das eine oder andere Werkzeug, vielleicht Samen von Pflanzen, manchmal auch das Wissen um technische Erfahrung. Waren dazu größere Wanderungen notwendig? Auch die muß es aber schon recht früh gegeben haben. Auf den Kanarischen Inseln fanden die Spanier im 15. Jahrhundert bereits eine recht gemischte Bevölkerung vor, die sie unter dem Sammelnamen der Guanchen zusammenfaßten. Wiederholt müssen unterschiedliche Einwanderungen von Afrika oder vielleicht auch von Südeuropa her – etwa der Megalithleute – stattgefunden haben. Und dennoch ist von allen diesen Einflüssen nur wenig geblieben. Auch von den phönizischen Besuchen haben sich keine Reste erhalten. Als die Spanier die Inseln neu entdeckten, lebten die Bewohner wieder in der Steinzeit. Dabei müssen sie doch zur See gekommen sein. Warum haben sie später ganz auf die Seefahrt verzichtet? Selbst von den Phöniziern haben sie nichts in Erinnerung behalten.

In den ersten Siedlungen des Fruchtbaren Halbmondes hat man offenbar nicht wesentlich anders gelebt als während der Eiszeit. Erstaunlicherweise besaß man zunächst keine Gefäße aus Ton. Die Töpferei ist wohl aus Afrika gekommen; die ältesten Funde weisen jedenfalls in den heutigen Sudan. Dort war die Korbflechterei schon lange hoch entwickelt. Dann kamen die Menschen – oder war es ein Einzelner? – auf den Gedanken, Korbgeflechte mit Lehm zu verschmieren, um Wasser aufbewahren zu können. Dieses Gefäß blieb unzulänglich. Dann versuchte man, den Ton zu brennen. Gebrannt wurde Lehm schon seit langem, allerdings nur Tonfiguren für religiöse Zwecke. Die ersten Versuche, den über das Weidengeflecht geschmierten Lehm zu brennen, mußten jedoch scheitern. Der Ton bröckelte auseinander. Erst als der Ton für sich geformt und dann erhitzt wurde, blieb er wasserdicht. Wieder mag es so scheinen, als sei eine Aufgabe klar gestellt und wie selbstverständlich zu lösen. Dem ist jedoch kaum so. Um Ton oder Lehm unter freiem Himmel so zu brennen, daß er hart wird, bedarf es großer Geschicklichkeit. Um eine weit größere Hitze zu erzeugen als am offenen Feuer, braucht man besondere Hilfsmittel: es bedarf eines Blasebalges. Aber erst mit dem Töpferofen, in dem man hohe Temperaturen erzielen kann, wird die Töpferei von hoher Qualität möglich.

Anfangs hat man wohl das Luftloch des Ofens so ausgerichtet, daß der Wind gewissermaßen die Aufgabe des Blasebalges übernahm. Das zu erkennen ist bereits eine geistige Leistung.

Die Töpferei läßt sich auf bestimmte Gebiete zurückführen, von denen sie sich offensichtlich weiter ausgebreitet hat. Es fragt sich allerdings, ob diese Zentren untereinander in Zusammenhang gestanden haben. Der Weg vom Oberen Nil bis in den Vorderen Orient – Jericho – hat wohl an die tausend Jahre gedauert, der vom Fruchtbaren Halbmond in die Berge und die Hochebene des Iran etwa 500 Jahre. In Ostasien taucht die früheste Keramik bereits im vierten Jahrtausend auf. Ob einzelne Abenteurer oder ob Wanderscharen die Kenntnis dieser Kunst mitgebracht haben? Oder ob sie von Stamm zu Stamm weitergereicht worden ist? Zwei Wege wären möglich, einer, der über Nord- oder Hochasien, über die Mandschurei und Korea führt oder gar noch weiter nördlich über Sachalin nach Hokkaido. Da muß einmal eine Brücke vorhanden gewesen sein, denn die Ainu, die Urbewohner Japans, deren Nachkommen heute noch in Nordjapan leben, sind Europide. Der andere Weg führt über See. Auch dafür gibt es gewisse Hinweise. Das heutige japanische »Volk« ist mit den Malaien, also den Bewohnern Südostasiens, verwandt. Außerdem haben sich uralte Volksbräuche und Heiratszeremonien der Malaien Südostasiens bis heute in Japan erhalten. Sollte schon früh eine Seeverbindung bestanden haben, dann müßte man seegängige Fahrzeuge schon lange vor den großen Fahrten der Polynesier gebaut haben.

Die frühe Keramik in Japan hat einer ganzen Kultur den Namen gegeben: Jomon heißt Schnur. Durch Eindrücken von Schnüren hat man den noch ungebrannten Ton verziert. Die Menschen der ältesten Jomon-Zeit ernährten sich von Muscheln, die sie am Meer oder in den Flüssen sammelten. Reste von Einbäumen sind zwar nur aus einer späteren Zeit erhalten – ein ausgehöhlter Walnußbaum von 4,50 m Länge, Bug und Heck leicht erhöht und ziemlich eckig – aber dieses Fahrzeug wurde zusammen mit Jomon-Keramik einer frühen Periode gefunden. Spätere Erzeugnisse lassen darauf schließen, daß die Kunst, Holz zu bearbeiten, sehr früh eine erstaunliche Höhe erreichte. Auch sind anscheinend Matten sehr früh gefertigt worden, so daß man vielleicht sogar schon gesegelt ist. Zum Graben und Holzspalten benutzte man in der Jomon-Zeit eine Astgabel, an deren kürzerem Ende man einen Keil befestigte. Noch heute werden Steinwerkzeuge dieser Art auf dem Karolinen-Archipel, auf den Fidschi-Inseln und auf Neuguinea verwendet. Wahrscheinlich hat die Ausbreitung eingesetzt, bevor die Ausgangsformen am Entstehungsort durch neue ersetzt worden sind, und sicher hat es lange Zeit gedauert, bis sie in immer entferntere Gegenden gelangten. Die Jomon-Leute waren Fischer und Sammler, aber sie kannten bereits die Töpferkunst.

Die Keramik ist deswegen so bedeutsam für die Geschichte des Menschen, weil die einzelnen Handwerker nicht frei nach Belieben ihre Gefäße gestalteten, sondern sich streng an festgesetzte Normen, an Stile und Arbeitsweisen hielten. Dabei geht es einmal um das handwerkliche Können. Da gibt es selbstverständlich große Unterschiede, etwa ob der Topf mit oder ohne Töpferscheibe gearbeitet wird. Es gibt auch beträchtliche Unterschiede in Ton und Lehm. Je nachdem, wie der Ton während des Brennens behandelt wird, ob schneller oder langsamer, ob mit Ruß oder anderen Zugaben, ergibt das eine schwarze, eine rote oder eine weiße Ware. Sodann aber werden die Töpfe bemalt oder geritzt. Lange halten die Menschen bestimmter Gebiete an »ihrem« Stil, an ihren Zeichen fest.

Das Feuer galt von alters her als kosmisches Element. Es unterstand daher sakralen Geboten. So ist es nicht verwunderlich, daß auch die Töpferei von frühester Zeit zum Bereich des Sakralen gehört. Der Topf – wie die Schale – dient sowohl rituellen Aufgaben als auch solchen des täglichen Bedarfs. Er wird für feierliche Opferhandlungen verwendet, und er nimmt die Gebeine – meist nach der Verbrennung des Toten – oder seine Asche auf. Vielleicht sind die ältesten Töpfer selber Schamanen gewesen, vielleicht standen sie in enger Verbindung mit ihnen, weil sie auf das Wohlwollen der Geister angewiesen waren.

Bezeichnenderweise wird die Töpferware mit geheimnisvollen Zauberzeichen geschmückt; sie sollen Unheil abwenden oder Glück bringen. Die Schamanen beschworen die Geister, ihnen oblag daher auch die Fürsorge für die Toten und ihre Bestattung. Daher wurden Zauberzeichen auf die Töpfe eingebrannt. Nur wenn sich die geistige Weltschau änderte, wenn neue Vorstellungen von Geistern, Menschen, Tieren und Sachen entstanden, wechselten auch die Schmuckzeichen auf den Töpfen. Dann setzt sich ein neuer Stil durch.

Nicht nur die heiligen Gefäße, die Opfergeräte und Urnen, sondern auch das Geschirr des Alltags werden mit ganz bestimmten Ornamenten geschmückt. Alle Zeichen aber, ganz gleich, welcher Art sie gewesen, welchen Zwecken sie gedient haben mögen, waren Zauberzeichen. Sie trugen in sich einen bestimmten Sinn und hatten eine geistige Bedeutung, waren also nicht nur dazu da, zu schmücken. Künstler haben sie an profanen Töpfen ebenfalls mit einer ganz bestimmten Absicht angebracht, wenn auch später ihr Sinn und die ursprüngliche Bedeutung vergessen worden sind. Bis in unsere Zeit hinein finden wir in der Volkskunst die uralten Zeichen, jetzt allerdings meist abgeschwächt und verändert wieder, obwohl der uralte Glaube längst verlorengegangen ist.

Hatten sich die religiösen Vorstellungen der frühen Jäger über viele Jahrtausende fast ungebrochen erhalten, so veränderte sich die geistige Welt mit Ackerbau und Viehzucht tiefreichend, obwohl die Menschen auch noch lange an den uralten Vorstellungen der Jäger hängen. Jetzt taucht die Sorge auf: werden sich die großen Anstrengungen, die man für die Feldarbeit und die Tierpflege unternommen hat, auch lohnen? Damit beginnt ein neues Problem den Menschen zu beherrschen: Es heißt Fruchtbarkeit. Für den Jäger spielt Fruchtbarkeit eine untergeordnete Rolle. Tiere gibt es genug, man muß ihnen schlimmstenfalls nachgehen, um sie in ihren Verstecken zu finden. Werden Beeren und Gräser knapp, so zieht man weiter. Der Ackerbauer hingegen senkt das Samenkorn in die Erde. Was er ernten wird, hängt von überirdischen Mächten ab. Da muß die Sonne genügend scheinen, aber sie darf die Felder nicht verdorren. Da muß genügend Regen fallen, aber die Wasserfluten dürfen die Äcker nicht überschwemmen. Die Kräfte der Natur sollen dem Menschen helfen, sie dürfen ihm nicht schaden. An diese Gewalten wendet er sich. Ein Begriff, der dem Jäger selbstverständlich erschien, der der Fruchtbarkeit, gewinnt nun eine schicksalhafte Macht.

Aus der Tiefe des Bodens quillt die Kraft, die die angebauten Pflanzen wachsen läßt. Zum Sinnbild dieser Fruchtbarkeit wird die »große Mutter«, die Erdgöttin. Die Geister von Quellen und Flüssen, von

Winden und Bäumen gewinnen eine andere Bedeutung. Die Tiere, die auch weiterhin die Tiefe verkörpern – Schlange, Schildkröte, Fisch und Wurm – stellen nun die fruchtbringenden Kräfte der Erde dar, aber sie enthalten auch die unheimliche Gefahr der Unterwelt, des Todes, der Vernichtung, eine Gefahr, die dem Jäger fremd geblieben ist. Auch die Einstellung zur oberen Welt wandelt sich. Machtvoll wirken die Gestirne auf die Erde ein, vor allem spielt nun die Sonne mit ihrer Glut, einmal belebend und erwärmend, sodann sengend und verdorrend eine maßgebende Rolle. Der Mond mit seiner wechselnden Gestalt wird Sinnbild des weiblichen Prinzips – und damit der Fruchtbarkeit. Man betet um Regen, und damit werden die Wolken, werden Gewitter mit Blitz und Donnerschlag zum Schicksal. Das alles spiegelt sich in neuen geistigen Werten und schließlich in den Göttergestalten wider. Die Sonne wird männlich, der Mond – in der Regel – weiblich aufgefaßt.

Der Mensch, der als Ackerbauer sein Feld bestellt, steht unter veränderten wirtschaftlichen Bedingungen, er lebt in einer neuen geistigen Welt, er hängt von anderen Mächten ab als der Jäger. Zwar ist auch er noch tief durchdrungen von der Erkenntnis, daß er zwischen oben und unten, zwischen Himmel und Unterwelt steht, aber alle Fruchtbarkeit erwächst aus der Begegnung des Männlichen und Weiblichen – aus der Polarität. Woher stammen diese geheimnisvollen Kräfte, die sich in Zeugung und Geburt offenbaren? Alle die unendlich vielen einzelnen Erscheinungen schließen sich zu einer sinnvollen Einheit zusammen. Der Ackerbauer erkennt, daß der Regen mit der Erde zusammenwirken muß, auf daß die Ernte gedeiht und die Menschen satt werden. Damit verändert sich die Frage nach dem Sinn des Lebens, wie der Versuch, diesen Sinn zu finden und zu deuten. Der Ackerbauer schafft sich seine Götter neben den Geistern. Aber selbst wenn er die Geister in seinen Vorstellungen auch immer weiter zurückdrängt, so glaubt er insgeheim doch weiterhin an sie. Ihnen vertraut er ganz und gar, sie ruft er um freundliche Hilfe, ihren schädlichen Einfluß trachtet er zu beschwören.

In den Sinn des Lebens hinein gehört die Frage nach Gut und Böse. Der Ordnung in der Natur, getragen – später geschaffen – von den Göttern, entspricht die sittliche Weltordnung. Sie ist unentbehrlich, will der Mensch in einer veränderten Welt mit seinen Mitmenschen zusammenarbeiten. Der Jäger verteidigt zwar seine Jagdgründe, aber er hat kein Eigentum, das ihm genommen werden kann. Er braucht weder seinen Acker noch seine Herde zu schützen. Damit eine solche sittliche Ordnung entsteht, bedarf es großer geistiger Anstrengungen. So weit wir die Menschheitsgeschichte der letzten sechstausend Jahre überblicken, ist das wahrscheinlich nur an einer Stelle der Erde, zu einer Zeit, im Fruchtbaren Halbmond geschehen. Wo sich sonst Ackerbaukulturen gebildet haben, entstanden sie Jahrtausende später. Und haben sie dabei wirklich keine Anregungen empfangen?

Es ist erstaunlich, wie ungleichartig sich die Kultur und die neuen technischen Errungenschaften ausbreiten. Einmal scheint das in ungewöhnlichem Tempo voranzugehen, dann wieder gibt es Zeiträume langen Verharrens, und das jeweils verschieden nach Mensch oder Gegend. Dabei darf man kaum von einer »natürlichen« Veranlagung einer bestimmten Bevölkerungsgruppe sprechen. Die Nachfahren eines Volkes, das jahrhundertelang ohne sichtbaren »Fortschritt« gelebt zu haben scheint, wird unerwartet von einem Wirbel erfaßt und vollbringt Leistungen, die es in kurzer Frist an die Spitze der Entwicklung überhaupt stellt. Andere Völker, die viel erreicht haben, sinken zur Bedeutungslosigkeit herab. Obwohl sich die neuen Errungenschaften so ungleichmäßig, fast scheint es, ohne jede Regel und Gesetzmäßigkeit, verbreitet haben, läßt sich der Gang der Weltgeschichte als Einheit fassen und verfolgen. Hier entstehen mächtige Bewegungen, da versinken Kulturen. Neben uralten Lebensformen bricht auf einmal etwas Neues hervor. Alle aber hängen sie miteinander zusammen, selbst da, wo sie scheinbar nichts übernommen haben. Große Räume scheinen völlig unberührt zu bleiben, sie lehnen jeden Einfluß von außen ab.

Rege müssen die Beziehungen zwischen dem Fruchtbaren Halbmond und den Landstrichen hinter dem breiten Wüstengürtel, der über Persien nach Zentralasien reicht, damals bereits gewesen sein. Das läßt sich allerdings nur aus den Auswirkungen ableiten, die im folgenden Jahrtausend sowohl im Pandschab wie an der Westgrenze Chinas sichtbar werden. In den Oasen Turkestans gab es im 4. Jahrtausend Ackerbau und Töpferei. Die ältesten Zeichen für den Ackerbau Mittelasiens fanden sich in der Oase Dscheitun nördlich von Aschchabad, sodann auch in Anau. Die Kulturen an der Angara und am Jenisej, vor allem in Minnussinsk haben sich erst viel später herausgebildet, und noch später haben sie sich im Ordos-Gebiet und ebenso im Hoangho-Becken entfalten können. Der Weg läßt sich also zweifellos verfolgen.

Siedlungen entstanden am Asowschen Meer und längs der großen Flüsse, an Dnjestr und Dnjepr, an Wolga und Kama. Mittelpunkt der Ackerbaukultur, von dem auch die entscheidenden Anstöße bis weit nach Sibirien ausgingen, war Tripolje in der westlichen Ukraine. In der weiten Steppe jedoch hielten die Menschen an den alten Lebensformen fest: sie blieben Fischer und Jäger.

Nach Europa waren die Ackerbauern und Viehzüchter, die Kulturpflanzen und Haustiere mitbrachten, auf drei Wegen vorgestoßen: von Nordafrika über die Straße von Gibraltar nach Spanien und Südfrankreich, von Kleinasien über die Meerengen zur Balkanhalbinsel und in das Donaubecken und schließlich über den Kaukasus in die südrussische Steppe. Im Mittelmeerraum scheint die frühe jungsteinzeitliche Kultur weitgehend auf dem Seeweg verbreitet worden zu sein. So läßt sich der Weg von Kleinasien und Griechenland an die Adria, nach Apulien und nach Sizilien einigermaßen verfolgen. Dort scheint die »Stentinello-Kultur« um Syrakus und den Ätna weiter entwickelt zu sein als andere Mittelmeerkulturen, mit befestigten Dörfern.

Inzwischen hatte die Jungsteinzeit bereits Mittelitalien erreicht. Vom Tyrrhenischen Meer, die ligurische, die südfranzösische und schließlich die spanische Küste entlang sprang sie auf die nahe Insel Elba, dann nach Korsika und Sardinien über. Unaufhaltsam breiteten sich die Ackerbauern aus. Nach dem Schmuck, den diese Ackerbauern auf ihren Tontöpfen anbrachten, haben sie den Namen der »Bandkeramiker« erhalten. Sie drangen über den Balkan und längs der Flüsse nach Norden vor, also wesentlich langsamer als jene, die über See die Küsten erreichten. Im Pariser Becken stießen sie auf eine andere Wanderbewegung, die – zu Wasser – an der französischen Atlantikküste vorgedrungen war. Sie drückten die Cardium-Muschel in den noch ungebrannten Ton – daher »Abdruckkeramiker«. Erst zu Beginn des 3. Jahrtausends haben die Töpferei sowie Ackerbau und Viehzucht die Ostsee erreicht.

Es war nicht die erste Wanderung auf dem Wasserwege vom Süden nach Norden. Bereits im 4., vielleicht sogar Ausgang des 5. Jahrtausends v. Chr. waren Menschen mit überlegener Kultur zur See nach Nordfrankreich, zur Rheinmündung und nach Mitteldeutschland gelangt. Die »Trichterbecherleute«, wie wir sie nach ihrer Keramik nennen, lassen sich für die Zeit zwischen 3200 und 2400 v. Chr. an der Nordseeküste rechts des Rheins nachweisen. Sie trafen mit den Bandkeramikern zusammen, die vom Balkan die Donau aufwärts, die Elbe und den Rhein abwärts den Ackerbau in die nordeuropäische Tiefebene gebracht hatten.

Es gibt keine Zeugnisse dafür, wie sich damals die Jäger und Sammler mit den Menschen abgefunden haben, die mit ihren Viehherden, mit ihrer Töpferware und mit ihren geschliffenen Steinbeilen erschienen. Es ist eher anzunehmen, daß beide Bevölkerungsschichten reinlich getrennt voneinander siedelten. In Europa hatte sich damals das Klima verbessert, so daß die Temperaturen eher etwas höher lagen als heute. Die Siedler lichteten die Wälder, pflanzten in die Brandrodung ihre Saat und zogen weiter, wenn der Boden erschöpft war. Mit dem primitiven Hackbau holten sie aus dem Acker nur wenig heraus. Sie hielten Tiere. Die Ureinwohner, gering an Zahl, übernahmen nur zögernd die neuen Errungenschaften. Immer noch ernährten sie sich vorwiegend von der Jagd und vom Sammeln. Aber schließlich erkannten auch sie die Vorteile der neuen Lebensweise an. Die Zusammenarbeit mit den Neuankömmlingen spielte sich allmählich ein. Im allgemeinen zogen die Ackerbauern auf die mittleren Höhen, wo sie Lichtungen anlegten, während die Jäger im Walde und in den feuchten Niederungen der Flüsse blieben, wo sie auch Fische und Krebse fangen konnten. In den Dörfern tauschten sie manches ein: Töpferware, Steinbeile und in Zeiten der Not wohl auch Fleisch und Brot. Europa war bis dahin nur dünn besiedelt; erst mit Ackerbau und Viehzucht steigt die Zahl der Menschen merklich an. Betrachtet man die Kopfzahl der Stämme, die heute noch als »Naturvölker« in Asien, Afrika und Australien leben, so muß man annehmen, daß Europa noch um das Jahr 3000 v. Chr. wohl keine halbe Million aufwies.

Bot der Wald in Nordeuropa und Nordsibirien zunächst eine nur schwer zu überwindende Schranke für das Vordringen von Ackerbau und Viehzucht, so gilt das erst recht für den tropischen Wald Afrikas und Südasiens. Dort hielten sich Jäger und Sammler teilweise noch bis ins 19. Jahrhundert selbst da, wo sie am Waldrand mit Menschen aus sehr viel höheren Kulturen zusammenkamen, um ihre Beute zu tauschen. In Südostasien beginnt das Neolithikum kaum vor 2000 v. Chr., also in einer weit späteren Zeit, lange nachdem bereits geschliffene Steinbeile von auswärts eingeführt worden waren. Erst langsam, nachdem sich von Norden her chinesischer und aus dem Westen indischer Einfluß durchgesetzt hatten, gingen die Menschen von ihren primitiven Geräten und vor allem ihren überlieferten Wirtschaftsformen ab.

Noch später setzt sich die Jungsteinzeit in Amerika durch. Erst Ende des 3. Jahrtausends v. Chr. beginnt einmal in Mexiko, sodann in Peru der Ackerbau Fuß zu fassen. Geschliffene Steinbeile und an sibirische Vorbilder erinnernde Keramik breiten sich im Nordwesten aus. Die amerikanischen Jäger und Sammler haben wohl schon im 3. Jahrtausend v. Chr. begonnen, einzelne Pflanzen zu züchten, vor allem den Mais, den Kürbis und die Bohne, aber gelebt haben sie bis ins letzte vorchristliche Jahrtausend auch weiterhin überwiegend von Jagd, Fischfang und wilden Pflanzen. Haben sie den Weg zum Ackerbau selbst gefunden, oder erhielten sie Anregungen von auswärts? Fragen über Fragen.

Die Stadt

Zum Ausgang des 5., vielleicht zu Beginn des 4. Jahrtausends v. Chr. begegnen uns im Osten des Fruchtbaren Halbmondes die Sumerer. Es ist das erste »Volk«, dessen Namen wir kennen und dessen Geschichte wir so weit zurückverfolgen können. Doch kann man nur mit gewisser Einschränkung den Ausdruck »Volk« verwenden. War es eine große Gruppe blutsmäßig verwandter Menschen, vielleicht solcher, die sich auf einen gemeinsamen »Urahn« zurückverfolgen lassen, wie das die alten Sagen so oft berichten? Etwa wie die Juden sich auf den Stammvater Abraham zurückführen, der einst aus Ur aufbrach, um neue Wohnsitze in Palästina zu suchen? Oder war es eine Adelsgemeinschaft, die ein unterschiedlich zusammengesetztes Volk führte, etwa wie die Inka in Peru, die über Menschen herrschten, die teils Ketschua, zum größeren Teil aber Aymara sprachen? War es eine Kriegerkaste, etwa wie die türkischen Seldschuken, die in weiten arabischen Ländern die Macht an sich rissen und sogar ihre Sprache durchsetzten wie die Osmanen in Kleinasien? War es eine geistige Gemeinschaft, die im gemeinsamen Glauben ihre politische Ordnung durchsetzte, wie etwa die Buddhisten in Tibet und in Indonesien oder wie der Jesuitenorden vorübergehend im Paranágebiet, dem alten »Paraguay«?

Das sind alles Fragen, die noch der Antwort harren. Wir wissen auch kaum etwas über die Herkunft der Sumerer. Ihre Sprache weist auf eine Verwandtschaft mit dem Ugrofinnischen hin, mehr in der Grammatik als in den Wörtern selber. Sind sie aus der »sibirischen Tasche« nach Mesopotamien eingewandert? Sicher ist wohl nur, daß das Stromland von Euphrat und Tigris bis ins 5. Jahrtausend v. Chr. hinein noch nicht besiedelt war, als sich ringsherum an den Bergen des Fruchtbaren Halbmondes der Ackerbau und die Viehzucht bereits beträchtlich entwickelt hatten. Wahrscheinlich war das Flachland zu trocken. Um bebaut zu werden, bedurfte es neuer Wirtschaftsformen.

Wenn im Frühling der Schnee schmilzt, schwellen die Flüsse an, die von den kleinasiatischen und den iranischen Bergen herunterströmen. Sie überfluten die Ufer und setzen weite Flächen unter Wasser. Bringt man in dieser Zeit die Saat in die Erde, dann reift sie in den nächsten Monaten unter der strahlenden Sonne, so daß sie geerntet werden kann, bevor die Pflanzen verdorren. Mit der Zeit ging man dazu über, diese regelmäßigen Überschwemmungen auszunutzen, um das Land künstlich zu bewässern. Man mußte dazu ein vielfältiges Netz von

Kanälen ziehen, größeren und kleineren, die genau abgestuft das Wasser auf die Felder leiteten. Das setzte allerdings eine breite soziale Ordnung, ja ein völlig neues Denken voraus.

Auch der Jäger unterwirft sich einer gewissen Ordnung. Der Stamm jagt gemeinsam unter einheitlicher Führung. Der Ackerbauer steht in der festen Gemeinschaft der Siedlung. Man einigt sich darüber, wie Grund und Boden zu verteilen sind, wenn nicht als dauerndes Eigentum, so doch jeweils zur Bebauung. Es geht eben nicht, daß jeder einzelne sich im Frühjahr das Stück Land aussucht, das gerade er bebauen möchte. Der Sippenälteste oder der Dorfsprecher oder wie er sich sonst nennen mag, entscheidet. Für eine planmäßige Bewässerung, also für den Bau von Kanälen und Deichen, reicht die Ordnung im Dorf jedoch nicht aus. Da müssen alle Dörfer zu beiden Seiten des Flusses zusammenwirken, von den höher gelegenen Gebieten bis hinab zu den bewässerten Äckern. Was an Mühe und Arbeit aufgewendet wird, lohnt sich nur, wenn von vornherein fest steht, wie der Nutzen verteilt wird. Viele müssen hart arbeiten, ohne daß sie selber unmittelbar was davon haben. Alle, die daraus Vorteil ziehen, müssen entsprechende Gegenleistungen erbringen. Wie aber sollen sie festgesetzt werden? Wie läßt sich über die Köpfe der Beteiligten hinweg und schließlich doch zu aller Nutz und Frommen langfristig planen?

An jenen Stellen der Erde, wo die Menschen ihre Ernährung der künstlichen Bewässerung verdanken, haben sich eigenartige Herrschaftsformen entwickelt, die auf Befehl und Gehorsam beruhen. Mancher sieht hierin den Sinn und das Wesen der »Orientalischen Despotie«. Aber so einfach ist es nicht, daß die künstliche Bewässerung aufgrund ihrer inneren Notwendigkeit allein schon zur Despotie führen müsse. Die Menschen müssen den Nutzen einer solchen gesellschaftlichen Ordnung auch einsehen, und das ist deswegen nicht leicht, weil es immer Menschen geben wird, die die Hauptlast der Arbeit zu tragen haben, während anderen der größere Vorteil zugute kommen wird. Eine höhere Ordnung muß die offensichtliche Ungerechtigkeit wieder ausgleichen.

Aller Grund und Boden gehört den Göttern. Da der göttliche Wille nicht immer klar zu erkennen ist, fällt den Priestern die Aufgabe zu, ihn zu erkunden und auszulegen. Sie fassen die göttlichen Befehle in Gebote und Verbote zusammen. Sie deuten die himmlischen Zeichen, die jeweils das Walten der Götter anzeigen. Die gesellschaftliche Ordnung muß dem göttlichen Willen entsprechen. Es läßt sich kaum feststellen, wie diese Ordnung entstanden ist, noch wann sie entstanden ist, ob die Sumerer sie von ihren ursprünglichen Sitzen mitgebracht oder ob sie sie in Mesopotamien oder im alten Elam am Karunfluß selbständig hervorgebracht haben.

Mittelpunkt der sumerischen Stadt und des öffentlichen Lebens ist der Tempel oder – allgemein ausgedrückt – die Kultstätte. In den Tempelgütern wiederum spielt sich das gesamte wirtschaftliche Leben ab. Die Stadt unterscheidet sich von einer größeren Siedlung nicht durch die Zahl der Bewohner und auch nicht in der Bauweise. Kennzeichen der Stadt ist die Arbeitsteilung seiner Bewohner und die abgestufte Gesellschaftsordnung nach Stand, Beruf und Rang mit der sich daraus ergebenden Autorität für den Betreffenden. Die sumerische Stadt wird von den Priestern geführt. Sie veranstalten die religiösen Feiern. Sie weisen jedem innerhalb der Gemeinschaft seine Arbeit zu. Die Priester Sumers unterscheiden sich wesentlich von den Schamanen und Zauberern alten Stils. Der Schamane und nur er hatte unmittelbaren Zugang zu den Geistern. Er nahm alle Gefahren für die Mitmenschen auf sich. Für sie litt er, für sie rang er mit den Geistern. Vom Schamanen geht die große Kraft aus, die die Menschen von den bösen Geistern befreit. Die Macht der Priester geht lange nicht so weit. Der Priester ist nur Mittler zwischen Mensch und Göttern. Der Unterschied liegt also gleichzeitig in dem von Geistern und Göttern.

Götter lassen sich weder beschwören noch bannen; man kann sie höchstens beschwichtigen und gnädig stimmen. Sie verlangen Unterwerfung, Demut und Gehorsam. Aufgabe des Priesters ist es, die göttliche Ordnung zu erklären und im Diesseits zu verwirklichen. Sieht man den geistigen Unterschied zwischen Priester und Schamanen nachträglich auch einigermaßen deutlich – die einfachen Zeitgenossen werden das im täglichen Leben wohl kaum erkannt haben. Er verwischt sich. Jahrtausende haben die Menschen in den Vorstellungen der Geisterwelt gelebt – sie erwarten von ihrem Priester, daß er ihnen ebenso hilft wie der Schamane. Aber während der frühe Jäger ganz von der Natur und dem Walten des Geheimnisvollen abhing, erwarb der Ackerbauer seinen Lebensunterhalt mit seiner Hände Arbeit. Damit sie Nutzen trug, bedurfte es einer gesellschaftlichen Ordnung. Es ist wirklich eine »Ordnung«.

Das Wirtschaftsleben der frühen sumerischen Städte beruht auf den Tempelgütern, da ja aller Grund und Boden den Göttern und damit deren Tempeln gehört. Alle Menschen sind verpflichtet, für die Götter zu arbeiten, also für die Allgemeinheit. Dafür erhalten sie von den Tempeln, und das sind nun die Priester, alles zugewiesen, was sie brauchen. Die Priester wiederum verfügen, was der Einzelne zu erhalten hat: einmal, was er braucht, sodann als Entgelt für das, was er leistet. Über diesem recht verwickelten Teilungssystem steht das große Wort Gerechtigkeit. In der Familie wie im Stamm wurde jedem zugewiesen, was er zu tun hatte. Was er bekam, hing jedoch nicht von seiner Leistung ab. Kranke und Schwache wurden durchgeschleppt. Anders in der Stadt. Dort bedurfte es eines verstärkten Antriebes, um den Einzelnen zu veranlassen, eine größere Mühe auf sich zu nehmen. Für seine Leistung mußte er eine entsprechende Gegenleistung erhalten. Das war der Inhalt des »Rechts«. Der einzelne Bauer arbeitete auf den Tempelgütern vor den Toren der Stadt. Was er erntete, mußte er an den Tempel abliefern. Der Ertrag wurde sorgfältig abgewogen gegen das, was er empfangen hatte, das Land, das ihm zur Verfügung gestellt, die Saat, die er erhalten, das Gerät, mit dem er gearbeitet hatte. Zog man das alles und den Anteil, den der Tempel zu bekommen hatte, ab, so ergab sich sein Lohn – oder sein Gewinn.

Um diese Abrechnung vornehmen zu können, bedurfte es wiederum dreierlei: der Zahl als Grundlage allen Rechnens, sodann eines allgemeinen Wertmaßstabes, um verschiedenartige Werte auf einen gemeinsamen Nenner zu bringen, und der Schrift, um diese Abrechnungen festzuhalten. Hier erkennen wir die großartige Leistung der sumerischen Priester. Bis in unser Jahrhundert hinein kennen Naturvölker teilweise nur die Zahl vier. Weiterzählen können sie nicht. Was darüber hinausgeht, ist ganz allgemein »viel« oder »sehr viel«. Es ist schon eine geistige Leistung, wenn Naturmenschen bis zehn – nach der Anzahl der Finger – oder gar bis zwanzig – unter Zuhilfenahme der Zehen – zählen können. Die Zahlen bleiben mit Fingern und Zehen anschaulich.

Um zu einer höheren Zahl, etwa 25 oder gar 100 zu kommen, muß man sich ganz von der Anschauung lösen. Eine neue Art des Denkens war dazu notwendig und zugleich die Folge: das Denken in »abstrakten« Begriffen. Nun bezeichnete das Wort Stier nicht ein bestimmtes Tier, sondern den Stier »an sich«, den es ja gar nicht gibt. Nur so war es möglich, dem Bauern – oder dem Pächter – aufzuerlegen, regelmäßig so und so viele Sack Weizen, so und so viele Rinder, Schafe, Ziegen abzuliefern. Er brachte sie nach der Ernte auf das Tempelgut, wo der Priester mit ihm »abrechnete«. Da konnte es wohl geschehen, daß ein Sack oder ein Tier als minderwertig zurückgewiesen wurde, aber in der Regel wurde einfach durchgezählt. Vorräte wurden in große Töpfe gefüllt, die man fest verschloß und verzierte, um den Inhalt anzugeben. Man verwendete dabei die uralten Zeichen der frühen Töpferei.

Seit alters her tragen Töpfe und Schalen aus gebranntem Ton gewisse Zauberzeichen, wie sie jahrtausendelang an bestimmten Stellen eingeritzt wurden. Da gibt es die erhobenen Hände zur Beschwörung der Geister oder die herabgezogenen Striche, die Regen darstellen und Regen herbeirufen, da gibt es die Zeichen für Sonne und Mond, eine Wellenlinie für die Wasser der Unterwelt und Zeichen für mythische Tiere, die den Erdrachen darstellen. Aus diesen Zeichen der Schamanen entwickelten die sumerischen Priester die Schrift. Sie hat mit der Bilderschrift primitiver Völker kaum etwas zu tun. Solange die Kritzeleien nur von dem, der sie verfaßt hat, richtig »gelesen«, von den anderen höchstens geraten werden können, so lange darf man nicht von »Schrift« im eigentlichen Sinn sprechen. Aus solchen Mitteilungen allein kann niemals die Schrift erwachsen. Sie erfordert eine Umstellung des gesamten Denkens. Im Gegensatz zur bildlichen Darstellung eines einmaligen Vorgangs und im Unterschied zum Merkzettel oder Merkknoten für einen bekannten Sachverhalt setzt die Schrift einen besonderen Denkprozeß voraus.

Der Schreibende muß sich vollständig von der Anschauung lösen, die nur er und nicht auch der Lesende hat. Er muß Worte niederlegen und nicht einzelne Bilder. Er muß also in der Lage sein, »Berg« zu schreiben und nicht einen besonderen Berg zu meinen. Dazu muß er jedoch geistig in der Lage sein, vom Berg an sich zu sprechen. Das Zeichen stellt also keinen einzelnen Berg, sondern eben das Wort Berg dar. Dann erst kann man sein Zeichen – im Sumerischen mit seinem Silbenwert Kur – lesen. Der einfache, unverbildete Mensch, vor allem das Kind, kann sich nicht von der Anschauung lösen. Er möchte das, was er hört, mit möglichst greifbaren Bildern füllen. Er versteht kein allgemeines Zeichen. Man muß umdenken, wenn man sich bewußt mit einem ganz allgemein gehaltenen Zeichen ∧∧∧ für Kur = Berg begnügt und nicht versucht, jeweils einen bekannten Berg der Umgebung wiederzugeben.

Das Zeichen trat an die Stelle des Bildes, die Figur wurde immer mehr stilisiert, dann überhaupt nur noch angedeutet. Es wurde als Laut gelesen, also als Silbe oder gar als Buchstabe. A ist das sumerische Wort für Wasser, e für Haus. Schließlich wurde das Zeichen für Wasser zum Buchstaben a und das Zeichen für Haus für den Laut e geschrieben und gelesen, selbst wenn das Wort, bei dem ein Laut wie a oder e auftauchte, überhaupt nichts mit Wasser oder Haus zu tun hatte. Man durfte bei diesen Zeichen nicht mehr an die ursprüngliche Bedeutung denken! Auf sumerisch heißt ad Vater, also läßt sich dieses Zeichen für ad schreiben; gu ist das Rind, also kann man gu mit dem ursprünglichen Rinderzeichen wiedergeben. Diese Methode erlaubte es, immer schwierigere Begriffe zu schreiben. Lu ist der Mensch, gal heißt groß. Da der König auf sumerisch der »Große Mann« heißt, wird er lugal geschrieben, mit den beiden entsprechenden Lautzeichen. Lugal ist ein Titel, ein feststehender Begriff geworden.

Die Schrift ist nur einmal auf Erden – von den Sumerern – erfunden worden. Ein so hochbegabtes Volk wie die Kelten hat – wie Caesar berichtet – seine religiösen Lehren nicht schriftlich niedergelegt. Die Kelten haben keine Schrift gehabt. Wenn überhaupt, benutzten sie griechische Zeichen wie die Etrusker, die ebenfalls keine Schrift gehabt haben. Die Griechen ihrerseits haben ihre Buchstaben von den Phöniziern entlehnt. Wo es Schrift gibt, läßt sich die Verbindung zu Mesopotamien zwar nicht eindeutig nachweisen, aber doch vermuten. Einige Jahrhunderte nach der ersten Schrift der Sumerer entstanden die ägyptischen Hieroglyphen, die altindische Schrift des Industals acht Jahrhunderte, die altamerikanische der Maya fast dreitausend Jahre später. Das beweist zwar noch wenig, läßt uns aber nach den möglichen Zusammenhängen suchen. Ohne die sumerische Schrift wäre die ägyptische nicht zu erklären. Verbindungen zwischen Mesopotamien und dem Niltal lassen sich auch nachweisen. Dennoch beruht die ägyptische Schrift auf anderen Grundgedanken und anderer geistiger Einstellung als die sumerische.

Die ägyptische Schrift war von Anbeginn der sumerischen weit überlegen, sowohl an Klarheit der Zeichen, an deren künstlerischer Gestaltung wie in der Verwendung der einzelnen »Hieroglyphen«. Die ägyptische Schrift scheint wie aus einem Guß geschaffen worden zu sein, sie hat sich nicht langsam aus einfachen Anfangsformen entwickelt, sie taucht fertig ausgebildet auf und hat dann zweieinhalb Jahrtausende an diesen ersten Formen festgehalten, allen politischen Umwälzungen trotzend. Jede Hieroglyphe bezeichnet einen Konsonanten; Vokale werden nicht geschrieben wie später in der hebräischen und heute in der arabischen Schrift. Daneben gibt es »Deutzeichen«, die dem Betrachter halfen, »richtig« zu lesen. Auch diesen Gedanken hat der Ägypter von den Sumerern entlehnt. Dazu aber kamen noch jene Bildzeichen, die nicht als »Laut«, sondern als ganzes Wort zu lesen waren. So steht das Bild eines Segels ⛵ für »Wind«, der Bierkrug ⛃ für Bier. Noch schwieriger war es, Verben oder abstrakte Begriffe darzustellen. Da half sich der Schreiber. Das Bild einer Schreibpalette mit Farbe und Schreibfeder 𓏞 bedeutete in dieser eigenartigen Zusammensetzung eben »schreiben«. Hier wird das Kernproblem der Hieroglyphen sichtbar. Die große geistige Umwälzung hatten die Sumerer durch den »Begriff« vollzogen. Nicht die Anschauung, sondern das »Wesen«, der »Sinn« und der »Zweck« prägten das Bild. In dieser geistigen Wandlung liegt die Hochkultur – jede Hochkultur! – begründet.

Die Ägypter blieben in ihrer Schrift beim Bild. Sie suchten ein Wort, das mit dem von ihnen gesuchten Konsonanten anfängt, um es dann abzubilden. Das Wort für »Hand« beginnt mit d, also stellte eine Hand 𓂧 ein D, das Wort für Hacke beginnt mit m, also liest man 𓌳 als M. Der Mund bedeutet dementsprechend R. Für den Konsonanten n bot sich das Wort für Wasser an. Wie aber sollte man Wasser »schreiben«? Der sumerische Schreiber hatte noch gefragt: was ist das, »Wasser«? Er antwortete: das Fließende schlechthin. So schrieb er zuerst ⌐⊨ , dann, als die Buchstaben um neunzig Grad gedreht wurden – weil sich die Tafeln so leichter handhaben ließen –, ⌐⊨ . Der Ägypter hielt an der Anschauung fest. Er »sah« das Wasser, die gekräuselte Oberfläche des Nils, und er schrieb Wasser ∿∿ , las dieses Zeichen als Na – nach dem ägyptischen Wort für Wasser –, während der Sumerer sein Zeichen als A las. Den Erfindern der Hieroglyphen ist das abstrakte Denken noch recht schwergefallen, trotz der sumerischen Vorbilder. Daraus können wir rückschließen, daß ohne dieses Vorbild die Schrift kaum nach Ägypten gekommen wäre. Dort wie im Zweistromland erfüllte sie die gleiche Aufgabe.

In der Schrift lassen sich Worte, Sätze und Gedanken wiedergeben. Sie kann so abstrakte Vorgänge wie Abrechnungen, Verträge, Vorratsmengen, Gesetze und Befehle und Berichte festhalten und wiedergeben. Nun erst wird es möglich, die gesellschaftliche Ordnung in dauerhafte, allen zugängliche Regeln zu fassen, die schriftlich niedergelegt sind. Es gibt ein Recht, wenn es vielleicht nur wenig mit Gerechtigkeit und mit der ursprünglichen göttlichen Ordnung zu tun hat. Das Gesetz wird zum Recht. Es steht geschrieben! heißt es von nun an. Dieses Recht schafft das Eigentum. Obwohl der Grund und Boden den Göttern, also den Tempeln, gehört, kann der Einzelne über seinen Besitz, sein Haus, das Gerät und die Rohstoffe verfügen. Er kann sich Güter beschaffen, er kann Darlehen aufnehmen, er kann sich zu Leistungen verpflichten, um Kredite zu erhalten. Ein ganzes Netz von Rechtsgeschäften durchzieht den Alltag mit Guthaben und Schulden, Rechten und Pflichten.

Allen diesen Rechtsgeschäften wurde ein gemeinsamer Maßstab zugrunde gelegt: das Geld – ausgedrückt in den Edelmetallen. Sie waren den Göttern geweiht, das Gold der Sonne und das Silber dem Mond. Um mit beiden gleichzeitig arbeiten zu können, wurden sie in ein festes Verhältnis gebracht, das der Umlaufzeit des Mondes – Mondmonat – und der Sonne – Jahr – also $13^1/_2$ entsprach. Danach war das Gewicht an Gold $13^1/_2$mal soviel »wert« wie das gleiche Gewicht an Silber. Dieses Verhältnis hat sich bis zum 16. Jahrhundert ungefähr gehalten, bis zu den großen amerikanischen Silberfunden.

Die frühen sumerischen Schrifttäfelchen bezogen sich fast ausschließlich auf Kaufgeschäfte, Steuerabrechnungen und Pachtverträge. Wer Waren ablieferte – ganz gleich aus welchem Grund – erhielt eine Quittung – auf Ton, gesiegelt mit dem Tonzylinder. Wer eine Ware zu liefern hatte, mußte das – gesetzlich festgelegt! – schriftlich bestätigen. Ein kurzer Vertrag wurde aufgesetzt, meist von berufsmäßigen Schreibern und mit Stempel oder Rollzylinder gesiegelt.

Das war die Grundlage einer umfassenden Tempelwirtschaft. Die

Priester ließen Kanäle ziehen, Felder anbauen, Tiere züchten. Sie konnten jedem, der für den Tempel arbeitete, entweder sofort einen Gegenwert – in »Geld«, richtiger in Edelmetallmengen ausgedrückt – geben oder ihm für die Zukunft versprechen. Sie konnten Waren aus der Fremde oder für zukünftige Lieferung vom Handwerker bestellen. Jeder, der arbeitete, wußte: der Lohn lag fest, er war gesiegelt. Daraufhin konnte sich auch der Kaufmann für künftige Lieferung verpflichten, denn er hatte – schriftlich bestätigt – das Gegenversprechen. Solange Ordnung und Gerechtigkeit herrschten, fand jede Leistung ihren Lohn. Kanäle durchzogen die einst unfruchtbare Wüste und ließen grüne Felder entstehen. Die Herden vermehrten sich, Handwerker konnten ohne Sorge um das tägliche Brot Häuser und Tempel bauen, Geräte herstellen, Tontöpfe brennen. Sie verarbeiteten Steine, Holz, Elfenbein, Kupfer, Silber und Gold. Wer etwas verkaufen wollte, ließ es im Tempel schätzen. Die Priester erhielten ihren Anteil an der Erzeugung, der für Heiligtümer und Opfer und für den eigenen Unterhalt verwendet wurde.

Groß waren die Götter. Ihr Segen ruhte sichtbar über dem Land. Dankbar erkannten die Sumerer das an. Weit über die Häuser der Stadt ragte der Tempel, der prunkvoll ausgestattet wurde. Da der Himmelsgott An entweder im Himmel wohnte oder den Himmel darstellte, erhob sich auch sein Tempel in den Himmel. Da die mesopotamische Ebene völlig flach ist, ragen die Tempelberge weithin sichtbar empor. Sie künden vom Glück und vom Segen der Stadt. Dort versammeln sich die Menschen zu den regelmäßigen Festen. Dort sprechen sie miteinander, sie tauschen Nachrichten, Erfahrungen und Waren aus, die eigenen Erzeugnisse mit jenen aus der Fremde. Der Tempelhof ist zugleich der Markt. Und er ist auch der Mittelpunkt des öffentlichen Lebens. Dort werden die Abgaben festgesetzt, die Schulden beglichen, die Steuern eingezogen, aufbewahrt und quittiert.

Der Tempel ist zugleich der Mittelpunkt des geistigen Lebens. Priester berechnen das Jahr nach dem Stand der Gestirne. Sie teilen den Kreis in 360 Grade entsprechend der Einteilung des Jahres in 360 Tage, des Jahres in 12 Monate, den Monat in 30 Tage, des Tages in zwei mal zwölf Stunden – Tag und Nacht – in Minuten und Sekunden.

Noch können wir kaum von »Staat« sprechen, aber die wesentlichen Merkmale eines Staates formen sich im 4. Jahrtausend v. Chr. Da die künstliche Bewässerung die Lebensgrundlage der Bevölkerung im Flachland ist, muß sie sorgfältig geplant und berechnet werden. Das Land muß vermessen, das Gefälle des Wassers in den Kanälen muß berechnet werden. Jedes Jahr beginnt die Schneeschmelze etwa zur gleichen Zeit. Um das Steigen und Fallen der Flüsse, das sich Jahr für Jahr wiederholt, festzulegen, müssen die Sterne beobachtet werden.

Ständig müssen die Kanäle vom Schlamm gereinigt werden, der sich ablagert, dann müssen die Deiche erhöht werden, damit Hochwasser sie nicht überfluten. Auch muß eifrig daran gearbeitet werden, neue Kanäle zu ziehen und die Pflanzen höher zu züchten, um die Erträge je Fläche zu steigern. Ständig droht zudem die Gefahr, daß die umherschweifenden Jäger, aber auch die nomadisierenden Viehzüchter angesichts des aufstrebenden Reichtums neidisch werden und die Stadt überfallen. Man muß zur Verteidigung eine Truppe aufstellen.

Seit Jahrzehnten werden die alten Städte in Mesopotamien ausgegraben, Ur und Uruk, Eridu, Nippur, Lagasch, Sippar und Babylon. Diese Städte haben noch lange eine besondere Rolle in der Geschichte des Landes gespielt. Wie Grabungen in Obeid und Dschamdet Nasre zeigen, haben auch diese Plätze, der eine nahe bei Eridu, der andere bei Kisch und Babylon, in ältester Zeit ein recht bedeutsames kulturelles Leben geführt. Wirklich greifbar werden die geschichtlichen Vorgänge erst in der zweiten Hälfte des 3. Jahrtausends v. Chr.

Die Sumerer selber erzählen, in ihrer Geschichte habe es einmal einen tiefen Einschnitt gegeben. Sie sprechen von der Zeit vor »der Flut« und der Zeit danach. Zweifellos handelt es sich dabei um ein geschichtliches Ereignis, das auch nicht in die graue Vorzeit vorverlegt wird, sondern in eine für die Sumerer noch greifbare Erinnerung fällt. Es hat auch vor der Flut, deren Nachhall im Gilgamesch-Epos und von dort ausstrahlend in der Bibel und in vielen Kulturkreisen zu finden ist, Städte gegeben.

Mehr als zwei Jahrtausende später rühmte sich der Assyrer Assurbanipal, er habe Tontafeln lesen können, die aus der Zeit »vor der Flut« stammten. Da die Schrift wohl erst zum Ausgang des 4. Jahrtausends v. Chr. entwickelt wurde, müßte diese sagenhafte Flut in das 3. Jahrtausend v. Chr. fallen. Dementsprechend sind die Anzeichen von großen Überschwemmungen in den Städten gedeutet worden. Aber alles das läßt sich doch nur unbestimmt vermuten. Sicherlich hat es manche große Überschwemmung gegeben. Die Sintflut, wie sie das Gilgamesch-Epos und die Bibel schildern, stellt jedoch ein so gewaltiges Naturereignis dar, daß sie mindestens in dieser Form wohl kaum stattgefunden hat. Wir müssen sie in den Bereich religiöser Vorstellungen verweisen, die späteren Geschlechtern allerdings fremd geworden waren.

Die Sintflutlegende erzählt, wie die Mächte der Unterwelt mit den Mächten der Oberwelt kämpfen. In der sumerischen Religion steht Anu, dem Herrn des Himmels, Enlil, der Gott der Tiefe, gegenüber. Das Oben wie das Unten wird zu einer moralischen Macht, eben zu dem, was die Menschen seitdem als Gottheit ansehen. Der Gott verkörpert mehr als eine Naturgewalt, er ist mehr als ein Wesen, das wie die Geister neben oder hinter den sichtbaren und erlebbaren Gegenständen unserer Umwelt steht. Bei den frühen Jägern sind alle Geister mehr oder weniger gleichwertig und daher auch gleich mächtig. Bei den frühen Ackerbauern spielen die verschiedenen Naturgewalten, spielen die Gestirne, vor allem Sonne und Mond, daneben die Symbole der Fruchtbarkeit, wie die »Muttergöttin«, aber auch Tiere wie der Stier und der Widder eine überragende Rolle. Das alles tritt gegenüber einer neuen Weltschau zurück. Der Gott verkörpert die Weltordnung schlechthin. In seinem Wesen und in seinem Wollen spiegelt sich die Ordnung wider, die in den Städten herrscht, denn die ganze Welt untersteht den Göttern, mögen sie auch untereinander uneins sein, mag der eine gegen den anderen kämpfen, der Himmel wider die Erde, die Sonne wider den Regengott oder den Wassergott. Mit den Göttern muß sich der Mensch abfinden.

Es ist nicht klar festzustellen, welche Rolle der Priesterfürst und welche der weltliche Herr der Stadt von Anbeginn an spielen. Vielleicht hat es ursprünglich nur einen priesterlichen Stadtführer gegeben, »en« genannt, dann aber scheint die Führung von zwei Personen ausgeübt worden zu sein, von dem »ensi« – Priesterkönig – und von dem »lugal«, der wohl als weltlicher Herrscher wirkte. Später wird lugal einfach mit König übersetzt. Von alledem wissen wir jedoch nur aus einer sehr viel späteren Zeit, nämlich aus der Mitte des 3. Jahrtausends v. Chr. Vorläufig vereinigt der Stadtherr noch seine Königswürde mit dem Priesteramt. Noch bleibt er Diener des Stadtgottes, zugleich Diener der hohen Götterdreiheit An, Enlil und Ea mit dem Titel »Ensi«. Aber immer mehr verläßt er sich auf die Gewalt der Waffen.

Hatten sich die sumerischen Städte vorwiegend gegen die Einfälle der Elamiter zu verteidigen, so beginnen nun auch die Zwistigkeiten zwischen den einzelnen sumerischen Städten, die in Kriege, ja in Eroberung und Zerstörung ausarten. Die »alte gute Zeit« des Friedens ist endgültig vorbei. Die sumerischen Dynastien, die sich seit etwa 2800 v. Chr. in den Städten Uruk, Lagasch und Ur durchsetzten, müssen beachtliche Streitkräfte besessen haben, wahrscheinlich auch manche Hilfstruppen, darunter semitische Beduinen. Die Paläste, in denen die Herrscher wohnten, werden nun weitaus größer als die Tempelanlagen. Alle Städte umgeben sich jetzt mit festen Mauern, wie sie Gilgamesch zum Erstaunen seiner Zeit in Uruk gebaut hat. Das war nötig geworden, denn sobald ein Herrscher mächtig wurde, versuchte er, ganz Babylonien zu erobern. Vorläufig bleiben die Königslisten noch dunkel; manche Dynastien müssen gleichzeitig in mehreren Städten geherrscht haben, viele Könige gehören der Sage an. Von einigen wird erzählt, sie hätten 625 oder gar 1200 Jahre regiert, was selbst für eine Dynastie unmöglich ist. Drei Dynastien werden in Uruk, zwei in Ur, vier in Kisch genannt. Von König Mesilim von Kisch ist eine Weihinschrift (nach 2650 v. Chr.) auf einem Keulenkopf erhalten geblieben. In späteren Schriften wird ein König Mesannapadda von Kisch erwähnt. Da er den Titel »König von ganz Babylonien« trägt, scheint er den Anspruch darauf erhoben zu haben. Wie weit seine Macht wirklich reichte, läßt sich nicht sagen.

Die hervorragende Gestalt dieser noch sagenhaften Zeit ist der Held Gilgamesch aus Uruk. Er soll mit seinem Freund Enkidu, »der aus der Steppe kam«, sogar ins Land der Zedern, also zum Ammanus in Syrien und bis zum Mittelmeer gezogen sein. Die Sage berichtet, daß er despotisch in Uruk geherrscht habe. Allein der Bau der Stadtmauer, die neuneinhalb Kilometer lang war und etwa neunhundert Halbkreistürme zählte, muß die Bevölkerung ungeheuer stark belastet haben. Diesen gewaltigen Bau konnte wohl nur eine starke Gewalt durchsetzen. Nach der Königsliste soll Gilgamesch um das Jahr 2750 v. Chr. regiert haben.

Vielleicht nicht ohne das ägyptische Vorbild weiten die Priester ihre öffentliche Stellung und die weltlichen Herrscher ihre Macht aus. In Ur richtet die erste »Dynastie« ihre Herrschaft auf, anscheinend nur über die Stadt. Auf den Abbildungen tauchen jedoch immer mehr Krieger auf. Sie ziehen mit ihren schweren Kampfwagen, die von Wildeseln – Onagern – gezogen werden, in die Schlacht. Wir sehen König Eannatun an der Spitze seiner Krieger, die mit Schild und Lanze bewehrt sind. Vorübergehend haben die Könige von Ur und von Uruk die anderen Städte, vielleicht sogar ganz Sumer, unter ihre Führung gebracht. Wollten sie ein Reich nach ägyptischem Vorbild errichten? Waren sie bei den ganz anderen geographischen Bedingungen überhaupt dazu imstande?

Obwohl Lagasch ein besonderes kulturelles Ansehen genoß, haben seine Könige kaum mehr als die nächste Umgebung beherrscht. Nippur und Eridu scheinen Mittelpunkte des Glaubens gewesen zu sein, ihre Götter wurden weithin verehrt. Die Macht ihrer Könige jedoch blieb auf die Städte beschränkt. Vom König Urnanache von Lagasch erfahren wir, daß er neben Tempeln und Kanälen auch Befestigungsanlagen schaffen ließ. Das Bauholz ließ er aus dem Gebirge kommen. Von seinem Enkel Eannatum sind Berichte über seine militärischen Siege erhalten geblieben. Ningirsu, der Stadtgott von Lagasch, hält die gefangenen Feinde »in einem Netz«. Auf der »Geierstele« wird erzählt, daß die Nachbarstadt Umma niedergeworfen wurde. Auch Eannatum rühmt sich, Kanäle und Zisternen angelegt zu haben. Nach seinem Tode gelang es Umma zwar vorübergehend, die umstrittenen Landstriche zurückzugewinnen, aber der Neffe Entemena hat Umma endgültig unterworfen.

Um 2440 v. Chr. setzte ein Emporkömmling, Urukagina, den König von Lagasch, Lugalanda, ab und leitete, wie wir aus den Urkunden erfahren, tiefreichende Reformen ein. Das Stadtgebiet soll damals 36 000 Bewohner gezählt haben. Urukagina wandte sich scharf gegen die Priester und die Beamten, die sich allerlei ungesetzliche Rechte gegen die Schwachen herausgenommen hatten. »Ningirsu schloß mit Urukagina einen Vertrag, daß der Mächtige den Waisen und Witwen nichts antue!« Offensichtlich wollte Urukagina die unteren Bevölkerungsschichten für sich gewinnen. Deren Hilfe brauchte er auch für seine kriegerischen Unternehmungen gegen Umma. Zunächst hatte er Erfolg. Er setzte als seinen Vertrauten Lugalzaggesi ein. Dieser formte in Umma das Heer um. Fünf Jahre später (2430 v. Chr.) eroberte Lugalzaggesi seinerseits Lagasch, nach und nach auch Uruk, Ur, Eridu, Larsam und andere Städte. Er behauptete, Gott Enlil »habe ihm die Wege vom Unteren Meer – dem Persischen Golf – bis zum Oberen Meer – dem Mittelmeer – über Tigris und Euphrat geebnet«. Er erneuerte die Tempel und Kanäle in ganz Sumer von Eridu bis Nippur, damit dort »Menschen, zahlreich wie das Gras«, friedlich wohnen könnten.

Inzwischen hatte sich die politische – und wohl auch die kulturelle – Macht von Uruk nach Kisch verlagert. Dort soll die erste Dynastie »nach der Flut« mit zwanzig Herrschern regiert haben; man verehrte den kriegerischen Gott Zababa. Der erste König dieses Hauses wird Etana genannt. »Er einigte alle Länder« heißt es in der »Sumerischen Königsliste«, die allerdings erst zum Ende des 3. Jahrtausends v. Chr. aufgezeichnet wurde, und sei schließlich, wird gesagt, zum Himmel aufgestiegen.

Aber ein Jahrhundert später erfahren wir aus einem Bericht der Fürsten Eannatum und Entemena von Lagasch auf einer Gedenksäule, daß König Mesilim von Kisch einen Streit schlichtete, den sie mit der Nachbarstadt Umma hatten. Die Könige verfügen über ansehnliche Streitkräfte, mit denen sie gegen die Nachbarstädte Krieg führen. Es hat Herrscher gegeben, die offensichtlich niederer Herkunft waren. Von der Königin Kubaba wird berichtet, sie sei ursprünglich eine Schankwirtin gewesen, was als besonders niederer Beruf galt. Sie regierte in Kisch.

In Kisch erhob sich der mehrstufige Tempelturm, ein mächtiger, über zwanzig Meter aufragender Zikkurat. Während Kisch die politische Führung behält, steigt die Stadt Nippur, fünfzig Kilometer südöstlich von Kisch, zum religiösen Mittelpunkt des sumerischen Landes, nicht eines »Reiches« empor. Im Tempel E-Kur, im Berghaus, wurde Enlil verehrt, der sich mit An und Enki verband, Spender des Lebens und der Fruchtbarkeit, aber auch ein strenger Herr. Er stieg – vielleicht dank der klugen Politik seiner Priester – mit der Zeit zum Gott auf, an den sich schließlich alle Sumerer wandten, ohne daß die alten Stadtgottheiten verschwanden.

Das Land vom Unterlauf des Tigris zu den iranischen Bergen ist das alte Elam mit den Flüssen Karscheh und Karun. Im künstlich bewässerten Tiefland – der Susiana – lebten fleißige Ackerbauern, im gebirgigen Hochland dagegen kriegerische Hirten. Schon zum Ausgang des 4. Jahrtausends erhob sich auf einer Insel des Ulai-Flusses die Stadt Susa. Erobernd zogen die Elamiter gegen Uruk und schleppten reiche Schätze von dort nach Hause. Nach längerer Zeit folgte der Gegenschlag: die Sumerer stürmten Susa. Von da ab wird Elam die Geschichte Mesopotamiens begleiten, im Kampf gegen die Nachbarvölker und im Zusammenwirken mit ihnen. Elam hat seit alters her eine besondere Kunst herausgebildet.

Am eindrucksvollsten ist aus dem 4. Jahrtausend wohl die Keramik aus Susa, der alten Hauptstadt von Elam. Diese Becher sind bereits auf der Töpferscheibe gearbeitet worden, was zeigt, daß man das Rad verwendet hat.

Die alten Elamiter haben eine andere Sprache gesprochen als die Sumerer; sie haben auch sehr früh eine andere Schrift entwickelt. Doch müssen wohl von alters her enge Beziehungen zwischen Sumer und Elam am Rande der Zagrosberge bestanden haben. Kennzeichnend für die frühe elamitische Kunst ist die hochentwickelte Stilisierung etwa der Tiere, wobei sich zeigt, wie weit das neue Denken bereits die Kunst beeinflußt hat. Wenn man die wundervollen Steinböcke betrachtet, so weiß man, daß nicht das einzelne Tier dargestellt werden sollte, sondern der Steinbock »an sich« in seiner allgemeingültigen Gestalt. Was gehörte dazu, den großen Schritt zu einer Denkweise zu tun, die bis in die heutige Zeit vielen Naturvölkern verwehrt ist und die zu lernen selbst uns in der Kindheit schwer genug fällt. Das begriffliche Denken muß uns mühsam in der Schule beigebracht werden.

Die kriegerischen Elamiter – wohl eher die Bergbewohner als die des Tieflandes – haben Eridu überfallen und geplündert. Sie konnten erst nach langer Zeit bestraft und zurückgewiesen werden. Vielleicht sind damals die ersten Nomaden als Krieger in das städtische Aufgebot der Sumerer eingestellt worden, denn nach allem, was wir hören, waren die Sumerer wenig kriegerisch eingestellt. Die sumerische Königsliste berichtet, der sagenhafte König Enmebaraggesi aus der ersten Dynastie von Kisch habe »die Waffen des Landes Elam als Beute davongetragen«. Etwas später müssen die Sumerer allerdings zugeben, das Reich Ur sei (wohl zwischen 2600 und 2550 v. Chr.) mit Waffen geschlagen, sein Königtum nach Awan weggeführt worden. Um 2550

v. Chr. gelang es endlich einem König von Kisch, das elamische Joch abzuschütteln. Wenig wissen wir vorläufig von den Beziehungen Elams zur östlichen Hochfläche – zu der Persis –, noch weniger über die Verbindung zu Indien. Dabei werden wohl recht früh Handelsbeziehungen zwischen dem »Meerland« am Persischen Golf und dem Indusgebiet bestanden haben. Ob vorwiegend über See oder auf dem Landweg ist ungewiß.

Daß Zusammenhänge mit Sumer bestanden, ergibt sich aus Funden sumerischer Erzeugnisse im Industal wie indischer Funde im Zweistromland. Wie so häufig in der Geschichte fehlt uns das Stück, das die Verbindung zwischen den beiden Gebieten nachweist. Mit zeitlichem Rückstand zu Mesopotamien entsteht jedenfalls im Industal eine Stadtkultur. Die Ausgrabungen haben Städte freigelegt, die zehntausend Bewohner gehabt haben müssen. Die älteren Siedlungen liegen am Indus südlich von Khaipur. Ihre Keramik ist der aus Tell Halaf in Mesopotamien seltsam ähnlich. Die Funde sprechen also für den Landweg über die iranische Hochfläche – Sialk und Bakun. Bekannt sind fast hundert Stadtruinen im gesamten Indusgebiet. Die bedeutendste: Chanhu – Daro. Harappa im Pandschab und Mohendscho Daro am Indus haben einen Umfang von mindestens fünf Kilometer gehabt. Am Westrand lag bei beiden eine mächtige Zitadelle von immerhin 120 Meter zu 60 Meter bzw. 150 Meter zu 90 Meter, die jeweils die Stadt beherrschte mit Wällen aus Lehm und Ziegeln, mit Palästen und Tempeln auf hohen Terrassen. Der Stadtkern selber weist einen streng geometrischen Grundriß auf. Die großen Häuser aus gebranntem Backstein längs den breiten, gepflasterten Straßen waren mit fließendem Wasser, mit Heizung und Bädern ausgestattet. Mächtige Gebäude, von denen allerdings nur die Fundamente erhalten sind, lassen sich wohl als Lagerhäuser deuten. Nach den erhaltenen Siegeln zu urteilen, hat der Stier eine Rolle gespielt, wie auch später in Indien. Solange die Schriftzeichen auf den Zylindern aber nicht entziffert werden können, läßt sich weder über die Sprache noch über die Menschen im Industal etwas aussagen. Die Induskultur begann etwa um 2900 v. Chr., erreichte ihren Höhepunkt schließlich um die Mitte des 3. Jahrtausends und fand dann um die Mitte des 2. Jahrtausends v. Chr. ihr Ende.

Offensichtlich ging selbst in sehr früher Zeit ein ansehnlicher Handel vom Industal nach Mesopotamien, ja sogar bis nach Ägypten, wobei ungeklärt bleibt, ob Sumer dabei als Umschlagplatz diente oder ob es gar einen Seeverkehr um die arabische Halbinsel herum ins Rote Meer gegeben hat. In Lothal am Golf von Cambay gab es offenbar eine Glasfabrikation, da man eine halbe Million Glasperlen, davon rund tausend vergoldete, gefunden hat. Die Stadt Lothal scheint mit Harappa verwandt, das dortige Kanalisationssystem übertrifft technisch sogar das von Mohendscho Daro.

Die Induskultur muß räumlich weit ausgestrahlt haben. Harappa-Keramik hat man in Uttar Pradesh gefunden. Auch in Kotla Nihang und nicht weit entfernt in Rupar hat man Funde gemacht, die mit Harappa verwandt sind. Vielleicht hat die Induskultur auch einen Anstoß in das Ganges-Becken und nach Siam und Annam hinein gegeben. Im 3. Jahrtausend zeigen sich jedenfalls in dem riesigen Gebiet, das von Burma bis zur Schantung-Halbinsel reicht, verwandte Kulturformen. Soweit sich das heute überblicken läßt, gab es keine städtischen Siedlungen, die sich irgendwie mit Harappa und Mohendscho Daro vergleichen ließen; es ist eine bäuerliche Kultur. Aber es wurden Pflanzen gezüchtet, die es sonst nirgendwo auf der Welt in jener Zeit gab, vor allem der Reis, und Tiere, gezähmt wie der Wasserbüffel. Das Zeburind stammt aus dem Industal, es ist auf den Zylindern abgebildet. Im Unterschied zu den Getreidesorten Vorderasiens verlangt der Reis ein warmes, wenn nicht sogar heißes und vor allem feuchtes Klima. Um ihn anzubauen, benutzt man nicht den Pflug, sondern den Grabstock und die Hacke. Die Reiskultur – als ausgesprochene Hackkultur – kennzeichnet bis heute den ganzen Raum bis zum Yangtsekiang hinauf und unterscheidet ihn von Vorder- und später Nordasien. Eigenartigerweise hat man im Osten nirgendwo Spuren von Schrift aus jener Zeit gefunden. Vielleicht hat sich in diesem feuchten Gebiet nichts erhalten. Holz, Knochen und Palmblätter verfaulen in den Tropen.

Der Pharao

Von Vorderasien aus waren Ackerbau und Viehzucht über das Niltal hinaus bis in die Sahara und schließlich bis zur afrikanischen Atlantikküste vorgedrungen. Von Vorderasien aus verbreitete sich im 4. Jahrtausend v. Chr. auch die neue Stadtkultur mit ihren besonderen Errungenschaften – mit der Schrift, mit dem Recht, mit Mathematik und Sternenkunde. Im Nildelta gründeten die Asiaten die ersten größeren Siedlungen – ob es sich bereits um Städte im eigentlichen Sinn gehandelt hat, läßt sich nicht feststellen. Vom Ausgang des 4. Jahrtausends jedenfalls haben sich dort sumerische Siegel und Handwerksgerät gefunden.

Im 4. Jahrtausend v. Chr. trocknete die Sahara erneut aus –, diesmal besonders nachhaltig. Da die herumziehenden Viehhirten sich nur noch in den Gebirgen, im Tassili und im Hoggar halten konnten, zogen viele aus der einstigen Steppe in das Niltal, das bisher versumpft gewesen war. Bald gehörte ihnen das Tal bis zum Delta; dann weiteten sie ihre Herrschaft bis zur Nilmündung aus, unterwarfen also die mehr oder weniger asiatisch beeinflußten Siedlungen. Aus Ober- und Unterägypten wurde ein einheitliches Reich, das vom Katarakt bis zum Mittelmeer reichte. Zugleich aber übernahmen die »Ägypter«, wie wir sie jetzt nennen dürfen, die asiatische Stadtkultur, deren wichtigste Errungenschaft die Schrift war.

Der Landwirtschaft stellten sich zwei Aufgaben: das Niltal mußte – 900 km bis zum ersten Katarakt – bewässert werden, um nicht auszutrocknen; das Delta hingegen, ein Dreieck mit Seiten von je 150 km, mußte entwässert werden, um verheerende Überschwemmungen zu vermeiden. In Oberägypten wurden also Kanäle angelegt, die das Wasser des Nils möglichst gleichmäßig über die Felder verteilten; in Unterägypten aber mußten die Kanäle und Gräben für einen geregelten Abfluß sorgen. Von Anfang an standen die beiden Ägypten unter verschiedenen Lebensbedingungen. Beiden gemeinsam war der Zwang, vom Nil zu leben. Deswegen war es unumgänglich, das Herannahen der Flut im voraus zu erfahren. Da sie sich regelmäßig jedes Jahr wiederholte, mußte eine Berechnung möglich sein, wenn man die Sterne genau beobachtete. Mochten die Ägypter viele Anregungen von den Asiaten, insbesondere von den Sumerern übernommen haben, so haben sie eine selbständige Schrift, eine eigene Mathematik und Sternenkunde entwickelt.

Wenn eine Kultur sich ausbreitet, so strahlt sie nach allen Richtungen Einflüsse aus. Dazu bedarf es keiner gewaltsamen Eroberungen, ja nicht einmal größerer Menschenbewegung. Nur selten wird sie geschlossen übernommen; in der Regel wird die einheimische Bevölkerung, die bisher unter anderen Bedingungen lebte, das eine oder andere aufgreifen und den eigenen Bedürfnissen anpassen. Dann kommt der nächste Schritt: Die Menschen verarbeiten die Anregungen und schaffen eine neue Kultur, in der wohl die früheren Formen erkennbar bleiben, eigentlich aber etwas grundsätzlich Neues darstellen. Die Hieroglyphen sind deswegen eine eigene Schrift. Auch die ägyptische Sternenkunde hatte andere Aufgaben und andere Methoden als die sumerische. Ihr kam es darauf an, das Sonnenjahr festzulegen, da die Nilüberschwemmungen ziemlich genau mit dem jeweiligen Sternenstand zusammenfielen. Doch zeigte es sich, daß im Laufe einer allerdings recht langen Zeit selbst die Sterne am Himmel ihre Stellung änderten. Am deutlichsten war diese Sternenwanderung beim Sirius zu beobachten. Daraus wiederum ergaben sich wichtige Erkenntnisse für den Kalender, die die Priester veranlaßten, immer neue Berechnungen anzustellen.

Eine umfassende gesellschaftliche Ordnung setzte sich erst durch, als Ober- und Unterägypten in einem geschlossenen Reich vereinigt waren. Als die Bewohner des oberen Niltals das Delta unterwarfen, brachten sie gesellschaftliche und religiöse Einrichtungen mit, die Afrika bis in die Neuzeit kennzeichnet. Es waren offensichtlich einzelne Stämme, die jeweils ihr eigenes Totemtier verehrten. Dieses Tier wurde zum Sinnbild des einzelnen Gaues. Es genoß göttliche Verehrung. In Afrika ist der Medizinmann mit seinen besonderen Eigenschaften und Gaben auch heute noch tätig. Manches von ihm wurde auf den weltlichen Herrscher übertragen. Die Afrikaner kennen den ekstatischen Tanz als Ausdruck ihrer Lebensstimmung, ihrer innigen Verbundenheit mit der Natur und der mächtigen Geisterwelt. Die ägyptische Kultur ist aus diesem afrikanischen Erbe und der Verbindung mit dem asiatischen Denken erwachsen. Sie hat sich aber gegen diese Ekstase, gegen diese wilde sinnliche Freude am Leben und der Welt mit Nachdruck gewehrt. Sie wird in ihrer Ruhe, die fast an Starrheit grenzt, erst verständlich, wenn man bedenkt, wie das ägyptische Volk entstanden ist.

Der Einfluß Asiens kam über die Sinaihalbinsel, entweder über die wohl noch nicht so unwirtliche Wüste oder über das Nildelta. Da der Ostteil des Deltas weithin versumpft war, führte der Weg meist über die westlichen Mündungsarme des Nils. Diese Verbindung wurde zunächst unterbrochen, als Flußtal und Delta unter eine gemeinsame Herrschaft kamen. Ein einziger König soll die Kronen von Ober- und

Unterägypten vereinigt haben. Seinen Namen haben die Griechen mit »Menes« überliefert, doch kommt er in den ältesten ägyptischen Inschriften nicht vor. Sie berichten vielmehr von einem König Narmer. Vielleicht handelt es sich um dieselbe geschichtliche Persönlichkeit.

Die Eroberung des Deltas, die zur Einigung Ägyptens führte, braucht nicht in einem einzigen Kriegszug erfolgt zu sein. Wahrscheinlich sind die Jäger nur langsam in das austrocknende und damit bewohnbar werdende Niltal eingezogen. Sie brachten ihre afrikanischen Überlieferungen mit, den Totemkult der Tiere, die Stellung des Schamanen, die Macht des Häuptlings, und vor allem besaßen sie die wilde Angriffskraft der Hirten und Jäger. Sie eroberten die Siedlungen im Delta – oder waren es bereits Städte? – und schufen eine neue umfassende Verwaltung. Sie stützten sich auf die Tempelgüter, die nun in ganz Ägypten entstanden. Das war eigentlich der Sieg des Deltas über das obere Niltal. In den Tempeln entwickelte sich die geistige Grundlage der ägyptischen Kultur mit Schrift und Sternenkunde und ihrer religiösen Weltschau. Es wird den in der magischen Welt wurzelnden Afrikanern nicht leichtgefallen sein, das begriffliche Denken der Asiaten zu übernehmen. Doch zwangen Umwelt und Lebensbedingungen dazu, sich geistig umzustellen.

Grundlage allen Lebens in Ägypten ist der Strom. Niemand wußte oder konnte sich auch nur erklären, warum die Flut stieg und warum das in regelmäßiger Jahresfolge geschah. Offenbar waltete ein »Naturgesetz«. Aber welches? Das Anschwellen des Nils war und blieb ein Geheimnis. Nichts, aber auch gar nichts gab einen Hinweis darauf, womit diese regelmäßige Flut zusammenhing, denn Regen fiel nie in Nordostafrika. Und von den Ländern weit oberhalb des ersten Kataraktes drangen nur undeutliche Nachrichten bis zur fernen Nilmündung herunter. Der Zusammenhang von Wasserstand und Sonnenhöhe war unverkennbar. Nur galt es, die Flut – wenn möglich – im voraus zu bestimmen. Das war Aufgabe der Priester. Zunächst mögen das reine Erfahrungsregeln gewesen sein, wie sie jeder Bauer kennt. Im Laufe der Zeit wurde daraus eine regelrechte Wissenschaft: Astronomie oder Sternenkunde.

In Assuan hatte man ein in Stein gehauenes Maß, an dem sich ablesen ließ, welche Höhe die Flut in diesem Jahr erreicht hatte. Dementsprechend konnte man berechnen, wie hoch das Wasser etwa 600 km flußabwärts oder am Delta steigen würde. Ein sorgfältiger Plan mußte für das ganze Jahr aufgestellt werden, um die Bewässerung des gesamten Landes zu sichern. Nur da, wo Wasser hinkam, wuchs die Frucht. Es genügte nicht, daß jeder Bauer sein Stück Land für sich bearbeitete. Was das Wasser anbetraf, war ganz Ägypten eine Einheit. Der Nil bestimmte die Wirtschaft und das Leben. Während der Aussaat und der

Ernte mußte hart gearbeitet werden. Dazwischen gab es Monate, da man auf den Feldern nichts tun konnte. Jetzt wurden alle jene Arbeiten vorgenommen, die nicht unmittelbar mit den Feldern zu tun hatten. Die Kanäle mußten ausgebessert werden. Große religiöse Bauten wurden geschaffen.

Dem afrikanischen Medizinmann öffnete die Begegnung mit dem asiatischen Priester eine neue geistige Welt. Die Ägypter übernahmen wohl von Asien den Gedanken des Tempels und des Tempelgutes, das in Mesopotamien die gesamte Wirtschaft beherrschte. So weit wir sehen, ist die Macht der Tempel – und damit »ihrer« Gottheit – vom Beginn der Dynastie an fest begründet. Fast scheint es, als gehöre diese Einrichtung wesentlich zum ägyptischen Leben. Eine strenge, fast starre Ordnung – das maat – erfüllte von Anfang an das Leben am Nil.

Die Ägypter rechneten ihre Geschichte nach den genau aufgezeichneten Dynastien. Jeder Pharao blieb bemüht, seine Regierung und seine Taten aufzuzeichnen, um sie den kommenden Geschlechtern zu überliefern. Damit wollte er seinen Nachfolgern zugleich das glänzende Beispiel eines guten Königs hinterlassen. Er und sein Haus waren Ägypten. Der kleine Mann, der beim Bau der Pyramiden oder an den Kanälen arbeitete, zählte nicht. Alle Macht auf Erden ruhte in der Person des Pharao. Er befahl. Alle mußten gehorchen. Der König war zunächst offensichtlich der Heerführer, wie es einem Häuptling von Jägerstämmen zukam. Die frühen Inschriften berichten von siegreichen Kriegszügen. Auf einer Schminkpalette kämpft König Narmer selber den Feind nieder. Aber mit seinen Kriegern allein konnte der Pharao niemals das ganze Niltal beherrschen und regieren, wenn er nicht von Priestern gestützt wurde, die von den Tempelgütern aus die gesamte Wirtschaft des Landes leiteten.

Die zahlreiche Bevölkerung des Deltas war zwar unterworfen, aber alles hing von ihrer tätigen Mitarbeit auf den Feldern, an den Deichen, im Handwerk ab. Gewalt scheiterte an den endlosen Entfernungen, Verwaltung am Mangel an Beamten und an der notwendigen Ausbildung. Die Priester mit der Schrift und den Kenntnissen von Jahreszeiten und Wasserstand trugen die Herrschaft des Pharao. Umgekehrt waren die Priester auf den Pharao angewiesen, wenn sie in ihrem Tempelbezirk die Bauern zu den großen Leistungen anhalten wollten, die der Bau und der Unterhalt der Tempel und der religiösen Bauwerke, der Pyramiden und der Götterbilder erforderten. Bis Königtum und Priesterschaft zusammenwuchsen, dauerte es mehrere Jahrhunderte. Erst mit der 3. Dynastie ist der Prozeß vollendet.

Nun ist Ägypten das geworden, was es von da an bleiben sollte. Nun können sich auch die wahrhaft »ägyptischen« Götter herausbilden.

Vor allem wird der Pharao immer mehr zum Sinnbild und zum Wesen des öffentlichen Lebens im Niltal überhaupt. Das Königtum, gestützt auf die beiden Säulen der militärischen Macht und der religiösen Weihe, kann nun daran gehen, den »Staat« zu gründen, wenn dieses Wort auch nicht dem heutigen Sinn entspricht. Der König ist der Vertreter seines Gottes. Schutzgeist der ersten Pharaonen ist der Falke – Horus – und ist es weiterhin geblieben. Jeder König trägt neben seinem ursprünglichen Namen den Horus-Namen als Herrscher. Offenbar war der Horus-Falke das Sinnbild des Gaues, aus dem die 1. Dynastie hervorgegangen war. In der magischen Welt ist der Vogel Sinnbild der oberen Welt, des Himmels und des Lichtes. Als solcher spielt er seit jeher eine besondere Rolle. Die ägyptische Ausformung allerdings schreibt dem Falken göttliche Kräfte zu. Der Gott schützt den Herrscher und damit den Staat.

In der neuen Aufgabe spiegelt sich das veränderte Verhältnis von Priester und König zu den Menschen, zu den Gläubigen wie zu den Untertanen wider, zugleich das Verhältnis von Mensch und Gott. In der sumerischen Stadt lebten friedliche Ackerbauern in festen Siedlungen, die sie mit Mauern gegen umherstreifende Jäger sicherten. Gemeinsam errichteten sie die Kanäle, die das Land bewässerten. Die sumerische Stadt wird von freien Bürgern bewohnt, wenn auch die Priester dank ihrer höheren Bildung eine überragende Stellung einnehmen. Der König war – soweit wir das erkennen können, schließlich nur der oberste Beamte. Aufgabe des Herrschers war es, Friede und Freiheit nach innen wie nach außen zu sichern, den Wohlstand zu mehren, alle Bürger zu gemeinsamem Handeln zusammenzuführen. Über allem stand der Glaube an die Macht und die Würde der großen Götter des Himmels und der Erde.

Der ägyptische König jedoch kommt aus einer ganz anderen, kommt aus der magischen Welt. Er verfügt über besondere Kräfte. In ihm ruht die Weltordnung, dieses unfaßbare, geheimnisvolle Wirken von Kräften, die das Gleichgewicht auf Erden herstellen und tragen. Zwischen Leben und Tod, zwischen Trockenheit und Überschwemmung, zwischen Hitze und Kälte vollzieht sich der unabänderliche Wandel in der Zeit. Der Pharao ist die Ordnung schlechthin. Er soll durch sein Leben und durch sein Verhalten das Wohl aller Untertanen sichern. Das heißt, der Pharao hat Gefahren und Krankheiten abzuwehren wie umgekehrt für ausreichende Ernte zu sorgen. Kommt dennoch Unheil, muß er versagt haben. Entweder ist er moralisch seiner Aufgabe nicht gewachsen gewesen, er hat in Sünde gelebt oder Sünde groß werden lassen, oder er ist physisch nicht mehr in der Lage, die Ordnung der Welt zu wahren. Dadurch schwindet seine Königswürde. Sie wandelt sich zum Fluch. In Afrika wird der Herrscher, der sein hohes Amt nicht mehr ausfüllen kann, manchmal umgebracht. So groß die Würde, so groß sind auch die Ansprüche, die an den Herrscher gestellt werden.

Um den Geist des Toten zu bannen, wurde der Leichnam sorgfältig bestattet. Seit frühester Zeit wurde der Tote in Ägypten hergerichtet, also mit Chemikalien behandelt und mit Leinenbinden umwickelt; sodann erhielt er ein beständiges Grab; bei der Beerdigung wurden Opfer gebracht und Gebete gesprochen. Nirgends sonst wurden die Toten mit einem derartigen Gepränge und einem solchen Aufwand für das jenseitige Leben vorbereitet. Ist der Totenkult auch über den ganzen Erdkreis verbreitet, so haben die Ägypter diesen uralten Bräuchen besonders feierliche Formen wie eine tiefgründige geistige Deutung gegeben. Seit unvordenklichen Zeiten haben die Toten den Menschen beschäftigt. Der Geist der Ahnen konnte Segen und Heil, konnte aber auch Leiden und Verhängnis für den säumigen oder sündigen Nachfahren bringen. Den ägyptischen Priestern gelang es, den Gedanken des Todes in einem bis dahin unbekannten Maße herauszustellen und zu vertiefen.

Die Toten lebten »im Westen«, in der ewig unveränderlichen Wüste, in der nichts wächst, aber auch nichts stirbt. Da saßen nun die Ackerbauern in dem fruchtbarsten Gebiet, das es auf Erden überhaupt gibt, wo unter ständiger Sonne Ernte auf Ernte hervorquillt, und sehnten sich danach, in die unendliche Wüste zurückzukehren, um dort auf ewig zu bleiben. Was im Niltal sprießt, welkt auch dahin. Und der Mensch ist ebenso vergänglich. Wenn er stirbt, so lehrten die Priester, bleibt aber etwas Unvergängliches bestehen, und zwar das Wesentliche, das ewig ist. Sie nannten es das Ka. Jeder Mensch hat ein »Ka«. Das ist etwas anderes als das, was wir als »Seele« bezeichnen. Das Ka entspricht dem Geist, wie er im Schamanen wohnt und ihn – selbst bei Lebzeiten – verlassen kann. Dieses Ka strahlt, und dadurch unterscheidet es sich von der Seele, geistige Kräfte aus. Es heilt; es macht die Welt über seine geistige Kraft immer wieder heil. Nach dem Tode des Menschen kehrt sein Ka in die Ewigkeit zurück. Dann erst beginnt das »wirkliche« Dasein, losgelöst von allen menschlichen Regungen. Das Ka ist ein Begriff ohne Gestalt, ist die Ordnung schlechthin.

Der Pharao, insbesondere das Ka des Pharao, trägt die Welt. Wenn der Pharao stirbt, bleibt sein Ka erhalten. Er stützt weiterhin die Ordnung auf Erden, zusammen mit dem Ka des nächsten Pharao. Uralte schamanische Vorstellungen klingen darin an, der Geist des Schamanen selber und der Geist der Ahnen, verbunden mit den Geistern der Tiere, die ja in gewissem Sinne die »Ahnen« der Menschen sind. Um das Ka des Pharao ungestört zu erhalten, waren die alten Ägypter bereit, beträchtliche Anstrengungen und Mühen auf sich zu nehmen. Vom Tode her wird das Leben also gelenkt und geformt. In der Macht des Todes liegt zugleich die Macht der Götter, und in der Macht der Götter liegt wiederum die Macht der Priester ebenso wie die des Pharao. Dieses Leben auf Erden ist unaufhörlich vom Tod überschattet. Keiner kann dem Schicksal entgehen, eines Tages in die starre Welt des Todes einziehen zu müssen. Solange er auf Erden weilt, muß er sehen, in der ewigen Ordnung, der maat, zu leben, will er nicht von den Mächten der Finsternis überwältigt werden. Die Priester haben die Aufgabe, die maat zu deuten. Der Pharao hat die Pflicht, sie zu verkörpern und wirken zu lassen. Nur so wird das irdische Leben erträglich.

Die maat ist die Kraft der Harmonie, der Sicherheit und der Festigkeit. Sie verbindet das Recht zu regieren mit der Pflicht des Herrschers, »gerecht« zu sein, wahr und ausgeglichen. Die maat ist ewig und unwandelbar. In dieser religiösen Weltenschau trägt das Ka die maat; es strahlt gewissermaßen die Ordnung aus. Das gilt ganz besonders vom Herrscher. Damit kommt dem Pharao auf Erden eine Aufgabe zu, mit seinem Ka die Welt zu erfüllen. Wenn der Herrscher stirbt, soll sein Ka auch weiterhin die Weltordnung tragen. Erst viel später dringt in die ägyptische Religion auch der Gedanke an Gerechtigkeit ein und damit an die Vergeltung des Schlechten, das jemand auf Erden begangen hat, der Gedanke von Sünde und Frevel. Er entspringt anderen Quellen.

Auf Nachbarn wie Nachfahren hat dieses großartige System einen ungeheuren Eindruck gemacht, so daß sich die Menschen – und nicht nur die Gebildeten – über Jahrtausende hin mit Ägypten beschäftigt haben. Vor der Reichsgründung pflegten die alten Ägypter ihre Toten einfach in der Erde zu begraben. Bereits in der 1. Dynastie baute man ihnen eine Kammer, zu der Stufen herunterführten. Dann wurde das Grab ausgestattet mit Treppen zu dem tief gelegenen Sarg. Diese »Mastaba« wurde unter der 3. Dynastie mehrere Male – insgesamt sieben mal – mit Mauern umkleidet, so daß sie immer größer wurde. Die erste Pyramide in Sakkara – eine Stufenpyramide – übernahm wohl Anregungen von den ganz anders gedachten Tempeln Mesopotamiens. Dann haben die Pharaonen der 4. Dynastie (2578–2463) die gewaltigen Pyramiden bei Gizeh errichtet. Während der Pharao aus der 1. Dynastie noch an der Bauweise in Ziegeln festhielt – bezeichnend für Mesopotamien, das keine Steine besitzt –, beginnt ein Pharao der 2. Dynastie (2760–2650) bereits, eine Kammer seines immer noch Ziegelgrabbaus aus Kalksteinblöcken zu errichten. Aber mit der 3. Dynastie (2650–2580) setzt sich in Ägypten die Bauweise in Stein durch.

Während ihres Lebens hausten die alten Ägypter in Lehmhütten, mit Schilfmatten verkleidet, mit Schilfdächern gedeckt. Für den kurzen Erdenlauf genügten diese Wohnungen. Im fruchtbaren Tiefland war alles ohnehin dem Vergehen preisgegeben. Aber nach dem Tod, im Unvergänglichen, wollten die Herrscher eine würdige Ruhestätte finden. Sie verzichteten in dieser Welt zwar nicht auf irdischen Prunk, aber was war er verglichen mit der überwältigenden Pracht, die sie dem Toten mitgaben? Schon zu ihren Lebzeiten bauten sie an ihren eigenen Grabstätten, den Pyramiden. Hunderttausende mußten fronden, Millionen und Abermillionen von Arbeitsstunden wurden aufgewendet, um dem Toten seine ewige Ruhe zu sichern. Kunsthandwerker schufen wahre Meisterwerke, die dann, kaum daß sie jemand gesehen hatte, dem Toten mitgegeben wurden. Nie sollten sie wieder ans Licht kommen.

Großartig waren die Schmuckstücke aus fremdländischen Edelsteinen. Besonderes Gewicht kam dem Handel mit Asien zu. Früh finden sich Lapislazuli-Steine im Niltal. Sie müssen aus dem einzigen Fundort in Afghanistan dorthin gebracht worden sein. Mit dem Handel vertieften sich die sicher sehr alten Beziehungen des Niltales zu Mesopotamien, zu den Sumerern und deren Nachbarn in Kleinasien, im Iran und in Elam.

Um das Jahr 3000 v. Chr. wurde in Byblos, wo die Karawanen aus Ägypten durch die Berge gezwungen wurden, den Weg ins Inland zu nehmen, die Bronze erfunden. In den Bergen kommen Kupfer und Zinn vermischt vor. Byblos hat die Schiffahrt entwickelt. Die gewaltigen Zedern des Libanon bildeten für Jahrtausende das wichtigste Bauholz im ganzen Vorderen Orient. Aus den Zedern bauten die Bewohner von Byblos Kielschiffe, die die Fahrt auf hoher See auch bei stürmischem Wetter bestanden. Während die Ägypter für ihren stillen Nil nur Schilf- oder Bretterboote gebaut haben, hielten die Chinesen bis in unsere Zeit an der Dschunke fest, einem Bretterschiff ohne Kiel. Die Kaufleute von Byblos – und nicht nur sie – fuhren auf ihren seegängigen Schiffen in alle Welt, um die begehrten Rohstoffe, vor allem Kupfer und Zinn, zu holen: nach Zypern, nach Kreta, in die Ägäis und zu den Kykladen. Kaufleute zogen aber auch über Land nach Kleinasien, zu den Meerengen, nach Südosteuropa.

Aus Byblos bezogen die Ägypter die Zedern zum Bau der Tempel und der Schiffe. Aus Kreta wohl Wein, Olivenöl und vielleicht auch Kupfer. Geliefert hat Ägypten außer den vielbewunderten Gefäßen aus Stein vor allem Fayencen, Elfenbein und sogar Straußeneier. Schiffe fuhren über das Rote Meer nach Punt – wohl an die Somaliküste –, denn hier im »Weihrauchland« gab es nach Abbildungen den

Mantelpavian und die Giraffe. Weihrauch wurde auch in Mesopotamien beim Gottesdienst verwendet. Weihrauchöl und Myrrhe waren sowohl für die Körperpflege als auch für das Einbalsamieren der Toten unentbehrlich.

In den ersten Jahrhunderten des 3. Jahrtausends v. Chr. setzte sich eine Bevölkerungsgruppe in Bewegung, die nach den schriftlichen Zeugnissen als »Semiten« zu erkennen ist. Ursprünglich saßen die Semiten in der arabischen Halbinsel, wo sie sich bis zur heutigen Zeit erhalten haben. Sie schieben sich etwa um 2800 v. Chr. zwischen die Kanaaniten – in Palästina und Syrien – und die Sumerer – im südlichen Mesopotamien – und dringen langsam von Norden in das mesopotamische Tiefland ein, wo es bis dahin wohl keine nennenswerte Besiedlung gegeben hat. Die Menschen hatten nur auf den Höhen gelebt. Erst als die Sumerer Kanäle und künstliche Bewässerung eingeführt hatten, konnte man auch im Tiefland wohnen.

Ursprünglich dürften die Semiten als Nomaden mit Schaf- und Ziegenherden im weiten Bogen um die unwirtliche arabische Wüste gezogen sein. Diese Wanderung beschränkt sich auf kleinere Stämme. Nomaden sind darauf angewiesen, daß ihre Herden Futter finden – und vor allem auch Wasser. Nur langsam schoben sie sich von Wasserstelle zu Wasserstelle vorwärts. In Jahren der Trockenheit mußten sie weiterziehen. Soweit es ging, hielten sie sich an die Flüsse und an die Ränder des Berglandes. Mit den Städtern tauschten sie ihre Erzeugnisse, vor allem Fleisch, Häute und Milch; zeitweise haben sie sich als Arbeiter oder als Söldner verdingt.

Die Semiten hatten seit langem mit den Ägyptern verkehrt. Seit dem 4. Jahrtausend bestand auch ein recht enger Zusammenhang zwischen den Semiten nördlich und den Semiten südlich des Roten Meeres. Die Wüste dürfte noch nicht so abweisend gewesen sein. Die Nomaden durchquerten die heutigen Wüsten Sinai und Westarabien noch ohne allzu große Mühe. Damals war das Gebiet wohl feuchter als später. Auf dem Sinai, auf dem seit langem Kupfer und Türkis abgebaut wurden, trafen sich die Ägypter wie die semitischen Nomaden. Dort berührten und durchdrangen sich die unterschiedlichen Kulturen. Die Stellung des Pharao muß auf die Semiten einen großen Eindruck gemacht haben: ein Mann, der eine Welt regierte! Die Nomaden hingegen waren in kleine unabhängige Stämme aufgesplittert, jeder Beduine ein freier Mann, der sich nur widerwillig dem Befehl des Stammesältesten beugte. Aber das ägyptische Vorbild wirkte doch. Die Semiten brachten den Königsgedanken ins Zweistromland.

Als die sumerischen Städte untereinander um die Vorherrschaft kämpften, als die Könige von Ur, Uruk, Nippur, Lagasch und Eridu immer größere Heere aufstellten und sie immer besser bewaffneten, da boten sich die Nomaden als geeignete, weil harte Krieger an. Noch paßten sie sich in das sumerische Leben ein. Doch wie lange die Bevölkerung sumerisch sprach, wie weit sie bereits zum Semitischen übergegangen war, läßt sich nicht mehr feststellen. Es scheint aber, daß die Zahl der Semiten im nördlichen Mesopotamien ständig zugenommen hat. Sie gestalteten das wirtschaftliche und das geistige Leben um.

Sie brachten mit ihrer kriegerisch ausgerichteten Religion ihre Astralgötter – Sinnbild der Sterne – mit, vor allem den Sonnengott – Schamasch – und die Mondgöttin – Ischtar. In Mari wurden Ischtar und Schamasch neben den sumerischen Nin-Chursanga und Ninni-Zaza verehrt. Wahrscheinlich hingen damals die Oberschicht, vor allem die »Gebildeten«, und die breite, wohl überwiegend semitisch sprechende Unterschicht weiterhin dem alten sumerischen Glauben an, wohl weil die Priester Sumerer waren. Auch blieb die Schrift sumerisch, so daß die alten Bildzeichen zwar ihren Lautwert aus dem Sumerischen bezogen, aber eine andere Bedeutung gewannen. Während das Sumerische ungehindert den Vorrang im religiösen Leben Mesopotamiens beibehielt, verschob sich innerhalb der weltlichen Macht das Schwergewicht stärker zum »Akkadischen«, also zum Semitischen. Akkad löste sich von Sumer.

Entscheidend jedoch war die große soziale Umwälzung, als die fleißigen Bauern auf den Tempelgütern sich den stolzen Kriegern aus der Steppe fügen mußten. Die Tempelstadt hatte kaum ein Interesse, ihre Macht auszudehnen. Sie beschränkte sich auf den Grund und Boden, den die Bewohner bearbeiteten. Die Tempelgüter litten am meisten, wenn ihre Arbeitskräfte – statt auf den Feldern zu wirken – in den Krieg zogen oder auch nur als ständige Truppe unter Waffen standen. Erbeutet werden konnten eigentlich nur Tempelschätze aus der besiegten Stadt; es galt jedoch als Gottesfrevel, Tempel zu plündern. Und was sollten fremde Götterbilder im eigenen Tempel? Diese Einstellung änderte sich mit dem Auftreten der Semiten.

Sie waren Krieger und wollten es bleiben. Für sie bedeutete es keinen unnützen Zeitverlust, wenn sie ins Feld zogen. Mit den Waffen haben sie alles errungen. Die Macht ihres Gottes zeigte sich, wenn er ihnen den Sieg gab. Bedenkenlos holten sie die Bildnisse der Götter aus den eroberten Städten nach Hause, zur Empörung der frommen Priester, deren Klagen erhalten sind. Um ihr Leben abgesondert zu führen, erhoben die Krieger Tribute. Aus Ägypten übernahmen sie wohl den Gedanken, daß der Herrscher die volle Befehlsgewalt besitzt.

Sie schufen aber einen Staat mit der militärischen Kraft, sich ständig auszudehnen. Im Laufe eines halben Jahrtausends erwuchs er aus dem

Rang eines ägyptischen Königs und aus der sumerischen Stadtwirtschaft unter dem starken Willen eines Mannes, der Macht besaß, weil er sich auf das Heer stützte. Die Beamten hatten dem Herrscher zu gehorchen und zu dienen. Auch die Rolle der Priesterschaft wandelt sich. Der Herrscher wird nach ägyptischem Vorbild Mittler zwischen Göttern und Menschen, doch ist er nicht nur die Verkörperung der göttlichen Ordnung, sondern zugleich ihre Stütze. Dadurch verliert der semitische Staat die starre Selbstbezogenheit und Unbeweglichkeit des ägyptischen. Er gewinnt eine bis dahin ungewohnte Stoßkraft nach außen.

Durch einen inneren Umsturz haben die Semiten schließlich die Macht übernommen. Um das Jahr 2470 v. Chr. setzte ein Mundschenk am Hofe des Königs Urzaba von Kisch seinen Herrn kurzerhand ab und ernannte sich selber zum König. Scharukkin – wörtlich »Der König ist legitim« –, wir nennen ihn Sargon, zog mit starkem Heer gegen Lugalzaggesi, den König von Uruk. Wahrscheinlich hat dieser Herrscher zu seinem eigenen Untergang dadurch beigetragen, daß er die umliegenden Städte zu unterwerfen versuchte. Sargon hat 56 Jahre – etwa um 2340 v. Chr. – regiert. Seine neue Hauptstadt Akkade erbaute er sich nördlich des alten Sumer. Von dort zog er erobernd nach allen Himmelsrichtungen aus. Schließlich fielen ihm »die vier Weltteile« zu: Amurru im Westen, Subartu im Norden, Sumer im Süden und Elam im Osten. Sein Reich erstreckte sich vom »Unteren Meer«, dem Persischen Golf, bis zum »Oberen Meer«, dem Mittelmeer!

Obwohl die Sumerer ihre politische Macht verloren, behielten sie unbestritten die kulturelle Führung. Da Sargon an den alten Göttern festhielt, fand er auch Unterstützung bei den Priestern. Da er es gleichzeitig verstand, mit den semitisch sprechenden Nachbarvölkern zusammenzuwirken, die ihn als einen der ihrigen ansahen, konnte er ein Reich schaffen, das rund 200 Jahre bestanden hat. Zwar kam es unter seinen Söhnen Rimusch (2358–2349) und Manischtuschu (2349–2334) an verschiedenen Stellen des Reiches zu Aufständen. Am heftigsten war der Widerstand in Babylonien und in Elam. Rimusch wurde mit Siegelrollen erschlagen.

Naramsin, der Sohn des Manischtuschu (2334–2297), mußte das aufständische Kisch niederwerfen, doch vergrößerte er noch einmal das Reich. Seine Flotte eroberte Makan (Oman), das Land des vielbegehrten Diorits, unentbehrlich für die Obelisken, auf denen wichtige Inschriften aufgezeichnet werden sollten. Damit war der Handelsweg, der über die Insel Bahrein – damals Dilmun genannt – bis Ostarabien – Makan – und dem Industal – Meluchcha – reichte, gesichert. Naramsins Heere zogen weit in das Hochland von Armenien und des Iran. Stolz ließ er sich »König der vier Weltränder« nennen. Von seinem siegreichen Zug bis in die kurdischen Berge kündet eine Stele, die die Elamiter tausend Jahre später als Beute nach Susa verschleppten. Nun ließ er sich als Gott von Akkade verehren. Eine solche Verherrlichung widersprach sowohl den sumerischen wie den semitischen Vorstellungen, sie hatte wohl den ägyptischen Pharao zum Vorbild – ein Vorgang, der sich später bei Alexander dem Großen wie bei Caesar wiederholen wird. Um diese Macht aufrecht zu erhalten, mußte Naramsin die Gegner mit Waffengewalt niederwerfen. Daran sind seine Heere nach anfänglichen Erfolgen gescheitert. Akkade blutete aus. Die bedrohten Bergvölker lernten, sich zu verteidigen. Sie erkannten die Macht eines straff geführten Heeres und lernten die Waffen der Kulturvölker kennen.

Als Sargon sein Vorderasien umspannendes Reich errichtete, brach das »Alte Reich« in Ägypten zusammen. Das ist sicherlich kein Zufall, obwohl die Verhältnisse am Nil ganz anders lagen. Die politische Macht Ägyptens blieb auf das Niltal beschränkt. Eine untergeordnete Rolle scheint im »Alten Reich« das Heer gespielt zu haben. Offenbar gab es im 3. Jahrtausend für die Ägypter keine nennenswerte Außenpolitik. Die Wüsten schützten weithin das Niltal vor äußeren Feinden; zwar gelang es, die Grenzen nach Süden bis zum zweiten Katarakt vorzuschieben und Gefangene aus dem Land der »Horizontbewohner«, darunter einen »Zwerg der Gottestänze«, mitzubringen, aber dabei handelte es sich mehr um Unternehmen, die Wege erkunden und Handelsbeziehungen anknüpfen sollten, als um Eroberungen.

Feldzüge über den ersten Katarakt hinaus nach Nubien oder gegen die »Sandbewohner« in Libyen und am Sinai wurden eigentlich nur unternommen, um feindliche Angriffe abzuwehren und zu vergelten, oder um Rohstoffe zu beschaffen, Gold aus Nubien, Kupfer vom Sinai. Ägypten war arm an Bodenschätzen. Selbst Holz mußte es von auswärts, hauptsächlich aus dem Libanon, einführen. Den Handel betrieben meist Fremde, vor allem aus Byblos und Ugarit. Von dort gingen auch die wichtigsten Anstöße aus, die ägyptische Lebensweise und Kultur über das ganze Mittelmeer und über das Schwarze Meer weit nach Norden und Osten zu verbreiten. Diese Impulse verstärkten sich, als das mächtige Reich Sargons in Vorderasien größere Mengen an Rohstoffen brauchte. Das hat Kreta reich gemacht.

Fünf Dynastien haben im »Alten Reich« regiert, als der Pharao der unbestritten anerkannte Monarch war, in dessen Hand die Weltordnung sicher ruhte, dessen Ka die öffentliche Ordnung ausstrahlt. Jetzt aber geht die Welt aus den Fugen. Ein Papyrus klagt: »Der Übeltäter ist überall. Es gibt keinen Mann mehr von gestern. Man geht aus zum Pflügen mit seinem Schild. Ein Mann erschlägt seinen Bruder, den

Sohn seiner Mutter. Leute sitzen in den Büschen, bis der Reisende kommt, der von der Nacht überrascht worden ist, um sein Gepäck zu plündern. Der Räuber besitzt Reichtümer.« Und weiter: »Der, der nichts besaß, ist nun ein Mann des Reichtums. Eine jede Stadt sagt: Laßt uns den Mächtigen unter uns unterdrücken. Der arme Mann ist voller Freude. Der, der kein Joch Ochsen hatte, besitzt jetzt eine ganze Herde. Die, welche Kleider besaßen, sind jetzt in Lumpen. Gold und Lapislazuli, Silber und Türkis sind um den Hals der Sklavinnen gelegt. Die Sklavinnen sind frei mit ihrer Zunge. Wenn die Herrin spricht, ist es den Dienern ein Ärgernis. Die Kinder der Fürsten werden gegen die Wand geschlagen.«

Es läßt sich kaum mit Sicherheit sagen, was eigentlich zu diesem Zusammenbruch geführt hat. »Weh mir ob des Elends der heutigen Zeit«, klagt ein Zeitgenosse. Auch von außen kommen Angriffe. »Feinde sind im Osten erschienen. Asiaten ziehen nach Ägypten herab.« Äußere Feinde haben kaum zu diesem Niedergang beigetragen. Damals übten die Ägypter ihre Macht unangefochten bis zum ersten Katarakt aus. Es scheint, als hätte der König seine eigentliche Macht verloren; er war nicht mehr ein Gott auf Erden. Das alte Charisma seiner Stellung ging offenbar verloren; er wurde ein Mensch. Die Pharaonen der fünften Dynastie scheinen das gespürt zu haben. Sie hofften, ihre eigene Stellung zu stärken, indem sie auf manche magische Vorstellung verzichteten und den Kult des Sonnengottes Re förderten. Jetzt war der Pharao der Vertreter dieses Gottes. Vielleicht sogar dessen Priester. Der Sonnengott sollte nun die Untertanen der politischen Macht des weltlichen Herrschers unterwerfen. Aber damit war der erste Schritt zur Auflösung der alten Ordnung getan.

Die Gräber lagen verfallen da. Wie sollte von ihnen noch das Ka ausgehen? »Umsturz ist es, was Du über das Land gegeben hast und den Lärm des Aufruhrs«, klagt der »ägyptische Weise«. Es gibt auch keine Flucht aus dem jammervollen Diesseits in ein besseres Jenseits. Der Gott Osiris ist vom Gott Seth, der unterägyptische vom oberägyptischen getötet worden. Er muß »in die Wüste ziehen, die kein Wasser hat, die keine Luft hat, die so tief, so dunkel und endlos ist«, ins Totenreich. Nur eines bleibt Osiris: Er wird länger als Millionen von Jahren bestehen. Atun aber wird inzwischen alles zerstören, was er schuf.

Die Megalithleute

Um 2800 v. Chr. beginnen die Menschen an den Rändern und auf den Inseln des Mittelmeeres seltsame Bauten zu errichten; sie schichten riesige Steine so zusammen, daß Grabkammern entstehen oder sie stellen einzelne Steine – Menhire – auf, manche über sieben Meter hoch. Sie haben dann in Westeuropa endlose Steinreihen geschaffen – wie in Carnac – und mächtige Steine zu offenen Kultbauten zusammengesetzt. Zum Teil mußten diese schweren Blöcke und Platten viele Kilometer weit herangeschafft und mühsam behauen werden. Und wofür das alles?

Von den Erbauern dieser Anlagen wissen wir so gut wie nichts. Das ist um so erstaunlicher, als sich dieser Vorgang zu einer geschichtlichen Zeit vollzog, da es bereits die Schrift gab. Schriftkundige Kaufleute müssen diese Gegenden bereist haben. Damals haben die Chronisten in Ägypten wie in Mesopotamien über so vieles so eingehend berichtet, aber über das, was sich jenseits des Meeres abspielte, schweigen die Quellen beider Länder. Auch Kreta muß damals schon eine recht gut entwickelte Schrift gehabt haben, wenn wir sie in der ältesten Form – Linear A – auch kaum lesen können. Man weiß noch nicht einmal, ob es sich um ein »Volk«, um Missionare einer Religion oder einer philosophischen Lehre handelt, ob um Kaufleute oder um Krieger, die diese Megalithbauten errichtet haben. Man weiß auch nicht, welche Zeiten man für die einzelnen Phasen der Bauwerke anzusetzen hat. Es gibt weit auseinandergehende Meinungen mit guten Begründungen – keine überzeugt.

Ungewiß ist auch, ob es sich bei den Großsteinbauten um einen einheitlichen Kulturbereich oder um mehrere, wenn auch ähnliche Bewegungen handelt. Darf man überhaupt von »der Megalithkultur« sprechen bei äußerlich so verschiedenen, räumlich so getrennten Großsteinbauten wie denen auf den Inseln und an der Küste des westlichen Mittelmeeres, in Portugal, im Baskenland, in der Bretagne, in England, Schottland, Norddeutschland, in Norwegen, Dänemark und Finnland, am Schwarzen Meer, in Tibet und am Himalaya, in Südindien, in Arabien und Ostafrika, sodann in Indonesien und in Japan und sogar in Amerika? Werden da womöglich Bauten zusammengefaßt, die gar nicht zusammengehören? Ähnlichkeiten sind unverkennbar, aber ebenso unverkennbar sind auch die Unterschiede zwischen den Bauten; außerdem sind sie zu verschiedenen Zeiten entstanden.

Gibt es »eine Megalithkultur«, wenn nicht von einem Volk, so doch von den Megalitherbauern? Licht in dieses Dunkel zu bringen ist schwierig. Doch läßt sich die Megalithkultur zeitlich einigermaßen in das große Fadenkreuz der Weltgeschichte einpassen. Faßbar wird diese Bewegung, wenn man sie vorsichtig so nennen darf, um das Jahr 2500 v. Chr. Zwar gehen die Angaben recht weit auseinander, da einige Forscher sie bereits mit dem Jahr 2800 v. Chr. beginnen lassen wollen, andere erst mit 1800 v. Chr. oder noch später. Aber mir scheint die Datierung von 2800 v. Chr. noch die größte Wahrscheinlichkeit zu haben. Etwa um diese Zeit sind wohl die ersten Anlagen auf Sizilien entstanden, vielleicht in Süditalien – Apulien und Kalabrien – auf Sardinien und wohl auch in Südspanien nahe der Straße von Gibraltar. Die Megalithkultur in Westeuropa hat rund tausend Jahre geblüht, wobei sich die Formen im Laufe dieser langen Zeit selbstverständlich gewandelt haben.

Ausläufer dieser Bauform folgten noch längere Zeit in aller Welt. Sie haben sich im Kaukasus, in Afghanistan, in Indonesien und auf den Kanarischen Inseln erhalten. Ist die Sitte, Großsteinbauten zu errichten, im westlichen Mittelmeer aufgekommen? Es sieht eher danach aus, daß sie den entscheidenden Anstoß vom Osten erhalten hat; das läßt sich an der Keramik ablesen, die man gefunden hat. Da sind Einflüsse aus Cypern und von der »Helladischen« Kultur der Ägäis zu erkennen. Die Spuren reichen weiter nach Palästina und selbst bis nach Arabien. Hat die Wurzel dieser Kultur etwa in Asien gelegen oder hat sie sich von Cypern dorthin ausgebreitet? Fragen über Fragen. Ausgangspunkt kann auch Kleinasien gewesen sein, wo seit sehr alter Zeit Gräber in die mächtigen Steinblöcke des Taurus hineingetrieben worden sind.

Im letzten Drittel des dritten Jahrtausends scheinen Menschen aus Kilikien unmittelbar oder über Cypern nach Westen gelangt zu sein. Sucht man einen weltgeschichtlichen Anstoß in jener Zeit, dann bietet sich der Kriegszug an, den Sargon von Akkad nach Kleinasien unternommen hat, wie er in einem – allerdings umstrittenen – Bericht großsprecherisch erzählt. Sind daraufhin Menschen von der südanatolischen Küste über das Meer geflohen? Die kilikische Küste ist in den folgenden Jahrtausenden der Schlupfwinkel für viele Seeräuber geblieben.

Eines ist wohl sicher, die Flüchtlinge brachten nicht »die megalithische Kultur« mit. Sie gaben höchstens einen Anstoß. In den Gastländern konnten sie nur durch überlegene Kenntnisse und Fähigkeiten eine führende Stellung behaupten, denn zahlenmäßig waren sie einfach zu schwach, um ihren Willen – oder ihre Kultur – aufzuzwingen. Sie fanden Heimat anscheinend an drei Stellen: Sizilien, Süditalien und auf der Iberischen Halbinsel. Offenbar haben sich dann zwei neue Mittelpunkte gebildet, die ihrerseits Kreise ausstrahlten, einmal Sizilien, das die Inselwelt des Westmittelmeeres beeinflußte, und Spanien.

Malta hat wohl Anregungen von Sizilien empfangen. Im 18. Jahrhundert v. Chr. scheint die Insel zum großen Kultheiligtum des westlichen Mittelmeerraumes aufgestiegen zu sein. Damals entstanden die eindrucksvollen Tempel, deren Ruinen heute noch stehen. Hingegen sind aus dieser Kultur in anderen Gebieten nur wenige Tempel bekannt. In Tarxien auf Malta wurden Tonfiguren von dicken Frauen gefunden, deren verkümmerte Arme und Beine anzeigen, daß es sich um Symbole des Mondes und nicht der »Fruchtbarkeit« handelt.

Bei den Trichterbecherleuten in Norddeutschland und Dänemark gibt es Großsteingräber etwa von 2700 v. Chr. ab, nachdem sie also bereits ein halbes Jahrtausend in Nordeuropa gesessen hatten. Wenn sie, wie es scheint, die Anregung zu dieser Bestattungsart von außen erhalten haben, dann woher? Aus dem Mittelmeerraum über See oder auf dem Landweg? Doch spricht die Lage dieser ältesten Gräber an den Küsten des Atlantik eher dagegen. Um 2000 v. Chr. klingt die Kultur der Trichterbecherleute aus. Neue Menschen erscheinen in Nordeuropa. Ihre Toten begraben sie in Hügelgräber – den Tumuli – mit Schnur verzierten sie ihre Keramik, der sie ihren Namen verdanken.

Wieder etwa zwei Jahrhunderte später begegnen wir in Nordeuropa den »Glockenbecherleuten«, wie sie nach der besonderen Form ihrer Töpferwaren genannt werden. Sie scheinen aus Spanien gekommen zu sein, und zwar auf dem Landweg über Frankreich. Die Glockenbecherleute haben die Megalithkultur weiter ausgebildet und – wohl in der zweiten Phase - längs der Atlantikküste nach Portugal, zur Bretagne und nach Schottland getragen.

Nirgends im Bereich der Megalithkultur finden wir Spuren von Städten. Zwar müssen bei den riesigen Steinreihen von Carnac an der bretonischen Küste und beim Heiligtum von Stonehenge in Südengland viele Menschen mitgewirkt haben, aber nur selten sind bisher Reste größerer Siedlungen, nirgends auch nur eine Andeutung von einer Stadt gefunden worden. Wirtschaftliche Grundlage scheint der Handel gewesen zu sein, und zwar der Handel mit Metallen, vor allem mit Kupfer und Zinn und wohl auch mit Gold. Die Großsteinleute lebten vorwiegend von der Landwirtschaft. Neben dem Ackerbau, der eine wichtige Rolle gespielt zu haben scheint, war die Viehzucht vor allem von Schafen, weniger von Ziegen und Rindern oder gar Pferden, die erst am Ende dieser Periode auftreten, von untergeordneter Bedeutung.

Anscheinend besaßen die Großsteinleute eine recht gut entwickelte Schiffahrt. Sie sind von Südspanien an Gibraltar vorbei nach Portugal und Nordspanien, von dort wahrscheinlich quer über See zur Bretagne gefahren, weiter nach England, sind im Atlantik wie durch die Irische See bis nach Schottland, bis zu den Orkney- und Shetland-Inseln und nach Skandinavien vorgestoßen – also auf Wegen, die zu allen Zeiten als besonders stürmisch gefürchtet waren. Mit welchen Fahrzeugen hat man diese Strecken wohl zurückgelegt? Im Mittelmeer gab es zweifellos schon feste Kielschiffe, ob aber im Norden, ist ungewiß. Als Caesar kurz vor der Zeitenwende an den Ärmelkanal kam, fand er nur schwerfällige Boote vor, die mit Ledersegeln ausgerüstet waren. In Skandinavien finden sich viele Felszeichnungen mit Schiffsdarstellungen aus der Bronzezeit.

Erstaunlich bleibt, wie weit die Kultur der Großsteinbauten verbreitet gewesen ist. Wir finden ihre Spuren von Vorderasien bis Osteuropa, von Skandinavien bis zur Eismeerküste, in Nordafrika, am Schwarzen Meer, am Kaukasus, im Himalaya, in Indonesien und in weiten Teilen des Pazifischen Ozeans, auf den Kanarischen Inseln und am Roten Meer. Sind die Megalithleute gar bis nach Amerika gelangt? Ihre Schiffe hätten ihnen damals wohl erlaubt, bis dorthin zu fahren. Wenn sie von Spanien bis in die rauhen Gewässer des Nordatlantik gerudert oder gesegelt sind, dann dürfte der südliche Atlantik, also die Passatzone, kein Hindernis gebildet haben. Daß sie zu den Kanarischen Inseln gelangten, zeigt ihren Mut, die Küste zu verlassen und in die hohe See zu steuern. Sie bedurften also kaum des schwanken, ungewissen Papyrosbootes der alten Ägypter, um die Überfahrt nach Amerika zu wagen.

In Amerika gibt es zahllose Bauten aus riesengroßen Steinen. Sind das jedoch Megalithbauten in unserem Sinne? Es finden sich die gewaltigen Steinköpfe von La Venta an der mexikanischen Küste, es finden sich die »Menhire« auf dem bolivianischen Hochland und die allerdings viel späteren Bauten von Tiahuanaco. Gehen sie auf irgendwelche, auch nur mittelbare »Anregungen« zurück? Aber wann? Und von wo aus? Über allen Megalithbauten liegt der Schleier eines noch ungelösten Geheimnisses! Es wird notwendig, eine vorläufige Zeittafel aufzustellen.

Seit den Zeiten, da die frühen Jäger über die ganze Erde schweiften, da ihre Werkzeuge weltweit verbreitet waren, hat es bis in das letzte Jahrtausend hinein wohl kaum eine Kultur gegeben, die auf der ganzen Welt zu finden ist. Damit stehen wir jedoch vor der Frage, ob es sich wirklich um eine gemeinsame Kultur handelt, zumal ihr Zeitraum sehr ausgedehnt ist. Die ersten Großsteinbauten in Vorderasien stammen aus dem 4. Jahrtausend v. Chr., die kleineren Einzelgräber, die Dolmen in Nordeuropa, bereits vom Ausgang des 4. Jahrtausends. Die Ganggräber lassen sich bis zum Ende des 3. Jahrtausends v. Chr. zurückverfolgen.

Weitere 200 Jahre später werden die Großsteinbauten von den aus Spanien stammenden Glockenbecherleuten bestimmt, die wohl das Kupfer mitbringen. Aber durchgesetzt hat sich die Bronze in Nordeuropa erst von der Mitte des 2. Jahrtausends v. Chr. ab. Erkennbar sind da gewisse Einflüsse aus Irland. Soweit lassen sich die Großsteinbauten in Nordeuropa noch einigermaßen einordnen. Aber wie steht es mit den Bauten in den anderen Teilen der Erde?

Nach Indien sind die Megalithbauten erst um 400 v. Chr. gekommen, eigenartigerweise in engem Zusammenhang mit der Eisenkultur. Darf man bei einem solchen Zeitabstand überhaupt noch von einer einheitlichen Kultur sprechen? Gab es je einen Zusammenhang zwischen diesen weitgestreckten Gebieten? Riesige Entfernungen müßten jeweils zurückgelegt worden sein, und nicht nur auf Entdeckungsfahrt in einer Richtung, sondern als regelmäßiger Austausch von Menschen, Gütern und Ideen. Sicher gab es hochseegängige Fahrzeuge, aber auch zu Lande müssen unendlich weite Strecken wiederholt bewältigt worden sein. Nehmen wir dies an, dann wären weltweite Verbindungen durchaus denkbar. Meere wie der Atlantik oder der Pazifik, Entfernungen wie zwischen Japan und der peruanischen Küste oder zwischen Afrika und der amerikanischen Goldküste waren vielleicht keine unüberwindlichen Hindernisse. Dann bekäme die Weltgeschichte ein neues Gesicht. Aber noch wissen wir von der Megalithkultur zu wenig, um darüber feste Aussagen zu wagen.

Was ist von dieser großen, den ganzen Erdball umspannenden Bewegung übriggeblieben? Wo finden wir ihre Spuren in der Geschichte? Merkwürdigerweise scheint die Megalithkultur vorübergegangen zu sein, ohne irgendwelche Folgen gezeitigt zu haben. Selbst die Erinnerung an diese Menschen ist ausgelöscht. Eines scheint allerdings sicher: die Megalithleute haben ein Leben abseits der Hochkulturen geführt, die sich in Vorderasien und Ägypten herausgebildet hatten. Die schriftlichen Überlieferungen der frühen Zeit geben keinen Hinweis auf ihre Lebensweise und Glaubensvorstellungen. Weder der griechische Mathematiker, Astronom und Geograph Pytheas von Massilia, der im 4. Jahrhundert zur Nordsee reiste und dem man die erste Kunde von den nordwestlichen Gebieten Europas verdankt, noch der römische Feldherr, Staatsmann und Schriftsteller Caesar, der später bis an die bretonische Küste kam, erfuhren etwas von den Vorfahren der dortigen Bewohner. Ebensowenig wußten die Guanchen auf den Kanarischen Inseln von der eigenen Vergangenheit.

Seit langem hatten die Akkader mit den Bewohnern Armeniens zu kämpfen, die sich »Gutäer« nannten. Das Reich schrumpfte zusammen, da sich überall Teile herauslösten; 2233 v. Chr. vernichteten die Gutäer endgültig das Reich. Die Bergvölker hatten gesiegt. Es läßt sich kaum sagen, welcher Sprache oder welcher Rasse sie angehörten, noch weiß man, wie zahlreich sie gewesen sind. Wahrscheinlich handelte es sich wieder um umherstreifende Kriegerscharen. Sie zerstörten Akkade und herrschten im Tiefland. Die späteren Berichte sehen in dieser Fremdherrschaft eine Zeit des Unglücks und der Barbarei. Damit war die Macht der Semiten in Mesopotamien, die vorwiegend auf der Waffengewalt beruht hatte, zunächst gebrochen. Waren die Gutäer irgendwie mit den Sumerern verbündet? Jedenfalls gewannen die Sumerer nach gewisser Zeit und sicher mit Hilfe der Guti ihre Unabhängigkeit zurück, ein Zeichen, daß die Akkader sich über die alte sumerische Stadtbevölkerung gelagert hatten, ohne sie zu vertreiben. Hundert Jahre etwa hat die Herrschaft der Guti gedauert.

Die sumerischen Städte beginnen wieder an Macht zu gewinnen. Sie bemühten sich, die alte sumerische Kultur – also die vor Sargon – wieder zu beleben. Sie sprachen sumerisch und verehrten die alten Götter. Aber die Menschen hatten sich doch stark verändert. In den Städten lebten neben den Nachkommen der alten Sumerer zahlreiche semitische Akkader und viele Guti, die aus dem Norden eingewandert waren. Das veränderte auch das öffentliche Leben. Nun übernahmen die Sumerer ihrerseits die Einrichtung des starken weltlichen Herrschers; ihre Könige wollten nicht nur in der Stadt, sondern in einem »Reich« herrschen.

Um 2130 v. Chr. besiegte ein Fürst von Uruk, Utuchengal, die Gutäer und machte sich seinerseits zum König von ganz Babylonien. Er vernichtete – nach einem jüngeren sumerischen Text – »den Drachen des Gebirges«. In der Folge haben die Könige von Ur ihre Macht zunächst über Uruk ausgeweitet, dann über fast ganz Mesopotamien. Begründer der 3. Dynastie (2124–2016) war König Ur-Nammu, der 18 Jahre regierte, sein Nachfolger Dungi – oder Schulgi – nahezu fünfzig Jahre. Ihr Wirken läßt sich deswegen gut verfolgen, weil sie für ihre vielen Bauten gebrannte Ziegel mit dem königlichen Siegel verwendeten, die sich erhalten haben. Damals muß Sumer besonders reich gewesen sein. In Lagasch regierte der »Stadtfürst« – der ensi – Gudea wohl an die fünfzig Jahre. Von ihm gibt es zahlreiche Statuen. Später ist Lagasch gründlich zerstört worden.

Damals hat sich sowohl in Ägypten wie in Mesopotamien der neue Gedanke eines »Staates« durchgesetzt. Das war ein räumlich begrenztes Gebilde, in der eine Gemeinschaft von Menschen lebte, die durch das Recht zusammengehalten wurde, mit strenger Gliederung nach

Befehlsgewalt, nach Rang und Beruf, nach Rechten und Verpflichtungen. Die neue Ordnung war durch weltliche Gesetze festgelegt.

Eine Staatsordnung wächst fast nie von innen heraus. Sie wird meist von oben auferlegt. Jede Gesellschaftsordnung ist zunächst und im Kern ein Befehlsgefüge. Sie überträgt Befugnisse, Gewalt und Rechte auf einige wenige, wenn nicht gar auf einen Einzelnen, und sie beugt die Mehrheit unter diesen Befehl. Entscheidend aber ist, daß diese »Ordnung« nicht allein mit Gewalt durchgesetzt wird, sondern von innen begründet ist und durch religiöse Vorstellungen geweiht wird. Die öffentliche Ordnung widerspricht damit oft den Interessen von Familien, Stämmen und Sippenverbänden. Kennzeichen der Gesellschaftsordnung im Staat der Hochkultur ist ihre Dauer. Der Fürst oder der König gründet seine Machtvollkommenheit auf seinem Amt. Er löst sich von der Laune der Untergebenen. Er stützt sich auf göttliche Berufung. Er wendet sich an eine Macht, die von seiner Person und damit von vorübergehenden Schwächeanwandlungen unabhängig ist. Der Institution verdankt der Beamte seine Stellung in der Gesellschaft.

Eine solche staatliche Ordnung bedeutet nicht, daß alle Menschen gleich oder auch nur gleichberechtigt sind. Der König befiehlt; die Götter schenken dem einen ihre Gunst, dem anderen zürnen sie. Doch wird das Zusammenleben der Menschen durch Gesetze geregelt, die Recht und Pflicht enthalten, zugleich aber auch sagen, was Recht und Unrecht ist. Die Götter selber werden in diese neue moralische Ordnung hineingestellt. Zwischen Göttern und Menschen herrscht nun ein anderes Verhältnis als früher. Die Götter fleht man zwar um Hilfe an, aber seinem Gott tritt der König im Bewußtsein gegenüber, »recht« gehandelt zu haben, also untadelig, und daher mit dem moralischen Anspruch auf Hilfe.

Damit haben sich die Sumerer noch weiter von den uralten Vorstellungen an Dämonen und Geister entfernt. Die Welt wird klar, hell und durchsichtig. Sie wird an Regeln gemessen. In den breiten Volksschichten blieben jedoch die magischen Vorstellungen lebendig; sie wurden vor allem von jenen Menschen genährt, die aus der Steppe oder aus den Bergen einwanderten. Erhalten geblieben sind vorwiegend die Zeugnisse der schriftkundigen Priester, wodurch der – sicherlich einseitige – Eindruck entsteht, als sei die magische Weltschau damals bereits weitgehend zurückgedrängt worden. Sie blieb noch Jahrtausende erhalten.

Offenbar ist das Jahrhundert der 3. Dynastie von Ur (2124–2016) eine Zeit des Friedens, der wirtschaftlichen und der künstlerischen Blüte in Mesopotamien gewesen. Ägypten war viel zu sehr mit seinen eigenen inneren Unruhen beschäftigt, als daß es eine Gefahr für Syrien hätte bilden können. Handel und Wandel breiteten sich aus. Das wiederum führte zum Aufstieg Kretas. Es ist die Epoche, die als Frühminoisch III bezeichnet wird. Eine besondere Blüte erlebte auch Troja in jener Zeit, aus der der wundervolle Goldschatz stammt, den Schliemann gefunden hat. Die Macht Sumers ist zum Ausgang des 3. Jahrtausends, wohl um 2016 v. Chr., von zwei Seiten her bedroht und schließlich zerschlagen worden: einmal durch Angriffe aus Elam, sodann aber – wie schon einmal – von den Semiten, die bereits seit einem Jahrtausend im Zweistromland saßen. Dabei hat es sich wohl weniger um eine Eroberung als um einen inneren Umsturz gehandelt, dessen Gründe wir nicht kennen.

Ur ist wohl niemals stark genug gewesen, die Herrschaft über das weite Gebiet »zwischen den vier Meeren« auf die Dauer behaupten zu können. So haben zunächst einzelne sumerische Städte versucht, sich von der drückenden Oberhoheit von Ur zu lösen, wozu sie wahrscheinlich semitische Söldner gemietet haben. Assur, Larsa, Eschnunna schütteln die Macht ab. Zwei Städte gehen aus diesen Wirren gestärkt hervor: Isin und Babylon – nicht weil sie mächtig waren oder weil sie besonders günstig lagen, sondern weil sie hervorragende Persönlichkeiten aufweisen. Dabei kam ihm zugute, daß sich die Herrscher aus dem Norden – Assyrien – und aus Elam gegenseitig bekämpften, so daß sich schließlich nur die Mitte hat halten können. König Rimsin von Larsa hat zwar noch einmal seine Macht weit ausgedehnt, so daß er sich »König von Sumer und Akkad« nennen konnte, er hat vielleicht auch Assur noch einmal unterworfen, aber nach seinem Tod 1698 v. Chr. ging die Führung in Mesopotamien auf Babylon über.

Babylon sah sich bald selbst Angriffen von allen Seiten ausgesetzt; außer den Assyrern bedrohten die Elamiter das Land. Nomaden unbekannter Herkunft zerstörten um die Mitte des 20. Jahrhunderts v. Chr. Nippur. Der zunächst noch recht unbedeutende Platz Babillu erhielt den semitischen Namen Bab-ilu – Tor Gottes –, das zur Vormacht in Mittelmesopotamien auf Kosten der alten sumerischen Städte Isin, Kisch, Sippar, Uruk und Dilbat aufstieg. Eine Naturkatastrophe beschleunigte die Umwälzung: ein Hochwasser ließ den Tigris ein neues Flußbett graben und zerstörte Larsa. Später hat Larsa sich zwar wieder erholt, hat aber nie mehr die alte Rolle gespielt.

Der König von Babylon, Hammurapi (1792–1750) hat das ganze Mesopotamien von Ninive bis zur Küste des Persischen Golfes unter seiner Regierung vereinigt. Hammurapi hat die kriegerische Kraft der Semiten mit der Kulturüberlieferung der Sumerer vereinigt: er schuf ein in sich gefestigtes Reich auf der Grundlage des Rechts. Die alten sumerischen Götter An und Enlil haben den Stadtgott von Babylon, Marduk, der als Sohn des Enki von Eridu galt, zum Herrn der Menschen eingesetzt. Hammurapi leitete seine Stellung vom Auftrag ab, »daß ich Gerechtigkeit im Lande sichtbar werden lasse, die Ruhelosen und Bösewichte vernichte und, auf daß der Starke den Schwachen nicht entrechte, das Land erhelle«.

Auf dem Recht gründete Hammurapi seinen »Staat«, und als Staat darf man ihn tatsächlich bezeichnen. Das Reich stellte eine Rechtseinheit dar, war also nicht nur der Herrschaftsbereich eines Königs, mochte Hammurapi selber auch als bedeutender Kriegsherr dieses Reich zusammengefügt haben. Im Staat des Hammurapi, für den sich später der Name Babylonien einbürgerte, waren alle Untertanen dem gleichen Recht unterworfen, von den höchsten Beamten als ausführenden Dienern des Staatsoberhauptes bis zu den Hörigen und Sklaven. Es scheint, als seien die Rechtsgrundsätze zum Schutz der Untertanen, vor allem der Schwachen, erlassen. Das mag auch bis zu einem gewissen Grade der Fall gewesen sein, wenn auch einem so mächtigen und ehrgeizigen König wie Hammurapi wohl vor allem daran gelegen war, seine Machtbefugnisse – über das Recht – so zu straffen, daß sein Befehl wirklich in allen Teilen seines weiten Reiches befolgt wurde.

Im Archiv von Mari sind Briefe erhalten, aus denen hervorgeht, daß seine Beamten jederzeit in die Hauptstadt Babylon gerufen werden konnten. Sie hatten Tag und Nacht schnell zu reisen. Überall wachte das Auge des Königs; auf Bestechung und Unregelmäßigkeiten stand Todesstrafe. Dem Statthalter des Königs oblagen Aufgaben wie der Transport und die Rekrutierung von Truppen, öffentliche Arbeiten, die allgemeine Verwaltung und vor allem die Rechtspflege.

Die Gesetze Hammurapis waren gewiß nicht neu; sie gehen auf alte sumerische Rechtssätze zurück. In den sumerischen Städten war »Recht« die Sozialordnung seiner Einwohner. Zu der Rechtsordnung gehörte der Begriff vom Eigentum, doch galt der Gegensatz von arm und reich als unentrinnbares Schicksal. Es blieb vielleicht als Wunschtraum das Bild einer Zeit, da Grund und Boden allen gehörte, da jeder ein ihm zugewiesenes Feld bearbeiten konnte.

Auch das Niltal erlebte zu Beginn des 2. Jahrtausends eine politische Wiedergeburt. Im »Mittleren Reich« (2050–1785) haben die tatkräftigen Herrscher der 11. Dynastie die Ordnung mit dem Schwert hergestellt. In Oberägypten sammelten die Gaufürsten bewaffnete Scharen, sie halfen ihren Bewohnern bei Not und Überschwemmung oder Trockenheit. Dann begannen einzelne Fürsten, mehrere Gaue zusammenzufassen. So wird von einer Familie berichtet, die bald nach dem Ende der 6. Dynastie in Herakleopolis eine eigene Herrschaft begründete. Sie gilt später als die 9. und 10. Dynastie. Vor allem in Oberägypten setzten sich die Gaufürsten durch. »Während ganz Oberägypten vor Hunger starb und alle Einwohner ihre Kinder aßen, handelte ich so, daß der Hungertod diesem Gau fernblieb«, lautet die Inschrift des Gaufürsten von Edfu, Anchtifi. Schließlich setzte sich eine Familie aus Hermonthis (heute Arment) im vierten oberägyptischen Gau von Theben durch.

Oberägypten hat Unterägypten stets an Härte des Willens und an Organisationskraft übertroffen – das alte Bild der ägyptischen Geschichte. Den Thebanern gelang es, Unternubien mit seinen reichen Rohstoffquellen zu unterwerfen und von dort Söldner zum Angriff auf das Delta zu werben. Mentuhotep I. – »Einiger der beiden Länder« – trug wieder die Doppelkrone, obwohl er noch längere Zeit darum kämpfen mußte, bis er allgemein anerkannt wurde. Im Niltal hatte sich eine Reihe von Fürsten – oder vielleicht besser Gauherren – selbständig gemacht. Dabei hatten ihnen die kriegerischen Nachbarn geholfen entweder direkt oder dadurch, daß sie an einer Grenze den Pharao beschäftigten. Im Westen waren das die Libyer, die immer wieder genannt werden, im Osten die Bewohner von Palästina.

Ihren Höhepunkt erreichte das Mittlere Reich unter der 12. Dynastie (1991–1786) unter dem Pharao Sesostris. Es scheint, als sei dieses Herrscherhaus aus dem südlichen Elephantine beim heutigen Assuan gekommen. Als Amenemhet I., der Vater des Sesostris, den Thron bestieg, mußte er noch die Vorrechte der Gaufürsten anerkennen, aber schrittweise haben die Pharaonen ihre Vormacht wieder aufgerichtet. Amenemhet I. hat seine Hauptstadt von Theben in das nördliche Ittaui verlegt, 30 km südlich von Memphis, das Residenzstadt bis zur 13. Dynastie blieb. Damals hat der Einfluß Asiens wieder zugenommen. Völkerbewegungen müssen sich auch im Süden abgespielt haben. Die Nubier, deren Hauptstadt Kerma ein wichtiger Handelspunkt mit Ägypten war, drangen über den ersten Katarakt vor. Von nun an werden ihre Einfälle im Süden nur noch vorübergehend aufhören.

Im Mittleren Reich verantwortet der Einzelne anders als im Alten Reich sein eigenes Schicksal. Jeder Einzelne muß zu seinem Glück beitragen, indem er ein gottgefälliges Leben führt. Der Verstorbene wird von Gott gerichtet, er wird für seine Taten verantwortlich gemacht. Das setzt jedoch eine weitgehende Entscheidungsfreiheit voraus. Dem einfachen Mann stand sie jedoch kaum zu. Amenemhet berief sich auf den Gott Amun, der mit dem Sonnengott Re vereinigt als Amun-Re verehrt wurde. Sein riesiger Tempel steht in Karnak bei Theben. Aber diese Hinwendung zu Gott vermochte nicht, dem Pharao die überragende religiöse Stellung der Frühzeit wiederzugeben. Wiederholt mußte er sie mit Waffengewalt gegen die Aufrührer und Feinde verteidigen, Verlaß war auf niemand. »Wenn du schläfst«, mahnte der König seinen Sohn, »behüte dein Herz selbst, denn kein Mensch hat Anhänger am Tage seiner Not. Der mein Brot aß, führte Truppen gegen mich, und der, dem ich meine Hand gegeben hatte, stiftete dadurch Unruhe.« Amenemhet I. ist wohl bei einer Palastrevolution nachts von seiner eigenen Leibwache umgebracht worden.

Die Pharaonen der 12. Dynastie sprechen gern von Gerechtigkeit. Amenemhet II. gab sich den Namen »Der an Gerechtigkeit Gefallen findet«. Sesostris II. ließ sich preisen als der »die Gerechtigkeit erscheinen läßt«. In ihrer Zeit standen wirtschaftliche Reformen im Vordergrund. Die 12. Dynastie hat die Oase Fayum ausgebaut; ein großer Staudamm fing die Nilfluten in der Überschwemmungszeit auf und leitete sie in Kanäle, mit deren Hilfe damals 11 000 Hektar bewässert worden sind. Die Bronze wurde mehr verwendet, im täglichen Leben wie in der Bewaffnung; das Kupfer bezogen die Ägypter von der Sinaihalbinsel, Zinn mußte aus fernen Ländern eingeführt werden. Die 12. Dynastie hat versucht, Ägypten zu einem geschlossenen Staat umzugestalten. Da zahllose Funde aus jener Zeit auf einen lebhaften Verkehr mit Palästina und zu Vorderasien überhaupt hinweisen, werden auch die neuen Rechtsvorschriften der Pharaonen wohl mit der Neuordnung im Zweistromland zusammenhängen, etwa wenn jetzt unterschieden wird zwischen den Gütern, die dem Pharao persönlich zustehen, und denjenigen, die zum Staatsbesitz gehören.

Auch das militärische Vorgehen der Pharaonen, insbesondere der drei Sesostris, läßt erkennen, wie stark sich Ägypten an mesopotamische Vorbilder hält, etwa in der Heeresgliederung. Sesostris III. (1878–1840) zog mindestens viermal gegen das »elende Land Kusch«, wie Nubien genannt wird. Um die Südgrenze zu sichern, wurden die Nehsiu aus der sudanesischen Wüste zuerst als Pfadfinder – Medjai –, dann als Truppen eingestellt, die auch in Asien Kriegsdienste leisteten. In der Regel dienten die Medjai als Polizei im Inneren. Sicherheitshalber legten die Pharaonen zwischen dem ersten und dem zweiten Katarakt eine Kette von zwölf Festungen an, allein sieben beim zweiten Katarakt, darunter die mächtige Festung Semna. Dort fand man die Inschrift, daß sie dazu dienen sollte, »um jeden Nubier am Vordringen flußabwärts zu hindern, außer denen, die gekommen sind, um Handel zu treiben«.

Ägypten war wirtschaftlich und kulturell allen Nachbargebieten überlegen. Voll Verachtung schaute der Ägypter auf die Völker in Afrika und Asien herunter. Dank der sorgfältigen Bewässerung ernährte der Boden im Niltal etwa zwei bis drei Millionen Menschen, fast so viel wie im ganzen übrigen Afrika. Schwierig blieb die Aufgabe, die

Grenze an der Sinaihalbinsel durch ein breites Vorfeld abzusichern, denn östlich des Nildeltas dehnte sich eine fast wasserlose Wüste nahezu bis zum Toten Meer. Mit den damaligen Verkehrsmitteln ließ sich diese Sperre kaum überwinden, da die Ägypter weder Pferde noch Kamele besaßen. Ihre schweren Wagen, die von Ochsen gezogen wurden, konnten sich kaum durch die Wüste bewegen. So gab es eigentlich nur den einen Weg längs der Mittelmeerküste über den Gazastreifen. Hier aber stieß jeder Eindringling auf feste Burgen und Städte, die nur mit größerem Belagerungsgerät zu nehmen gewesen wären.

Die beweglichen Nomaden hingegen konnten plötzlich von den Lagerplätzen vorstoßen und wieder in der Wüste verschwinden, wenn sie auf zu starken Widerstand trafen. Entscheidend blieb die politische Lage in Palästina. Sie wiederum hing von den Verhältnissen in Syrien und im Zweistromland ab.

Zwischen Ägypten und Babylonien scheinen die Beziehungen durchaus friedlich gewesen zu sein, der Handel blühte. Ein Roman schildert das Schicksal eines Ägypters, Sinuhe, der aus politischen Gründen nach Syrien floh, dort gastfrei aufgenommen wurde und nach langer Zeit wieder in die Heimat zurückkehrte. Syrien diente als Brücke zwischen den beiden Kulturen und den beiden Staaten. Eine wichtige Rolle spielte dabei seit dem 3. Jahrtausend v. Chr. die Stadt Byblos.

Vermittler zwischen Ägypten und Mesopotamien als Verbrauchern und gewerblichen Erzeugern einerseits und den weiten Rohstoffländern Europas andererseits war damals Kreta. Wahrscheinlich wurde Kreta an diesem Handel reich. Seit der frühminoischen Zeit, etwa ab 2800 v. Chr., nimmt der Einfluß Ägyptens auf Kreta sichtbar zu. Zum Ausgang des 3. Jahrtausends v. Chr. hat sich das Königtum in Kreta durchgesetzt – davon zeugen der weitläufige Palast von Knossos und andere. Eine Stadt hingegen scheinen die Kreter nicht gehabt zu haben. Um die großartigen Paläste lagen zwar die Wohnviertel der Handwerker, aber sie gehörten zum königlichen Hof. Die Siedlungen waren räumlich begrenzt. Die Bewohner Kretas fühlten sich durch das Meer geschützt. Sie brauchten so lange keine Mauern, als sie mit ihren hochentwickelten Schiffen die See beherrschten.

Wie ein Rahmen legt sich ein äußerer Halbmond von Kreta über Kleinasien, Armenien, den Kaukasus, die iranische Hochfläche nach Turkestan und Belutschistan um den Fruchtbaren Halbmond herum. Durch diesen äußeren Gürtel sind seit frühester Zeit die Menschen hindurchgezogen. Der eine Weg führt über den Taurus nach Kleinasien zum Bosporus oder zum Hellespont. Die Goldschätze Trojas und die Entwicklung auf den Kykladen und in Thessalien deuten an, daß sich die Händler weit vorgewagt haben, wahrscheinlich bis in das metallreiche Siebenbürgen. Ein anderer Weg ging vom Tigris zum östlichen Kaukasus, den Kaspisee entlang nach Turkestan; ein dritter führte über das Zagrosgebirge zum iranischen Hochland nach Baktrien: der vierte zog sich längs des Persischen Golfes über Belutschistan zum Industal hin.

Alle Wege führten aus einem Gebiet wesentlich höherer Kultur in Länder mit reichen Naturschätzen, die dem Fruchtbaren Halbmond, ganz besonders dem Zweistromland fehlten. Auch Ägypten war in seiner Rohstoffversorgung auf den Welthandel angewiesen. Natürlich konnten nur hochwertige Güter auf so weite Entfernungen und unter so schwierigen Bedingungen ausgetauscht werden, also Gold, Silber, Kupfer, Zinn und Blei oder Luxusgüter wie Bernstein, Straußeneier, Elfenbein oder wertvolle Steine, vor allem der hochgeschätzte Lapislazuli, der wohl aus Afghanistan eingeführt wurde.

Möglicherweise hat man im äußeren Halbmond die Bearbeitung von Metallen vorangetrieben, wenn nicht gar erfunden. Zwar haben die Ägypter das Kupfer vom Sinai und Gold aus der Wüste und aus Nubien geholt, aber Mesopotamien bezog sein Kupfer aus den Bergen Kleinasiens, Armeniens und aus dem Zagrosgebirge. Dank dieses Handels nimmt der Wohlstand der Bergvölker zu, zugleich gewinnen sie eine straffere Leitung. Der äußere Halbmond ist also einmal Lieferland, zugleich aber auch Mittler gewesen für die Rohstoffgebiete an der Peripherie: selbstherrlich, eifrig darauf bedacht, Nutzen von beiden Seiten zu ziehen, blieb ein ansehnlicher Anteil des Gewinnes bei ihnen zurück.

Die beiden Enden dieses weiten Gebietes – Kreta und das Industal – weisen in manchem auch Verwandtschaft auf. Die Kultur des äußeren Halbmondes ist keine Weiterbildung der mesopotamischen Kultur, aber sie ist ohne sie kaum möglich gewesen. Erst im Anstoß durch und im Gegensatz zur sumerischen und akkadischen Kultur hat sie sich entfalten können. Die Anregungen wurden von Menschen aus einer anderen sozialen Umwelt und von recht unterschiedlicher Geisteshaltung aufgegriffen, umgeformt und weitergebildet. Kretische Schiffe fuhren ins westliche Mittelmeer, nach Nordafrika, nach Malta und Sardinien und durch die Straße von Gibraltar zur Mündung des Guadalquivir, vielleicht schon nach Tartessos.

Offenbar reichte der Handel in das Gebiet der Großsteinbauten nach Südengland und nach Skandinavien.

Seit Mitte des 3. Jahrtausends v. Chr. sind Schiffe aus dem Mittelmeerraum auch durch die Meerengen in das Schwarze Meer eingelaufen und haben sowohl die Nordküste wie den Kaukasus erreicht – das berühmte Goldland von Kolchis. Dort entfaltet sich im Anschluß an Armenien die Kolchiskultur. In Südrußland stießen die Kaufleute auf die Ackerbauern, die auf dem Landweg über die Donau gezogen waren und die Tripoljekultur begründet hatten.

Im Raum um Böhmen, Schlesien und der Lausitz hatte sich in der ersten Hälfte des 2. Jahrtausends v. Chr. die Aunjetitzer Kultur gebildet, die Bronzegegenstände in größerer Menge nach Nordeuropa gebracht hat. Möglicherweise wurde dort Kupfer abgebaut, vielleicht auch Zinn. In diesen Raum stießen um das Jahr 2000 v. Chr. Menschen mit der Streitaxt, die ihre Toten in Hügelgräber beisetzten.

Aus Nordeuropa holten die Kaufleute Bernstein und Salz, aus den Mittelgebirgen Erze wie Kupfer, Silber, Zinn und Gold. Nun boten die Karawanen eine lockende Beute. Hatte ein kühner Angreifer Erfolg, konnte er diese Schätze leicht anderswo gegen Waffen, vor allem aus Kupfer, später aus Bronze eintauschen. Um sich gegen diese Räuber zu schützen, entstehen seit dem 3. Jahrtausend v. Chr. feste Wehranlagen an wichtigen Knotenpunkten des Handels, dort, wo die Wege durch einen Gebirgspaß führen oder an Flußübergängen und Meeresstraßen. Solche runden Wallanlagen gab es im Sumpf- und Waldgebiet Norddeutschlands, Polens und Westrußlands.

Von Tripolje aus gingen auch Kulturwellen über die weite Steppe hinweg bis zum Altai. Seit unvordenklichen Zeiten sind Menschen als Jäger und Sammler über diese Steppe gezogen, langsam, aber unaufhaltsam. Sie brachten zugleich die Kenntnis des Kupfers und die Töpferei mit. Der Bereich dieser umfassenden Kultur erstreckte sich vom nordkaspischen Gebiet über den Aralsee zum Tienshan, zum Altai – Andronowo – und zum Minussinsk-Becken – Afanasjewo. Anscheinend hat man Kupfer vom Ural und Zinn vom Irtysch verwendet. Vorwiegend haben die Menschen wohl von ihrem Vieh gelebt: vom Schaf, vom Rind und vom Schwein. In Westsibirien stieß die Tripoljekultur auf eine Kulturwelle vom iranischen Hochland.

Bis dahin scheint es am Aralsee nur Jäger und Sammler gegeben zu haben. In der ersten Hälfte des 2. Jahrtausends v. Chr. aber werden die Bewohner am unteren Oxus – Amu Darja – von zwei Seiten her beeinflußt, von Tripolje und von Dscheitun und dem Iran. Die Berührung von so grundverschiedenen Lebensweisen und Kulturen hat beträchtliche Wirbel ausgelöst, die das Gebiet zwischen Aralsee, iranischem Hochland und Altai, dann die benachbarten Völker und schließlich nahezu ganz Eurasien erfaßte.

Zu jener Zeit verharrte der riesige Raum vom Ural bis zur Beringstraße, Hochasien mit Tibet und der Mongolei, aber auch China noch auf einer recht tiefen Kulturstufe. Jäger und Sammler streiften durch die endlosen Wälder. Auch zu dieser Zeit läßt sich nicht feststellen, wie weit die Induskultur nach nunmehr einem vollen Jahrtausend auf das Gangestal oder auf den Dekhan ausgestrahlt hat. Diese hochstehende Stadtkultur muß sich im übrigen Indien wenn nicht durchgesetzt, so doch mindestens irgendwie bemerkbar gemacht haben. Wann hat sich die Pflanzerkultur der Monsunländer gebildet? Sie kannten doch den Reis und den gezähmten Wasserbüffel. Was haben sie vom Industal gewußt? Welche Errungenschaften haben sie übernommen? Wieder taucht die alte Frage auf, was zu dieser Zeit nach Amerika gelangt ist.

Wir wissen aus dem 3. Jahrtausend v. Chr. fast nichts von dem gewaltigen Raum, der sich über die Bergketten Hinterindiens hinweg nach Thailand, Kambodscha und Vietnam, nach Südchina bis zum Unterlauf des Hoangho erstreckt. Dieses große Gebiet gliedert sich in drei Räume: Südindien mit Ceylon, Nordindien mit dem Gangesbecken und der riesige malaio-chinesische Raum von Burma bis zur Schantung-Halbinsel einschließlich der indonesischen Inselwelt. In den Wäldern Südindiens hat sich bis heute eine dunklere Urbevölkerung erhalten. Die dunkelhäutigen Bewohner Neuguineas – die Papua – und die Bewohner Australiens haben keinen Einfluß auf ihre Nachbargebiete ausgestrahlt. Wahrscheinlich waren sie selber um 1100 v. Chr. von den Malaien endgültig aus Indonesien vertrieben worden.

Es bedurfte eines besonderen Anstoßes, um die Verbindung der Waldzone Eurasiens zu den alten vorderasiatischen Kulturen herzustellen. Kam er von den Megalithleuten? Der geschichtliche Ausgangspunkt der neuen Bewegung lag allerdings in Mittelasien.

Der Streitwagen

Um die Mitte des 17. Jahrhunderts v. Chr. erscheinen an den Grenzen Mesopotamiens Kriegsscharen auf flinken Streitwagen mit zwei Bronzerädern, die von Pferden gezogen wurden. Bis dahin haben die Völker im Vorderen Orient und im Niltal das Pferd kaum gekannt. Man sprach zwar vom »Esel der Berge«, aber man hat dieses Tier nicht gezüchtet. Als Zugtier verwendete man in Mesopotamien den Ochsen oder den gezähmten Wildesel, den Onager, der jedoch nicht sehr leistungsfähig war. Das Pferd hat es im eurasischen Raum seit ältesten Zeiten gegeben. Abgebildet ist es bereits in den Höhlen der Eiszeit. Es war damals Jagdtier wie das Ren und das wilde Rind. In Vorderasien war das Pferd bis ins 2. Jahrtausend v. Chr. so gut wie unbekannt.

Die Kenntnis der Viehzucht erreichte Westsibirien einmal von Westen – von der Ukraine – her, sodann über den Kaukasus und die nordiranische Hochfläche. Dort, wo sich die beiden Bewegungen schnitten, im Gebiet zwischen Kaspisee, Aralsee und Hindukusch, entstand die Pferdezucht. Die Steppenbewohner fingen sich wilde Pferde, zuerst wohl nur, um sie zu melken und zu schlachten wie die Rinder, bald jedoch auch, um sie vor den Wagen zu spannen. Dazu brauchte man ein ausdauerndes, starkes Tier. Das kleine, schwache Pferd der zentralasiatischen Hochfläche, das nach dem russischen Forscher Przewalsky benannt wird, mag das Urpferd gewesen sein, das sich vielleicht schon in der letzten Zwischeneiszeit bis weit nach Europa verbreitete. Mittelpunkt der Pferdezucht wurde Ferghana, das fruchtbare Tal des oberen Syr-darja. Hier wurde das hochgewachsene rasche, kräftige Pferd gezüchtet, das imstande war, einen Wagen zu ziehen. Die Chinesen, die ursprünglich nur die kleinen Steppenpferde der Mongolen kannten, sprachen zur Zeit der Han von den »blutschwitzenden Pferden«. Das Pferd veränderte die gesamte geschichtliche Entwicklung Asiens, ja der ganzen Welt.

Auch der Wagen mit zwei Rädern war neu. Die Sumerer besaßen seit dem dritten Jahrtausend einen schweren Karren mit vier Rädern, der sich mühsam durch das Land quälte. Auf einer »Kriegsstandarte« aus Ur sieht man einen solchen Wagen mit Onager bespannt. Die Wagenräder sind zusammengefügte schwere Holzscheiben, die massiv aus drei Holzteilen gearbeitet und durch vier Keilpaare fest miteinander verbunden waren. Die Widerstandskraft wurde außerdem durch einen Kranz von Metallplatten erhöht, der das Holz schützen sollte und das Rad besser »greifen« ließ. Ein solcher Wagen konnte sich auf festem Untergrund, etwa auf der steinigen Steppe, recht gut bewegen, war jedoch zu schwerfällig, um in der Schlacht eingesetzt zu werden.

Der neue Wagen hingegen war leicht und außerordentlich wendig. Das verdankte er dem neuen Rad, das nun aus Bronze geformt war. Es bestand aus einem geschlossenen Radkranz mit Speichen, die sich um die Nabe drehten. Dank dieser leichten Konstruktion genügten zwei Räder statt der bisher üblichen vier. Was für eine wesentliche Verbesserung das war, zeigte sich, als man hochgezüchtete Pferde vorspannte. Nun donnerten die Streitwagen in rascher Fahrt, teils allein, teils in geschlossener Reihe, teils in aufgelösten Gruppen, auf den erschrockenen Feind zu. Blieben seine Reihen geschlossen, schossen die Krieger ihre Pfeile ab, während die Wagen mitten im Angriff abbogen, und schon nahte die Wagenfront erneut zum Angriff. Dem Fußvolk waren sie unerreichbar.

In einem ungeheuren Siegeszug hat der Streitwagen die halbe Welt erobert. Aus Mesopotamien gibt es keinen Bericht über das Auftauchen dieser Streitwagen, über das lähmende Entsetzen, das sie ausgelöst haben müssen, über den Schrecken, der von ihrer überlegenen Taktik ausging. Ihr erster Sieg wird erstaunlicherweise aus Ägypten berichtet. Manetho schreibt: »Unerwartet zogen aus den Gebieten des Ostens Eindringlinge von dunkler Abkunft siegesgewiß gegen unser Land. Mit aller Gewalt nahmen sie es ohne Kampf leicht in Besitz, und nachdem sie die Herrscher des Landes überwältigt hatten, brannten sie unsere Städte unbarmherzig nieder, zerstörten die Tempel der Götter bis auf den Grund und behandelten alle Eingeborenen mit grausamer Feindseligkeit, töteten manche und führten von anderen Frauen und Kinder in die Sklaverei.« Diese Eroberer nannten die Ägypter später die Hyksos. Dieser Name ist verschieden gedeutet worden. Übersetzt heißt er wohl Herrscher der Hirten oder des Hirtenlandes, der Wüste. Waren es Beduinen, die aus Arabien oder aus Palästina kamen? Die Bibel berichtet von solchen Hirten, aber da handelt es sich um eine spätere Zeit. Weder ägyptische Quellen noch Funde geben in diesem Fall genauere Auskunft. Eines aber ist sicher: die Hyksos verdankten ihren Erfolg ohne Zweifel dem Streitwagen. Mit ihnen kommt auch zum ersten Mal das Pferd nach Ägypten. Woher kamen die Hyksos? Wer waren sie?

Die ägyptische Geschichte unter den Hyksos bleibt ziemlich dunkel. Man hört von Dynastien und von Pharaonen und deren Regierungszeit, die einfach nicht zusammenpassen. Und schließlich weiß niemand, wo die Hyksos überhaupt geblieben sind. Sie sollen nach Palästina geflohen sein. Dort aber bricht jede Überlieferung einfach ab. Vielleicht sind gar nicht alle Streitwagenleute aus dem Lande gegangen.

Unter der Herrschaft der Hyksos lebte die einheimische Bevölkerung wie früher auch: an Steuern und Abgaben hatten sie wahrscheinlich weniger zu leisten als zuvor für die riesigen Prunkbauten der Pharaonen. Während der Hyksoszeit wechselte Ägypten sein Gewichtsmaß; das neue weist auf mesopotamische Einflüsse hin. Was an Inschriften erhalten ist, sind Kopien älterer Aufzeichnungen in einwandfreien ägyptischen Hieroglyphen. Es muß also weiterhin Tempelschulen gegeben haben. Für ihr Heer haben die Hyksos ein geschlossenes Lager in Auaris im Delta eingerichtet. Es beherbergte an die 10 000 Mann mit Pferd und Wagen. Das waren selbstverständlich nicht alles Hyksos. Ein ungeheurer Troß an Hilfstruppen, Dienern, Weibern und Kindern – meist einheimischen! – gehörte dazu. Es war fast eine Stadt. Das eigentliche Hyksosheer darf man wohl auf 3000 Mann mit 500 Streitwagen schätzen. Das war für die damalige Zeit eine beachtliche Streitmacht, zumal die Hyksos über eine hervorragende Bewaffnung – aus Bronze! – verfügten: Panzerhemden, Helme und recht lange Schwerter. Ihre Bogen aus geleimten Holzschichten erreichten eine beträchtlich größere Schußweite als die der Ägypter.

Von Auaris konnte diese Streitmacht jederzeit geschwind in Marsch gesetzt werden und jeden Gegner, mochte er sich auch Hunderte von Kilometern entfernt in Sicherheit wiegen, treffen. Mit der Drohung von Vergeltung hielten später auch Hunnen, Mongolen und Araber ihre »Reiche« zusammen. Deswegen konnten die Hyksos viel den Einheimischen überlassen, die »nur« Abgaben zu leisten hatten. Sie »regierten« sich vielfach als Vasallen und Bundesgenossen selber. So scheint es in der ganzen Hyksoszeit einen eigenen Vasallen»staat« in Theben gegeben zu haben.

Die Ägypter hielten diese »Barbaren«, die ohne »re« herrschten, die ihre eigenen Götter mitbrachten und sich nicht den Priestern fügten, für gotteslästerlich. Je selbständiger die Gaue wurden, desto mehr mußten sich ihre Fürsten den Priestern des »mächtigsten« Tempels anpassen. Die beiden Bewegungen hingen ursächlich zusammen: der Lokalfürst konnte sich gegenüber der einheimischen Bevölkerung nur halten, wenn er sich mit ihr aussöhnte, und das hieß, wenn er mit der Priesterschaft gut stand. Und er bedurfte dieses Rückhaltes an der Priesterschaft auch, um sich gegenüber den stets mißtrauischen Oberherrn zu schützen, zumal dann, wenn er dem Stamm seiner ägyptischen Mutter mehr zuneigte als dem seines Hyksos-Vaters. Ägypter wurde er erst, als er den Glauben an Amun Re annahm und sich den Priestern beugte.

Es gelang den Priestern zu Theben, den Vasallenfürsten Oberägyptens Sekenenre zum Aufstand gegen seinen Lehnsherrn in Auaris zu bewegen. Sekenenre ist erschlagen worden. Sein Nachfolger Akmose, der sich »damit nicht abfinden wollte«, von den Asiaten ausgeplündert zu werden, eroberte Auaris. Die Hyksos wurden vertrieben. Als große Tat wurde die Befreiung von der Fremdherrschaft gefeiert. Sieht man jedoch genauer hin, ergeben sich Bedenken, ob es überhaupt zu einer regelrechten »Vertreibung« gekommen ist. Manches deutet darauf hin, daß die thebanische Dynastie, die 1575 v. Chr. die Hyksos vertrieb, selber zu den Hyksos gehörte. Jedenfalls stellen die Ägypter von nun an ihrerseits mächtige Heere mit Streitwagen auf, die siegreich bis Palästina und Syrien vordringen. Von nun an sieht man die Pharaonen selber in der Schlacht kämpfen – auf Streitwagen! Die Reliefs an den Tempelwänden zeigen die Helden in vorderster Front.

Sobald die ägyptischen Pharaonen vorrückten, schlossen sich die Fürsten zu stets wechselnden Bündnissen zusammen, je nach Kriegslage. Die Ägypter wollten eigentlich nicht Land erobern, sondern Macht und Einfluß im weiten Fruchtbaren Halbmond gewinnen. Wo sie hinkamen, stießen sie auf Streitwagenleute. In den Städten und Burgen gab es überall Kasematten für Wagen und Pferde. Die Burgherren schlossen sich einmal dieser, ein andermal jener Seite an. Auch das ist bezeichnend, da es schließlich ein und dieselbe Adelsschicht war, die untereinander Fehden austrug. Bei ihrem Vormarsch stießen die Ägypter auf die – ebenfalls von Streitwagenkriegern gegründeten – neuen Großreiche, das der Mitanni wie das der Hethiter.

Wenig hören wir um die Mitte des 2. Jahrtausends v. Chr. von den Kassiten in Babylon. Anscheinend waren sie durch die Herren von Elam – vielleicht ebenfalls Streitwagenleute – arg bedrängt. Im 17. Jahrhundert v. Chr. tauchen die Streitwagenleute auch an den Grenzen des babylonischen Reiches auf, wo sie allerdings auf heftigen Widerstand stießen. Als die Chatti aber unter Mursilis I. die Stadt Babylon einnahmen und zerstörten, war ihre Stunde gekommen. Nun drangen die Kassiten in das untere Zweistromland ein, wo sie ihre Herrschaft über 500 Jahre behauptet haben. Auch hier läßt sich kein umfassendes Bild der neuen Herren im »Meerland« gewinnen. Die alten Götter werden weiterhin verehrt, ja es werden in den alten Städten Nippur, Uruk und Ur in jener Zeit neue Tempel dem Enlil, der Inanna und der Nanna errichtet. So hat der kassitische König Karaindasch in Uruk der Inanna einen kleinen Tempel gebaut, der alte Pläne nachahmt. Man hat Vorbilder aufgegriffen, die anderthalb Jahrtausende zurückliegen.

Erst im 15. Jahrhundert v. Chr. gründeten die Kassitenkönige ihre eigene Hauptstadt Dur-Kurigalzu unweit vom heutigen Bagdad. Sechzig Meter über der alten Stadt ragten die Trümmer des Zikurrat empor. Von der kassitischen Götterwelt erzählen die »Kudurru«, schwarze, aus Diorit gehauene Grenzsteine mit Inschriften, die in den Heiligtümern aufgestellt wurden. Obenan steht die alte sumerische Dreiheit Anu, Enlil und Ea. Es folgt die Trias der ursprünglich semitischen Astralgötter, der Halbmond Sins, der Stern Ischtars und das Strahlenbündel des Schamasch. Darunter werden die Götter der Unterwelt und des Krieges dargestellt: Nergal, Zabalac und Ninurta. Sodann erkennt man die Zeichen des Marduk, des Nabu und des Gula. Es folgen Adad, gekennzeichnet durch den Blitz, Nusku mit der Lampe und Ningursu mit dem Pflug. Die späteren Herrscher von Babylon – und selbst von Susa – haben von diesen Bildern vieles übernommen.

Auch in Elam saßen die Kassiten, obwohl alles, was man dort gefunden hat, »elamitisch« wirkt. König Untasch-Huban baut einen fünfstufigen Zikkurat von fünfzig Metern Höhe mit einem Tempel, der dem Gott Inschuschinak geweiht war. Von der Königin Napir-Asu, der Gemahlin König Untasch-Huban, ist eine Bronzestatue erhalten von fast 1800 kg. So zeigt diese Zeit in Babylon wie in Elam erstaunliche Leistungen, ohne daß man das »Kassitische« daran deutlich zu erkennen vermag. Man hat sich vielmehr bemüht, das Überlieferte der Ansässigen zu pflegen, vielleicht auch zu steigern, so daß man vermutet, nur eine kleine Herrschaftsschicht hat sich – weil sie militärisch überlegen war – über die eingesessene Bevölkerung gelagert. Aber wer waren diese Herren nun?

Etwa 20 Jahre vor den Einfällen der Kassiten drangen die Churri über den Kaukasus vor, doch später weisen die Namen ihrer Könige indoeuropäische Herkunft aus. Russische Forscher meinen, daß das Land südlich des Aralsees, Choresmien (Choresm), vielleicht als »Land der Churri« anzusehen ist. Dann hätten die Churri ursprünglich zur ugrofinnischen Sprachfamilie gehört. Mit der Zeit aber übernahmen die Churri eine indoeuropäische Sprache, wahrscheinlich von einer neuen Oberschicht, als sie das südliche Armenien besetzten und sich in Nordsyrien niederließen. Dort bildeten sie zusammen mit den Ansässigen das Reich »Mitanni«.

Das mächtigste aller Streitwagenreiche war wohl das der Hethiter in Kleinasien. Dort hatten sich im 3. Jahrtausend v. Chr., sicherlich dank des Handels, der von Mesopotamien, insbesondere von Assyrien nach Europa führte, kleinere Königreiche gebildet, die allerdings vom großen Sargon niedergeworfen worden waren. Zu Beginn des 2. Jahrtausends v. Chr. gelang es dem Chattikönig Ahitta, sein Reich »von Meer zu Meer« auszudehnen. Der große Aufschwung setzte jedoch ein, als die Streitwagenleute über den Kaukasus hereinbrachen, das alte Reich der Chatti zerschlugen und sich in Hattuscha festsetzten. Jetzt begann die große Zeit der Hethiter.

König Mursilis I. (um 1620 bis 1590) zog bis nach Babylon, das er plünderte. Eine babylonische Dichtung läßt Mursilis sprechen: »Ich werde wie der Wettergott Adad donnern und Gewölk heraufführen, gegen das Heer Samsuditanas – des Königs von Babylon – einen Sturm entfesseln, es in Massen schlagen und niederwerfen.«

Mursilis konnte Babylon allerdings nicht halten. Nun brachen aus dem Osten die Kassiten ein und besetzten endgültig Nordbabylonien, während im Süden der Meerlandkönig Gulkischar (etwa 1599–1564) Erfolge errang. Bald schmolz die adlige Oberschicht im Hethiterreich zusammen. Mursilis wurde von seinen Schwägern Hantilis und Zidanta ermordet.

Unter dem Angriff der Mitanni brach das Hethiterreich zusammen. Aus den Gesetzestexten läßt sich entnehmen, daß die Sprache der Chatti sich bis 1500 v. Chr. weitgehend erhalten hat, wenn auch überlagert vom Indoeuropäischen der Streitwagenleute. Wir hören von Mitrashil, Arunasshil, Indara und Nasatya, die an die indischen – arischen – Götter Mitra, Varuna, Indra und Nasatya erinnern. In einem Lehrbuch der Pferdezucht, das der »Mitanni« Kikkuli aufgezeichnet hat, werden Sanskritworte für das Wagenrennen verwendet: aikavartana ist das einmalige Wenden, teravartana das dreifache Wenden und panzavartana das fünffache Wenden. Die jungen Adligen, die in Syrien eine hervorragende Rolle spielten, trugen den Namen »Mariannu«, was dem Sanskritwort Marya, gleich junger Mann oder Held, entspricht. Alle diese Völker treten etwa um die gleiche Zeit in die Geschichte ein, und zwar immer mit dem Streitwagen. Das ist ihr erfolgbringendes Kampfmittel; sie überwinden weite Entfernungen und überrollen die Fußtruppen, die ihnen entgegentreten.

Lohnten sich alle diese Kriegszüge? Sie störten zweifellos den friedlichen Handel, der an der ganzen Mittelmeerküste geblüht hatte, und zehrten den Reichtum aller Landstriche auf, durch die die Heere zogen. Als Thutmosis II. nach kurzer Regierungszeit starb, setzte sich die Witwe Hatschepsut durch. Eine Zeit des Friedens brach an, in der der Handel blühte. Die Königin schickte sogar eine Flotte in das Weihrauchland Punt, wohl das Somaliland an der afrikanischen Ostküste. Diese Friedenspolitik stand im Gegensatz zu der Politik ihrer Vorfahren, aber auch zu der Einstellung ihres Sohnes und Nachfolgers Thutmosis III. Er war einer der tatkräftigsten Pharaonen überhaupt (1501–1448). Er machte »Weltpolitik«.

Um 1480 v. Chr. gründet Tudhalija II. das »neue« Reich der Hethiter. Er wendete sich gegen die Churri im Land Mitanni, als diese versuchten, die wichtige Handelsstadt Aleppo zu erobern. Dabei bat er Ägypten um Unterstützung, wo seit der Vertreibung der Hyksos ebenfalls Streitwagenleute als Kriegerkaste herrschten. Thutmosis III. folgte diesem Ruf. Ägypten kehrte also zur Kriegspolitik zurück, allerdings mit einem Unterschied: Thutmosis III. gedachte nicht nur Strafexpeditionen und Plünderungszüge zu unternehmen; er wollte weite Länder erobern und seinem Reich eingliedern. 75 Tage nachdem er den Thron bestiegen hatte (1480 v. Chr.) rückte er an der Spitze seines Heeres von der Grenzfestung Tjel nach Asien aus, um entgegen der ägyptischen Tradition »den abscheulichen Feind zu vernichten und die Grenzen Ägyptens gemäß dem Befehl seines Vaters Amun-Re auszudehnen«. Der Fürst von Kadesch hatte bei Megiddo das beträchtliche Heer von 330 Fürsten und Häuptlingen versammelt. Das waren die adligen Grundherren, die jeweils auf ihrer Burg saßen. Die Hyksos waren zwar aus Ägypten vertrieben, aber ihre Standesgenossen saßen noch in Syrien. Der Pharao besiegte die Feinde und erbeutete 1000 Streitwagen, teils mit Gold und Silber beschlagen.

Von nun an ringen drei Großmächte um den syrischen Raum: Ägypten, die Hethiter und die Mesopotamier bzw. die Mitanni. Palästina und das südliche Syrien gehörten zu Ägypten. Aber hier zeigt sich die neue Zeit: es genügte der Vasalleneid. Der Pharao regierte also in Asien nicht mit seinen ägyptischen Beamten, sondern durch ansässige Fürsten. Immer wieder zog Thutmosis durch Palästina nach Syrien, nach Armenien, Kleinasien, in das Euphratland. Seinen mächtigsten Gegner, den Fürsten von Kadesch am Orontos, besiegte er in seinem dreißigsten Regierungsjahr. Das Mitanni-Reich blieb unabhängig; es hat noch verschiedentlich Krieg mit Ägypten, mit den Hethitern wie mit Mesopotamien geführt. Größere Kriegszüge haben die Ägypter hier nicht mehr unternommen.

Ihr mächtiges Reich war an der Grenze seiner Ausdehnungsfähigkeit angelangt. Nach jedem Feldzug mußte das Heer in das Niltal zurückgeführt werden, und das waren vom Lande Naharina rund 1000 km! Eine lange Strecke für den Nachschub! Deswegen brach das Heer in der Regel im Frühjahr auf, wenn in Ägypten die Ernte eingebracht war, und gelangte nach Syrien, wenn die Ernte gerade begann. »Ihre Obstgärten waren voller Früchte, ihr Wein wurde wie fließendes Wasser in Bottichen vorgefunden und ihr Korn wurde auf dem Dreschboden gedroschen. Es gab davon mehr als Sand am Meerufer. Die Armee floß von Reichtum über, sie war fast jeden Tag betrunken, sie salbte sich mit Öl wie auf einem Fest.« In Asien wurde die Etappe ausgestattet. Gaza wurde befestigt, die Hafenstädte an der syrischen Küste mit Lebensmitteln und Vorräten versehen. Straßen durchzogen die neu gewonnenen Gebiete. Kuriere brausten von Theben bis nach Boghazköy, der Hauptstadt der Hethiter, sie eilten von Tell Amarna bis nach Babylon.

Dieses ägyptische Reich war hervorragend organisiert. Die Beamten, in den Tempelschulen ausgebildet, konnten lesen und schreiben. Abgaben und Steuern – sowohl im Niltal wie in Asien – wurden festgesetzt und abgerechnet. Kein anderes Reich jener Zeit ließ sich mit Ägypten vergleichen. Das Heer wurde umgestaltet. Wurden früher die Ägypter selber aufgeboten, so füllten nun immer mehr Berufssoldaten das Heer. Einheimische und in wachsendem Umfang geworbene Söldner aus Nubien, Libyen und aus Asien bildeten die Truppe. Die stolzen Streitwagengeschwader waren Ägypter, das Fußvolk und den Troß jedoch, um Pferde und Streitwagen zu pflegen, stellten häufig Fremde. Die eigentliche Entscheidung lag bei den Streitwagenkämpfern. Dieser Stellung entsprach der soziale Aufbau, der sich im Niltal durchsetzte. Dem Adel gehörte der Grund und Boden, der unter Leitung von Verwaltern bestellt wurde. Eines ist sicher: die neuen Herren Ägyptens fühlten sich als Krieger.

Jahr für Jahr kamen reiche Schätze nach Ägypten: Abgaben, Kriegsbeute, Geschenke, der wirtschaftliche Ertrag von Land und Bergwerken und dem weitreichenden Handel. Der Pharao konnte seine Getreuen mit Grundbesitz, Sklaven und Gold belohnen. Amun-Re, der Gott in Theben, segnete die Kriege und den Pharao. Mit der göttlichen Standarte zogen die Truppen in die Schlacht, die »Divisionen« führten Götternamen. Die 18. Dynastie verdankte ihren Erfolg der eigenartigen Verbindung von militärischer Schlagkraft und straffer Organisation. Die Siege hatte Amun-Re erfochten, der große Gott von Theben und von Hermopolis. Deswegen flossen die erbeuteten Reichtümer in hohem Maße dem Tempel und der Hauptstadt zu. Riesige Tempelbauten und Paläste entstanden.

Dieses mächtige Reich erregte die Bewunderung der Nachbarn, der Hethiter, der Mitanni wie der Kassiten, der Babylonier und – noch später – der Assyrer. Die Pharaonen heirateten fremde Prinzessinnen, Bündnisse wurden geschlossen. Immer mehr Ausländer bekleideten hohe Beamtenposten in Ägypten als Truchsesse, Verwalter und Kammerherren, aber auch als Offiziere im Heer. Thutmosis IV. berichtet von den vielen Asiaten aus Gezer in Palästina, die er dem Tempel von Theben schenkte. Der Handel brachte viele Fremde ins Land, Menschen aus Byblos, aus Kreta und aus Griechenland.

Amenophis III. (1405–1367) bricht mit der kriegerischen Tradition seiner Vorfahren. Er widmet sich geistigen Fragen. Noch stand das Reich stark und unerschütterlich da. Es reichte von Napata bis Naharina, also bis zu den armenischen Bergen. Amenophis stand in regem Schriftverkehr mit den Großen Vorderasiens. Geschrieben wurde in

Keilschrift auf Tontäfelchen, die in der königlichen Bibliothek zu Amarna erhalten geblieben sind. Da finden sich Briefe des Tuschratta, Sohn des Schuttarna, der nach Ermordung seines älteren Bruders König des Mitannireiches wurde. Kadaschman Enlil I. von Babylon erkundigt sich recht besorgt nach seiner Schwester, die in Ägypten verheiratet war. Meistens ging es um Waren. Babylonien etwa lieferte Pferde und Lapislazuli, Alasija – wohl Zypern – schickte Kupfer, Kreta und Mykene Kunstwerke. Alle Schätze flossen nach Theben. Ungeheuer reich war der Tempel des Amun-Re.

Diese enge Verbindung von kriegerischem Adel und gelehrter Priesterschaft löste sich jedoch, als die Zeit der Eroberungs- und Plünderungszüge zu Ende ging. Das Reich mußte straffer verwaltet werden, damit die Steuern laufend hereinkamen für die ungeheuren Kosten des Reiches, für die Anwerbung von Söldnern und zur Bestechung der benachbarten Könige. Von allen Seiten kamen »Bitten« um Gold. Am Hofe des Amenophis III. (1405–1367) standen sich zwei Parteien gegenüber: der kriegerische Adel und die Zivilisten, die eng mit den Amunspriestern verbunden waren. Führerin der Zivilpartei war offenbar die Königin Teje. Aber noch war die Stellung des Pharao unerschüttert. Dann kam der Rückschlag.

Der junge Pharao Amenophis IV. (1370–1352) brach mit dem Glauben seiner Vorfahren. Es sollte fortan keine Vielzahl an Göttern mehr geben. Er verehrte den einen allmächtigen Schöpfer der Erde. Zu ihm betete er. »Du einziger Gott, gleich dem es keinen anderen gibt. Du erschufst die Erde nach Deinem Herzen, indem du allein warst, nämlich alle Menschen, Herden und Schwärme, was immer auf Erden ist. Geschöpfe, die auf Füßen gehen, die sich weit emporschwingen, indem sie mit ihren Flügeln fliegen, die Länder Chor, Palästina und Kusch und das Land Ägypten. Du stellst einen jeden Menschen an seine Stelle und schaffst ihren Unterhalt, indem jeder seine Nahrung besitzt, und seine Lebensfrist ist berechnet. Die Zungen sind verschieden gemacht im Sprechen und ihre Wesensart ebenso. Ihr Aussehen ist verschieden, denn Du hast unterschieden Land von Land.« Ob fremde Einflüsse auf den Pharao eingewirkt haben, entzieht sich unserer Kenntnis.

Zum Symbol des Weltenschöpfers wählte der Pharao die Sonnenscheibe, Aton, die bereits im Kult von Heliopolis als Zeichen des Gottes Re-Harachti eine große Rolle gespielt hat. Re war der Sonnengott, der auch als Begleiter anderer Götter aufzutreten pflegte, etwa zusammen mit dem Krokodilgott Sobek der Stadt Anascha als Sobek-Re oder des Amun in Theben als Amun-Re. Um den Unterschied zu Re zu betonen, hat Amenophis auch nicht den Namen Re als Sonnengott aufgenommen, sondern sprach von Aton. Er selber trug von nun an den Namen Echnaton. Der Glaube an den einen Gott löst sich von den überlieferten Vorstellungen, daß auch die Welt von zahlreichen mehr oder minder menschlich gesehenen göttlichen Wesen erfüllt sei. Gott steht über allen menschlichen Eigenschaften.

Die neue Religion des Echnaton verkündete zugleich den Sieg des Guten über das Böse. Sie verlangte die Treue der Gattin und die Liebe der Kinder. Allerdings erhob sie noch keine streng umrissenen ethischen Forderungen, wie etwa Moses mit seinen Zehn Geboten. Aton, Symbol für die Kraft des Guten, sprach nicht zu seinem Volk, weder durch den Pharao noch durch einen Propheten. Für Ägypten bedeutete die Lehre des Echnaton den Bruch mit der Vergangenheit. Der König war kein Gott mehr, sondern ein Mensch wie andere auch. Konnte sich Echnaton anders empfinden, wenn er seinen eigenen gebrechlichen Körper betrachtete? Mit eingesunkener Brust, einem aufgedunsenen Bauch und vollen Oberschenkeln sitzt der schwächliche Mann da. Alle diese Merkmale widersprechen sowohl dem Schönheitsideal des alten Ägyptens wie den kriegerischen Vorbildern seiner Vorfahren. Sein Vater, Amenophis III., wußte sich nicht genug seiner ungewöhnlichen Körperkraft zu rühmen. Lag in diesem Gegensatz vielleicht die Wurzel für den Wunsch, um geistige Werte zu kämpfen? Echnaton war entschlossen, seinen Glauben durchzusetzen.

Die neue Lehre stieß verständlicherweise auf den heftigsten Widerstand der Priester, besonders der des Amun in Theben. Es sieht so aus, als sei Echnaton gewaltsam abgesetzt, vielleicht sogar ermordet worden. Jedenfalls haben seine Nachfolger die Residenz wieder von Amarna nach Theben zurückverlegt. Sie haben auch den Namen des Aton ausgemerzt, wo sie konnten. Der nächste Pharao trägt wieder den Namen Semenchka-Re (1350–1347), und auch Tutanchaton, der übernächste Nachfolger, wohl der Sohn des Echnaton und der Nofretete, nannte sich Tutanchamun (1347–1339).

Die 18. Dynastie hat nicht mehr lange regiert, es sei denn, man rechne zu ihr noch den früheren General Haremhab (1335–1308), der nur über seine Gemahlin mit dem königlichen Hause verwandt war. Nach seinem Tode übernahm mit Ramses I. ein Mann die Macht, der aus dem Nordosten des Deltas stammte, also aus dem alten Gebiet der Hyksos in Auaris – Tanis. Wahrscheinlich hat er seinen Aufstieg als Wesir des Haremhab begonnen. Sein Vater war Oberaufseher der Pferde beim Pharao gewesen. Diese Hinweise sollte man nicht übersehen. Ramses II. (1290–1224) hat 66 Jahre lang regiert. Er hat gewaltige Bauwerke hinterlassen, zu denen der Tempel von Abu Simbel gehört. Er hat aber auch Kriege nach allen Seiten geführt.

Der Hethiterkönig war mit einem riesigen Heer von 20 000 Mann in Syrien einmarschiert und hatte Kadesch, die Sperrfestung am Orontes, eingenommen. Ramses zog mit einem gleich starken Heer die Küste entlang, wobei er Hilfe bei den Hafenstädten fand, die einen Sieg der Hethiter fürchteten. Vor Kadesch wäre es den Hethitern fast gelungen, den Pharao gefangenzunehmen. Die ägyptischen Verluste waren so hoch, daß er mit dem Rest seines Heeres ins Niltal zurückkehrte. Später hat Ramses die Schlacht als einen Sieg hingestellt. Als Muwatalli starb, schloß sein Bruder und Nachfolger Hattusil III. Frieden und Freundschaft und gab seine Tochter dem Pharao zur Frau.

Im östlichen Mittelmeer hatte sich im 15. Jahrhundert v. Chr. ein grundlegender Wandel vollzogen: die Streitwagenleute des Festlandes hatten die Inseln – vor allem Kreta – gewonnen. Wahrscheinlich zerbrach die Seemacht des Herrn von Knossos nicht in einer Seeschlacht, sondern aufgrund eines verheerenden Erdbebens, vielleicht beim Vulkanausbruch von Santorin. Jedenfalls wechselt in Kreta die Herrschaft; sie spricht und schreibt griechisch. Von nun an erscheint der Streitwagen auch auf Zypern. Zunächst wirkt sich diese Veränderung nicht im militärischen Kräftespiel in Afrika oder Syrien aus. Die Verbindung des Niltales mit den Inseln und mit Europa beschränkt sich auf den Warenaustausch.

Die Spuren der Streitwagen weisen auch weit nach Afrika hinunter. Tief in der Sahara gibt es Felsbilder von Streitwagen. Von der Großen Syrte über das Bergland von Tassili bis zum Niger müssen Krieger auf einer regelrechten »Streitwagenstraße« entlanggezogen sein. Die Pferde sind im »fliegenden Galopp« abgebildet, wie sie nur auf Kreta und in Mykene dargestellt werden. Kamen die Künstler über das Mittelmeer? Darstellungen von Streitwagen findet man nur bis zum Südrand der Sahara. Wenn die »Helden« aber diesen ungeheuren Weg zurückgelegt haben, dürften sie in der offenen Savanne nicht stehengeblieben sein. Vielleicht sind sie bis zum Waldgürtel vorgestoßen. Haben sie ihn womöglich überwunden, haben sie sogar den Atlantik erreicht oder sind die Pferde im Urwald umgekommen? Sind sie zum oberen Senegal, sogar zu seiner Mündung vorgerückt? Haben vielleicht die Nachrichten vom fernen Goldland später die Phönizier bewogen, den Landweg durch die Wüste wie den Seeweg entlang der Küste zum Senegal zu suchen?

Aus Mittelasien drangen zum Ausgang des 16. Jahrhunderts v. Chr. indoeuropäische Scharen über die Gebirgsketten des Hindukusch in das Industal ein. Ihrem Ansturm ist die Induskultur erlegen. Mohendscho-Daro, Harappa und alle die vielen anderen Städte dieses blühenden Landes hatten seit tausend Jahren jene erstaunliche Kultur entwickelt, die man noch längst nicht voll erfaßt hat. Offenbar aber war sie bereits im Absteigen begriffen, als die Arya – wie diese Scharen sich nannten – in ihr Land einbrachen. Mit dem Streitwagen sind sie gekommen. Wie sich dieser Einbruch abgespielt hat, wissen wir nicht. Wieso haben sich die volkreichen Städte nicht gegen die Scharen verteidigt? Warum fand man so wenig Tote unter den zusammengestürzten Mauern? Wo sind die Menschen geblieben? Heldenlieder, die allerdings erst viel später aufgezeichnet wurden, berichten von der Kämpfen und von den Göttern der Eroberer. Die Veden, das Ramayana und das Mahabharata sind in Sanskrit verfaßt, in der Sprache der Gebildeten Indiens!

Um die Mitte des 2. Jahrtausends v. Chr. vollzog sich ein tiefreichender Wandel auch in Ostasien. Die Shang haben etwa von 1500 bis 1050 v. Chr. regiert. Zwar hat die chinesische Geschichtsschreibung noch die Hsia von 2205 bis 1766 vor die Shang gesetzt, aber die Ausgrabungen in Anyang haben bisher keine Spuren einer früheren Dynastie zutage gefördert. Erst die Shang haben ein Reich in China begründet. Erst mit den Shang beginnt die »chinesische« Geschichte. Die Chinesen selber sprachen lange Zeit davon, daß ihre Kultur uralt sei und weit in das dritte, wenn nicht gar in das 4. Jahrtausend v. Chr. zurückreiche. Sie führen die Namen uralter Kaiser mit langen Regierungszeiten an. Das alles stimmt aber nicht mit den Funden überein. Die chinesische Kultur war im zweiten Jahrtausend auf den engen Bereich des Hoangho-Beckens beschränkt, lange sogar auf den Kernraum am mittleren Hoangho und am Wei-Fluß. Zur gleichen Zeit, da sich China politisch und kulturell nach Süden ausdehnte, wanderte der Hackbau des Südens nach Norden. Reis und nur Reis konnte in den Sümpfen der Flußtäler angebaut werden. Dort waren auch die Wasserbüffel zu Hause.

Im 2. Jahrtausend v. Chr. lebten in Südchina die Miao, ein Volk, dessen Nachkommen sich heute noch in den unzugänglichen Bergen von Yünnan erhalten haben. Die Miao erzählen, daß ihnen einmal ganz China »gehört« habe. Sie sind ein Zweig der großen sino-malaiischen Völkerfamilie, zu denen Urchinesen, die Malaien und die Birmanen gehören. Im Bergland der Schantung-Halbinsel saß ein anderes Volk, die Lo. In jener Zeit lebten die Chinesen vorwiegend auf den Höhen, da in den sumpfigen Flußtälern die wilden Tiere hausten. Es gab sogar noch Elefanten in China. Die Südvölker hatten um die Mitte des zweiten Jahrtausends fast überall die Viehzucht, vor allem von Wasserbüffeln und Schweinen, und den Ackerbau, vorwiegend von Reis, übernommen. Auch kannten sie bereits die Töpferkunst, die auf dem südlichen Weg aus Indien und auf dem westlichen über die Steppe nach China gelangt ist.

Vor der Mitte des 2. Jahrtausends v. Chr. erschienen – sicher von Westen kommend – Streitwagenleute am Wei-Fluß, einem rechten Nebenfluß des Hoangho. Nirgends wird von Kämpfen mit einem fremden Volk berichtet, immer haben die »Chinesen« an der Lehre festgehalten, daß sie seit unvordenklichen Zeiten in »China« gesessen hätten. Dreierlei aber gibt es erst seit den Shang im Hoangho-Becken: die Schrift, die Bronze und den Streitwagen. Gegensätzlich sind die Meinungen, ob Schrift und Bronze wohl aus dem Westen kommen oder bodenständig in China entwickelt worden sind. Eines ist sicher: beide treten unvermittelt, ohne Zusammenhang mit den vorangegangenen neolithischen Kulturen hervor. Seit jener Zeit hat sich die Schrift in ihrem Wesen nicht verändert. Der Bronzeguß ist gleich höchst vollendet.

Wie kamen die Chinesen dazu, solche Leistungen zu vollbringen, nachdem sie Jahrtausende abseits der großen Entwicklung in Vorderasien gestanden haben? Doch andererseits steht fest, daß die Bronzekunst der Shang keinerlei Verwandtschaft mit dem Westen hat, vielmehr eine rein chinesische Ausformung ist. Das gilt für den Stil wie für die Motive. Aber als die ersten Bronzegegenstände – zunächst neben Waffen vor allem Kultgerät – in China hergestellt wurden, gab es Bronze in Mesopotamien bereits seit zweitausend Jahren. Doch sind die Bronzen der Shang einzigartig in der Weltkunst. Wer also hat die Bronze ins Land gebracht? Wie ist der Aufstieg zu erklären?

Metall hat man vor dem 2. Jahrtausend v. Chr. in China nicht verwendet. Die Arbeitsgeräte waren entweder aus Stein, aus Holz oder aus Knochen. Doch brannte man bereits seit dem 3. Jahrtausend v. Chr. Gefäße aus Ton. Die bunte Keramik des Nordens wird nach ihrem ersten Fundort Yang Shao genannt. Die spätere dünnwandige mit schwarzer Glasur, Lung Shan nach einem Fundort in Schantung genannt, findet sich vor allem im Osten und Süden. Die religiösen Vorstellungen werden sich ebenfalls eng an das Althergebrachte angelehnt haben. Die Handwerker – in gedrückter sozialer Stellung – erhielten ihre Aufträge von Menschen einer anderen Kultur. Sie fertigten die besonderen Sakralgefäße mit den vielen Tiergestalten, mit den Erdgeistern und den Himmelsgeistern, den Drachen und Vögeln und Mischwesen. Die Bilder haben sich in der chinesischen Kunst über dreieinhalb Jahrtausende erhalten. Hat sie ihre Schatten auch über den Pazifik hinweg bis nach Amerika geworfen, wie manche heute vermuten?

Unter den Shang hat sich ein grundbesitzender kriegerischer Adel herausgebildet, an dessen Spitze ein König stand, der wohl mehr feudaler Oberherr als absoluter Monarch war. Das Shangreich stellte im 15. und in der ersten Hälfte des 14. Jahrhunderts v. Chr. ein Burgenland mit reisigen Herren, mit einer breiten Bauernschicht und einem hochentwickelten Kunsthandwerk dar. Bis zur Schantung-Halbinsel und bis zur Wasserscheide zum Yangtsekiang reichte sein Einfluß. Zweifellos war die breite Bevölkerung des Shang-Reiches seit langem im Lande ansässig, während die Herrenschicht von außen gekommen zu sein scheint. Andererseits darf man wohl annehmen, daß die Sprache der Chinesen auf die ursprüngliche Bevölkerung zurückgeht – die der Zahl nach den Herren weit überlegen war.

Eines ist gewiß: die Schrift entsprach wohl nicht der Sprache der Herrenschicht, sondern der ansässigen Bevölkerung, die chinesisch sprach, also nur einsilbige Worte besaß. Seit der Shang-Zeit ritzte man Bilder, die als Schriftzeichen zu lesen waren, auf Knochen und Schildkrötenschalen. Erhitzte man nun diese Orakelknochen, konnte man aus den Rissen eine Antwort auf die in der Schrift enthaltene Frage deuten. Woher ist die Schrift wohl gekommen?

In der Welt der Streitwagenleute gab es genügend Menschen, die die Schrift längst kannten. Da die Zeichen ihren Sinn bis heute – wenn auch in veränderter, aber unverkennbarer Ableitung – behalten haben, weiß man, daß sie als Wortzeichen zu lesen sind. Im China der Shang richtete der Gläubige seine Fragen an die Geister der Vorfahren schriftlich und nicht im mündlichen Gebet. Bedeutet das, daß die Vorfahren noch eine andere Sprache besaßen, deren Kenntnis verlorengegangen war?

Man hat auf die Zusammenhänge der ältesten chinesischen Schrift mit bestimmten Zeichen der Indusschrift hingewiesen. Auch wird die Frage aufgeworfen, wie es möglich war, daß in China der Bronzeguß sofort jene Vollendung erreichte wie nirgends sonst auf Erden zu dieser Zeit. Woher kamen die begabten und erfahrenen Handwerker? Haben die Streitwagenleute vielleicht Handwerker aus dem Industal nach China gebracht? Bei den Kämpfen um Mohendscho-Daro haben die Eindringlinge offenbar nicht die gesamte Bevölkerung umgebracht. Aber die Induskultur hörte mit der Eroberung durch die Arier auf. Wo sind die Bewohner geblieben? In der leidvollen Geschichte des Vorderen Orients haben Eroberer häufig die Handwerker mitgeschleppt. Kann das auch im Industal geschehen sein?

Bei ihrer geringen Zahl stellten die Streitwagenleute überall nur die kriegerische Oberschicht. Sie hoben sich von der breiten bäuerlichen Unterschicht der Altangesessenen ab, die bei Eroberungszügen zu Fuß fochten. Betrachtet man den weiten Raum von der Donau bis zum Hoangho, von Ferghana bis Timbuktu und bis zum Ganges zwischen 1700 und 1500 v. Chr., so ist man erstaunt, wie wenig »Geschichte« überliefert oder an wesentlichen Veränderungen abzulesen ist. Die

Streitwagenleute zogen als »Helden« los, entweder allein oder in Gruppen unter einem Anführer, ob das ein Abenteurer, ein Herzog, ein König oder sonst jemand war. Größere Gruppen lösten sich nach kurzer Zeit wieder auf. Die einen kehrten in die Heimat zurück, erfüllt von dem, was sie erlebt hatten, die anderen zogen weiter, um neue Abenteuer zu bestehen. Überall dort, wo sie hingelangten, haben sie die Gesellschaft umgestaltet.

Erst sie haben den »Adel« in dem seither gebräuchlichen Sinn begründet. Wenn sich auch in diesen zwei Jahrhunderten keine mächtigen Reiche gebildet haben, so unterlagen fast alle Völker der Erde, die einen früher, die anderen später, einem tiefen Wandel. Damals wurde eine neue Gesellschaftsschicht geboren, die sich bis in die jüngste Vergangenheit in der einen oder anderen Form erhalten hat: die des Feudaladels. Auf Burgen und Festungen haben sie das Leben ritterlicher Adliger geführt. Später bildet sich oftmals eine »Stadt« rings um die Burg, die allen Schutz gewährt. Wo die Streitwagenleute hinkamen, gab es fürderhin diesen Adel als tragende gesellschaftliche Schicht. Das gilt sowohl für China wie für Griechenland.

In der Ägäis entfaltete sich in der ersten Hälfte des 2. Jahrtausends v. Chr., wohl zwischen 1900 und 1600 v. Chr., die »mittelhelladische« Kultur. Kreta beherrschte mindestens wirtschaftlich und geistig diesen Raum. Dazu kommen Einflüsse aus Troja. Nichts deutet auf einen großen Umschwung hin, Zeichen eines gewaltsamen Umbruchs fehlen. Aber um das Jahr 1600 v. Chr. ändert sich die Lage. Am deutlichsten ist das an den Schachtgräbern und sodann – wir wissen nicht genau von wann an – an den Burgbauten zu erkennen, von denen Mykene, Tyrins und Pylos die bedeutendsten sind. Daher sprechen wir von der mykenischen Welt. Auch sie wird gekennzeichnet durch den Streitwagen, den man auf Stelen der Schachtgräberzeit abgebildet hat.

Es erscheint auf den ersten Blick eigenartig, daß Menschen mit Streitwagen ihre Burgen auf hohen Bergen anlegten. Tatsächlich war der Streitwagen in der nächsten Umgebung von Mykene kaum einzusetzen. Aber genauso unverständlich war es im Mittelalter, daß die schwergepanzerten Ritter sich Burgen mit steilen Aufgängen bauten, die für Pferde wahrlich wenig geeignet waren.

Homer schildert, wie die Trojaner auf ihren Streitwagen aus dem engen Tor der Burg heraus in die Ebene stürmten, wo die griechischen Helden, ebenfalls auf Streitwagen, die Schlacht annehmen. Sie und nur sie entscheiden die Schlacht. Als der strahlende Held Achilles sich zürnend vom Kampf zurückzieht, müssen die Griechen eine Niederlage nach der anderen einstecken. Keiner ist dem tapferen Hektor gewachsen, schon gar nicht die Fußkrieger.

Die Herren von Mykene und den anderen griechischen Burgen herrschten offenbar über eine breite Schicht einer unterworfenen, ackerbautreibenden Bevölkerung, die sich rassisch und wohl auch sprachlich von ihr unterschied. Vielleicht hat überhaupt erst diese Oberschicht die indoeuropäische Sprache in den Westen gebracht. Doch wird die Hauptmasse der Bevölkerung seit vielen Jahrtausenden ansässig gewesen sein. Die Burg bestimmt das Geschick des Landes. Aber die Stadt bleibt bestehen, sie führt ihr Eigenleben weiter, und langsam ziehen die adligen Krieger auf die Burg über der Stadt auf die Akropolis, wie die Griechen diese Burg nun nennen.

Es hat auch früher Stadtburgen, richtiger: Wallanlagen, gegeben, das waren einmal die Fluchtburgen für die Bevölkerung in Notzeiten, sodann als Sitz des Heiligtums. Auch gab es den Unterschied zwischen Herren und Untertanen überall. Aber die Streitwagenleute empfanden sich als Stand. Meist haben sie die Oberschicht des neuen Landes in sich aufgenommen; manchmal scheint es aber umgekehrt gewesen zu sein: sie wurden von der herrschenden Schicht als Gastfreund aufgenommen, dann als Bundesgenossen begrüßt, schließlich als gleichberechtigt angesehen. Sie haben mit überlegen Waffen und überragender Taktik die Schlachten entschieden.

Zu Schiff sind die Griechen gen Troja gefahren. Dort haben sie allerdings wieder fast ausschließlich mit ihren Streitwagen gekämpft. Von einer Seeschlacht berichtet Homer nicht. Auch die Trojaner waren ja als Gastfreunde zu den Griechen gekommen. Als Prinz Paris die Frau seines Gastgebers Menelaus, die schöne Helena, entführte, zogen die griechischen Streitwagenfürsten gegen Troja.

Vom 15. bis zum Ausgang des 13. Jahrhunderts v. Chr. überragte Ugarit, heute das kleine Dorf Ras Schamra, alle anderen Städte am westlichen Mittelmeer. Über Ugarit liefen die Fäden, die den Handel von der Ägäis, vom Schwarzen Meer, von Ägypten und Mesopotamien, vielleicht sogar von Mittelasien und dem Industal verknüpften. Dort sammelte sich ein beträchtlicher Reichtum, dort scheint gleichzeitig der Mittelpunkt eines regen geistigen Lebens gelegen zu haben. Dort hat man jene Täfelchen gefunden, die die erste Buchstabenschrift auf Erden, das Vorbild für die späteren »phönizischen« Buchstaben, enthält, die wiederum über die griechische auf die lateinische Schrift weiterwirkten.

Lange Zeit vermutete man, die erste Buchstabenschrift stamme von der Sinaihalbinsel. Auch meinte man, kriegsgefangene Sklaven, die in den Kupferbergwerken frondeten, hätten diese Schrift erfunden. Nach den Funden von Ras Schamra wird der Ursprung der Buchstabenschrift sichtbar. Die gemischtsprachigen Streitwagenleute mit ihrer indoeuropäisch sprechenden Adels- und Kriegerschicht brauchten eine andere Schrift als die Semiten. Deren Worte gehen auf drei »Radikale«, kennzeichnende Konsonanten, zurück, so daß Vokale eigentlich überflüssig sind und weder im Hebräischen noch im Arabischen geschrieben zu werden brauchen für den, der die Sprache beherrscht.

Die Täfelchen von Ugarit enthalten überdies Worte, die sich in der Bibel finden, ohne bisher erklärt werden zu können – wie Leviathan – sowie Wendungen, die in der Ilias des Homer vorkommen – sechshundert Jahre später niedergeschrieben. Die Kunstwerke von Ugarit weisen deutlich »mykenische« Züge auf. Richtiger wäre wohl zu sagen, daß sie zur großen Welt der Streitwagenleute gehören, die von Griechenland bis zum Industal reichte. Der geistigen Macht, die sich damals in Ugarit entfaltete, verdanken weite Kulturbereiche in aller Welt ihren entscheidenden Anstoß.

Das Eisen

Im 13. Jahrhundert v. Chr. brach ein neuer Völkersturm los. Von den Küsten des Schwarzen Meeres zogen reisige Scharen gen Westen und dann nach Süden. Sie überschritten die Donaumündung, sie drangen in die Balkanhalbinsel und in Griechenland ein. Sie zogen durch Anatolien und Kilikien, eroberten Cypern und erschienen – Schrecken verbreitend – an der Nilmündung. »Seevölker« griffen Ägypten an.

Sie kamen zur See und zu Lande. Sie fuhren auf schnellen Schiffen mit Rammsporn und hohem Bug und zogen mit schwerfälligen Ochsenkarren, die mit Hausrat beladen waren und als Wohnung für Frauen und Kinder dienten. Der Pharao berichtet stolz: »Ich machte die Flußmündung zu einer festen Mauer; ich stellte die örtlichen Fürsten, die Garnisonen und die Mariannu – Streitwagenkämpfer – auf, um die Feinde wie Vögel im Netz zu fangen. Wer in dieses Netz fiel, wurde erschlagen.«

Ramses III. (1198–1166) zählt seine Feinde auf. Versucht man, diese Namen aus späteren zu erkennen, dann wird man in den »Scherden« die Sarden, in den »Scheklesch« die Bewohner Siziliens, in den »Peleset« vielleicht die Philister, in den »Danu« die Danaer wiederfinden. Unter den »Libu« wird man die Libyer, unter den »Meschwesch« wohl die Bewohner Tunesiens sehen müssen, die bereits unter Amenophis III. erwähnt worden sind. Die »Tjekker« werden ein Jahrhundert später als Seeräuber aus dem Hafen Dor genannt. Sie tragen runde Schilde und federverzierte Helme. Wie sie sich selber nannten, weiß man nicht – sie haben nichts Geschriebenes hinterlassen. Die Ägypter nannten sie allesamt einfach »Seevölker«.

Auf ihrem Vormarsch waren sie nicht aufzuhalten. »Kein Land konnte ihnen widerstehen, weder Chatti noch Kode, Karchemisch, Arzawa und Alasiya – sie verwüsteten Amor, bevor sie den Angriff auf Ägypten begannen.« Sie haben also ganz Kleinasien, Syrien und Palästina überrannt.

Waren es Kriegerscharen? War es eine regelrechte Völkerwanderung? Unter den 2000 Menschen, die einmal am Nil in Gefangenschaft gerieten, waren 700 Frauen und Kinder. Woher kamen diese Menschen überhaupt? Die Bewegung der »Seevölker« war offenbar Teil einer weiten Unruhe. Hat sie einen gemeinsamen Herd gehabt? Und wo lag er? Was kann sie ausgelöst haben? Man weiß es nicht. Man weiß nur, daß die »Seevölker« das Eisen kannten und daß sie auf Schiffen

SCHMELZ- UND SCHMIEDEKUNST

kamen und auf Schiffen kämpften. Das war neu. Auf dem Lande fuhren sie auch mit Wagen – aber das größte Entsetzen verbreiteten sie bei Angriffen von der See her. Eines scheint sicher: dem Eisen verdankten sie ihre Siege. Den Weg der Eroberer wird man also anhand des Eisens verfolgen müssen, das sie mitbrachten.

Eisen war seit dem vierten Jahrtausend v. Chr. den Ägyptern bekannt. Das Meteoriteisen, das sie in der Wüste fanden, verwendeten sie gern als Schmuck. Aber geschmiedet haben sie das Eisen noch über zwei Jahrtausende nicht. Die ersten, die Eisen richtig geschmiedet haben, waren die Hethiter, doch war auch für sie das Eisen eine große Kostbarkeit. Der eiserne Dolch mit wertvollem Griff im Grab des Tutanchamun 1300 v. Chr. kam wahrscheinlich als Geschenk des Hethiterkönigs nach Ägypten. Nur wenige kannten die Kunst, aus dem brüchigen Erz wirklich Eisen oder gar Stahl herzustellen. Es war und blieb ein Geheimnis, das die Völker sorgsam hüteten. Noch in der römischen Frühzeit mußten die Schwerter nach jeder Schlacht wieder geradegebogen werden, da das Eisen zu weich war. Erst die Gallier fertigten Waffen, die auch härtere Schläge aushielten.

Um Eisen zu schmieden, brauchte man viel Brennstoff, also meist Holz, eine hohe Temperatur, also den Blasebalg, Eisenerzvorkommen nahe der Erdoberfläche und vor allem eine gründliche Ausbildung, dieses anspruchsvolle Metall zu bearbeiten. Kein Wunder, daß das erste Eisen recht mangelhaft war. Die Bronze wird gegossen und dann bearbeitet – meist nur geglättet. Eisen hingegen wird geschmiedet, und das ist ein schwieriger Prozeß. Um Unreinheiten aus den Erzen herauszuziehen, muß es erhitzt werden, so daß die Schlacke ausscheidet. Dazu muß viel Sauerstoff in die Schmelzmasse eingeführt werden, der sich mit den Kohlebestandteilen verbindet. Alles das mußte in zahllosen Versuchen praktisch erprobt werden. Und dann wurde das glühende Metall gehämmert, immer und immer wieder erhitzt und gehämmert, um es zu härten.

Wer das Eisen nicht sorgfältig schmiedet, erhält ein Material, das ihn dauernd enttäuscht. Die Werkzeuge zerspringen. Deswegen hat sich das Eisen nur langsam ausgebreitet im Unterschied zu Kupfer und Bronze, die recht rasch aufgenommen worden sind. Bronze findet man überall, in Amerika allerdings viel später. Die Hebräer auf den Bergen konnten das Eisen nicht schmieden, obwohl sie eiserne Geräte verwendeten. Sie mußten zu den verhaßten Philistern in die Ebene gehen, wenn sie Eisengeräte erwerben oder auch nur ausbessern lassen wollten. Als sie zur Küste vorstießen, um Gaza und Askalon zu erobern, »konnten sie die Einwohner im Grunde nicht vertreiben, darum daß sie eiserne Wagen hatten« (Richter 1, 19).

Die Schmiedekunst ist seit alters her das Geheimnis einer begrenzten Personenzahl gewesen, von Zauberern, die gleichzeitig Medizinmänner und zuweilen auch Stammesführer gewesen sind. Bis in unsere Tage hinein ist der Schmied in Schwarz-Afrika gleichzeitig Handwerker und Zauberer. Aus der europäischen Vorzeit spiegeln Märchen und Legenden die Ehrfurcht vor dem Künstler, der ein unbezwingbares Schwert schmiedet. Überall da, wo Eisen bearbeitet wird, stellen die Schmiede eine besondere Zunft dar, manchmal bilden sie einen Geheimorden, der sich abschließt, um sein Wissen zu wahren.

Das Schmiedehandwerk ist ohne jene uralten Riten, ohne Zauberformeln und ohne Opfer, etwa eines Hahnes, nicht denkbar. Vielfach sind die Schmiede aus dem Schamanenwesen hervorgegangen. Eiserne Anhänger tragen die Schamanen Sibiriens seit Jahrtausenden. In manchen Gegenden kommen die Schwarzschmiede aus ganz bestimmten Familien oder Stämmen – das Handwerk vererbt sich, meist gemeinsam mit anderen Tätigkeiten. Da übernimmt die Frau des Schmieds die Aufgabe der Hebamme und der Kräuterhexe. Die Buntschmiede haben die Schwarzschmiede in der Regel verachtet, aber die Krieger haben die Schwarzschmiede bewundert und verehrt. Die Eisenschmiede haben sich auch gegenüber den Priestern durchgesetzt, die die Buntmetalle den Göttern zuschrieben. Die Griechen berichten, die Chalyber an der Südküste des Schwarzen Meeres hätten das Eisen erfunden. Wahrscheinlich haben sie das Eisen nicht »erfunden«, sondern hervorragend zu schmieden verstanden.

Es ist nicht leicht, das Schicksal der »Seevölker« zu verfolgen. Von diesen »dunklen Jahrhunderten« wissen wir nur wenig. Ausgangsgebiet der großen Unruhe scheint das Schwarze Meer gewesen zu sein. Mit den Völkern der Südküste hatten die Hethiter seit langem Krieg geführt, ohne eine Entscheidung zu erzwingen. Suppiluliuma (gest. 1345 v. Chr.) zog gegen die Kaskäer und die Azzi am Nordrand Kleinasiens. Auch sein Sohn Musilis II. (1343–1315) kämpfte wieder gegen diese Völker am Schwarzen Meer. Feldzüge wurden gegen die Arzawal und die Ahhijawa – wohl Achäer – in Kleinasien unternommen. Von Thrakien brachen Völkerscharen in Assuwa ein – daraus entwickelte sich das Wort Asien für den ganzen Erdteil. Und wieder tauchen die Ahhijawa auf. Um 1200 war die Katastrophe da: Die »Seevölker« stürmten und zerstörten Hattusa.

Den »Seevölkern« ging ein namenloser Schrecken voran. Mit einer Rücksichtslosigkeit ohnegleichen haben sie alles zerstört. Sie wollten Grund und Boden für ihre Krieger erobern. Die Unterworfenen wurden einfach zur Zwangsarbeit verurteilt. Die Quellen aus dem Hethiterland verstummen, die aus Mesopotamien bleiben unklar und verschwommen. Während die Streitwagenleute in Gesängen von ihrer Vergangenheit berichten, schweigen die Seevölker; so ist es schwer, ein Bild von ihren Zügen zu gewinnen.

Etwas deutlicher läßt sich die »dorische Wanderung« erkennen, wie man den Einbruch der »Seevölker« um 1200 v. Chr. in Griechenland nennt. Die Griechen erzählten später, die Völker seien »aus dem Norden gekommen«, also von der Balkanhalbinsel. Mykene, Tiryns, Pylos und fast alle Städte und Burgen der Streitwagenleute gingen in Flammen auf. Von Athen hielt sich nur die Akropolis. Der Schrecken muß gewaltig gewesen sein. Wo sie konnten, flohen die unglücklichen Bewohner über das Meer auf die Inseln und nach Kleinasien. »Ionier« blieben nur in Attika. Die anderen sanken zu Heloten – zu Leibeigenen – herab, wie die Messener im Herzen der Peloponnes.

Auf die »dorische Wanderung« folgten Jahrhunderte, von denen man kaum etwas weiß. Hinter den Dorern erschienen die »Nordwestgriechen«, die sich in Mittelgriechenland auf Euböa, in Böotien und im Nordwesten der Peleponnes niederließen. Von den anderen Griechen wurden die Böoter gern als ungebildete Bauern angesehen. Aber aus den Jahrhunderten zwischen 1100 und 800 v. Chr. wissen wir kaum, was in Griechenland vor sich ging. In dieser Epoche entstand jedenfalls Dodona, das älteste Heiligtum mit der verehrten Eiche, allerdings außerhalb des – späteren – griechischen Siedlungsgebietes. Erst nach dem 8. Jahrhundert v. Chr. fließen die Quellen wieder reichlicher. Um 900 v. Chr. wurde Sparta gegründet; vier Dörfer schlossen sich um ein Heiligtum zusammen. Sparta blieb ein großes Dorf. Die Spartaner haben es auch später abgelehnt, eine Mauer um ihre Siedlung zu legen.

Für die griechische Geschichtsschreibung ist es schwierig, den Unterschied zwischen den Streitwagenleuten und den neuen Herren, den Eisenleuten, scharf zu fassen. Beide Gruppen gelten als »Griechen«. Doch haben die Griechen selber die tiefe Feindschaft zwischen Ioniern und Dorern nicht überzeugend begründen können. Seit Homer haben alle griechischen Denker und Dichter daran festgehalten, daß die Herren von Mykene die Vorfahren aller »Griechen« seien. Wer nicht Griechisch sprach, war »Barbar«. Die unterschiedliche geistige Haltung prägte sich mit der Zeit immer stärker aus. Hier die Dorer – Eisenleute –, die Ackerbau trieben, eine kriegerische, geistig langsame Bevölkerung Spartas mit aristokratischer Gesellschaftsordnung; dort die Handel treibende, der See zugewandte demokratische und geistig äußerst bewegliche Bevölkerung Athens.

Der tiefe Zwiespalt, der durch das griechische Volk, durch seine Politik und durch seine Geschichte geht und schließlich zum Niedergang von Hellas führte, hat seine Wurzel zweifellos in dem tiefen

Gegensatz von Streitwagenadel und bäuerlichen Eisenleuten. Wenn sich Dorer und Ionier später dennoch als »Griechen«, als miteinander verwandt, angesehen haben, so deswegen, weil beiden die breite Unterschicht gemeinsam gewesen ist. Diese Urbevölkerung ist zuerst von den Streitwagenleuten und 300 Jahre später von den Eisenleuten als Oberschicht geprägt worden.

Karisch war die ursprüngliche Bevölkerung der ägäischen Inseln, der Kykladen. Die Griechen haben wohl beim Seevölkersturm die Ureinwohner überlagert. Karisch und damit vorindoeuropäisch waren wohl auch die Bewohner Westkleinasiens, aber zu ihnen waren nun die Phryger und die Lyder mit indoeuropäischer Sprache gestoßen, die über die Balkanhalbinsel gekommen sind. Es ist bemerkenswert, daß die Griechen noch bis Herodot eigentlich nur jene Kleinasiaten genauer kannten, die aus Europa stammten, während sie die Einwanderer aus dem Kaukasus, also vor allem die Hethiter, die ein so mächtiges Reich gegründet hatten, kaum dem Namen nach kannten. Es waren ja Streitwagenvölker gewesen!

Homer berichtet von den Irrfahrten seines Helden Odysseus, der sich zehn Jahre lang mit der Schar seiner Kampfgefährten im Mittelmeer herumtrieb. Vielleicht hat Homer damit Erlebnisse der »Seevölker« geschildert? Bezeichnenderweise ist für ihn das Mittelmeer so gut wie leer. Nie sichten die abenteuerlichen Seefahrer ein fremdes Schiff. Hatte jeder Handel aufgehört? Die Gestade sind den Seefahrern so gut wie unbekannt; sie sind von Fabelwesen bevölkert, von Zauberinnen oder von Kyklopen mit einem Auge. Vielleicht sind auch andere Sagen auf dem Hintergrund der Seevölkerzeit zu verstehen: die Fahrt der Argonauten nach Kolchis, also ins Schwarze Meer, und die Abenteuer des Herakles im fernen Westen. Der Held ist bis zu den Säulen des Herakles – bis Gibraltar – gekommen, um die Früchte der Hesperiden zu gewinnen.

Wie weit die »Seevölker« wirklich gekommen sind, läßt sich am Eisen ablesen, mindestens bis zur Jahrtausendwende. Dann breitet sich die Kenntnis des Eisens immer weiter aus. Bezeichnenderweise haben sich die Namen der Seevölker auch später gerade dort erhalten, wo das Eisen eine führende Rolle gewann, obwohl inzwischen manchmal drei oder vier Jahrhunderte vergangen waren. So tauchen erst dann die Namen der Sarden (Sardinien), Schikuler (Sizilien) und der Tyrsener (Etrusker) als Landschafts- oder gar als Völkerbezeichnungen auf. Das verleitet dazu, das Verhältnis umzukehren und die Völker von dort kommen zu lassen.

Um das Jahr 1200 v. Chr. beginnt sich auch im westlichen Mittelmeer eine neue Kultur auszubreiten, gekennzeichnet durch die Nura-

DIE ETRUSKER

ghen, wie sie auf Sardinien heißen. Diese Rundbauten verbreiten sich zu den Balearen, nach Nordafrika und nach Spanien, wo sie der Kultur von El Argar (Gegend von Almeria) einen neuen Aufschwung geben.

Unter den Seevölkern tauchen auch die Tursi auf, die Etrusker, wie sie später heißen. Mindestens ein Teil von ihnen ist sicherlich erst im letzten vorchristlichen Jahrtausend nach Mittelitalien gelangt. Sie erzählen, daß sie von Lydern – aus Kleinasien – abstammen; der Sage nach sind sie aus dem brennenden Troja über See entwichen. Spiegelt sich in allen diesen einander widersprechenden Berichten der große Völkersturm zum Ausgang des zweiten Jahrtausends wider? Daß die Etrusker in der Toskana die bodenständige Villanovakultur übernommen und umgeformt haben, zeigen die Gräberfunde eindeutig. Nach 1200 v. Chr. dringen indoeuropäisch sprechende Menschen in Italien ein. Sie treffen auf die vorindoeuropäischen Ligurer. Die Etrusker waren bereits eine Mischung von diesen Einwanderern mit der uransässigen Bevölkerung. Die Seemacht der Etrusker beruhte vorwiegend auf dem Besitz der Eisenerzgruben von Elba.

Ramses III. (1171–1138) hatte zwar den gefährlichen Angriff der »Seevölker« abgeschlagen, aber Ägyptens Machtstellung war gebrochen; es vermochte nicht, seine asiatischen Besitzungen zu halten. Syrien und Palästina gingen verloren. An der Küste siedelte sich eines der »Seevölker«, nämlich die Philister, an, aber auch die Sinaihalbinsel, die seit zwei Jahrtausenden das hochgeschätzte Kupfer lieferte, war nicht mehr zu halten. Da man statt des Kupfers zunehmend Eisen verwendete, hörte die Kupferausfuhr, lange Zeit das Rückgrat des ägyptischen Außenhandels, auf. Das erschütterte das ägyptische Wirtschaftssystem und damit die soziale Ordnung überhaupt.

Die ägyptischen Tempel besaßen große Güter in Syrien, die nun verlorengingen. Gold kam nicht mehr als Tribut aus Nubien, Kupfer nicht mehr vom Sinai. Die Landwirtschaft ging zurück, seitdem keine Kriegsgefangenen kamen. Die Folge war eine beträchtliche Teuerung. Ende des 12. Jahrhunderts v. Chr. fielen die Preise. An diesen Krisen zerbrach das Reich der Pharaonen, äußerlich wie innerlich. Von allen Seiten, jetzt sogar aus der westlichen Wüste, strömten erbitterte Feinde ins Reich.

Die Libu kamen wohl nicht aus der Libyschen Wüste, sondern aus dem heutigen Tunesien. Aus der Zeit Ramses XI. (1104–1075) ist ein Bericht erhalten, »die Ausländer hätten den Tempel besetzt«. Um 1100 gab es einen »Aufstand im Nordgebiet«. Die reichen Tempel werden geplündert. Bald werden auch die Gräber der Pharaonen aufgebrochen und beraubt. Alle Klagen über ungetreue Beamte helfen wenig. Das Heer reißt die Macht an sich. Ein gewisser Herihor, ein Mann dunkler Herkunft, wird Befehlshaber, dann Vizekönig in Nubien, dann Hoherpriester des Amun in Theben und schließlich Pharao. 1075 v. Chr. endet mit der 20. Dynastie die letzte, die noch das ganze Niltal beherrscht hat.

Im Delta aber gründet ein gewisser Smendes ein eigenes Reich mit Tanis als Hauptstadt. Und nun hören auch in Ägypten die Berichte auf. Alle Ordnung schwindet, Kunst und Wissenschaft gehen zurück. Nacht wird es auch im Niltal. Die Erinnerung daran mag noch in der Bibel nachschwingen, die von den sieben mageren Jahren und von den ägyptischen Plagen berichtet. Ägypten zerfiel in mehrere Kleinkönigreiche. Über die größte Macht verfügte die Priesterschaft in Theben. Schon vorher hatten sich Libyer in der Oase Fayum niedergelassen und ihre Macht ausgedehnt. Ein Libyer mit dem ungewöhnlichen Namen Bujuwawa war in Herakleopolis zum Hohenpriester des Stadtgottes Harsaphes aufgestiegen. Er und seine Nachfolger, die in fünf Generationen dort die Herrschaft ausübten, behielten den Titel »große Häuptlinge der Me« weiterhin bei. Um die Mitte des 10. Jahrhunderts v. Chr. reichte die Macht dieser Libyer bereits bis Abydos, und schließlich bemächtigte sich Schoschenk des ägyptischen Thrones.

Mit Schoschenk I. (945–924) beginnt die libysche Dynastie. Obwohl er ein energischer Mann war, gelang es ihm nicht, das Niltal zu einigen. Die 22. Dynastie residiert in Bubastis im Delta, begraben ist sie in Tanis, der alten Hauptstadt der Hyksos. Langsam aber lösten sich die einzelnen Reichsteile voneinander, obwohl Mitglieder der gleichen Familie in den Gauen regierten; 820 v. Chr. kommt es sogar zu einem regelrechten Krieg unter ihnen. Trotzdem haben sich die Könige der 22. Dynastie immer wieder in die Verhältnisse von Palästina und Syrien eingemischt, wo offenbar auch verworrene Zustände herrschten. Bezeichnenderweise stammen die ägyptischen Namen in der Bibel aus den Zeiten dieser 22. Dynastie.

Als die Nubier im 8. Jahrhundert v. Chr. Ägypten eroberten, hatten sie es mit kleinen örtlichen Fürsten aus libyschem Blut und mit vier Königen zu tun, die in Hermopolis, in Herakleopolis, in Bubastis und in einem anderen Ort im Delta residierten. Aber diese »Nubier« oder Kuschiten, die unter Pianki Nordägypten unterwarfen, waren in ihrer Oberschicht ebenfalls vielfach Libyer. Die Soldatenkolonien des Deltas, unter ihnen besonders die Libyer, machten sich ziemlich selbständig. Sie ließen sich meist in abgesonderten Siedlungen nieder. Wenn Ägypten später gegen die eindringenden Assyrer so wenig Widerstand leistete, so lag das nicht zuletzt daran, daß es den Bewohnern des Niltals gleichgültig geworden war, ob sie von den Assyrern oder von den Libyern regiert wurden.

ARAMÄISCHE WANDERUNG

Schon zur Zeit Ramses XI., als Ägypten noch eine Weltmacht war, haben die Hapiru, die Hebräer, von der Wüste her Kanaan angegriffen. Einziehen konnten sie in Palästina jedoch erst, als durch die Seevölker die Macht des Pharao in Asien gebrochen war. Die Ägypter verstehen unter Hapiru Nomaden aus der Syrischen Wüste. Amenophis II. (1448–1422) berichtet von 3600 Hapiru, die er nach Ägypten bringt. Nach dem Tode Amenophis III. (1413–1375) dringen Hapiru aus der Wüste in Palästina ein. Zur Zeit Ramses IV. (1166–1159) arbeiteten 800 Hapiru in den Steinbrüchen. Nach hethitischen Inschriften mußte ein syrischer Fürst um die Mitte des 2. Jahrtausends v. Chr. vor seinen Brüdern zu den Hapiru in der Wüste flüchten. Später tauchen Hapiru als Banden heimatloser Söldner in den syrischen Städten auf.

Semitisch sprechende Nomaden – Amurru, Amoriter oder Aramäer – sind offensichtlich im Laufe von Jahrhunderten in Kanaan, Syrien und Assyrien eingesickert, teils waren sie zu Frondiensten verpflichtet, teils führten sie ein freies Leben an der Grenze zwischen Kulturland und Steppe. Einen größeren Umfang nahm die aramäische Wanderung erst im 12. Jahrhundert v. Chr. an. War diese Völkerbewegung durch Vorgänge in der Wüste ausgelöst? Oder lockte das Chaos an der Küste die Nomaden aus dem weiten Raum Arabiens an? Beides wird zusammen gewirkt haben. In dieser großen Bewegung spielen die Juden, die in Palästina eindrangen, nur eine kleine Rolle.

Als die Juden über den Jordanfluß ins »Heilige Land« eindrangen, saßen an der Küste bereits die Philister, also die Eisenleute. So blieben die Eindringlinge auf den Bergen. Sie konnten sich überhaupt nur halten, weil die vielen einst so mächtigen Kleinstaaten inzwischen fast alle zerschlagen waren, manche von den Seevölkern, andere von den Aramäern. Viele Jahre haben die Juden gebraucht, um auch die größeren Städte zu erobern. Die Kämpfe mit den Philistern dauerten fast zwei Jahrhunderte. Daß sie meist unglücklich verliefen, zeigen die Geschichten von Samson. Erst König Saul (1020–1010) und dessen Nachfolger David (1010–970) haben die Philister – auch den Riesen Goliath – besiegt und ein größeres Reich geschaffen. Unter Salomon entfaltete es seine größte Macht, zerfiel aber nach seinem Tode 930 v. Chr. in zwei Teile – in Israel und Juda. König Salomon ließ in der Bucht von Akaba am Roten Meer von den befreundeten Syrern – Phöniziern – Schiffe bauen, die er zur Königin von Saba nach Südarabien entsandte. Damit leitete er den arabischen Handel vom Niltal auf den Landweg ab.

Kanaan war ein Kreuzpunkt von Menschen und Kulturen. Hier überschnitten sich ägyptische, kretische, syrische, iranische und kleinasiatische Einflüsse. Sodann trafen sich verschiedene Religionen und Gottesvorstellungen. Jedes Volk, jede Stadt scharte sich um seine

Götter. Manche verehrten »Steine«, was an die Megalithleute erinnert; andere den Stier – das »goldene Kalb«.

Die Juden machten den entscheidenden Schritt zum Monotheismus. Weder Babylon noch die Hethiter, noch die Assyrer waren Anhänger des einen allmächtigen Gottes. Und auch die Ägypter fielen bald wieder von dieser Lehre ab. Ägypten hatte sich zur Zeit des Echnaton am meisten dem Gedanken an den einen Gott genähert, der zugleich Weltschöpfer, Erhalter alles Lebendigen und der Vater der Menschen – und nicht nur des Pharao – war. Aber auch Aton war kein abstrakter Gott, sondern die Sonnenscheibe.

Die Lehre von dem einen umfassenden Gott, verbunden mit der für Echnaton wohl gotteslästerlich anmutenden Behauptung, daß er ein einziges Volk »auserwählt« habe, prägte Moses seinem Volk ein. Die Juden sprechen von ihrer Zeit in Ägypten; dort sollen ihre Vorfahren geknechtet worden sein. Moses trägt einen ägyptischen Namen: als Findelkind soll er auf dem Nil schwimmend aufgefunden worden sein. Seltsam verweben sich im Alten Testament geschichtliche Erinnerungen, Stammessagen und religiöse Vorschriften mit einer Weltdeutung zur Verherrlichung des auserwählten Volkes. Die Bibel behauptet, daß die Juden seit jeher den Glauben an den einen allmächtigen Gott gehabt hätten, berichtet jedoch zugleich, daß das breite Volk diesem Gott immer wieder »untreu« wurde und um das »goldene Kalb« tanzte. Moses hatte immer wieder große Mühe, sein Volk zum rechten Glauben zurückzuführen. Es hat Jahrhunderte gedauert, bis sich dieser Gottesgedanke bei den Juden endgültig durchsetzte.

In den zwei Jahrhunderten von 1200–1000 v. Chr. zerbricht fast die gesamte Zivilisation um das Mittelmeer herum. Überall hört die Stadtkultur wieder auf, die sich in zwei Jahrtausenden langsam ausgebreitet hatte. Wohin die Seevölker zogen, fielen die Städte in Trümmer, gingen die Burgen in Flammen auf. Der Warenaustausch schwand dahin. Es gab keine mächtigen Reiche und keine Könige mehr, die bauten, die Luxus trieben, die nach Ruhm und Ehre und Macht strebten. Wer nach den Zentren der zivilisierten Welt schaute, sah nur noch Gefahren. Wenn es von der späteren Entwicklung aus gesehen auch scheinen mag, als hätten sich damals noch gewisse Plätze erhalten, so dürften die Zeitgenossen davon nur wenig gemerkt haben. Es strahlte zunächst nichts davon aus.

Gekennzeichnet ist jene Zeit durch eine große Hoffnungslosigkeit und Leere, die die alten Kulturzentren erfaßt hatte. Der Welthandel lag darnieder, das Mittelmeer war still geworden, und damit gingen auch die Kulturen zurück, wenn nicht zugrunde, die sich an seinem Rande unter dem Einfluß der Kaufleute und mit dem Reichtum aus dem Handel entfaltet hatten. Wo es noch Zwischenglieder gab, wurden auch sie schließlich in den Strudel hineingezogen. Troja ist ein trauriges Beispiel. Die »goldene Zeit« der späten Bronze ist vorüber. Es gibt auch nichts mehr, was sich mit den Megalithbauten vergleichen ließe. Die reichen Goldfunde hören fast ganz auf. Es kommen keine Händler mehr aus dem Süden, um Bernstein zu erwerben. Wahrscheinlich ist damals auch der Westen Spaniens stark zurückgefallen. Nichts erinnert an diese Jahrhunderte. Byblos und Ugarit, die alten Handelsstädte an der syrischen Küste, waren zerstört; sie haben ihre frühere Stellung nie mehr zurückgewinnen können.

Dafür blühten Sidon und Tyrus auf, die bis dahin unbedeutende Siedlungen waren. Tyrus war auf einer Insel gegründet, konnte sich also gegen Angriffe mit seinen Schiffen wehren. Viele der Vertriebenen von der geplünderten Nordküste wie aus dem Innern des Landes und wohl auch mancher von den »Seevölkern« flüchteten nach Sidon und Tyrus. Dort bildete sich ein neues Volk: die Phönizier. In Sprache und Religion gehörten sie zu den Kanaaniten. Hauptgott war Baal, der »Herr«; die Mondgöttin hieß Astarte. Auch über dieser Entwicklung liegt in den Jahrhunderten der »Seevölker« Dunkel.

Phönizische Inschriften gibt es aus späterer Zeit, doch enthalten sie keine geschichtlichen Angaben. König Hiram I., Zeitgenosse der israelischen Könige David und Salomon – er regierte von 969–936 – ist eine der wenigen geschichtlich beglaubigten Persönlichkeiten. In dieser Zeit müssen die phönizischen Städte Sidon und Tyrus bereits einen blühenden Handel im Mittelmeer aufgebaut haben.

Basis dieses Handels waren Wollstoffe, die in Sidon und Tyrus angefertigt und in den Orient und nach Ägypten verkauft wurden. Dazu brauchten sie einmal Wolle und sodann Farbstoffe. Ein dunkles Purpurrot war besonders beliebt. Aus Süditalien bezogen sie anfangs die Purpurschnecke, später von den Kanarischen Inseln den Saft des Drachenbaumes. Daß die Phönizier zu den »Inseln der Seligen« gefahren sind, daß sie auch die Azoren besucht haben, die dann für mehr als tausend Jahre aus dem Bewußtsein der Mittelmeerwelt entschwanden, zeigen die Münzfunde. Wolle dürfte Nordafrika geliefert haben, das damals eine ähnliche Rolle spielte wie England im Mittelalter.

Die Phönizier legten zuerst Handelsfaktoreien an, gewissermaßen Stützpunkte auf der Fahrt zu den Säulen des Herakles – Gibraltar –, dann Handelsplätze und schließlich richtige Städte: das phönizische Handelsimperium entsteht. Vielleicht ist bereits um 1000 v.Chr. Gadir – Cadiz – an der Mündung des Guadalquivir gegründet worden, denn um jene Zeit gelangten phönizische Schiffe an die marokkanische und portugiesische Küste. Im heutigen Libyen entstanden Leptis

Magna, Leptis Parva und Thapsus, im heutigen Tunesien zunächst Hadrumetum und Utica, Karthago und Hippo. Allerdings waren das zunächst noch keine Städte. Erst als Karthago 814 v. Chr. neu, diesmal wirklich als Stadt begründet wurde, änderte sich der Charakter der phönizischen Siedlungen. Damals waren die Küstenebenen Tunesiens und Libyens sicher fruchtbarer als heute, weil die Berge noch reich bewaldet waren.

An Zahl werden die Phönizier in den afrikanischen Städten jedoch nur gering gewesen sein. Sie beherrschten zwar den Handel – und damit die Stadtverwaltung –, aber die meisten Einwohner kamen wohl aus dem Lande selbst, waren also Libyer – Berber. Erst als die Mutterstädte von den Assyrern überrannt waren, nahm die Zahl der Auswanderer merklich zu, aber da waren die afrikanischen Kolonien schon selbständig. In Karthago herrschen phönizische oder – wie sie genannt werden – punische Adelsfamilien. Als Stadtgott wird der kriegerische Melkart verehrt, daneben die Mondgöttin Tanit. Wie Perlen an der Kette liegen die phönizischen Städte an der Mittelmeerküste – längst nicht mehr als Zwischenstationen für weitere Fahrten, sondern als Handelsstädte bedeutsam. Nordafrika wird punisch.

Der Handel Karthagos beruhte damals auf drei Säulen: einmal auf der Einfuhr von Metallen aus Westspanien und Britannien, vorwiegend Zinn, aber auch Kupfer, sodann auf der Einfuhr von rotem Farbstoff des Drachenbaumes von den Kanarischen Inseln und schließlich auf der Einfuhr von Gold aus dem Quellgebiet des Nigers in Westafrika. Zwei große Straßen führten seit sehr alten Zeiten durch die Sahara, die eine von Marokko über Taoudeni nach Timbuktu, eine andere von Karthago längs der Küste über Gadames, das Tassili-Gebirge zum Niger, dann flußaufwärts zum Goldland zwischen Niger und Senegal. Gehandelt wurde das Gold, das aus den Minen am südlichen Rande der Wüste kam, gegen Salz, in der Regel im Verhältnis 1 zu 1. Von schwarzen Sklaven wurde es gefördert.

Da die Handelsherren in Karthago wohl über Westafrika recht gut Bescheid wußten, suchten sie den schwierigen Landweg durch einen direkten Seeweg zu ersetzen. Dabei sind sie bis nach Kamerun vorgestoßen. In Wahrheit ging es um die Senegalmündung. Es mußte doch möglich sein, das Gold zur Mündung von Senegal und Gambia und über See zum Mittelmeer zu schaffen. Auffallend ist, daß sich an der afrikanischen Westküste das ältere viereckige Segel selbst dann gehalten hat, als man im Mittelmeer längst zum dreieckigen »Lateinersegel« – das erst von den Arabern eingeführt wurde – übergegangen war.

Wie weit folgten die Phönizier den Spuren der Megalithleute? Die Megalithkultur in Nordeuropa hatte damals längst aufgehört. Auch auf den Inseln im westlichen Mittelmeer verschwindet sie. Vielleicht sind diese Menschen nach Nordafrika ausgewichen und haben dort verspätet Großsteinbauten errichtet, die sich zu Tausenden in Nordafrika – etwa in der Umgebung von Constantine – finden. Auf den Kanarischen Inseln haben sie bescheidene Bauten hinterlassen. Es bleibt ein Geheimnis, ob sie dort untergegangen oder ob sie sogar über den Atlantik gefahren sind. Wenn Menschen um das Jahr 1000 v. Chr. von Afrika nach Amerika gesegelt sind, dann gewiß nicht in Binsenbooten, sondern in den festen Booten, die Fahrten auf hoher See wagen konnten. Als die Kanarischen Inseln im 14. Jahrhundert neu entdeckt wurden, lebten die Bewohner wieder in der Steinzeit. Sie wußten nichts vom Metall, auch nichts von der Seefahrt. Alles war untergegangen. Man kann also vollständig verlieren, was die Vorfahren sich bereits angeeignet hatten.

Erstaunlich früh ist die Kenntnis des Eisens durch die Sahara nach Süden vorgedrungen. Im Nigerbogen hat sich etwa um das 9. Jahrhundert v. Chr. die Nok-Kultur entwickelt. Kennzeichnend ist für sie das Eisen, nicht die Bronze. Ob die Kunst des Schmiedens vom Norden oder vom Osten dorthin gelangt ist, bleibt strittig. Ungeklärt ist auch, wer das Eisen dorthin gebracht hat. Aus dem 7. Jahrhundert v. Chr. stammen die großen Eisenhalden von Meroë am mittleren Nil, wo eine beträchtliche Eisenproduktion und -verarbeitung geblüht haben muß. Gab es dort ein »afrikanisches Birmingham«? Und wie ist die Kenntnis der Schmiedekunst dorthin gelangt? Den Anstoß zu dieser Entfaltung hat nicht – wie bisher immer – der Norden, sondern offenbar der Westen gegeben.

Vom Atlantik bis zum Roten Meer zieht sich südlich der Sahara ein breiter Savannengürtel – Sudan genannt –, der seit jeher als Durchgangsgebiet von West nach Ost und umgekehrt gedient hat. Die Savanne bot Mensch und Tier genügend Nahrung und vor allem Wasser. Vom Niger über den Tschadsee hat das Eisen weiter gewirkt bis nach Abessinien. Eine Zwischenetappe läßt sich im Bergland von Ennedi nachweisen, wo man uralte Eisenöfen gefunden hat.

Napata, später das benachbarte Meroë, war die Hauptstadt Nubiens während tausend Jahre (700 v. Chr.–350 n. Chr.). Von Meroë aus strahlten zwei bedeutsame Einflüsse: einmal dringt nun an der Ostküste Afrikas, gewissermaßen den riesigen Urwaldgürtel umgehend, die Kenntnis des Eisens und die Kultur der Mittelmeerküste und Vorderasiens nach Südafrika vor. Von Ostafrika gelangte das Eisen – allerdings viel später – auch nach Südindien. Sodann wird Abessinien durchdrungen. In Meroë finden sich, wenn auch aus späterer Zeit, Erzeugnisse aus Axum.

Vielfach meint man, das Eisen des Sudan wäre aus Ägypten gekommen, wie ja überhaupt das untere Niltal mit seiner überlegenen Kultur seit mehr als zwei Jahrtausenden das Gesicht Nordostafrikas geprägt hat. Nur haben die Ägypter selber um diese Zeit kein Eisen verwendet. Bis ins 7. Jahrhundert v. Chr. hielten sie an der Bronze fest, also noch lange, nachdem sie die Überlegenheit des Eisens bei ihren Feinden, den Assyrern, kennengelernt haben. Wie sollen sie da die Schmiedekunst an ihre südlichen Nachbarn weitergegeben haben? Söldner, Kriegsgefangene oder Sklaven – assyrischer oder griechischer Herkunft – sollen es vermittelt haben. Wahrscheinlich sind die Erzhalden von Meroë gewachsen, bevor Kriegsgefangene dorthin kamen.

Das Ansehen der Schmiede ist in Afrika recht unterschiedlich. In dem einen Land werden sie hoch geachtet, in dem anderen verachtet. In dem einen Volk nehmen sie eine besondere hohe Stellung in der dörflichen Gemeinschaft ein, in dem anderen werden sie an ihren Rand gedrückt. Diese Unterschiede gehen wohl auf geschichtliche Wurzeln zurück. In Westafrika haben die Schmiede die Kunde der Metallbearbeitung überhaupt erst mitgebracht. Man hat dort nie Bronze bearbeitet. Unmittelbar auf die Steingeräte folgten die aus Eisen. Im Osten hingegen haben die hamitischen Viehzüchter aus Arabien später die Negervölker unterworfen, die bereits das Eisen kannten. Diese arabischen Eroberer haben die Eisenschmiede wohl gebraucht, aber als Unterworfene verachtet und zur Arbeit gezwungen. Offenbar war es leichter, das Eisen zu Völkern zu bringen, die überhaupt kein Metall kannten, als zu solchen, deren Buntschmiede – sozial angesehen – sich naturgemäß besonders gegen das Eisen gewehrt haben.

Mittelpunkt der neuen Eisenschmiedekunst am östlichen Mittelmeer wurde die Hafenstadt Tarsos. Von der kleinasiatischen Küste erstreckt sich dessen Reich über den Taurus bis an die Grenzen des armenischen Reiches. Tarsos hat offenbar den Bewohnern des oberen Tigris- und Euphrat-Beckens das Eisen gebracht. Assyrische Könige bewarben sich um Prinzessinnen aus dem Taurus-Gebirge, weil sie als Mitgift kundige Eisenschmiede erhofften. Mit dem Eisen sind die Assyrer zur Vormacht im Vorderen Orient aufgestiegen. Sie waren die eigentlichen Erben der »Eisenleute«.

Allerdings vollzog sich damals ein Wandel: Assyrien entstand als neue Großmacht, als die Reiche der Hethiter, der Mitanni und der Kassiten zerbrochen waren. Babylon selber geriet nach 1200 unter die Herrschaft der Elamiter. Erst unter Nebukadnezar I. (1128–1106) gewinnt Babylon wieder, wenn auch nur vorübergehend, eine gewisse Machtstellung. Dann traf der Stoß der Aramäer auch dieses Land.

Bereits Tukultininurta (1246–1209) hatte Assyrien zu einem ansehnlichen Reich ausgebaut, er hatte über die Stämme in Armenien und im Zagrosgebirge und über Babylon gesiegt. Aus Babylon überführte er die Statue des Gottes Marduk nach Assur. Daß er ermordet wurde, sahen die Babylonier als Strafe für diesen Gottesfrevel an. König Assureschischi I. (1135–1117) nannte sich zwar König der Welt, aber erst unter Tiglatpileser I. (1116–1077) stieg Assyrien wirklich zur Kriegs- und bald zur Weltmacht auf. Er unterwarf Urartu, Armenien, Kappadokien im Westen und drang tief bis Syrien vor. Immer wieder mußte sich Assyrien gegen die Aramäer wehren, die aus der Arabischen Wüste heranzogen. Achtundzwanzig Mal zog der assyrische König Tiglatpileser gegen sie zu Felde. Sie wichen jedoch immer wieder in die Wüste aus, um im nächsten Jahr erneut hervorzubrechen.

Babylon war kein gefährlicher Gegner für Assyrien. König Adadnirari II. (912–891) berichtet von siegreichen Feldzügen sowohl gegen Malatia am oberen Euphrat wie gegen den König Schamaschmudammiq von Babylon. Es kam zum Aufstand in Babylon; neuer König wurde Nabchumischkun (904–888?), der aber auch besiegt wurde und einen schimpflichen Frieden schließen mußte. Schließlich setzte sich Adadnirari auch in sechs weiteren Kriegszügen gegenüber den Aramäern am Chabur-Fluß durch. Sein Sohn Tukultininurta II. zog siegreich nach Nairi, einer Gebirgslandschaft, wo sich Kampfwagen kaum einsetzen ließen; die Felsennester waren »selbst den Vögeln kaum erreichbar«.

In Nordeuropa beginnt das Eisen sich erst im 8. Jahrhundert v. Chr. durchzusetzen, doch kam die Wende keineswegs mit einem Schlag. Die Bewohner des Alpenraumes tauschten die Reichtümer des industriellen Mittelmeerraumes, Bronze und Kunstgegenstände, gegen Bernstein und Pelze, sodann lieferten sie aus ihrem eigenen Lebensraum Salz sowohl nach Norden wie wahrscheinlich weit nach Süden. Mittelpunkt der Salzgewinnung und damit des Salzhandels wurde Hallstatt im Salzkammergut. Ganz Mitteleuropa überzog sich mit einem Netz von Handelswegen für den Warenaustausch.

Welche Völker in der Hallstatt-Zeit Mitteleuropa beherrschten, weiß man nicht genau. Wir sprechen von den Illyrern, teilweise von den Illyrer-Kelten, aber es bleibt zweifelhaft, wie weit die Menschen nördlich der Alpen mit den späteren »Illyrern« im Gebiet östlich der Adria zusammenhängen. Man kennt nur ihre Kulturleistungen, nicht die Sprache. Der eigentliche Siegeszug des Eisens begann in Nordeuropa erst nach dem 5. Jahrhundert, als man in La Tène im Schweizer Jura die Schmiedetechnik verbesserte. In Osteuropa und in Nordasien hat sich das Eisen wahrscheinlich schneller durchgesetzt.

Die Reitervölker

Vom 9. Jahrhundert v. Chr. ab brechen aus Mittelasien neue Scharen über die zivilisierte Welt herein, eine Woge, schrecklicher und verheerender als je zuvor. Sie kommen zu Pferde.

Erst spät haben die Menschen reiten gelernt. Zwar haben sie seit der Mitte des zweiten Jahrtausends das Pferd als Zugtier vor die Streitwagen gespannt, aber geritten sind sie nicht. Vor 1000 v. Chr. gibt es keine Abbildung eines Menschen hoch zu Roß, und auch in den zeitgenössischen Berichten wird nie von Reitern gesprochen. Es ist merkwürdig: Da standen Tausende von Pferden in den Ställen der hethitischen und syrischen Könige, da sind die großen Pharaonen an der Spitze von vielen Streitwagen in die Schlacht gezogen, geritten aber ist niemand.

Man konnte auch gar nicht reiten, solange man die Pferde nicht zu lenken vermochte. Das gelang erst, als man die Trense erfand. Anfangs legte man bronzene Stangen – an den Seiten von Scheiben eingefaßt, damit die Pferde sie nicht abschüttelten – zwischen die Zähne der Pferde, doch zeigt es sich, daß eine starre Stange die Tiere nur wild machte. Erst als man zwei lose miteinander verbundene, also bewegliche Glieder zusammenfügte, erst mit der Trense begann die Zeit der Reiter. Diese umwälzende Erfindung scheint wiederum nur einmal auf Erden gemacht worden zu sein, und zwar in Mittelasien. Obwohl die Hethiter sich mit der Pferdezucht beschäftigten und darüber sogar große Werke schrieben, haben sie die Trense nicht erfunden. Im mittelasiatischen Steppengebiet hat sich die Trense durchgesetzt. Da die Trense leicht herzustellen und so bequem zu handhaben war, wurde sie überall rasch übernommen.

Erst mit Hilfe der Trense kann der Mensch reiten, er kann sich also nicht nur auf dem Rücken des Pferdes halten, sondern das Pferd auch dorthin lenken, wo er will. Erst mit der Trense ergibt sich das enge Zusammenspiel von Reiter und Pferd. Jetzt lassen sich Reiter zum Angriff eines Geschwaders vereinigen, so daß sie in geschlossener Front gegen die Fußkämpfer vorstürmen. Zu Pferd waren die Reiter leicht beweglich. Nun können sie größere Entfernungen rasch und ohne große Mühen überwinden. Räume, die bisher kaum genutzt wurden, öffnen sich der Viehzucht, da sich zu Pferd auch die Rinderherden besser bewachen lassen. Die Steppe von der Donaumündung bis zum Amur wird den neuen Reitervölkern zur Heimat.

STEPPENVÖLKER

Menschen hat es in der Steppe seit langem gegeben. Als sich um 10 000 v. Chr. das Wasser des großen Inlandmeeres zurückzog, blieben nur das Schwarze Meer, der Kaspisee und der Aralsee zurück. Die Menschen der Steppe hielten sich vorwiegend in Schluchten auf, wo sie sich gegen Wind schützten, während die flache Ebene nahezu menschenleer dalag. Mit dem Pferd als Reittier verwandelt sich das Gesicht dieser unermeßlichen Graslandschaft, die sich über 7000 Kilometer weit erstreckt.

Als Weidegrund für große Herden bot sich die endlose Steppe mit Futter in Hülle und Fülle geradezu an. Von Wasserstelle zu Wasserstelle mußte das Vieh getrieben werden – oft viele Kilometer! Bei den Ackerbauern – im Orient wie in China – war der Weidegrund für das Vieh auf die Umgebung der Siedlungen beschränkt, so daß sich Herden nicht beliebig vermehren ließen, denn in der Steppe konnten sich die unbewachten Rinder leicht verlaufen. Um Viehherden halten zu können, brauchte man ein schnelles Reittier für die Menschen. Das Schwergewicht der Pferdezucht verlagerte sich von Ferghana am Oberlauf des Oxus nach Osten, nämlich an den Altai. Dort boten sich die weiten Weideflächen, die im engen Oxustal fehlten. Dort konnten die Herden mit Zehntausenden von Pferden weiden.

Wer in die Steppe zog, in das freie und ungebundene Leben, taugte wenig für schwere körperliche Arbeit. Der Reiter verachtet den Mann zu Fuß; er verachtet den Bauern, der sich auf seinem Acker müht und plagt, während er selber stolz zu Roß die Herden bewacht. Er verachtet auch den Städter hinter seinen engen Mauern. Und umgekehrt: Bauern und Städter haben zu allen Zeiten und in allen Zonen den Mann aus der Steppe gehaßt. Was wir an Nachrichten über ihn haben, stammt meist von den Seßhaften und ist dementsprechend einseitig genug. Wie hart das Leben in der Steppe ist, wie hart die Männer sein müssen, die da leben, das haben die Kritiker nur selten zu erkennen vermocht.

Nur die Gemeinschaft sichert das Auskommen in der Steppe. Sie verteidigt die Weidegründe gegen Feinde – und erlaubt es, neue zu erobern. Der Fähigste – und das ist meist der Härteste – soll den Stamm führen. Seine Stellung verdankt er seiner Kraft, seinem Reichtum, seinem Ansehen. So lange die Reiter in ihrer geliebten Steppe weilten, waren sie gezwungen, ohne Unterlaß für ihre Herden zu wachen und zu kämpfen.

Der Reiter kann jeden Augenblick, wenn ihm ein Führer nicht mehr paßt, sein Pferd satteln und in der Weite der Steppe verschwinden. Keiner kann ihn verfolgen. Irgendwo wird er schon Anschluß an einen anderen Stamm finden, und schlimmstenfalls findet er Gleichgesinnte, mit denen er einen bewaffneten Haufen bildet, der Pferde stiehlt,

Dörfer brandschatzt und Beute macht. Der Reiter ist König, auch wenn er allein steht. Gerade deswegen unterwirft er sich freiwillig einem Manne nur, der seine Achtung genießt, dessen Führung ihm Auskommen und Sicherheit und vielleicht auch Sieg und Erfolg verspricht.

Jahrzehnte, wenn nicht gar Jahrhunderte, hat es bedurft, bis die Entwicklung sich durchgesetzt hatte: zuerst berittene Hirten, dann wachsende Herden, dann größere Zahl von Menschen in der Steppe, dann Stoßkraft innerhalb der Steppe und schließlich Angriff aus der Steppe heraus in das Kulturland. Die Reiter haben eine andere Sozialordnung als die Streitwagenleute. Blieb der Streitwagenadel eine kleine geschlossene Oberschicht, so waren die Reiter ursprünglich freiheitlich eingestellt und einheitlich gegliedert. Jeder ritt, jeder war frei, jeder war ein Krieger. Wer kein Pferd hatte, besorgte es sich, im schlimmsten Falle stahl er es beim Nachbarn, in der sicheren Gewißheit, vom eigenen Stamm gedeckt zu werden. Ein neues Lebensgefühl formte sich.

Auch bei den Reitern bildete sich schließlich eine soziale Gliederung. Die alte Ordnung, nach der immer der Stammesälteste, der Würdigste und Erfahrenste, den Stamm führte, versagte, als es um Krieg und Sieg ging. Nun waren andere Eigenschaften notwendig: Mut, Tapferkeit, körperliche Leistungsfähigkeit und Weitblick. Der Anführer sammelte seine Waffengefährten zum Kampf. Aus der Beute konnte er sie reichlich belohnen. Die Krieger waren den einfachen Hirten an Selbstbewußtsein wie an Bewaffnung überlegen. Sie bildeten den neuen Schwertadel, dessen Recht im Waffenhandwerk beruhte.

Von den Karpaten und der Donaumündung bis zur chinesischen Grenze gab es in der ersten Hälfte des letzten vorchristlichen Jahrtausends kaum eine Stadt, ja kaum eine große Siedlung, wenn man von den Oasen am Rande der Wüste und an den Berghängen absieht. Im Norden aber dehnte sich von den Pripjetsümpfen bis zum Amurbekken der endlose Wald. Dieser geschlossene Raum Asiens lag zu Beginn des 2. Jahrtausends v. Chr. noch im Dunkel der Geschichte. Mit dem Pferd aber rücken die Waldbewohner nun unaufhaltsam in die Steppe vor. Von jetzt ab wird die Geschichte Eurasiens und damit auch der alten Kulturgebiete von der Steppe aus bestimmt. Bis dahin war jede größere Kulturverschiebung von Süden nach Norden oder von Westen nach Osten erfolgt. Jetzt änderte sich das. Die Menschen aus der Waldzone stoßen nach Süden. Das ist der Beginn einer sich immer von neuem wiederholenden Völkerbewegung. Auf der endlosen Steppe werden bald die Reiter in geschwindem Ritt nach Westen ziehen.

Mit der Durchdringung der Steppe werden nun auch die drei großen Becken in die Geschichte mit einbezogen, die bisher jeweils für sich gelebt haben: Das Ob-Becken, das Jenisej-Becken und das Lena-Amur-Becken. In dem breiten Waldgürtel von der Ostsee bis zum Pazifik lassen sich drei große Räume, gewissermaßen drei Bevölkerungsbeutel, unterscheiden. Von der Ostsee bis zum Ob-Becken beiderseits des Uralgebirges lebten ugro-finnisch sprechende Völker, wohl meist hellhaarig und helläugig.

Die Ugro-Finnen haben sich nach Ausgang der letzten Eiszeit über den Ural oder vielleicht südlich um den Ural herum langsam in das damals noch menschenleere Osteuropa vorgeschoben. Durch die riesigen russischen Wälder erreichten sie wohl im 1. Jahrtausend v. Chr. die Ostseeküste. Erst um die Zeitenwende setzten die Finnen von der südlichen Küste des Finnischen Meerbusens – aus dem heutigen Estland – nach dem eigentlichen »Finnland« über. So lange sie im Walde wohnten, konnten sie keine Stoßkraft entfalten. Langsam nur übernahmen die Sammler und Jäger den Ackerbau und die Viehzucht.

In den kleinen Siedlungen, die man kaum als Dörfer bezeichnen kann, lebten die Menschen von Schafzucht und Bienenzucht, daneben von Jagd und den wilden Früchten des Waldes. Ackerbau und Kleintierzucht – Schafe, Schweine und Ziegen – waren bereits im zweiten Jahrtausend tief in die Waldzone vorgedrungen. Selbst Kupfer und Bronze sowie die Keramik hatten sich weithin durchgesetzt. Die Verbindung der einzelnen Siedlungen untereinander war lose. Die stillen, in sich gekehrten Menschen schlugen sich mühsam genug durch. Nur im äußersten Norden lebten die Stämme auch weiterhin von Jagd und Sammeln, teilweise bis tief ins 19. Jahrhundert v. Chr. hinein. Von Hand zu Hand waren die Erzeugnisse der Kultur weitergereicht worden, im Austausch gegen den Reichtum der nördlichen Landschaften, die Pelze.

Im Becken des Jenisej, vor allem im Minussinsk-Gebiet, lebten Völker mit einer Turksprache. Sie wohnten in den bewaldeten Bergen zwischen Altai und Baikalsee, da die Tiefebene im hohen Norden wegen der großen Kälte unbewohnbar blieb. Im Süden sperrte die Wüste Gobi jeden Verkehr. Nur langsam sickerten die Menschen aus diesem rauhen Klima, hart und gestählt wie sie waren, nach Süden und Westen ein, zuerst meist als Söldner und Knechte; später eroberten sie das Land. Da hatten sie von den Steppenbewohnern aber längst die Viehzucht und vor allem das Reiten gelernt. Da erwiesen sie sich als überlegene Krieger.

Ein dritter Beutel der asiatischen Bevölkerung war das Lena-Amur-Becken. Hier lebten Völker mit einer mongolischen Sprache, die mit dem Tungusischen verwandt ist. Diese Sprache gliedert sich in verschiedene Sprachgruppen, die vom Jakutischen über das eigentliche Mongolisch der Tataren zum Mandschurischen reicht. Diese Sprache ist von der türkischen des Jenisej-Gebietes grundverschieden. Auch sehen die Menschen anders aus. Es waren zunächst Jäger und Bergvölker, die es nicht wagen konnten, in die Wüste Gobi – die chinesische Provinz Jehol – und die »Mongolei« oder auch nur in die unendlichen Urwälder der Mandschurei einzudringen. Erst mit der Viehzucht konnten sie in die weiten Ebenen vorstoßen. Erst das Pferd machte sie beweglich.

Die großen Entscheidungen fallen von nun an auf dem Pferderükken. Lange haben die Bewohner der alten Kulturgebiete gebraucht, um sich des großen Wandels bewußt zu werden.

Ein halbes Jahrtausend lang haben die Shang in China geherrscht; dann wurden sie durch die Dynastie der Chou (1050–227) abgelöst, die aus dem Westen kam. Im Jahre 822 v. Chr. haben die Reiter die Hauptstadt der Chou, Hao in Shensi – nahe Chang-an – geplündert. Die Hsien-yün kamen vom Tarim-Becken und aus der Dsungarei, so daß sie meist mit den Kimmerern gleichgesetzt werden, die zur selben Zeit in Vorderasien erschienen. Doch ist eher anzunehmen, daß es Reitervölker waren, die aus der gemeinsamen Heimat – der Steppe westlich des Altai – aufgebrochen sind. Dem chinesischen König Hsüan, dem »Verkünder« (827–782), gelang jedoch, den Feind zu besiegen. Hsüan hat seine Macht bis zu den Tälern des Han und des Huai-Flusses in Mittelchina ausgedehnt. Von nun an waren die Reitervölker das Schicksal Chinas.

Immer wieder drangen sie in China ein, brachten Unglück für die Bewohner und Bewegung in die erstarrende Politik. Dynastien stürzten oder sahen sich gezwungen, ihre Hauptstadt in sichere Gebiete zu verlegen. Den »mittleren Chou«, wie die Herrscher seit der Verlegung der Hauptstadt nach Osten (770 v. Chr.) genannt werden, fehlte die militärische Kraft und seit dem Verlust des Wei-Tales mit den königlichen Domänen wohl auch der wirtschaftliche Rückhalt, das Reich zu stärken und zu verteidigen. Jede Provinz, jeder reichere Grundherr, versuchte, sich von der schwächer werdenden Zentralregierung unabhängig zu machen. Das führte schließlich dazu, daß mächtige Feudalherren sich mit Hilfe der Reiter aus der Steppe weitgehend selbständig machten. Auch der König schloß solche Bündnisse. China zerfiel in einzelne Fürstentümer, die nur locker zusammenhingen. Es gab keine starke politische Macht mehr.

Der König war oberster Lehnsherr, ihm leisteten die Fürsten einen Lehnseid, der Achtung, Ehrerbietung und Waffenhilfe in allen Notlagen zusicherte. Dieses Lehnsverhältnis war zunächst nur ein gegenseitiges Bündnis, aber mit der Zeit wurde daraus mehr. Mit dem Lehnseid wurde der Vasall und sein Volk in die chinesische Kultur aufgenommen. Der Eid war nur in zweiter Linie ein politischer und rechtlicher Vorgang. Es war aber nicht so, daß der König ein Stück Land seinem Günstling übertrug, der nun als Dank dafür dem König diente. In der Regel besaß der Lehnsmann bereits sein Land, das er feierlich dem König übertrug. Dadurch wurde er selber Chinese, und als Chinese schützte er das Reich. Das ist das Besondere an der chinesischen Feudalität.

Wenn ein mächtiger Krieger nun Vasall werden wollte, spielte sich die Belehnung in einer formvollendeten Zeremonie ab. Der barbarische Fürst wurde feierlich bei Hof empfangen. Dort übergab ihm der König von China einen Klumpen Lehm – in Stroh verpackt –, der von dem großen Altar der Bodengottheit in der Hauptstadt stammte. Dieses Stück Lehm fügte der Vasall in seinen eigenen heimatlichen Altar ein. Damit gewann er den Schutz der Gottheit und zugleich den Segen des Himmels. Nun war er nicht länger ein »Barbar«. Er wurde in die chinesische Kultur aufgenommen, ob er von der Steppe, von den Bergen des Südens oder aus dem Flachland des Ostens kam. Er wurde aller Segnungen einer überlegenen Kultur teilhaftig. Er empfing Lehrer, Handwerker und Zauberer, die das Schicksal deuteten und die Zukunft voraussagten. Die ursprünglichen Vorstellungen der Schamanen hatten die Chinesen mit neuen geistigen Inhalten zu erfüllen gewußt.

Stand dem Belehnten Ehrerbietung zu, so dem Lehnsherrn mindestens ebensosehr Höflichkeit. Entscheidend war die gegenseitige Hochachtung. Ein Treubruch verletzte nicht nur einen politischen Vertrag, sondern den Gott, bei dem der Eid geleistet worden war. Dieses Bündnis berührte das Volkstum des Lehnsmannes nicht. Es begründete eine kulturelle und damit eine politische Zusammengehörigkeit im Rahmen des chinesischen Reiches.

Der König sitzt in seinem viereckigen Palast, dessen Tore nach den vier Himmelsrichtungen schauen: nach Süden, dem die rote Farbe zugeeignet ist, nach Westen – weiß, nach Norden – schwarz und nach Osten – grün. Der König strahlt die göttliche Ordnung aus. Sobald er versagt, kommt Unheil über das Land, Überschwemmung oder Trokkenheit oder Feinde. Seine »Tugend« trägt die Welt. Wenn Mißernte das Volk bedrückt, wenn der Feind siegt, wenn Unruhen das Reich erschüttern, muß er durch sein Gebet, durch Fasten, schlimmstenfalls durch den freiwilligen Tod die Götter besänftigen.

Diese Vorstellungen von den ewigen, unabänderlichen Grundlagen einer die Welt tragenden Ordnung hat das gesamte Leben Chinas bis zur Revolution des Jahres 1911 bestimmt. Der Palast bildete den idealen Mittelpunkt der Erde, von dem geistige Wirkungen ausgehen. Das äußere Geschehen spiegelt die innere Ordnung wider. Der König trägt mit seiner »Tugend« den Staat. Er steht im – gelben – Mittelpunkt. Wenn der König versagt, löst sich die Ordnung auf. Das alles erinnert an Ägypten. Vielleicht haben Einflüsse vom Niltal bis nach Ostasien gewirkt? Die rechtwinklige Ausrichtung von Palast, Stadt und Straßennetz stammt vielleicht aus Mesopotamien.

Die Chou haben ihre Macht nach allen Seiten ausgedehnt. Sie sind in die Ebenen vorgedrungen, haben die Schantung-Halbinsel gewonnen und die Wasserscheide zum Yangtsekiang überschritten, was bei den damaligen Verkehrsverhältnissen schwer genug gewesen sein muß. Einfacher war es schon, die Flüsse aufwärts zu ziehen. Die Eroberer blieben in der Regel in der Ebene, während die Urbevölkerung in die Berge gedrängt wurde. Der Norden lebte von Weizen und der Rinderzucht – neben den Schweinen –, der Süden vom Reis und dem Wasserbüffel. Doch unterscheidet man beim Reisanbau den Trockenreis und den Naßreis.

Solange diese Arbeitsteilung anhielt, blieben auch die Dörfer der Altangesessenen und der Neuankömmlinge streng getrennt, was dazu führte, daß sich Sprache, Rasseeigenschaften und Gebräuche noch lange Zeit hielten. In den Bergen lebten Völker, deren Nachfahren noch heute als Miao in Szetschuan wohnen. Im Osten hingegen lebten die Lo-Völker. Sie alle waren zu dieser Zeit noch keine Chinesen. Sie wurden es erst. Entscheidend war nicht die Rasse, sondern die gemeinsame Kultur. Unter den Chou ging diese Entwicklung weiter. Langsam formte sich die chinesische Kultur zu einer geschlossenen Einheit, die sich in den nächsten Jahrhunderten nach allen Seiten ausbreitete.

Während der Chou-Herrschaft hatte sich ein tiefreichender Wandel vollzogen. Neben dem landbesitzenden Adel hatte sich eine städtische Gesellschaft entwickelt. Zweifellos blieb die Landwirtschaft weiterhin die überragende Säule der Wirtschaft. Noch bis in die Gegenwart hinein lag der Anteil der Landbevölkerung in China zwischen 80 und 90 v. H. Aber die Gelehrten sowohl aus dem landansässigen Adel wie aus der reich gewordenen Kaufmannschaft gewannen an Ansehen. Zunächst scheint es so, als habe sich unter den Chou nicht viel verändert.

Die Kultur der Shang geht scheinbar nahtlos in die neue Zeit über. Es bleiben die alten Schriftzeichen, die alten Kultformen, die alten Glaubensvorstellungen – soweit sich das nachträglich feststellen läßt. Immer noch werden die Ahnen verehrt – wie in der Shang-Zeit. Doch beginnt sich unter den Chou schon jene Schicht zu formen, die China prägen sollte: die der Mandarine. Das Wort shi bezeichnete ursprünglich den Adel, dann den militärischen Befehlshaber, unter den Chou aber nur den Gelehrten. Er beanspruchte die Führung in der Gesellschaft.

Unter den Chou waren die Unterschiede und damit auch die Gegensätze der verschiedenen Landschaften noch längst nicht überwunden. Das zeigte sich besonders, als die Kraft der Zentralgewalt schwand. Die letzten zwei Jahrhunderte der Regierungszeit der Chou gilt als die Zeit der »kämpfenden Reiche«. Immer noch lag das politische und wirtschaftliche Schwergewicht des Reiches am unteren Hoangho. Dort lagen auch die bedeutenden Städte. Dort kannten die Menschen die Kunst, Metalle zu verarbeiten, vor allem die Bronze, langsam auch das Eisen. Dort saß die von fachkundigen Beamten geleitete Verwaltung.

Mit den Reitern kam – etwa im 8. Jahrhundert v. Chr. – das Eisen nach China, denn die große Bewegung der Eisenleute zur Zeit der Seevölker war nicht bis Ostasien gedrungen. Damit begann ein langandauernder und tiefreichender Wandel. Die Eisengeräte haben die Landwirtschaft gründlich umgestaltet. Weite Gebiete, die noch niemals bebaut worden waren, vor allem in den Ebenen, wurden durch den eisernen Pflug Ackerland. Der Hackbau, der meist an den Hängen betrieben wurde, trat zurück.

In Vorderasien nahm der Druck der Reitervölker zu, die in immer größeren Scharen ihre Angriffe führten. Jeweils ein Stamm versuchte, die Macht in dem weiten Steppenraum von den Karpaten bis über den Altai hinaus an sich zu reißen. Das gelang auch tatsächlich zuweilen, wenn auch nicht für lange Zeit. Der Nachbarstamm wurde unterworfen, der nächste gemeinsam angegriffen und so weiter. Bis die entfernteren Stämme merkten, welche Gefahr ihnen drohte, erschienen bereits die schnellen Reiter. Schwere Strafen trafen jeden, der Widerstand zu leisten gedachte. Zuerst erschienen die Kimmerer in der südrussischen Steppe und in Armenien, es folgten die Skythen, nach ihnen die Meder und schließlich die Perser. Jahrhundertelang haben die Assyrer mit härtesten Mitteln gegen sie gekämpft: vergeblich, denn die Reiter blieben dem Zorn der Assyrerkönige entrückt. Schließlich wurden Assur und Babylon von den Reitern überrannt und erobert.

Noch bevor die Reiter in China auftauchten, sind sie in die Länder Nairi und Urartu am Urmia-See eingebrochen. Sie kamen nicht den direkten Weg aus Turkestan über die Kaspische Pforte, sondern offenbar aus der südrussischen Steppe über den Kaukasus. Ein Teil überschritt ihn auf der alten Heerstraße, ein anderer umging ihn an der Küste des Kaspisees. Die Ostgruppe zog in das nordwestliche Iran, wo sie sich in den Berglandschaften östlich des Zagrosgebirges niederließ, die westliche drückte nach Armenien.

Wenn die Steppenleute nach Westen kamen, so um Platz für ihre wachsenden Herden zu gewinnen, zugleich aber, »um zu machen Kampf und Schlacht«, wie die Assyrerkönige fast zwei Jahrhunderte lang immer wieder berichten. Die Kimmerer, die 784 v. Chr. hoch zu Roß an der Grenze Assyriens erschienen, waren schweifende Nomaden, die nach dem Beutezug wieder hinter den Bergen verschwanden. In Nairi wie in Urartu sprach man weder Semitisch noch Indoeuropäisch. Waren es die Nachkommen der alten Chatti, die von den Hethitern überrannt worden waren? Waren es kleinasiatische Völker? Oder waren es die Bewohner des Kaukasus, die von den Reitervölkern vertrieben worden waren?

Im Gebiet zwischen Urmia- und Vansee hatte sich im 9. Jahrhundert v. Chr. ein neues Reich gebildet. Ob es dort vorher eine dichtere Besiedlung gegeben hat, läßt sich nicht nachweisen. Unter sehr tatkräftigen Herrschern stieg Urartu, wie die Assyrer es nannten, zu einer Großmacht Vorderasiens auf. An der Grenze zwischen Kleinasien, dem Kaukasus und Assyrien gelegen, war es Angriffen von allen Seiten ausgesetzt. Deswegen errichteten der König Sardur I. (822–810) und seine Nachfolger Menua (810–786) und vor allem Argischti I. (786–764) mächtige Felsenburgen, um dem Feind die Wege in das Bergland zu sperren. Tuschpa, die Hauptstadt unter Sardur I., lag auf einem jäh aus der Ebene am Vansee aufsteigenden Bergrücken. Dadurch vermochte Urartu den sonst so gefürchteten Assyrern Widerstand zu leisten, die immer wieder weite Flächen verwüsteten. Urartu hat seinerseits Kriegszüge bis zum Eriwan-See, bis zum Euphrat, bis Aleppo, ja sogar in das Land der Assyrer geführt.

760 v. Chr. traf ein Stoß der Kimmerer auch Urartu. Nun vermochte Tiglatpileser III. (746–727) die Urartäer zurückzuweisen, die dann von Sargon II. (722–705) besiegt wurden. Die Kimmerer hatten inzwischen das Reich der Phryger im westlichen Kleinasien zerschlagen. Das war der erste Sieg der Reiter über die Nachfahren der einstigen Eisenleute. Flüchtlinge sollen nach Osten in die Berge geflüchtet sein und die armenische Sprache dorthin gebracht haben.

Die Phryger – von dem Assyrerkönig Tiglatpileser I. als Muschki bezeichnet – stammen ursprünglich aus Thrakien. Sie haben an der Zerstörung des Hethiterreiches mitgewirkt und sind bis zum oberen Tigris vorgestoßen. Erst nach der Zerstörung Trojas konnten sie in Kleinasien siedeln und das phrygische Reich errichten. Unter dem Druck neuer Völker zogen sich dann die Phryger weiter nach Osten. Hauptstadt ihres Reiches war Gordion, wo der sagenumwobene König Midas saß, bekannt wegen seines unermeßlichen Goldreichtums. Mit den Assyrern schlossen die Phryger 709 v. Chr. Frieden und zahlten Tribut, wohl weil sie die Gefahr von den Reitern sahen; dennoch haben die Kimmerer um 675 v. Chr. Phrygien unterworfen; im Halysbogen entstand ein neues Reich: das der Lyder.

Die Lyder haben eine indoeuropäische Sprache gesprochen. Ihr König Gyges ist im Jahr 652 v. Chr. gestorben, war also Zeitgenosse Assurbanipals von Assyrien (669–630) und Psammetichs von Ägypten (663–609). Von den Kimmerern bedroht, die über die Meerengen von Westen und Norden kamen, erbat er sich Hilfe von den Assyrern, die ebenfalls unter den dauernden Angriffen der Reitervölker zu leiden hatten. Als aber der lydische König Gyges allein den Kimmerern gegenüberstand, verlor er 652 v. Chr. Thron und Leben. Nach griechischer Überlieferung sollen die Etrusker aus Lydien stammen, doch fehlen Nachrichten aus der Zeit vor 700 v. Chr., und da saßen die Etrusker bereits in Italien. König Krösos galt als unendlich reich; er soll die Gabe gehabt haben, alles, was er berührte, in Gold zu verwandeln. In Lydien wurden die ersten Goldmünzen geprägt. Der Artemis-Tempel in Ephesus galt als Heiligtum ganz Kleinasiens.

An der Südküste saßen die Lyker und an der Westküste die Karer. Die Lyker sprachen Indoeuropäisch, doch haben sie viele Worte aus den altkleinasiatischen Sprachen übernommen. Was die Karer, die unter den Pharaonen Psammetich I. (663–609) und Psammetich II. (593–588) in Ägypten als Söldner dienten, an Inschriften hinterließen, konnte bisher nicht entziffert werden.

Hatten die Reiter zuerst aus der südrussischen Steppe angegriffen, so später aus dem iranischen Hochland. Anfangs nahmen die Assyrer die Gefahr nicht weiter ernst. In den Bergen Armeniens und auf der iranischen Hochfläche konnten sich Reiterheere kaum entfalten, zudem waren die wichtigen Pässe und Straßen durch Festungen gesichert. Dennoch gelang es den Kimmerern wiederholt einzubrechen. Es kam zu harten Kämpfen, doch zogen die Reiter immer wieder ab, ob sie nun die Schlachten gewonnen oder verloren hatten. Sie stießen auf einen harten Gegner.

Als Militärmacht war Assyrien aufgestiegen. Drei große Könige, Assurnasirpal II. (883–859), Salmanassar III. (858–824) und Schamschi-Addu V. (823–810) vergrößerten das Reich bis Babylon, bis zum Halys und bis Damaskus. Jetzt setzten sie Söldner aus den Randgebieten als Reitertruppen ein. Die Assyrer selber kämpften auf Streitwagen oder als Infanterie und – in wachsendem Umfang – als Pioniere, um schwierige Wege in den Bergen und über Flüsse zu überwinden und – weil die Burgen technisch immer besser gesichert, immer fester und unangreifbarer wurden.

Furchtbar waren die Strafen, die Assyrien über Aufständische verhängte. Sie haben Städte zerstört, Völker vernichtet. Alle Härte brachte keinen Frieden; die Assyrer mußten immer weiter nach Westen vorstoßen, bis sie das Mittelmeer erreichten. Im Norden und im Osten – Armenien und Zagrosgebirge – haben sie weite Landstriche entvölkert, um Einfälle zu erschweren. Die Bevölkerung verpflanzten sie an andere Grenzen oder nahmen sie nach Assyrien mit, wo die Männer dem Heer eingegliedert wurden.

Nur in den Städten, bei den Beamten und dort, wo assyrische Eliteregimenter standen, sprach man assyrisch, im übrigen verständigte man sich allgemein nur noch aramäisch. Das Assyrische – und in Babylon das Babylonische – wurde immer mehr zur Schriftsprache; das Sumerische war längst verschwunden, es tauchte nur noch gelegentlich auf. Auch die Juden haben während der »babylonischen Gefangenschaft« das Aramäische als Volkssprache übernommen. Hebräisch blieb liturgische Schriftsprache.

Am Zagros-Gebirge tauchten wieder Reitervölker auf. Zum ersten Male hören wir vom Lande Parsua, den Persern, die um 900 v. Chr. nach Westiran gelangt sein müssen. Im Jahre 835 v. Chr. geht der Feldzug außer gegen Parsua gegen die Madai – die Meder. Sodann hören wir von dem Lande Man und dem benachbarten Land Zamua. Aus diesen Gebieten kommen die »Luristanbronzen«. Die Pferde zeigen Knebeltrensen; auch später lieferte das Land Zamua viele Pferde.

Adadnirari III. (806–782 v. Chr.) führte wieder viele Kriege. Entscheidende Erfolge hat er kaum erzielt, weder gegen die Meder noch in Syrien, obwohl er bis Gaza gezogen ist. Das lag wohl daran, daß sich in Syrien aus Kleinasien vertriebene Hethiter niedergelassen hatten, die eine recht bedeutsame Macht ausübten. Unter den drei folgenden schwächlichen Königen erschlaffte die kriegerische Kraft der Assyrer. Babylon machte sich selbständig, die Syrer erhoben sich, die Lyder drängten in Kleinasien den assyrischen Einfluß zurück. Wenn Assyrien wieder erstarkte, so verdankte es das dem neuen tatkräftigen Großkönig; es hing aber auch damit zusammen, daß die Assyrer ihrerseits eine schlagkräftige Reiterei aufstellten.

Mit dem Eisen und mit der Trense waren die Assyrer allen anderen Völkern des Vorderen Orients überlegen. Tiglatpileser III. (746–727) faßte das Reich fest zusammen, hob die Steuerprivilegien der Städte auf und führte Feldzüge nach allen Seiten. Er zog durch Babylonien bis zum Persischen Golf, unterwarf die Aramäerstämme der Wüste, die das Fruchtland angegriffen hatten, ließ jedoch den babylonischen König Nabonassar auf dem Thron. Die Meder trieb er bis zum Berge Elwend zurück; er schlug den König von Urartu und nahm die Stadt Arpad ein, die er für den langen Widerstand furchtbar strafte.

Assyrien war eine ausgeprägte Militärmacht, wie es sie bis dahin im Vorderen Orient nicht gegeben hatte. Ein einziger Mann herrschte, und er herrschte mit unerbittlicher Strenge und Schrecken erregender Grausamkeit. Wehe dem besiegten Volk! Rücksichtslos wurde getötet, wer Widerstand leistete. Verschleppt wurde, wer als Sklave verwendet werden konnte. Aber auch im eigenen Volk wurden harte Strafen verhängt. Die Todesstrafe drohte schon bei kleineren Vergehen. Strenge Zucht herrschte auch im Heer. Am oberen Tigris sammelten sich die Krieger aus den Bergen des Zagros wie aus Elam, aus Kleinasien wie aus Arabien. Sie kamen teils als Söldner, teils als Kriegsgefangene nach Assur und Ninive. Eiserne Disziplin und die Furcht vor empfindlichen Strafen hielt die wilden Gesellen in Schach. Da sie über die besten Kampfmittel verfügten, waren sie nicht zu schlagen. Welch eine Gefahr für die Nachbarn!

Sargon II., durch eine Verschwörung an die Macht gekommen, hat die Kriegspolitik weitergeführt. 721 v.Chr. fiel Samaria, wiederholt belagert; Israel wurde assyrische Provinz, Juda mußte Tribute zahlen. Nach einem anscheinend erfolglosen Feldzug gegen Elam und Babylon rückte Sargon erneut in Syrien ein, besiegte zuerst die Syrer, dann die – unter nubischem Befehl stehenden – Ägypter, so daß selbst die Sabäer und Araber »Geschenke« sandten.

Im Jahre 714 v.Chr. erfolgte dann der große Schlag gegen Urartu. Sargon besiegte den Feind zwischen Urmia-See und den Bergen, zerstörte auf dem Wege zum Vansee, was er fand. Riesige Beute brachte er heim. Wenn die Assyrer einen solchen Erfolg erringen konnten, so wohl deswegen, weil die Kimmerer gleichzeitig Urartu angriffen. Dann eroberte Sargon Babylon. Mit Hilfe der phönizischen Hafenstädte hat er auch die Insel Zypern unterworfen. Der Sieger baute sich einen riesigen Palast in Khorabad – Dur-Schahrukin, die »Sargonstadt« – mit allen den vielen Schätzen seines riesigen Reiches. Auf einem Feldzug nach Iran ist er erschlagen worden.

Sein Sohn Sennaherib (Sanherib, 705–681) hat Assyriens Macht noch weiter ausgedehnt. Er mußte sich zunächst wieder seiner Feinde erwehren. Diesmal hatte sich Babylon unter Mardukaplam iddine (Merodachballadan) erhoben, der sich mit Elam verbündet hatte. Wieder blieben die Assyrer siegreich. Nun erhoben sich die Syrer, unterstützt von Ägypten – ohne Erfolg! Als Sanherib nach Kleinasien zog, um Kilikien zu erobern, erhob sich Merodachballadan zum zweiten Mal, wieder im Bündnis mit Elam. Daraufhin ließ Sanherib die Stadt Babylon, die ihm so viel Sorge bereitet hatte, völlig zerstören.

Diesen Krieg benutzten jedoch die Ägypter, um erneut in Palästina einzurücken. Wieder mußte Sanherib zu den Waffen greifen. Hiskia von Juda versuchte, Widerstand zu leisten – beraten vom Propheten

Jesaja. Alle bedrohte der furchtbare Assyrer. Wie konnte Gott das zulassen? Waren Assur und Ischtar, waren Marduk und Schamasch stärker als Jahwe? Im Unheil sahen die großen Propheten die Strafe Jahwes für den Abfall seines Volkes; zugleich weissagten sie den Triumph ihres Gottes über seine Feinde. Und sie sollten Recht behalten. Als die Assyrer Jerusalem belagerten, brach im Heer die Pest aus, so daß sie sich zurückziehen mußten. 681 v. Chr. haben die eigenen Söhne den König ermordet.

Sein Sohn Assarhaddon (681–669) bemühte sich, die aufrührerischen Untertanen zu besänftigen. Babylon wurde wieder aufgebaut. Die Hauptgefahr drohte vom Nordosten. Deswegen zog er gegen die Meder, die Mannäer und die Skythen, die sich hinter den Bergen des Zagros niedergelassen hatten. In Verhandlungen gelang es ihm, einen Frieden zu schließen, der jedoch nicht lange halten sollte. Assarhaddon wollte Syrien und Palästina wiedergewinnen. 677 v. Chr. zwang er Sidon, seine Mauern zu schleifen, dann unterwarf er Tyros; mit der phönizischen Kriegsflotte konnte er auch die Huldigung der zehn »Könige« von Zypern erzwingen. Damit waren die Hindernisse beseitigt, der Weg war frei nach Ägypten.

Als das assyrische Heer ins Niltal einrückte, floh der Pharao Taharkah nach Süden. Ägypten wurde assyrisch. Sobald aber Assarhaddon selber das Land verließ, verjagte der Pharao mit Hilfe der Sudanesen die Assyrer aus Memphis. Assarhaddons Sohn Assurbanipal (669–626) gewann in der Schlacht bei Kurbaniti (667) das Niltal zurück und setzte Necho zum Vizekönig und dessen Sohn Psammetich zum Gouverneur ein. Der vertriebene Pharao Taharka gab sich noch nicht geschlagen. Er eroberte Theben und Memphis zurück, tötete den Vizekönig und zwang Psammetich, zu fliehen. Assurbanipal kehrte daraufhin nach Ägypten zurück und nahm Theben ein, wobei er große Beute machte. Nubien war nicht zu erobern. Auch Ägypten war auf die Dauer nicht zu halten. Der Gaufürst von Sais, Psammetich, machte sich mit Hilfe seiner karischen und ionischen Söldner zum König von Ägypten; er vertrieb die Assyrer. Ägypten blieb bis zu den Persern – etwa hundert Jahre – unabhängig.

Inzwischen hatte sich Assurbanipals Bruder in Babylon und mit ihm viele Völker des riesigen Reiches erhoben, doch gelang es dem Assyrerkönig, Babylon im Sturm zu nehmen; auch die arabischen Kamelreiter vermochten nicht, das Schicksal zu wenden. Das war auch das Ende für Elam. Susa wurde gründlich zerstört. Damit wurde der Weg frei für die Reitervölker des Hinterlandes, für die Perser. Im Jahre 612 v. Chr. griff der Mederkönig Kyaxares im Bündnis mit Nabupolassar von Babylon Assyrien an, belagerte und stürmte Ninive. Die Assyrer versuchten sich weiter nördlich zu halten und auf Hilfe aus Ägypten zu warten; das nützte nichts. Das Hilfsheer wurde geschlagen, das assyrische Reich brach zusammen. Hat es jemals ein assyrisches Volk gegeben? Oder stand hinter dem mächtigen Reich, das vom iranischen Hochland bis Nubien reichte, nur ein schlagkräftiges Heer? Hörte Assyrien auf zu bestehen, als dieses Heer besiegt und zerschlagen war?

An den Mederkönig fiel der größte Teil des riesigen Reiches: ganz Iran, Assyrien, Armenien und Kappadokien. Hauptstadt war Ekbatana – Hamadan –, doch hat dieses neue Reich nur 62 Jahre bestanden. Dann erhob sich ein Untertan des Mederkönigs Astyages: der Perser Kyros unterwarf die Meder.

729 v.Chr. hatte Babylonien seine Unabhängigkeit verloren; mit dem Niedergang Assyriens gewann es sie wieder zurück. Ein Mann einfacher Herkunft, der »Sohn eines Niemand«, wie sich Nabupolassar (626–605) nannte, und sein Sohn Nebukadnezar II. (604–562) haben die Stadt Babylon in neuem Glanz wieder aufgebaut. Der Palast und der »Turm von Babel« entstanden zu jener Zeit. Den Eindruck von diesen Reiterscharen gibt der Bericht der Bibel: »Ihre (der Chaldäer) Rosse sind schneller denn die Parder und behender denn die Wölfe des Abends. Ihre Reiter ziehen in großen Haufen von ferne daher, als flögen sie, wie die Adler eilen zum Aas« (Habakuk 1.8). Nebukadnezar II. konnte die syrischen Städte und 587 v.Chr. auch Jerusalem unterwerfen; das jüdische Volk »überführte« er nach assyrischem Vorbild nach Mesopotamien.

Der Aramäer Nabonid (556–539), König von Babylon, unternahm Feldzüge weit nach Arabien hinein, eroberte sogar Medina, damals noch Jatrib genannt, aber er war außerstande, seinem Verbündeten, dem Mederkönig Astyages, zu helfen, der vom Perserkönig Kyros angegriffen und schließlich sogar gestürzt wurde. Auch dem Lyder Krösus vermochte er Thron und Reich nicht zu retten. Als Kyros im Jahre 539 v.Chr. Babylon angriff, stand er allein. Babylon wurde persische Provinz, Nabonid kleiner persischer Vasall in Ostiran. Die Juden durften wieder nach Jerusalem zurückkehren. Die Reiter hatten endgültig gesiegt.

Die großen Seher

Um die Mitte des letzten vorchristlichen Jahrtausends verkündete Prinz Siddharta (etwa 560 bis 483) aus der Familie Gautama die Lehre vom Leiden der Welt und von der Barmherzigkeit und von der Überwindung dieses Leidens durch die Entsagung. Buddha ist der Erleuchtete. Unter einem Bo-Baum war ihm die Erleuchtung gekommen, daß es einen Weg gäbe, der aus dem Leid dieser Welt herausführte: freiwillig der Welt zu entsagen. Damit löste er sich aus den Vorstellungen der Hindu.

Auch sie kannten das Leiden, aber auf das Leiden folgt das Sterben, und auf das Sterben die Wiedergeburt, die neues Leiden einschließt. Die Wurzel allen Leidens liegt in der Begierde. Sie abzustreifen sucht der Buddhismus. Er lehrte den achtfachen Weg: rechte Ansicht, rechtes Entschließen, rechtes Reden, rechtes Handeln, rechtes Leben, rechtes Streben, rechte Bewußtheit und rechte Versenkung. Buddha lehnte jedoch eine Askese ab, wie sie damals Jaina bis zur Selbstaufgabe forderte.

Wer sich selbst überwindet, wer kein lebendes Wesen tötet, wer kein Unrecht begeht, wer barmherzig gegenüber fremdem Leid ist, der kann sich selbst erlösen, der kann der Qual der ewigen Wiedergeburt entrinnen, der geht in die ewige Ruhe ein, ins Nirwana. Inmitten einer Welt schreiender Ungerechtigkeit und zügelloser Grausamkeit lehrte der Buddhismus Verständnis für den Nächsten und Liebe zum Mitmenschen, also moralische Werte, die an guten Werken und Taten, nicht an äußeren Formen des Gottesdienstes gemessen werden sollten.

Der Hinduismus hatte sich aus der Religion der Arier entwickelt, wie sie sich in den ältesten Gesängen und Epen erhalten haben. Im Laufe der tausend Jahre, die seit der Eroberung des Industales verstrichen waren, hatten die Arier jedoch viel von den Göttern und den religiösen Vorstellungen der Ureinwohner übernommen. Der Weg der Arier vom Nordwesten Indiens nach Osten und Süden läßt sich nur undeutlich verfolgen. Die Arier waren Rinderhirten. Etwa um die Jahrtausendwende haben sie das Gebiet von Delhi erreicht. Bis zum 6. Jahrhundert haben sie das ganze Gangestal und das Gebiet bis zu den Vindhya-Bergen unterworfen. Sie setzten überall ihre Sprache, das indoeuropäische Sanskrit und ihre Lebensformen durch, die im Kastenwesen gipfelten.

Die Arier hatten aus ihrer Heimat eine Gesellschaftsordnung mitgebracht, die vier Kasten – varna genannt – aufwies: die Brahmanen – nämlich die Gelehrten –, die Krieger, die freien Bauern und die abhängigen Arbeitskräfte. Diese Ordnung entsprach etwa der keltischen Gesellschaft, wie sie Caesar vor der Zeitenwende beschreibt, der die Druiden, den Adel und die Freien unterscheidet. Mit der Zeit aber nahm das Kastenwesen in Indien eine besondere Gestalt an; die gesellschaftlichen Unterschiede werden immer mehr von den ethnischen überwuchert. Varna heißt Farbe – die Kaste wird zugleich Kennzeichen für rassische Unterschiede, was sie wohl ursprünglich nicht gewesen ist. Dabei flossen in den Kastenunterschied uralte – also vorarische – Unterscheidungen mit hinein.

Unentrinnbares Schicksal des Inders, wurde die Kaste zugleich unerschütterliche Grundlage für die Gesellschaft, für die Religion wie die Kultur. Die Kasten gliederten sich nach Berufen auf, nach Stellung und Tätigkeit, zugleich aber wurden sie maßgebend für die Menschenwürde, für das, was dem einzelnen vom Schicksal auferlegt war. Die Kastenunterschiede durchschnitten die sozialen Zusammenhänge. Es gab keine Gemeinschaft zwischen Mitgliedern einer höheren und einer niederen Kaste. Wann sich das Kastenwesen vollendet hat, ist strittig, doch deutet vieles darauf hin, daß das schon früh geschah.

Auch in Griechenland waren die oberen Gesellschaftsschichten von körperlicher Arbeit entlastet. Sie hatten ihre Sklaven. Aber Sklaverei war ein Schicksalsschlag, der jeden treffen konnte, den Tapfersten in der Schlacht wie den in Not geratenen Bauern. Die Hindus hingegen verewigten die Unterdrückung der Besiegten; sie fügten den religiösen Makel hinzu, um den Rassengegensatz zu unterstreichen und jede eheliche Verbindung, ja jede gesellige Beziehung zu den unteren Kasten zu unterbinden. Dennoch ist in all den Jahrhunderten viel Blut der Ureinwohner in die Familien der herrschenden Schicht hineingeflossen. Außerdem sind manche religiöse und kulturelle Vorstellungen der Altansässigen vor den Ariern übernommen worden.

Die Sprache der Arier, das Sanskrit, blieb maßgebend im Bereich von Wissenschaft und Verwaltung. Die breite Masse hielt an den alten Sprachen, etwa dem Drawida, fest. Die Arier werden – wie die Streitwagenvölker ganz allgemein – immer nur einen Bruchteil der Bevölkerung gestellt haben, und dieser Anteil ging ständig zurück, je weiter sie in das Gangestal und nach Süden vorstießen. Die Heldengötter der Veden – Indra und Varuna – treten zurück, die uralten Gottheiten, die Zeugung und Vernichtung, Leben und Tod verkörpern, – Schiwa, Vischnu und Kali – beherrschen das religiöse Leben – grausam, unberechenbar und schrecklich in ihrem Wüten ohne Gerechtigkeit und ohne Erbarmen.

Auf diesem geistigen Hintergrund erhob Buddha die Barmherzigkeit zur Grundlage seiner Lehre. Er verkündete keine neuen Götter, aber er gab der Welt einen neuen Sinn, indem er den Menschen in den Mittelpunkt stellte. Von seinem Verhalten hing es ab, ob er den rechten Weg fand und damit die Erlösung vom Leiden erlangte. Dadurch untergrub er das Kastenwesen, was ihm den entschlossenen Widerstand der Brahmanen eintrug.

In Indien verlagerte sich im letzten Jahrtausend v. Chr. mit dem kulturellen zugleich das politische Schwergewicht immer weiter nach Osten. Die Staaten am unteren Ganges und an der Küste des Bengalischen Golfes, Kosala und Magadha dehnten sich mächtig aus; Kosala – mit der Hauptstadt Sravasti – gewann unter dem tatkräftigen König Prasenajit das ältere Königreich Kasi. Sisunaga und Bimbisara (550–490) schufen durch die Eingliederung von Anga im Osten ein ausgedehntes Reich. Über die Ostküste hinweg ist dann die große Bewegung nach Südindien gekommen, die von Gautama Buddha ausging.

Um das 5. bis 4. Jahrhundert v. Chr. bildet sich südlich der Vindhya-Berge eine Gesellschaft, die sich durch Eisen und durch Megalithgräber auszeichnet. Zunächst liegt die Vermutung nahe, daß beides aus dem Norden gekommen ist. Das Eisen haben die Inder des Nordwestens wahrscheinlich durch die Perser kennengelernt. Und im Himalaya haben sich Megalithbauten erhalten, die – sicher weit älter – irgendwie mit den Megalithgräbern des Kaukasus zusammenhängen. Für die Großsteingräber in Dekhan gilt das jedoch nicht. Es ist auch unwahrscheinlich, daß sie über die Vindhya-Berge gekommen sind. Vielmehr sieht es so aus, als seien die Erbauer dieser Gräber von der Küste in das Innere gedrungen. Aber woher kamen sie dann? Verschiedene Hinweise lassen an Ostafrika denken.

Um die Mitte des letzten Jahrtausends hatte sich die afrikanische Eisenkultur von Meroë nach Osten und nach Süden ausgebreitet. Sie war den Atbara, einen Nebenfluß des Nil, aufwärts bis Axum vorgedrungen. Dort entstand offenbar ein neues Handelszentrum. Axum hat sehr bald Menschen aus Südarabien angezogen. Wahrscheinlich hat dabei das Eisen eine maßgebende Rolle gespielt, das wohl nicht von Jordanien oder von Mesopotamien über die Wüste, sondern von Abessinien über das Rote Meer gelangt ist. Vielleicht hat bereits um 500 v. Chr. zwischen Südarabien und Ostindien ein Austausch stattgefunden, wobei es sich keineswegs um einen reinen Küstenverkehr gehandelt haben kann, denn diese Schiffe scheinen, wenn man der bis jetzt bekannten Überlieferung folgt, die nordindischen Häfen nicht angelaufen zu haben. Vielleicht haben sie damals bereits den Monsun ausgenutzt, der sie direkt nach Südindien trieb.

KONFUZIUS

In China wandten sich die Denker mehr den praktischen Fragen zu. Sie wollten das Verhältnis des Einzelnen zur Gemeinschaft, sowohl zum Staat wie zu seiner Keimzelle, der Familie, in klaren, festen Formen ordnen. Lao-tse (um 600 v. Chr.) sah die ewige, unerschütterliche Grundordnung der Natur in Tao, aus dem alles Seiende entsprossen ist, das auf der Unterscheidung von dem Wahren und dem Falschen beruht. Wer diesen Gegensatz begriffen hat – und das sind die Weisen, die Gelehrten, die Gebildeten –, der kann auch die menschlichen Geschicke auf Erden im Geiste der Wahrheit am besten lenken.

Konfuzius (Kung-tse 551–479) baute auf der jedem Menschen innewohnenden »Sittlichkeit« auf. Er lehrte, wie sich der einzelne zu seinem eigenen Nutzen in die Gemeinschaft einzufügen habe, damit die Weltordnung erhalten bliebe. Dabei spielte die Verehrung der Ahnen eine große Rolle, von denen die Chinesen seit jeher alles Heil erwarten. Die Lehre des Konfuzius hat bis ins 20. Jahrhundert hinein das chinesische Denken und Leben entscheidend beeinflußt und befruchtet.

Der Sohn beugt sich dem Vater, die Frau dem Mann, der jüngere Bruder dem älteren. Alle haben ihren festen Platz in der »natürlichen« Ordnung. Was in den Konfuzianismus an ritterlicher Haltung und Lebensweise eingegangen ist, stammt aus weit älterer Zeit, ist also nicht nur das Werk von Konfuzius, sondern von Männern, die es bereits seit Jahrhunderten lehrten und lebten. Konfuzius lebte in einer bewegten Zeit – er sprach also vom vergangenen »Goldenen Zeitalter«. Ändern konnten sich die trostlosen Zustände nur, wenn man wieder zu den alten Tugenden zurückfand. Das wurde immer notwendiger.

Innere Kriege verheerten das Land. Eigentlich waren es adlige Fürsten, die zunächst nach wachsender Unabhängigkeit vom feudalen König, dann nach Vormachtstellung gegenüber den anderen Fürsten strebten. Nur die festen Städte konnten sich verteidigen. Diese Auflösung des Reiches der Chou hat eine tiefe soziologische Umwandlung in China herbeigeführt. An den Höfen der Fürsten bildete sich ein neuer Stand heraus, der es als seine Aufgabe ansah, das öffentliche Leben zu sichern und ihm zugleich einen neuen Inhalt zu geben. Das war um so notwendiger, als die Gefahr aus dem Norden immer bedrohlicher wurde.

Bis in die zweite Hälfte des letzten Jahrtausends hatte sich die Kultur der Steinplattengräber im Amur- und Lena-Becken fast unberührt von der übrigen Welt erhalten. Während der Zeit der »Kämpfenden Reiche« griff das Reich Yen weit nach Norden und Nordosten über, gliederte sich die Halbinsel Lia-tung ein und drang bis zum Yalu-Flusse vor, so daß chinesische Siedler in die Mandschurei, das Reich

Choson, chinesisch Chao-hsien, einzogen. Zugleich begannen tungusische Stämme in die südliche Mandschurei und selbst nach Nordchina einzurücken. Die mongolisch-tungusischen Völker des Amur- und Lena-Beckens gerieten also in Bewegung.

Der Einbruch der Reitervölker um die Jahrtausendwende hat die alten Ackerbaukulturen in der Steppe vernichtet. Die Oasen am Südrand der mittelasiatischen Steppe, die jahrtausendelang geblüht hatten, veröden nun. Städte wie Namazgatepe oder Altyn Tepe im Süden der Karakorum-Steppe erlöschen. In Europa läßt sich der gleiche Vorgang beobachten. Die Siedlungen von Tripolje verschwinden und auch die frühen Kulturen des Pontischen Raumes auf der Krim-Halbinsel, an Don und Wolga gehen unter. Bis zum Oberlauf der Wolga lassen nun die Reiter ihre Herden weiden, denn bis dorthin reicht die Steppe. Künftig werden alle Reiterheere von dort den riesigen Waldgürtel durchstoßen, der die Steppe vom Ostseeraum trennt.

Im Süden stießen die Reiter über die Dobrudscha bis in die Ungarische Tiefebene vor. Immer neue Völker und neue Namen erscheinen im Laufe der Jahrhunderte, aber eigentlich waren es immer die gleichen Reiter in verschiedener Zusammensetzung. So lernte Europa erst die Kimmerer, dann die Skythen kennen. Waren es nur verschiedene Völker derselben großen Gemeinschaft? Im 6. und 5. Jahrhundert v. Chr. reichte der Lebensraum der Skythen vom Altai bis zur ungarischen Tiefebene. Auf dem Pferd ritten sie in verhältnismäßig kurzer Zeit über die weiten Steppen. Sicher haben sich damals noch keine Heere bewegt, aber kleinere Trupps konnten überraschend und erfolgreich Einfälle unternehmen. Sie lebten von ihren Herden.

Jahrhundertelang haben sie mit den Griechen in den Städten an der Schwarzmeerküste Handel getrieben, was beiden Seiten großen Gewinn brachte. Zuerst werden sie ihnen die Güter des Waldgürtels gebracht haben, vor allem Pelze und vielleicht auch Honig. Dann gingen sie dazu über, Weizen anzubauen und nach Griechenland auszuführen. Herodot unterscheidet im 5. Jahrhundert v. Chr. die »königlichen« Skythen, also die Ackerbauern, von den Nomaden. Damals gab es also bereits bei den Seßhaften eine feste soziale Ordnung, die von der der Steppenreiter abwich.

Das Gold in den Kurganen Südrußlands kam vorwiegend aus Asien. Es gab also einen Handel über die ganze Steppe hinweg. Die Beziehungen reichten zum Schwarzen Meer, zur Ostsee und nach Mitteleuropa. Auch auf dem Wasserweg gelangten die Güter in den Norden: die Wolga aufwärts zum Ladogasee oder zum Ilmensee, zur Ostsee und von da nach Skandinavien. Den Dnjepr aufwärts ist wahrscheinlich ebenfalls das eine oder andere Gut bis zur Ostsee gedrungen.

Bereits in der Hallstatt-Periode, die etwa um 800 v. Chr. begann, kam der illyrische Einfluß nach Mitteleuropa. Nun zog sich der Handel vom Mittelmeer bis zu Nord- und Ostsee, über die Alpen und die Donau entlang. Ihm öffnete sich die weite Steppe. Über die Steppe kamen Güter aus Kleinasien, aus dem Kaukasus wie aus Zentralasien und schließlich sogar aus China. Damit setzen sich auch geistige und künstlerische Einflüsse durch.

Mitte des ersten vorchristlichen Jahrtausends bildete sich jenseits der illyrischen Zone ein neues »Volk« heraus, die Kelten. Sie wohnten ursprünglich zwischen den Alpen und den Herzynischen Wäldern. Unter diesen Namen faßten die Römer die bewaldeten Bergketten zusammen, die sich von den Ardennen über die Eifel, den Teutoburger Wald, den Solling, den Harz, den Thüringer Wald, das Fichtelgebirge, das Erzgebirge, die Sudeten zu den Karpaten hinziehen. Nördlich davon saßen, etwa vom Beginn des letzten vorchristlichen Jahrtausends an, die Germanen.

Das Eisen hat sich nur langsam und vereinzelt nach Norden verbreitet, als es von den Leuten der Lausitzer und Hallstätter Kultur übernommen wurde, die ihrerseits ihre Kenntnisse den Kelten Süddeutschlands und Galliens vermittelten. Manches haben die Kelten von den Skythen übernommen, vor allem das Pferd als Reittier, gewisse Lebens- und Kunstformen wie den Tierstil. Die Hose setzt sich als die gemäße Tracht für den Reiter durch – vom Altai bis zu Kelten und Germanen.

Obwohl Griechen und Römer die »Kelten« als hochgewachsen und blauäugig schildern, sind die Menschen im keltischen Herkunftsgebiet heute meist klein, dunkel und braunäugig. Den Römern fiel es oft schwer, einen Kelten von einem Germanen zu unterscheiden. Tacitus wiederum staunte darüber, daß die Germanen im Unterschied zu den Kelten so »einheitlich« aussahen, aber der Eindruck täuschte. Die Germanen waren ebenfalls recht unterschiedlich.

Die Kelten gliederten sich sozial in den berittenen Adel, die Druiden, die freien Bauern und die Sklaven, wohl unterworfene Voreinwohner. Es scheint jedoch verhältnismäßig wenig »Freie« als Bauern gegeben zu haben, unter denen eine breite Schicht der Unterworfenen als Hörige neben den Sklaven die Arbeit verrichtete. Wahrscheinlich saßen die Kelten inmitten einer Bevölkerung, die selber unterschiedlicher Herkunft und unterschiedlicher Kulturstufe war. Zwar wirkte sich bereits der Einfluß der griechischen Städte an der Mittelmeerküste aus, aber kaum in politischem Sinne.

Ob der keltische Adel von außerhalb gekommen ist und die ansässige Bevölkerung überlagert hat oder ob sich eine gesellschaftliche

Schichtung bereits Anfang des ersten Jahrtausends bildete, weiß man nicht. Zweifellos aber trägt der keltische Adel gewisse Züge, die auf den Osten zurückgehen. Wie weit das chinesische Lehnswesen im Laufe von Jahrhunderten die Steppenvölker, vor allem ihren besonderen Ehrbegriff, geprägt hat, läßt sich schwer sagen. Eine ganz besondere Form menschlichen Verhaltens haben offenbar die Skythen den Kelten gebracht, und zwar die Ehrerbietung, die Caesar so auffiel. Hier wurde ein Lebensideal des Adels herausgebildet, das später vorbildlich für den »Ritter« in weiten Teilen Europas wurde.

Nur langsam dringt die städtische Kultur des Mittelmeerraumes über die Wasserscheide nach Nordeuropa vor. Als erste übernehmen sie die Kelten. Sie haben eine besondere Stadtform herausgebildet, die die Römer Oppidum nannten. Das Oppidum liegt meist auf einer Bergnase am Zusammenfluß von zwei Flüssen oder an einer Flußschleife, so daß künstliche Wallanlagen nur an einer – der schmalen – Seite notwendig sind. Das Oppidum ist eine Handels- und Handwerkerstadt, allerdings ohne Markt. Viele der Handwerkerhäuser liegen unten am Fluß, wo die Straßen entlangziehen. Gewöhnlich pflegten die Kelten ihre Waren an Plätzen außerhalb des Oppidum, meist an der Grenze zum benachbarten Stamm, zu tauschen. Wahrscheinlich hat sich diese Siedlungsform des Oppidum aus den Wallburgen weitergebildet, die schon im 3. Jahrtausend v. Chr. nachzuweisen sind, damals wohl als Fluchtburgen und als Plätze gemeinsamer Feiern gebaut, wie Bibracte bei Autun oder der Hesselberg bei Dinkelsbühl. Dabei eignete sich der recht steile Weg bergauf zum Oppidum nur wenig für Pferde.

Erst die Reiter haben das Eisen in Europa so weit durchgesetzt, daß es die Geräte aus Bronze tatsächlich verdrängte. Mit den Kelten gelangte das Eisen nach Irland und Spanien. La Tène am Neuenburger See war um 500 v. Chr. der Mittelpunkt der neuen Schmelz- und Schmiedekunst; nach ihm wird die jüngere Eisenzeit benannt. Durch mehrfaches Einschmelzen und wiederholtes Hämmern wurde ein harter Stahl gewonnen. Das leicht geschwungene keltische Schwert war berühmt und begehrt. Überall im Keltenland finden sich Eisenschmiede. Wer waren die kunstfertigen Handwerker der Eisenkultur? Stammten sie aus der alteingesessenen vorkeltischen Bevölkerung?

Kelten, Germanen, Illyrer, Thraker und Griechen gehören zur indoeuropäischen Sprachgruppe, während bis dahin vorindoeuropäische Sprachen in Italien wie in Spanien und wahrscheinlich auch bei den Ligurern Südfrankreichs vorherrschten – wie bei den Basken heute noch!

Der Stoß der Reitervölker – zuerst der Kimmerer und dann der Skythen – hatte die Vormachtstellung der Illyrer gebrochen und verschiedene indoeuropäische Völkerschaften in Bewegung gesetzt, zuerst die Italiker, die über die Alpen drangen und hat dann die Kelten von Süddeutschland nach Gallien, nach Britannien und Irland und nach der Iberischen Halbinsel geführt. Sie waren stark genug, sowohl die Sprache der Länder, die sie eroberten, wie deren materielle und geistige Kultur im Lauf der Zeit tiefreichend zu gestalten. Im Osten dehnten die Kelten ihren Siedlungsraum bis Schlesien aus. Drei Orte hießen früher einmal Lugdunum: Leyden, Lyon und Liegnitz.

Der Handel der Kelten mit dem Mittelmeerraum hatte bereits jahrhundertelang geblüht. Dann brachen die Kelten in Norditalien ein, wo sie die Etrusker auf den Appenin und in die Toskana zurückwarfen, ja sie vermochten sogar – nach ihrem Sieg an der Allia 387 v. Chr. – Rom zu brandschatzen. Nur gegen hohes Lösegeld zogen sie sich in die Poebene zurück. Zur gleichen Zeit griff ein anderer Heereszug die Balkanhalbinsel an, wurde jedoch zunächst von den Makedonen aufgefangen. Im Jahre 279 v. Chr. fegte der Sturm über Makedonien hinweg. König Keraunos fiel. Die Eindringlinge erreichten Delphi, wurden jedoch an den Thermopylen aufgefangen und zogen nun weiter nach Osten. In Kleinasien endlich ließen sie sich endgültig nieder. Dort hat drei Jahrhunderte später noch der Apostel Paulus die Galater besucht.

Von den Kelten haben die Germanen das Eisen wie die Reitkunst übernommen. Selbst die Götter werden nun beritten gedacht. Südlich der Alpen hat der Keltensturm, der die Etrusker niederwarf, den Römern den Weg zur Mittelmeermacht geöffnet.

Im 8. Jahrhundert v. Chr. erhielten die Bewohner der Toskana einen mächtigen, wenn auch nicht ganz übersehbaren Anstoß von außen, der kleinasiatisches und syrisches Kulturgut nach Italien brachte. Von den Ägyptern werden um 1200 v. Chr. die »Tusker« als »Seevölker« erwähnt. Welche Zusammenhänge bestehen, läßt sich nicht nachweisen. Eisen wurde jedenfalls die Grundlage der wirtschaftlichen und politischen Macht der Etrusker. Mit dem Eisen wurden sie reich, und weil sie reich wurden, wurden sie mächtig. Das Eisen bezogen sie aus den Gruben von Elba.

Etrurien bildete einen Städtebund, kein eigentliches Reich. Sein Einfluß reichte von Bologna bis zur Adria und bis Rom, das wohl von den Etruskern – angeblich 753 v. Chr. – begründet wurde, an dem Weg, der von Etrurien über den versumpften Tiber nach Kampanien und damit zu den Griechen in Kyme führte. Durch den Eisenhandel ist auch das älteste Rom reich geworden. Italische Stämme, wie die Latiner im Tiefland, die Samniten und Umbrer auf den Bergen, haben die ansässigen mittelmeerischen Menschen aufgesogen.

Obwohl die Etrusker mit dem Eisen handelten, haben sie für ihre religiösen Zeremonien noch lange an der Bronze festgehalten. Auch den Römern, die ihnen untertan waren, haben sie verboten, Eisen für liturgische Zwecke zu verwenden; die durften es nur bei landwirtschaftlichen Geräten benutzen. Der religiöse Kult nach etruskischen Vorbildern hat sich noch lange in Rom erhalten, ebenso wie im öffentlichen Leben, etwa das Rutenbündel, das dem Praetor vorangetragen wurde. Bedeutsamer als äußere Formen und Bräuche war das etruskische Weltgefühl, das die Römer erbten.

Die Etrusker scheinen ständig Angst vor einem unerwarteten, unvorhersehbaren Schicksalsschlag gehabt zu haben. Dieses eigenartige Gefühl, das selbst die heutige italienische Bevölkerung noch teilweise zu erfüllen scheint, mußte irgendwie beschwichtigt werden. Um sich gegen Unheil zu wappnen, versuchten die Seher – die Auguren, wie die Römer sie nannten – das Schicksal aus dem Vogelflug und aus der Leber vorauszusagen. Gegen dieses Weltgefühl haben sich die Römer mit aller Kraft zu wehren versucht. Sie beugten sich nicht dem Schicksal, sie trotzten ihm! Hierin ist Rom das Gegenbild zu den Etruskern.

Mit der Niederlage bei Kyme gegenüber den Griechen begann der Niedergang Etruriens und damit der Aufstieg Roms. Die etruskische Vorherrschaft in Rom reichte bis zum Jahre 510 v. Chr., als die Macht des etruskischen Königshauses gebrochen war.

Um die Mitte des 8. Jahrhunderts v. Chr. beginnen die Griechen sich am Meer auszubreiten. Eigenartigerweise sind es vor allem die kleinen ionischen Städte Phokäa, Ephesos, Milet, Halikarnassos, die eine Reihe von Tochterstädten am Mittelmeer wie am Schwarzen Meer gründen. Überall entstanden griechische Kolonien: von Byzantion am Bosporus über Olbia und Heraklea am Schwarzen Meer bis Pantikapaion am »kimmerischen Bosporus« – der Seestraße von Kertsch –, von Sinope und Trapezus bis Phasis im alten Land der Kolcher. Die Griechen saßen »wie die Frösche um den Teich«.

Von Massalia zog sich der Handelsweg die Rhône aufwärts zu den Zinninseln vor der Bretagne. Auf der Suche nach Metallen errichteten die Griechen ihre spanischen Niederlassungen Emporion und Artemision. Sie fuhren an Gibraltar vorbei nach Tartessos in Andalusien. Alle diese Niederlassungen beschränkten sich auf die Küste. Die Kaufleute wollten verdienen, nicht herrschen. Und sie verdienten am besten, wenn sie in friedlicher, ja freundschaftlicher Beziehung zu den Völkern im Hinterland standen. Mit den Reitervölkern der Steppe wie mit den Illyrern, mit den Italikern und den Ligurern trieben sie Handel.

Es heißt zwar, die Zahl der Menschen in der Heimat sei derart gewachsen, daß die Ackerfläche nicht ausreiche, daß sie also anderswo

Boden suchen mußten, aber die Städte sind nach dem Gesichtspunkt des Handels gegründet worden. Nicht Bürger mit vollem Stimmrecht haben die Auswanderung getragen, sondern die Fremden vom Hafen, also die Metöken wie Karer und Lyder. Um so mehr betonten die Ackerbauern ihren Anteil, und sie waren tatsächlich unentbehrlich, denn sie sollten mit der Waffe in der Hand die junge Siedlung schützen. Alle die Unruhigen sowohl aus dem Adel wie von den Bürgern zogen mit. Nirgends versuchten die Griechen, ins Innere des Landes einzudringen. Sie waren ihrer eigenen Legendenbildung zum Trotz keine Siedler, sondern Kaufleute. Deswegen gerieten sie selten und meist nur vorübergehend in Streit mit den Völkern im Hinterland. Ihnen lag daran, von den Barbaren zu kaufen – teilweise von weit her – und ihnen laufend griechische Erzeugnisse wie Wein und Öl, aber auch solche des Handwerks und der Kunst zu liefern. Unter unmittelbarem griechischen Einfluß stand nur ein verschwindender Teil Europas.

Große, zukunftsträchtige Entwicklungen bahnten sich im Hinterland an, in Etrurien, in Gallien und vor allem in Rom. Noch im 8. Jahrhundert v. Chr. klaffte zwischen dem Küstensaum des Meeres und dem übrigen Europa ein Abstand. Zwei Welten! Die eine vom Handel beherrscht, mit Schrift, mit Städten und blühendem Handwerk, die andere vorwiegend landwirtschaftlich eingestellt, ohne Schrift, meist ohne Stadt und ohne Staat, geordnet nach Stämmen, die in Dorfgemeinschaften, in Sippenverbänden, in »Hundertschaften« gegliedert waren.

Die griechische Stadt lag eingeklemmt zwischen dem Meer und den Bergen, in denen die »barbarischen« Völker hausten, meist in sich verstritten, ohne Stoßkraft nach außen, auf den Handel angewiesen. Thrakien, Makedonien und Sizilien, erst recht Illyrien oder Ligurien und Spanien blieben fast unerschlossen. Wenn es einmal zu einem Aufgebot kam, um die Griechenstadt am Meer anzugreifen, so meist ohne nachhaltige Wirkung. Nach kurzer Zeit löste sich der ungeordnete Heerbann auf. Die griechischen Auswanderer haben nur am Küstensaum gelebt; und zwar in Städten. Das ist um so bemerkenswerter, als Griechenland selbst bis tief ins 8. Jahrhundert v. Chr. hinein von Ackerbau und von – wenig – Viehzucht lebte, also weder Handwerk noch Handel in größerem Umfange betrieb.

Von den fünf Jahrhunderten nach der dorischen Wanderung wissen wir so gut wie nichts. Anscheinend saßen die Eisenleute als Landbesitzer auf ihren Höfen, wenn sie nicht Schiffahrt als Seeraub betrieben. Die Bauern oder Krautjunker oder Seeräuber waren kulturell den Adligen aus der Mykenischen Zeit – die sich so gern Könige nannten

– weit unterlegen. Bewegt klagt der Dichter Hesiod über die eiserne Zeit, die auf die goldene folgte. Aber im 7. Jahrhundert v. Chr. bahnt sich ein Wandel an. Nun beginnt die Stadt zunehmend das griechische Leben zu bestimmen.

Zunächst bezeichnete die Polis eine geschlossene Landschaft, häufig eine Insel, dann scheint der Name auf die befestigte Anhöhe übertragen worden zu sein, dann wuchs um die Burg herum die eigentliche Polis. Allerdings ging die Entwicklung rasch weiter: der Hafen lebte vom Handel. Aus recht verschiedenen Menschengruppen sind diese drei Teile schließlich zur Polis zusammengewachsen. Auf der Burg hatten die Götter ihre Tempel, dort saßen aber auch die Adligen mit ihren bewaffneten Gefolgsleuten – wohl Erbe der Mykenischen Zeit.

Unten am Hafen wohnten die »Metöken«, zwar Freie, aber ohne volles Bürgerrecht. Meist waren es Fremde, entweder aus anderen griechischen Städten oder gar Kleinasiaten – Syrer, Ägypten, Libyer, Skythen und Thraker. Der Hafen hat der Polis den Handel gebracht. Dazwischen lagen jedoch die Häuser der Grundbesitzer, die in der Umgebung Felder besaßen. Das allein waren die Bürger mit vollem Bürgerrecht, also eine kleine Minderheit. Von den Sklaven, die zeitweise die Hälfte der Einwohner ausmachten, wurde überhaupt nicht gesprochen. Und ganz ungeklärt bleibt, wie weit »vorgriechische« Pelasger oder – insbesondere auf den Inseln – Karer noch in der späteren Bevölkerung vorhanden waren oder gar überwogen.

Die Agora war Treffpunkt aller Bewohner. Von der Akropolis kamen die Priester und die adligen Krieger, vom Hafen die Handeltreibenden, es kamen die Ackerbauern und bald auch die Handwerker, die sich in den engen Gassen nahe der Agora – in Athen im Keramikon – niedergelassen hatten. Es kamen aber auch die Philosophen, die Weisen, die Gelehrten. Auf der Agora spielte sich also nicht nur das politische, sondern auch das geistige Leben ab. Zwar arbeiteten die Kaufleute unten am Hafen. Aber auf der Agora wurden ihre Prozesse entschieden.

Auch die Dorer haben eine Polis gehabt, etwa die große Hafenstadt Korinth, doch haben die Spartaner sich noch jahrhundertelang gegen »die Stadt« gewehrt. Sie saßen auf dem Lande und waren stolz darauf. Was verband die Spartaner eigentlich mit den »Ioniern«, was mit den Messenern? Was machte sie alle zu Hellenen? Denn allen furchtbaren Kriegen und Zwisten zum Trotz hat ein Gefühl der Zusammengehörigkeit bei den Griechen bestanden.

Im Jahr 776 v. Chr. fanden zum ersten Male die Olympischen Spiele statt, die man als so bedeutungsvoll ansah, daß der Kalender danach berechnet wurde. Alle vier Jahre trafen sich die besten Kämpfer Griechenlands beim Heiligtum des Zeus und der Hera auf der Peloponnes, um sich im Wettlauf, im Fünfkampf, im Ring- und Faustkampf sowie im Pferderennen zu messen. Die Sieger wurden in ganz Griechenland hoch geehrt. Man war stolz, als Grieche am Wettkampf teilzunehmen.

Wenn sich unter den Griechen das Bewußtsein einer völkischen und geistigen Einheit durchsetzte, so war das nicht zuletzt auch das Werk eines großen Dichters. Homer hat aus alten Gesängen das Epos vom »gemeinsamen Zug aller Griechen« gegen Troja gestaltet. Fünf Jahrhunderte griechischer Geschichte hat Homer also weggewischt, um die Einheit der Hellenen zu betonen. Mit Odyssee und Ilias schlang er das einigende Band um Ionier, Dorer und Äoler. Die Helden vor Troja waren jene Griechen, von denen sie alle abstammten.

Der griechische Handel rief den heftigen Widerstand der alten Handelsvölker hervor. Im Jahre 535 v. Chr. verbanden sich die beiden stärksten Wettbewerber, die Punier und die Etrusker, gegen die Griechen. Bei Alalia an der Küste Korsikas brachten sie ihnen eine Niederlage bei. Die Griechen mußten Korsika räumen. Auf Sizilien aber gingen sie zum Gegenangriff über und auch an der nordafrikanischen Küste, doch scheiterten sie dort. Auch in Sizilien führte der Kampf zu keiner Entscheidung. In Spanien stachelten die Griechen die Tartesser an, Gadir (Cadiz) anzugreifen, das sie auch bis auf die Zitadelle eroberten.

Nun wurde Karthago hellhörig. Die Karthager einigten sich mit den Etruskern, die Handelsgebiete westlich und östlich von Kap Bon aufzuteilen. Sie griffen die Griechen in Spanien an, erlitten jedoch bei Artemision eine vernichtende Niederlage. Dabei führte die griechische Flotte der Karerfürst Heraklides, der vorher am Aufstand der ionischen Städte gegen die Perser teilgenommen und ein persisches Heer vernichtet hatte. Bei Himera 480 v. Chr. in Sizilien siegten die Griechen über die Karthager und bei Kyme 475 v. Chr. über die Etrusker. Sie bereiteten damit den Aufstieg Roms zur führenden Macht im westlichen Mittelmeer vor.

Das Mittelmeer war nun geteilt: der Osten stand unter griechischem, der Westen unter punischem Einfluß. Nur längs der Nordküste, in Südfrankreich und in Nordspanien, hielten sich die Griechen. Nun sperrten die Karthager für alle Seefahrer, auch für die Griechen, die Straße von Gibraltar. Damit gewannen sie das Monopol für Zinn von der französischen Atlantikküste und von den Britischen Inseln und für das Gold vom oberen Niger auf dem Landweg durch Nordafrika. Karthago hat alles getan, um diese beiden Quellen des Reichtums zu verdecken. Über die Ränder des Atlantiks, die die Seefahrer des Mittelmeeres bis dahin recht gut kannten, breitet sich nun der Schleier des Geheimnisses.

Ein uralter Seeweg führte zum Guadalquivir und nach Tartessos mit den reichen Erzminen, weiter nach Nordfrankreich und England zu den »Zinninseln« und zum Land des Bernsteins, der an der Nordsee umgeschlagen wurde, und schließlich nach Irland mit seinen reichen Goldschätzen. Darüber hinaus muß es auch einen einträglichen Handel im südlichen Atlantik gegeben haben. Die Griechen in Massalia sahen voller Neid auf Karthago.

Sie schickten zum Ausgang des 4. Jahrhunderts v. Chr. den Geographen Pytheas über Frankreich auf dem Landweg an den Atlantik, damit er das Geheimnis entschleiere, woher wohl das Zinn und der Bernstein kämen. Pytheas gelangte bis Nordengland und Schottland und wahrscheinlich sogar nach Westnorwegen – nach »Thule«. Diese Reise hat zwar die geographischen Kenntnisse der Griechen bedeutend erweitert, vor allem die Verhältnisse von Tag und Nacht im hohen Norden geklärt und wesentlich dazu beigetragen, die Lehre von der Kugelgestalt der Erde durchzusetzen. Aber für den griechischen Handel brachte sie kein Ergebnis. Seine Landsleute glaubten dem Pytheas einfach nicht.

Weder ihre Konkurrenten im westlichen Mittelmeer noch die Völker des Hinterlandes brauchten die Griechen zu fürchten. Bedroht wurden sie vom Osten. Das mächtige Perserreich, das sich immer weiter ausdehnte, griff die Städte an der kleinasiatischen Küste an. Die kleinen Städte wagten es, den Kampf aufzunehmen, obwohl es in ihnen einflußreiche Gruppen gab, die dem Perserkönig zuneigten. Um diese Partei zu stützen, hatten die Satrapen den Auftrag, die Unterworfenen als Söldner und Hilfstruppen einzustellen, sie sogar in höhere Beamtenstellungen aufsteigen zu lassen. Religion und Bräuche waren zu achten. Was Herodot über die Frevel des Königs Kambyses in Ägypten verbreitete, war erfunden, um die Perser herabzusetzen. Wenn der persische Satrap in Sardes den Herrn von Samos, Polykrates, ermorden ließ, so war das nicht gegen »die Griechen« gerichtet.

Darius griff nach Griechenland, wo er ebenfalls viele Anhänger besaß. Eine Flotte wurde vom Sturm zerstört, ein Heer von den Athenern bei Marathon geschlagen; dann verzögerte ein Aufstand in Ägypten den Feldzug, so daß erst der Nachfolger des Darius, Xerxes I. (486–465), mit großem Heer nach Griechenland ziehen konnte.

Alle Reichsteile hatten Truppen zu stellen, die phönizischen Städte wie die Reiter Baktriens, die Babylonier wie die Kleinasiaten und selbst die ionischen Städte in Kleinasien. 61 verschiedene Völkerschaften setzten sich 480 v. Chr. in Marsch. Zwar waren die Millionenziffern des Herodot übertrieben, da wohl kaum mehr als 30 000 Mann Fußvolk durch die Thermopylen vorgerückt sind, aber ein solches Heer aus kriegsgeübten Truppen war den Bürgeraufgeboten der griechischen Städte überlegen. Deswegen hatte der Athener Themistokles seine Landsleute überredet, die Stadt preiszugeben und sich mit den »hölzernen Mauern«, den Schiffen, zu verteidigen, wie er das Orakel von Delphi auslegte.

Tatsächlich entschloß sich Xerxes nach der Niederlage von Salamis, nach Asien zurückzukehren, da bei dieser Nachricht ein Aufstand in Babylon aufflammte. Was an persischen Truppen in Griechenland blieb, erlag im folgenden Jahr bei Plataä der eisernen Zucht der Spartaner. Die persischen Geschwader wurden bei Mykale von den Athenern vernichtet. Mit diesem Sieg hatte sich das Kräfteverhältnis im Mittelmeer gründlich verschoben. Anscheinend genügten dazu einige hundert griechische Kriegsschiffe mit vielleicht zwanzigtausend Mann Besatzung. Doch das war es nicht allein.

Nach der Niederlage versuchten alle widerstrebenden Untertanen irgendwie, sich aus den politischen Bindungen des Großreiches zu lösen. Schon durch den Ausfall der ionischen Griechen wurde die persische Seemacht geschwächt. Dadurch erhielten wiederum die phönizischen Städte eine größere Bewegungsfreiheit, und Ägypten war ohne Seemacht sowieso kaum zu halten. Xerxes wurde 465 v. Chr. ermordet, sein Sohn und Nachfolger Darius II. wurde ebenfalls umgebracht. Der nächste Sohn, Artaxerxes, mußte einen Aufstand in Baktrien, dann einen im Niltal niederwerfen.

Ein starkes persisches Heer vertrieb die Athener aus Memphis und zwang sie im Delta zur Übergabe. Mit Hilfe der Phönizier wurde die athenische Hilfsflotte vernichtend geschlagen. Athen schloß (448 v. Chr.) Frieden mit dem Großkönig. Die griechischen Städte in Kleinasien und auf Zypern verblieben zwar im Persischen Reich, behielten aber ihre Autonomie. Persien hatte die Griechen als gleichberechtigte Nachbarn anerkannt.

Um einen weitgespannten Herrschaftsraum zur See zu errichten, sollten die Inseln und Städte an der Ägäis im »Attischen Seebund« zusammengeschlossen werden; mit einheitlicher Finanzmacht – der Bundesschatz lag zuerst auf Delos, dann in Athen – und einheitlicher Kriegsflotte unter athenischem Befehl. Alle seefahrenden Griechen sollten durch Schiffe, mindestens durch Geld, dazu beitragen. Der Piräus wurde zum Stapelplatz für den gesamten Handelsverkehr vom Schwarzen Meer bis zum westlichen Mittelmeer, die Wirtschaft blühte, und dadurch kam Geld – viel Geld! – in die Stadt. Auf der Akropolis und der Agora entstanden neue Bauten. Griechische Kunst und griechischer Geist strahlten nach allen Seiten.

Die Beziehungen zu den Persern blieben freundlich. Griechen fanden am persischen Hof jederzeit gastfreie Aufnahme als Philosophen und als Verbannte – sogar Themistokles. Griechische Söldner dienten in allen Teilen des Reiches, Händler zogen auf den Reichsstraßen zu den großen Handelsplätzen. Damit drang griechisches Wissen und griechische Kunst bis zum Industal, bis Baktrien, bis Ägypten und nach Arabien. Es erscheint eigenartig, daß im 6. und 5. Jahrhundert v. Chr. in so weit auseinanderliegenden Gebieten wie China, Indien und Griechenland die großen Denker aufstehen. In Athen sind es die Philosophen und Reformer, wie Drakon und Solon, später Sokrates und Plato, neben den großen Denkern und Mathematikern der ionischen Städte Kleinasiens, wie Thales und Pythagoras.

Mit der Zeit versuchte Athen, den Attischen Seebund ganz in seine Hand zu bekommen; die »Bundesgenossen« durften zwar zahlen, aber nur in Sonderfällen – Chios und Lesbos – eigene Schiffe stellen. Da die Bundesgenossen dieser Politik überdrüssig waren, dauerte es nicht lange, bis sie sich an Sparta um Hilfe wandten. In den Streit zwischen der dorischen Handelsstadt Korinth und ihrer Tochterstadt Kerkyrä an der Adria mischte sich Athen ein. Sparta trat ihm entgegen. So entbrannte der Krieg zwischen zwei verschiedenen politischen Gebilden griechischer Kultur. Athen war Seemacht, Sparta hingegen Landmacht. Wenn die Spartaner die Umgebung von Athen verwüsteten, so rächten sich die Athener von der See her durch Einfälle auf der Peloponnes. Als ein athenisches Heer vor Syrakus die Waffen strecken mußte, als seine Kriegsgefangenen kläglich in den Steinbrüchen umkamen, war das Schicksal Athens entschieden.

Nach fast dreißig Jahren erbitterten Ringens (von 431–404) hatte Athen die Vorherrschaft Spartas anzuerkennen, es mußte die »langen« Mauern schleifen, die den Hafen mit der Stadt verbanden, die Kriegsschiffe ausliefern und innenpolitische Reformen einführen. Aber waren die Spartaner auch stolz darauf, den Feind niedergerungen zu haben, so merkten sie bald, daß der endlose Krieg und Athens Niederlage auch ihre eigene Stellung zutiefst geschwächt hatte. Die Blütezeit Griechenlands ging insgesamt zu Ende.

Auch die Perser konnten aus der Schwäche ihrer Feinde keinen Vorteil ziehen. Persien ging an seiner Größe zugrunde. Unter Kyros (559–530) reichte es von Armenien bis an den Persischen Golf. Nach dem Sieg über Krösus von Lydien dehnte es sich noch weiter aus. Um seine Grenzen in Turkestan zu sichern, gründete Kyros die Stadt Kyropolis; im Kampf gegen die nomadischen Massageten ist er gefallen. Sein Nachfolger Kambyses (530–522) eroberte Ägypten und versuchte – vergeblich – sogar, Nubien zu besetzen, von wo die letzte ägyptische Dynastie stammte. Auf dem Rückweg starb er.

Kaum hatte Darius den Thron bestiegen, erhob sich zuerst Elam, dann Babylon; dann kam es in der Persis zu einem Aufstand. Auf eine armenische folgte eine medische Erhebung. Dann mußten die Parther niedergeworfen werden. Erst nach all diesen Siegen war Darius 521 v. Chr. endlich der wahre Herr des riesigen Reiches, das Ägypten, Kleinasien, den Iran und Mesopotamien sowie die Länder bis Indus und Oxus, bis zum Aralsee und zum Tienshan umfaßte. Nun konnte er die großartige persische Verwaltung in den 23 Satrapien einrichten. Dem Satrapen blieb es überlassen, wie er die Bevölkerung zu Heeresfolge und Steuern heranzog. Diese Ordnung ging weit über das hinaus, was die Assyrer oder gar die Ägypter versucht hatten. Tatsächlich gelang es, hohe Summen aus dem Reich zu ziehen. Der Staatsschatz in Silber wurde in Gefäßen am Hof von Persepolis aufbewahrt.

Das persische Großreich stand unter dem gleichen Gesetz wie alle Weltreiche, die durch Waffengewalt zusammengeschmiedet worden waren; um bestehen zu bleiben, mußte es sich immer weiter ausdehnen. Fehlte ihm dazu die Kraft, lösten sich einzelne Satrapien los. Die örtlichen Gegebenheiten mit ihren besonderen Interessen drohten ständig zu überwiegen. Der Ehrgeiz des einzelnen Satrapen setzte also den Bestand des Gesamtreiches aufs Spiel. Wie sollten so unterschiedliche Länder wie Mesopotamien und Ägypten, Kleinasien und Baktrien und das Industal zusammengehalten werden, wenn die Zentralgewalt nicht dauernd kampffähig und siegreich blieb?

Aus ihrer heimatlichen Steppe hatten die Perser die Lehre des Zoroaster mitgebracht. Wie weit sie bereits das Denken der iranischen Reitervölker in früher Zeit bestimmt hat, ist ungewiß, doch blieb sie dann über ein Jahrtausend in diesem Raum lebendig. Sie hat die Glaubensvorstellungen von den Medern bis zu den Sassaniden weitgehend gestaltet. Sogar zu den Juden reicht ihr Einfluß, wie aus den Schriften von Kumran ersichtlich ist.

Die Lebenszeit des Zoroaster – oder Zarathustra – ist in Dunkel gehüllt, doch soll er zu Beginn des 6. Jahrhunderts v. Chr. in Baktrien geboren worden sein. Seine Lehre oder was als solche gilt, gibt eine tiefgründige Deutung der Welt. Überall entbrennt der Kampf zwischen zwei Mächten, dem Guten und dem Bösen, dem Licht und der Finsternis. Der Geist des Guten – Ahura Mazda, auch Ormuzd genannt – ringt immerfort mit dem Geist des Bösen – Ahriman. Dem Menschen mit seinem freien Willen steht es zu, sich durch sein Verhalten einem der beiden Prinzipien zu unterwerfen. Wenn er sein Denken und sein Blut rein erhält, wenn er gute Taten vollbringt, wird er das Böse abweisen, dem er stets ausgesetzt ist. Das war der sittliche Auftrag. Darüber hinaus war das Böse ein metaphysisches Problem. Da es fast so viel Macht besaß wie das Gute, mußten sich die Menschen entscheiden. Die Frage war also: Fanden sie die Kraft zum Widerstand und den Weg des Rechts?

Was die Steppenreiter ganz allgemein als Geister ansahen, wird bei Zoroaster zu begrifflichen, erfaßbaren Eigenschaften, zu Tugenden und Lastern. Dagegen wehrten sich die »Magier«, die wohl das Erbe der alten Schamanen bewahrt haben. Darius ließ die »Magier« verfolgen, wobei er sich stets auf Ahura Mazda berief, in dessen Namen er gesiegt hatte. Als Großkönig thronte er erhaben über allen seinen Untertanen. Ihn hatte Ahura Mazda auserwählt, seinen Willen führte er aus.

Zoroaster hat durch seine Lehre zugleich die Gesellschaftsordnung der Iranier, der Meder wie später der Perser mitbestimmt; der Adel sollte sich nicht nur durch Mut und Tapferkeit, sondern vor allem durch die sittliche Haltung auszeichnen. Dieser Glaube an das »Gute« gab den Persern die Kraft, selbst schwere Niederlagen zu ertragen, sich auch unter widrigen Umständen zu behaupten und schließlich ein riesiges Reich zu gründen, wie es bisher noch nie eines gegeben hatte.

Im weiten Perserreich herrschte die Lehre Zoroasters; die Götter, die man fast drei Jahrtausende in Mesopotamien angebetet hatte, waren endgültig vergessen. Nur Jahwe blieb von seinem Volk verehrt.

Die hellenistische Welt

An der Spitze eines Heeres von 30000 Mann zu Fuß und 5000 Reitern vernichtete der Makedonenkönig Alexander in drei Schlachten die persischen Streitkräfte, zuerst in Kleinasien – 534 v. Chr. am Granikos –, dann in Syrien – 333 in Issos – und schließlich in Mesopotamien – 331 Gaugamela. Die berittenen Makedonen, erfahren im Kampf gegen Kelten und Skythen an der Donau, waren den in aufgelockerter Formation kämpfenden Persern überlegen, und die geschlossene makedonische Phalanx war weit besser bewaffnet und gedrillt, obwohl die Perser seit langem zahlreiche griechische Söldner beschäftigten. Aber daß die Perser, da Alexander durch Syrien bis ins Niltal und zu der Oase Schiwa zog, vor allem in den sieben Monaten, da er die phönizische Hafenstadt Tyrus belagerte, nicht imstande waren, nennenswerten Widerstand aufzubauen, ist erstaunlich.

Noch war das Kernland des alten Persiens – Mesopotamien und die iranische Hochfläche – nicht gefährdet. Was den Persern jedoch fehlte, war der feste Wille, ihre Kräfte zu gemeinsamem Handeln zusammenzufassen. Als der Makedone mit seinem Heer Euphrat und Tigris überschritt, war es zu spät. Nach seiner Niederlage bei Arbela Gaugamela fand König Darius III. nirgends mehr Rückhalt in seinem Land. Er wurde ermordet. Alexander ließ sich zum König von Asien ausrufen. Fast über Nacht war ein kleines Land – bisher abseits der großen Weltpolitik – zur beherrschenden Macht auf der wichtigen Scheide zwischen Europa und Asien aufgestiegen.

Die Makedonen saßen auf der Balkanhalbinsel, zwischen den Illyrern und den Thrakern. An der südlichen Küste ihres Landes hatten die Griechen ihre Städte begründet. Als Darius in die Steppe zog, unterwarfen sich die Thraker und Makedonen, ohne Widerstand zu leisten. Auch als Xerxes gegen Griechenland zog, hielten es die Makedonen für klüger, die Herrschaft des Großkönigs anzuerkennen. Was hätten diese nur locker zusammenhängenden Stämme gegen das geschlossene persische Aufgebot auszurichten vermocht? In die griechischen Bruderkämpfe haben weder die Thraker noch die Makedonen eingegriffen. Nur die Illyrer an der Adria ließen sich vorübergehend verlocken, den Hilfegesuchen der einen oder anderen Partei Folge zu leisten. Die Griechen schätzten die kriegerischen Fähigkeiten ihrer Nachbarn. Die Makedonen rechneten sich zur griechischen »Nation«, da sie berechtigt waren, an den Olympischen Spielen teilzunehmen.

Zunächst scheinen die Reitervölker den Balkan verschont zu haben. Zwar stießen die Skythen über die ungarische Tiefebene nach Mitteleuropa vor, aber sie mieden die Gebirgslandschaften des Balkan. Das änderte sich gründlich, als die Kelten, von Gallien her kommend, über das Donaubecken in die Balkanhalbinsel einbrachen. Die Kelten, die neben der berittenen Mannschaft auch Fußvolk ins Feld führten, machten anfangs nur kurze Einfälle, dann kamen sie, um zu erobern. Im 4. Jahrhundert v. Chr. bedrängten sie die ganze Balkanhalbinsel, insbesondere Makedonien.

Gegen diesen Feind bauten die Makedonen das Heer neu auf. Das Fußvolk kämpfte mit langen Spießen in einer festen Phalanx. War der griechische Hoplit besser bewaffnet und der Spartiate besser ausgebildet, so zeichnete sich die makedonische Phalanx als disziplinierte Einheit aus. Sie hatte gegenüber den griechischen Hopliten – und später den römischen Legionären – aber den Nachteil, schwer beweglich zu sein. Einen Angriff im Lauf, wie ihn die Athener bei Marathon wagten, hätten die Makedonen nicht geschafft. Aber dieser Nachteil wurde durch die Reiterei aufgewogen.

Unverkennbar war das keltische Vorbild. Von ihnen hatten die Makedonen das Pferd als Reittier wie die Kampfesweise zu Roß übernommen. Das war deswegen nicht so selbstverständlich, weil es damals zwar die Trense, nicht aber den Steigbügel gab. Noch Jahrhunderte später zogen es die Germanen vor, zum Kampf vom Pferd zu steigen, um zu Fuß zu fechten. Auch die Makedonen griffen nicht etwa in geschlossenen Geschwadern das Fußvolk an; sie kämpften Reiter gegen Reiter, wobei es entscheidend auf den Reiterführer ankam.

Wurde König Perdikkas III. noch vernichtend von den Illyrern geschlagen, so gelang es seinem Nachfolger Philipp II. (359–336), das niedermakedonische Reich mit den obermakedonischen Fürstentümern zu vereinigen. Er dehnte seinen Machtbereich bis zum Schwarzen Meer aus, wenn sich das belagerte Byzanz auch halten konnte. Weniger glücklich verliefen meist die Kämpfe gegen Skythen und Kelten. Den Krieg gegen die Griechen entschied Philipps Sohn Alexander bei Chaironea an der Spitze seiner Reiterei. Philipp mußte sich entscheiden, wohin er die Stoßrichtung der Politik wenden wollte.

Makedonien war von allen Seiten bedroht: im Norden durch die Kelten, im Osten durch die Skythen und Thraker, von Kleinasien durch die Perser und schließlich noch durch die gerade besiegten Griechen. Um die Griechen für sich zu gewinnen, entsandte er ein makedonisch-griechisches Heer nach Kleinasien, das die griechischen Städte befreien sollte. Als der König jedoch 336 v. Chr. ermordet wurde – böse Zungen meinten, auf Anstiften des Thronfolgers –, brach das mühsam aufgerichtete Bündnis zusammen.

Der junge König Alexander warf zuerst die Thraker zurück, dann besiegte er die Illyrer und schließlich rückte er mit seinem Heer gegen das griechische Thessalien vor. Theben wurde zerstört. Dann sammelte er die erschrockenen Griechen wieder unter seiner Führung, um das Perserreich anzugreifen. Der Sieg war der Sieg eines Mannes und seines kleinen Heeres. An die Stelle der Achämeniden bestieg Alexander den persischen Thron. Bewußt verzichtete Alexander darauf, die Perser zu entrechten, um an ihre Stelle Makedonen oder Griechen zu setzen. Hätte er das versucht, wäre er vermutlich sofort gescheitert. Das haben seine Soldaten kaum verstanden. Alexander fühlte sich als Herr der Lage. Woher sollte auch ein Widerstand kommen? Wenn das festgefügte und gut ausgerüstete persische Reichsheer dem Ansturm nicht gewachsen war, konnten die fernen Satrapien kaum Widerstand leisten.

Nachdem er die Griechen aus seinem Heer entlassen hatte, marschierte Alexander mit seinen Makedonen und mit asiatischen Hilfsvölkern immer weiter. Er eroberte die Satrapien Baktrien und Transoxanien – die Sogdiana –, gewann das Industal und gedachte, in das Gangestal vorzustoßen. Da meuterten seine Truppen, die nun seit acht Jahren mit ihm von Schlacht zu Schlacht gezogen waren. Sie wollten nach Hause. In Babylon ist Alexander im Alter von 33 Jahren gestorben (323 v. Chr.).

Kaum hatte der große Alexander seine Augen geschlossen, begann der Kampf seiner Heerführer um Macht und Herrschaft in dem riesigen Reich. Das heimatliche Makedonien verlor bald jeden Einfluß. Zwar setzten die makedonischen Generale einen Reichsverweser ein, aber die Heerführer machten sich in ihren Provinzen weitgehend selbständig. Mesopotamien, das iranische Hochland, Baktrien und Indien verblieben unter Seleukos, während Kleinasien, Syrien und Griechenland unter Antigonos und Ägypten Ptolomaios unterstanden. Nach der Schlacht von Ipsos (301 v. Chr.) fiel das Reich des Antigonos' dem Herrn von Thrakien, Lysimachos' zu, während Makedonien unter Kassander zum vierten selbständigen Reich aufstieg. In den folgenden Kämpfen verbanden sich die drei östlichen Staaten gegen Makedonien, wo der Sohn des Antigonos' nach Kassanders Tod die Macht an sich gerissen hatte.

Die Griechen selber wunderten sich, daß dieses gewaltige Reich so schnell zerfiel. Dafür machten sie die machtsüchtigen makedonischen Heerführer verantwortlich. Warum standen sie nicht treu zusammen, sobald irgendwo die Grenzen bedroht wurden? Warum zerfleischten sie sich in Bruderkriegen? Sie sahen die Lage einseitig. Unter dem persischen Großkönig hielt das Reich doch nur deswegen zusammen, weil die einzelnen Satrapen – mit wenigen Ausnahmen! – keinen Grund sahen, sich gegen die doch recht lockere Zentralgewalt zu wenden. Welche Veranlassung aber sollten die Seleukiden in Mesopotamien haben, sich um die Angelegenheiten in Griechenland und welche die Ptolomäer in Ägypten oder die Herren von Makedonien, sich um die Herrschaft im Industal zu kümmern? Bestenfalls stärkten sie die Macht ihres Gegners.

Als Heerführer fühlte Alexander sich vor allem seinen Waffengefährten eng verbunden. Er hat seinem Reich eine neue Sozial- und Wirtschaftsordnung gegeben, die eine tiefreichende Umwälzung brachte. Wie bei den Achämeniden lag die Herrschaft bei der kriegerischen Adelsschicht, in die allerdings jeder Soldat aufsteigen konnte, wenn er sich auszeichnete. Da viele seiner Kampfgefährten Töchter aus persischem Hause geheiratet hatten, wies die Führungsschicht wieder orientalische Züge auf.

Mochte an der Spitze eines Diadochenreiches noch ein Makedone oder Grieche stehen, so hatten sich längst örtliche Einflüsse durchgesetzt. Anfangs war das makedonische Heer noch eine geschlossene Einheit, bald aber bestand es überwiegend aus Einheimischen, die entweder freiwillig zu ihm gestoßen waren oder einfach in die stark gelichteten Reihen der Makedonen eingestellt wurden. Die straffe Verwaltung mit den hohen Steuern erlaubte seinen Nachfolgern, starke Söldnerheere zu unterhalten, die aus Berufskriegern bestanden. Ihnen waren die Städte weder im Osten noch in Griechenland gewachsen. Der Sohn des Antigonos, Demetrios, erwarb sich den Namen des Städteeroberers, nachdem er auch Athen niedergeworfen hatte.

Weder die Ägypter noch die Mesopotamier, weder die Syrer noch die Kleinasiaten, weder die Iraner noch die Baktier oder die Inder konnten in den griechischen Herren mehr sehen als Emporkömmlinge, die noch vor kurzer Zeit Barbaren gewesen waren. Die Griechen selber übernahmen die orientalische Kleidung, ägyptische Gebräuche und selbst die landesüblichen Götter, denen sie Tempel bauten. Dann bröckelte das Reich an den Grenzen, zuerst im Nordosten, ab. Das Reich des Seleukos' schmolz durch Abfall des Industals, später Baktriens zusammen. Wesentlich geändert hatte sich vor allem eines: die starke Zentralgewalt war aufgelöst. Daher konnten die Feinde in das zersplitterte Reich einbrechen.

Die entscheidende Wende kam in den folgenden Jahrzehnten, als unabsehbare Scharen griechischer Siedler und Städter in die neu gewonnenen Landstriche strömten. Diese Völkerwanderung übertraf alle bisherigen. Die Griechen kamen einzeln. Sie ließen sich in den neuen Städten nieder, wo sie von den Herrschern jede Unterstützung erhielten. Leichten Herzens konnten sie ihre heimatlichen Fluren verlassen, zumal sie in jener Zeit durch Kriege und wirtschaftliche Not schwer zu leiden hatten. Sie bildeten in den Städten die kulturell führende Schicht.

Zwar gab es Landstriche mit griechischen Landwirten wie die Oase Faysum – wo Veteranen angesiedelt wurden –, aber das waren Ausnahmen. Wenn der griechische Bauer auswanderte – und es wanderten Hunderttausende aus –, versuchte er, einen Posten auf einem der großen Staatsgüter zu erlangen. Die eroberten Gebiete des einstigen persischen Reiches eigneten sich nicht für den Klein- oder selbst Mittelgrundbesitz. Seit Jahrtausenden hatten die Tempel die großen Güter bearbeitet und bebaut. Dann hatte der Pharao oder der König das Land im großen bestellen lassen. Nun übernahm Alexander mit dem Recht des Eroberers alles Land. Seine Nachfolger haben an diesem Eigentumsrecht festgehalten. Die großen Staatsgüter wurden von »Beamten« verwaltet.

Da nun die Schranken zwischen den persischen Gebieten und dem alten Griechenland fielen, war der kleine griechische Bauer dem Wettbewerb mit den großen Gutshöfen am Nil und im Zweistromland ausgesetzt – und nicht gewachsen. Dort erntete man bei künstlicher Bewässerung ein Vielfaches von dem, was der kärgliche, steinige Boden in Griechenland oder auch in Makedonien hervorbrachte. In Griechenland lohnten sich nur noch der Ölbaum und die Weinrebe. Alles andere mußte eingeführt werden.

Der Handel reichte von Spanien bis zum Ganges, von Afrika bis zum Altai. Hatten die Griechen schon längst den Handel im westlichen Mittelmeer und im Schwarzen Meer ausgebaut, so wurde nun das Gebiet bis Baktrien und China hinein und das Niltal wie das Rote Meer in den weitgespannten Warenaustausch einbezogen. Selbstverständlich waren die griechischen Kaufleute nicht imstande, diesen Warenaustausch allein zu bewältigen. Die alten Handelshäuser aus Syrien, aus Kleinasien, aus Ägypten wie aus Mesopotamien schalteten sich in den neu entstehenden Welthandel ebenfalls ein. Entscheidend aber war der griechische Anteil, nicht der Zahl, sondern dem Geist nach, der sie bewegte.

Initiative und Wagemut waren den Händlern in der Polis seit langem eigen. Im Reich des Großkönigs bestimmte der Herrscher, der Hof, der Gott über Priester und Tempel, was getan werden sollte. Die Assyrer hatten ganze Völkerschaften verpflanzt. Der Perserkönig hatte Handwerker aus den unterworfenen Ländern mitgeschleppt. Die Griechen – Händler, Bauern wie Handwerker – kamen dagegen freiwillig. Sie wollten mehr gewinnen. Sie wollten dem heimischen Elend entfliehen. Der Geist des unternehmungslustigen Griechentums wehte durch das Land. Viele rechneten sich zu den Griechen, die es der Abstammung nach niemals gewesen sind. Und das war auch nicht entscheidend.

Immer noch fühlten sich die Diadochenreiche als Erben des großen Alexander mit einheitlicher Wirtschaft, einheitlicher Staatssprache und einheitlicher Kultur. Der Anstoß für den Aufschwung kam, als der persische Reichsschatz mit seinen ungeheuren Vorräten an Gold und Silber aufgelöst wurde. Gegen bar kamen die Vorräte in aller Welt zum Vorschein. Nun wurde mehr produziert und auf den Markt gebracht: Wolle und Leinen, Weizen aus dem Schwarzmeergebiet, aus Sizilien und Nordafrika, Wein und Olivenöl aus Griechenland, Fische aus der Maiotis, Fleisch aus der Steppe, sodann in wachsendem Umfang Gold und Silber, Bernstein und Jade, köstlichen Schmuck und Erzeugnisse des Kunstgewerbes orientalischer und ägyptischer Handwerker.

Die Menschen konnten sich frei in diesem weiten Gebiet bewegen – soweit sie selber frei waren – und das galt mindestens für die Griechen und die Händler des Vorderen Orients. Von der neuen Hauptstadt am Tigris Saleukia gingen die Handelswege über Ekbatana, Baktra nach Samarkand und sogar nach China oder über Alexandrien an der Nilmündung zum Alexandrien im Indusbecken am Hyphasis. Über See lief die Verbindung vom Persischen Golf zur neuen Hauptstadt Barygaza am Golf von Cambay.

Auf diesen Handelswegen zogen griechisch sprechende Menschen in die entfernten Provinzen; griechisches Denken und griechische Kunst drangen über die Grenzen des Reiches. Der Osten lernte zu seinem Erstaunen eine neue Art des Denkens, des Fühlens, der Kunst, der Technik und des politischen Lebens kennen. Das gilt nicht nur für die Länder, die unter der politischen Herrschaft der Diadochen standen, sondern weit darüber hinaus. Obwohl die Zahl der Griechen gering war und blieb, setzte sich die griechische Sprache weitgehend durch. Sie wurde neben der aramäischen »Volkssprache« die Sprache der politisch, geistig und wirtschaftlich führenden Schicht.

Die Städte im hellenistischen Bereich gewannen eine Bedeutung für Kultur und Wirtschaft, die sie bisher im Orient nicht besessen hatten. Die hellenistische Stadt mußte sich zwar politisch dem Monarchen und seinem Hof beugen, doch bildete sie den gesellschaftlichen Mittelpunkt, in dem die Bildung hoch eingeschätzt wurde. Um die wirtschaftliche Rolle der Stadt wird in den nächsten Jahrhunderten hart gerungen. Es war das Ringen des freien griechischen Kaufmanns mit der alles beherrschenden Bürokratie. An diesem Ringen ist die hellenistische Wirtschaft zerbrochen. Unangefochten blieb die geistige Führung der Stadt. Dabei setzte sich der griechische – richtiger: der hellenistische – Geschmack durch, denn die Griechen führten im geistigen Leben der damaligen Zeit.

Die Etrusker übernahmen mit den griechischen Buchstaben auch die griechische Kunst, die sie allerdings nach ihrem eigenen Empfinden umgestalteten. Die Motive werden der griechischen Sagenwelt entnommen. Punier wie Iberer in Spanien werden gewissermaßen »hellenisiert«; die griechische Kunst wird »Mode«. Die Gallier lassen sich über Massalia griechische Keramik und Bronzen kommen; sie schreiben in griechischen Buchstaben. Griechische Wissenschaft und griechische Philosophie blühen in Kleinasien, wo Pergamon ein Mittelpunkt des neuen Geistes – mit Kunstwerken und Bibliothek – wird, wie in Ägypten, wo die neugegründete Stadt Alexandrien für Jahrhunderte das wissenschaftliche Denken prägte. Auch in Mittelasien dringt die griechische Kultur vor. Zwar strahlt Gandhara erst zu römischer Zeit seinen Einfluß bis Zentralasien aus, doch ruht seine Kunst wahrscheinlich auf älteren Beziehungen.

In Griechenland selber hatte die Philosophie bereits mit Plato und Aristoteles einen Höhepunkt erklommen. Epikur von Samos lehrte sie Furchtlosigkeit vor dem Tode, Zenon von Kition verkündete die Stoa als eine in sich ruhende Ethik. Nun entfaltet sich nicht ohne Mitwirkung der Asiaten die Wissenschaft. Eratosthenes in Alexandrien mißt fast genau den Umfang der Erdkugel, indem er einen bestimmten Ausschnitt, die sieben Breitengrade zwischen Alexandrien und Syene (Assuan), berechnet und diese Entfernung dann entsprechend auf den Erdkreis überträgt. Er wußte, daß die Erde eine Kugel war. Aristarch von Samos lehrt die Drehung der Erde um die Sonne. Euklid veröffentlicht ein Lehrbuch der Mathematik. In Syrakus bestimmt Archimedes das spezifische Gewicht der Körper. In der gesamten hellenistischen Welt entwickelt sich eindrucksvoll die Technik, zunächst allerdings im Dienst der Soldaten: Schleudermaschinen, Hebelwerke, mechanische Werkzeuge, dann aber auch im Städtebau.

Wie Inseln ragten die Städte mit griechischer Kultur aus dem weiten Meer des überlieferten Lebens hervor, und selbst in den Städten war es nur eine kleine Schicht von Beamten, Handwerkern, Händlern und Gebildeten, die von griechischer Kultur durchdrungen waren. Seit ältester Zeit lag die Bildung Asiens vorwiegend bei den Priestern. In den Tempeln lernte die Jugend Lesen und Schreiben. Die Priester selber oder ihre Schüler stellten daher meist die Beamten des Reichs.

Nur selten schätzen die Soldaten die Vorzüge der Gelehrsamkeit. Wir wissen nicht, ob die stolzen Assyrerkönige, die ruhmredige Inschriften an ihren Palästen und auf den Götterbildern anbringen ließen, überhaupt selber lesen konnten. Diese Frage wird auch nicht dadurch beantwortet, daß Assurbanipal sich eine hervorragende Bibliothek anlegte. Seine Krieger und der größte Teil seines Volkes hat sicher nicht lesen können. Neben den Priestern beherrschten viele Kaufleute die Schrift, doch darf man annehmen, daß die Handelsherren oft Schreiber beschäftigten, die ihnen diese Aufgabe weitgehend abnahmen. Die geistig tragende Schicht ist in Asien wohl recht schmal gewesen. Außerhalb der Städte vermochten sie nicht, das flache Land zu durchdringen, und in den Städten selber herrschten nicht die Bürger, sondern die Soldaten, denn ohne ihre Waffen war die dünne Oberschicht nicht in der Lage, sich gegenüber der breiten Masse der ausgebeuteten Untertanen zu halten. Die Könige herrschten schrankenlos.

Die Folge war ein unaufhaltsamer Prozeß. Der Staat setzte sich gegenüber dem Einzelnen, die alte orientalische Gesellschaftsordnung gegenüber der griechischen, der Beamte gegenüber der Freiheit des Kaufmanns durch. Es war ein zähes Ringen auf offenem Markt wie in den politischen Gruppen mit Intrigen hinter den Kulissen und am Hofe, in Kämpfen, in Verhaftungen, in Enteignungen, in Verbannungen.

Es hat ungefähr drei Jahrhunderte gedauert, bis vom einstigen griechischen Geist nichts mehr übriggeblieben war. Doch hieß das nicht, daß die Einheimischen sich gegenüber den Griechen durchgesetzt hatten. Die Griechen in amtlichen Stellen haben eifrig mitgeholfen, ihre Gegner und Konkurrenten abzuhalftern und zu entmachten. Schließlich aber siegten die Orientalen. Diese innere Umwandlung war bedeutsamer als alle Angriffe von außen.

In den zwei Jahrhunderten nach dem Tod des großen Alexander wuchs das Gebiet zwischen der Adria und dem Pamir, vom Jaxartes – heute Syr Darja – und der Indusmündung zu einer wirtschaftlich und kulturell geschlossenen Welt zusammen. Sie trat das Erbe des persischen Großreichs an, allerdings ohne dessen politische und militärische Kraft. Die Diadochen waren zu sehr mit ihren eigenen Streitigkeiten beschäftigt, als daß sie imstande gewesen wären, ihren politischen Einfluß weiter auszudehnen. Doch führte das Vorbild der kühnen Eroberungen dazu, daß sich jenseits der Grenzen starke Reiche bildeten, die ihrerseits zur Gefahr für die hellenistischen Monarchien wurden.

Im Pandschab sammelte Tschandragupta, der noch selber den großen Alexander gesehen haben soll, eine Kriegerschar aus Persern, Baktrern, Saken und auch aus griechischen Überläufern, die zunächst im Indusbecken den Partisanenkrieg begann. Als sein Heer stärker geworden war, wandte er sich nach Osten. Er besiegte die Nanda und machte sich zum Herrscher von Magadha, also von Nordindien. Damit trug er in das untere Gangestal eine Staatsidee, wie es sie bisher dort nicht gegeben hatte. Diese Maurya-Dynastie schuf das erste weitgespannte indische Großreich.

Der Diadoche Seleukos erkannte die neue Gefahr. Sein Zug (304 v. Chr.) über den Indus brachte jedoch keine Entscheidung, so daß er sich damit begnügte, von den Indern 500 Kriegselefanten zu verlangen. Mit diesen Elefanten siegte Seleukos dann drei Jahre später bei Ipsos über Antigonos. Wegen der Unruhen in Vorderasien vermochte er nicht, in Indien weiter vorzudringen. Die Mauryas saßen nun fest im Sattel.

An den Vindhya-Bergen lag für lange die große Scheidelinie Indiens für Völker wie für Kulturen; eigentlich blieb sie es bis zum heutigen Tag. Die großen militärischen Eroberungen umgingen diese Bergkette im Osten oder sie drangen längs der Küste nach Süden vor.

Der Enkel Tschandraguptas, Ashoka (272–231), eroberte das Land Kalinga an der indischen Ostküste. Furchtbar waren die Kriegsgreuel in ihrem Gefolge. Über hunderttausend Menschen sollen erschlagen worden sein. Sie erschütterten den Sieger aufs tiefste, so daß er zum Buddhismus übertrat und fortan bemüht war, als Friedenskaiser zu herrschen. Von seiner Hauptstadt Pataliputra regierte er ein Reich, das sich vom Indusbecken bis zur Gangesmündung, vom Himalaya bis zum Dekhan erstreckte.

Im Süden des indischen Subkontinents hielten sich die selbständigen Reiche Kerala, Chola und Pandya und die Insel Ceylon. Aber auch dorthin gelangten die buddhistischen Missionare. Gerade bei den Tamilen hatten sie einen großen Erfolg. Als viele Jahrhunderte später die Lehre Buddhas im Norden dem Hinduismus hatte weichen müssen, blieb der Süden ihr treu.

Das Reich des Ashoka läßt sich nicht mit den orientalischen Reichen vergleichen. Ihm fehlte die straffe Verwaltung, ihm fehlten vor allem geschulte Beamte, auf die der Kaiser sich hätte verlassen können. Auch unter dem buddhistischen Herrscher hatte sich das Kastenwesen erhalten, wie es vom Industal bis Ceylon durchgesetzt worden war. Mit der Zeit hatte sich ein wesentlicher Wandel vollzogen. Die arische Oberschicht wurde immer dünner, und damit prägten sich die Kastenunterschiede immer stärker aus.

Die vier ursprünglichen Kasten, wie sie noch im Heldengedicht des Mahabbarata erscheinen, spalten sich in eine Unzahl von Kasten auf. Dabei überlagern sich die verschiedensten Gesichtspunkte. Immer noch stehen die Brahmanen an der Spitze. Sie zeichnen sich durch arische Abstammung, wie – der Forderung nach – durch Gelehrsamkeit und heiliges Leben aus. Die Kriegerkaste nimmt manch tapferen Sohn der Unterworfenen auf, ist also nicht mehr ganz so »rein«. Andere

Kasten gliedern sich nach Berufen, Aufgaben, Einkommen und Vermögen – und nach Rasse. Das gilt besonders, je weiter die Arier zur Gangesmündung und nach Bengalen sowie die Ostküste entlang nach Südindien vorstoßen.

Der Epos des Ramayana schildert die Eroberung des Südens und der Insel Ceylon. Da erscheinen die Feinde als die Affenmenschen unter dem Affenkönig. Auch die »Bären« spielen eine bedeutsame Rolle als Gegner des Helden Rama. Vielleicht spiegeln sich in diesen Kämpfen geschichtliche Vorgänge wider, die in die Mitte des letzten Jahrtausends zurückgehen. Die Einheimischen sind vielleicht noch Jäger, die diese Tiere als ihr Totem führten. Auch werden die stolzen Arier das Aussehen der Unterworfenen mit dem von Tieren verglichen haben. Vorläufig lassen sich die Vorgänge nur schwer an der dichterischen Schilderung erkennen.

Jedenfalls hat sich die arische Kultur – und damit Ackerbau und Viehzucht, aber auch die Städte – bis nach Südindien ausgedehnt. Zugleich werden die Unterworfenen bis in die unterste Kaste hinabgedrückt, in die der »Unberührbaren«. Schon die Berührung, ja der flüchtige Schatten eines Paria konnte den einer höheren Kaste »beflecken«, so daß der Besudelte rituell »gereinigt« werden mußte. Der Brahmane – und das gilt bald für alle höheren Kasten – darf mit einem Mitglied einer tieferen Kaste nicht einmal gemeinsam essen, ohne Schaden zu nehmen.

Ein Brahmane zerbricht noch in unserer Zeit die Teetasse, aus der ein Europäer, also ein Mitglied einer kastenlosen Gesellschaft, getrunken hat. Der untersten Kaste oblagen die schmutzigsten, daher verachteten Tätigkeiten wie Straßenfegen. Kein Mitglied der oberen Kasten, gar ein Brahmane, durfte sich verunreinigen. Die Kasteneinteilung galt als unveränderbar.

Das Kastenwesen wird mindestens im Rahmen des Hinduismus zur gesellschaftlichen Ordnung in Indien schlechthin. Der Mensch wird in eine Kaste hineingeboren, der er nicht entrinnen kann; er kann sich weder durch eigene Taten noch durch fremden Beistand aus ihr lösen. Lähmend wirkt sich diese starre Ordnung deswegen aus, weil sie die freie Zusammenarbeit wie jeden gesellschaftlichen Aufstieg hindert. Dadurch kann Indien aber auch nicht zu lebensfähigen nationalen Gemeinschaften zusammenwachsen, nicht einmal im gemeinsamen Kampf gegen auswärtige Feinde.

Selbst der Buddhismus hat diesen Zustand nicht zu ändern vermocht. Ashoka mochte noch so sehr für die Religion der gegenseitigen Liebe, des Verstehens, der reinen Tugend eintreten, an das Kastenwesen konnte auch er nicht rühren. Das war bereits zu tief verwurzelt. Das hielt die Gesellschaft fest in ihrem lähmenden Bann. Zum Rassenhochmut der arischen Eroberer – und deren Nachfolger – kamen noch tiefverwurzelte religiöse Vorstellungen der Alteingesessenen, die Vorstellung von dem »Manu« – um ein Wort aus dem Pazifik zu verwenden –, das jedem Menschen eigentümlich ist. Es ist so empfindlich, daß es sowohl von einem geringeren wie von einem stärkeren »verletzt« werden kann. Viele der eigenartigen religiösen und rituellen Bräuche mögen auf sehr alte Zeiten zurückgehen. Indien hat unter ihnen bis in die Gegenwart zu leiden.

Als Ashoka ermordet wurde, zerfiel sein Reich bald. In den verschiedenen Landschaften waren die »Könige« zwar unterworfen, aber es war nicht möglich, eine einheitliche Verwaltung aufzubauen. In den Städten hielten sich einflußreiche Familien, auf dem Lande herrschte der kriegerische Adel, die Dörfer lebten wie eh und je ihr eigenes Leben. Die hellenistischen Gesandten, die das Land besuchten, bewunderten an den Fürstenhöfen die märchenhafte Prachtentfaltung mit den Elefanten, den großen – wenn auch recht bunt zusammengewürfelten – Streitkräften, den Juwelen und den kostbaren Gewändern. Die Schwäche dieses politischen Gebildes erkannten sie kaum.

Der Einfluß jedoch, den Indien unter der Maurya-Dynastie sowohl nach China, Hinterindien und Indonesien als auch in die hellenistischen Reiche ausstrahlte, sollte man nicht unterschätzen, wenn die Sendboten Ashokas zunächst auch wenig erfolgreich waren. Erhalten geblieben sind nur Felsinschriften. Im Westen hat sich erst drei Jahrhunderte später im Christentum der Gedanke an Liebe und Erlösung durchgesetzt, ein Gedanke, den es weder in Griechenland noch im Judentum, noch in Ägypten gegeben hat. Nach China ist der Buddhismus sogar noch später gekommen. Erst unter den Tang wird er – vorübergehend – zur Staatsreligion.

In Indien selber hat der Buddhismus die grausamen, blutdürstenden Götter des breiten Volkes nicht zu überwinden vermocht. Je dünner die arische Oberschicht wurde, desto mehr Einfluß gewannen die alten Götter, die das Blut der Menschenopfer forderten. Sie prägten den an sich so freundlichen und liebenswerten Menschen einen religiösen Fanatismus ein, der sich immer wieder in fürchterlichen Massenmorden entlud. Vergeblich hat der Buddhismus dagegen anzukämpfen versucht. Schließlich mußte er ganz weichen. Er hat sich bis auf einzelne Landstriche im Süden nur noch außerhalb Indiens halten können. Dorthin brachten ihn fromme Mönche und Missionare und unternehmungslustige Kaufleute.

Der Handel aus dem Persischen Golf, noch mehr aus dem Roten Meer in den Indischen Ozean nahm beträchtlich zu. Griechen fuhren die Küste entlang sowohl an die indische Nordwestküste, an der Indusmündung vorbei nach Broach, aber auch von Arabien an die Malabarküste. Noch war den Griechen der Monsun offenbar nicht so bekannt, daß sie ihn planmäßig zu nutzen verstanden. Aber da die Araber seit sehr früher Zeit Weihrauch und Myrrhen in das Industal verkauften, da die Schiffe auch den Golf von Bengalen und Hinterindien erreichten – wie man aus der frühen Besiedlung der Andamanen-Inseln erkennt – fand das hellenistische Ägypten bald den Weg nach Südindien wie nach Ceylon.

Wenig weiß man über einen Handel von der afrikanischen Ostküste, etwa von Mombasa oder gar von Madagaskar nach Indonesien und darüber hinaus. Nur aus späteren Ergebnissen lassen sich einzelne Beziehungen erkennen. Vorläufig zeigen sich noch keine Seeverbindungen nach Ostasien.

Fünf Jahrhunderte nach der Erfindung der Trense hatten sich die Verhältnisse in der weiten eurasischen Steppe ziemlich unverändert erhalten. Von der Donaumündung bis zum Altai saßen die Skythen. Der Versuch der Kyros, sie frontal in Mittelasien, wie der des Darius, sie umfassend von der Donaumündung her zu schlagen, waren gescheitert. Immerhin wehrten die Perser noch jedes Vordringen der Reiterscharen im Oxus-Gebiet ab. Die Griechen waren dazu auf die Dauer nicht mehr imstande.

Zum Ausgang der Chou-Dynastie nimmt der Druck der Reitervölker an der chinesischen Nordgrenze zu. Er zwingt die Chinesen, ihre Streitmacht von den schwerfälligen Kampfwagen auf die Reiterei umzustellen, sich also den leicht beweglichen Feinden anzupassen, aber schließlich zeigt sich, daß diese Umstellung auch weitgehende politische, wirtschaftliche und gesellschaftliche Neuerungen erfordert. Der Streitwagen gehörte dem adligen Grundbesitzer. Was ihm an Fußvolk folgte, war eigentlich nur dazu da, für Roß und Wagen zu sorgen. Im Kampf wurde es notfalls rücksichtslos geopfert, um den Streitwagen den Rückzug zu decken. Die feudale Ordnung war das feste Gerüst dieser Heeresordnung.

Im Reiterheer gelten andere Regeln. Da sind die einzelnen Kämpfer nahezu gleichwertig. Da gehört dem Reiter sein Pferd, für das er sorgen muß, das er zu pflegen hat. Von ihm hängt er in Notfällen ab. Gestützt auf das Reiteraufgebot, ist der Heerführer sehr viel weniger vom Grundadel und seinen kostspieligen Streitwagen angewiesen. Er kann sich leichter eine für sich bestehende politische Macht bilden. Das zeigte sich auch in China. War es bis dahin nur eine recht lockere Vereinigung einzelner Landschaften, in denen die feudalen Herren den »Kaiser« der Chou-Dynastie mehr als religiöses Oberhaupt denn als politischen Herrscher anerkannt hatten, so endet die Periode der

»Kämpfenden Reiche« (480–249) damit, daß die neue Dynastie der Ch'in (221–206) die Einheit des »Reichs« begründete. Weit gefährlicher als die innenpolitischen Gegner aber waren die »Hiung-nu« in der Mongolei.

Seitdem die Menschen reiten gelernt hatten, wandelte sich die Bevölkerung der eurasischen Steppe. Aus den nördlichen Waldgebieten sickerten langsam Türken und Tungusen, Menschen mongolischer Abstammung und Sprache ein, durchdrangen die einst überwiegend europiden Völker und verdrängten deren indoeuropäische Sprache. Die Hiung-nu im dritten vorchristlichen Jahrhundert standen am Anfang dieses Umwandlungsprozesses, die Hunnen Attilas an dessen Ende.

Nach Westen strahlten die hellenistischen Reiche kulturell wie wirtschaftlich ihren Glanz als Großmächte aus. Am erstaunlichsten war jedoch, daß der Widerstand Makedoniens einschließlich Griechenlands gegenüber den mitteleuropäischen Völkerscharen sichtbar nachließ. Hatte sich noch König Philipp und sein Sohn Alexander gegen die andrängenden Kelten siegreich behaupten können, so brechen deren Heere nun ohne große Verluste tief nach Griechenland ein. Sie erobern und plündern Delphi. Sie gelangen bis nach Kleinasien und lassen sich dort unter dem Namen der Galater nieder.

Diese Kelten stellen nur die letzten Ausläufer einer Bewegung dar, die von Süddeutschland ausgehend nach Ostgallien, nach Spanien, nach Oberitalien und zu den britannischen Inseln vordrang. Bis dahin hatten die Syrer, die Kreter, die Griechen, die Etrusker und die Phönizier mit den Bewohnern des Hinterlandes friedlich Handel getrieben. Nur gelegentlich kam es zu kriegerischen Auseinandersetzungen. Untereinander aber trugen die Handelsvölker, gestützt auf ihre befestigten Hafenstädte mit den krönenden Burgen im Hintergrund erbitterte Kämpfe um ihre Handelsvorteile aus, die Griechen gegen die Punier wie gegen die Etrusker, und die Etrusker jeweils gegen Griechen und Karthager. Karthago sperrte die Durchfahrt durch die Meerenge von Gibraltar, die Griechen schlossen ihrerseits die Etrusker von Süditalien aus.

Inzwischen stieg eine Macht nicht über den Handel, nicht über die Seefahrt, sondern über das Landheer auf: Rom. Wie in den hellenistischen Reichen setzte sich also der Flächenstaat gegenüber der Handelsstadt und dem von ihr beherrschten Handelsreich durch, das Landheer über die Kriegsflotte, die politische Macht gegenüber der reichen Finanzkraft des Handels.

Das westlichste hellenistische Reich, Epirus mit Makedonien, versuchte unter König Pyrrhus mit seinem gut gedrillten Heer und seinen indischen Kriegselefanten in diese Kämpfe einzugreifen. Ihm schwebte vor, im Mittelmeerraum und weiter im Westen eine ähnliche Rolle zu spielen, wie sein großes Vorbild Alexander es im Osten getan hat. Er warf sich gleichzeitig als Vorkämpfer der griechischen Handelsstädte in Süditalien und in Sizilien auf, die damals unter den Druck sowohl von Rom wie von Karthago geraten waren. Obwohl er zunächst in offenen Schlachten siegte, ist er gescheitert.

Im Westen versagten sowohl die hellenistischen Heerführer mit Söldnern ebenso wie die hellenistische Staatsidee mit einem König an der Spitze gegenüber dem Bürgerstaat mit gesicherter, im Kern noch adliger Führung und gewählten Beamten. Rom trat das Erbe der hellenistischen Reiche an.

Druck aus dem Norden

Menschen haben auch in geringer Zahl Geschichte gemacht, wenn sie nur eine entsprechende Stoßkraft zu entfalten vermochten. Aus der Steppe, selbst aus der Wüste, sind immer wieder kraftvolle Scharen hervorgebrochen, die – von kühnen und entschlossenen Anführern geeinigt – die Kulturländer trotz ihrer weit größeren Bevölkerung unterworfen haben. Auch die hellenistischen Reiche erlitten dieses Schicksal.

Noch lag der Waldgürtel, der sich von der Ostsee bis Ostasien erstreckte, geschichtslos da und – wie es den Römern und den Griechen schien – ohne militärische, damit auch ohne politische Bedeutung. Der Steppengürtel jedoch war von Unruhe erfüllt. Der Anstoß kam weit aus dem Osten. Dort waren die Turkvölker aus dem Waldgebiet am Jenisej in die Steppe vorgestoßen, hatten das Reiten gelernt, drängten die alten Steppenvölker nach Westen und bedrohten das chinesische Reich.

Vor den Hiung-nu, wie die Chinesen sie nannten, flüchteten die Yüetschi nach Westen. Sie besetzten das Tarymbecken und fluteten durch die Dsungarische Pforte aus Hochasien nach Mittelasien. So erschienen sie überraschend an den Grenzen der hellenistischen Reiche von Baktrien, Iran und Nordwestindien. Das waren natürlich keine großen Scharen. Sie waren selber nur Flüchtlinge. Sie vermischten sich mit den Ansässigen, gliederten sie in ihre Stammesgemeinschaften ein, gaben dem neuen Volk einen neuen Namen und erstarkten im Laufe der Zeit. Bald wurden sie eine Gefahr für die Reiche südlich der Steppe, die doch sowohl der Zahl ihrer Menschen wie der wirtschaftlichen Macht nach den Reitern weit überlegen waren. Die Grenzfestungen zu überwinden vermochten die Reiter allerdings nur, wenn die großen Reiche schwach waren, entweder unter sich im Streit lagen oder zusätzlich von Westen her bedrängt wurden.

Als Seleukos II. im Krieg mit den Ptolomäern Ägyptens stand, benutzte der Satrap Diodotus I. die Gelegenheit, um ein eigenes Königtum Baktrien zu begründen (255 v. Chr.). Er versuchte, seine Macht auch nach Westen auszudehnen. Da floh der Skythenfürst Arsaces vor ihm in das Land Parthia, wo er ein eigenes Königreich gründete (248 v. Chr.). Kaum hatte Seleukos II. die Hände frei, rückte er in Parthia ein (238 v. Chr.). Als er jedoch wieder abzog, kehrte Arsaces zurück. Von da ab gewann das Partherreich ständig an Macht.

Vorübergehend hatte der bedeutendste der Seleukiden Antiochus III., der Große genannt, (223–187) nahezu die alten Grenzen des Alexanderreiches in Asien wiederhergestellt. Nachdem er jedoch den Römern erlegen war, kehrten die Skythen wieder nach Baktrien zurück. Mit ihnen und den ihnen verwandten Saken im Bunde rissen die Parther die Macht im östlichen Iran nach dem Tode Antiochus IV. (163) auch in Medien an sich. 141 v. Chr. drang Phrates in Mesopotamien ein, das sein Sohn Phrates II. 129 v. Chr. endgültig eroberte.

Die Parther fühlten sich als Erben der hellenistischen Reiche, erhoben daher politische Ansprüche nicht nur auf Mesopotamien und Armenien, sondern auch auf Syrien wie auf den Iran und auf Baktrien. Damit erbten sie auch die Grenzprobleme im Osten. Als die Saken, ein Skythenstamm, Baktrien angriff, konnte der Seleukide Demetrios II. (ab 146/45 v. Chr.) sie noch besiegen. Als er jedoch seinerseits von den Parthern gefangengenommen wurde, überschritten, von den Hunnen bedrängt, immer neue nordiranische Stämme den Jaxartes, die Asier, Tocharer und Sakauraker. Sie bemächtigten sich der Sogdiana und Baktriens. Dann wandten sie sich gegen die Parther, besiegten Phrastes II. und zertrümmerten sein Reich (129/128 v. Chr.). Erst Mithridates II. gelang es wieder mühsam und allmählich, einen geordneten Staat zu errichten.

Seitdem Baktrien am oberen Amu Darya zu einer kraftvollen Handelsmacht aufgestiegen war – also nicht länger nur Randprovinz des persischen oder eines hellenistischen Reiches blieb – gewann der Osten auch die militärische Führung. Der Partherkönig Mithridates I. (124–88) unterwarf zunächst die verschiedenen benachbarten Kleinstaaten, die sich von den hellenistischen Reichen gelöst hatten. Nun war er stark genug, über die Berge gegen die Seleukiden in Mesopotamien zu ziehen und Seleukia, dessen Handel schon vorher erheblich zurückgegangen war, zu zerstören. Gegenüber von Seleukia gründete der Parther ein eigenes Heerlager für seine Reiterscharen; das spätere Ktesiphon wurde die neue Hauptstadt des Reiches, das sich vom Tigris bis zum Oxus ausdehnte.

Ihren Sieg verdankten die Parther nicht zuletzt den Römern, die die Macht der Seleukiden vom Mittelmeer her zerschlugen. Aber die Römer wußten wohl kaum, daß sie sich damit an ihrer neuen Ostgrenze einen sehr viel gefährlicheren Feind schufen. Die Parther erneuerten östlich vom Euphrat das alte Alexanderreich. Syrien und Kleinasien gehörten jetzt zwar zum Westen, auch waren die Anrainer des Mittelmeeres stark genug, diese Gebiete sowohl militärisch wie politisch, wirtschaftlich und kulturell in ihren Bann zu ziehen. Aber am Euphrat klaffte der alte Gegensatz zwischen Mittelmeerwelt und Asien wieder auf.

Wenn die Parther jetzt »asiatischer« wirkten, so deswegen, weil sich das Schwergewicht von Griechenland nach Rom verlagert hatte, während die Griechen sich bereits daran gewöhnt hatten, »Asien« als hellenistisch und von griechischem Denken durchdrungen anzusehen. Für sie waren Kleinasien und Syrien zum unlösbaren Bestandteil der mittelmeerischen Welt geworden. Sie blieben es auch bis zum Arabersturm im 7. Jahrhundert. Um so mehr erschien das Partherreich als Rückfall in längst vergangene Zeiten.

Die Tocharer besiegten 123 v. Chr. den Parther Artabanos II., worauf Mithridates II. von Pontus, dem Reich am Schwarzen Meer, eingriff und die Skythen schlug. Aber die Parther blieben zunächst schwach. Tigranes von Armenien nahm ihnen Mesopotamien ab. Skythische Krieger setzten einen ihnen genehmen König auf den Partherthron. Den Griechen überließen sie den Handel, der über das neu gegründete Dura-Europos nach Westen über Palmyra, nach Osten über Ekbatana und dann nach Zentralasien verlief.

Den Zwischenhandel zwischen China und dem Mittelmeerraum beherrschten also die Parther, die nicht daran dachten, dieses einträgliche Geschäft kampflos preiszugeben. Zu verteidigen hatten sie ihn allerdings hauptsächlich gegen die vordringenden Römer. Diese mußten jedoch vorher das Pontische Reich zerschlagen, das an den Ufern des Schwarzen Meeres den Handel beherrschte. Die Könige dieses Reiches stammten von den Persern ab, die sich nach dem Fall des Achämenidenreiches dorthin geflüchtet hatten. Trotz der gleichlautenden Namen – und sie hießen vielfach Mithridates – hatten sie nichts mit den Parthern zu tun. Nach mehreren schweren römischen Niederlagen gelang es Pompejus (64 v. Chr.), Mithridates VI., den Großen, endgültig zu besiegen. Damit war den Parthern an ihrer Westgrenze ein neuer Feind entstanden, stärker als alle anderen zuvor.

Als die Römer unter Pompejus nach Armenien zogen, konnten sie als Schiedsrichter die Grenzen in den Bergen festsetzen. Aber jeder Versuch, auch die Parther in Mesopotamien zu besiegen, scheiterte. Die römischen Legionen, die zu Fuß kämpften, waren den bogenschießenden Reitern nicht gewachsen. Crassus erlag bei Carrhae 53 v. Chr. Von da ab verlief die Grenze am Euphrat mitten durch die Länder des einstigen persischen Großreiches hindurch. Um sie wurde in den nächsten sechs Jahrhunderten fast ununterbrochen gekämpft, bis Ostrom und Persien zusammenbrachen. Das Erbe traten die Araber an.

Auch diese neue Großmacht wurde nur von wenig Menschen begründet. Die Steppenreiter erhielten als neuer Adel Grundbesitz zugewiesen, dafür stellten sie die Reiterei. Eigentlich bestand das Partherreich aus einer Reihe lose zusammengefügter Fürstentümer unter einem König. Jeder Vasall hatte aus eigenen Mitteln ein Heer aufzustellen. Die Reiter in Kettenpanzern waren eine schlagkräftige Truppe. Einer dieser Lehnsfürsten, Surenas, soll allein tausend gepanzerte Reiter und zehntausend Mann Fußvolk aufgeboten haben. Das Fußvolk bestand vorwiegend aus unterworfenen Einheimischen der hellenistischen Reiche, teils sogar aus Kriegsgefangenen und Sklaven.

Die neuen Herrscher stürzten sich wirtschaftlich und politisch sowohl auf die eingesessenen Griechen wie auf die Perser. Daraus ergaben sich immer neue innere Spannungen. Die Macht im Iran und in Mesopotamien lag bei den Reitern der Steppe. Der parthische Adel hatte die römischen Legionen besiegt; er wollte nicht dulden, daß der Sohn ihres Königs Phrastes von den Römern erzogen und mit römischer Hilfe 8 v. Chr. den Thron bestieg. Vonones wurde ermordet, und der Vorkämpfer für die parthische Adelsherrschaft, Artabanos III. (10–40), einigte das Reich unter besonderer Betonung gerade der iranischen Vorherrschaft.

Rom war gewachsen im Schatten der etruskischen Macht. Gegen die Etrusker haben sich die Römer zunächst auf die Karthager gestützt, dann auf die Bergstämme und auf die Griechen. Als ihre militärische Kraft wuchs, gelang es ihnen, sich von den Bundesgenossen zu lösen und schrittweise zuerst Latium, dann Mittelitalien und schließlich das ganze Land zu unterwerfen. Sie erlitten einen schweren Rückschlag, als die Kelten nach ihrem Sieg an der Allia Rom 386 v. Chr. niederbrannten. Die Gallier zogen sich jedoch wieder in die Poebene zurück.

Nun konnten die Römer fortfahren, zäh einen Gegner nach dem anderen niederzuringen, die Besiegten in den Kreis der »Verbündeten« einzubeziehen, wobei Rom stets betonte, daß unter seinem Schutz Italien zum Frieden kommen würde. Mit Hilfe der Samniten unterwarf Rom Latium, mit Hilfe der Latiner die Samniten. Als sich die Gegner Roms zusammenschlossen, war es zu spät. Im 3. Samniterkrieg (298–290) besiegte Rom die verbündeten Samniten, Sabiner, Umbrer, Etrusker, Gallier und Lukaner. Die Bergvölker, die sich mit den Etruskern verbunden hatten, waren Bauern, die nur schwer ihren ganzen Volksbann ins Feld zu schicken vermochten.

Die Etrusker hatten ihren Einfluß auf die Umgebung ihrer Städte längst verloren. Und die Gallier der Poebene waren und blieben unzuverlässig, jederzeit bereit, den Krieg abzubrechen, wenn er nichts einbrachte. Ihre staatliche Ordnung erwies sich als unzulänglich. Durch einen Staatsvertrag erhielt die Stadt Càpua 312 v. Chr. das römische Bürgerrecht. Auch die italischen Städte versuchte Rom durch Bündnis, aber auch durch gemeinsame Interessen für sich zu gewinnen.

Es gab in Rom zwei Stände, den Adel mit den wenigen großen Familien und die Plebejer, also die breite städtische Bevölkerung. Der Adel saß fest im Senat, während das »Volk« in den Komitien vertreten war – der »Volksversammlung« auf dem Marsfeld – also im Heeresaufgebot, nach alter indoeuropäischer Sitte. Da die Zenturien nach dem Steueraufkommen gegliedert waren, und da die obersten Zenturien mit einem Teil der Bevölkerung genügten, um ein Gesetz durchzubringen, waren die unteren Volksschichten bei scheinbarer Gleichberechtigung praktisch politisch ausgeschaltet. Obwohl es wegen innerpolitischer Gegensätze zuweilen zu Reibungen kam, blieb die Macht des Adels eigentlich bis in die Kaiserzeit hinein ungebrochen.

Wer das Bürgerrecht besaß, fühlte sich als Römer und nicht als Latiner oder gar Italiker. Rom verlieh den verbündeten Städten und später ganzen Landschaften das »Bürgerrecht«, um sie zu sich heranzuziehen. Laufend nahm die Stadt Menschen aus der Umgebung, schließlich aus Italien und zuletzt aus dem Imperium als »Bürger« auf. Nur die Sklaven blieben ohne Recht.

Losgelöst von göttlichen Mächten haben die Römer ihren »Staat« auf dem wechselseitigen Interesse, auf dem militärischen Schutz, auf der Wirtschaftsgemeinschaft und dem übergeordneten Recht aufgebaut. Wie stark diese Bande waren, sollte sich in den großen Krisen zeigen. Selbst in Tagen äußerster Bedrängnis blieben die angeschlossenen Städte dem Bündnis treu, etwa als die Gallier die Stadt niederbrannten, als Pyrrhus die Legionen schlug oder als Hannibal die Heere vernichtete. Die Gegner verstanden nicht, warum es Rom möglich war, was noch keinem vorher gelungen war – und auch später keinem gelang – den Staat auf diesen Mittelpunkt auszurichten, so daß ein Reich entstand, dem alle verpflichtet waren.

Als die Griechenstädte in Süditalien sich dem militärischen Druck Roms ausgesetzt sahen, wandten sie sich um Hilfe an Epirus. Daraufhin verbündete sich Rom mit Karthago, und gegen beide konnte sich auch Pyrrhus von Epirus nicht durchsetzen, trotz der Kriegsmaschinen, trotz Elefanten und Söldnerheer. Pyrrhus mußte unverrichteter Sache, schließlich sogar geschlagen (275 v. Chr.), abziehen. Nun stießen Rom und Karthago ihrerseits zusammen.

Anlaß zum Krieg boten die Griechen. Da die Söldner, die sich Messanas bemächtigt hatten, von Syrakus bedroht wurden, wandten sie sich um Hilfe sowohl an Rom wie an Karthago. Das widersprach zwar dem römisch-karthagischen Bündnisvertrag, aber Rom entschloß sich, einzugreifen. Sogleich verbündeten sich Syrakus und Karthago gegen den neuen Gegner; als aber die Römer weiter vorrückten, wechselte Hieron von Syrakus 263 v. Chr. nochmals die Front. Er ging zu den Römern über und blieb ihnen bis zu seinem Tode (215 v. Chr.) treu.

Von den Städten an der nordafrikanischen Küste hatte sich Karthago am stärksten entfaltet, nicht zuletzt auch deswegen, weil seine Kaufleute beweglich genug waren, neue Wege zu suchen. Ihre Handelsschiffe liefen auch weiterhin nach Spanien, Britannien und vielleicht zur marokkanischen Atlantikküste. Als aber der östliche Pfeiler der phönizischen Seemacht wegfiel, als Sidon und Tyrus an der syrischen Küste ihre Freiheit verloren, gewann der Handel mit dem afrikanischen Binnenland an Bedeutung, vor allem das Gold aus dem Quellgebiet von Niger und Senegal.

Zwischen der Küstenebene und der Wüste, besonders in den Längstälern des Atlas, behielten die Ackerbau treibenden Berber ihre Unabhängigkeit. Sie waren in Stammesverbänden organisiert und verfügten über eine gute Reiterei. Die Karthager hingegen zogen immer mehr ausländische Söldner heran, da sie nicht wagten, ihre Sklaven oder gar die berberischen Nachbarn zu bewaffnen. Unter den Söldnern befanden sich viele Griechen als einfache Krieger wie als Offiziere, so daß die öffentliche Meinung in den Griechenstädten bald das entscheidende Zünglein an der Waage zwischen dem römischen und dem punischen Machtgefüge bildete. Karthago versuchte mit wechselndem Glück, zwischen den drei Mächten im Mittelmeerraum zu lavieren, den Etruskern, den Griechen und den Römern, wozu noch – wenn auch nur kurz – das hellenistische Makedonien gehörte. Neben einer solchen Schaukelpolitik mußte die Zielstrebigkeit Roms Vertrauen einflößen.

In drei langen Kriegen haben die Römer die Punier niedergerungen. Rom war zwar zu Lande überlegen, aber zunächst außerstande, die Seemacht Karthago dort anzugreifen, wo sie verletzlich war, auf dem Meer. Dann baute Rom – wohl mit Hilfe von Griechen – eine eigene Kriegsflotte. In der ersten Seeschlacht bei Mylä (260 v. Chr.) haben sie die Punier besiegt. Karthago hatte im Frieden auf Sizilien zu verzichten und einen hohen Tribut zu zahlen. Was ein siegreicher Krieg einbringen konnte, erlebte Rom damit zum ersten Mal.

Nun drängte in Rom die Kriegspartei nach der Vormacht im westlichen Mittelmeerraum. Entgegen den Friedensbedingungen besetzten die Römer Sardinien und Korsika; damit durchbrachen sie den Sperriegel vor dem Tyrrhenischen Meer. Spanien und das westliche Mittelmeer rückten in das Gesichtsfeld von Rom. Bis dahin hatten sie im Einflußbereich Karthagos gelegen, das seine Handelsstützpunkte wie einen Kranz an den Küsten angelegt hatte, um aus den Gebirgen Silber, Kupfer und Zinn zu beziehen. Als Gegengewicht zur römischen Landmacht gedachte der Punier Hamilkar Barkas das spanische Hinterland zu erobern. Dabei nutzte er den Gegensatz zwischen Iberern und Kelten geschickt aus – er schloß Bündnisse mit den Galliern.

DIE GALLIER

Die Kelten haben niemals eine größere politische Gemeinschaft, geschweige denn einen Staat gebildet. Zeitweise schlossen sie sich im Krieg zusammen, im Frieden zerfiel das Bündnis sofort wieder. Als die Gallier 225 v. Chr. noch einmal gegen Mittelitalien vorrückten, erlitten sie eine empfindliche Niederlage. Unter Scipio eroberten die Römer die Po-Ebene mit Mediolanum (Mailand). Daß die Keltenherrschaft in Nordeuropa auf schwachen Füßen stand, lag weniger an ihrer mangelnden militärischen Kraft als im politischen Hader. Die Frage war, ob ein hervorragender Heerführer diese ungestümen Krieger zu gemeinsamer Heerfahrt mitzureißen vermochte. Das hat Hamilkar Barkas, nach seinem Tode sein Schwiegersohn Hasdrubal und schließlich sein Sohn Hannibal zunächst erreicht.

Hannibal brachte alle Gaben mit, die notwendig waren, um die Gallier unter seiner Führung zu vereinen. Er war ein begabter Feldherr, er verstand es, mit Menschen umzugehen, und er vermochte sich keltischen Lebensgewohnheiten anzupassen. Vergebens hoffte er jedoch, die norditalienischen Gallier, die erst vier Jahre vorher erbittert gegen die Römer gefochten hatten, mitzureißen. Zwar traten Tausende von Galliern in sein Heer ein, aber zum großen Volkskrieg gegen Rom kam es nicht. Hannibal marschierte mit 20 000 Mann, darunter vielen Kelten aus Spanien, über die Alpen nach Norditalien.

Trotz eindrucksvoller Siege – bei Cannae wurde ein ganzes römisches Heer vernichtet – hielten sich die Gallier zurück. So blieben alle Siege Hannibals politisch wirkungslos. Rom rang die Punier zuerst in Spanien, dann in Sizilien und schließlich in Afrika nieder. Karthago mußte sich nach der Niederlage von Zama 202 v. Chr. ergeben. Der Friede war hart. Rom drückte so lange auf die Besiegten, bis sie sich verzweifelt zu einem neuen Krieg aufrafften – und wieder geschlagen wurden. Daraufhin zerstörten die Römer die verhaßte Handelsstadt vollständig (146 v. Chr.)

Griechen und Römer konnten nun wieder durch die Straße von Gibraltar fahren, aber ob sie die Handelsplätze nicht kannten oder ob sie nichts unternehmen wollten – jedenfalls verkümmerte der Handel, wenn er nicht sogar ganz erlosch. Caesar fand ein Jahrhundert später in England so gut wie nichts von dem vielberedeten Reichtum vor. Dunkel war die Sage von »Atlantis«, von Städten und Reichen jenseits der Säulen des Herkules; es blieb die Erinnerung an Tartessos und an die Zinninseln; aber die Kanarischen wie die Kapverdischen Inseln, die Senegalmündung oder Kamerun und erst recht die Azoren weit im Weltmeer verschwanden wieder in unbekannte Ferne. Die vielversprechende Entwicklung war in der Wurzel getroffen und zerstört.

Keiner weiß, was in den Salzminen vor sich ging, als die punischen Handelskarawanen nicht mehr eintrafen, und was in den Goldminen geschah, als das unentbehrliche Salz aus dem Norden ausblieb, als niemand mehr nach Gold fragte, weil er nicht wußte, ob er dieses einst so begehrte Handelsgut an der Küste würde verwerten können. Gab es noch die alten Kunden? Was taten die neuen Herren? Wer anders konnte denn Gold erwerben als die punischen Kaufleute?

Karthagos Untergang war ein schwerer Schlag für Schwarzafrika. Die Römer kümmerten sich kaum um die Länder jenseits der Wüste. Erst zwei Jahrhunderte später haben sie erneut den Weg nach Süden gesucht. Römische Sendboten sind zwar bis zum Niger gekommen, aber die Kenntnisse von Zentralafrika lebten erst mit den Arabern wieder auf.

In Spanien – nun Provinz des Römischen Reiches – leisteten die Kelten erbitterten Widerstand. Und 154 v. Chr. erhoben sich auch die Lusitaner. Erst nach 21 Jahren harter Kämpfe, die Rom mehr Tote kostete als der zweite Punische Krieg, ergab sich Numantia 133 v. Chr.; aber auch weiterhin blieben die Kelten und die Basken unruhig, so daß römische Legionen immer wieder unter schweren Verlusten eingreifen mußten. Noch der junge Caesar hat sich in Spanien die ersten militärischen Sporen verdient.

Die illyrischen Gebiete östlich der Adria wurden nur formal unterworfen, aber sie wurden als Bundesgenossen zum Bollwerk gegen Makedonen und Kelten ausgebaut, nachdem die Po-Ebene nach erfolglosem Aufstand ebenfalls römische Provinz geworden war. Noch bevor die Römer sich im westlichen Mittelmeer durchgesetzt hatten, begannen sie ihren Vormarsch gen Osten. Sie griffen Makedonien an, wobei sie als »Befreier« der Griechen auftraten. Zunächst atmeten die griechischen Städte erleichtert auf, als sie vom Druck des hellenistischen Territorialstaates erlöst wurden, doch sollten sie bitter enttäuscht werden, da sie unter die härtere Herrschaft Roms gerieten.

Als Perseus noch einmal versuchte, die makedonische Oberhoheit in Griechenland aufzurichten, wurde er bei Pydna geschlagen, Makedonien nach einem kurzen Aufstand römische Provinz. Ungeheure Beute floß nach Rom. Als die Griechen sich gegen die wachsende Ausbeutung zu wehren suchten, zerstörten die Römer Korinth (146 v. Chr.) und führten erbarmungslos die gesamte Bevölkerung in die Sklaverei. Kurz darauf (133 v. Chr.) fielen Teile Kleinasiens ohne Schwertstreich an Rom: König Attalos III. »vererbte« sein Reich Pergamon dem römischen Volk.

Den Krieg gegen Karthago hatten nicht zuletzt die Numider unter Massinissa entschieden. Roms Sieg wurde jedoch in Frage gestellt, als die Bewohner des Hinterlandes in Bewegung gerieten. Die ersten Kämpfe spielten sich in Afrika ab, wo Jugurtha die Numider gegen

Rom führte, bis er besiegt und ausgeliefert wurde (111–105). Rom beherrschte nun das ganze Mittelmeer. Aufstände in Spanien und Kleinasien wurden blutig niedergeworfen. Keine Macht konnte Rom mehr gefährlich werden. Ernste Probleme aber entstanden ihm im Innern.

Rom war nicht mehr der festgefügte Bauern- und Kriegerstaat, der es einst gewesen. Seit langem waren Menschen aus allen Teilen der Mittelmeerwelt nach Rom gezogen, freiwillig oder als Sklaven. Während aus den endlosen Kriegen ungeheure Schätze nach Rom flossen, verarmten die Bauern in Italien. Der Außenhandel brachte große Reichtümer, die Anlage in Grund und Boden – und in Sklaven suchten. Und durch das Geld sammelte sich Grund und Boden in wenigen Händen.

Die Landwirtschaft stand in heftigem Wettbewerb mit den Provinzen, die zwangsweise oder gegen die ungeheuren Tribute an Silber und Gold ihre Ausfuhr nach Rom erhöhten. Als die Stadt beschloß, die untersten Volksschichten aus den Tributlieferungen der Provinzen kostenlos zu ernähren, sank der landwirtschaftliche Absatz weiter. Der freie Bauer verkaufte seinen Acker an den Großgrundbesitzer und zog in die Hauptstadt, um dort vom Staat verpflegt und mit öffentlichen Spielen ergötzt zu werden.

Auf den Gütern arbeiteten die Sklaven. Immer wieder versuchten die Unglücklichen, durch Aufstände ihr Los zu verbessern. Da die meisten von ihnen einst Kriegsgefangene, also im Waffendienst ausgebildet waren, wollten sie sich nicht wie Vieh behandeln lassen, doch schlugen die Legionen jeden Aufstand blutig nieder. Grausame Strafen zerbrachen jeden Widerstandswillen. Aber die Sklavenwirtschaft fraß wie Gift am sozialen Körper; denn mit der billigen, ausgebeuteten Arbeitskraft konnte der freie Bauer nicht mithalten.

In Rom verkaufte er seine politische Stimme bei der Wahl der Konsuln und Heerführer an den Meistbietenden. Politik wurde zum Geschäft. Gegen diese Entwicklung wandte sich der Volkstribun Tiberius Sempronius Gracchus; er forderte den Grundbesitz auf dem einstigen Gemeindeland auf 250 Hektar zu begrenzen. Eine romantische Forderung! Denn es ging nicht um die Größe des Einzelbesitzes, sondern um die Wirtschaftsform, die durch Sklavenarbeit und riesige Tribute gekennzeichnet war. Der Adel ließ den Volkstribunen erschlagen; seinem Bruder, der sich die Unterstützung der anderen italienischen Städte dadurch sichern wollte, daß er ihnen das volle Bürgerrecht, allen italienischen Bundesgenossen wenigstens das begrenzte Bürgerrecht versprach, erging es ebenso. Die innere Schwäche des Reiches mußte offenbar werden, als ein neuer Feind von Norden erschien.

War die Mittelmeerwelt längst durch die Stadtkultur geprägt, so führte Nordeuropa weiterhin sein Eigenleben. Im 4. Jahrhundert v. Chr. haben die Germanen begonnen, sich langsam gegen die Herzynischen Wälder vorzuschieben. Die Germanen lebten noch im 2. Jahrhundert v. Chr. als Bauern und Viehzüchter. Sie kannten keine Städte. An der unteren Donau tauchen um 200 v. Chr. die Bastarner auf. Philipp V. von Makedonien ruft sie in seinen Kämpfen gegen die illyrischen Dardaner am Wardar zu Hilfe.

Um die Mitte des 2. Jahrhunderts v. Chr. ziehen die Kimbern Nordjütlands nach Schlesien, wo sich bereits die ostgermanischen Vandalen und Rugier von der Insel Rügen niedergelassen hatten, dann über Böhmen und Ungarn nach Süddeutschland und Gallien weiter. Wie groß die Scharen waren, weiß man nicht. Nach den Wegebedingungen zu urteilen, waren es einige tausend Krieger mit ihrem Troß. Sie schlugen die römischen Legionen, die ihnen bei Noreia in Kärnten entgegentraten, indem sie im geschlossenen Gewalthaufen, dem gefürchteten »Eberkopf«, im Laufschritt unter wildem Gesang gegen sie anrannten. Ein römisches Heer nach dem anderen, 109, 107 und 105 v. Chr., erlag ihren Waffen. Dann trennten sich die Heere.

Die Kimbern drangen, wenn auch nur vorübergehend, in Spanien ein, die Teutonen und Ambronen zogen nach Belgien. Dort hinterlegten sie ihre Beute. Sie wollten Rom selbst angreifen. Der Schrecken, der ihnen voraufging, war so groß, daß Rom seinem fähigsten General, Marius, den Befehl übertrug, der dann die Teutonen bei Aquä Sectiä (Arles) 100 v. Chr. und die Kimbern bei Vercellä 101 v. Chr. (nahe Mailand) besiegte.

Unabsehbar waren die innenpolitischen Folgen dieser Kriege: Rom bildete sein Heer um. An die Stelle des Volksaufgebotes, das jeweils aufgerufen wurde, trat das langdienende Berufsheer aus Söldnern mit einheitlicher Bewaffnung. Jeder Legionär erhielt den Schild, das kurze Stoßschwert und den Wurfspeer. Die Reiterei stellten die Bundesgenossen. Da das Heer sich fortan nicht dem Senat, sondern seinem Feldherrn verpflichtet fühlte, wurde es zu einer gefährlichen Waffe in den innenpolitischen Auseinandersetzungen. Mit seinem Heer setzte der Feldherr durch, was er wollte.

Zunächst galt Marius als der Abgott seiner Truppen. Der Rückschlag kam, als Sulla nach seinem Sieg im Osten an der Spitze des Heeres zurückkehrte und Rom nahm. Nun wurden die Anhänger des Marius verfolgt. Neunzig Senatoren und zweitausendsechshundert Kavaliere – equites – wurden aufgrund von Schwarzen Listen hingerichtet. 4700 wurden geächtet und mußten fliehen. Der von Marius arg gelichtete Adel übernahm wieder die Macht. Aber um welchen Preis geschah dies!

In langem und erbittertem Ringen (Bundesgenossenkrieg 91–82) hatten die italischen Städte das volle Bürgerrecht durchgesetzt. Rom war nur noch die Hauptstadt des Reiches. Und innerhalb Roms waren die unteren Volksschichten, in Krisenzeiten sogar manche Sklaven, zu den höchsten Staatsstellen aufgestiegen. Das hat das Römische Reich von Grund auf umgestaltet.

Der Sieger in Kleinasien, Pompejus, verband sich mit den mächtigsten Parteiführern in Rom zu einem Dreibund – Triumvirat –, der die Staatsposten unter sich aufteilte. Crassus ging nach Osten, fiel jedoch im Kampf gegen die Parther. Pompejus erhielt Spanien und Afrika, Caesar hingegen eroberte ganz Gallien; er überschritt den Rhein, besiegte die Germanen und landete in Britannien. Durch diese Eroberungen hatte sich das Schwergewicht im Römischen Reich verschoben.

Caesar nahm mit seinen Truppen, darunter vielen Kelten und Germanen, Rom ein und besiegte im folgenden Bürgerkrieg Pompejus. Nun sollte der Osten unterworfen, die Niederlage des Crassus bei Carrhae gerächt werden. Doch Caesar erlag 44 v. Chr. dem Mordanschlag der Senatoren. Wahrscheinlich wäre der große Caesar im Osten gescheitert, denn Marc Anton versuchte vergeblich, mit einem wesentlich stärkeren Heer Persien zu gewinnen. In Rom entbrannte von neuem der Bürgerkrieg, zuerst zwischen den Anhängern Caesars und seinen Mördern, dann unter ihnen selber. Caesars Adoptivsohn Oktavian rang alle seine Gegner nieder: Marc Anton, Pompejus und den Senat. Auch diese langen Bürgerkriege, in denen so viele römische Heere vernichtet wurden, in denen ein so hoher Anteil führender Persönlichkeiten sterben mußte, konnten die militärische Überlegenheit Roms über seine Nachbarn nicht mindern. Glanzvoll gründete Kaiser Augustus das neue Imperium.

Zur gleichen Zeit entstand ein mächtiges Reich in Ostasien. Seit langem hatten die Chinesen an ihrer Nordgrenze mit den Hiung-nu zu kämpfen, die immer wieder Einfälle aus der Steppe machten. Gewöhnlich übersetzt man Hiung-nu mit Hunnen, obwohl sie zu dieser Zeit gewiß ein anderes Volk waren als die Hunnen der späteren Jahrhunderte. Wahrscheinlich waren sie eine Mischung von Skythen, Turkvölkern und Mongolen. Als Reiter haben sie ihre bewährte Kriegstaktik angewendet: rasche Überfälle. Trafen sie aber auf Widerstand, machten sie einfach kehrt.

Aus ihren ursprünglichen Heimatgebieten im nordeurasischen Waldgürtel hatten sie den Schamanenglauben mitgebracht, den Glauben an die Geister der Tiere, der Bäume, der Steine, an die magische Welt der Natur. Aus diesem Glauben hatten sie in ihrer Kunst den

Tierstil entwickelt, der viele Elemente aus der vorderasiatischen Hochkultur übernommen und eingeschmolzen hatte und der seit den Tagen der Shang auch die chinesische Kunst mitgestaltet hat.

Um die Hiung-nu abzuwehren, genügten die alten Feudalaufgebote nicht mehr. Reiterheere mußten aufgestellt werden. Nur ein starker Herrscher konnte die vielen Aufgaben erfüllen, die der ständige Steppenkrieg erforderte. Weil er stark war, brauchte er auf die Feudalherren nicht allzuviel Rücksicht zu nehmen. Das Heer gab ihm eine größere Macht. Diese Kämpfe endeten damit, daß der Fürst von Ch'in (221 v. Chr.) die anderen Fürstentümer unterwarf und den Staat straff organisierte.

Um dieses Ziel zu erreichen, mußte er die Vorrechte des Adels abschaffen. Er setzte den selbstherrlichen Adel ab. Die führenden Familien, die Fürsten wie die Großgrundbesitzer, wurden gezwungen, in die Hauptstadt Hsien yang – im Wei-Tal – zu ziehen, so daß sie jeden Einfluß in ihren angestammten Landschaften verloren. Für seine Verdienste im Kampf erhielt der neue Kriegeradel ausgedehnten Grundbesitz zugewiesen. Um die Zentralgewalt zu stärken, wurden Rechtsreformen durchgeführt. Maße und Gewichte und Münzen wurden vereinheitlicht. Auch die bisher unterschiedlichen Schriftzeichen, die sich in den einzelnen Landstrichen entwickelt hatten, wurden einheitlich vorgeschrieben.

In seinem Kampf gegen den überlieferten Feudalismus, der sich auf die Lehren des Konfuzius stützte, ging der Ch'in Kaiser so weit, die Bücher verbrennen zu lassen, um den innenpolitischen Gegnern die geistigen Grundlagen zu entziehen. Alle das Altertum behandelnden Schriften wurden eingezogen und vernichtet, Besitz und Studium dieser Schriften wurden bestraft, nur solche über Heilkunde, Land- und Forstwirtschaft und Orakelkunde durften bleiben. Diese Bücherverbrennung galt und gilt für die Chinesen als eines der großen Verbrechen gegen die Kultur.

Das Heer wurde mit eisernen – statt der bisher üblichen bronzenen – Waffen ausgerüstet. Jetzt erst, fast tausend Jahre später als in Vorderasien, setzten sich im Fernen Osten die Eisenwaffen durch, wahrscheinlich auch von den Reitern übernommen. Die Ch'in haben mit dem Bau der Großen Mauer begonnen, um die einbrechenden Hiung-nu abzuwehren; zunächst war das nur ein mehr oder minder zusammenhängender Erdwall, der im Laufe der Jahrhunderte zu einem 4000 Kilometer langen Verteidigungssystem heranwuchs.

Bis zu den Ch'in lautete der Herrschertitel in China Wang – also König. Der Mann, der dieses Reich einte und alle jene Maßnahmen einführte, die dauerhaft und nützlich waren, fügte als weiteren Titel Ti hinzu, was als Kaiser zu übersetzen wäre. Er nannte sich Shi Wang

Ti. Obwohl seine Dynastie nur 15 Jahre lang regiert hat (221–206 v. Chr.), blieb Ch'in – China – bei den Nachbarn der Name für das ganze Volk. Die Chinesen haben sich selber niemals so genannt. Sie bezeichneten sich als Han-Volk. Han ist die Dynastie, die den Ch'in folgte. Sie kam durch einen Bauernaufstand an die Macht.

Als die Truppen an der Grenze meuterten, schlossen sich ihnen unzufriedene Adlige an. Schließlich übernahm der Bauernsohn Liu Pang energisch die Führung, dem es in harten Kämpfen gelang, das ganze Reich zu gewinnen (202 v. Chr.). Rücksichtslos schaltete er die alte Adelsschicht aus.

Auch in China war es nicht länger möglich, Kriege durch feudales Aufgebot zu führen. Nun rückten starke Heere weit vor, um viele Jahre draußen zu bleiben, wenn sie überhaupt wiederkehrten. Dazu bedurfte es geschulter Berufskrieger, die vorwiegend von den Stämmen jenseits der Grenze kamen. Das Heer verwandelte sich also gründlich – wie ja auch in Rom. Mit seinen Berufskriegern stieg China zur beherrschenden Militärmacht auf. Aus dem Bauernaufstand erwuchs ein neuer Staat.

Jetzt erst bildete sich das »Han-Volk«. Gewiß hat es auch weiterhin einen Adel gegeben, doch setzt er sich nun aus Menschen zusammen, die über den Kriegsdienst, über die Politik, über den Staatsdienst oder über die Bildung aufgestiegen waren. Mochte der Adel unter den Han vieles von dem der Chouzeit übernommen haben, im Grunde war er etwas anderes. Da die neuen Herren keine Ahnen hatten, deren Einfluß religiös gedeutet werden konnte, brachte das einen gründlichen Bruch mit der Vergangenheit.

Liu Pang ernannte seine Waffengefährten zu »Königen« oder Markgrafen – hou. Ihnen wurde alles Land zugeteilt, bis auf ein Drittel, das dem Kaiser zustand. Sie erhielten Gutsbezirke, die von wenigen hundert Familien bis zu solchen mit 20 000 Familien reichten. Kein Beamtenposten war mehr erblich, kein Amt eine Pfründe. Sobald ein Adliger gefährlich zu werden drohte, wurde er durch Mitglieder der kaiserlichen Familie ersetzt. Nicht die selbstherrlichen Vasallen, sondern der Kaiser sollte herrschen. Liu Pang schuf eigentlich erst den chinesischen Staat. Dafür erhielt er den Titel Kao – Vollender. Wang wurde ein Ehrentitel, der zwar mit Geldeinnahmen verbunden war, aber politisch keine Macht enthielt.

Steuern und Abgaben zogen staatliche Beamte ein. Ein neues Strafgesetz, das allerdings viele der grausamen Bestimmungen des Ch'in Gesetzes übernahm, sicherte die Rechtseinheit des Reiches. Zusammenfassend läßt sich sagen: die Han haben die Politik der Ch'in fortgesetzt, sie haben das Feudalwesen endgültig gebrochen und dem Bauernstand, allerdings meist nur der eigenen Verwandtschaft, die

Herrschaft in China gesichert. Der Weg zu großen Eroberungen war damit frei geworden.

Als die Han den Kaiserthron gewannen, beherrschten sie nur die Stromgebiete von Hoangho und Yangtsekiang, und von diesem Fluß eigentlich nur den Unterlauf, das Tiefland. Innerhalb von hundert Jahren dehnten sie nun ihre Macht bis Turkestan und bis Indochina – Annam – aus. Schon im 3. Jahrhundert v. Chr. hatten die Chinesen drei Präfekturen in den späteren Provinzen Kuang-hsi und Kuang-tung geschaffen, die sich aber bald wieder von der Zentralregierung lösten. Der chinesische Staathalter erklärte sich einfach zum König in der südlichen Yüeh.

Unter den frühen Han lag die Grenze des Reiches an den Pässen, dort wo die Ströme schiffbar wurden und an der Wasserscheide zwischen Yangtsekiang und Perlfluß. Südlich davon lagen zwei Reiche der Hue-Stämme, Tung-ou in Südchekiang und Min-Yüe in Fukien. Als diese untereinander Krieg führten, eroberten die Chinesen Tung-ou. Kaiser Wu (140–86 v. Chr.) hat ein Expeditionsheer nach Kanton geschickt, um die chinesische Herrschaft bis Hanoi aufzurichten. Auch hier galt von nun an der Befehl des Kaisers, allerdings gemildert durch die weite Entfernung und die schwierigen Verkehrsverbindungen.

Seit 110 v. Chr. gehörte sogar Yünnan politisch zum chinesischen Reich, wenn die Bewohner auch bis tief ins 12. Jahrhundert hinein dort nicht chinesisch sprachen, sondern bei ihrer eigenen Thaisprache blieben. Auch die Hinzugekommenen gehörten nun zum »Han-Volk«, das durch die gemeinsame Schrift zusammengeschweißt wurde, die für alle die verschiedenen Dialekte galt. Die Völker des Yangtse-Beckens oder gar der südlicheren Provinzen hielten noch lange am alten Schamanenglauben und dessen Bräuchen fest. In Tibet hat er sich selbst unter dem Firnis des Buddhismus bis ins 20. Jahrhundert hinein gehalten.

Das neue kraftvoll erweiterte Reich stellte große Anforderungen an die Verwaltung. Vom Mittelpunkt des Reiches aus, den man im Kaiserpalast der Hauptstadt Chang-an sah, sollten alle Gebiete erschlossen und einheitlich gestaltet werden. Aber weil die Kräfte so weiter Räume zusammengefaßt wurden, konnte man auch die entsprechenden Verkehrswege schaffen. Straßen wurden gebaut, Kanäle wurden im Flachland gezogen, die die großen Ströme wenigstens über ihre Unterläufe miteinander verbanden. Damit glich sich auch das Bevölkerungsgefälle allmählich aus.

Damals war der Norden noch weit volkreicher als der Süden. Unter den Han strömten aber immer mehr Menschen in die weiten, nur dünn besiedelten Landstriche des Südens. Sie brachten die landwirtschaftlichen Geräte, ihre Anbaumethoden und Saaten mit sowie ihre Kultur, also ihre Schrift, ihre Denkweise, die klassischen Bücher. Sie verbreiteten ihre Auffassung vom Staat, seiner geordneten, von geschulten Beamten getragenen Verwaltung und damit auch ihre Achtung vor der Bildung. Aber die Umformung des Südens – wirtschaftlich wie geistig – war ein langsamer Prozeß.

Um dieses weite Reich mit so unterschiedlicher Bevölkerung zur Einheit zusammenzuschmelzen, bedurfte es noch eines Jahrtausends bitterer Erlebnisse und gemeinsamen Leidens. Im Norden spielte sich das politische, das wirtschaftliche und das kulturelle Leben in den Städten ab. Hier bildete sich die neue Führungsschicht, die aus den Beamten, den Gelehrten und den Kriegern bestand, die zu einem neuen Adel zusammenwuchsen. Im allgemeinen kamen diese Männer aus der Grundbesitzerschicht, denn nur sie konnte ihren Söhnen die teure Erziehung bieten, die für diese Posten Voraussetzung war. Aber auch begabte Bauernsöhne konnten über das Studium aufsteigen.

Der Süden war zu jener Zeit nur nehmend, kulturell stellte er nichts – noch nichts – dar. In der späteren chinesischen Geschichte hat das Verhältnis von Nord und Süd stets eine bedeutsame Rolle gespielt – damals aber lag die Führung in den alten Siedlungsgebieten des Nordens. Nun schoben sich die chinesischen Siedler und Kaufleute die Küste entlang nach Süden vor und von den Mündungen der großen Ströme landeinwärts.

Auch im Norden weitete sich der Einflußbereich der chinesischen Kultur aus. Als es zu Kriegen zwischen dem Vasallenstaat Yen und den Han kam, flüchteten viele Menschen aus Yen nach Osten. Sie gründeten in Korea ein eigenes Reich, erkannten allerdings die Oberhoheit der Han an. Langsam bildete sich zunächst eine chinesisch geprägte Führungsschicht in Korea und in der nördlichen Mandschurei heraus, die vor allem die Kenntnis der Bronze und des Gußeisens mitbrachte, dazu den Gedanken eines Staates. Im Krieg (um 109/108 v. Chr.) eroberten die Han Korea. Besonders die Präfektur Lo-lang wird zum Mittelpunkt einer bedeutsamen chinesisch geprägten Kultur mit Seidenraupenzucht, Bronze und Keramik, mit Gold- und Jade-Arbeiten und mit Münzen. Selbst die Reiskultur gelangte bis nach Korea.

Kaiser Wu (141–87 v. Chr.) hatte einen gut organisierten Staat geerbt mit regelmäßigen Steuern und mit einem starken Heer. Ein geschulter Beamtenstab trug die Verwaltung und die Rechtsprechung. Gestützt auf diesen Rückhalt hat Kaiser Wu die Hiung-nu nicht nur wie seine Vorgänger abgewehrt, sondern tief in die Steppe hinein verfolgt und das Gebiet bis zum Tarymbecken erobert. Unzufriedene Chinesen, selbst Adlige und Offiziere, haben immer wieder bei den Hiung-nu Dienst genommen. Dabei haben sie ihnen viele Kenntnisse aus dem Kulturland vermittelt und ihre Kampfkraft erhöht.

Lange Zeit haben die Han es vorgezogen, den Reitern »Geschenke« zu machen, was sicherlich billiger kam, als Heere in die weiten Steppengebiete zu entsenden. Beliebt war die Seide, die in so reichem Maße geliefert wurde, daß die Barbaren sie ihrerseits im Westen verkauften, um sich dafür Waffen und Schmuckstücke zu verschaffen. Vielleicht ist der Seidenhandel überhaupt erst durch diese Geschenke in Gang gekommen. Um 130 v. Chr. schickte Kaiser Wu vier große Heere zu je 10000 Reitern gegen die Barbaren. Zunächst wurde das Ordosgebiet erobert, dann machten die Chinesen 15000 Gefangene in der Mongolei. Vom Wei Tal rückte ein Heer nach Kansu, um auch dort die chinesische Herrschaft zu errichten. Zur gleichen Zeit, da die Römer sich anschickten, nach Osten vorzustoßen, wandten sich die Chinesen dem Westen zu.

Um die Yuetschi – oder Saken –, die vor einem halben Jahrhundert von den Hiung-nu vertrieben worden waren, zu einem Bündnis gegen die Reitervölker zu gewinnen, wurde Chiang Ch'ien vom Kaiser als Gesandter nach Westen geschickt. Doch vermochte der Chinese nicht, sie zu einem Angriff zu bewegen. Wenn Chiang Ch'ien seinen Auftrag auch nicht erfüllen konnte, so brachte er doch genauere Kunde von den Ländern des Westens nach China. Die Folgen zeigten sich bald.

Unter dem Feldherrn Li Kuang eroberten die Chinesen das Tarym-Becken und erreichten zwischen 104 und 100 v. Chr. sogar Ferghana, das Land der »blutschwitzenden Pferde«. Die Stoßkraft der Hiung-nu war gebrochen, wenn es zunächst auch noch zu Kämpfen – selbst zu Rückschlägen kam. Der Khan der »südlichen« Horde, der sich dem chinesischen Kaiser unterwarf, wurde als Bundesgenosse aufgenommen. Die »nördlichen« Hiung-nu konnten 36 v. Chr. am Talasfluß in Sogdien besiegt und zersprengt werden.

Um die Zeitenwende hatten sich also zwei mächtige Reiche durchgesetzt, die für den weiteren Gang der Weltgeschichte Vorbild und Schicksal werden sollten: China und Rom. Manche Übereinstimmung drängt sich auf: die umfassende Grenzmauer, die guten Straßen, die zentrale Verwaltung. Jedes der beiden Reiche hatte wohl 60 bis 70 Millionen Einwohner, während in allen übrigen Gebieten zusammen höchstens 50 Millionen Menschen lebten und von diesen wiederum ein großer Teil im Partherreich und in Indien. Die übrige Welt war nahezu menschenleer.

Die großen Imperien

Augustus hat alle Eroberungspläne seiner Vorgänger im Osten aufgegeben. Er wollte den Frieden. Die Grenze des Römischen Reiches lag am mittleren Euphrat. In Syrien ließ der Römer befreundete Fürsten regieren, in Palästina den Herodes. Das starke Partherreich blieb ein machtvoller Nachbar, der aber auch gleichzeitig einen Schutz gegen überraschende Einfälle irgendwelcher Kriegerhaufen bot.

Diese Gefahr war nördlich der Alpen ständig gegeben, da die Barbaren in den unendlichen Wäldern nicht gebändigt werden konnten. Deswegen ließ Augustus sowohl die Landstriche südlich der Donau wie zwischen Rhein und Elbe besetzen. Der Widerstand war gering und schien bald gebrochen. Zur Abrundung der Grenze zwischen Elbe und Donau fehlte nur noch Böhmen. Als die kaiserlichen Truppen jedoch vom Main wie von der Donau vorrückten, um den Markomannenkönig Marbod zu unterwerfen, brach in Illyrien ein Aufstand aus, der auf Jahre hinaus einen beträchtlichen Teil der römischen Streitkräfte – 15 bis 17 Legionen – band. Die meist römisch gesinnten Städte gingen in Flammen auf. Als es dem Feldherrn Tiberius endlich gelang, den erbitterten Widerstand zu brechen, schlugen die Germanen am Teutoburger Wald los; sie vernichteten drei römische Legionen.

Die gesamte Rheingrenze schien offen dazuliegen. Obwohl die in Illyrien freigewordenen Legionen den Germanen empfindliche Niederlagen beibrachten, rief der neue Kaiser Tiberius seinen siegreichen Befehlshaber Germanicus dennoch hinter den Rhein zurück. Er schloß mit den Germanen Frieden und knüpfte sogar bedeutsame Bündnisse sowohl mit Marbod in Böhmen wie mit den Verwandten des Arminius. Dabei verzichtete Rom auf jede gewaltsame Unterwerfung jenseits der Grenzen, die zunächst am Rhein und an der Donau, später zwischen den Strömen am Limes lagen. Was die Waffen nicht erzwungen hatten, sollte nun der friedliche Handel vollbringen, die Ruhe in Germanien. Die Germanen sollten ihre Streitigkeiten unter sich ausmachen. Das riesige Römische Imperium bot ihnen sowohl den Austausch von Gütern wie gut bezahlte Arbeitsplätze, sei es als Söldner im Heer oder als Arbeiter in der aufblühenden Industrie – etwa der Glasherstellung am Niederrhein.

Der Friede des Tiberius hat etwa drei Jahrhunderte gewährt. Wenn er zwischendurch gestört wurde, so nicht von den unmittelbaren Nachbarn, sondern von Kriegsscharen, die von weit her kamen. Eine so lange Friedenszeit hat es am Rhein seitdem nicht wieder gegeben. Da sich viele Germanen im Imperium niederließen, gewannen sie mit der Zeit die zahlenmäßige Überlegenheit in den römischen Rheinprovinzen Germania inferior und Germania superior. Römische Kaufleute wiederum erreichten die Ostsee bis zum Finnischen Meerbusen. Damals setzten die Finnen vom heutigen Estland über, sie drängten die Lappen in den unwirtlichen Norden zurück.

Der Römische Frieden galt in dem weiten Gebiet von den Säulen des Herkules bis zum Euphrat, von Britannien bis zum 2. Katarakt des Nils. Ein kleines, aber schlagkräftiges Heer von 25 Legionen, mit Hilfstruppen an die 250 000 Mann stark, sicherte sowohl die Grenzen wie die Ordnung im Inneren. So konnten die Städte aufblühen mit Bürgern, die römisch oder weitgehend romanisiert waren.

Überall in diesem weiten Reiche fand ein Reisender die gleichen Einrichtungen, die gleichen Sitten und Gebräuche wieder, fast zum Verwechseln ähnlich. Römische Tempel, römische Straßen, römische Brücken, römische Brunnen und in der Umgebung römische Villen, das Forum, auf dem Recht gesprochen wurde, die Arena für die Tierspiele, das Theater, den Triumphbogen, der zu Ehren des Kaisers errichtet wurde, häufig dann, wenn er zu den gar nicht seltenen Besuchen selbst in die entlegenen Provinzstädte kam, die Bibliothek, die meist von reichen Kaufleuten gestiftet worden war. Das Castrum der Legionen sah am Rhein nicht anders aus als am Nil und in Syrien. Überall galt das römische Recht, überall saßen römische Beamte, überall wurden die gleichen Waren gehandelt, überall fand sich römische Kunst – in den fernen Provinzen naturgemäß mit provinziellem Anstrich – überall strahlte die mittelmeerische Kultur aus.

Die unruhigen Grenzen wurden von kraftvollen Kaisern wiederholt vorgeschoben: in Britannien bis Schottland hinauf, in Afrika zum Atlas und zur Wüste, im Donauraum bis zu den Karpaten, in Asien – wenn auch nur vorübergehend – bis zur Iranischen Hochfläche und zum Kaukasus. Der Handel erlebte einen ungeheuren Aufschwung. Petra an der arabischen, Byzanz an der pontischen Grenze wurden reiche Städte. Am meisten nahm der Warenimport aus Indien zu, von der Oasenstadt Palmyra den Euphrat entlang oder über das Rote Meer mit dem nun bekannten Monsun zum Indischen Ozean. Durch diesen Handel stieg Alexandrien an der Nilmündung zur größten und reichsten Stadt des Reiches auf.

Vorübergehend mochte es scheinen, als würde dieser Handel die Kraft des Imperiums aufzehren. Die Römer konnten im Austausch von Gewürzen und Seide und vor allem von Baumwollwaren kaum etwas anderes bieten als Edelmetall, vor allem Silber, das in Münzen in beträchtlichen Mengen abfloß. Das änderte sich vom zweiten Jahrhundert ab, als das Imperium einesteils Leinen ausführte, andererseits Baumwolle in Ägypten anbaute.

Kaiser Nero hatte diesen Indienhandel kräftig zu unterstützen gesucht. Auf ihn geht der Kanal zurück, der die Landenge von Korinth durchstoßen hat, um den Schiffen aus dem Ionischen Meer den Weg zu öffnen. Nero hat auch versucht, die Ufer des Roten Meeres bis Aden hin dem römischen Einfluß zu unterwerfen. Wenn er scheiterte, so nicht an diesen Plänen, sondern an seiner Innenpolitik.

Der Staat, wie Augustus ihn geschaffen hatte, wurde von den Bürgern, eigentlich von den reichen Großbürgern in den Städten, getragen, die alle wirtschaftliche und politische Macht besaßen, die den größten Teil der Staatsaufgaben durch ihre freiwilligen Leistungen bis hin zum Straßenbau trugen. Dafür genossen sie viele Vorteile, vor allem die Vorrechte eines »römischen Bürgers«. »Zivilisiert« im römischen Sinn waren nur die Bewohner der Städte, die im Westen lateinisch und im Osten griechisch sprachen.

Der römische Firniß verdeckte die tiefreichenden Unterschiede im Untergrund. Zwar waren die Völker im Imperium aufgegangen, aber die Völkerschaften und ihre Eigenschaften, ihre Religion, ihre Sitten und ihre Sprachen waren erhalten geblieben. Die römischen Städte bildeten gewissermaßen Inseln im Meer von Bewohnern, die keltisch, iberisch, illyrisch oder thrakisch, ägyptisch, aramäisch in Syrien und Vorderasien, phrygisch in Kleinasien und armenisch sprachen. Aussicht, in den Städten aufzusteigen, hatte nur, wer Latein lesen und schreiben konnte. Dem einfachen Mann war dieser Weg verwehrt – es sei denn über das Heer.

Die Bewohner des flachen Landes wurden von der römischen Herrschaft nur passiv erreicht; sie mußten sich einer Lebens- und Regierungsform anpassen, die ihren Überlieferungen, ihrem Glauben und ihrer Lebensweise fremd war, ihr teils geradezu widerstrebte. Nahezu aller Grund und Boden war aufgrund des römischen Privatrechts in die Hände von reichen Stadtbewohnern gefallen, die ihre Güter durch Verwalter mit Hilfe von Sklaven oder abhängigen Landbewohnern – coloni – bestellen ließen, Menschen, die in der Regel ihre alten Sprachen beibehielten, wenn sie auch gezwungen waren, auf den Märkten, in den Städten und vor Gericht lateinisch zu verhandeln.

Siegreiche Feldherrn konnten große Vermögen häufen. Ein ungeheurer Reichtum sammelte sich vor allem in der Hand des Kaisers. Verwaltet wurde dieser Besitz meist von Sklaven oder von Freigelassenen. Voll Zorn sahen ehrbare Bürger und hochwürdige Senatoren, wie solche Sklaven Gelder, Ämter und Ehren zu vergeben vermochten, wie ihnen manch freier Mann schmeichelte. Die Klammer zwischen beiden Gruppen sollte die Verwaltung, sollte der Staat bilden.

Der Kaiser vertrat das Recht. Aber wer stand als wirkliche Macht hinter ihm? Nur das Heer, und das Heer wurde sich seiner Stellung bald bewußt. Es stieg zum Schiedsrichter auf. Die Truppen setzten Nero ab.

Von nun an macht das Heer den Kaiser. Schon während der Republik hatten die Feldherren sich zuweilen mit Hilfe ihrer Truppen durchgesetzt. Jetzt aber ruht die Staatsgewalt vorwiegend auf den Legionen. Sie entscheiden, wer den Kaiserthron besteigen soll. Wenn sie jedoch von der Grenze abgerufen werden, um in der Hauptstadt den einen oder anderen Feldherrn durchzusetzen, bleiben die Grenzen unbewacht. Da helfen auch kunstvolle Wehranlagen mit Graben, Mauern und Türmen wenig.

Noch waren die Legionen den Feinden jenseits der Grenzen überlegen. Kaiser Trajan konnte die Daker im Donauraum unterwerfen, die Parther besiegen, Armenien und Mesopotamien erobern. Unter ihm erlangte das Imperium seine größte Ausdehnung. Dabei zeigte sich jedoch schon, daß solche militärischen Anstrengungen die wirtschaftliche und auch die moralische Kraft des Reiches überzogen. Zunächst mochte es so aussehen, als deckten die erbeuteten Schätze bei weitem die Kosten der Feldzüge. Aus Dakien allein kam so viel Gold nach Rom, daß der Goldpreis scharf sank. Aber die Beute ging in die großartigen Staatsbauten – bisher freiwillige Leistungen der Bürger – und in neue Feldzüge.

Die Eroberungen widersprachen den eigentlichen Interessen der Bürger; das Wirtschaftsleben wurde durch Feldzüge – selbst wenn sie siegreich verliefen – nur geschädigt. Das Großbürgertum in den Städten und erst recht die ländliche Bevölkerung waren nicht mehr ohne weiteres bereit, für so kostspielige Ziele Opfer zu bringen. Noch weniger waren die Völkerschaften in den entlegenen Provinzen gewillt, sich für Aufgaben eines Reiches einzusetzen, dem sie einst gewaltsam eingegliedert worden waren, dessen Mittelpunkt Rom erheblich an Glanz verloren hatte, dessen Verwaltung in die Hände von Soldaten geraten war, die kaum Verständnis für ihre Sorgen zeigen. Die einzelnen Landesteile begannen, sich auch politisch aus der Gemeinschaft zu lösen.

Woran lag es eigentlich, daß die Staatsidee versagte? Die führende Oberschicht, die ein halbes Jahrtausend das öffentliche Leben trug, hatte sich gründlich gewandelt. Die Notabeln wurden häufig von Emporkömmlingen aus den unteren Schichten und vielfach von freigelassenen Sklaven durchsetzt. Zweifelhafte Gestalten hatten den Ruf dieser Stände immer wieder belastet: betrügerische Steuerpächter, habgierige Beamte, ehrgeizige Glücksritter.

Das wurde dadurch erleichtert, daß der soziale Aufstieg zunehmend vom Geld bestimmt wurde. Kaiser Hadrian sah eigentlich nur noch

Schurken und Gauner in den führenden Schichten. Ihnen wollte er »seinen« Staat, den der Beamten, entgegensetzen, doch konnte er seine Ziele nur mit Zwang durchsetzen, und Zwang zerschlug den Gemeinsinn und die Opferbereitschaft vollends. Die Menschen zogen sich zurück.

Hadrian war gegen jede Ausweitung der Grenzen, und er wußte, warum. Die Staatskassen waren leer, die Steuerrückstände gingen in die Millionen, die Provinzen waren erschöpft. Armenien, Assyrien und Mesopotamien jenseits des Euphrat wurden aufgegeben. Um die Grenzen zu befestigen, wurden die Mauern, Wälle und Festungen verstärkt, von Britannien – Hadrianswall – bis ins Niltal, von Spanien und Mauretanien bis Kleinasien und Syrien. Hadrian ordnete die Wirtschaft durch geeignete Maßnahmen neu, indem er Höchstpreise im ganzen Reich festsetzte.

Doch entsprang die eigentliche Krise des Imperiums weniger den wirtschaftlichen Problemen als der inneren Auflösung. Da die Provinzen über den Handel wirtschaftlich erstarkt waren, führten sie immer deutlicher auch eigene Politik. Sie vertraten ihre besonderen örtlichen Interessen gegenüber der Zentralgewalt, und sobald diese gegen solche Eigenwilligkeit einschritt, brachen Aufstände aus. Daraufhin rührten sich auch die Nachbarn; unter Marc Aurel begann der Ansturm an allen Grenzen.

Die Parther drangen bis Syrien vor – von dort brachte das Heer die Pest mit, der rund ein Fünftel der Bevölkerung erlag (162–165). Nun griffen Markomannen, Langobarden und Quaden an der mittleren Donau an; sie stießen über den Birnbaumweg und den Karst bis Aquileja vor. Zugleich rührten sich die keltischen Kotiner und am Rhein die Chatten. Noch war keine ernste Gefahr gegeben. Kaiser Marc Aurel schlug die wilden Heerhaufen, setzte einen romfreundlichen König bei den Quaden ein und brachte Böhmen unter römischen Einfluß.

In Marc Aurel stand noch einmal ein Kaiser an der Spitze des Reiches, der höchste griechische Bildung – er war geachteter Philosoph! – und militärische Begabung in sich vereinigte. Er sollte der letzte »Römer« auf dem Thron sein. Das neue Heer suchte sich bald Führer anderen Schlages.

Aus den Grenzprovinzen strömten Kelten, Germanen, Thraker, Asiaten und Beduinen zu den Legionen. Und ihnen verdankten die Kaiser ihren Aufstieg. In den Kämpfen um die Macht war der punisch sprechende Afrikaner Septimius Severus, Befehlshaber der Legionen an der Donau, auf den Kaiserthron gelangt. Er hat verständlicherweise sein Afrika gefördert. Dort hat er das Dromedar eingeführt, das den Karawanenhandel von Leptis Magna am Mittelmeer bis zum Niger ermöglichte. Dann hat er Syrien gestärkt, von wo der Handel zum Persischen Golf und nach Indien lief. Vorübergehend gelang es ihm sogar, Mesopotamien wieder zur römischen Provinz zu machen. Aber diese Siege des Septimius Severus über die Parther führten zum Umsturz im Osten.

Im Inneren schwelte die Krise. Es schwand nicht nur das Zusammengehörigkeitsgefühl der verschiedenen Provinzen, auch spielten die Städte vom zweiten Jahrhundert ab nicht mehr die überragende Rolle. Angriffe von außen, sowohl an Rhein und Donau wie am Euphrat, konnten immer wieder verhältnismäßig leicht abgeschlagen werden. Vorübergehend haben die Pest oder innere Wirren die Verteidigung geschwächt, so daß Kriegerscharen plündernd ins Reich einbrechen konnten. Sobald die Legionen wieder erschienen, war der Spuk zu Ende. Aber nichts half gegen die Reichsverdrossenheit der Bevölkerung, der städtischen Schichten und erst recht nichts gegen die der Landbewohner.

Caracalla hatte 212 noch gehofft, diese Auflösung dadurch zu beschwören, daß er allen freien Reichsangehörigen das römische Bürgerrecht verlieh. In Wirklichkeit stärkte er damit nur die Provinzen in ihrem Selbstbewußtsein. Die besonderen Fragen jeder Landschaft verdrängten solche, die sich aufs Ganze bezogen. Wie konnte es auch anders sein? Im Reich herrschte tiefer Frieden. Grenzstreitigkeiten regten diejenigen nicht auf, die weit entfernt sich ungefährdet deuchten. Was gingen die Menschen in Afrika die Kämpfe mit einzelnen Germanenhaufen an der Donau an, was die Bewohner Ägyptens solche am Euphrat? Wieso sollten sich die Spanier irgendwie bedroht fühlen?

Das Imperium zählte im zweiten Jahrhundert wohl an die 90 Millionen Bewohner. Allein die Provinz Afrika, am Ende des Bürgerkrieges unter Augustus weithin entvölkert, hatte etwa 15 Millionen Menschen. Gallien, Kleinasien und Ägypten waren dicht bevölkert, während Griechenland und Italien zurückgeblieben waren. Alles in allem: dieses Reich strahlte politisch und wirtschaftlich nach allen Richtungen aus, nach Nordosteuropa und nach Afrika und Asien. Über weite Strecken war es durch natürliche Grenzen geschützt, jenseits des Euphrat durch die endlose Syrische Wüste.

Obwohl das Verhältnis zu den Parthern, die als starke Nachbarn im mittleren Osten saßen, häufig durch Kriege gestört war, wurden die wirtschaftlichen Beziehungen immer wieder erneuert – der Handel mit dem Osten lief nun mal über die Parther. Die Kaufleute zogen von Zeugma und Nisibis durch das ganze Partherreich nach China. Die weltweiten Verbindungen verknüpften die römischen Interessen mit den politischen in Asien.

Von den vier Großreichen, die sich nach der Zeitenwende herausgebildet hatten – Rom, Partherreich, Kushánreich und China – war das der Parther am meisten von außen gefährdet. Dauernd mußten sich die Parther mit den Nachbarn an allen Grenzen auseinandersetzen. Unter Artananes III. (10–40 n. Chr.) erlebte das geeinte Partherreich seine wirtschaftliche Blüte. Dann lebten die Kämpfe mit Rom wieder auf.

Als Trajan Armenien zur römischen Provinz gemacht (114), die Hauptstadt der Parther – Ktesiphon – erobert und siegreich bis zum Persischen Golf gezogen war (116–116) zeigte sich, daß die Kräfte Roms für eine solche Politik doch nicht ausreichten. Hinter der Front brachen Aufstände aus, in Syrien – Nisibis und Edessa – und in Palästina; Armenien und Ägypten wurden unruhig; die Parther begannen den Partisanenkrieg. Trajan erlitt vor der Wüstenstadt Hatra eine schwere Niederlage; er starb, bevor die Lage wieder geklärt werden konnte.

Sobald die syrischen Legionen abgezogen oder geschwächt wurden, gingen die Parther zum Angriff über. Volageses III. (148–192) überschritt den Euphrat, wurde jedoch von den herbeigerufenen Legionen zum Rückzug hinter den Trigis gezwungen. Ktesiphon ging in Flammen auf. Aber die Pest machte den Kämpfen ein Ende. Die Römer zogen sich aus Babylonien zurück. Unter Septimius Severus (195–199) rückte noch einmal ein römisches Heer in Ktesiphon ein und erreichte den Persischen Golf, ohne jedoch sich auf die Dauer im Lande halten zu können.

Den Arsakiden lag das rein griechische Denken mehr am Herzen als das den Asiaten angenäherte hellenistische. Im Handel förderten sie die Juden, zumal viele von ihnen nach der Zerstörung Jerusalems nach Osten auswanderten und einen Rückhalt für die romfeindliche Politik abgaben. In der Kunst – in der bildenden wie in der Dichtung – wirkte sich die Verbindung zwischen der hellenistischen Oberschicht und der breiten iranisch-mesopotamischen Unterschicht aus; sie war vom Euphrat bis zum Indus erstaunlich einheitlich. In diesem weiten Gebiet trafen auch die religiösen Einflüsse aus Indien – Buddhismus – dem Iran – Mithras – dem Christentum und dem Judentum zusammen. Zudem hat der Priester Mani den Glauben des Zoroaster in seine Lehre einbezogen.

Auch aus Ostasien wurden die Parther wegen ihrer beneideten Mittlerrolle im Welthandel immer wieder bedrängt. Wiederholt rückten im 2. Jahrhundert chinesische Heere über Hochasien bis weit nach Westen vor, jetzt nicht nur in das Tarymbecken, sondern über die Oase Turfan nach Turkestan. Aber zwischen China und dem Römischen Reich verteidigten Parther und Steppenreiter erfolgreich ihre einträgliche Rolle als Herren der Landbrücke. Abordnungen aus dem Westen gelangten zwar zum chinesischen Kaiserhof – ob Chinesen nach Rom kamen, läßt sich nicht mehr feststellen – aber viel haben sie offenbar nicht erreicht.

Was ging jenseits der breiten, kaum zu überwindenden Grenzzonen südlich der großen Wüste in Afrika, jenseits des Waldgürtels vor sich? Die Zustände in Afrika blieben den Menschen im Mittelmeerraum noch länger dunkel.

In dem Urwald, der sich von der Senegalmündung bis Abessinien, im Süden bis in das Kongobecken erstreckte, hausten zur Zeitenwende nur die Pygmäen, die sich kärglich genug von kleineren Tieren, von Wurzeln und Früchten ernährten. Da dieser Waldgürtel den Negervölkern den Weg nach Süden und Osten sperrte, blieb der größere Teil Afrikas vom Mittelmeerraum abgekapselt. Von Somaliland bis zum Kap der Guten Hoffnung streiften die Buschmänner durch die offenen Savannen. Der Anstoß, diesen Riegel zu überwinden, kam von außen. Darüber gibt es weder schriftliche noch archäologische Zeugnisse, aber naturwissenschaftliche Hinweise.

Im 1. Jahrhundert v. Chr. gelangten drei Pflanzen nach Westafrika: die Banane, die Yamswurzel und die Süßkartoffel. Daß Banane und Yamswurzel aus Südostasien, die Süßkartoffel hingegen eindeutig aus Amerika stammen, steht fest. Vielleicht sind Menschen aus Indonesien oder von den Philippinen von Insel zu Insel, von Hinter- über Vorderindien an der arabischen Küste entlang bis Ostafrika gelangt. Aber Amerika? Es ist immerhin bemerkenswert, daß der Name der Süßkartoffel sowohl im alten Inkareich wie bei den Polynesiern »kumara« lautet. Jedenfalls ist die amerikanische Süßkartoffel in Westafrika aufgetaucht.

An den Nordabhängen der Kamerun-Berge saß damals ein unbedeutender Negerstamm, die Bantu. Während die Völker am Niger und am Tschad seit mehr als einem halben Jahrtausend eine hohe Kultur entwickelt hatten und das Schmieden beherrschten, wohnten die Bantu am Nordrand des Waldes – bis sie diese drei Pflanzen übernahmen. Jetzt konnten sie auch im Urwald Nahrungsmittel anbauen. Im Laufe des 1. Jahrhunderts v. Chr. schoben sich die Bantu in das Kongo-Becken, wo sie die Pygmäen zurückdrängten, wie in die Steppe Kenyas und langsam weiter südwärts. Das waren zunächst nur kleine Scharen, die in das fast menschenleere Gebiet stießen und die schweifenden Buschleute vor sich her schoben. Schwierig wurde es für die Bantus erst, als ihnen die hellhäutigeren Massai in die Steppe folgten. Doch das vollzog sich erst in späteren Jahrhunderten. Ost- und Südafrika wurde zum Lande der Bantu.

Wann und wo sich die Eisenkultur im südlichen Afrika festgesetzt hat, steht nicht fest. Doch gehören ihr wohl die großartigen Befestigungsanlagen von Simbabwe in Mozambique. Daß sie in der heutigen Form erst später entstanden sind, scheint festzustehen, doch ist nicht ausgeschlossen, daß es bereits im ersten Jahrtausend nach Christus dort eine Eisenkultur gegeben hat. Wenn sie nicht im Lande selbst entstanden ist, hat sie einen sonderbaren Weg genommen, nämlich unter Aussparen des Urwaldes um Ostafrika herum. Jedenfalls erhielt das südliche Afrika das Eisen früher als die Bronze, in der Regel sogar, ohne die Bronze überhaupt kennenzulernen. Von Ägypten über den Sudan hat die Bronze aber Schwarzafrika erst später am Niger erreicht.

Im Indischen Ozean bahnten sich neue Verbindungen an. Madagaskar war den griechischen Seeleuten unbekannt. Dennoch muß die Insel schon lange dem weltweiten Handel des Indischen und vielleicht auch des Pazifischen Ozeans erschlossen gewesen sein. Manche Sagen und Volksbräuche auf Madagaskar erinnern an die der Buschmänner und Hottentotten. Andererseits weisen Sprache, manche Rituale, Tabus und die besonderen Mysterien des »Mana« auf die Malaienvölker bis zum Pazifik hin.

Die Bevölkerungswoge, die im 3., vielleicht sogar erst im 2. Jahrtausend v. Chr. von Südchina ausgehend Indonesien erreicht hat, ist vielleicht bis Madagaskar weitergerollt. Das wäre bei den besonderen Windverhältnissen durchaus möglich, die ein sicheres Segeln über den Indischen Ozean hinweg erlauben, ohne die afrikanische Küste zu berühren. So weist die Schrift, die sich später arabischer Buchstaben bedient – wenn auch in einer wohl in Madagaskar entwickelten Form – beide Züge auf: pazifische Einflüsse wie malaiisch-indonesische.

Das Auge des römischen Legionärs, der auf dem Grenzturm Wache hielt, schweifte über dichten Wald oder menschenleere Steppe oder gar über die Wüste. Was kümmerten ihn die Zustände hinter dem Horizont? Auch der chinesische Soldat sah von der Großen Mauer in ein unbewohntes Gebiet, wenn er auch jederzeit darauf gefaßt sein mußte, rasche Reiterscharen auftauchen zu sehen. Aber seit sich die Han aus dem Tarymbecken wieder zurückgezogen hatten, erlahmte das Interesse an diesen fernen Landstrichen. Den beiden Imperien entrückt, bildeten sich neue Staaten. Die Reitervölker beherrschten die Steppe.

Sie bilden im Zwischenraum ein eigenes Reich, dessen Grenzen sie bald in die alten Kulturgebiete hinein vorschieben. Bereits im letzten vorchristlichen Jahrhundert hatten die Saken – ein indoeuropäisch sprechendes Reitervolk aus Zentralasien – das griechische Baktrien unterworfen, sie stießen dann über die Berge in den Pandschab vor. Ihnen folgten Ende des nächsten Jahrhunderts ein anderes Reitervolk, die Tocharer, von den Chinesen, an deren Grenzen sie zeitweise auftauchten, Yuetschi genannt. Dem Kujula Kadphises war es gelungen, die verschiedenen Yuetschi-Stämme zu einigen und sein Reich bis zum Indus auszudehnen.

Als bedeutendster Herrscher gilt Kanischka I. (128–150) aus der Kushán-Dynastie, die den Kaisertitel führte, gebot er doch über das Land von Ostiran bis zum Tarymbecken mit Khotan und Kaschgar, von Gujarat in Nordindien bis zum Aralsee. Doch lebte das Kushánreich mehr von der Schwäche seiner Nachbarn als aus eigener Kraft.

Das Kushán-Reich war als politisches Gebilde an einem Kreuzweg von Handel und Kultur entstanden. Gewissermaßen rittlings auf den Bergen des Hindukusch sitzend, lag der Mittelpunkt in Taxila im Pandschab. Einmal führt die alte Völkerstraße von Mittelasien und verbindet über die Steppe und die iranische Hochfläche China mit dem Westen, sodann führt ein Weg über die Berge nach Indien. Hier am Kreuzweg begegneten sich Einflüsse aus allen Himmelsrichtungen.

Von Mathura kamen seit dem großen Aschoka buddhistische Mönche, die ihren Glauben bis nach China verbreiteten. Es kamen Griechen aus dem Römischen Reich mit ihrem philosophischen Denken und ihren Kunstformen, es kamen die Reiter aus der Steppe des Nordens. Es kamen die Chinesen mit Seide und Kunstwerken – und ihren ethischen und politischen Vorstellungen. König Kanischka selber trat zum Buddhismus über. Unter seiner Herrschaft entstanden die Klöster, in denen eine neue Form der Lehre Buddhas entwickelt wurde, das Mahayana, das dann China, Japan und Nordvietnam erfüllte. Alle die verschiedenen Ideen und Stile haben in diesem Gebiet miteinander gerungen und sich schließlich verbunden, wodurch eine neue Geistigkeit entstand.

So bildete sich eine eigenartige Mischkultur, die nun ihrerseits nach allen Seiten ausstrahlte. Die indische Gestalt des Buddha erhielt einen griechischen Faltenwurf, in den indischen Tempeln wird bis weit nach Süden der strenge Einfluß von Gandhara neben der überwuchernden indischen Sinnlichkeit spürbar. Die Pagoden wandern über Zentralasien nach China.

Das Kushán-Reich war ein Vielvölkerstaat. Daher erklärt sich auch die große Toleranz auf religiösem Gebiet. Die Münzen zeigen den iranischen Mithra, der zum Sonnengott geworden ist, Helios und Herakles der Griechen, den ägyptischen Serapis, die babylonische Nana und den Hindugott Shiva. Auch der Buddhismus spielte eine wichtige Rolle. Kanischka selber ließ sich einen großartigen Stupa errichten.

Hand in Hand mit dem kulturellen Austausch von Ideen und Kunstformen ging der Warenaustausch.

Immer noch war der Weg unendlich weit und beschwerlich. Die Karawanen zogen durch endlose Wüsten, über die Pässe himmelragender Berge, durch Länder, in denen sie erpreßt oder überfallen wurden – um der Schätze wegen. Die Herrschaft der Kushán war nicht fest genug begründet, um die Völker entlang der riesigen Strecken zu bändigen, daß der Handel ungestört blieb.

Nur besonders wertvolle Waren trugen die Kosten des weiten Transportes und das hohe Risiko unterwegs. Seide kommt in immer größerem Umfang über die Seidenstraße, wobei die Ballen, die China an die Reitervölker als »Geschenk« oder richtiger als Tribut dafür lieferte, daß sie die Grenzen unbehelligt ließen, eine wichtige Rolle spielten; sie waren nicht an Gegenlieferungen gebunden. Die Steppenreiter ihrerseits hatten einen beträchtlichen Bedarf an Waffen und auch an Pferden aus dem Westen.

Nachdem erst einmal der Warenaustausch auch über See eingesetzt hatte, verkehrten immer mehr Schiffe zwischen Afrika und Asien – nach Barygaza oder nach Broach – bei Bombay –, nach Aricamedu an der Koromandelküste. Vielleicht segelten sie auch nach Ceylon – oder ist das Taprobane des Plinius etwa Sumatra? – und zu der sagenhaften Handelsstadt Kattigara – entweder Saigon oder gar Kanton –, wo sie die »Serer« aus dem Land der Seide – also aus China – trafen.

Der Seeweg umging das Partherreich wie das Reich der Kushán, die beide vom Durchgangsverkehr hohe Abgaben forderten. Römische und griechische Kaufleute ließen weder Parther noch Kushán durch. Sie beharrten auf ihrer Monopolstellung als Mittelsleute. Der Seehandel hat Gebiete aufblühen lassen, die bisher im Schatten lagen. Waren früher alle politischen und kulturellen Anstöße in Indien von Nordwesten gekommen, so bringt sie jetzt das Meer aus dem Osten über Hinterindien.

Im ersten Jahrhundert nach der Zeitrechnung hatte sich ein bedeutendes Reich auf der Hochfläche des Dekhan gebildet, das Andhra-Reich unter der Shatavahana-Dynastie (50–405). Die Andhras förderten den Buddhismus; sie pflegten die Prakrit-Literatur und machten aus dem Maharashtri-Sanskrit eine Literatursprache. Die Andhras haben den Dekhan für die nächsten drei Jahrhunderte gegen alle Angriffe von außen abgeschirmt. Im Osten konnte Kharavela das Reich Kalinga vorübergehend zu einer gewissen Machtstellung am Indischen Ozean führen; er konnte sogar in das Gangestal übergreifen und Maghada gewinnen, aber dann breitet sich wieder tiefes Dunkel über die dortige Entwicklung aus.

Die Kraft der chinesischen Han-Kaiser, ihr Reich nach Westen auszudehnen, war ebenso erlahmt wie die der Römer, weiter nach Osten auszugreifen. Beide Imperien waren außerstande, den Sperriegel der beiden Reiche der Mitte, der Kushán wie der Parther und später der Sassaniden zu sprengen. Das lag einmal an den geographischen Hindernissen; den endlosen Strecken, den Wüsten und Bergen. Doch hatten in beiden Reichen die Kriege schließlich die wirtschaftlichen und wohl auch die moralischen Kräfte der Bevölkerung aufgezehrt.

Ein kluger Mann hatte den ersten Han-Kaiser gewarnt: »Du hast das Reich zu Pferd erobert. Glaubst du, du könntest es auch zu Pferd verwalten?« Nicht allein die Kriegszüge selber kosteten Geld, noch mehr verschlangen die Heere, die weit entfernt im eroberten Lande unterhalten werden mußten. Alles das überstieg die wirtschaftlichen Möglichkeiten des Reiches. Die Hauptlast lag auf den Bauern. Zwar hatten die Kaufleute eine Kapitalsteuer von 6 bis 9,5 v.H. zu tragen, die reichen Grundbesitzer den halben Satz zu zahlen, aber alle diese Steuern wirkten sich auf Preise und Pachtsätze aus, so daß sie wiederum die Bauern trafen. 9 n.Chr. kam es zum Bauernaufstand. Wang Mang gewann, wenn auch nur für dreizehn Jahre, den Thron. Vergeblich wurden verschärfte Strafen auf Wucher und Preistreiberei verhängt.

Die Lage der Bauern verschlechterte sich unter den zurückgekehrten Han noch mehr, da die Naturalabgaben durch die Geldabgaben abgelöst wurden. Grund und Boden konnte man nun käuflich erwerben. Daraufhin kauften sich reiche Städter Land, das sie von Pächtern bestellen ließen. Eine neue Schicht von Grundbesitzern entstand, die ausschließlich auf ihren wirtschaftlichen Vorteil sahen. Blieben das gesellschaftliche Ansehen, der soziale Rang bis dahin vorwiegend an den Grundbesitz gebunden, so wurde es nun auch durch den Reichtum an Geld geprägt.

Die neue führende Schicht übte ihren Einfluß am Hofe indirekt über ihr Geld aus. Sie war durch ihre Geldgeschäfte, aber auch durch Heirat mit dem Beamtenstand wie mit den Literaten und Schriftgelehrten verbunden. Bald setzte sich dieser Stand vorwiegend aus Söhnen dieser bemittelten städtischen Beamten- und Kaufmannsfamilien zusammen, während die Söhne des kriegerischen Adels und auch der kaiserlichen Familie – auf ihre Vorrechte pochend – dem geistigen Wettbewerb in der Regel auswichen. Doch haben zu allen Zeiten begabte Adlige und selbst Kaiser den größten Wert darauf gelegt, in diesen geistigen Kreisen – und das waren in China die Literaten – geachtet zu werden. Diesem Stand der Schriftgelehrten verdankt das chinesische Volk seine Einheit, denn eine Einheit der Abstammung nach war es nie, konnte es auch nicht sein.

Unter den Han waren die Chinesen von den Mündungen der großen Ströme aufwärts in das Innere des heutigen Südchina vorgestoßen. Dort drängten sie die »Barbaren« wie die Lolo, die Miao und die Yao immer weiter ins Innere oder von den Flußtälern hinauf in die Berghöhen. Der größte Teil der Vorbewohner allerdings wurde in die Kulturgemeinschaft der Chinesen aufgenommen.

Diese Kultur beruhte auf der Schrift, die unabhängig von der Aussprache den Sinn des einzelnen Zeichens angab. Gelesen werden konnte diese Schrift von dem, der sie erlernt hatte, jeweils in der heimischen Sprache – oder in dem Dialekt, wenn man so will. Natürlich vermochten nur wenige zu lesen oder gar die schwierigen Zeichen zu schreiben. Aber sobald sie es mit irgendeiner Behörde, mit dem Kaufmann oder mit dem Richter zu tun hatten, mußten sie »Schreiben« vorweisen. Im Recht, in der Wirtschaftsordnung und der Technik waren alle Chinesen zwangsläufig auf die Hilfe der Schriftgelehrten angewiesen.

In der Shang-Zeit gab es bereits über 3000 Zeichen, die allerdings hauptsächlich für sakrale Aufgaben, in erster Linie zur Deutung der Orakel verwendet wurden. In mehr als tausend Jahren war die Schrift zur eigentlichen Grundlage des öffentlichen Lebens geworden. Darin unterscheiden sich die chinesischen Schriftgelehrten sowohl von den römischen Beamten wie von den indischen Brahmanen. Zu vergleichen wären sie allenfalls mit dem katholischen Klerus des europäischen Mittelalters.

Die römischen Beamten wurden gewählt, selten aufgrund ihrer geistigen Leistungen – wenn es auch große Schriftsteller wie Cicero unter ihnen gab. Sie verfügten entweder über militärische Gaben oder über eine juristische Ausbildung. Die Brahmanen verdankten ihre Stellung ausschließlich ihrer Kaste, die sie allerdings zu einer entsprechenden Bildung verpflichtete.

Die chinesische Bildung bestand einmal vor allem in der Kenntnis der klassischen Schriften. Aus ihnen lernte der Schüler zugleich ein logisches Denken, das ihn befähigen sollte, Fragen des Staates, der Wirtschaft und des gesellschaftlichen Lebens zu lösen. Die großen Meister, insbesondere Konfuzius, hatten fest umrissene Lehren über das Verhalten auf Erden verkündet, nach denen sich Wahrheit, Recht, Gut und Böse beurteilen ließen.

In geschlossenem Lehrsystem entsprang die Ordnung der Welt aus der Tugend, die Tugend jedoch aus dem Wissen. Jeder Staatsbürger, vom einfachen Bauern bis zum General und zum Minister, ja einschließlich des Kaisers selbst, war in diese Ordnung eingebunden. Wenn er sie verletzte, schlug das gegen ihn selber und – je höher sein Rang – gegen seine Umgebung, ja gegen das ganze Reich zurück.

Gerade weil die offizielle Bildung beschränkt war, konnte sie sich jeder intelligente Chinese durch fleißiges Studium aneignen. Seit 165 v. Chr. waren die Prüfungen als Vorbedingung für die Beamtenlaufbahn vorgeschrieben. Die Vorschriften waren für das ganze Reich einheitlich, vielfach wurden die letzten Prüfungen am Kaiserhof selbst abgelegt, standen also unter höchster Aufsicht. Mag es auch zuweilen Korruption, Begünstigung oder heimtückischen Ausschluß gegeben haben – manchmal sogar in schamloser Weise – so hat sich insgesamt diese Auswahl der Beamten nach Wissen und Leistung bewährt.

Seinen Beamten verdankt China seine Kultur sowie sein Überleben als Staat selbst in den schwersten politischen Krisen. Mochte die Bildung auch eine Kluft zwischen der geistigen Oberschicht und den breiten ungebildeten Massen aufreißen, sie hat dennoch allen Chinesen die gleiche Rechtsstellung verschafft – im Unterschied etwa zum Römischen Reich mit seinem begrenzten Bürgerrecht. In dieses auf der Ethik und der Philosophie beruhende System drangen die Glaubensvorstellungen der »Barbaren« im Süden wie im Osten.

Sie beschäftigte das Rätsel von Leben und Tod, vom Entstehen der Welt und ihrem tieferen Sinn. Dazu kamen die Überlieferungen der Nordvölker, nicht nur der Reitervölker der Steppe, sondern auch der Waldbewohner Nordasiens, die noch lange an ihrem Schamanentum festhielten. Deren Weltbild war nicht von der hohen Geistigkeit eines Konfuzius, von dem strengen Ernst der Verantwortung gegenüber dem Staat erfüllt, sondern vom Glauben an die Geister, an die Ahnen, an die Naturkräfte, an glückbringende Drachen und finstere Dämonen. Die Schriftgelehrten verehrten Konfuzius und verbreiteten seine Lehren. Aber diese Schicht war nur schmal. Alle anderen hielten an dem alten Volksglauben fest.

Die Welt war erfüllt von »guten« und »bösen« Geistern, solchen, die halfen, und solchen, die schadeten. Noch heute hält eine »Geisterwand« an der Tür eines chinesischen Hauses die bösen Geister ab, indem sie alle Eintretenden zwingt, einen Bogen zu machen. Geister hingegen können nur geradeaus gehen. Man hat später sogar die Stadtmauern nur bis zu einer gewissen Höhe aufführen können, weil oberhalb das Reich der Geister begann. Diese alten Vorstellungen wurden im Tao lebendig erhalten und weitergebildet.

Die Taoisten haben in den folgenden Jahrhunderten dem Buddhismus den Weg bereitet, haben aber auch Wissenschaft und Technik, insbesondere über die Alchimie die Chemie und über die Astrologie die Astronomie entwickelt. Je mehr Barbaren aus dem Süden das Han-Volk aufnahm, desto stärker gewann auch der Taoismus an Boden. Diese geistigen Auseinandersetzungen haben das öffentliche Leben geformt.

Die an Konfuzius geschulten Beamten strebten einen straff geführten zentralen Staat an, gelenkt von einem Recht, das von ihnen selber als den Vertretern des Kaisers gesprochen wurde. Die Schule der »Legalisten« geht also von einer alles umfassenden Ordnung aus. Ihnen stehen jene gegenüber, die am magischen Weltbild festhalten und überall das Wirken unbekannter, unfaßlicher Mächte wittern. Diese Mächte können jederzeit die Ordnung aus den Angeln heben – wenn sie nicht mit Beschwörungen und Zauberei gebannt werden.

Eine gewisse Verbindung zwischen beiden Auffassungen schufen die Denker der Yin-Yang-Schule, die nicht von der einheitlichen Ordnung, sondern vom Widerstreit zweier einander widerstrebender Prinzipien – eben dem Yin und dem Yang – ausgingen. Der Weise muß die Elemente kennen, die jeweils als Yin oder Yang die Welt gestalten. Solches Streben nach Erkenntnis führt in der Naturwissenschaft zu der Ansicht, daß die Welt aus fünf Elementen: Holz, Wasser, Erde, Feuer und Metall besteht. Was die Weltordnung irgendwie – und sei es noch so unscheinbar – durchbricht, kann aber bedeutsam werden, weil es anzeigt, daß irgendwo das Gleichgewicht gestört ist. Das gilt von Unwettern ebenso wie von sonderbaren Erscheinungen am Himmelszelt. Wer die Zeichen deuten kann, wer die »glücklichen« von den »unheilbringenden« Tagen im Kalender zu unterscheiden und vorauszusagen vermag, der hat im täglichen Leben, wie vor allem in der Politik, etwas zu sagen.

Bereits der Kronprinz des Kaisers Wu-ti hatte sich 91 v. Chr. selbst töten müssen, weil er in eine Untersuchung über Magie und Hexerei verwickelt war. Dabei soll es sich um den Versuch eines Staatsstreichs gehandelt haben. Wenn die festgefügte Ordnung des Reiches abbröckelte, waren daran sowohl politische wie wirtschaftliche, aber auch magische Einflüsse beteiligt.

Am Hof gewannen die Frauen nicht zuletzt über den Taoismus und über die Frauen die Eunuchen an Einfluß. Unter Kaiser Yüan (48–33) hatte seine Gemahlin, eine geborene Wang, ihrem Bruder die höchsten Würden in Staat und Armee zugeschanzt; auch die Beamtenstellungen wurden weniger nach den Noten bei den Prüfungen als nach Zugehörigkeit zur Familie Wang besetzt. Damals begann der Aufstieg des Neffen Wang Mang (45 v. Chr. bis 23 n. Chr.). Anfangs Regent für zwei unmündige Kaiser, ließ er sich 9 n. Chr. selber zum Kaiser ausrufen. Wahrzeichen und Voraussagen haben seine Machtergreifung unterstützt, ihr ein ideologisches Mäntelchen umgehängt.

Wang wollte einen Staatssozialismus einführen – angeblich wie einst die Chou (Tschou). Alles Land sollte dem Kaiser gehören. Der Staat sollte strenge Aufsicht über alle Bereiche des Lebens, insbesondere über die Landwirtschaft ausüben. Staatlichen Monopolen unterstanden Eisen, Salz, Münzwesen, Bergbau, Fischfang und Jagd und alkoholische Getränke. Feste Preise galten für das Getreide. Es gab nur noch Staatssklaven, keine privaten mehr. Darlehen durften nur staatliche Banken geben.

Die Folgen dieser Reformen ließen nicht lange auf sich warten. Die ausgeklügelte »Ordnung« lähmte die Wirtschaft. Obwohl die Armee nicht berührt war, fehlte ihr der finanzielle Rückhalt. So gingen die Außenbesitzungen wieder verloren, Ferghana, das 36 v. Chr. ins Reich eingegliedert worden war. Nun hatten die Konfuzianer ihren vielgerühmten Ordnungsstaat – und er versagte!

Der Kaiser Wang Mang hatte das Land nach dem »Brunnenfeldsystem« unter die Bauern aufteilen lassen, wobei durch quadratische Aufteilung acht Familien um den Brunnen angesetzt wurden, ohne viel Rücksicht auf überlieferte oder natürliche Gegebenheiten. Mißernten waren die Folge. Als zur Mißwirtschaft noch Naturereignisse hinzutraten, insbesondere die Überschwemmung am Unterlauf des Gelben Flusses, der damals wieder einmal seinen Lauf änderte und Millionen von Ansiedlern vertrieb, brach die Herrschaft des Wang zusammen. Die heimatlos gewordenen Landleute schlossen sich zu Banden der »Roten Augenbrauen« zusammen. Bald hatten die Soldaten des Kaisers auch gegen Banden des Südens zu kämpfen. Die Aufständischen nahmen 23 n. Chr. Chang-an. Dabei fand der Kaiser Wang den Tod. Eine mit den Han verwandte Sippe Liu erneuerte das Reich.

Die späteren Han – wegen ihrer im Osten gelegenen Hauptstadt Loyang auch östliche Han genannt, sind wieder nach Westen vorgestoßen. Nachdem die Hiung-nu zwischen 89 und 91 besiegt worden waren, stieß ein Heer unter Pan Chao 73–94 bis zum Tarimbecken vor, doch wurden die Garnisonen im »Westland« schon 107 aufgelöst.

China überließ es den fremden Kaufleuten, den beschwerlichen Weg über die Berge und durch die Wüsten zu finden. Der Warenaustausch bevorzugte immer mehr den Seeweg. Auch die angebliche Mission des Kaisers »An tun« aus dem Lande »Fu-lin« – beides häufig mit Marcus Antonius aus Rom gleichgesetzt – ist zu Schiff über Indochina gekommen. Die Chronisten verzeichneten zwar die ausländischen Gesandtschaften, nahmen auch deren »Unterwerfung« und den Tribut zur Kenntnis, doch haben die Chinesen das Ausland wenig geachtet. China hatte genug mit sich selber zu tun.

Das riesige Reich, das nun von Mittelasien bis Korea, von der Wüste Gobi bis Vietnam reichte, war alles andere als geschlossen. Auch die sozialen Schichten sonderten sich immer mehr voneinander ab. Wirtschaftlich trugen die Bauern die Hauptlast. Hatten sie früher einen Teil ihrer Ernte an den Kaiser abgeliefert – damit wurden die Städter und die Truppen ernährt –, so mußten sie – bei Geldsteuern – verkaufen, und dazu brauchten sie einen zahlungsfähigen Abnehmer. Das war der Händler. Händler und Steuereinzieher wirkten zusammen, um den Bauern zu zwingen, seine Ernte möglichst früh und zu niedrigen Preisen abzustoßen. Wer seine Steuern nicht zahlte, wurde angezeigt. Sein Land verfiel zur Hälfte dem Kaiser; die andere Hälfte erhielt, wer den Sünder gemeldet hatte. Das werden in den meisten Fällen wieder Steuereintreiber und Kaufmann gewesen sein.

Um diesem Druck auszuweichen, zogen immer mehr Bauern in die eroberten oder neuerschlossenen Gebiete des Südens, wo der Steuerdruck noch gering war. Es dauerte jedoch nicht lang, dann erschienen auch dort die Vertreter des Staates mit einem riesigen Verwaltungsapparat. Kein Wunder, daß die Unzufriedenheit der Bauern wuchs. Nach dem Aufstand des Wang Mang, dem sich viele Bauern anschlossen, begannen zwar Reformen, aber sie hörten auf, als die Han wieder fest im Sattel saßen. Daraufhin brachen neue Unruhen aus.

Die Bauern verstanden wenig von den hochgespannten Gedanken des Konfuzius. Sie lebten in den taoistischen Vorstellungen. Reinigungszeremonien mit öffentlicher Beichte, aber auch besondere Lebensregeln und rituelle Vorschriften sollten Unheil, vor allem Krankheiten abwenden. Dabei vermischen sich die Vorstellungen, daß die Krankheit von bösen Geistern hervorgerufen wird, mit denen, die sie auf fehlbares Verhalten, also auf »Sünde« zurückführte. Hier macht sich Konfuzius bemerkbar.

In China rangen seine Ideen mit dem alten Geisterglauben. Dieser Gegensatz, der an den Grundlagen des Reiches ähnlich zehrte wie später das Christentum an dem Staatsgedanken Roms, zeigte sich dort am stärksten, wo die Barbaren in der Überzahl waren, nämlich in Szetschuan. Dort errichtete im zweiten Jahrhundert Chang Lu mit ergebenen Glaubensanhängern einen eigenen »Priesterstaat«. Jahrzehntelang versuchte die Zentralgewalt, durch Truppen diesen Staat im Staate zu beseitigen, was bei der Entfernung von der Hauptstadt vergeblich blieb. Auch auf der Schantung-Halbinsel brach 184, als nach chinesischer Vorstellung ein neuer Sechzig-Jahre-Zyklus anfing, ein Aufstand der »Gelben Turbane« aus. Ihr Anführer Chang Chüeh hatte sich durch Wunderheilungen einen solchen Namen verschafft, daß er starken Zuzug erhielt. Seine Bewegung konnte erst viel später, nach Jahrzehnten – nämlich nach dem Sturz der Han-Dynastie – zerschlagen werden. Sie hat Millionen Tote gekostet und weite Landstriche verwüstet.

Sicher hat zu allen diesen Revolten die Krise am Hofe selbst beigetragen. Dort kämpften die verschiedenen Cliquen um Einfluß und Macht, wobei die Gemahlinnen des Kaisers und ihr jeweiliger Familienclan eine Rolle spielten. Zugleich versuchten die alten Adelsgruppen in den einzelnen Provinzen, sich selbständig zu machen. Aber diese politischen Unruhen gingen im Kern auf die geistigen zurück.

Das Reich war auf die Sozialllehre des Konfuzius hin angelegt, war also ethisch fest untermauert. Aber der Einfluß des Konfuzius schwand, je mehr das Reich sich ausdehnte. Das Reich zerfiel, als die Heerführer sich selbständig machten. 220 verzichtete der letzte Han-Kaiser auf den Thron.

Insgesamt war die Regierung der Han dennoch eine Zeit besonderer wirtschaftlicher Blüte. Nach außen allerdings erschien es noch lange als ein mächtiges, bewundernswertes Gebilde, das nach allen Seiten seine politische, seine wirtschaftliche und vor allem seine geistige Kraft ausstrahlte. Was in den unendlichen Raum des Pazifik hineindrang, davon wissen wir so gut wie nichts.

Die melanesischen Inseln sind wohl in den Jahrhunderten vor der Zeitenwende von ihrer heutigen Bevölkerung erreicht und besiedelt worden, wobei anzunehmen ist, daß es auch vorher Menschen dort gegeben hat. Das setzt eine beachtliche Seeschiffahrt voraus. In den ersten Jahrhunderten nach der Zeitenwende sind die Polynesier auf die Inseln im Pazifik, verteilt über Millionen von Quadratkilometern, gelangt.

Kühne Seefahrer fuhren ins Unbekannte, teils aus Abenteuerlust, teils aus einem unerklärlichen Drang in die Ferne, vielfach aber auch unfreiwillig, verschlagen von einem Sturm. Manchmal waren sie Wochen, ja sogar Monate lang unterwegs, ohne Land zu sehen, wie man aus späterer Zeit weiß. Wie viele sind dabei umgekommen? Wie viele haben sich wider Erwarten durchgeschlagen? Aus allen Erfahrungen – glücklichen wie bitteren – haben die Seefahrer gelernt. Die Polynesier wurden die besten Seeleute aller Zeiten und Völker.

Sind die Seeleute bis Amerika gekommen? Nicht in großen Scharen, vielleicht aber in einzelnen Fahrten? Gewisse Funde lassen darauf schließen. Aber welche Wirkung hatten diese Entdeckungen? Um das Jahr 200 endet in Amerika die Phase der prä-klassischen – oder formativen – Periode. Die klassische beginnt. Hatte das seinen besonderen Grund?

Der Sieg der Steppe

Ardaschir aus dem Hause Sassan stürzte 224 den letzten Partherkönig; er erneuerte das Persische Reich. Hatten sich die Parther als Nachfolger der hellenistischen Könige gefühlt, so knüpften die Sassaniden bewußt an die Herrschaft der Achämeniden mit allen daraus erwachsenden Ansprüchen an. Sie erwiesen sich als wesentlich gefährlichere Feinde für Rom als die Parther.

Das Sassanidenreich war wieder eine Macht, mit der man rechnen mußte. Es hat die Stellung, die Persien – wenn auch in wechselnder Gestalt – mehr als tausend Jahre zu halten vermochte, noch einmal gefestigt. Vorübergehend umfaßte es das einstige Kushán-Reich mit Baktrien, Afghanistan und Nordindien und beherrschte sogar den Ausgang des Roten Meeres in Südarabien.

Die bis 651 regierende Dynastie – Erben des Magiers Sassan – stammten aus der alten Persis, wo die Erinnerung an die große Zeit der Achämeniden noch lebendig geblieben war. Die Sassaniden hingen der Lehre des Zoroaster an. Sie verehrten den Gott Ahuramazda, der gegen Ahriman kämpfte, das Gute gegen das Böse. Dieser Glaube gab ihren Kriegen eine religiöse Weihe.

Schapur I. (240–272) gelang es, zwei römische Kaiser zu besiegen und einen gefangenzunehmen, Valerian 260. Die Herrscher in Turan und im Industal erkannten Schapur als »König der Könige« an. Es mochte so aussehen, als würde das Achämeniden-Reich neu erstehen; doch reichte die Kraft dafür doch nicht mehr. Im Unterschied zur leichten Reiterei der Parther kämpften die Sassaniden hauptsächlich mit schwergepanzerten Reitern, die in geschlossener Front anritten. Sie konnten nur von dem grundbesitzenden Adel gestellt werden, dem daher das größte Gewicht in der Innenpolitik zukam.

Zwar bemühten sich die Sassaniden, den Söhnen und Verwandten ihres Hauses führende Stellungen im Hochadel zu verschaffen und ihnen den Grundbesitz zuzuschanzen, aber sofort bildeten sich örtliche Gewalten, mit denen sich die Könige auseinanderzusetzen hatten. Das einigende Band war die Religion, und auch da rangen verschiedene Strömungen miteinander. Der neue Prophet gewann den Schutz Schapurs I., so daß es vorübergehend so aussah, als würde der Manichäerglaube zur Staatsreligion erhoben.

Auch Mani kannte den Gegensatz von Gut und Böse, für ihn gleichbedeutend mit Licht und Finsternis, doch spielte sich der Kampf in der

Seele jedes Menschen ab. Seiner Natur nach gehörte der Mensch zur Materie, und das hieß zur Finsternis, also zum Bösen, doch hatte Gott in diesen Körper den Funken des Lichts und damit den Willen zum Guten hineingelegt. In jedem Menschen ringen die beiden Prinzipien im nie endenden Kampf, denn sein Körper ist ein Geschöpf des Bösen, sein Geist das des Guten. Steckt die Sünde auch im Einzelnen, gehört sie sogar zu seiner Natur, so bleibt jedem doch die Möglichkeit, aus der Erkenntnis heraus sich mit Hilfe des Guten aus ihr zu lösen. Mani hat christliche, jüdische und buddhistische Vorstellungen mit Elementen des Mithrasglaubens zu einer geschlossenen Einheit verschmolzen, die über weite Länder und lange Zeiträume ihre Faszination behalten hat, weil sie auch in tiefster Schuld den Glauben an den göttlichen Funken im Menschen zuließ. Die Anhänger Manis gliedern sich in die »Auserwählten«, die »Gerechten« und die »Hörer«. Während die einen sich strengste Askese auferlegten, waren die »Hörer« weitgehend davon befreit. Sie hatten für die Auserwählten zu sorgen. Mit dem Tode Schapurs I. verlor Mani seinen politischen Rückhalt. Er starb im Gefängnis.

Nun galt im Sassanidenreich wieder als Staatsreligion die Lehre des Zoroaster, während im Römischen – später Oströmischen – Reich der christliche und im Kushán-Reich der buddhistische Glauben vorherrschte. Ein so fanatisch auf den Glauben abgestelltes Reich schloß mit seinen Nachbarn doch nur einen Waffenstillstand, keinen wahren Frieden. Dabei war Rom auf die Iraner als die Vermittler im schon fast unentbehrlichen Asienhandel angewiesen. Es brauchte den Frieden dringender als irgendeinen kriegerischen Erfolg.

Das wirtschaftliche Schwergewicht im Römischen Reich hatte sich im 3. Jahrhundert immer mehr nach Osten verlagert. Dabei waren die Karawanenwege über Palmyra und über den Euphrat für die Städte in Syrien und Kleinasien wie selbst noch in Griechenland und in Italien wichtig. Diese Abhängigkeit vom Asienhandel gab den Sassaniden als den Herren der Wege nach Indien wie nach China eine besondere Stellung. Daran konnten auch römische Siege wie der des Kaisers Diokletian wenig ändern.

Schapur II. brach den Frieden, den sein Vorgänger 297 abgeschlossen hatte; er griff die Festungen an der Grenze 337 an. Doch zwangen ihn die Einfälle der Nomaden an der asiatischen Nordfront, sich zunächst zurückzuziehen. Kaum hatte er mit den Reitern Frieden geschlossen, wobei er sich sogar ein Hilfskorps sicherte, ging er wieder gegen Ost-Rom vor; 359 eroberte er die Festungen Amida und Singara.

In den nächsten drei Jahrhunderten wird der Kampf um die Euphratgrenze zwischen Rom und den Sassaniden nicht abreißen – bis beide Staaten schließlich erschöpft und ausgelaugt zusammenbrechen. Erben werden dann jedoch nicht die Reiter aus der Steppe, sondern die aus der südlichen Wüste. Schon Schapur II. hatte einen Einfall der Araber bis tief in die Persis hinein zurückweisen müssen. Aber die Sassaniden dachten nicht daran, Krieg in der Wüste zu führen; sie zogen es vor, die Nomaden gegeneinander auszuspielen oder mächtige Stämme für sich zu gewinnen und in ihren Dienst zu stellen.

Ähnlich verhielten sich auch die Byzantiner. Für beide Staaten bedeuteten die Araber nur eine Flankendrohung, die sich ebenso gegen den eigenen Feind richtete. Die arabische Halbinsel paßte nur schlecht in das politische Weltbild hinein, das sich in Mesopotamien wie im Iran im Laufe der Jahrtausende geformt hatte. Die Stoßrichtung Persiens war immer noch nach Norden und Osten gerichtet. Dort hatten auch die Sassaniden ihre Erfolge.

Die Kushán unterwarfen sich ihnen, wohl weniger, weil sie ihnen militärisch unterlegen waren, als vielmehr, weil sie sich selber aus der Steppe bedroht fühlten und Hilfe suchten. Die Sassaniden glaubten, noch einmal das Großpersische Reich bis in diese Gegend erneuern zu können. Sie setzten mächtige Magnaten als Satrapen ein, die jedoch bald die Neigung zeigten, sich von der Zentralgewalt zu lösen. Auch widersetzten sich die Bewohner dem nationaliranischen Glauben, besonders jene, die an der bereits tief verwurzelten hellenistischen Kultur festhielten. Seit Jahrhunderten lief der Handel über dieses Gebiet nach China und Indien und zum Mittelmeerraum, wurde er aber nicht genügend gepflegt, suchte er sich den Weg über das Meer. Indien löste sich aus der Abhängigkeit des Iran. Das Schwergewicht verlagerte sich vom Nordwesten vom Indus nach dem Süden an die Küsten des Indischen Ozeans.

Da die Sassaniden nicht stark genug waren, gleichzeitig Krieg am Euphrat zu führen und ihre Macht in Indien durchzusetzen, machte sich ihre Satrapie selbständig. Die Kshatrapa – Satrapie – wurde jedoch vom örtlichen Adel beherrscht, nicht von persischen Beamten. Damit war der Dekhan gegen Angriffe vom Norden abgeriegelt. Damals zerfiel zwar von innen heraus die Herrschaft der Shatavana-Dynastie über das Andhra-Reich, dafür entfalten sich die überlieferten Kult- und Kunstformen. Es entstehen die großartigen Tempel mit ihrem reichen Schmuck wie der von Ajanta; man spricht von der indischen Klassik. Damit Hand in Hand geht der politische Aufstieg der Gupta-Dynastie, die – wie die Maurya – vom mittleren Gangestal stammt.

Zwischen Bihar und Bengalen war im 3. Jahrhundert die Familie der Gupta zu gewissem Ansehen aufgestiegen, die im 4. Jahrhundert politische Macht gewann. Tschandragupta I. (etwa 310–355) nahm seinen Wohnsitz in Pataliputra. Sein Sohn Samudragupta (340–380) hat dieses noch recht kleine Fürstentum zu einem umfassenden Reich ausgeweitet. Er gewann das obere Gangestal, er zwang Samatara (Ostpakistan), Kamarupa (Assam), Nepal und Kartripura (Jalandhar in Ostpandschab), seine Oberhoheit anzuerkennen, unterwarf Malwa, die Yaudheya am unteren Sutlej, die Madraka im Pandschab, die Abhira in Zentralindien. Schließlich zog er gegen den Dekhan zu Felde, wo er zwölf Herrscher, darunter den Pallawa-König von Kanchi, besiegte.

Doch blieb die Ostküste auch weiterhin unabhängig. Meghavarna, der König im fernen Ceylon, bat ihn um die Erlaubnis, einen großen Tempel zu bauen. Da Samudragupta sich als Erbe der arischen Herrscher fühlte, ließ er die alten vedischen Kultformen wieder aufleben. So brachte er das Ashmaveda Opfer dar, bei dem ein feierlich geweihtes Pferd losgelassen wird. So weit, wie es kommt, gehört der Boden dem König. Ein Jahr lang folgt ihm eine berittene Streitmacht, dann wird es in einem Fest den Göttern geopfert. Diesem Herrscher war Buddha sehr fern.

Samudragupta förderte die hinduistische Literatur ebenso wie später sein Sohn Tschandragupta II. (um 375–414). Seine Regierungszeit ist der Höhepunkt der klassischen indischen Kultur. Einige der großen Dichter der Sanskritliteratur lebten zu seiner Zeit, manche sogar an seinem glanzvollen Hof. Der berühmteste war Kalidasa. Der Mathematiker Aryabatha errechnete die Zahl pi. Tschandragupta II. hat das Reich noch weiter ausgedehnt. Er zerschlug das Kshatrapa-Reich und stieß bis zur Westküste vor.

Dort hatten östlich der Indusmündung vor den Kuschanen geflüchtete Krieger, unter ihnen sicherlich viele Saken und vielleicht auch späte Nachkommen der Griechen, das Land der Kshatrapa geschaffen, in dem Ritter auf ihren Burgen saßen, also eine Feudalwirtschaft mit militärischer Grundlage. Tschandragupta II. hatte zwar dieses Grenzgebiet erobert, aber die sozialen Verhältnisse bestehen lassen, zumal er der reisigen Kämpfer dringend bedurfte, um die über die Berge eindringenden Steppenvölker zurückzuschlagen. Die damals sich bildende kriegerische Kaste, die sich Radschputen nannte, hat bis ins 19. Jahrhundert hinein den indischen Heeren ihr besonderes Gepräge gegeben.

Hand in Hand mit dem Aufblühen der Sanskritliteratur im Gangestal stieg sozial die Brahmanenkaste auf, und damit eng verbunden verästelte sich das Kastenwesen überhaupt. Die Brahmanen haben als Angehörige einer bevorrechteten Kaste besonders das Studium der Sanskritschriften gepflegt. Die herausragende Stellung der einen

Kaste wirkte sich auf das Verhältnis aller anderen Kasten untereinander aus. Der soziale Aufbau Indiens wurde an immer neue Vorschriften gebunden, die oberen Kasten mit ihren ausgeklügelten Verboten und rituellen Reinigungsgeboten belegt.

Die Lehre von der Ungleichheit der Menschen entsprang der Lehre von der Wiedergeburt, wobei Sünden in einem früheren Leben bei Wiederkehr auf Erden zu einer niedrigeren Kaste führten. Moralisch begründet wurde also der soziale Status, der durch keine noch so große Anstrengung in diesem Leben zu verändern war, aus früherer Schuld. Zweifellos haben die Gebildeten Indiens unter den Gupta eine erstaunliche kulturelle Blüte hervorgerufen. Die nachteiligen Folgen des Kastenwesens zeigten sich erst später.

Daß der Süden eine andere Entwicklung nahm, lag nicht zuletzt an der unterschiedlichen ethnischen Zusammensetzung der Bevölkerung. Die hellhäutigen Arier, die langsam den ganzen Subkontinent eroberten, lagerten sich über die Ansässigen, die ihrerseits mehrere Schichten bildeten: die Urbevölkerung, eine kleine, schwarzhäutige Rasse, die heute nur noch in Rückzugsgebieten anzutreffen ist, die Drawiden, die vom Gangestal bis Ceylon zu finden sind, und die aus Birma eingeströmten Thaivölker, die mit den Tibetern im Norden, mit den Chinesen des Südens und den Malaien verwandt sind. Alle diese Rassen haben sich längst vermischt. Übriggeblieben sind die Sprachen: das Hindi, das Belgal, die Munda-Sprache und das Tamil und dazwischen die anderen nahezu zweihundert mehr oder minder weit verbreiteten Sprachen. Die Drawiden saßen ursprünglich auch im Industal, aber durch die vielen Eroberer und Einwanderer waren sie aufgesogen oder südwärts geschoben worden. Nun erwachten die Drawiden. Sie entwickelten in der Tamil-Sprache eine reiche Literatur, sie übernahmen und übersetzten aus dem Sanskrit die Lehren des Gautama Buddha, sie schufen eigene Kunstformen. Dabei gab Südindien dem Buddhismus die neue Wende zur Lehre vom »kleinen Fahrzeug«, dem Hinayana.

Im Norden hat das »große Fahrzeug«, das Mahayana, nicht das Heil des Individuums, sondern das aller Wesen in den Mittelpunkt des religiösen Lebens gestellt. Nicht der Mensch, der für sich die Erlösung aus dem Kreislauf des Geborenwerdens und des Sterbens erstrebt, sondern der mitleidige Mensch wird zum Vorbild. Nach der Erleuchtung verzichtet er darauf, ins Nirwana einzugehen, damit alle Menschen der Erlösung teilhaftig werden können. Der Bodhisattva, der »Erleuchtete«, wandelt sich also zum Symbol der erlösenden Kraft, die allen Dingen innewohnt, ihm gebührt ein fast göttlicher Kult.

Im Hinayana hingegen haben die Elemente des Lebens kein Eigendasein, sie sind trügerisch. Hinter den Erscheinungen der Dinge steht in Wirklichkeit nur das »Leere« – Shunya – gegensatzlos und unbegrenzt wie der Weltenraum.

Im 3. Jahrhundert tritt in Kuntala – nördlich von Mysore – das Herrscherhaus Chutu hervor. Um 230 wurden die Shatavahana, die sich in das Land zwischen Krischna und Godavari zurückgezogen hatten, von den Ikshavaku verdrängt. Der Gründer der neuen Dynastie, Shantamula I., war noch eifriger Anhänger der brahmanischen Religion, aber bereits unter seinen Nachfolgern entstanden die bedeutendsten Denkmäler des buddhistischen Kultes in und um Amaravati. Um das Jahr 300 endete die Herrschaft der Dynastie Ikshavaku; Andhra fiel dem Herrscherhaus Pallava zu. Das Land Cola im Süden zeichnete sich seit dem ersten nachchristlichen Jahrhundert durch eine hervorragende Bewässerungstechnik aus, die fast an die chinesische heranreichte, jedenfalls alle anderen Südasiens übertraf. Der Cola-König Karikala begann mit der Eroberung Ceylons, die für ein Jahrtausend die Politik Südindiens bestimmte und dazu führte, daß alle indischen Staaten der Ostküste nach der Seeherrschaft strebten und Flotten bauten.

Im 2. Jahrhundert war die Vorherrschaft auf den Staat Pandya übergegangen, der sich weiterhin ausdehnte. Im 3. Jahrhundert verstärkte sich die Mission von Südindien nach Südostasien. Ausgangspunkt war vor allem Amaravati an der Koromandelküste. Amaravati, einst Hauptstadt des buddhistischen Königreiches Vengi, konnte sich erst entfalten, als das Königreich Shatavahana durch das Vordringen der Kshaharata zerschlagen worden war und die Bedrohung aus dem Norden wegfiel.

Aus dem weiten, schier unerschöpflichen Norden drangen immer mehr Menschen in das chinesische Reich: Ugro-Finnen, Turkvölker und Mongolen. Sie kamen in dienender Stellung als Söldner, als Siedler, als Kriegsgefangene und Sklaven, aber sie waren zahlreich und äußerst tatkräftig. Und sie wurden auch immer selbstbewußter, nicht zuletzt deswegen, weil in China wie im Römischen Reich die Bauern nicht bereit waren, als Soldaten für Jahre an die Grenze zu gehen. Daher hatten die Han-Kaiser an ihrer Statt Barbaren geworben. Als die Zentralgewalt versagte, erschienen die Reiter teils als Banden, teils als Heere an der chinesischen Grenze. Widerstand war kaum möglich. Von den Chinesen hatten sie die Waffen und eine festere Organisation übernommen.

Ähnlich wie im Römischen Imperium stellten die Großgrundbesitzer eigene Streitkräfte auf, um die fremden Truppen oder auch nur durchziehende Räuberbanden abzuwehren. Manche Landschaft machte sich selbständig. Das Chaos wuchs. Und schließlich gewannen die bewaffneten Scharen sogar die Macht und den Staat. Ts'ao Ts'ao, Herzog von Wei, gründete eines der »Drei Reiche«, die dann für sechzig Jahre – von 220 bis 280 – in China bestanden.

Es wird berichtet, daß Ts'ao Ts'ao (155–220) einmal einen Wahrsager gefragt habe, welches seine Aussichten im Leben seien. »In friedlichen Zeiten ein Bandit, in Zeiten des Chaos ein Held.« Das gilt auch von den meisten römischen Kaisern im 3. Jahrhundert. Eigenartigerweise war Ts'ao Ts'ao nicht nur Krieger, sondern Politiker und sogar Dichter!

Auch in Szetschuan übernahm ein Söldnerführer die Macht. Liu Pei, Abkömmling der Han, zog als Kaiser von Shu gebildete und fähige Mitarbeiter an seinen Hof. Das Land Shu war damals noch Kolonialgebiet, in dessen breiter Thai-Bevölkerung chinesische Dörfer und Städte eingestreut lagen. Da die Neuankömmlinge ein hochentwickeltes Bewässerungssystem mitbrachten, konnten sie den Ackerbau beträchtlich ausdehnen, so daß die Zahl der Menschen rasch anwuchs. Im Osten ließ sich Sun Ch'üan (182–252) zum Herrscher von Wu ausrufen, das später das volkreichste Gebiet Chinas werden sollte und damals bereits mit der Hauptstadt Nanking das bedeutendste der »Drei Reiche« war. In das Tiefland waren seit vielen Jahrhunderten chinesische Siedler eingeströmt. Sie hatten sich auf Reis und auf den Wasserbüffel umgestellt. Der Großgrundbesitz lag fast ausschließlich in der Hand von Nordchinesen. Damals war der überwiegende Teil der Bevölkerung noch nicht »chinesisch«. Die einheimischen Bauern zahlten kaum Steuern und leisteten keinen Heeresdienst. Wenn der Staat etwas von ihnen wollte, flüchteten sie in die Berge. Die Herren von Wu haben diese Bauern in die Ebenen verpflanzt und der Steueraufsicht der adligen Grundbesitzer unterworfen.

Zu dieser Assimilationspolitik gehörte es, daß widerspenstige Bauern, die sich teilweise in blutigen Aufständen gegen die Sinisierung wehrten, in neu erobertes Land verbracht wurden, bis in das heutige Vietnam hinein. Zunächst wurden sie als Soldaten gepreßt, dann wurden sie angesiedelt – mit Vorteilen gegenüber den Eingeborenen. Der chinesische Einfluß nahm von Norden nach Süden deutlich ab.

Ein Emporkömmling Ssu-ma begründete 266 eine eigene Dynastie Tsin, der es vorübergehend (280) gelang, die Herrschaft über das ganze Reich auszudehnen. Sie war in Shu und Wu auf den Adel angewiesen, der sich, gestützt auf seinen Reichtum, gegenüber der eingesessenen Bevölkerung zu behaupten vermochte. Ssu-ma (Kaisername Wu-ti 266–290) löste sein Heer auf und befahl den Streitkräften, die Waffen abzuliefern. Nur selten folgten die wilden Krieger dieser Anordnung. Meist verkauften sie ihre Waffen den Hiung-nu und den Hsien-pei jenseits der Grenze.

Die neugeschaffenen Fürsten waren mit ihren Privatheeren inmitten eines abgerüsteten Reiches fast unangreifbar. Beim Tode des Dynastiegründers (291) brachen die »Wirren der acht Prinzen« aus, die fünfzehn Jahre lang das Land verwüsteten. Nun standen die Grenzen den Barbaren wieder offen. Sie drangen immer tiefer in das wehrlose chinesische Reich ein und richteten ihre eigenen »Reiche« auf, das heißt, sie schlugen ihr Heerlager auf und erpreßten von den unglücklichen Bewohnern Tribute.

Zwischen 304 und 439 soll es an die zwanzig verschiedenen Staaten in Nord- und Westchina nacheinander und nebeneinander gegeben haben, die – bis auf fünf – von Fremden beherrscht wurden. Dauernd verschoben sich die Grenzen wie die Völker, richtiger: die Zusammensetzung des Heeres, das den eigentlichen »Volkskern« bildete. Keines dieser Reiche war von Dauer.

Wie in der Steppe üblich, nahm ein Stamm fremde Familien in sich auf; ein andermal zogen unzufriedene Familien weiter, um sich anderen Stämmen anzuschließen. Dauernd kam Zuzug aus den Bergen und Wäldern. Im 3. Jahrhundert ließen vier Völker ihre Herden auf den weiten Flächen weiden: die Hiung-nu und die Hsien-pei, die Ti und die Ch'iang. Noch zu Beginn der Han-Dynastie waren die Hiung-nu vorwiegend europide Menschen mit wahrscheinlich indoeuropäischer Sprache, doch wurden sie seit langem von Turkstämmen des Jenisej-Beckens unterwandert. Die Verwandten der Hsien-pei saßen in der Mandschurei und im Lenabecken, sie waren also Mongolen, um einen späteren Stammesnamen zu verwenden. Die Ti und Ch'iang mit deutlich »mongolischen« Zügen stammten aus Tibet.

Waren die Chinesen noch im 3. Jahrhundert den »Barbaren«, die sie besiegten, die sie zwangsverpflanzten, die sie zu Kriegsdiensten preßten oder in die Sklaverei verschleppten, überlegen, so kehrte sich das im 4. Jahrhundert um, einmal, weil die Barbaren innerhalb des Staatsgebietes an Zahl zugenommen hatten, sodann weil Hunderttausende chinesischer Bauern im Zuge der uferlosen Eroberungen in den Süden verpflanzt worden waren. In den nördlichen Landesteilen wurden Barbaren angesiedelt.

Bereits zur Zeit der »Drei Reiche« kamen viele Ti (Tibetaner) nach Szetschuan, Kansu und Shensi. Aber die eigentliche Kolonisation vollzog sich später. Zwischen 276 und 289 sollen fast eine Million Nichtchinesen (400 000 Hiung-nu, Hsien-pei und Wu-huan und 500 000 Ti und Ch'iang) in China eingewandert sein. Am Ende des 3. Jahrhunderts machten die Barbaren ungefähr die Hälfte der Bevölkerung Nordwestchinas aus.

Die Hsien-pei aus der Mandschurei drängten unter T'opa Ilu die Hiung-nu in die Ordos-Steppe, wo sie ein neues Reich errichteten. Der

Name der Toba geht wohl auf das türkische Wort Tabgac zurück, das später bei den Türken für China verwendet wurde und als Taugast bei den Byzantinern auftaucht.

311 eroberten die Hiung-nu die »östliche« Hauptstadt Loyang, fünf Jahre später auch Ch'ang-an, so daß die Ch'in nach Chien-K'ang (Nanking) auswichen. Von dort aus wiesen sie alle weiteren Angriffe zurück, so daß die Hiung-nu aus China abrückten – um in Europa aufzutauchen. Noch einmal haben die Ch'in versucht, ganz China wieder zu einigen, waren jedoch 383 in der Schlacht am Feifluß geschlagen worden. Die Wirren hielten an.

Im 4. Jahrhundert spielt sich in China das öffentliche und das kulturelle Leben auf verschiedenen Ebenen ab. Während die Barbaren untereinander kämpften, beschäftigten sich die Chinesen mit Wirtschaft, Kunst und Wissenschaft und erzielten beträchtliche Erfolge. Damals scheint der Tee in großem Umfang angebaut worden zu sein, jetzt erst wird er zum Volksgetränk. Waren bereits im 3. Jahrhundert bedeutsame Werke erschienen, so blühte in den folgenden Jahrhunderten die Wissenschaft erstaunlich auf. Nicht der Staat, nicht die Verwaltung, nicht das Heer schufen schließlich China, sondern die chinesische Kultur. Die Denker fühlten sich als Dichter und Künstler, Musik wurde gepflegt, die Literatur und die Literaturkritik, die Malerei und die kunstvolle Schönschrift. Hohe Kultur allein jedoch schützt nicht die Grenzen.

Es scheint ein uraltes Gesetz: der Viehzüchter ist dem Ackerbauer als Krieger überlegen. Machen die Fortschritte in Gesittung und Kultur den Menschen unfähig, den Kampf ums Dasein zu bestehen? Doch bietet die Seßhaftigkeit auch manchen politischen Vorteil. Bei höherer Zivilisation kann eine weit größere Zahl von Menschen in einem begrenzten Gebiet leben, sodann kann man größere Heere mit besseren Waffen ausrüsten und für längere Zeit verköstigen. Das setzt jedoch die innere Bereitschaft voraus, alle Kräfte für die gemeinsame Sache einzusetzen. Aber gerade daran mangelt es häufig.

Der harte, entschlossene Nomade ist eher bereit, für die Gemeinschaft einzutreten als Ackerbauer und Städter. Ihn haben Not und die unerbittliche Natur gelehrt, daß der Einzelne nichts ist ohne die Gemeinschaft, mag das ein Volk, ein Stamm oder auch nur eine Räuberbande sein. Von Wasserstelle zu Wasserstelle zieht die Herde – sie muß zu einer Wasserstelle gelangen, mag das Jahr gut – also feucht – oder trocken sein. Nur wer organisieren kann, wird die Herde und die ihm Anvertrauten vor dem Verderben bewahren.

Ein bedeutender Mann kann viele Stämme in Bewegung setzen und andere gewaltsam mit sich fortreißen, zum Schrecken seiner Nachbarn.

Um aber militärisch überlegen zu sein, bedarf es einer straffen Führung. Wenn ein überragender Anführer Erfolg, Sicherheit, Schutz und Beute verspricht, zieht er alle in seinen Bann – unabhängig von Rasse, Stamm und Religion. Immer wieder sind in Eurasien Völkerwellen von Ost nach West gebraust. Die Besiegten flüchteten vor übermächtigen Feinden, hinter ihnen her die Sieger, die längst nicht mehr um Weideplätze kämpfen, sondern immer neue Gebiete an sich reißen.

Die ganze Steppe zwischen der Donaumündung und der Mandschurei geriet in Bewegung. Menschen aus dem gebirgigen Wald drängten die Ansässigen teils gegen die Chinesische Mauer, teils gen Westen. Die Kushán erlagen ihrem Ansturm, die Sassaniden jedoch konnten ihnen an den Bergen Irans Widerstand leisten, so daß sie weiter nach Westen zogen. Im Jahre 374 tauchten die »Hunnen« an der unteren Wolga auf. Sie haben eine neue Kampfesweise mit Hilfe einer wichtigen »Erfindung« ausgebildet: dem Steigbügel.

Anfangs nur eine Lederschlinge, dann aus Eisen, erlaubt der Steigbügel, während des Reitens den leichten Flitzbogen abzuschießen. Bis dahin stiegen die Reiter ab, um mit Schwert, Lanze oder Bogen zu kämpfen. Auf ihren Pferden konnten sie sich rasch zurückziehen. Dieser Taktik verdankten die Parther ihren Sieg über Crassus. Nun aber ritten geschlossene Geschwader an, schossen während des Reitens ihre Pfeile ab und bogen in vollem Galopp ab, wenn der Feind standhielt.

Die Hunnen machten auf ihre Feinde einen erschreckenden Eindruck. In Felle gehüllt, durch Tätowierung oder Schmuckwunden entstellt, ritten sie auf ihren kleinen Pferden mit überraschender Geschwindigkeit. Wahrscheinlich kamen die »Hunnen«, die endgültig diesen Namen behielten, aus dem Gebiet von Minussinsk (Jenisej); auf ihrem Zug nach Westen haben sie Ugrier und finnische Bewohner Osteuropas mit sich gerissen. Groß wird ihre absolute Zahl kaum gewesen sein; selten haben sie mehr als 5000 hunnische Reiter in die Schlacht geworfen. In Südeuropa stießen sie mit den Germanen zusammen. Die Goten am Schwarzen Meer wurden einfach überrannt; das Reich des Ermanarich brach auseinander.

Östlich der Karpaten waren im 1. Jahrhundert reisige Kriegerscharen oder regelrechte Banden nach Südrußland gezogen. Sie kamen aus Schweden, von Gotland (Goten), Rügen (Rugen) und aus Bornholm (Burgunderholm – Burgunder), angelockt von den Schilderungen märchenhafter Schätze. Da sie von der Weichselmündung bis zur südrussischen Steppe gezogen sind, müssen sie das Land der Slawen zwischen Karpaten und Dnjepr durchquert haben, aber wir hören davon nichts.

DIE GOTEN

Wie groß die Völker waren, die wanderten, weiß man nicht. Die Bewohner der mächtigen Forsten und undurchdringlichen Sümpfe haben sich nur wenig bewegen können. Zwar gab es mindestens seit den Bandkeramikern sehr alte Straßen, die vom Rhein am Harz vorbei ostwärts führten, wie der Hellweg, oder von Italien und Böhmen an Elbe und Oder entlang zum Bernsteinland. Aber diese Straßen eigneten sich kaum für Völkerbewegungen größeren Stils. Sie führten durch dichte Wälder, in die kaum auszuweichen war, wenn der Feind etwa die Straße sperrte. Bergtäler und Pässe konnten ebenfalls leicht verriegelt werden. Es genügte ein schwerer Wolkenbruch, um sie völlig unwegsam zu machen.

Nur reisige Kriegerscharen mit wenig Gepäck, wenigen Weibern und Kindern vermochten sich durch ein feindlich gesonnenes Land zu schlagen. Ein solches »Heer« lebte von dem Land, durch das es zog. Nur ein Bruchteil der Bevölkerung in Südrußland waren wohl »Goten«. Dreihundert Jahre lang herrschten die Germanen als Oberschicht in Südrußland.

In der Steppe gibt es keine festen Grenzen. Je weiter vom Sitz des Herrschers entfernt, desto weniger sind die Steppenbewohner bereit, sich seinem Befehl zu beugen. Selbst wenn man die »Oberhoheit« anerkennt, besagt das wenig. Der König oder der Khan fordert Tribute oder »Geschenke«, die ihm in der Regel einmal im Jahr gebracht werden – ansonsten ist der Stamm frei. Auch die gefährdeten Waldbewohner schickten Abordnungen mit »Geschenken« an den Hof, um ihre »Treue« zu bekunden. Wie weit aber haben die Reitervölker den Gotenkönig tatsächlich »anerkannt«? Die Bewohner der Steppe trieben Handel zwischen Ostsee und Schwarzem Meer beziehungsweise Kaspisee und über die Steppe hinweg auf dem weiten Landweg nach Asien.

Gegen Ende des 3. Jahrhunderts erhielten die Goten Zulauf aus dem Norden. Die Heruler begründeten ein eigenes Königreich. Nun bauten die Goten am Schwarzen Meer eine eigene Kriegsflotte, mit der sie Trapezus, Saloniki und Athen von der See her angriffen. Das Reich des Gotenkönigs Ermanarich, das angeblich von der Ostsee bis zum Schwarzen Meer, von den Karpaten bis zur Wolga reichte, erlag den Hunnen.

Nach ihrem Sieg zogen die Hunnen alles an sich heran: die Alanen, die Sarmaten, die Goten und wer sonst noch in der Steppe wohnte. Die hunnischen und die gotischen Verbände wurden jeweils von einem Stammesangehörigen geführt, aber alle unterstanden dem hunnischen König. Obwohl die Heere wieder anwuchsen, blieben auch weiterhin die kleinen, beweglichen hunnischen Geschwader entscheidend.

Aus Angst vor den Hunnen flohen die westlich wohnenden Wisigothen über den Dnjepr, aber die raschen Hunnenheere umgingen sie, so daß sie weiter fliehen mußten. Panik erfaßte die Menschen zwischen Don und Donau. Wer konnte, brachte sich in Sicherheit. Völlig aufgelöst erschienen die Goten als klägliche Flüchtlingshaufen an der römischen Reichsgrenze. Sie wurden über die Donau gelassen, weil der Kaiser in ihnen einen sicheren Grenzschutz zu gewinnen hoffte. Der Flüchtlingsstrom war jedoch nicht zu stoppen. Bald wurde die Verpflegung knapp.

Da die Goten und wer mit ihnen kam ihre Waffen mitgebracht hatten, machten sie einen Aufstand, an dem sich sogar hunnische Scharen beteiligten. 378 schlugen sie die Römer vernichtend bei Adrianopel. Kaiser Valens fiel. Als Kaiser Theodosius (379–395) den Vertrag mit den Westgoten erneuerte, schien der alte Zustand wiederhergestellt, doch reichte die Macht des Kaisers nicht mehr aus, um die Ordnung im Staate aufrechtzuerhalten. Von innen her brach das Reich schließlich auseinander.

Im Kampf um die Macht haben die römischen Kaiser immer wieder die Legionen von den anscheinend ruhigen Grenzen zurückgerufen, so daß die Barbaren in die ungeschützten Provinzen einbrechen konnten. So ungleich das Kräfteverhältnis zwischen dem Reich mit seinen achtzig Millionen Einwohnern und den wenigen Millionen jenseits des Limes auch sein mochte, so stark die Befestigungsanlage mit den unendlichen Wäldern und Wüsten auch war –, wenn niemand die Grenzen verteidigte, lohnten sich Raubfahrten immer. Für viele endeten solche Züge in der Gefangenschaft, also in der Sklaverei. Doch das verdroß die wilden Gesellen nur wenig. Sie kamen sowieso in hellen Scharen, um sich im Römischen Reich zu verdingen, als Söldner oder als Knechte auf den Gütern und in den Betrieben. Ganze Truppenteile wurden geschlossen in das römische Heer übernommen. Diese Germanen haben den Charakter der Provinzen an Rhein und Donau weitgehend verändert. Aber noch hielt der Limes.

In den Legionen begannen die »unverbrauchten« Völker zu überwiegen, bis sie eines Tages die Macht übernahmen. Schon unter Caracalla fochten syrische Truppen und Beduinen am Euphrat. Bei den Kriegen am Rhein gewannen die dortigen Legionen so viel Übergewicht, daß sie Kaiser Alexander Severus ermordeten und 235 einen der ihren auf den Schild hoben. Die Zeit der Soldatenkaiser begann. Kein Wunder, wenn die Grenzen schwächer verteidigt und immer häufiger durchbrochen wurden, nicht weil die Macht der Feinde gewachsen war, sondern weil die eigene Kraft nachließ. Die hereinbrechenden Goten besiegten und erschlugen Kaiser Decius (249–251).

Die amtliche Geschichtsschreibung erwähnt laufend fremde Völker, die abgewehrt und besiegt werden. Da werden die Alemannen am Gardasee 258, die Goten bei Nisch im Wardar-Tal geschlagen, die Alanen in Kleinasien, die Franken am Rhein 257, die Burgunder und Vandalen an der Donau besiegt; da stoßen die Heruler bis zur Ägäis vor; da wird Palmyra zurückgewonnen. Allein schon die Schlachtorte zeigen, wie tief die Eindringlinge in das Reich vorgestoßen waren. Mochte ein Sieg noch so eindeutig aufallen, er brachte keine Ruhe. Immer neue Scharen drängten vor.

Den endgültigen Zusammenbruch brachten die Hunnen. Die Kriegstaktik der Steppe kam für das Imperium überraschend. Es half auch wenig, die Städte zu befestigen, da die Reiterheere an ihnen vorbeizogen. Für die schnellen Bewegungen der berittenen Truppen reichten weder die Milizaufgebote der Städte noch die Bauernaufgebote aus, zumal sich in den nimmer endenden Kriegen Banden aus vertriebenen Bauern, Abenteurern, flüchtigen Städtern und regelrechten Verbrechern bildeten. Auch die »regulären« Truppen setzten sich aus solch zweifelhaften Elementen zusammen.

Da keine Polizei für Ordnung sorgte, überfielen die Rotten einzelne Landgüter und sogar Städte. Welche Rolle spielte es, wer durch das unglückliche Land zog, ob feindliche Barbaren oder einheimische Banden oder gar meuterische Legionen, die sich auf »ihren« Kaiser beriefen. Gegen diese Übergriffe stellten die Großgrundbesitzer aus Hintersassen und Bauern eigene Streitkräfte auf. Sie befestigten ihre »Villen«. Die Städte bauten um sich regelrechte Mauern, sogar Rom.

Mit der Zeit steht jede Landschaft, jede Stadt und schließlich sogar jeder Gutshof für sich. Zugleich aber änderte sich der soziale und der kulturelle Aufbau in den Städten selbst. Die hohen Beamten, die Offiziere, die Großgrundbesitzer und die Einheimischen, die sich bemühten, in die römische Gesellschaft aufgenommen zu werden, ziehen weg, seit die Kaufleute schutzlos der Willkür der Soldatenkaiser ausgeliefert sind. Übrig bleiben die Einheimischen. Die Stadt verliert langsam ihren römischen Stil.

Um sicherer zu sein, zogen die Menschen aus der im Tal angelegten »römischen« Stadt hinauf auf die Höhe. Sie sprachen vielfach noch die alten Volkssprachen, sie hingen den alten Göttern an, die in der Stadt verachtet wurden, sie verstanden nichts von der hochgeschraubten Schriftsprache noch von der Technik. Sie waren den Menschen jenseits der Reichsgrenzen näher als den feinen Leuten in der eigenen Stadt. Und das galt erst recht von der Landbevölkerung.

Das neue Kupfergeld verschärfte nur das Problem, als es immer wertloser wurde. Daraufhin mußten die Abgaben in Naturalien und in Frondiensten geleistet werden, was unnötige Härten schuf. Das

Geldwesen lief sich tot, nicht weil es an Geld fehlte, sondern weil es nicht genommen oder – wie Silber – vergraben wurde. Bald zogen Reiterpatrouillen durch das Land, um Stadtväter aufzugreifen, die sich durch Flucht ihren willkürlich auferlegten Steuerverpflichtungen zu entziehen suchten.

Der Handel ging zurück, und damit schwand die wirtschaftliche Grundlage des städtischen Lebens. Die Nachfrage nach Luxusgütern ließ nach, obwohl die technischen Voraussetzungen für den Welthandel immer günstiger wurden. Die Folgen blieben nicht aus. In Ägypten wird der Rand des Fayum wieder Wüste, in Syrien verödet Palmyra, in Gallien schrumpfen die Städte. Nîmes geht auf ein Zehntel, Augustudunum (Autun) auf ein Zwanzigstel seines Umfangs zurück.

Der Illyrer Diokletian hat das Reich neu gegliedert. Der Osten mit der Hauptstadt Nicomedia – nahe am Bosporus – und Treveris – Trier – sollten jeweils von einem Kaiser regiert werden, dem ein Caesar zur Seite stand. Spätestens nach zwanzig Regierungsjahren sollte der Caesar den Augustus ablösen. Die Caesaren residierten in Eburacum – York – in Britannien und in Sirmium an der mittleren Donau. Mediolanum – Mailand – wurde Hauptstadt von Italien und Afrika.

Das Imperium wurde um jene Zeit von religiösen Zweifeln, Sorgen, Wirren geschüttelt. Rom lernte die geheimnisvolle Welt des Ostens mit seinen uralten Religionen und seinen mystischen Visionen kennen. Für den vornehmen Römer mochten das dunkle Geheimkulte sein, die ihm nichts bedeuteten. Wie klar waren für ihn die Götter Jupiter und Mars! Und wie nüchtern die Ziele der Res publica – bestimmt, das Leben zu ordnen. Was aber hatten die untersten Schichten, die Sklaven und die Landleute wie der kleine Mann in der Stadt mit den Göttern der Mächtigen gemein? Not und Leid waren ihr Teil und kein Gott schien sich ihrer zu erbarmen.

Geheimnisvolle dunkle Mächte gewannen die Herzen. Mysterien vom Tode, vom Totengericht, von dem einen allmächtigen Gott, der die Guten belohnt und die Bösen bestraft, von dem Helden, der den mythischen Stier besiegt und tötet. Die Legionäre hingen dem Mithrasglauben an. Aus dem Osten waren die Verehrer von Isis und Osiris, von Baal und Astarte, von Mithras und nicht zuletzt von Jahwe nach Rom gezogen, wo sie ihre Tempel und ihre Altäre errichteten; voller Verachtung sahen sie auf die römischen Götter herab, die menschliche Züge trugen.

Das religiöse Bedürfnis wuchs, je mehr das öffentliche Leben verkümmerte. Vergeblich wehrte sich der Staat mit Vorschriften. Im einheitlichen Reich sollte ein einheitlicher Glaube gelten. Die Sonne wurde zum Symbol der einheitlichen Reichsreligion, und der Kaiser zu ihrem Vertreter. Andere Religionen sollten nur dann geduldet werden, wenn ihre Gläubigen dem Kaiser huldigten. Das führte zum Zusammenstoß mit dem Christentum.

Die Christenverfolgung (303) sollte jeden Widerstand ausräumen. Die Sektierer wurden vor die Wahl gestellt, entweder dem Kaiser das vorgeschriebene Opfer zu bringen oder hingerichtet zu werden. Viele der Verdächtigten ließen sich eher töten, als daß sie ihrem Gott abschworen. Unter dem erschütternden Eindruck der Leiden, die die unbeugsamen Christen auf sich nahmen, wandten sich zahllose andere ebenfalls diesem Gott zu.

In völliger Umkehrung dessen, was Griechen und Römer an Göttern verehrten, gehörte Christus selber zu den Leidenden; sie sollten »getröstet werden«, ihnen versprach er die Seligkeit. Seit sehr früher Zeit haben die Menschen an ein Fortleben nach dem Tode geglaubt. Das Christentum aber verhieß, was noch darüber hinausging: der Gläubige würde im Jenseits zur Rechten des Vaters in Glanz und Herrlichkeit sitzen. Die Schlechten – und das mußten in der Regel die Mächtigen sein – stürzten zur Strafe in die Hölle. Ungerechtigkeiten, Not und Qual und die zahllosen Demütigungen ließen sich leichter ertragen, da Gottes eingeborener Sohn selber am Kreuz starb.

In den ersten beiden Jahrhunderten hat das Christentum nur in den Städten Anhänger gewonnen. Das flache Land hielt weiterhin an den Naturreligionen und an den Zauberriten der Schamanen fest. Lange haben die Kaiser den Christenglauben nicht ernst genommen. Erst als die Verdrossenheit gegenüber dem Staat immer breitere Kreise erfaßte, sahen sie gerade in den Christen die heftigsten Gegner des Gemeinsinns.

Die entscheidende Wende kam mit dem Entschluß Konstantins, in der Schlacht an der Milvischen Brücke als Kampfeszeichen für seine Truppen das Kreuz zu wählen. Die Christenverfolgung hatte im Westen – Constantius – bereits 306, im Osten 311 aufgehört. Wie weit inzwischen der Christenglaube Fuß gefaßt hatte, zeigte sich nun. Bis in die oberen Stände, selbst in der kaiserlichen Familie und sogar im Heer gab es Christen. Stark aber war der Glaube in Afrika verbreitet: in Alexandrien (Dionysius und Origines), Kyrene, in Karthago und Hippo (Augustin). Aber alles das erklärt nicht den Sinneswandel Konstantins.

Die Kehrtwende erfolgte vielmehr, weil der Kaiser hoffte, seine Untertanen enger an den Staat heranzuführen, wenn er die christlichen Gemeinden mit öffentlichen Aufgaben betraute. Die Christen erhielten ihre Liegenschaften zurück. Jetzt durften sie offen zu ihrem Gott beten. Aber statt nun ihrerseits Duldung zu üben, brach ihr Haß ungezügelt auf; sie zerstörten die heidnischen Tempel und verfolgten die Heiden.

Konstantin verlegte die Hauptstadt des Imperiums nach Byzanz, jetzt Konstantinopel, das – an der Nahtstelle zwischen Ost und West – an der großen Heerstraße von der Rheinmündung zum Euphrat lag, so daß sich Grenztruppen rasch verschieben ließen. Daß Konstantinopel einmal zum Mittelpunkt des gesamten Welthandels aufsteigen würde, konnte man damals nicht voraussehen.

Noch einmal kam es vorübergehend zum Rückschlag. 360 rief das Heer Konstantins Enkel Julian zum Kaiser aus, der den christlichen Glauben ablehnte. Als der Abtrünnige – der »Apostata« – ist er in die Geschichte eingegangen. Die Heiden bekamen mit der Gleichberechtigung auch ihre Tempel wieder zurück, altehrwürdige Universitäten wie Athen genossen wieder ihre Freiheiten. Aber ließen sich die Verhältnisse tatsächlich um ein halbes Jahrhundert zurückdrehen?

Der Einbruch der Barbaren

Während in Europa und Ostasien die großen Reiche von schweren Wirren erschüttert werden, während Afrika und Australien dahinzudämmern scheinen, entfaltet sich in Amerika eine einzigartige Kultur. Das ist um so erstaunlicher, als der Erdteil nur zum geringsten Teil von dieser kulturellen Umwälzung erfaßt wird.

Im Norden Amerikas schweiften weiterhin die indianischen Jäger über die endlosen Prärien – dem Büffel nach. Auch Südamerika war damals noch vorwiegend von Jägern und Sammlern bewohnt – in dem riesigen Amazonasbecken wie in der argentinischen Pampa bis hin zum Feuerland. Noch im 20. Jahrhundert leben Indianerstämme von der Jagd und dem Sammeln, obwohl sie von den Weißen manch nützliches Gerät wie die Stahlaxt übernommen haben. Sie wollen nicht seßhaft leben.

Sehr früh, in der Mitte des 3. Jahrtausends v. Chr., haben Jäger und Sammler begonnen, einzelne Pflanzenarten zu züchten. Sie säten zuerst gelegentlich, dann planmäßig etwa Kürbis und Bohnensamen aus, dann auch Maiskörner. Erst als sie im Laufe von vielen Jahrhunderten leistungsfähige Pflanzenarten herangezüchtet hatten, lohnte es sich, sie regelrecht anzubauen. Das geschah zuerst in den trockenen nördlichen Randgebieten des mexikanischen Hochlandes. Um die Mitte des 2. vorchristlichen Jahrtausends beginnt der regelmäßige Anbau von Mais, Tomaten, Kürbis, Kakao, Papaya (Melonenbaum), Avocado und Bohnen, auch von Baumwolle und Tabak und in Südamerika von Kartoffeln. Das sind nur einige der wichtigsten Nutzpflanzen, die die Neue Welt den Menschen schenken sollte.

Wohl um die Mitte des 3. Jahrtausends v. Chr. beginnt man an einigen wenigen Stellen an der peruanischen Küste Töpferware herzustellen, wieder Jahrtausende nachdem die Töpferei im Vorderen Orient und lange Zeit nachdem sie an der Küste Japans erschienen war. Gibt es Zusammenhänge? Sind sie auf so unendlich weite Entfernungen überhaupt möglich gewesen?

Die frühen Bewohner Japans waren Fischer, die über das Meer vom asiatischen Festland gekommen sind. Das zeigen die großen Muschelhaufen, die sie hinterlassen haben. Wagten sie sich auf die hohe See hinaus? Wahrscheinlich nur selten freiwillig, meist verschlagen von Wind und Wellen. Ihre Fahrzeuge waren den Stürmen kaum gewachsen: Flöße, ausgehöhlte Einbäume und schwanke Rinden- oder Fellboote wie die der Eskimos. Wann die erstaunlichen Fahrten der Polynesier begannen, die zum Ausgang des ersten nachchristlichen Jahrtausends große Flotten mit Tausenden von Booten ausrüsteten, ist ungewiß. Auch wissen wir nicht, wie und wann die ersten Seeverbindungen von Asien nach der pazifischen Küste Südamerikas geknüpft wurden.

Doch müssen sie sehr früh bestanden haben: die erste in Amerika angebaute Baumwolle stellt eine Kreuzung zwischen der wilden asiatischen und der wilden amerikanischen Baumwolle dar. Für eine erstaunlich entwickelte Hochseeschiffahrt spricht die Verbreitung der Großsteinkultur an der europäischen Westküste, also in besonders stürmischen Gewässern, im dritten vorchristlichen Jahrtausend und in der Folgezeit fast über den ganzen Erdball. Es fällt auch auf, daß die früheste und bekannte Kultur mit Ackerbau an der regenlosen Küste Perus entsteht, in einer Landschaft, die vom Hinterland durch hohe, schier unübersteigbare Bergketten abgeschlossen ist, angewiesen auf die vielen Flüsse, die von der Höhe das Schmelzwasser bringen. Nur wenn diese trockenen Landstriche künstlich bewässert werden, ernähren sie eine dichtere Bevölkerung. Bis dahin waren die Menschen auf den Fischfang dieser allerdings ungewöhnlich fischreichen Gewässer angewiesen.

Im 2. Jahrtausend v. Chr. setzt sich der Ackerbau in Amerika durch, es entstehen die ersten Dörfer; wieder nur in recht begrenzten Gebieten, in verschwindend kleinen Flecken im großen Amerika, nämlich in den Landstrichen an der pazifischen Küste Perus, sodann im Hochland von Mexiko und schließlich in bestimmten Gebieten Mesoamerikas. Der übrige Erdteil verharrt auf der Stufe der Jäger, Fischer und Sammler. An der Jagd haben die nordamerikanischen Indianer teils noch bis ins 19. Jahrhundert hinein festgehalten, als sie von den Europäern längst das Pferd, die Messer und die Flinten übernommen hatten. Sie wollten den Ackerbau nicht übernehmen. Der Maisbau hat sich erst im 17. und 18. Jahrhundert im Nordosten Nordamerikas durchgesetzt.

Um die Mitte des letzten vorchristlichen Jahrtausends vollzieht sich in Amerika eine erstaunliche Wende. Es bilden sich Städte. Sie entstehen zuerst an zwei ziemlich begrenzten Stellen, bezeichnenderweise wieder in der Nähe der See. An der karibischen Küste Mexikos liegen die Fundstätten von La Venta, die bereits eine hochstehende Kultur zeigen, und an der peruanischen Küste findet man ihre Spuren in jenen Oasen, die an den Flüssen angelegt wurden.

Jetzt liegen überseeische Verbindungen noch näher als in der Vergangenheit. Über den Pazifik ist nachweislich die Süßkartoffel bis nach Afrika gewandert, und sie konnten nur Menschen mitgebracht haben.

Auch am Atlantik gab es kühne Seefahrer. Nimmt man solche Beziehungen an, schmälert das nicht die Leistung der Indianer. Zwar haben sie Anregungen aufgenommen, aber sie waren es – und nicht fremde Einwanderer –, die die neuen Kulturen schufen.

Die Epoche, die um die Mitte des letzten vorchristlichen Jahrtausends beginnt, nennt man heute die »Formative Periode«. Ihr Kennzeichen ist die Stadt und damit verbunden – ähnlich wie einst im Vorderen Orient – ein hervorragendes Kunsthandwerk und der Bau von mächtigen Tempeln, von öffentlichen Gebäuden und auch von riesigen Pyramiden. Bezeichnenderweise zeigen die Menschen der Küste bald die Neigung, ihre Heiligtümer ins Innere des Landes zu gründen: mächtige Wallfahrtsplätze mit Tempeln und Pyramiden.

Es ist ja erstaunlich, daß sich die Kultur von La Venta an der ungesunden, sumpfigen Küste überhaupt hat entfalten können. Von weit her mußten die mächtigen Felsblöcke herbeigeschafft werden, die zu den riesigen Köpfen verarbeitet wurden. Bis zur Zeitwende dringt die Kultur der Küste in das Hochland vor. Die Pyramide von Cuicuilco ist ein eher kegelstumpfartiger als pyramidenförmiger Bau, dessen Kern aus Stein besteht, über den eine Schicht sonnengetrockneter Ziegel mit einer dünnen Steinverkleidung gelegt wurde. Eine Treppe führte außen zu der obersten Plattform, auf der schließlich ein Tempel stand. Die Kultur, zu der Cuicuilco gehörte, war die von Ticoman. Zu ihr gehören auch die großartigen Gräber von Tlatilco.

Die späteren Bewohner, Tolteken wie Azteken, haben die Schöpfer der La-Venta-Kultur die Olmeken genannt, was zunächst nur »Bewohner des heißen Küstenstriches« – des Gummilandes – bedeutet. Sie haben auf die Olmeken alle Kultur zurückgeführt. Die Olmeken sollen die Stadt, den Bau mit Steinen, die Schrift und den Kalender in Amerika eingeführt haben. Sie sollen den geordneten Staat mit einheitlicher, straffer Führung begründet und die gesellschaftliche Ordnung geschaffen haben, ohne die es keine großen Gemeinschaftswerke, wie den Bau der riesigen Pyramiden, gegeben hätte. Doch verstanden selbst die hochbegabten Olmeken nicht, Metalle zu verarbeiten.

In Südamerika – und das war zunächst die Kultur von Chavin in den peruanischen Bergen – gab es keine Schrift; es hat sie bis zum Auftreten der Spanier auch nicht gegeben. Irgendwie war vielleicht etwas von einer Schrift bekannt geworden. Gewisse, häufig wiederkehrende Bilder in den Geweben lassen sich vielleicht als eine Art von Schriftzeichen deuten, doch waren sie als Schrift zur Wiedergabe von Mitteilungen nicht zu verwenden. Hingegen haben die Bewohner der peruanischen Küste verhältnismäßig früh, also bereits in der »Formativen Periode« (300 v. Chr. bis 300 n. Chr.), Metalle verarbeitet, zuerst

Gold und Silber, dann Kupfer und einzelne seiner Legierungen, allerdings selten die Verbindung mit Zinn (Bronze), sondern mehr mit Gold und Silber.

Man hat den Eindruck, daß die beiden amerikanischen Kulturen, die von Mexiko und die von Peru, auf zwei verschiedene Wurzeln zurückgehen. Auch später, als sie sich berührten und gegenseitig befruchteten, blieb ein unverkennbarer Unterschied, der noch heute bei den Indianerstämmen in den Wäldern Mittelamerikas zu erkennen ist. An der pazifischen Seite verehrt man die Sonne, man kennt keinen Schamanen mehr; an der Golfküste hingegen gibt es Schamanen, dort herrscht der Mondkult. In Chavin in den peruanischen Bergen galt der Kult dem Jaguargott, in Mexiko dem der Schlange.

Bei allen diesen Unterschieden fällt doch auf, daß im Norden wie im Süden in den ersten Jahrhunderten vor unserer Zeitrechnung fast gleichzeitig der große Kulturaufschwung einsetzt, während der größte Teil des amerikanischen Erdteils weiterhin auf der Stufe der Jäger und Sammler verharrt, keinen Ackerbau treibt und damit geschichtslos bleibt. Das war keineswegs die Folge mangelnden Kontaktes. Bis in die Zeit der spanischen Eroberung schweiften die Jäger an den Grenzen des mexikanischen Kulturgebietes, sie fielen in die dicht besiedelten Gebiete ein, stürmten Dörfer und brannten ganze Städte nieder. Tolteken und Azteken sprachen von den »Wilden«, den Chichimeken. Mit der Zeit lösten die Einflüsse des Tieflandes eine erstaunliche Entwicklung aus.

In Peru entfalteten sich um die Zeitenwende die Kulturen an der Küste. Die Bewohner des Tieflandes, die schon längst zum Ackerbau übergegangen waren, fingen das Wasser der kurzen, von den Bergen kommenden Flüsse auf und leiteten sie über Kanäle auf die Felder. So entstanden Oasen, während zwischen den Flußläufen, wo es kein Wasser gab, die unbewohnbare Wüste blieb. Eine Verbindung war eigentlich nur über das Meer – die Küste entlang – möglich. Gleichzeitig erstreckten sich Handelsverbindungen ins Innere des Erdteiles, die Täler hinauf in die Berge. In den Oasentälern der Flüsse Pacasmaya, Chicama und Moche, später auch in den Tälern Viru, Santa und Casma des Nordens nahm die Bevölkerung rasch zu, es entstanden sogar bedeutsame, ja große Städte – die Mochica Kultur. Bewässerungskanäle und Aquädukte sind teilweise noch heute in Gebrauch, im Chicama-Gebiet einer von anderthalb Kilometer Länge, der in 15 Meter Höhe über ein trockenes Tal hinweg führt. Der längste Kanal aus dieser Zeit, der 110 Kilometer mißt, bewässerte noch zur Zeit der Chimu das Land.

Die Nazca-Kultur begann im 3. Jahrhundert v. Chr., doch erreichte sie ihren Höhepunkt in den ersten Jahrhunderten nach Christus mit

Metallarbeiten – aus gehämmertem und getriebenem Goldblech – und mit einer dünnwandigen Keramik. In unmittelbarer Nähe der Küste hat man eine ganze Totenstadt mit Hunderten von Gräbern angelegt – Paracas.

Kennzeichnend für die Nazca-Kultur sind die Scharrbilder von 500 m bis zu 8 km Länge. Neben Tieren – wie Affe und Vogel – und Pflanzenbildern gibt es unzählige Linien, die teils geometrische Figuren bilden – Dreiecke, Trapeze, Spiralen und Quadrate –, meistens aber nur gerade verlaufen. Geben die ausgescharrten Linien astronomische Hinweise, etwa einen bestimmten Stand der Sonne oder eines Sterns? Der Betrachter kann die Scharrbilder kaum erkennen. Über ihren Sinn ist viel gerätselt worden. Vielleicht sind sie ähnlich entstanden wie die Zeichnungen, die während der Initiationsriten auf den Pazifikinseln angefertigt werden, wo sie zu den Aufgaben der Initianten gehören. »Sinnlos« sind diese Linien und Figuren gewiß nicht gewesen.

Um die Mitte des 1. Jahrtausends entstand am Titicacasee, 3800 m hoch, die Kultstätte Tiahuanaco. Einflüsse von zwei Kulturen haben auf diesen Bau eingewirkt, eine ältere, die Monolithe aus äußerst hartem grauem Andesit hinterlassen hat und eine jüngere, deren Denkmäler aus rotem Sandstein bestehen. Drei Bezirke heben sich deutlich voneinander ab: Acapana, eine künstlich aufgeschichtete Terrasse von 15 m Höhe – ob Tempel oder Befestigungsanlage, läßt sich kaum sagen –, etwas weiter nördlich Kalasasaya, ein Plateau, das sich 3 m über den Boden erhebt und von einer Reihe von Monolithen eingefaßt wird.

Der Spanier Cieza de León berichtete im 16. Jahrhundert, daß hier »ein gewaltiges Gebäude steht, dessen Patio 15 m im Quadrat mißt, mit Mauern, die mehr als zwei Manneslängen hoch sind. An der einen Seite befindet sich eine Halle von 7 mal 16 m mit einem Dach, das genauso gebaut ist wie die Dächer des Sonnentempels von Cuzco. Dieser Saal hat viele große Portale und Fenster. Die Lagune des Sees umspült die Treppe. Die Eingeborenen sagen, daß der Tempel dem Viracocha, dem Schöpfer der Welt, geweiht sei.«

Das Sonnentor ist ein einziger Andesitblock von 3 mal 3,75 m mit einem Gewicht von 7 Tonnen. Da man keine Wohnhäuser gefunden hat, vermutet man, daß Tiahuanaco keine Stadt, sondern ein Wallfahrtsplatz war, zu dem die Menschen aus weiter Entfernung emporstiegen, um die Götter zu feiern oder die Toten zu ehren. Um den Titicacasee herum gibt es »Grabtürme«, Chulpa genannt, 5 bis 6 m hoch, manche sogar bis 8 oder gar 10 m teils aus behauenen Steinen, teils aus Stein und Lehm erbaut, in denen die Toten angekleidet in sitzender Stellung beigesetzt wurden, so daß die trockene Luft sie zu Mumien verwandelt hat.

Ob in den beiden Jahrtausenden vor und nach der Zeitenwende zwischen Südamerika und Mittelamerika Verbindungen bestanden haben, ist ungewiß, aber wahrscheinlich. Fischer sind seit eh und je an der Küste entlanggesegelt. Die Kulturzentren allerdings lagen im Hochland, Tiahuanaco 3800 m, Monte Alban 2600 m hoch.

Auf der mexikanischen Hochfläche erlebte Teotihuacán seine Blüte. Seine Anfänge reichen zwar bis ins 2. Jahrhundert v. Chr. zurück, im 3. Jahrhundert n. Chr. entstanden die phantastischen Kopfplastiken im Zentraltempel der »Zitadelle«, die Malereien an den Wänden mit den stilisierten Jaguaren und Kojoten. Der Einfluß erstrahlte bis weit nach Süden, er hat auch die Kunst und Kultur der Maya mitgeformt. Teotihuacán war eine großartige Kultstätte mit Tempeln und Palästen an weiten Plätzen. Ein Prozessionsweg von 1,7 km Länge führt zur Sonnenpyramide. Neben den Priestern und den weltlichen Großen haben auch Handwerker und Händler in Teotihuacán gelebt.

Teotihuacán war eine eindrucksvolle Stadt, in der sich offensichtlich ein reges geistiges Leben entwickelte, gefördert von der Herrscherschicht, ob von einem weltlichen Fürsten, ob von Priestern oder von einer Kaufmannsgilde. Wer waren die Menschen, die diese Anlage schufen? Sicher haben Einflüsse der Olmeken aus vergangenen Zeiten mitgewirkt, aber auch Menschen von dort? Verteidigungsanlagen fehlen. Die ersten Bauten scheinen im 2. Jahrhundert v. Chr., die Pyramiden um die Zeitenwende begonnen worden zu sein. Die Blütezeit von Teotihuacán wird wohl zwischen 200 und 600 n. Chr. gelegen haben. Hochentwickelt war die Töpferware, die teils bemalt, teils mit gelben, roten und grünen Mineralfarben, teils mit ausgeschabten Mustern versehen war. Gewebe stellte man aus Baumwolle und Agavefasern her. Metalle, selbst Gold, wurden damals noch nicht verarbeitet. Erzeugnisse von Teotihuacán finden sich bei den Maya bis nach Guatelama, und umgekehrt sind Maya-Erzeugnisse in Teotihuacán gefunden worden. Im Norden zeigt die Pyramide von Cholula, noch in der Zeit des Aztekenreiches eine der blühendsten und volkreichsten Städte, Ähnlichkeiten mit den Bauten von Teotihuacán.

Deutlicher erkennbar ist die Kultur, deren Hauptort Monte Alban ist. Dieser Platz liegt auf einer 2000 m hohen Fläche, auf der sich wohl seit früher Zeit Menschen zu religiösen Festen zusammenfanden. Bis ins 5. Jahrhundert v. Chr. reichen die Funde zurück, die deutlich den Einfluß der Olmeken von der Golfküste zeigen. Ihre Blütezeit allerdings, etwa seit 100 n. Chr., verdankt sie den Zapoteken, die auch die Tempel und Pyramiden errichtet haben. Auf eine geistige Führung, wie sie an Schrift und Kalender erkennbar ist, getragen von einer hochgebildeten Priesterschaft, geht die Stadt in Mexiko zurück.

Als sich die Stadtkultur in Teotihuacán und Monte Alban durchgesetzt hatte, ersteht im Osten der Landenge von Teohantepec die Kultur der Maya. Diese große Wende in Mesoamerika vollzieht sich um das Jahr 200. Das älteste bisher bekannte Denkmal ist eine Stele von 292 aus Tikal, der wohl ältesten Gründung im Tiefland von Guatemala. Diese Zeit, die mit der aus Uaxactún 328 überlieferten etwa übereinstimmt, entspricht dem Aufblühen von Monte Alban. Ein neues Volk übernimmt die geistige Führung. Unverkennbar sind die Einflüsse, die von den Olmeken ausgehen.

Aber die Maya haben die Schrift sehr viel weiter entwickelt, sie haben den Kalender vervollkommnet und sie haben vor allem der Mathematik erstaunliche Anstöße gegeben. Zum ersten Mal – lange vor Indern und Arabern – haben sie die Null »erfunden«. Zahlen in der Zwanziger-Verbindung werden so geschrieben, wie wir heute die Zehnerreihen verwenden. Die Maya konnten daher Zahlen ausdrücken, die hoch in die Millionen reichen.

Zwischen 436 und 534 entstanden Tikal, Copán, Yaxchilán, Piedras Negras und Palenque. In der nächsten Epoche, 534–731, gewannen dann die Städte Naranjo, Cobá, Colakmul und Quiriguá an Gewicht. Aber diese neuen Städte lassen sich doch wohl kaum mit den alten, etwa mit Copán, vergleichen. Offenbar schoben sich die Maya aus ihren ursprünglichen Siedlungsgebieten im guatemaltekischen Hochland nach Norden. Noch vor 360 n. Chr. wurde Tulum an der Ostküste Yucatáns gegründet – kurze Zeit danach Chichén Itzá. Die späteste datierte Inschrift der Maya im Bergland Guatemalas stammt von 618. Dann setzte eine rätselhafte Völkerwanderung im Maya-Gebiet ein, die zur größten Ausdehnung der Maya-Kultur führte.

Als die Reiter über die eurasische Steppe westwärts stürmten und über die Donau in das Römische Imperium einbrachen, blieb Baktrien eigentümlicherweise ruhig. In den vorangegangenen Jahrhunderten waren sie auch in die Oasen Mittelasiens eingedrungen; jetzt zogen sie weit im Norden vorbei. Das hatte seinen Grund. Die Sassaniden hatten die Grenze am Jaxartes durch einen festen Grenzwall gesichert, seitdem Ardaschir (226–241) Merw, Balch und das Land Chorassan südlich des Aralsees seinem Reich eingegliedert hatte und der Schah der Kuschan ebenso wie der Fürst der Saken ihnen huldigen mußten. Die Grenze am Jaxartes hielt zweihundert Jahre. Sie ist auch nicht durchbrochen, sondern umgangen worden, als die Sassaniden in den erbitterten Kämpfen mit den Oströmern im Westen standen. Unter dem Schah Yazdegerd II. (438–547) eroberten die »Weißen« – also westlichen – Hunnen, die Hephtaliten, das alte Reich der Kushán. Baktrien wurde wieder Drehscheibe der asiatischen Politik.

In den zwei Jahrhunderten des Friedens trafen sich hier die Karawanen vom Mittelmeer und von Vorderasien nach Zentralasien bis nach China, vom eurasischen Steppenraum über die Bergpässe nach Indien. In Merw, Balch und Samarkand machten die Händler aus Konstantinopel, Syrien, Arabien und dem Iran Geschäfte mit denen aus dem Wolgabecken und aus Chwarezmien, aus China und aus Indien. Es trafen sich auch die Missionare der verschiedenen Religionen, des Christentums, des Zoroaster, Buddhisten und Weise aus China und Indien. Es berührten sich aber auch die verschiedenen Kunstrichtungen; Mischformen entstanden, in denen sich persische, indische, spätgriechische, chinesische Elemente mit den lokalen vereinigten, deren Einfluß bis nach Zentralasien, bis zur Oase von Turfan reichte.

Die feste Grenze am Jaxartes hatte die schweifenden Reiter in die Steppe nördlich des Aralsees gedrückt. Vor ihr und an den Bergen des Altai stauten sich gleichsam die Völker aus Hochasien, die von den Chinesen aufgefangen und zurückgewiesen worden waren. Ein Staubecken bildete Zentralasien. Nördlich und südlich der Wüste Taklamakan liefen die beiden Routen der Seidenstraße entlang. Wenn die Bevölkerung der Oasenstädte auch weiterhin überwiegend europid mit indoeuropäischer – iranischer – Sprache blieb, so tauchten immer häufiger Türken und Mongolen als Anführer auf. Deswegen läßt sich nur schwer die völkische Zusammensetzung der Scharen festlegen, die aus dem Tarimbecken ausbrechen, zumal Reitervölker sich gern nach ihrem jeweiligen oder einstigen Anführer nennen. Manchmal werden bekannte Namen siegreicher Scharen ohne jeden völkischen Bezug übernommen.

So heißen die Scharen, die um die Mitte des 5. Jahrhunderts aus Ostturkestan in das Reich der Sassaniden einbrachen und den Ostteil für zwei Jahrhunderte in ihren Besitz nehmen, die »Weißen Hunnen«, ohne Hunnen zu sein. Weil sie in sieben Stämmen gegliedert waren, auch die Hephtaliten. In ihrer breiten Masse waren sie der Sprache nach Indoeuropäer, wenn der Anteil der altai-mongolisch sprechenden Bevölkerung im Laufe der nächsten Jahrhunderte auch ständig stieg. Die »Weißen Hunnen« drangen über die Bergpässe vom Osten in Baktrien und – ähnlich den Kushán, die vorher dort geherrscht hatten – auch in Nordindien ein. Dort kamen ihnen innere Entwicklungen zugute.

Das Reich der Kushán hatte Indien für lange Zeit gegen weitere Einfälle aus dem Nordwesten abgeriegelt, so daß sich im Schutze dieser Macht das indische Kulturleben friedlich entfalten konnte. Allerdings verstärkten sich die Gegensätze auf dem Subkontinent in Rassen,

Sprachen, Religionen und Bräuchen, so daß sich eigenständige politische Gebilde von längerer Dauer nicht entfalten konnten. Indien war politisch schwach. Das änderte sich erst mit der Gupta-Dynastie (um 320–535).

Kumaragupta I. (414–455), unter dem Indien in Kunst und Wissenschaft einen erstaunlichen Höhepunkt erreichte, ist wohl im Kampf gegen die Hunnen gefallen (455). Sein Sohn Skandragupta (455–467) rühmte sich, das »ins Wanken geratene Glück wiederhergestellt zu haben«. Doch ist mindestens die Währung rasch verfallen. Unter seinem Nachfolger brach das Reich in einen gesicherten östlichen und einen westlichen Teil mit der Hauptstadt Ujjain auseinander. Der Hunnen-(Huna-)König Toromana (480–515) hat das Gupta-Reich im Westen zerschlagen. Er ist selber in Benares gestorben. Dann haben sich die indischen Fürsten des Südens aufgerafft und dem Hunnen Mihirakula (etwa 515–540) eine vernichtende Niederlage (um 527) beigebracht, die ihnen noch einmal die Unabhängigkeit sicherte.

Zur Zeit der Gupta-Dynastie strahlte Indien einen überragenden Einfluß bis weit nach Südostasien aus. Dorthin zogen zunächst die Kaufleute mit ihren Waren, vor allem Baumwolle und Juwelen. Es folgten die buddhistischen Mönche als Missionare ihres Glaubens, und schließlich setzten sich die künstlerischen Anregungen in der Dichtung wie in Plastik und Architektur durch. Damals sind sowohl Hinterindien wie Indonesien in den großen indischen Kulturbereich einbezogen worden. Seine Grenze fand er dort, wo er auf den chinesischen Einfluß traf: Am Kap Varela begegneten sich auch die beiden Richtungen des Buddhismus, nämlich der Mahayana, der chinesisch, und der Hinayana, der in Südindien geprägt worden war.

In Amaravati an der Koromandelküste hatte sich seit dem 2. Jahrhundert unter der Dynastie der Andhra ein Mittelpunkt buddhistischer Gläubigkeit, zugleich einer hervorragenden Baukunst und Dichtkunst entfaltet. Unter den Gupta konnte sich nun der Stil formen, der im 5. Jahrhundert Birma wie Kambodscha durchdrang.

Schon im 3. Jahrhundert hatte sich in Hinterindien das Reich Funan – wie die Chinesen es nannten – entfaltet, das langsam seine Herrschaft bis zum Golf von Siam ausweitete. 357 saß ein Inder – wohl ein Skythe aus Kushán – auf dem Thron von Funan, zwischen 478 und 514 ein Brahmane, Kaundinya-Jayavarnam. Ihm folgte als letzter Herrscher Rudravarnam (514–539). Dann wurde Funan dem unter indischem Einfluß stehenden Reich Tschen-la einverleibt, das inzwischen im Hochland Mittel-Indochinas entstanden war.

Chinesische Reisende berichten seit dem 4. Jahrhundert von den Schätzen an Gold, Silber, Perlen und Spezereien. Diese Waren gelangten bis nach Rom und bis nach China. Hier, an der Nahtstelle, trafen sich die Kulturen Chinas und Indiens. Von China kamen die technischen Anregungen, die vor allem den Wasserbau förderten und damit eine Reiskultur ermöglichten. 503 sandte Kaundinya-Jayavarnam dem Kaiser von China eine Buddhastatue aus Korallen und einen Stupa aus Elfenbein. Von hier aus strahlte indisches Denken bis nach China und weit über Japan hinaus auf die Küsten des Pazifik, wobei allerdings die Verbindungsglieder vorläufig noch im dunkeln bleiben.

Der Buddhismus gelangte im 1. Jahrhundert n. Chr. auf dem Landweg über den Hindukusch und über Tibet nach China. Bald entstanden unzählige Klöster. Sie widmeten sich den geistigen Fragen; sie beteiligten sich aber auch nachhaltig und erfolgreich am Handel. Breite Landstriche Chinas wurden zum Glauben Buddhas bekehrt. Vieles kam dieser Hinwendung zustatten.

Die Lehre vom Tao erfüllte nicht nur die einfachen Menschen, sondern auch die Gebildeten. Seit jeher haben die Chinesen eine Neigung zu Magie und Alchimie. Stets hat sich auch etwas von dem alten Schamanenglauben und den uralten Bräuchen lebendig erhalten, was in Kunst, Religion und Ritual und teils sogar im öffentlichen Leben gepflegt worden ist. Den weit älteren Kulturen im Orient waren diese Bezüge teilweise schon verlorengegangen, obwohl sie auch da immer wieder aus der Erinnerung auftauchen. In China aber blieb das alles wirksam.

Mochten die Konfuzianer auch über den Aberglauben der Ungebildeten, mochten sie sich über die Geister und über Beschwörungen lustig machen – ausrotten konnten sie das alles nicht. Die Gelehrten versuchten, dieser – wie sie meinten – verworrenen Volksreligion wenigstens einen tieferen, umfassenden Sinn zu unterlegen. Das war die Lehre vom Tao, vom Wesen der Dinge. Der ethische Inhalt dieser Welt beruhte auf dem Sinn des Lebens, nicht den Bedingungen der Zweckmäßigkeit.

In China begegneten sich damit konfuzianische, auf das Diesseits abgestellte Forderungen eines pflichterfüllten Lebens mit den hohen Ansprüchen, die der Buddhismus an seine Gläubigen stellte. Es war eine besondere Richtung des Buddhismus, das Mahayana, wörtlich: das Große Schiff, das nach China kam, wobei es sich unterwegs mit schamanistischen Vorstellungen und uralten Bräuchen der wandernden Hirten und Jäger gefüllt und verbunden hatte.

Mönche aus Parthien, Sogdien und dem Kushánreich gingen daran, den blumigen und bildhaften Stil der indischen Bücher in das nüchterne Chinesisch zu übersetzen und sich dabei der Worte und Begriffe zu bedienen, die dem Chinesen einigermaßen vertraut waren; sie entstammten dem Taoismus. Aus Dharma wurde einfach Tao, aus Nirwana wu wei, was eigentlich Nicht-Handeln, Nicht-Eingreifen bedeutet. Immer tiefer drangen die Chinesen in die indische Welt der Spekulationen ein.

Zunächst scheinen Kreise der Oberschicht bekehrt worden zu sein. Es gab in der späten Han-Zeit buddhistische Klöster mit Mönchen, aber auch mit Laienbrüdern. Berühmt blieb jahrhundertelang das Kloster zum Weißen Pferd in Loyang. Den großen Sieg errang der Buddhismus allerdings erst in der Tang-Zeit, als vorübergehend sogar das Herrscherhaus, insbesondere manche Kaiserin sich zu Buddha bekehrte.

Die Chinesen begnügten sich nicht damit, das Licht des Glaubens von Indien zu empfangen. Pilger zogen selber zu den heiligen Stätten, an denen der große Buddha gelebt und gelehrt hatte, und zu den alten Klöstern – nach Nalanda und Mathura. 399 gelangte der Mönch Fahsien aus Shansi über das Tarim-Becken und über Baktrien nach Pataliputra am Ganges. Auf seiner langen Reise lernte er Indien gründlich kennen. Als er 411 über Ceylon und Java nach China zurückkehrte, schrieb er einen »Bericht über die buddhistischen Länder«.

Äußere Not wirkte mit, diesem Glauben die Bereitschaft der Seelen zu öffnen. Als die »Barbaren« aus den nördlichen Steppen und Wüsten und aus dem tibetischen Hochland das unglückliche China überfluteten und verwüsteten, wandten sich die gequälten Bewohner stärker dem Buddhismus zu, der mit seiner Weltverachtung und den hohen ethischen Forderungen den Menschen einen sittlichen Halt inmitten der allgemeinen Not bot. Andere hingegen gaben sich erst recht dem Lebensgenuß hin.

Dichter wandten sich den menschlichen Themen zu, den Freuden des ländlichen Lebens, des Weines; sie besangen die Schönheit der Landschaft wie etwa T'ao Ch'ien. (365–427). An den Höfen mochten die wilden Intrigen blühen, mochten sich die Menschen im Kampf um die Macht gegenseitig umbringen – in den buddhistischen Klöstern blühte eine tiefe Religiosität.

Die technische Entwicklung in China hingegen stagnierte. Unter den Han hatte sie ihren Rückhalt an den kaiserlichen Arsenalen gehabt. Jetzt fehlte das Geld. Die einzelnen Landstriche, die verschiedenen »Staaten« führten untereinander Krieg. Es gab kein einheitliches, straff verwaltetes Reich mehr. Doch hat China auch in den Jahrhunderten innerer Wirren seit dem Sturz der Han-Dynastie beachtliche Fortschritte erzielt. Die Bevölkerung, vor allem in den von den Han dazu gewonnenen südlicheren Landesteilen, hatte beträchtlich zugenommen. Die Siedler aus dem Norden brachten neue Anbaumethoden, eine höhere Bildung und ihre Familienordnung mit. Zwar blieben sie zunächst in den Tälern, aber sie drängten die Ureinwohner in die höheren Lagen hinauf. Vor allem gründeten sie Städte im Süden, die es dort bis dahin nicht gegeben hatte.

Seit dem Ausgang des 4. Jahrhunderts begannen die Topa in Nordchina zu herrschen. Sie waren der führende Clan der Hsien, also der mongolischen Völker aus dem Waldgebiet der Mandschurei. 398 legten sich die Topa den Kaisertitel zu. Sie errichteten ihre neue Hauptstadt in Shansi, sie trieben die Juan-Juan, ein nachdrängendes Nomadenvolk, zurück und bauten die verfallene große Mauer wieder auf. Bis 439 hatten die Topa ganz Nordchina erobert, 445 und 448 schickten sie sogar Truppen nach Sinkiang. Um zu verhindern, daß zu viele Chinesen nach Süden abwanderten, wurde eine Landreform durchgeführt.

Staatliches Land wurde an Bauernfamilien verteilt. Der Familienälteste handelte die Steuern mit der Regierung aus, haftete jedoch mit der ganzen Sippe für deren Eingang. Da der Grundbesitz theoretisch dem Kaiser gehörte, fiel das Land beim Tode eines Bauern an ihn zurück, tatsächlich aber blieb alles bei der Sippe. Dadurch gewann die Familie zunehmend in der Wirtschaft wie im öffentlichen Leben an Bedeutung. Bald war der Einzelbauer verschwunden. Auch der Adel machte diese Entwicklung mit.

Während die Nord-Topa in der Steppe blieben, verschmolzen die seßhaften Süd-Topa mit den Chinesen, man kann auch sagen, daß die Chinesen dadurch immer mehr »mongolische« Züge annahmen. Um 495 verlegten die Topa ihre Hauptstadt nach Loyang, wo die späten Han residiert hatten. Um den Verschmelzungsprozeß zu fördern, verboten die Topa-Herrscher ihre eigene Topa-Sprache, die alten Topa-Familien-Namen mußten durch einen chinesischen ersetzt werden. Wenn ein Topa starb, mußte er sich in China – und nicht in der alten Heimat – begraben lassen. Von den »Neun Graden« blieben die oberen vier zwar den Topa; die unteren aber nahmen Chinesen ein; die 119 Stammeshäuptlinge wurden chinesische Adlige. China hatte im Norden gesiegt. Vorläufig!

Das führte jedoch zu ernsten, inneren Spannungen. So leicht ließen sich die Reitervölker nicht ihre Sprache und ihre Bräuche nehmen. Es kam immer wieder zu Aufständen, doch war die Machtstellung der Krieger, die schließlich nur einen verschwindenden Anteil an der Bevölkerung bildeten, mit Gewalt allein auf die Dauer nicht zu halten.

Wenn man die Zustände in China zwischen 350 und 500 betrachtet, fällt auf, wie ähnlich sie denen im Römischen Reich der gleichen Zeit gewesen sind. Die Barbaren wurden zum Schicksal. Die Chinesen waren seit mehr als tausend Jahren daran gewöhnt, mit den »barbarischen« Reitervölkern zu leben. Wiederholt war das Reich der Mitte von seinen Nachbarn überrannt worden. Jedesmal hatte es sich wieder gefangen. Die chinesische Kultur überstand alle politischen Krisen. Das große Imperium des Westens jedoch war nicht so glücklich. Es brach unter dem Ansturm aus den Wäldern und vor allem aus der Steppe zusammen.

Nach dem Sieg der Hunnen über die Ostgoten verblaßte zunächst der Hunnenschreck. Reiterscharen zogen vereinzelt durch das Land, stellten sich einmal diesem, einmal jenem Kriegführenden zur Verfügung – auf dem Balkan, in Frankreich und Italien. Beugten sie sich der überlegenen Kultur Roms? Es mochte so scheinen. Die gefürchteten Hunnen lernten Latein und ließen sich vielfach taufen. Aber so, wie sich ein Unwetter in der Steppe rasch bildet und mit verheerender Gewalt über das Land zieht, so erwachsen auch politisch überraschend Gefahren für die Nachbarn, sobald ein tatkräftiger Führer die Reiter zusammenfaßt.

Attila wurde 433 nach dem Tod seines Onkels Rua zusammen mit seinem Bruder König, schließlich nach dessen Tod allein zum Herrn der Hunnen. Er erweiterte seinen Machtbereich bis tief nach Medien, bis zur Ostsee, bis zum Altai und bis zum Donau-Becken. Unter seinem Oberbefehl behielten aber Goten, Vandalen, Gepiden, Rugier, Skiren, Heruler, Sueben, Alanen und Skythen ihre eigenen Truppenführer. Hatte der Hunnenkönig zunächst vom Kaiser von Byzanz »Geschenke« oder als Magister Militum Gehalt erhalten, so begann er nun, die Macht in den »Vier Himmelsgegenden« an sich zu reißen. Zuerst versuchten sich die Hunnen gegen das Sassanidenreich, unterstützt von den Oströmern. Nach erfolglosen Kämpfen wandte sich Attila gegen Ostrom, überschritt die Donau und verwüstete Mösien. Dann griff er den Westen an.

Der neue Heermeister Aëtius hatte eine Hunnenstreitmacht zu Hilfe gerufen, die das Burgunderreich am Rhein zertrümmerte. Die Burgunder wurden an die Saône (Dijon) verpflanzt, der Norden ihres Gebietes blieb den Franken, der Süden den Alemannen überlassen, wobei wiederum die Burgunder die Wache gegen diesen Stamm übernehmen sollten. Fein gesponnene Fäden!

Mit einem starken Heer von Hunnen, Ostgoten, Gepiden und allerlei reisigem Volk verschiedener Herkunft rückte Attila über den Rhein, zunächst auf Orléans, wo eine Besatzung von Alanen – von der Wolga! – sich tapfer hielt. Auf den Katalaunischen Feldern wurden die Hunnen 451 geschlagen. Attila zog eilig ab, drang jedoch im folgenden Jahr in Italien ein, zerstörte Aquileja und plünderte Mailand. Als eine Seuche ausbrach, zog sich Attila in die ungarische Tiefebene zurück, wo er 453 einem Blutsturz erlag.

Nachdem der große Heer- und Volksführer verstorben war, löste sich das Heer auf; es gab kein Hunnenreich mehr. Pannonien fiel an die Ostgoten, Dacien an die Gepiden, die Slowakei an die Heruler. Ähnlich wie im römischen Imperium lebten die kriegerischen Herren von der Arbeit der fleißigen Bauern – solange sie sich beugten. Als lebensfähiger Staat hielt sich nur Ostrom.

Doch zeigte die Niederlage bei Adrianopel (378), wie weit der Verfall auch da bereits fortgeschritten war. Nur einen festen Halt schien es noch zu geben: die treu gebliebenen germanischen Truppen. Sie setzten ihren Heerführer Theodosius als Mitkaiser auf den Thron. Er nahm den neuen Westgotenkönig Athanarich in seinen Dienst, um die Ostgoten abzuwehren, die aus der südrussischen Steppe über die Donau drängten – auf der Flucht vor den Hunnen. Als Mitkaiser Maximus, der in Britannien kommandierte, in Italien einrückte, wurde er von Theodosius bei Aquileja geschlagen, der nun Valantinian II. zum Kaiser des Westreiches einsetzte.

Aber wieder erhoben sich die westlichen Legionen. Ihr Heerführer Arbogast erschlug Valentinian II., wurde jedoch seinerseits bei Aquileja besiegt. Daraufhin setzte Theodosius in Rom seinen zweiten Sohn Honorius als Nebenkaiser ein, dem er den erfahrenen Heerführer Stilicho, einen Vandalen, zur Seite gab. Als der Kaiser 395, noch nicht fünfzig Jahre alt, starb, hatten die Germanen die einflußreichsten Stellungen besetzt.

Barbaren waren sie alle, die Menschen von jenseits der Grenze wie die Angehörigen der eigenen Heere. Die Bewohner des Imperiums hatten sich längst daran gewöhnt, in den Germanen die Söldner ihres Kaisers zu sehen. Sie stellten die Kriegerkaste schlechthin. Sie sprachen untereinander die eigene Sprache, sie pflegten ihre besonderen Sitten und Gebräuche. Sie band die Gefolgschaftstreue. Dann kam der Rückschlag.

Kaiser Theodosius teilte das Reich unter seine beiden Söhne: Honorius – im Westen – und Arkadius – im Osten. Am Hof zu Konstantinopel wuchs die Feindschaft gegen die Germanen, eigenartigerweise geschürt von der Kaiserin Aelia Eudoxia, die – selber Fränkin – Gemahlin des Arkadius war. Mit Hilfe geworbener Germanenscharen führten die beiden Reichsteile gegeneinander Krieg. Der Westgote Alarich zog mit seinen Heerhaufen von Mösien durch den Balkan bis zur Peloponnes. Die Goten wurden eingeschlossen, aber dann als Hilfstruppen eingestellt und schließlich nach Westen abgeschoben. Ostrom gewann eine Atempause von 40 Jahren. Die Germanen wurden aus dem kaiserlichen Heer entfernt. An ihre Stelle traten die Aufgebote der Großgrundbesitzer, die sich zugleich das Recht sicherten, die Steuern einzuziehen. Ostroms asiatische Grenzen blieben für vier Jahrzehnte ruhig, da die Sassaniden selber in Mittelasien beschäftigt waren und der Stoß der Germanen sich gen Westen wandte.

Mächtige Befestigungsanlagen wurden an der Donau errichtet, die »theodosianische« Mauer um die Hauptstadt vollendet. Konstantinopel, von zwei Seiten durch Wasser, an der Landseite durch hohe Mauern geschützt, vermochte während eines vollen Jahrtausends allen Angriffen zu trotzen. Keine andere Stadt im ganzen Imperium durfte sich ähnlich sicher fühlen. Diese Geborgenheit hat inneren Hader nicht verhindert.

In der Stadt stritten sich die vier großen Parteien, ursprünglich Zirkusparteien, benannt nach den Farben ihrer Gespanne als die »Weißen« und die »Roten«, die »Blauen« und die »Grünen«, später nur noch die »Blauen« und die »Grünen«. Aus diesen »Demen« entwickelten sich leistungsfähige Organisationen der Bürgerschaft mit öffentlich rechtlicher Stellung.

Konstantinopel war eine Monarchie mit orientalischen Gebräuchen der Form nach, zugleich aber eine Militärdiktatur im Befehlsgefüge. Zwar war der Kaiser Oberbefehlshaber des Heeres, aber er blieb – mindestens dem Recht nach – bei seiner Thronerhebung nicht länger vom Heer abhängig, sondern vom Senat. Dann wurde ihm der Purpur vom Patriarchen übergeben, er wurde mit allen überlieferten Riten geweiht. Er regierte im Auftrag Gottes und mit dessen Hilfe, so war er seinem Gewissen und seinem Gott, moralisch also der Kirche, verantwortlich, zugleich aber an das Recht gebunden.

Da der Kaiser in Konstantinopel zu Rechtgläubigkeit verpflichtet war, und da der Patriarch wiederum Ergebenheit in den – politischen – Willen des Monarchen zu bekunden hatte, konnte ein Kaiser wegen unchristlichen Verhaltens, ein Patriarch wegen politischer Widerspenstigkeit abgesetzt werden. Das Verhältnis zwischen Kaiser und Patriarch war also von dem zwischen Kaiser und Papst im Westen grundsätzlich verschieden. Imperium und Sacerdotium wurden in Ostrom von dem Willen Gottes abgeleitet, im Westen berief sich der Papst als Nachfolger Petri auf Christus.

Während die reisigen Germanenhaufen durch das Westreich zogen, konnte sich der Ostteil des Reiches wieder festigen. Germanische Stämme geschlossen in den Dienst zu nehmen, hatte sich bitter gerächt. Jetzt griff der Kaiser auf die Bergstämme des Taurus, also auf die Isaurier und auf die Illyrer und Thraker zurück. Sie stiegen zu führenden Stellungen im Heer und schließlich sogar zum Kaiserthron auf. Kaiser Zeno (471–491) war Isaurier.

Die Kraft des Reiches lag jedoch nicht in der militärischen Macht, sondern noch mehr in seiner wirtschaftlichen Stellung. Konstantinopel wurde Mittelpunkt des Welthandels – nicht zuletzt dank seiner festen Währung. Der Golddukat, »besant« genannt, hat über ein Jahrtausend im gesamten Mittelmeerraum und später noch in der arabischen Welt unverändert gegolten.

Von Konstantinopel gingen die Handelswege zum Schwarzen Meer nach Choresmien, nach Mittel- und Ostasien. Von Konstantinopel liefen sie über Kleinasien und Syrien zur iranischen Hochfläche, durch Mesopotamien zum Persischen Golf und schließlich nach Ostindien. Von Konstantinopel liefen die Handelswege über Alexandrien ins Rote Meer und zum Indischen Ozean. Konstantinopel war der Umschlagplatz für den gesamten Orienthandel. Hier trafen sich die Händler aus dem Balkan, aus Italien, aus Gallien, aus Spanien, aus Nordafrika und selbst aus Skandinavien. Dieser Handel ließ sich besteuern; er trug finanziell das Reich. Das hatte andererseits Nachteile.

Byzanz war auf den Außenhandel, aber auch auf das Wohlwollen seiner Handelspartner, wie der Stämme Südrußlands und Mittelasiens, im iranischen Hochland und in Mesopotamien und schließlich in Arabien angewiesen. Jeder Krieg in diesen Gebieten schlug dem Handel und damit auch den Staatsfinanzen schwere Wunden. Der Kaiser tat alles, um Zusammenstöße zu vermeiden, lieber beugte er sich demütigenden Forderungen. Das wiederum erhöhte das Selbstbewußtsein der Nachbarn gefährlich.

Zenos Nachfolger Anastasius I. konnte in Friedenszeiten einen beträchtlichen Staatsschatz ansammeln. Ihm folgte sein bester Beamter, ein Illyrer, Justin I. (518–527), der gleichfalls darauf bedacht war, überall Frieden zu halten, auch mit dem Papst in Rom.

Im Westen hingegen löste sich das Reich unaufhaltsam auf. Alarich wurde zwar von Stilicho besiegt, aber nun brachen Ostgotenscharen unter Radagais in Italien ein, die zunächst bei Florenz vernichtet wurden. Da an den Grenzen kaum noch Legionen standen, drangen Vandalen, Quaden und sogar Alanen aus der südrussischen Steppe bis tief in das Reich ein, nach Gallien und sogar nach Spanien. Niemand leistete ernstlichen Widerstand. Wieso auch? Wen kümmerte ein Staat, der ihm keine Sicherheit zu bieten vermochte?

Kein Kaiser wagte es, die Untertanen zu bewaffnen, weil sie sich womöglich gegen ihn hätten wenden können. Ob man es mit plündernden Germanenhaufen oder mit meutrischen römischen Legionen zu tun hatte, blieb schließlich gleichgültig. Alarich sah die Zeit gekommen, immer höhere Forderungen zu stellen wie früher die Prätorianer und wie später die Janitscharen. Neu aber ist, daß diese Krieger sich nun als »Volk« fühlten, das auf besonderen Rechten bestand. Mit seinem »Volk« von Goten, Gepiden, Herulern, aber auch von Thrakern, Illyrern, Kelten, Lateinern marschierte Alarich gegen Rom, das er plünderte. Niemand kam der Stadt zu Hilfe. Kaiser Honorius (395–423) hielt sich im belagerten Ravenna.

Barbaren überschwemmten das wehrlose Imperium. In den nächsten Jahrzehnten gingen Westgallien an die Westgoten, Spanien zuerst an die Vandalen – die aber unter Geiserich nach Nordafrika übersetzen –, dann an die Goten verloren. Um die Mitte des Jahrhunderts mußte Aëtius als römischer Heermeister die Hunnen unter Attila zurückweisen. 476 war es so weit: Das germanische Reichsheer unter Odoaker setzte den letzten Kaiser Romolus Augustulus ab. Gegen ihn entsandte Ostrom den Ostgoten Theoderich. Er gründete in Italien ein eigenes Reich.

Im Westen brachten die Franken die entscheidende Wende. Unter diesem Namen faßt man mehrere Stämme zusammen, die seit den Tagen Cäsars am Niederrhein gesessen haben. Mit den Franken kamen auch freie germanische Bauern in größerer Zahl nach Gallien, richtiger in den Nordosten. Da sie vorwiegend Viehzucht trieben, siedelten sie in den Talsohlen, während auf den Höhen die Kelten wohnen blieben. Seit langem treue Bundesgenossen der Römer sahen die Franken nun den Tag gekommen, selber die Herrschaft zu übernehmen. Ihr König Chlodwig führte seine Siege darauf zurück, daß der Christengott ihn unterstützte. Er war in Reims zum katholischen Glauben übergetreten, dem auch die »römischen« Bewohner anhingen. Damit entfiel im Frankenreich der konfessionelle Gegensatz zwischen den ansässigen Romanen und den fränkischen Germanen. Das Königtum schloß den Bund mit der katholischen Kirche. Eine folgenschwere Entscheidung!

Nach 150 Jahren entsetzlicher Wirren hatte sich das Imperium im Westen in Einzelreiche aufgelöst, die von germanischen Kriegerscharen beherrscht wurden: Afrika von den Vandalen, Spanien von den Westgoten, Gallien von den Franken, England von den Angelsachsen, Italien und die Provinzen südlich der Donau von den Ostgoten. unter kühnen Anführern, die nichts zu verlieren, aber alles zu gewinnen hatten, unterwarfen die Germanenscharen, die kaum mehr als einige Hunderttausende zählten, ein Imperium von vielleicht 40 bis 50 Millionen Einwohnern.

Vom Siegeszug der Araber

Aus dem waldreichen Norden Asiens strömten die Menschen unaufhaltsam in die Steppe – seit dem 5. Jahrhundert jedoch kamen sie vorwiegend aus dem Jenisej-Becken, drangen über das Orchon-Tal in die Mongolei, besetzten das Ordos-Gebiet und zogen immer weitere Kreise. Sie sprachen türkisch. Es war eine harte kriegerische Rasse, die auf dem Rücken der Pferde daran ging, die Steppe Eurasiens zu erobern.

Diese Turkstämme verbanden sich mit den ugro-finnisch sprechenden Menschen aus dem Ob-Becken wie mit allen den vielen Völkern, die je über die eurasische Steppe gezogen sind. Sie haben bei nur geringer Zahl das weite Gebiet innerhalb weniger Jahrhunderte ethnisch umgestaltet. Galten die Kirgisen noch im 3. Jahrhundert als blond und blauäugig, also europid, so setzen sich jetzt die Menschen mit blauschwarzem Haar, breiten Wangenknochen und dunklen Augen durch. Sie werden »mongolisch«, richtiger: türkisch. Das erscheint auf den ersten Blick eigenartig, da in dem riesigen Jenisej-Becken niemals viele Menschen lebten.

Zählte das chinesische Reich im 7. Jahrhundert fast fünfzig Millionen Einwohner, so gab es wohl kaum zwei Millionen Türken. Kulturell und in der Bewaffnung standen die Türken den Chinesen weit nach. Die Chinesen hatten sich im Laufe der Jahrhunderte an die türkischen Nachbarn gewöhnt, die viel von ihrer Kultur übernommen hatten. Zwar gab es immer wieder Kämpfe an der Grenze, jedoch flüchteten auch viele Chinesen vor ihren übermütigen Adligen oder habgierigen Beamten in die Steppe. Die Kaiser haben die Türken häufig als Bundesgenossen gegen andere Steppenvölker gewonnen, bis diese Hilfstruppen immer bedrohlicher wurden. Im Jahre 433 ließen sich die türkisch sprechenden Asena in dem chinesischen Kansu nieder – angeblich als Eisenschmiede. Der Name Türke soll von einem Hügel in der Provinz Kansu stammen, der die Form eines Helmes aufweist – auf türkisch: »Türkü«.

Im 6. Jahrhundert beginnt der großartige Aufstieg der Türken, der sie in tausend Jahren bis vor Wien, bis nach Indien und bis Marokko führen sollte. Man darf wohl kaum von einem Siegeszug sprechen, denn häufig genug kamen die Türken als Flüchtlinge, als Kriegsgefangene, als Sklaven oder sie verdingten sich als Söldner in fremden Heeren. Doch rissen sie schließlich die Macht an sich.

Die Asena schlossen sich den Chinesen an, die Wei-Herrscher gaben ihrem Khaghan T'u-Men sogar eine chinesische Prinzessin zur Frau, wie auch die kulturelle Verbindung recht eng blieb. Gestützt auf die Chinesen besiegte 552 der Türkenkhan die Juan-juan, ein anderes Nomadenvolk, das bis dahin die Steppe beherrscht hatte. Kernstück seines Reiches war die äußere Mongolei, doch dehnte es sich bald bis zum Altai, zur Dsungarei, zum Tarymbecken bis Baktrien und Sogdien aus. 558–559 stießen »türkische« Truppen bereits bis Herat vor. Auf der uralten Heerstraße zogen sie nach Westen, besiegten 560 die »Weißen Hunnen« am Oxus, die Hephtaliten.

Zwischen 546 und 582 gründeten die Türken in Turkestan ein Reich, dessen Khane Botschaften mit dem byzantinischen Kaiser wechselten. Obwohl mächtiger und gefährlicher als alle vorangegangenen in jenem Bereich zwischen Ost (China) und West (Persien), zerfiel es bald ohne tatkräftigen Herrscher in zwei Kanate: eines an Baikalsee und Jenisej mit dem Mittelpunkt in Urumtschi, und eines in Mittelasien mit der Hauptstadt Aulicata nördlich von Taschkent, das alles Land zwischen Turfan und Merw und somit den Überlandhandel auf der alten Seidenstraße beherrschte. Die Westtürken verstandes es, Bündnisse sowohl mit den Chinesen wie mit Byzanz einzugehen. Sie traten recht selbstherrlich in Verbindung mit dem Oströmischen Reich und halfen dem Kaiser Heraklius gegen Persien (620–628).

Die Türken des Ostreichs hatten sich formell dem chinesischen Kaiser unterstellt, doch hinderte das die wilden Gesellen nicht, ständig Einfälle in das Reich zu unternehmen. In diesen Kämpfen erlitten die Herrscher der Sui-Dynastie so erhebliche Rückschläge, daß sie gestürzt wurden. 604/605 erhoben sich einzelne Turkvölker wie die Tölös. Ein großes Truppenaufgebot unter General Pei Chü konnte 608 die »Revolte« noch einmal niederwerfen. Aber gleichzeitig drängten Kitan-Mongolen, also keine Türken – gegen die Grenzen vor. Die Westtürken hingegen unterhielten gute Beziehungen mit China; sie erkannten die Oberhoheit des Kaisers an und zahlten sogar Tribute.

Diese vorsichtige Politik ist den Türken in ihrer ganzen Geschichte eigen, sie erklärt teilweise auch ihren Aufstieg. Eben noch unterdrückte Untertanen gewannen die Türken binnen weniger Jahrzehnte dank ihrer eisernen Willenskraft eine beträchtliche politische und militärische Bedeutung. Nur in den Mongolen sollten sie ihren Meister finden. Diese unbeugsame Willenskraft hatte jedoch einen schweren Nachteil: sie führte nur zu leicht zu heftigen Kämpfen untereinander. Keiner beugte sich freiwillig, und nur zu oft ließen sie sich von klügeren Nachbarn verleiten, Aufstände zu entfachen. Diese harten Männer spielten schon lange eine Rolle als Mitläufer, Krieger und Heerführer anderer Völker. Ob Attila Türke war oder Ugro-Finne läßt sich schwer entscheiden; nach dem Urteil seiner Zeitgenossen hatte er manche türkische Eigenschaft. Immer wieder unternahmen die Türken Einfälle in China. Im Jahre 624 näherten sie sich Chang-an, doch konnte Tai tsung, damals noch Kronprinz (Kaiser 627–649) sie zurückschlagen. 630 unternahm er einen großen Feldzug, der die Osttürken vernichtend schlug. 639 und 648 wurden die Westtürken aus dem Tarimbecken vertrieben, so daß die Oasen längs der alten Seidenstraße wieder China unterstanden.

Die beiden Kaiser der Sui-Dynastie haben China wieder vereinigt. Yang Chien (541–604) setzte sich als Heerführer unter dem Namen Sui Wen-ti auf den Thron. Er begünstigte Buddhisten wie Taoisten. Sein Sohn Yang (604–618) bemühte sich, den lange Zeit vernachlässigten Süden von der Yangtse-Mündung bis Tonking zu fördern, in dem damals nur ein Sechstel der Gesamtbevölkerung lebte. Deswegen begann er den »Kaiserkanal«, der den Norden mit dem Süden verband, sowie viele Landstraßen zu bauen. Kaiser Yang versuchte vergeblich, in zwei Feldzügen (612 und 613) Korea zu erobern. Die Sui waren vor allem an der übermäßigen Belastung gescheitert, die sie dem einfachen Mann wie dem besitzenden Adel mit ungeheuren Dienstleistungen und Steuern hatten auferlegen müssen, um die endlosen Kriegszüge zu bezahlen.

Im Aufstand gegen die Sui-Kaiser siegte Li Yüan, der 618 die neue Dynastie der Tang begründete, eine der glanzvollsten der chinesischen Geschichte, die aus dem Norden stammte wie auch die meisten Militärbefehlshaber. Es gelang den Tang-Kaisern, sich gegenüber den führenden Familien im Nordosten durchzusetzen, die den Anspruch erhoben, die vornehmsten des Landes zu sein, sowie gegenüber dem Süden, der sich weitgehend aus dem Reichsverband gelöst hatte, Zunächst mußte das Steuersystem neu geordnet werden. Als die Verbindung zwischen den Provinzen und schließlich sogar zwischen Stadt und ländlicher Umgebung abriß, hatte hauptsächlich die Landwirtschaft die Steuern aufzubringen. Die neuen Herren glaubten, nur der Großgrundbesitz sichere ausreichende Steuereingänge. Den adligen Herrn konnte man fassen, die kleinen Bauern kaum. Dafür gewährte der Staat den Feudalheeren weitgehende Rechte gegenüber dem Bauern, der – bisher frei – nun zum Hintersassen, dann zum Pächter, dann zum schollengebundenen Leibeigenen herabsank. Das mußte zu Rückschlägen führen.

Die Unterdrückten leisteten nur noch das Allernotwendigste. Wenn der Druck zu hart wurde, flüchteten sie in die Berge oder wanderten in andere Landesteile aus, wo sie günstiger dran waren. In den Jahrhunderten der Barbareneinfälle zogen viele in die südlichen Provinzen und in das von Bergen geschützte Becken von Szetschuan. Die fleißigen und begabten Neuankömmlinge siedelten vor allem in den tieferen Landstrichen, wo sie Naßreis anbauten, während die Alteingesessenen in die Berge oder Sümpfe abgedrängt wurden. Diese Binnenwanderung verstärkte sich unter den Tang.

Wenn ein großer Herr sich irgendwo niederließ, übernahm er den Schutz seiner Leute, die Steuereintreibung, die Rechtsprechung und die wirtschaftliche Führung. Er sorgte – in seinem eigenen Interesse – dafür, daß seine Gemeinschaft gedieh. Während die »freien« Bauern den Beamten gegenüber ohnmächtig waren, die willkürlich die Steuern auf die Ernte wie auf die Maulbeerbäume und jeden Besitz festsetzten, regelte der adlige Herr die Abgaben gegenüber dem Staat eher großzügig – denn er war mächtig. Viele verfügten über Privatheere. Als Heerführer stieg mancher einfache Krieger zu den höchsten Staatsstellungen empor, doch auch er brauchte die Unterstützung des Landadels.

Von den fünfzig Millionen Einwohnern Chinas im 7. Jahrhundert lebten zweiunddreißig im Norden und achtzehn im Süden. Um die Mitte des 8. Jahrhunderts war die Bevölkerung bereits auf siebzig Millionen angewachsen. Immer noch lag der Mittelpunkt des Reiches am Hoangho. Dort befanden sich die wichtigsten Städte, dort wurden Kunst und Wissenschaft gepflegt, dort trafen sich die Gelehrten, dort lag das Schwergewicht der Wirtschaft, sowohl der landwirtschaftlichen wie der gewerblichen. Dort wohnten die »Chinesen«, während im Süden immer noch die Völker der Mantse, Miao, Thai und Lolo überwogen.

Die Geschichte Chinas unter den Tang wird vor allem durch die Erschließung des Südens und seine Durchdringung mit »chinesischer« Kultur gekennzeichnet. 679 wurde Annam chinesisches Protektorat. Zwar hatten die Han bereits die militärische und politische Macht Chinas bis nach Vietnam ausgedehnt, aber die Bevölkerung behielt weiterhin ihre eigene Sprache, ihre Sitten und ihre Wirtschaftsformen bei. Nur eine dünne chinesische Oberschicht lebte im Süden, vorwiegend in den Tälern. Von dort hatten die Thai entweder weichen müssen oder sie gingen im Chinesischen auf – sei es durch Heirat oder dadurch, daß sie die chinesische Kultur übernahmen. Auf den Höhen hielten sich die Miao und die Lolo.

In China hat also der Staat innerhalb seiner Grenzen ein »Volk« geformt, was den Römern nicht gelungen war. Das lag nicht nur an ihrer kulturellen Überlegenheit gegenüber den Kolonialvölkern im Süden, sondern auch daran, daß chinesische Bauern in größerer Zahl in die neuerworbenen Gebiete strömten. Rom hingegen hatte keine Bauern zu entsenden. Veteranen des Heeres in den eroberten Kolonien anzusiedeln, reichte nicht aus, zumal diese Veteranen selten echte Römer waren.

War um das Jahr 600 das Land südlich des Yangtsekiang nur dünn besiedelt, so wuchs gerade hier die Bevölkerung in den nächsten Jahrzehnten beträchtlich an, wozu die dauernden Einfälle der Steppenreiter im Norden beitrugen. Da kamen die flüchtenden Adligen mit ihrer Familie, ihren Bauern, Hintersassen und Sklaven. Sie rissen, wo sie konnten, dank ihrer größeren Tatkraft immer mehr Land an sich. Es flüchteten auch die Stadtbewohner – die Handwerker, die Gelehrten und selbst die Beamten – die neue Städte gründeten, um die gewohnten Lebensverhältnisse auch in der neuen Umgebung zu behalten. Der Zuzug so vieler und so tüchtiger Menschen führte zu einem beachtlichen Aufschwung.

Die Wirtschaft blühte auf. Die Erzeugung stieg. Sümpfe wurden trocken gelegt, zu trockener Boden künstlich bewässert, dazu wiederum wurde das Pumpensystem entwickelt. Bessere Anbaumethoden förderten den Naßreis im Süden, den Weizen und die Hirse im Norden. Kanäle und Straßen wurden angelegt. Am Kaiserkanal sollen eine Million Arbeiter beschäftigt gewesen sein. Zum Schutz vor Überschwemmungen wurden planmäßig Deiche gebaut. Schon die Sui hatten die männliche Bevölkerung zu Frondiensten herangezogen. Jeder Mann zwischen 18 und 59 Jahren war verpflichtet, zwanzig Arbeitstage im Jahr zu leisten. Später wurde das Dienstpflichtalter auf 22 Jahre heraufgesetzt. Landlose Bauern erhielten Boden aus enteignetem Grundbesitz. Die Steuern wurden weiterhin in Naturalien erhoben und in öffentlichen Speichern gelagert, um Preisspekulationen zu unterbinden.

Kaiser Yang ließ seine drei Hauptstädte ausbauen: Chang-an, Loyang und Chiang-tu, das heutige Yangtschau am Yangtse. Allein für den Ausbau von Loyang mit seinen prunkvollen Palästen, Gärten und Wildgehegen wurden zwei Millionen Dienstpflichtige eingesetzt. Die großen kaiserlichen Arsenale waren Lagerplätze für das Kriegsgerät, zugleich aber auch regelrechte Forschungsstätten. Dort wurden die meisten der großen Erfindungen gemacht oder mindestens vorbereitet, die das Gesicht dieser Erde von Grund auf umgestaltet haben, als sie später in den Westen gelangten. Das Papier war bereits seit Jahrhunderten in Gebrauch.

Papiergeld wurde gedruckt. Die Eisenschmelzen wurden verbessert, Seidenspinnerei, Weberei und Stickerei gepflegt. Besonders auffällig war der technische Fortschritt in China, während der Westen kaum über die Errungenschaften der hellenistischen Zeit hinauskam. Zwar haben die römischen Baumeister im Brückenbau, im Straßenbau und im Gewölbebau (Pantheon) hervorragendes geleistet, aber in der Industrie blieb es bei der Handarbeit, da Sklaven billig waren. Und selbst diese unzureichende Technik ging im Mittelalter weitgehend verloren. In China hingegen standen die Mechanik, die Alchemie – und damit die Chemie – die Astronomie und damit die Mathematik auf hoher Stufe. Damals ist die Grundlage für die späteren Erfindungen von Pulver, Kompaß, Porzellan und Windmühlen gelegt worden. In den kaiserlichen Arsenalen standen den Gelehrten alle Hilfsmittel zur Verfügung.

Die Tang-Kaiser haben den Handel freigegeben. Nach Hinterindien, nach Indonesien und selbst nach Indien segelten die mächtigen Dschunken; das waren Schiffe mit flachen Böden, also ohne Kiel, die zwar schwerfällige, aber recht wirkungsvolle Mattensegel führten. Obwohl sie den Kompaß kannten, hielten sie sich des Taifuns wegen an die Küsten. Kanton wuchs zum großen Überseehafen aus mit den Kolonien arabischer und jüdischer Kaufleute. Die Provinzen im Südosten, die wohl seit langem im Seehandel bewandert waren, wurden damals reich. Irgendwo werden die Seefahrer auf die große Ost-West-Route gestoßen sein, die von der ostafrikanischen Küste über Ceylon vielleicht bis nach Amerika reichte.

Nach der »Westlichen Hauptstadt« Chang-an am Wei-Fluß kamen Karawanen aus dem Tarimbecken, aus Mittelasien, aus Indien wie aus Persien. Dort trafen sich arabische, türkische, iranische, russische Kaufleute, die Priester des Zarathustra wie die der Manichäer und buddhistische Mönche aus Indien und aus Tibet. Auch nestorianische Christen waren in dieser wahrhaft weltbürgerlichen Stadt vertreten. Sie soll etwa eine Million Einwohner gezählt haben und von einer 8 mal 9,5 Kilometer langen rechteckigen Mauer umgeben gewesen sein. Zählt man noch die Vororte hinzu, sollen dort an die zwei Millionen Menschen gelebt haben. Es gab auf der ganzen Welt, auch in Indien und in Mittelamerika nichts, was dem zu vergleichen war – von dem zurückgebliebenen Westeuropa ganz zu schweigen, wo kaum eine Siedlung mehr als dreitausend Bewohner zählte.

Am kaiserlichen Hof der Tang und in den Palästen der Reichen sammelte sich ein buntes Volk aus aller Welt. Ganze Orchester kamen aus Kutscha, Sänger und Gaukler aus Korea, Tänzer aus Annam, Gelehrte aus Indien. Von Persien übernahmen die Chinesen das Polospiel, das sich bald großer Beliebtheit erfreute. Man interessierte sich für die ferne Welt und liebte das fremdartige Gepräge, was sogar die Mode bestimmte. Nie zuvor war China so fremdenfreundlich wie unter den Tang. Die Künstler wurden nicht müde, alle die fremden Menschen darzustellen mit ihrer fremdländischen Kleidung, den eigenartigen Musikinstrumenten und ihren Geräten. Dank der Anregungen von überall her blühten auch Dichtung und Malerei auf. Das 8. Jahrhundert erlebte die großen chinesischen Lyriker Wang Wei, Li Tai-pe und viele andere.

In breitem Strom flossen fremdes Gedankengut aber auch fremde Waren nach China. Über den Handel mit Arabern, Indern und Persern lernten die Chinesen die Walnuß, die Pistazie, die Wassermelone und den Granatapfel, Mandeln, Feigen und Datteln, das Zuckerrohr und den Pfeffer kennen. Aus Hinterindien kamen Eisvogelfedern und heilende Drogen. An Malfarben kamen Drachenblut und Malachit. Baumwolle wurde angepflanzt. Die Glasherstellung wurde technisch verfeinert. Kupfer und Silber wurden eingeführt, Perlen, Schildpatt und Kampferholz für Schmuckwaren.

Für die Mandarine wie für die Kriegerkaste aber war und blieb der Kaufmann verachtet; auch als er immer reicher wurde, stieg er nicht im Ansehen. Er entfaltete einen persönlichen Aufwand, der den herrschenden Schichten mißfiel, um den sie ihn jedoch zugleich beneideten. An den Grundsatz des Konfuzius, daß Wirtschaft einem Adligen nicht gut anstünde, hielten sich nur wenige Große. Vermögen wurden verdient – sie häuften sich in wenigen Händen. Reich wurden auch die Geldverleiher, unter ihnen Prinzen, Beamte und sogar buddhistische Klöster.

Der Buddhismus war über Khaiberpaß und Steppe seit dem 1. Jahrhundert nach China eingeflossen, umgekehrt zogen später chinesische Pilger wie Huang-tsang (629-645) und I ching (671–695) zum Studium nach Indien. Indische Mönche gründeten Klöster, zuerst vorwiegend in den Städten. Das »Kloster zum Weißen Pferd« in Loyang soll das älteste sein. Allein in Chang-an und Loyang lebten zeitweise 3700 Mönche; dann entstanden Klöster auf dem flachen Lande, weil die Menschen sich vom Treiben – und den Gefahren – der unruhigen Zeitläufte absetzen wollten. Den Buddhismus betrachteten Hof- und Staatsbeamte voll Mißtrauen.

Das Mönchswesen galt als familienfeindlich und unproduktiv. Unsterblichkeit war den Chinesen fremd. »Man kennt das Leben nicht, wie will man etwas vom Tode wissen?« hatte noch Konfuzius gefragt. Dennoch gewann der Buddhismus ständig Anhänger, je mehr er von der taoistischen Überlieferung und dem Geisterglauben übernahm. Manche Kaiser förderten ihn durch reiche Stiftungen; unter den Tang wurde er vorübergehend sogar Staatsreligion. Überall erhoben sich die Pagoden und überall wuchsen Klöster, die bald eine besondere Bedeutung gewannen. Sie beherbergten die Pilger wie die Reisenden und Kaufleute; sie finanzierten durch ihre weitreichenden Beziehungen aber auch den Außenhandel. Mit der Zeit wurden sie eine wirtschaftliche Macht. Schließlich beteiligten sie sich direkt an Geldverleih und Handel. Mit der Zeit haben sie fast das Monopol im Überseehandel gewonnen. Dem Handel gab das Recht den sicheren Rückhalt.

Jeder konnte Beamter werden. Wer die schweren Prüfungen bestand, konnte zu den höchsten Staatsstellungen aufsteigen. Von den acht Titeln war der des chin-shi – etwa Doktor – der begehrteste. Wert wurde gelegt auf Kenntnisse in Literatur, Geschichte und Recht sowie auf das Abfassen von Gedichten und Prosaschriften. Bildung war die Voraussetzung für eine öffentliche Stellung. Von unten in die Schicht der Gelehrten und Beamten aufzusteigen, war zwar nur den besonders Begabten und Tüchtigen möglich, aber es gelang doch manchem. Wer studierte, kam in der Regel aus einer Familie, die seit Generationen dem Geiste verhaftet war. Hatte die Bevölkerung im Süden auch die chinesische Schrift übernommen, so war sie in der breiten Masse doch weiterhin »barbarisch« geblieben – meinte man im Norden. Über das Examen aber stieg auch mancher Hochbegabte des Südens auf, und wenn er sich erst einmal durchgekämpft hatte, – was sicher nicht leicht gewesen war – zog er »Landsleute« nach.

Anders als im Westen beruhte Bildung im chinesischen Sinne auf dem Verständnis für eine tief begründete Ordnung, in die sich jeder einzufügen hatte. Aus dieser Ordnung erwuchs die »Tugend«, die Rechtschaffenheit, die Bändigung der Gefühle und der Leidenschaften. Der Takt gegenüber allen Menschen half mit, Standesunterschiede zu überbrücken. Das erschien den Chinesen wichtiger als ein Fachwissen. Die Beobachtung der Natur sollte nicht ihre Geheimnisse lösen, sondern das Verständnis für ihr inneres Walten offenbaren. Auch die Tugend bedeutete vorwiegend ein Hineinfügen in diese natürliche Ordnung. Dazu bedurfte es keiner göttlichen Offenbarung. Das chinesische Denken ist in diesem Sinne rationalistisch, überlegt; es versucht, den Sinn der Dinge aus diesen selbst abzuleiten. Die Fragen sollten durchdacht und nicht dank der göttlichen Erleuchtung eines Propheten beantwortet werden. Aus diesem Geiste heraus hat China unter den Tang die großen Fortschritte gemacht, von denen die nächsten Jahrhunderte in aller Welt zehren konnten.

Auf den Kaiser Kao tsung (650–683) folgte zwar sein Sohn, in Wirklichkeit lag die Regierung in den Händen der tatkräftigen Witwe, der Kaiserin Wu (690–705), die unter dem Titel Huang-ti selber den Kaiserthron bestieg, ein in der chinesischen Geschichte einzigartiger Vorgang. Die Kaiserin, Tochter eines reichen Kaufmanns, neigte zum Buddhismus; den Klöstern gab sie reiche Spenden, doch förderte sie auch Konfuzianismus und Taoismus. In hohem Alter mußte sie zugunsten ihres Sohnes auf den Thron verzichten.

Der bedeutendste Tang-Kaiser Hsüan-tsung (712–756) zeichnete sich vor allem durch seine künstlerischen Neigungen aus. Unter ihm kam es zum erbitterten Machtkampf zwischen den Beamten, die meist aus dem Süden stammten, und den Adligen des Nordens. Aus Kuangtung kam der Minister Chang Chiu-ling (673–740), der literarisch besonders gebildet war. Er wurde gestürzt. Ihm folgte Li Lin-fu (736–752), ein strenger Verwaltungsbeamter aus dem Norden, der scharf gegen den literarisch gebildeten Beamtenadel vorging. Er hatte 751 die schweren Niederlagen gegen die Tai in Yünnan und gegen die Araber bei Samarkand zu verantworten.

Aufgrund dieser Rückschläge faßte der tatkräftige Befehlshaber des chinesischen Heeres An Lu-shan, selber wohl Uigure, die drei Grenzbezirke zusammen, rückte mit seinem Heer 755 nach Loyang vor und ließ sich zum Kaiser ausrufen. Zwar wurde er im folgenden Jahr ermordet, aber seine Revolte konnte erst 763, mit Hilfe der Mongolen, niedergeworfen werden. Obwohl seitdem wieder Tang-Kaiser auf dem Himmelsthron saßen, hatte sich das Reich gründlich verändert. Die politische Lage in Mittel- und Hochasien hatte sich während der Tang-Zeit, nicht zuletzt dank der regen kulturellen Beziehungen und dem einträglichen Warenaustausch, stark gewandelt. Die Tibeter waren gefährlich geworden.

Seit 607 hatte sich in Tibet eine ansehnliche Militärmacht, das Reich der Tufan, gebildet, das Vorstöße in alle Richtungen unternahm. Zuerst unterwarf Song tsen Gampo, ein Förderer des Buddhismus, die Stämme nördlich von Ladakh, die Kiang. Sein Sohn Mang tsen dehnte seine Macht über die Tartaren am Kukunor aus, was den chinesischen Widerstand hervorrief. Bis dahin hatten sich die Chinesen freundschaftlich verhalten, da sie sich scheuten, in die kargen Berge und Hochflächen vorzudringen, die nur dünn besiedelt waren und kaum die großen Kosten eines Kriegeszuges lohnen würden. Aber die Tibeter blieben trotz ihrer geringen Zahl in den hochgelegenen Landstrichen siegreich. Sie schlugen 670 und noch einmal 678 die Chinesen am Kukunor.

Lange Zeit nannten die Chinesen den Golf von Bengalen das »Tibetische Meer«, weil die Tibeter damals das Gangesgebiet bis zum Delta beherrschten. Über den Himalaya rückten sie in Indien ein. In Assam hatte ein chinesischer Gesandter drei Jahrzehnte zuvor ein eigenes Heer aus nepalesischen und tibetischen Kriegern gebildet, das kurzerhand den indischen Kleinkönig gefangennahm (648). Als zwischen den Stämmen in Tibet Streitigkeiten ausbrachen, benutzten die Chinesen die Gelegenheit, um ihrerseits tief nach Tibet vorzustoßen; dabei brannten sie den Palst in Lhasa nieder. In Turkestan gewannen sie die Oasenstaaten Kutscha, Kaschgar, Chotan und Charaschar zurück. Endlich kam es zwischen der Tang-Dynastie und den Tibetern zu einem Frieden, der durch die Heirat mit einer chinesischen Prinzessin besiegelt wurde. Erst nach der chinesischen Niederlage gegen die Araber unternahmen die Tibeter wieder einen Feldzug, der sie 763 bis Chang-an führte.

Zur Zeit der Tang-Dynastie weitete sich der kulturelle Einfluß Chinas weit nach Osten hin aus. Bereits im Jahre 108 v.Chr. eroberten die Chinesen den Norden der Halbinsel Korea, während im Süden drei Volksgruppen, die Mahan, Chinhan und Pyonhan vorherrschten. Hier war 57 v.Chr. das Königreich Silla entstanden, während der Norden damals in das neue Königreich Koguryo fiel. Das dritte Königreich Paekche entstand 18 v.Chr. auf dem Boden der Mahan. Diese drei Reiche führten wiederholt Krieg gegeneinander, wobei sie sich wechselweise einmal auf China, einmal auf Japan stützten.

Im 7. Jahrhundert hat das Reich Silla dank der Hilfe durch die Tang-Kaiser die beiden anderen Reiche eingegliedert, während der Staat Paekche von den Japanern gestützt wurde. 668 gelang es Silla mit chinesischer Hilfe, ganz Korea mit dem Reich Kogruyo zu unterwerfen und als chinesische Schutzmacht zu beherrschen. 38 200 Familien wurden aus Koguryos ins chinesische Reich umgesiedelt. Außerhalb des chinesischen Machtbereichs blieb weiterhin die Mandschurei. Aber jeder Versuch, Korea zur chinesischen Kolonie zu machen, mißlang – nicht zuletzt, weil die Japaner eingriffen. Die Koreaner übernahmen jedoch die Schrift, den Ackerbau, im Süden vor allem den Anbau von Reis und die Seidenraupenzucht von China.

In Korea schnitten sich die drei Kulturkreise: der chinesische, für den die Bronze, der von der Steppe, für den das Eisen kennzeichnend war, und der des nördlichen Waldgebietes, der von Tungusen bewohnt noch vielfach im Steinzeitalter verharrte. Über Paekche floß der breite Strom chinesischer Kultur – der Konfuzianismus, der Buddhismus, das Recht und die Schrift nach Korea, und von dort weiter nach Japan. Von Korea bezogen die Japaner, die vorübergehend unter dem Namen der Mimana im Süden der Halbinsel einer Militärkolonie anlegten, das Eisen. Als die Paekche 562 besiegt wurden, flüchteten die Koreaner in großen Scharen nach Japan; sie brachten manches chinesische Kulturgut mit und vor allem den Buddhismus.

Nach alter Überlieferung ist die erste Dynastie lange vor der Zeitenwende von China nach Japan gekommen; langsam hat sie sich gegenüber den Urbewohnern, den Ainu, durchgesetzt. Aber mit den Kriegszügen nach Korea und mit den Anstößen aus China entfaltet sich eigentlich erst die japanische Geschichte. Japan bestand bis dahin aus zahllosen Kleinstaaten, besser aus Sippenverbänden, wobei der

Clanälteste zugleich politisches wie religiöses Oberhaupt war, der das Kulturland zur Bebauung zuwies und die richterlichen wie militärischen Entscheidungen traf. Daneben bildeten sich Berufsverbände, etwa der Weber, der Töpfer, der Schwertfeger, die in Familien vererbt wurden. Der Clan ebenso wie die Berufsvereinigung verfügten über Sklaven für die Feld- wie für die Hausarbeit. Schließlich wuchsen die Kleinstaaten zum Staat Yamatai zusammen. Eine chinesische Gesandtschaft soll die Priesterkönigin Pimiko besucht haben. Als Reichsgründer bezeichnet die Sage den Jimmu Tenno, der wohl von Kyushu nach Mitteljapan vorstieß und die Ainus und Emishi unterwarf oder vertrieb. Gewaltige Grabhügel, insbesondere um Kyoto und Osaka stammen aus dieser Zeit.

Mit den politischen Verhältnissen wandeln sich auch die religiösen Vorstellungen. Betete man ursprünglich – wie überall – Naturgeister an, so verehrt man nun auch die Ahnen. Die Sonnengöttin Amaterasu als Ahne des mächtigsten Clans, des Tenno, gewinnt die zentrale Stellung im Shinto-Glauben – wörtlich: »Weg der Gottheit«. Aber zugleich gewinnt der Buddhismus viele Anhänger, ohne daß er in ernstem Widerspruch zum Shintoglauben gerät. Die höchsten Kreise stützen ihn. Die Kaiserin Suiko (693–728) gilt als eifrige Förderin des neuen Glaubens, dem sie mehrere Tempel errichtete. Der wirkliche Regent jedoch war der Prinz Umayado der die Macht zwischen 593 und 621 innehatte, und der ebenfalls dem Buddhismus anhing. Er stand in regem Austausch mit dem chinesischen Kaiser Yang. Für die Chinesen jedoch war auch der Herrscher von »Wa«, wie sie Japan nannten, nur ein König.

Die Taika – Reform hob die alte Geschlechterverfassung auf, denen die Clans ihre Macht verdankten. Japan sollte nach chinesischem Vorbild ein einheitlich gegliederter Beamtenstaat werden. Dabei verlor die Feudalfamilie der Soga, die als Schützer der berühmten Shinto-Schreine so mächtig war, daß sie Kaiser gängelte und zuweilen sogar absetzte, ihre beherrschende Stellung. Auch aus diesen innenpolitischen Gründen waren die Kaiser bereit, den Buddhismus zu fördern.

Zwischen 710–782 erlebte die Hauptstadt Nara dank dem chinesischen Einfluß einen außerordentlichen geistigen Aufschwung. Mit der Zeit jedoch gewinnt der alte Kriegeradel wieder an Macht. Er drängt den chinesischen Einfluß zugunsten der japanischen Überlieferung zurück, was den alten Gegensatz zwischen Buddhismus und Shintoismus neu aufflammen ließ. Um den buddhistischen Kräften von Nara entgegenzuwirken, verlegte Kaiser Kwammu (782–805) die Hauptstadt nach Kyoto (794).

Dabei hat Kwammu selber viele buddhistische Tempel gebaut. Er versuchte, die kleineren Adligen auf Kosten der großen Magnaten zu stärken, indem er die stolzen Provinzgouverneure einer hohen Steuer unterwarf. Kwammu brauchte die Hilfe des Kriegeradels für seine langen und schweren Kämpfe mit den Ainus. Das japanische Kaiserreich erstreckte sich damals nur bis zur Festung Taga, fünfzig Meilen nördlich von Sendai, die noch 802 Besitz der Ainu war. Der Oberbefehlshaber in diesen Kriegen, Sei-i-tai-shogun, wurde später zum Titel des wahren Machthabers in Japan.

Im Jahre 555 stießen aus Mittelasien flüchtende Uiguren in die südrussische Steppe vor, besiegten die Awaren und kämpften im Dienste Ostroms gegen Anten (Slawen) und Bulgaren. Zusammen mit den Langobarden unterwarfen sie die Gepiden im Theißbecken und richteten dort ihr Reich auf, als die Langobarden nach Italien weiterzogen. 580 stürmten sie – unter Khan Baian – die Festung Sirmium, belagerten 597 aber ohne Erfolg Thessaloniki und plünderten 617 die Vororte von Konstantinopel, wobei sie 270 000 Gefangene fortgeschleppt haben sollen.

Unter awarischer Führung drangen die Slawen im 6. Jahrhundert weit nach Mitteleuropa vor. Hatten sie bis dahin zwischen Karpaten und Dnjepr gesessen, so füllen sie nun den weiten Raum zwischen Ostsee, Adria und Schwarzem Meer. Die zahlenmäßig schwachen Awaren gingen schließlich in ihnen auf. Weiten Teilen Mittel- und Osteuropa prägten die Ackerbauern ihre Sprache auf, nur in der Puszta hielten sich die Nomaden. Sie führten ihre Angriffe ausschließlich gegen die Franken; Ostrom ließen sie ungeschoren.

Im Laufe der nächsten zweihundert Jahre haben die Slawen den riesigen Raum von der Elbe bis Nowgorod am Ilmensee, von der Ostsee bis zur Ägäis und Adria »besiedelt«. Wie überall werden sich aber auch die Altansässigen gehalten haben, die von Ackerbau und ein wenig Viehzucht – Schafen – lebten. Die »Slawen«, die – selber kaum sehr zahlreich – in Dorf und Sippengemeinschaften siedelten, haben mit ihnen zusammen gearbeitet. Die awarischen Krieger hingegen, die eigentlichen Herren, haben von den wenigen Lagern aus ihre Tribute erhoben. In den Wäldern der Ostseeküste hielten sich die ursprünglichen Sprachen; das Prutzische, das Litauische und das dem Ugro-finnischen verwandte Esthnische. Zwischen den »Waldbewohnern« und den »Feldbewohnern«, wie die Slawen sich selber unterschieden, besteht ein Gegensatz, der die Geschichte Ost- und Mitteleuropas weitgehend bestimmt hat.

Ostrom war nach den schweren Kriegen Justinians ständig in Geldnöten. Die Steuerschraube wurde angezogen, doch fehlte dem Staat der dafür notwendige Beamtenstab. Hatten bis dahin vor allem der Handel und die städtischen Gewerbe für die Steuern aufkommen müssen, so wurden nun auch die Landwirte stärker herangezogen. Der Großgrundbesitzer hielt sich an den armen Bauern schadlos – willkürlich und schamlos zum eigenen Nutzen. Wer konnte, floh in die Berge. Daraufhin hatte der Nachbar das Doppelte zu zahlen, und verschwand auch er, so fiel das Land an den Großgrundbesitzer. Dieses System schürte die Unzufriedenheit und lähmte jeden Leistungswillen. Unter Justinian herrschte noch der altrömische Grundsatz vor, daß der Einzelne sowohl Träger des Rechts wie aller Pflichten sei. Hundert Jahre später ist dieser Grundsatz mindestens im Agrarrecht preisgegeben.

Bei der Ansiedlung erklärten sich die Slawen bereit, einen festen Steuerbetrag zu zahlen, für den nicht der Einzelne, sondern die Gemeinschaft, der »mir«, um das spätere russische Wort vorwegzunehmen, haftete. Der Dorfälteste – Staretz – regelte Arbeit und Anbau und sorgte dafür, daß die Steuern gezahlt wurden. Er fühlte sich »seiner« Familie, »seinem« Dorf verpflichtet. Bezeichnenderweise gab es kein slawisches Wort für ein Gemeinwesen über Familie oder Dorf hinaus.

Dieses Steuersystem entsprach dem der Toba im 6. Jahrhundert. Um den Bauernstand zu fördern, teilten sie jeder Familie Land zu, und zwar erhielt die »Normalfamilie« – Mann und Frau, vier Kinder unter 15 Jahren, vier männliche Sklaven (oder Landarbeiter) und 20 Rinder – 465 mou (etwa 25 ha). Mit der Kopfzahl änderte sich auch die Landzuteilung. Für den Steuereingang und die öffentlichen Frondienste hafteten die Familien kollektiv, jeweils der Älteste, der selber von Steuern und Dienstleistungen befreit war. Während bei den Toba die Verwaltung dafür sorgte, daß diese Landverteilung möglichst gerecht vorgenommen wurde, überließen die Awaren alles den Slawen.

Slawen waren also Menschen, die nach »slawischem«, ursprünglich »chinesischem« Agrarrecht siedelten. An dieses Vorbild hielten sich die oströmischen Kaiser. Nach dem Gesetz des Maurikios mußten sich sogar einzelne Weiler dem nächsten Dorf anschließen, um den Steuereingang zu vereinfachen. Das Kollektiv ist für die Slawen so bezeichnend, daß man aus ihrer Agrarordnung ihr Vordringen ablesen kann.

An seinen inneren Schwierigkeiten litt das Oströmische Reich mehr als an allen seinen Kriegen. Justinian I. (527–556) hat damit begonnen, das Finanzwesen zu ordnen und zu straffen. Tatsächlich floß das Geld in reicher Fülle herein, strömte aber in noch größerer Eile wieder heraus. Großartige Bauten entstanden wie die Hagia Sophia; riesige Summen gingen an die Barbaren, um den Frieden zu erkaufen; der breite Streifen verwüsteten Niemandslandes, den Attila geschaffen hatte, wurde wieder besiedelt. Justinian glaubte, er könne den Glanz des alten Kaisertums erneuern und die verlorenen Provinzen zurückerobern.

Sein Feldherr Belisar vertrieb die Vandalen aus Nordafrika, besiegte die Westgoten in Südspanien und die Ostgoten in Italien. Diese jahrelangen Kämpfe benutzten die Sassaniden, um den »Ewigen Frieden« zu brechen. Neue ungeheure Anstrengung im Osten gefährdeten erneut das Reich. Als die Goten in Italien versuchten, die harte byzantinische Herrschaft abzuschütteln, wurden sie sogar von der romanischen Bevölkerung unterstützt. Aber 552 gelang es Byzanz, die Goten endgültig aus Italien zu vertreiben. Als in Italien die Langobarden einrückten, blieben dem Kaiser nur die Städte und der Süden. Doch fielen die weltgeschichtlichen Entscheidungen nicht im Mittelmeer, sondern in Asien. Byzanz mit Kleinasien, Syrien und Ägypten verbluteten im Ringen mit dem Sassanidenreich.

Chosroes I. (531–579), vielleicht der bedeutendste Herrscher dieses Geschlechtes, drang 540 in Syrien ein, eroberte Antiochia und das alte Land Kolchis am Schwarzen Meer. Erst nach 22 Jahren schwerer, mit wechselndem Erfolg geführter Kämpfe, kam es zum »Waffenstillstand«, bei dem sich Ostrom verpflichtete, jährlich 30000 Goldstücke zu zahlen. In diesen Kriegen sind beide Reiche fast verblutet und finanziell zugrunde gegangen. Das führte zu schweren inneren Unruhen. Wenn beide Staaten auch von Heer und landbesitzendem Adel beherrscht wurden, so hingen sie doch finanziell vom Handel ab und waren damit aufeinander angewiesen.

Wurden die Handelswege durch Kriege unterbrochen, war der Schaden unermeßlich, gleichgültig ob Siege erfochten oder Niederlagen erlitten, ob Festungen gewonnen oder verloren wurden. Konstantinopel lebte davon, daß die Kaufleute über die Steppe wie über Syrien und den Iran nach China und nach Indien reisen konnten – immer durch das Sassanidenreich. Auch die Sassaniden waren auf den Handel angewiesen. Aus Kleinasien bezog Syrien die Rohstoffe für sein immer noch bedeutendes Kunsthandwerk in Metall, Glas, Leder und Elfenbein. Als Chosroes 540 Antiochia eingenommen hatte, schleppte er die Handwerker mit. Ägypten war mit seinem Leinen noch auf Jahrhunderte für Asien unentbehrlich, seine Baumwolle ersparte die kostspielige Einfuhr aus Indien.

Da Justin II. (565–578) die Tributzahlungen an die Sassaniden eingestellt hatte, brach der Krieg wiederum aus – er dauerte zwanzig Jahre. Erst Kaiser Maurikios (582–602) vermochte die feindlichen Angriffe zurückzuweisen. Er führte den vertriebenen Thronprätendenten Chosroes II. nach Ktesiphon zurück und schloß mit ihm 591 einen neuen Frieden. Endlich hatte Maurikios die Hände frei für den Balkan – die Awaren bedrohten das Reich, ihnen folgten die Slawen. In diesem Augenblick erhob sich der Adel unter dem Magnaten Phokas. Als Maurikios ermordet wurde (602) brach das Chaos über das unglückselige Reich herein. Sassanidische Truppen drangen bis zum Bosporus vor und verwüsteten das Land. Der Krieg mit den Sassaniden ging auch weiter, nachdem der Aufstand des Phokas niedergeschlagen worden war. 613 und 614 wurden Damaskus und Jerusalem geplündert, bald darauf Ägypten erobert. Erst 622 konnte Heraklius (610–642) die Grenzen sichern. Weil die byzantinischen Truppen an der Ostgrenze gebunden waren, konnten die Völker der südrussischen Steppe über die Donau nach Thrakien einfallen.

626 versuchten die Perser noch einmal, Konstantinopel einzunehmen, doch sie vermochten nicht, den Belagerungsring zur See zu schließen. Vergeblich versuchte die verbündete awarische Flotte, das persische Hilfskorps auf die europäische Seite des Bosporus überzusetzen; sie wurde vernichtend geschlagen. Schließlich zwangen verheerende Seuchen den Khagan, den Belagerung abzubrechen. Damit war auch die große Zeit der Awaren vorbei.

Nun erhoben sich die unterworfenen Slawen. Zwei Jahre zuvor war es bereits dem fränkischen Kaufmann Samo gelungen, die Stämme im böhmisch-mährischen Raum zum Aufstand gegen die Awaren mitzureißen. Nach der Niederlage vor Konstantinopel dehnte er seine Macht bis zur Ostsee und bis zur Adria aus, wobei er allerdings auf die Unterstützung durch den Sorbenfürsten Dorvanus angewiesen war. Einen Angriff des Frankenfürsten Dagobert wies er vor der »Wogastisburg« in Böhmen zurück. Als Samo um 660 starb, löste sich dieses eigenartige politische Gebilde rasch wieder auf.

Das große Ringen zwischen Sassaniden und Ostrom berührte auch Abessinien und Südarabien. Über das Rote Meer lief die Handelsroute vom Mittelmeer zum Indischen Ozean, die – nicht wie der Landweg – von den Persern gesperrt werden konnte. Bollwerk dieses Handels war Abessinien, das über die Häfen am Ausgang des Roten Meeres und über Aksum im Inland Verbindung mit dem Oberen Niltal besaß.

Das Reich Aksum erklomm seinen Höhepunkt um das Jahr 523, als der christliche König Caleb mit oströmischem Beistand sein Heer nach dem Jemen führte und in der Stadt Zafar einen ihm genehmen König einsetzte. So entstand in Sanaa eine mächtige christliche Kirche. Die wirtschaftliche Blüte Südarabiens schwand jedoch, seitdem 542 der große Damm von Marib, der weite Strecken bewässert hatte, bei einem Erdbeben geborsten war.

Von Südarabien aus versuchten die Äthiopier, auch gegen Mittelarabien vorzustoßen. Vergeblich griff der Vizekönig im Jemen, Abraham, 570 sogar die Stadt Mekka auf dem »Elephantenweg« an. Nun griffen die Sassaniden in die Kämpfe ein. Sie entsandten 574 ein kleines Heer – nur 800 Mann – über See zum Jemen, um dem Gegner den Seeweg nach Indien abzuschneiden. Doch mußte die kleine Garnison wegen der Kämpfe mit Ostrom im Stich gelassen werden. Aber die Hoffnung, die heidnischen Araber zum christlichen Glauben zu bekehren, mußte endgültig aufgegeben werden.

Die persischen Truppen wichen über Abessinien nach Mittelafrika aus. Dort hatten in der Feuchtsavanne südlich und westlich des Bahrel Ghazal bis zum Quellgebiet des Schari einzelne Stammeshäuptlinge unabhängige Königreiche gegründet. Sie schirmten die Bewohner im Süden von den bewaffneten Scharen ab, die auf der uralten Völkerstraße vom ägyptischen Sudan zum Niger zogen. Diesen Weg nahmen auch die flüchtenden Perser, die als Hilfstruppen einheimischer Fürsten wie als Bandenführer eigenen Rechts das Reich Kanem am Tschad-See gewannen, wo sie als hellhäutige Oberschicht herrschten. Noch im 9. Jahrhundert sollen kriegerische Verbände aus dem Jemen und sogar aus Persien in das Nigerbecken gezogen sein.

Kisra – Chosroes? – konnte seine Macht im südlichen Haussaland bis Bussa ausdehnen. Seine Nachfolger gewannen das Gebiet am Benue. Noch bedeutsamer sind die Staatengründungen im Niger-Bogen selber. Heute noch gibt es in Nordnigeria die gepanzerten Reiter, die dem persischen Vorbild folgen. Im Südosten und Westen des Tschad-Sees hielten sich die Sao noch bis ins 16. Jahrhundert. Ende des 7. Jahrhunderts erschienen zwei hellhäutige Brüder an der Spitze einer Reiterschar bei den Sorko-Fischern bei Kukia; daraufhin zogen die Sorko den Niger aufwärts, wo sie um 690 Gao gründeten, eine rasch aufblühende Handelsstadt, die um 890 Hauptstadt eines Reiches wird, das im Mittelalter eines der mächtigsten Afrikas wurde.

Vorboten des weiten arabischen Raumes, der damals noch seine Geheimnisse barg, waren die Nomaden und Halbnomaden am Rande der Wüste. Teils lebten sie in den Oasen, meist zogen sie jedoch mit ihren Herden von Wasserstelle zu Wasserstelle. In den endlosen Kriegen zwischen den Großmächten wurden sie von der einen Seite zu Lasten der anderen bezahlt und ausgerüstet, in der Regel die Lachmiden am Euphrat von den Persern, die Ghassaniden an der syrisch-palästinensischen Grenze von Ostrom, jederzeit bereit, die Front zu wechseln, wenn ihre Forderungen verweigert wurden – oder wenn das Kriegsglück umschlug. Sie gründeten sogar Reiche. Ein Fürst der Kindaa in Südarabien vermochte sich 502 zum Herrscher aller Araber aufzuschwingen, aber nach seinem Tod zerfiel sein Reich wieder. Den Wüstensöhnen fehlte – noch! – die einigende Kraft. Das gelang erst dem Propheten durch den Glauben.

Mohammed (570–632), ein Kaufmann aus Mekka, verkündete die Lehre von dem Willen des einen allmächtigen Gottes, dem sich alle fügen sollten. Allah selber hatte ihn angerührt und berufen. In dieser Überzeugung wurzelte die Kraft, die ihn alle Rückschläge überstehen ließ. Seine Anhänger hielten zu ihm, als er nach Jahtrib, nun schlechthin Medina – die Stadt – flüchten mußte. Mit Waffengewalt hat er schließlich Mekka niedergeworfen, wo auch weiterhin als heiliger Stein die Kaaba Mittelpunkt der Glaubensgemeinschaft blieb. Beim Tode des Propheten 632 war die ganze arabische Halbinsel zum Islam bekehrt. Seine Nachfolger setzten den atemberaubenden Siegeszug fort.

634 besiegten die Kamelreiter aus der Wüste unter Abu Bekr die Byzantiner bei al-Adschmadain, 635 fiel Damaskus, 638 Jerusalem und 636 Ktesiphon. Der Sieg bei Nishawend (642) zertrümmerte das Sassanidenreich. Amru eroberte zur gleichen Zeit Ägypten. Um 650 gehörte ihnen ganz Nordafrika – bis auf Karthago. Von Syrien aus griffen islamische Flotten Zypern und Kreta an. Das Landheer scheiterte allerdings 664 trotz mehrjähriger Belagerung vor Konstantinopel an den unbezwingbaren Mauern und an dem »griechischen Feuer«, das wohl eine syrische Erfindung war. 678 kam es zum Frieden, der für einige Jahrzehnte der Hauptstadt Ruhe verschaffte. Worum Römer, Parther und Sassaniden Jahrhunderte hindurch vergeblich gerungen hatten, erreichten die Araber innerhalb weniger Jahrzehnte; ein geschlossenes Reich vom Atlantischen Ozean bis zu den Grenzen Indiens. Wie war das möglich geworden? Jeder Widerstand brach vor den verhältnismäßig kleinen, nicht einmal besser ausgerüsteten Heeren zusammen. Von den Persern übernahmen die Araber die schwere Rüstung der Reiterei und die Taktik, in geschlossenen Geschwadern zu kämpfen. Selten waren die arabischen Heere über 20000 Mann stark, in der Regel wohl nur 12000.

Ohne Zweifel verfügten ihre Gegner über stärkere Heere, aber sie vermochten niemals, ihre gesamte Kraft geschlossen einzusetzen, da sowohl Byzanz wie Persien zur gleichen Zeit an anderen Grenzen fochten. Hinzu kam, daß die Araber die unzufriedenen Untertanen der Großreiche mit sich zu reißen vermochten. Entscheidend aber war die ungeheure Stoßkraft der arabischen Truppen – und die hing mit dem Glauben zusammen. Wer im Kampf um den Islam fiel, dem öffneten sich die Pforten des Paradieses, sagte der Prophet.

Der neue Staat war eine Theokratie, ein Gottesstaat. Von Gott stammte das Recht, stammte der Aufbau und schließlich auch die Verwaltung, die der Prophet im Namen Allahs und nach dessen bis ins einzelne gehenden Vorschriften einsetzte. Im Unterschied zu anderen Herren hatten die Soldaten einen religiösen Auftrag, für den sie lebten und kämpften. Sie blieben streng kaserniert in den Heerlagern von Kufa und Basra im Irak, Fustat (Alt-Kairo) in Ägypten, später auch Kairouan in Tunesien.

Der Prophet hatte gemahnt: »Der Unterhalt meiner Gemeinde beruht auf den Hufen ihrer Rosse und den Spitzen ihrer Lanzen, so lange sie nicht den Acker bestellen; wenn sie aber anfangen, das zu tun, so werden sie wie die übrigen Menschen.« Dem Beduinen – an keinen Luxus gewöhnt – sagte das asketische Leben durchaus zu; war er bisher an die Umma gebunden – Stammes- und Familiengemeinschaft – so nun an die Gemeinschaft der Gläubigen. Im Koran waren alle Moralvorschriften, alle Rechtssätze und alle politischen Richtlinien niedergelegt. Das gab dem Moslem den festen Halt.

In dem arabischen Weltreich stützten sich die Kalifen weitgehend auf die alten Verwaltungsorgane, deren Formen wie deren Beamte sie übernahmen. Öffentliche Ämter standen nur dem Moslem zu. Wer aber zum Islam übertrat, wurde Moslem und damit den Arabern gleichgestellt, konnte also zu den höchsten Staatsstellungen aufsteigen. Das erregte den Unwillen mancher Araber, besonders im Heer. Die einheitliche Ausbildung im Geist der Religion schuf eine neue Führungsschicht. Jeder Moslem war von Steuern frei; er durfte in die neugegründeten Städte ziehen. Wer im alten Glauben verharrte, wurde geschont. Die Araber hatten nur wenig Interesse daran, den Ungläubigen zu bekehren, der besondere Steuern zu zahlen hatte. Doch behielt er seine Gerichtsbarkeit, seine eigene Sozialordnung und seine eigene Wirtschaftsform bei. Wo gab es in Ostrom, wo im Sassanidenreich eine ähnliche Freiheit?

Die einheimische Bevölkerung blieb zwar noch lange bei ihrem alten Glauben, aber sie verlor ihre führende Stellung. Wer griechisch – in Nordafrika lateinisch – sprach, wich in die unabhängigen Länder des byzantinischen Reiches, nach Kleinasien, nach Sizilien und auf die Balkanhalbinsel aus. War die griechische Sprache dort rückläufig, so wurde sie nun wieder belebt. In Syrien und Ägypten verlor das Christentum nun seine besten Köpfe. Am längsten widerstanden die Berber im afrikanischen Hinterland und im Osten die »Feueranbeter«, die Parsen.

Da Byzanz immer noch das Meer beherrschte, konnten sich auch die Küstenstädte – Karthago bis 698 – halten. Nicht an der Küste entlang, sondern zwischen Bergen und Wüste stieß 682 ein Heer unter Okba südlich des Atlas bis Marokko vor. 711 setzte Tarik auf einen Hilferuf aufständischer Goten mit 8000 Mann nach Spanien über. General Musa besiegte mit Hilfe eines berberischen Hilfskorps den Gotenkönig Roderich bei Jerez de la Frontera. Scharenweise reihte er Goten in sein Heer ein. Ganz Spanien fiel ihm zu. Dann überschritten die

Araber die Pyrenäen; als sie gegen Tours vorrückten, brachte ihnen 732 Karl Martell bei Alt-Poitiers eine Niederlage bei, doch waren die Franken zunächst nicht stark genug, ganz Gallien zurückzugewinnen.

Ihr Siegeszug schien unaufhaltsam – auch im Osten! 711 drangen die Araber in das Industal ein, überschritten den Oxus und gewannen 715 Buchara und Samarkand, das Ferghanatal und Chwaresmien. Das Reich hatte seinen größten Umfang erreicht.

Wer waren nun die neuen Herren? Dem Anspruch nach die großen Familien von Mekka und Medina. Ihnen hatte der Prophet sterbend die geistliche und politische Macht übergeben, sie stellten die Heerführer und »Nachfolger« – Kalifen. Zwischen ihnen und den neu aufgenommenen Völkern und den neu aufgestiegenen Familien kam es bald zu Spannungen. Als sich Medina erhob, wurde der Kalif Othman ermordet (656), wenige Jahre später auch Ali, der Schwiegersohn des Propheten. Die aufgebrachten Truppen nahmen Medina und Mekka ein. Damit war die politische Vormachtstellung des alten Arabien endgültig gebrochen.

Der neue Kalif Muawija bestimmte Damaskus zur neuen Hauptstadt des Weltreiches, das zwar islamisch, aber nicht mehr eigentlich arabisch war, bis auf das Heer, das – vorläufig – noch arabisch blieb. Aber je weiter sich die Heere vom Mittelpunkt entfernten, desto mehr wuchsen die Schwierigkeiten. Die Befehlshaber wurden zu selbständig. Gegen den Kalifen Jazid erhoben sich 680 die Truppen von Kufa und Basra, die sich um Husain, den Enkel des Propheten Ali, scharten, aber er erlag dem Kalifen. Seitdem feiern die Schiiten an diesem Tag den Märtyrer.

Sodann erhoben sich die Südaraber, die einen neuen Kalifen in Mekka aufstellten, was aber mißlang. Abd al-Malik ließ sogar Mekka beschießen, fiel jedoch vor den Toren der Stadt. Sicherheitshalber rief der Kalif Walid I. (705–715) den General Musa von Spanien nach Damaskus zurück. Als der Eroberer von Buchara und Samarkand, Kutaila, meuterte, ließ der Kalif Suleiman (715–717) ihn hinrichten, ebenso den Sieger im Industal Mohammed ibn al Kasim. Der Sohn und Nachfolger Musas in Spanien Abd ul-Asis wurde ermordet. Allerorten stellten sich Rückschläge ein. Der Angriff auf Konstantinopel (717–718) endete mit einer schweren Niederlage. Bei Samarkand erlag ein Heer den Türken (730 oder 731), ein anderes den siegreichen Chasaren.

Der Kalif wendete sich mit besonderer Kraft gegen die Türken, wohl bewußt, daß hier die größte Gefahr für die Zukunft lag. Die Chazaren wurden hinter Derbend zurückgeworfen, die Türken bei Balkh geschlagen. Die Sogdiana gehörte wieder zum arabischen Reich. In Afrika erhoben sich die Berber. Eine schwere Niederlage brachte den

Arabern Kaiser Leo III. bei Akroinos (740) bei. Die Stellung der Omajjaden-Dynastie schwächte sich rasch ab.

743 und 744 regierten drei Kalifen, gegen den dritten Marwan II. (744–750) erhoben sich die syrischen Städte, die wie Homs und Damaskus streng bestraft wurden. Dann erhob sich Mossul. Ein meuterisches Heer besetzte Mekka, konnte aber zerstreut werden. Merw ging verloren, Chorassan und das Industal waren umstritten. Da griff ein Geheimorden ein, den vor Jahrzehnten Abbas, ein Urenkel des Propheten, gegründet hatte. Die Garnison von Kufa rief 749 Abdulabbas zum Kalifen aus, der seine Residenz nach Bagdad verlegte.

Herrschten in Damaskus die strengeren Lebensformen der Araber, so gaben von nun an die weltoffenen Iraner den Ton an. Bagdad bildete den glanzvollen Mittelpunkt des weiten Reiches. Politisch hatte die arabische Halbinsel längst ihre Bedeutung eingebüßt, blieb aber mit Mekka und Medina das religiöse Zentrum – bis heute! Das alte Kalifengeschlecht der Omajjaden wurde ausgerottet – bis auf einen Prinzen, der nach Spanien entwich, wo er ein eigenes Emirat – später Kalifat – begründete.

Von 750 ab gab es neben den Abassiden von Bagdad die Omajjaden von Córdoba; der Riß ging durch Libyen. Da die Einwanderung von Arabern nahezu aufhörte, standen die Moslems im Westen von nun an auf eigenen Füßen. Obwohl das Reich sich änderte, wobei seine Schwerpunkte in die eroberten Randgebiete rückten, prägten Sprache und Glauben der Araber weiterhin das gesamte öffentliche Leben der islamischen Welt.

Noch einmal öffneten sich weltweite Chancen im Osten. Das Vordringen der Chinesen nach Mittelasien löste den heftigen Widerstand der ansässigen Türken aus. Mit diesen vereint, schlugen arabische Truppen das chinesische Heer 751 am Talasfluß (bei Samarkand). Zum ersten Mal waren Chinesen in offener Schlacht auf Gegner aus Vorderasien gestoßen, damit war der Sperriegel, der bisher die Reiche im Osten und im Westen getrennt hatte, durchbrochen. Von nun an konnte das Wissen und die Technik aus China nach Westen gelangen. In der Schlacht selbst fielen chinesische Handwerker in Gefangenschaft, die die Kunst beherrschten, Papier herzustellen. Seitdem wurde Papier im ganzen islamischen Reich bis nach Spanien hergestellt. Das arabische Heer jedoch mußte, wegen der Wirren in der Heimat, zurückkehren. Der Vormarsch in Zentralasien war damit endgültig zum stehen gekommen.

Aufstieg der Turkvölker

Abd ar-Rahman I., der einzige Sproß der Omajjaden-Dynastie, der dem Blutbad entronnen war, fand in Spanien Unterstützung von jenen die den Machtwechsel im Osten mißbilligten. In Marokko riß ein Nachkomme Alis, Idris, die Macht seit 788 an sich, während im heutigen Algerien der Perser Abd ar-Rahman ibn Rustem eine religiös bestimmte Herrschaft errichtete. Der Kalif in Bagdad konnte noch zufrieden sein, daß sein Statthalter in Kairouan, Aghlab, sich ihm wenigstens der Form nach unterstellte. Später haben sich dessen Nachfolger, die Aghlabiten, ebenfalls unabhängig gemacht.

Córdoba wurde Hauptstadt von Spanien. Die Omajjaden waren auf Handel und Handwerk angewiesen. Immer noch war der größere Teil ihrer Untertanen Christen und Neubekehrte – meist romanischer Abstammung –, die mit dem Glauben auch die arabische Sprache annahmen. Einflußreiche Stadtbewohner waren besonders die Juden, die vorwiegend vom Handel lebten. Karawanen zogen durch das Frankenland über die Elbe – bei Magdeburg – bis Kiew und über Regensburg nach Böhmen, um mit slawischen Sklaven zurückzukehren. Da die Städte rasch aufblühten, brachte das ausgezeichnete Steuerwesen reiche Einnahmen.

In Spanien hatten die Araber die Westgoten verdrängt und aufgesogen. »Goten«, selbst wenn man die germanischen Vandalen, Sueben und Alanen mit einbezieht, gab es immer nur wenige. Auch die Zahl der Araber blieb gering. Nach dem Bruch mit Syrien 750 hörte der Zustrom aus Asien ohnehin auf. Auch aus Nordafrika kamen kaum noch Menschen, besonders seit Aghlabiten und Fatimiden dort herrschten. Der Kalif stützte sich vorwiegend auf die slawische Leibgarde und auf berberische Söldner aus dem Atlas. Doch war auf diese wilden Gesellen nur bedingt Verlaß; zwar galten sie als gute Krieger, aber allzu oft zeigten sie sich unbotmäßig und sie bestanden auf hohem Sold. Sie wurden möglichst an die Front geschickt oder in der Festung Ronda kaserniert. Nur in der Aristokratie waren die alten arabischen Familien stärker vertreten. Sie waren von dem Geist des Islam geprägt, der seinen Schwerpunkt in den Städten hatte, im Unterschied zum germanischen Kriegeradel, der sich auf dem Lande aufhielt.

Unter ihren Bischöfen erhoben sich die Christen – die muwallad – in Saragossa, Mérida, Toledo und Córdoba – allerdings vergeblich – gegen den Emir Hischam I. (788–796). In diese Wirren griffen die

Franken ohne nachhaltigen Erfolg ein. Karl der Große unterhielt freundschaftliche Beziehungen zum Kalifen Harún al-Raschid (786–809) in Bagdad, dem Gegner der Omajjaden. Spanien blieb maurisch. Nur die »Spanische Mark« mit der Hauptstadt Barcelona konnten die Franken halten.

Nordafrika unterstand zwar weiterhin dem Kalifen in Bagdad, aber die Aghlabiten führten doch von Kairouan aus mehr und mehr eine eigene Politik. In ihrem Reich, das überwiegend von Berbern bewohnt war, nahm auch der Islam eigene Formen an. Man verehrte die zahllosen Marabus, die an vielen Orten eine uralte Überlieferung fortsetzten. Es gab auch noch Christen, die Latein oder Griechisch sprachen. Von Nordafrika griffen die Moslems die europäischen Mittelmeerküsten an. Die Christen nannten diese Angreifer »Sarazenen«, ein Name, der sich mit der Zeit auf alle Moslems übertrug.

Zunächst übernahm Byzanz auch im Westen den Schutz Europas, zumal es zu Beginn des 9. Jahrhunderts noch Sizilien beherrschte. Als sich der Befehlshaber der byzantinischen Flotte Euphemius 827 selber zum Kaiser von Sizilien aufwarf, rief er die Aghlabiten um Hilfe an. Sie kamen – und sie blieben. Euphemius wurde zwar ermordet, aber die Byzantiner unterlagen 845 den Sarazenen. 14 Jahre später war fast ganz Sizilien in der Hand der Moslems, die 831 Palermo und 878 als stärkstes Bollwerk auch Syrakus eroberten. Taormina hielt sich bis 902. Der letzte Stützpunkt der Christen, Rametta, fiel 965. Auf dem Festland besaßen die Sarazenen in Bari seit 852 einen festen Stützpunkt.

Der Handel im westlichen Mittelmeer, der sich seit den alten Römern bis ins 8. Jahrhundert hinein vorwiegend auf der Ost-West-Route abgespielt hatte, hörte nahezu auf. Hingegen gewann der Landhandel an Bedeutung, einmal in Europa auf den Straßen, die vom Osten über das Frankenreich bis nach Spanien führten, sodann in Afrika von Marokko durch die Wüsten in das Goldland zwischen Niger und Senegal. An diesen Wegen entstanden neue Staaten: Sidschilmasa in Südmarokko 757, Tiaret (Algerien) 777 und Tlemzen an dem Übergang über den Atlas (786). Deshalb wurde die neue Hauptstadt von Marokko 808 nach Fez verlegt, also von der Küste ins Innere.

Weit nach Osten und Nordosten ausgreifend hat die arabische Macht die alten Verkehrsverbindungen mit Asien abgeschnitten. Der Vormarsch gegen China war allerdings nach der Schlacht am Talas (751, Samarkand) zum Stehen gekommen, obwohl das arabische Heer siegreich blieb. In Mittelasien setzte sich jedoch der Islam gegenüber dem altüberlieferten Glauben von Zarathustra, Buddha und Moses durch. Die westlichen Türken – die Uiguren im Tarimbecken und die Bewohner Chwarezmiens – bekehrten sich zur neuen Religion, die damals das stärkste Gegengewicht gegen die Chinesen zu bieten schien. In der südrussischen Steppe traten die Chasaren unter dem Einfluß von Buchara und Urgentsch allerdings zum Judentum über.

Unter Harún al-Raschid (786–809) erreichte das Kalifat der Abassiden seinen kulturellen Höhepunkt. Die Iraner gewannen im Reich die Führung, die bis dahin bei den Syrern und Ägyptern aus dem alten oströmischen Gebiet gelegen hatte. Wissenschaft und Dichtkunst blühten auf. Der Kalif Mamum (813–833) ließ die griechischen Denker ins Arabische übersetzen, so daß die große antike Überlieferung seinem Volk erschlossen wurde. Aristoteles galt als Grundlage des weltlichen Wissens, der Philosophie und der Sprachwissenschaft. Von den Naturwissenschaften haben die Moslems die Geographie entwickelt, wichtig, um stets die Richtung nach Mekka festlegen zu können, sodann die Astronomie, aber auch die Medizin, die in Europa hoch angesehen war, die Chemie und vor allem die Mathematik.

Neben Bagdad entfalteten sich die Wissenschaften in Damaskus, in Kairo und im fernen Samarkand, das später durch Buchara abgelöst wurde. Mit der Zeit strichen die einzelnen Reichsteile ihre geistige Eigenständigkeit heraus. Die Literaten – die kuttab – sprachen vom Volksbewußtsein – dem schu'ubija –, wobei sie häufig auch Glaubensvorstellungen aus der Zeit vor der Bekehrung zum Islam einfließen ließen, in Persien etwa das Gedankengut des Zoroaster. Dazu kamen noch alte soziale Vorbilder.

Über zwanzig Jahre lang (816–838) konnten sich der Anhänger des Mazdak, Babak, in Mittelasien bis nach Persien gegen den Kalifen behaupten, dem es immer schwerer fiel, das riesige Reich allein durch den Glauben zusammenzuhalten. In Afghanistan, in Chorassan, in Chwarezmien, aber auch in Nordafrika versuchten sich die örtlichen Befehlshaber von der Zentralgewalt zu lösen. Die Kalifen waren immer wieder gezwungen, sich mit dem Oströmischen Reich auseinanderzusetzen. Harún hatte bereits 767 bei einem Feldzug tief nach Kleinasien hinein Ephesus und Ankara erobert. 803 wurde Heraclea eingenommen. Im Frieden mußte Byzanz hohe Tribute zugestehen. Doch selbst solche Siege belasteten das Reich, weil sie den Kalifen zwangen, seinen Randgebieten größere Selbständigkeit zu gewähren. Bedeutungsvoller aber wurde für den Islam der Aufstieg der Türken in Zentralasien.

In der äußeren Mongolei hatten sie, aus dem Jenisejbecken kommend, ein mächtiges Reich begründet, das vorübergehend vom Amur bis zum Aralsee reichte. Da sie im breiten Steppenstreifen zwischen dem nordasiatischen Wald und der Wüste West- und Ostturkestans saßen, gefährdeten sie nicht die Karawanenstraßen zwischen dem Kalifat und dem chinesischen Reich. Daher brauchten sie diese beiden Reiche auch nicht zu fürchten, mit denen sie jeweils auch Bündnisse abschlossen.

Unerwartet erschienen die Mongolen vom Osten her kommend an den Grenzen des türkischen Reiches und eroberten das riesige Gebiet, das seither die Mongolei genannt wird. Die Türken flüchteten zu dem Moslems. Dort stiegen manche Türken dank ihrer militärischen Gaben zu hohen Stellungen auf, wie Afschin, der Heerführer gegen die Mazdakiten. Fließen die Türken zuerst nur einzeln in den weiten islamischen Raum, so sollten sie später die Verhältnisse in der ganzen alten Welt gründlich verändern. Merkwürdigerweise löste erst die vernichtende Niederlage von 744 durch die Mongolen ihren Aufstieg aus. Dementsprechend vollzog er sich nur selten im Glanz siegreicher Schlachten. Als Sklaven traten die Türken in die Heere der Moslems ein. Die Kalifen und Emire bevorzugten die kampferprobten, zähen und rücksichtslosen Krieger, die ohne Bindung an die Großen des Reiches, mit einer fremden Sprache, zuverlässiger schienen als die Einheimischen.

Mit der Zeit überwogen die Türken zahlenmäßig im Heer, mindestens in der Leibgarde des Fürsten. Immer häufiger stiegen sie als Offiziere, schließlich sogar zu Befehlshabern auf. Bei passender Gelegenheit jedoch rissen sie die Herrschaft an sich, zumal ihnen keine nennenswerten Truppen gegenüberstanden. Die Seldschuken übernahmen in den islamischen Reichen des Vorderen Orients die Macht. In Spanien fiel die Rolle der siegreichen aus dem Sklavenstand hervorgegangenen Söldner des Slawen zu, in Marokko den Berbern. Erst im 10. Jahrhundert bildete sich in Chwarezmien ein islamischer Staat mit türkischer Bevölkerung, richtiger: mit türkischer Sprache.

Wenn in dem weiten Steppengürtel vom Amur über Mongolei, Dsungarei bis zur südrussischen Steppe das große Ringen zwischen Mongolen und Türken neue weltgeschichtliche Anstöße auslöste, so standen hinter den Parteien doch die großen Reiche weiter im Süden, China und das Kalifat. Je nachdem, auf welcher Seite und mit welchem Gewicht sie sich einsetzten, brachten sie die Entscheidung. Beide fühlten sich von ihren ungebärdigen Nachbarn bedroht, beide hofften, in den Nachbarn ihrer Nachbarn den hilfreichen Bundesgenossen zu finden.

Es ist das uralte Spiel, das sich immer und überall an den Grenzen der Großreiche der Steppe vollzieht: die klugen Diplomaten reizen die einzelnen Stämme gegeneinander auf, sie lassen Gold fließen, sie schmeicheln mit Geschenken, bis die Reiter gegeneinander vorgehen und sich gegenseitig zermürben. So haben einst die Chinesen die

Hiung-nu gegen die Yuetschi gelenkt, dann diese als Bundesgenossen zurückzugewinnen versucht.

Gegen die Türken an ihrer Nordgrenze haben die Chinesen zuerst die Uiguren aufgeboten, dann die mongolischen Völker unterstützt, als der Türkenfürst Kutluk 682 die chinesische Oberhoheit abschüttelte. Chinesische Diplomaten haben das mächtige Bündnis der Uiguren mit den mongolischen Karluk und Basmal geschmiedet, denen es 744 gelang, das Türkenreich in der Mongolei zu zertrümmern. Deshalb konnte ein chinesisches Heer sieben Jahre später den Arabern bei Samarkand gegenübertreten – es wurde allerdings besiegt.

Die Araber sahen in den Türken die natürlichen Verbündeten gegen China wie Ostrom, das sie so von Südrußland und vom Balkan her bedrohten. Aber in Mittelasien und am Kaukasus blieben sie für die Araber eine Gefahr. Schließlich haben sie die arabischen Staaten jedoch nicht gewaltsam erobert, sondern sind von innen her zur Herrschaft aufgestiegen. Während eines halben Jahrtausends haben die Türken verhindert, daß arabische und chinesische Truppen noch einmal aufeinanderstießen. 840 war mit den Kirgisen wiederum ein mongolisch sprechendes Volk von Amur und Lena in die äußere Mongolei vorgestoßen, wo sie ein eigenes Reich begründeten.

In China schlossen unter dem Druck der Uiguren drei Militärbefehlshaber des Nordostens und von Hupei ein Schutz- und Trutzbündnis – gegen die Zentralregierung. Obwohl dieser Aufstand 786 niedergeschlagen wurde, behielten die Heerführer weitgehende Machtbefugnisse. Sie zahlten kaum noch Steuern. Nur die acht Provinzen am unteren Yangtsekiang unterstanden der Aufsicht der Salzkommission. Sowohl das politische wie das kulturelle Gewicht verlagerte sich deutlich nach Süden. Der kaiserliche Hof war außerstande, die Zügel fester anzuziehen. Er geriet zunehmend unter den Einfluß der Frauen und Nebenfrauen der Kaiser und damit auch der Eunuchen, deren Zahl und Reichtum erstaunlich anstieg, so daß sie bald einen eigenen Stand bildeten. Unter Kaiser Haüan tung (712–756) soll es 40 000 Frauen im kaiserlichen Harem gegeben haben und noch mehr Eunuchen. Die Frauen, meist aus den unteren Schichten der Bevölkerung, nutzten die Gunst des Kaisers rücksichtslos für sich wie für ihre ganze Familie aus. Das war in China immer so gewesen.

Doch nun wirkten die Eunuchen mit, die Stellung der »Gebildeten« zu untergraben, die beim Kaiser angeschwärzt und schließlich gestürzt wurden. Als Knaben kamen die Eunuchen fast vorwiegend von den Sklavenmärkten der südlichen Provinzen, erhielten am kaiserlichen Hof eine allerdings meist mäßige Erziehung und gewannen im Harem das Vertrauen der Frauen und der heranwachsenden Prinzen. Intrigen und Machtkämpfe im Dunkeln der Frauengemächer bestimmten die Politik. Sie richtete sich gegen die Soldaten und die Mandarine. Die Eunuchen besaßen vielfach Landgüter und großartige Paläste; sie nahmen Frauen und adoptierten Kinder, denen sie Titel und Eigentum vermachten. Von den letzten acht Tang-Kaisern (824–907) haben die Eunuchen sieben eingesetzt, wieder abgesetzt oder gar ermordet. Der letzte allerdings war ein Werkzeug des Kriegsherrn Chu Wen.

Unter den Tang-Kaisern wurden die Steuern nicht nach der Kopfzahl, sondern nach Größe und Ertrag von Grund und Boden erhoben. Das bedeutete mehr soziale Gerechtigkeit, zumal nun auch der Großgrundbesitz des Adels steuerpflichtig war. Je mehr private Grundstücke, desto mehr Steuerpflichtige. Auch Soldaten, die zu Reichtum aufgestiegen waren, erwarben Landgüter. Nach chinesischer Anschauung konnte nur die Landwirtschaft den Staat tragen, nicht der Handel. Da die Mönche von Arbeitsdienst und Steuern befreit waren, zogen es viele Bauern vor, Klosterbrüder zu werden, so daß die Zahl der Steuerpflichtigen wieder sank. Um die Mitte des 8. Jahrhunderts (754) zahlten nur 14,5 v. H. der inzwischen auf 53 Millionen angewachsenen Bevölkerung überhaupt Steuern. Dann begann der Niedergang des Bauerntums.

Die staatlichen Güter wurden von Beamten, die kaiserlichen jedoch von Eunuchen verwaltet, die damit Macht und Möglichkeit gewannen, reich zu werden. Bestechung nahm überhand. 825 soll der Reichsminister Ts'ui Ch'ün dadurch 30 Landgüter erworben haben, daß er 30 unfähige Kandidaten die Prüfung bestehen ließ. Zwei Cliquen rangen im 9. Jahrhundert um die Macht, die Li-Familie – gestützt von den Eunuchen – und die Niu, die den Adel vertrat, wobei sie sich jeweils mit den verschiedenen Ständen, Gruppen und Interessenten verbündeten. Was war an diesem Unheil schuld, an dem das ganze Reich zugrunde zu gehen drohte? Das konnten nur die Buddhisten sein, deren Klöster über ungeheuren Reichtum und große Macht verfügten. 843 brach der Sturm los.

Das gesamte buddhistische Vermögen wurde beschlagnahmt. Zwischen 843 und 845 wurden 4600 Klöster aufgehoben und 40000 Schreine zerstört, 265000 Mönche und Nonnen ausgewiesen und 150000 Klostersklaven verkauft. Das Ackerland fiel an den Staat, das Gold der Buddhastatuen wurde für Münzen verwendet – was zu gleichen Zeit mit dem Edelmetall auch im Karolingerreich geschehen war. Dieser Schlag traf zugleich aber auch den Außenhandel, der weitgehend in den Händen dieser Mönche lag, deren Beziehungen nach Zentralasien wie nach Hinterindien und Indonesien reichten.

Dabei hatten die Tang vom Außenhandel die nachhaltigen Anstöße erhalten. Die Chinesen lernten fremde Völker, ihre Sitten und

Gebräuche, ihre Waren und Kunstfertigkeiten kennen, sie sahen wohl zum ersten Male in ihnen keine ungebildeten Barbaren, sondern nachahmenswerte Vorbilder. Der Buddhismus hatte weite Kreise nicht nur der unteren Volksschichten, sondern auch des Adels und sogar des Hofes erfaßt. Immer wieder bildeten chinesische Künstler die Fremden nach: Gaukler, Sänger, Krieger und Mönche. Auch nach den Verfolgungen der Buddhisten riß der Verkehr nicht ab, weder auf dem Landweg durch die islamischen Gebiete noch zur See über Kanton nach Indien. Aber die Bauern fühlten sich von den fremden Kaufleuten ausgebeutet.

Das Reich machte eine tiefe Krise durch. Es mag übertrieben sein, wenn die Bevölkerung Chinas im 9. Jahrhundert von 53 Millionen auf 17 Millionen gefallen sein soll. Wahrscheinlich klappte die statistische Erfassung der Steuerpflichtigen nicht mehr. Aber sicher herrschte vor allem im Norden bittere Not. Aufständische Scharen zogen von 875 an durch das Land. 879 plünderten sie Kanton, dabei sollen 120000 Ausländer erschlagen worden sein. Im nächsten Jahr eroberten sie Loyang, im folgenden sogar die Hauptstadt Chang-an. Der Kaiser floh nach Szetschuan, aber da er sich auf seine chinesischen Truppen nicht verlassen konnte, rief er die türkischen Sha-to zur Hilfe, die Chang-an zurückeroberten.

Der Führer der aufständischen Bauern Huang Chao wurde von dem Türkengeneral Li Ku Yung besiegt, doch 906 setzte ein anderer Türkenhäuptling Chu-wen den letzten Tang-Kaiser, einen vierzehnjährigen Knaben, ab, um selber eine Dynastie – die Liang – zu begründen (907–923). Allerdings hat der Sohn von Li Ku Yung sechzehn Jahre später die Liang gestürzt und die »spätere Tang«-Dynastie (923–937) begründet.

In Indien war auf den Trümmern des Gupta-Reiches ein neuer mächtiger Staat erwachsen. König Harscha (606–647), der nach dem Tode seines Schwagers Grahavarnam das Reich Maukhari mit der Hauptstadt Magadha erbte, weitete seine Macht über die Grenzen des alten Gupta-Reiches aus. Er unterwarf das Land Malawa seiner Herrschaft und gewann Gujarat. Als Harscha sich jedoch gegen Bengalen wandte, versuchte Pulakschin II. (607–642) vom Dekhanreich ihm Gujarat wieder abzunehmen. Es kam nach wechselvollen Kämpfen zu einer Verständigung der beiden Könige, die die Narbada als Grenze zwischen den beiden Reichen anerkannte. Nach dem Tode Harschas zerfiel jedoch das so eindrucksvolle Reich im Gangestal. Kleinstaaten bildeten sich, die untereinander Kriege führten.

Das lag nicht zuletzt daran, daß es in Nordindien noch zwei starke Reiche gab – Bengalen und Kaschmir. Sie griffen wiederholt in die

Geschicke des Gangestals ein, was wiederum den Widerstand weckte. Wenn dann tatkräftige Feldherrn die Regierung ergriffen, entstand bald ein neues mächtiges Staatswesen. Im Kampf gegen die Araber war Kaschmir aufgestiegen. König Lalitaditya-Muktapida (725–754) konnte sich dabei auf alle jene stützen, die die Araber ebenfalls fürchteten: auf die Türken von Samarkand, auf die Chinesen und auf die Tibeter. Dann eroberte er Kanauj, Bihar und Bengalen und drang, verbündet mit den Chalukya aus Südindien, tief in den Dekhan ein. Inzwischen waren jedoch die Tibeter in Kaschmir eingebrochen. Lalitaditya eilte 747 in seine Heimat zurück, vertrieb die Eindringlinge und folgte ihnen – unvorsichtig – auf das zentralasiatische Hochland, wo er mit seinem ganzen Heer im Schnee umkam. Sein Reich zerfiel.

Bengalen verdankte seine starke Stellung seinem bedeutenden Herrscher Sasanka (610–638); wiederholt haben seine Nachfolger die Vormacht im ganzen Gangesbecken angestrebt. Bengalens mächtigster Monarch, Dharmapala, hat sich allerdings damit begnügt, sich im Kanauj als »Herrn der Welt« feiern zu lassen und einen ihm genehmen Prinzen einzusetzen. Viermal zwischen 740 und 816 fiel die Hauptstadt Kanauj in Feindeshand, jedesmal wurden die Herrscher vertrieben. Jedesmal gelang es jedoch tatkräftigen Monarchen wie Vatsaraja (778–800), Nagabhatta (805–833), Mihira Bhoja (836–885) und Mahendrapala (885–908), das zerschlagene Reich neu aufzubauen, so daß es sich bis in das 10. Jahrhundert zu halten vermochte.

Weil die Herren im Dekhan ihr Augenmerk zum Gangestal lenkten, in ständiger Sorge, angegriffen zu werden, weil sie ihre Vorherrschaft in Cambay und im Delta von Godavari und Kistna bedroht sahen, konnten sich die Reiche der Pallava mit der Hauptstadt Pataliputra und der Chola mit Kanchi frei entfalten. Noch im 8. Jahrhundert mußte der Pallava-König Paramesvara II. (731–795) den Frieden durch Gebietsabtretung und Geldzahlungen erkaufen, und sein Nachfolger Nandivarman II. (731–795) erlebte, daß seine Hauptstadt geplündert wurde. Aber als im Dekhanreich die Chalukkya-Dynastie von den Rashtrakuta abgelöst wurde, die ihren gefährlichsten Feind im Norden sah, konnten die Pallava – vorübergehend – aufatmen. Der nächste Stoß unter dem Rashtrakuta Govinda III. (792–819) erschütterte das Reich aufs neue. Vollends zerschlagen wurde der Staat der Pallava, der über sechshundert Jahre bestanden hatte, durch die Chola (897).

Die Cholas verdankten ihre Macht ausschließlich dem Seehandel. Von der inidschen Ostküste fuhren die Schiffe bis China, zur afrikanischen Ostküste, bis Madagaskar und zu den arabischen Häfen im Persischen Golf und am Roten Meer. Unter Aditya I. (871–907) erschienen ihre Kriegsschiffe vor der Malabarküste, um den Pandhyas wie den Cheras die Herrschaft aufzuzwingen. Gestützt auf die vereinigte

Macht der Tamilen konnten sie nun das gesamte Hochland südlich des Tungabhadra bis 920 in ihre Hand bekommen.

Die große südindische Seemacht förderte den Buddhismus in Hinterindien. Im Lande der Khmer mit der Hauptstadt Ankor Thom – gegründet 860 und ausgebaut bis 900 – hatte sich in den weiten, künstlich bewässerten Ebenen der Reisanbau derart entfaltet, daß die Bevölkerung damals größer gewesen sein muß als im heutigen Kambodscha. Geschützt von den Bergketten hielten sich indische Geistesart und der Hinayana-Buddhismus gegen alle Versuche, chinesisches Denken und den Mahayana-Buddhismus durchzusetzen. In Hinterindien berührten sich die beiden großen Weltkulturen Chinas und Indiens. Über den Indischen Ozean fanden sie den Anschluß an den arabischen Raum und schließlich auch an Afrika. Alle Versuche jedoch, von Süden her das Gangesbecken zu erobern, scheiterten.

Der Nachfolger des Vatsaraja – selber wohl brahmanischer Herkunft – Nagabhata II., eroberte in schweren Kämpfen mit den Pala Kanauj zurück. Unter Bhoja Adivaraha (etwa 836–885) umfaßte das Pratihara-Reich – seit 836 mit der Hauptstadt Kanauj – ganz Nord- und Zentralindien bis an die Grenze Bengalens. Seine Reiterei wies einen starken Einschuß von Turkvölkern auf. Überhaupt sind damals viele Menschen aus Turkestan nach Nordindien gekommen auf der Flucht vor den Türken, den Ungarn, den Chazaren und den Arabern. Sie kamen als Söldner, wie als Arbeiter. Durch diese Einwanderer veränderte sich der Norden rassenmäßig und kulturell erheblich.

Auf indischen Kauffahrteischiffen, arabischen Dhaus und den schwerfälligen chinesischen Dschunken floß ein breiter Strom von Waren, aber auch von Gedanken und Anregungen von der chinesischen See über Hinterindien und Indonesien nach Indien und zum Vorderen Orient. Die Märchen von Tausendundeiner Nacht spiegeln diese Welt wider, die Südasien zu einer geistigen und wirtschaftlichen Einheit verschmolz. Chinas Errungenschaften und die tiefen Gedanken Indiens gelangten über Vorderasien ins Mittelmeer. Es läßt sich nicht einmal sagen, ob die Moslems, die in Bagdad wie in Córdoba, in Kairouan und in Basra auftraten, Araber oder Fremde gewesen sind, zumal Frauen von überall her in den Harem gelangten. Mit der Zeit gewann der Warenaustausch zwischen Indien und der ostafrikanischen Küste wie mit Madagaskar an Umfang.

Nach dem gescheiterten Versuch, einen Urenkel Alis zum Kalifen zu machen, mußte die mächtige Sippe der Emosaid 742 Arabien verlassen. Sie ging nach Afrika. Zuerst gründete sie einen Stützpunkt auf der Insel Sokotra vor dem Roten Meer, im 10. Jahrhundert besaß sie überall Niederlassungen, in Melinde wie in Mombasa und an der Malabarküste. Der Jemen hat seine alte Stellung im Handel nicht zurückgewinnen können, der sich nach Mekka und Medina und weiter nach Petra und Gaza über die »Weihrauchstraße« verlagerte.

Vom Lande Sanj – Ostafrika – kam das Roheisen, das in Indien verarbeitet wurde und dann in den Vorderen Orient gelangte. Doch ohne Rückhalt an den Cholas und an den Singhalesen auf Ceylon hätten die Araber sich kaum so entfalten können. Ganz in indischer Hand war jedoch der Handel mit Indonesien, das damals zur politischen Macht aufstieg. 750 vereinigten die Herren von Sumatra – die Shailendra (750–860) – die in Palembang residierten, Java mit ihrem Königreich. Damals entstand der Borobudur, der großartige buddhistische Stupa aus Stein, mit Sanskrit-Inschriften auf den Gallerien. Die Nachfolger der Shailendras, die Fürsten von Mataram, haben neben solchen Stupas auch Tempel für Shiva, Brahma und Vischnu errichtet, mit Darstellungen aus dem Ramayana.

Während sich Chinesen, Inder und Araber in den Welthandel zwischen Afrika und Chinesischem Meer teilten, blieb der Anteil der Malayen im Dunkeln. Spielten sie damals keine Rolle? Lange zuvor waren sie sicher von Südchina nach Indonesien, zu den Philippinen, ja bis Japan gesegelt. Sie waren sehr früh – wann ist nicht abzusehen – bis Madagaskar gelangt, lange vor den Arabern. Sie müssen auch bereits weit in den Pazifik vorgestoßen sein. Waren die Polynesier ihre Wegbereiter oder waren sie ihre Erben, die ihre hochentwickelte Seefahrt übernahmen? Die großartigen Tempelbauten Hinterindiens erinnern an die Pyramiden, die die Maya in Mittelamerika errichtet haben, doch sind die amerikanischen Tempel wesentlich älter als die der Khmer. Wenn Verbindungen bestanden haben, kann das Hinterindien dieser Zeit nicht das Vorbild für Amerika gewesen sein. Hat es womöglich Beziehungen in entgegengesetzter Richtung gegeben?

Aus bisher ungeklärten Gründen haben die Maya ihre Städte im Bergland von Guatemala verlassen, um in die nördlichen Tiefebenen zu ziehen, wobei sie Felder und Siedlungen und Tempel einfach preisgegeben haben. Drohten Gefahren von irgendwelchen wilden Jägervölkern? Waren wirtschaftliche Gründe, etwa Mangel an Wasser, verantwortlich? Oder haben dunkle Prophezeihungen sie aufgescheucht? Folgten die erschreckten Maya dem Gebot ihrer Priester? Waren es Feinde, barbarische Stämme aus dem Süden oder aus dem nördlichen Hochland, die sie bedrängten? Jedenfalls läßt sich nirgends feststellen, daß ernsthafte Kämpfe stattgefunden haben. Mit dem 9. Jahrhundert endet in ganz Amerika eine Kulturepoche, die man die klassische zu nennen pflegt.

Im Norden der Halbinsel Yucatán blüht eine neue Maya-Kultur auf.

Auf den Zeitabschnitt, den die Maya selber Tepeu nannten (633–731) folgt ein neuer, der von 731 bis 987 reicht. Es gibt noch keine zureichende Erklärung für diesen Bruch. In Tikal geht eine Stele auf das Jahr 869 zurück. Dann legt sich Schweigen über Tikal. Die älteste bisher gefundene Zeitangabe der Maya in der Stadt Uaxactún geht auf das Jahr 328 zurück. Damals hat es bereits einen ausgebildeten Kalender gegeben und reich ausgestattete Tempelstädte. 909 endet die glanzvolle Zeit der Maya im Süden, die man vielfach – in Anlehnung an Ägypten – das »Alte Reich« nennt.

Wahrscheinlich wurde Copán in Honduras 801 verlassen. Als die Maya um das Jahr 909 nach Norden zogen, wo sie das »Neue Reich« begründeten, haben sie zwar noch die großartigen Tempelstädte im Urwald begründet, aber sie haben die ganze Pracht der »klassischen« Zeit nicht mehr erreicht, trotz der eindrucksvollen Bauten in Copán mit ihren hohen Türmen und den steilen Treppen. Die breite Treppe der sogenannten Akropolis wird von zweitausendfünfhundert Hieroglyphen eingerahmt, die man eines Tages vielleicht als »Geschichtsbuch« der Maya lesen wird. Bisher steht nur fest, daß diese Treppe im Jahr 750 eingeweiht wurde.

Tulum, das unmittelbar am Meer liegt, ist von einer Stadtmauer umschlossen. Bei Mérida gibt es ebenfalls am Meer ein Ruinenfeld, das sieben Quadratkilometer umfaßt, also größer ist als das alte Rom. Gegründet soll diese Stadt kurz vor dem Jahr 1000 sein, wenn auch Siedlungen bis ins 2. Jahrtausend zurückreichen.

Was das für ein Gemeinwesen war, das sich im 8. Jahrhundert im Mittelamerika entfaltete, weiß man nicht. Die geistige Leistung zeigt sich in dem hervorragenden Kalender, der die Mathematik voraussetzt, wie in den Kultbauten. Die Religion scheint die uralten Überlieferungen des Schamanenglaubens bewahrt zu haben. Opfergaben wurden in heilige Brunnen und Teiche – hier Cenote genannt – versenkt; sie waren der unmittelbare Zugang zur Unterwelt. Durch den Wasserspiegel mußte man hindurch, um zu den Geistern der Tiefe hinabzusteigen, zu der Schlange, der Schildkröte, zu den Fröschen und Eidechsen. Als Tiere der Luft und damit der Höhe und des Lichtes galten die Vögel, während die Erde von den Raubtieren vertreten wurde – Erdgötter, in deren Mäulern der Mensch Schutz und Sicherheit findet.

Immer wieder überrascht, wie eng die Vorstellungen der Ackerbauern doch mit der Glaubenswelt der frühen Jäger verknüpft waren, wie sich daneben aber auch neue Götter formen, wie der Maisgott oder die Göttin der Fruchtbarkeit. Sind alle diese über die weite Welt verstreuten Vorstellungen immer wieder neu entstanden? Oder gehen sie auf gemeinsame Wurzeln zurück?

In Peru hört die klassische Kultur der Küstenvölker, der Mochica und der Nazca im 8. Jahrhundert auf. Die Nazca haben die rätselhaften Scharrbilder in den Boden gezeichnet, einzelne Figuren, meist aber gerade Linien bis zu mehreren Kilometern lang, die wohl auf einen bestimmten Stern zuliefen. Waren es astronomische Beobachtungen? Oder waren es Aufgaben, die den Jünglingen bei den Initiationsriten gestellt wurden?

Tiahuanaco erreichte in der Zeit von 500 bis 800 seine Blüte. Hat es sich um eine Stadt gehandelt oder um eine Kultstätte, einen Wallfahrtsort? Über den Untergang dieser Stadt und vielleicht auch dieses Reiches ist wenig bekannt. Kamen die Anregungen von der Küste? Oder von den Bergbewohnern, aus Peru oder gar aus Kolumbien? Es gab keine Schrift. So bleibt die Frage, wie weit – wenn überhaupt – Anregungen über den Pazifik hinweg die erstaunlichen Kulturleistungen an der südamerikanischen Westküste beeinflußt haben könnten. Japans Jomonkultur jedenfalls weist in frühester Zeit so manche Ähnlichkeit mit altamerikanischen Kunstwerken auf.

Im 7. Jahrhundert hatte sich das japanische Reich zu einem straff verwalteten Beamtenstaat entwickelt. Reisende hatten China studiert und vieles von dort übernommen. Aber im Kern unterschied sich Japan doch von seinem westlichen Nachbarn. Der Tenno war Kaiser und hoher Priester zugleich, Nachfahr der Sonnengöttin Amaterasu. Auf der sicheren Grundlage ihres weltlich und geistlich geschlossenen Staates konnten die Japaner auch fremde Religionen bei sich aufnehmen und reibungslos eingliedern; den Konfuzianismus und den Buddhismus – allerdings auf dem Umweg über China – wie später – vorübergehend – das Christentum. Dem nationalen Shinto-Kult blieb man trotzdem treu. Zugleich vollziehen sich große Wandlungen.

In der neuen Hauptstadt Nara neigen die Kaiser immer stärker dem Buddhismus zu. Schon 685 ordnete ein Gesetz an, daß alle Haushaltungen einen Schrein mit einem Buddhabild haben müßten. Da der Buddhismus in der Nara-Zeit (710–784) Anhänger auch in den breiten Volksmassen gewinnt, gerät er in den Streit der Innenpolitik. Die Gegner des Kaisers wandten sich betont dem alten Shinto-Kult zu. Nara wird als Hauptstadt aufgegeben, zunächst zugunsten von Nagaoka, dann ab 794 zugunsten von Heiankyo, dem heutigen Kyoto. Japan machte sich von den chinesischen Einflüssen frei.

In der Heian-Zeit (784–1192) schwindet die Macht des Tenno zugunsten der mächtigen Fujiwara-Sippe, die so gut wie alle Schlüsselstellungen mit ihren Angehörigen besetzt. Noch verfügte der Staat über gesunde Finanzen, aber da der Großgrundbesitz bald keine Steuern mehr zahlt, schwächte sich die Zentralgewalt ab. Nun gewannen die unteren Adelsschichten – die Samurai – an Bedeutung, wenn sie auch wirkliche Gegenspieler zu den großen Familien allerdings erst später werden. Zunächst waren die Samurai mit dem Kampf gegen die Ainu beschäftigt. Die Flotte, die noch im 7. Jahrhundert die Seeherrschaft sichern konnte, war nach der Niederlage von 663 durch die Tang ausgeschaltet. Erst im 20. Jahrhundert soll das Inselreich Japan wieder Seemacht werden.

Als die Awaren unter dem Druck der Türken 555 gen Westen vorstießen, zertrümmerten sie auch das Reich der »Bulgaren«, von denen ein Teil seinen Wohnsitz an die obere Wolga verlegte, wo sie 582 ihre Unabhängigkeit wiedergewannen. Um das Jahr 900 traten sie zum Islam über. Ein anderer Teil, der von den nachdrängenden Chasaren nach Westen gedrängt wurde, überschritt unter Asparuch (681–702) die Donau 670. Im alten Moesien gründeten sie ein Reich. Krieg und Zusammenarbeit mit Konstantinopel wechselten einander ab, doch war Byzanz auf die Steppenvölker angewiesen, durch deren Gebiet sein – unentbehrlicher – Handel führte. Zunächst begrüßten die oströmischen Kaiser es, als im Rücken ihrer bulgarischen Feinde die ersten Nordmänner erschienen. Aber der Norden konnte nur wenig bieten: außer Pelzen, Honig und Wachs nur Sklaven. Deswegen hat Ostrom bald versucht, mit den östlichen Nachbarn der Bulgaren in Verbindung zu treten, mit den Chasaren. Sie hatten sich Anfang des 9. Jahrhunderts bis zum Don vorgeschoben. 833 erbaten sie sich vom byzantinischen Kaiser Ingenieure, um ihre Festung Sarkel am Don gegen die Bulgaren auszubauen.

Östlich des Don saßen vom 5. bis 9. Jahrhundert die ugro-finnischsprechenden Magyaren, die in zehn Pfeile – on Ogur – zusammengefaßt waren. Die Slawen nannten sie Ungarn. Anfangs unterstanden sie den Awaren, später den Chasaren. Als die Petschenegen von Osten drückten, zogen die »Ungarn« westwärts, begleitet von drei Horden Chasaren und Reiterstämmen türkischer Herkunft. Da der Kaiser von Byzanz 889 mit ihnen ein Bündnis gegen die Bulgaren abschloß, verbündeten sich die Bulgaren ihrerseits mit den nachdrängenden Petschenegen. Schließlich holte sich der deutsche Kaiser Arnulf die Ungarn gegen Swatopluk von Mähren zu Hilfe, so daß die Ungarn 896 über die Karpaten zur Donauebene zogen und 906 das Großmährische Reich zertrümmerten.

Bis ins 9. Jahrhundert blieb die kulturelle Durchdringung des westeuropäischen Waldgürtels auf die Flüsse beschränkt, während abseits weiterhin vorwiegend Jäger und Sammler lebten. Als die Waräger aus Skandinavien kamen, sprachen sie vom Land der Burgen, die an den Flüssen lagen. Der Raum abseits der Handelswege blieb jedoch unberührt. Das änderte sich erst, als die Reiter der Steppe auch in die Waldgebiete eindrangen.

Das Schicksal der Slawen hing nun für Jahrhunderte mit dem der Steppenreiter eng zusammen. Im 4. Jahrhundert werden Anten zwischen Dnjestr und Dnjepr erwähnt; die Awaren haben sie über die oströmischen Grenzen mitgerissen; dann haben die Chasaren die östlichen Slawen beherrscht; ihnen folgten im 9. Jahrhundert die Ungarn, die Petschenegen und türkische Völkerscharen, die die Slawen immer wieder in die Wälder zurückwarfen. Eigentlich haben erst die Waräger die Verbindung zwischen dem Wald über die Steppe hinweg mit Konstantinopel und damit zur Mittelmeerkultur, vor allem mit dem Christentum hergestellt.

Nach den vernichtenden Niederlagen, die Karl der Große den Awaren in der Theiß-Ebene beigebracht hatte (795–798), verschwanden sie aus der Geschichte. Die Slawen wurden frei. Sie wohnten in dem weiten Land, von der Ostsee bis zur Adria und bis zum Schwarzen Meer. Im Norden haben sie lange als Verbündete der Franken gegen die unzuverlässigen Sachsen gekämpft, in Böhmen bemächtigten sie sich eines Landes, das keinen Herrn mehr hatte, und auf der Balkanhalbinsel traten sie inmitten von Gegnern, die sich gegenseitig befehdeten, das Erbe der Awaren kampflos an. Teilweise unterwarfen sie sich der Oberhoheit der Franken, denen sie Tribut zahlten, teilweise aber blieben sie unabhängig oder gar feindselig eingestellt, wobei sie sich jeweils auf einen mächtigen Nachbarn stützten.

In Mähren hatte Herzog Rastislaus die Apostel Cyril und Methodius aus Konstantinopel eingeladen, den christlichen Glauben zu verkünden; aber als der Franke Ludwig das Land unter seine Gewalt brachte, wurde Mähren römisch-katholisch. Bereits 874 gelang es Swatopluk ein unabhängiges Großmährisches Reich bis zu Oder und Weichsel zu gründen. Von 907–908 haben die Ungarn Mähren verwüstet und damit das slawische Reich zerstört. Nun griffen die Ungarn die Deutschen selber an.

Vier Jahrhunderte lang war das Reich der Franken von Angriffen verschont geblieben. Die Germanen-Einfälle hatten aufgehört, seitdem Chlodwig die Alemannen besiegt hatte. 732 zogen die Araber über Poitiers gegen Tours, aber erobert haben sie das Land nicht. Italien hatten die Langobarden den Byzantinern entrissen, die immer noch die Seeherrschaft im Mittelmeer behielten. In allen anderen auf römischem Boden entstandenen Germanenreichen gab es zwei Schichten: die germanische Kriegerkaste und die breite ansässige Bevölkerung, die zu arbeiten hatte. Die Franken waren jedoch gegenüber den anderen Germanen im Vorteil: Sie waren römisch-katholisch – nicht arianisch – so daß der religiöse Gegensatz wegfiel. Sie konnten sich auf die Kirche verlassen – der Erzbischof von Reims salbte den König. Da die Franken bereits seit Jahrhunderten auf römischem Boden weilten, verschmolzen sie mit den unterworfenen Kelten. Erleichtert wurde das dadurch, daß viele Güter im Besitz der angestammten römischen Familien blieben, die sich mit den neuen Herren verständigten und vielfach versippten.

Seit dem 7. Jahrhundert hatten sich die Klöster entfaltet, vielfach angeregt durch irische Mönche, die predigend durch die Lande zogen. Die irischen Klöster fanden Zugang zu dem einfachen Volk, bildeten zugleich aber Mittelpunkte höchster Geistigkeit – wie St. Gallen. Der fränkische Adel schickte seine jüngeren Söhne zur Erziehung in die Klöster, um sie in die wichtigsten – und einträglichsten – Ämter einzusetzen. Gestützt auf ihren Verwandten, den Erzbischof von Metz, konnten die Karolinger den Merowingern die politische Macht entreißen. Der Angelsachse Bonifatius hat mit ihrem Schutz eine straffe geistliche Ordnung in den Gebieten östlich des Rheins eingeführt.

Die Erfolge Karls des Großen (768–814) beruhten auf der engen Zusammenarbeit mit der Kirche. Die klug angelegten Klöster an den strategisch wichtigen Straßen stellten die Lebensmittel und den technischen Nachschub an Waffen und Menschen für die Kriegszüge. Sie haben die fränkische Macht zwischen Rhein und Elbe fest verankert, obwohl sich die sozialen Verhältnisse bei den Sachsen kaum verändert hatten. Gegen die unbotmäßigen Germanen verband sich Karl der Große mit den Slawen, ungeachtet dessen, daß sie Heiden waren. Sachsen holte er vom rechten Elbufer auf das linke zurück. Der Sorben-Wall lief von der Ostsee bis zum Main über den Böhmerwald zur Donau. Mit starkem Heer konnte Karl die Herrschaft der Langobarden in Italien brechen, wobei er eng mit der Kirche zusammenarbeitete. Der Papst Leo III. krönte ihn 800 zum Kaiser des Römischen Reiches. Das Frankenreich konnte sich nach allen Seiten ausdehnen, bis der Feind aus dem Norden angriff.

Um 800 begannen die Männer aus Dänemark, später auch aus Norwegen, Westeuropa zu plündern. Kloster auf Kloster, Stadt auf Stadt ging in Flammen auf, zuerst in Irland, dann im Frankenreich, in Spanien und in Italien. Auf ihren hochseegängigen Kielschiffen fuhren die unbändigen Normannen über das Meer und flußaufwärts tief ins Land hinein, wo sie unerwartet erschienen, alles raubten oder zusammenschlugen, sich aber zurückzogen, wenn sie auf Widerstand trafen. Der Schrecken war grenzenlos.

In einem Jahrhundert haben die Wikinger fast alle alten Städte niedergebrannt. Gehalten hat sich durch heldenmütigen Widerstand Paris, das dadurch Herzstück des neuen Königreiches werden sollte. 911 hat Karl III. (898–923) den Normannenherzog Rollo als Herren der »Normandie« und »Vasallen« bestätigt. Von hier ging später die Eroberung Englands und Siziliens aus.

Nach dem Tode Karls des Großen zerfiel das Reich. Im Vertrag von Verdun (843) wurde es in einen Westteil, einen Ostteil und Lotharingien geteilt. Später fiel die Mitte an das neue »Römische Reich«. Die örtlichen Gewalten, die Stämme im Osten, die Landschaften, Grafschaften und Herzogtümer im Westen, die Städte und die kirchlichen Würdenträger in Italien haben sich also gegenüber der Zentralgewalt durchzusetzen vermocht, wie sie Karl dem Großen vorschwebte. Es war den Königen nicht mehr möglich, größere Heere aufzustellen, schon gar nicht, sie lange Zeit im Feld zu halten. Die einzelnen Landschaften kapselten sich voneinander ab und begnügten sich mit der Selbstversorgung. Mit Handel und Wandel schrumpften die Städte zusammen. Es war nur noch der Schlußstrich unter die verhängnisvolle Entwicklung, als die Normannen alles zerstörten.

Die Schweden wandten sich Osteuropa zu. Sie fuhren die Düna aufwärts, überschritten die Wasserscheide, indem sie ihre Schiffe über Land zogen, und ruderten den Dnjepr abwärts über die alten Handelswege nach Konstantinopel, angezogen vom Glanz der Stadt. Dort häuften sich märchenhafte Schätze, dort blühten Handel und Gewerbe, Kunst und Wissenschaft. Bei den großen festlichen Umzügen zeigte sich die Stadt mit ihren prunkvollen Kirchen und Palästen den Männern aus dem kargen Norden in strahlendem Licht: Zarygrad – die Kaiserstadt schlechthin! Verschiedentlich haben die Waräger die Stadt berannt, erobert haben sie sie nicht. Später traten viele von ihnen in den Dienst des Kaisers, der sich auf seine Druschina mehr verlassen konnte als auf seine Untertanen.

Am Dnjepr errichteten sie in den alten Handelsplätzen ihre festen Stützpunkte, in Kiew ihre Haupstadt. Von der Mündung des Dnjepr aus fuhren die Waräger zur Wolga, die sie in ihre Hand bekommen haben. Vielfach griffen sie während der folgenden Jahrhunderte in die Kämpfe der Steppenvölker ein. Zum ersten Mal finden die asiatischen Reitervölker Widerstand vom Wald her. Das war umso bedeutsamer, als Westeuropa nach dem Normannensturm von zwei Seiten bedroht wird, von den Sarazenen und von den Ungarn.

Kaiser und Kirche

Zum Ausgang des 9. Jahrhunderts brechen mehrere Wellen schweifender Jäger in die Kulturländer der mexikanischen Hochfläche ein, die ihre Nahua-Sprache aus dem Norden mitbringen. Dadurch weisen sie sich als Verwandte jener Indianer aus, die noch bis ins vergangene Jahrhundert in Nevada und Utah lebten. Einzelne Gruppen sind weit nach Süden vorgestoßen, ohne sich lange in Mexiko aufgehalten zu haben, wie die Pipil in Guatemala und Salvador, sowie die Nicarao.

In Mexiko haben diese Nahua-sprechenden Eindringlinge binnen kurzem die Kultur der Ansässigen übernommen: sie gingen vom Jagen und Sammeln zum Ackerbau über, sie zogen in die vorgefundenen Städte und haben selber neue und glanzvolle gegründet. Innerhalb eines Jahrhunderts wuchsen sie zu einem erstaunlich leistungsfähigen Kulturvolk heran. Sie haben dem politischen Gemeinwesen einen neuen Sinn und einen anderen Charakter gegeben. Bestimmte bis dahin die Priesterherrschaft das öffentliche Leben, so übernahmen jetzt die Krieger die Leitung. Nun werden auch Namen überliefert, von Personen, von Völkern und von Reichen mit bekannten Städten, während wir die Kultstätten vor dieser Zeit entweder nach den heutigen Plätzen benennen oder nach den Bezeichnungen, die ihnen die Azteken oder gar erst die Spanier gegeben haben.

Als bedeutendstes Volk der ersten Nahua-Welle galten die Tolteken, die ebenso wie die Azteken zu den aus dem Norden eingewanderten Völkern gehörten. In der Zeit von 856, als die Stadt Tollan-Tula gegründet wurde, bis 1174, als das Reich zerstört wurde, haben zehn Könige regiert. Die Tolteken haben Teotihuacán, dessen große Zeit allerdings vorüber war, erobert und zerstört. In Azcapotzalco hat sich die Tradition Teotihuacáns noch etwa bis 1000 gehalten.

Teotihuacán war ein uralter Kultplatz. Wohl aus den ersten Jahrhunderten unserer Zeitrechnung stammen die mächtigen Sonnen- und Mondpyramiden, aus der nächsten Phase die Masken aus hartem Stein; aber erst die dritte Phase bringt seine eigentliche Blüte mit dem Zentraltempel der Zitadelle, mit den phantastischen Kopfplastiken und den Malereien an Wänden und Gefäßen. Teotihuacán muß bis ins 9. Jahrhundert Mittelpunkt eines weitverbreiteten Kultes gewesen sein, dessen Anhänger sich regelmäßig, vielleicht jedes Jahr, dort trafen, um gemeinsame Feste zu feiern und dabei auch Güter aus entfernten Gegenden zu tauschen.

Um diese eindrucksvollen Bauten zu errichten, waren größere Menschenmengen notwendig, die einheitlich gelenkt worden sein müssen; aber es dürften eben Priester gewesen sein – und nicht Krieger, die Frondienste erzwangen. Da zahlreiche Maya-Keramiken in Teotihuacán gefunden wurden, müssen wohl Verbindungen auch zu deren Reich bestanden haben, und zwar sowohl im Austausch von geistigen Anregungen wie von Waren. Getauscht wurden die Erzeugnisse des Hochlandes mit denen des tropischen Tieflandes.

Teotihuacán war die Stadt der Götter. Alle Kunstwerke dienten dem Kult. Höchstes Ansehen genoß der Regengott, den die Azteken später Tlaloc nannten. Heilig waren ihm der Jaguar und die Schlange. Dem Maisgott galten feierliche Zeremonien. Mais war die wichtigste Bodenfrucht des Hochlandes. Daneben gab es zahllose andere, wie den Feuergott oder den »fetten« Glücksgott. Die Tolteken führten offenbar den Kult des Windgottes ein, der »Gefiederten Schlange«, Quetzalcoatl genannt. Zwar besteht eine enge Verbindung zwischen Wind und Regen, aber mit dem neuen Gott änderte sich die Weltsicht.

Die Tolteken wurzeln im Irdischen. Ihre Stadt Tollan ist der Mittelpunkt der Erde. Nach den vier Himmelsrichtungen erstrecken sich die vier Reiche, was wiederum mit den vier untergegangenen Zeitaltern zusammenhängt. Die erste ging durch dunkle Nacht zugrunde, als die Sonne nicht mehr leuchtete, das zweite durch Wirbelstürme, das dritte des Regengottes durch Feuer, das vierte durch eine Sintflut.

Lange galt Tollan als ein mythischer Begriff. Alle die bewundernden Schilderungen vom Glanz dieser Stadt wurden als Legende abgetan, bis die Ausgrabungen in Tula, 80 Kilometer von Mexiko entfernt, die Berichte bestätigten. Der fünfte der Toltekenherrscher, Ceacatl, soll von 947–999 gelebt haben. Er nahm den Namen des Gottes Quetzalcoatl an, später wurden ihm göttliche Eigenschaften zugeschrieben. Um ihn ranken sich Legenden. Er gilt nicht nur als derjenige, der Tollan ausgebaut hat, sondern als der Kulturbringer schlechthin, Schutzherr der Künste. Da er die blutigen Menschenopfer abschaffen wollte, soll er von den Priestern vertrieben worden sein.

Mit seinen Getreuen sei er gen Osten gezogen und habe die Maya unterworfen, wobei er die Stadt Chichén Itzá eroberte und zu seiner neuen Hauptstadt gemacht haben soll. Im nördlichen Maya-Gebiet hat sich damals tatsächlich der Toltekeneinfluß in der Architektur durchgesetzt, und zwar so ausgeprägt, daß einfache geistige Beziehungen allein dafür nicht ausreichen, daß vielmehr an eine politische Eroberung gedacht werden muß.

Quetzalcoatl war gewiß eine geschichtliche Persönlichkeit. Bis ins 16. Jahrhundert hielt sich in Mexiko die Sage, der »Weiße Gott« sei auf seinem Schlangenfloß über das Meer ins Land der Morgenröte gefahren, um eines Tages von dort zurückzukehren. Diese Erwartung sollte weltgeschichtliche Folgen haben, als die Spanier an seiner Küste erschienen, ausgerechnet in jenem Jahr, das alle zweiundfünfzig Jahre dem Gott Quetzalcoatl geweiht war.

Auch die Maya in Chichén Itzá nannten Kukulkan – die wörtliche Übersetzung für Federschlange – den Heilsbringer und Wohltäter seines Volkes. Auch sie sahen in ihm zugleich einen Gott wie eine geschichtliche Gestalt. Im Norden lebten die einzelnen Städte – vielleicht richtiger: Tempelplätze – für sich. Erst die kriegerischen Tolteken haben sie unter einer einheitlichen Führung zusammengefaßt und so etwas wie ein weltliches Reich begründet, das bis zu den Spaniern bestanden hat, wenn es auch nach dem Aufstieg der Azteken erheblich absank.

Auch in Südamerika bildet sich im 9. Jahrhundert eine neue Kultur. Die Bewohner um Cuzco, das damals noch im Bann des fünfhundert Kilometer entfernt liegenden Tiahuanaco stand, schütteln offenbar die Herrschaft der Priester ab. Ihre neue Hauptstadt wird das auf einem vulkanischen Hochplateau gelegene Huari, fünfundzwanzig Kilometer vom heutigen Ayacucho entfernt. Gab eine Einwanderung fremder Krieger den Anstoß? Entstand unter dem Einfluß eines Propheten eine neue Religion?

Eine alte Sage berichtet, »bärtige Männer« hätten die Stadt begründet, aber solcher Sagen gibt es viele. Huari war eine bedeutende Stadt, von hohen Mauern umgeben, mit steinernen mehrstöckigen Häusern und einer gemauerten Wasserleitung. Die Frage ist, ob die Kultur in Peru von der Küste gekommen ist und sich in das Hochland verbreitet hat, oder ob das Hochland auf die Küste eingewirkt hat. Jedenfalls scheint der Bau der großen »Inka-Straßen« auf Anfänge der Huari-Kultur zurückzugehen. Von Huari aus verbreitete sich schon lange vor den Inka die Verehrung der Sonne im Unterschied zu dem Mondkult der Küste.

Sonne und Mond stehen für zwei grundverschiedene Auffassungen von der Welt. Die Sonne verkörpert die Macht des Himmels, sie gehört daher zum Glauben an unsterbliche Götter, die auch auf Erden herrschen. Der Mond lenkt die Gedanken auf die Kräfte der Tiefe, des Bodens, der Natur überhaupt. Die frühen Jäger sahen in dem Mond in seinen rätselhaften Phasen, seinem Verschwinden und seiner Wiederkehr ein Gleichnis für die Unsterblichkeit. Solange die frühen Ackerbauer die Natur und ihre Schöpferkraft verehrten, hielten auch sie am Mondkult fest. Erst später wandten sie sich der Sonne zu.

Die Ackerbauern wußten, daß ohne die Wärme des Sonnenlichtes nichts wächst, daß alles in der Sonnenglut jedoch verdorren muß, wenn der Regen ausfällt. In Altamerika läßt sich deutlich verfolgen, wie die beiden großen Weltanschauungen aufeinander stoßen; das Hochland und die Küste in Peru. In Mittelamerika war der Mondkult an der pazifischen, der Sonnenkult an der karibischen Küste besonders ausgebildet, in Überresten noch heute erkennbar. Ob solch tiefreichende Wandlungen in den religiösen Vorstellungen von außen angeregt wurden?

Ob es in frühen Zeiten Zusammenhänge zwischen Mesoamerika und Peru gegeben hat? Zwischenglieder waren Costarica, Panama und Columbien, und zwar vom Ausgang des zweiten vorchristlichen Jahrtausends an bis zu den Spaniern. Der Mais wurde vom Norden nach Peru gebracht, die Verarbeitung der Metalle vom Süden in den Norden, wahrscheinlich auch der Anbau von Baumwolle. Der zeitliche Gleichklang der kulturellen Entwicklung in Mesoamerika wie in Peru deutet auf laufende Beziehungen hin, obwohl mache Kulturleistung des einen beim anderen ausfällt. Die Schrift der Maya hat Südamerika nicht erreicht, aber sie hat noch nicht einmal Nord- oder Mittelamerika erfaßt. Und außeramerikanische Verbindungen? Wie soll man die vielen Mythen, Sagen und Legenden deuten? Die Tolteken – und die von ihnen besiegten Maya – bilden Quatzalcoatl, die geschichtliche Gestalt des Königs Ce Acatl, gern mit Bart ab, was ganz unindianisch ist und wohl auch immer aufgefallen ist. War er ein Europäer? Die Azteken sahen in den Spaniern schließlich auf Grund alter Weissagungen die Nachfahren ihres »Gottes«. Konnten um das Jahr 1000 Weiße überhaupt nach Amerika gelangen?

Seit dem 9. Jahrhundert segelten die Normannen bis nach Irland, ins Mittelmeer, nach Island und Grönland und schließlich auch an die nordamerikanischen Küsten. Waren sie die ersten, waren sie die einzigen? Nach alten Sagen sind auch die Iren über See gefahren; technisch war das durchaus möglich, denn sie kannten das Kielschiff länger als die Nordländer, die es erst vom 8. Jahrhundert an bauten. War vielleicht ein irisches Boot wie das des sagenhaften Bischofs Brendan vom Sturm an die amerikanische Küste verschlagen, war es gar bis in den Golf vorgestoßen? Hatten Iren sich etwa als »Kulturbringer« betätigt? Geschichtliche Quellen berichten nur von den späteren Normannen.

Nachdem der Normannensturm in Europa langsam abebbte, begannen Ungarn und Sarazenen ihre verheerenden Raubzüge zu unternehmen. Von der ungarischen Tiefebene ritten bewegliche Heerhaufen bis Bremen (915), bis St. Gallen, Metz und Mainz (926) durch die burgundische Pforte ins Rhônetal bis vor die Tore von Paris, bis Orléans und bis Lyon (937). Dort lieferten sie sich mit den vom Mittelmeer heranziehenden Sarazenen eine regelrechte Schlacht. Die Ungarn zogen durch Böhmen bis zur Unstruth in Thüringen (924 und 933), über die Poebene bis Pavia, bis Rom, über die Alpen hinweg bis zu den Pyrenäen und zur Garonne. Kaum hatte sich das Abendland von den schrecklichen Angriffen der Normannen ein wenig erholt, erzitterte es unter den schrecklichen Streichen der Reiter. Aber es zeigte sich, daß Angriffe zu Land eher abzuwehren waren als zur See – wenn man ebenfalls Reiter einzusetzen vermochte.

913 hatte der Sachsenherzog Heinrich bei Passau einen ersten Sieg über die Ungarn erfochten. Deswegen bestimmte König Konrad I. von Franken gerade ihn zu seinem Nachfolger. Zunächst erkaufte er sich durch hohe Tribute einen Waffenstillstand. Diese Zeit benutzte er, um ein neues Heer – mit starker Reiterei – aufzustellen. Das Reich wurde neu geordnet. Mehrere Dörfer wurden einem Adligen gegen die Verpflichtung übertragen, mit berittenen Mannen dem Aufgebot des Königs zu folgen. Die Bauern hatten also die Bewaffneten zu unterhalten. Einen Staat, der diese Aufgabe hätte übernehmen können, gab es nicht.

In Tunesien regierten die Aghlabiten ihr beachtliches Reich, das zwar längst nicht mehr die Kornkammer des Mittelmeerraumes war, aber immer noch eine zahlreiche Bevölkerung ernährte. Konstantinopel konnte im westlichen Mittelmeer nicht mehr stark auftreten. So rüsteten die Sarazenen regelrechte Kriegsflotten aus, um die Küsten Frankreichs und Italiens zu plündern und dabei Sklaven zu machen. Seit 880 hielten sie einen Stützpunkt am unteren Garigliano, einen anderen bei Garde-Freinet an der südfranzösischen Küste, von wo aus sie Raubzüge tief in das Land hinein unternahmen – bis zum Genfer See. 924 äscherten sie Pavia ein. 975 konnte ihnen Garde-Freinet entrissen werden, Sizilien aber war fest in ihrer Hand. Vorübergehend gelang es einem byzantinischen Heer zwar, den Osten mit Messina und Syrakus zurückzuerobern, aber Konstaninopel war außerstande, sein Heer dort zu halten.

In Kairouan war 909 auf die Aghlabiten die Dynastie der Fatimiden gefolgt, die 972 jedoch ihre Residenz nach Kairo verlegten. Daraufhin machten sich ihre Untertanen in Afrika wie auf Sizilien weitgehend selbständig. Kleine Fürstentümer bildeten sich, das bedeutendste wurde Palermo, das aus Nordafrika zahlreiche Siedler an sich zog. Binnen weniger Jahrzehnte gewann Palermo einen besonderen Glanz in der islamischen Welt mit der entwickelten Landwirtschaft, dem Handwerk und vor allem dank der Wissenschaft.

Den Gegenstoß führten Normannen aus Frankreich. Die Normandie war inzwischen zu einer bedeutenden Macht emporgewachsen. Von Nordfrankreich aus eroberte Herzog Wilhelm das Königreich der Angelsachsen (1066). Normannische Adlige hatten bereits an den

Kriegen in Süditalien zwischen Byzanz und den Moslems teilgenommen. 1060 »beauftragte« sie der Papst mit der Rückgewinnung Siziliens, die sie 1072 durch die Einnahme von Palermo krönten.

In Europa hatte sich als einzige leistungsfähige Organisation in den Stürmen des 9. und 10. Jahrhunderts die katholische Kirche erhalten, obgleich auch sie schwer gelitten hatte. Sie allein umfaßte das gesamte Abendland, sie besaß einen großen Teil von Grund und Boden, sie hatte das Bildungsmonopol, sie hatte in ihren Klerikern geschulte und gehorsame Diener. Demgegenüber war der König nur ein Lehnsherr, während die wirkliche Macht bei den örtlichen Gewalten lag, also einmal bei den Stammesherzögen in Deutschland und den großen Fürsten in Frankreich. Sie waren ihrerseits Lehnsherren in ihrem Gebiet. Rechte und Pflichten beider Seiten waren eigenartig ineinander verwoben. Da die Fürsten das Recht hatten, den König zu wählen, hielten sie sich für gleichberechtigt. Überwarfen sie sich mit ihrem König, scheuten sie sich nicht, Hilfe bei benachbarten Fürsten oder einem fremden König zu erbitten.

Wenn König Otto I. sich gegenüber seinen Lehnsleuten durchsetzen wollte, brauchte er die Unterstützung der Kirche. Nach seinem Sieg über die Ungarn 955 bei Augsburg und wenige Monate später über die Slawen in Mecklenburg, ging er gegen die aufrührerischen Herzöge von Franken und Lothringen vor, dann griff er in die inneren Wirren von Frankreich ein. 962 krönte ihn der Papst in Rom zum Kaiser. Das Reich war immer noch ein loser Verband selbstherrlicher Fürsten, die durch den Treueid des Vasallen verbunden waren, ohne die Kraft des öffentlichen Rechtes, dem sich alle zu unterwerfen hatten. Aber gerade die übermächtige Stellung, die der Kirche zufiel, löste in ihr jene Kräfte aus, die zum Bruch zwischen weltlicher und geistlicher Macht, zwischen Imperium und Sacerdotium führen sollten. Der Anstoß kam von Spanien.

Unter Abd ar-Rahman III. (912–961), der den Titel eines Kalifen annahm, also endgültig mit Bagdad brach, erlebte das maurische Reich seinen Höhepunkt. Córdoba war zu jener Zeit eine der größten und glanzvollsten Städte der Welt, mit entwickeltem Handwerk, lebendiger Kunst und Wissenschaft, prachtvollen Gebäuden und einem weitreichenden Handel. Söldner schützten die Ruhe nach innen und außen, Berber und vor allem die slawischen Sklaven in der Garde. Sie stürmten und plünderten Córdoba (1009), das sich von diesem Schlag nicht wieder erholen sollte. Je stärker sie wurden, desto mehr wuchs die Macht ihres Befehlshabers. Unter dem schwächlichen Kalifen Hischam II. (976–1013) übte der General al-Mansur die Herrschaft aus. Mit seinen Berbertruppen plünderte er 988 sogar Santiago de Compostela, womit er den Kern des christlichen Widerstandes traf.

Seit dem 9. Jahrhundert pilgerten Christen zum Grab des wundertätigen Apostels Sankt Jakob in Compostela. Im folgenden Jahrhundert haben die Benediktiner von Cluny in Burgund die Wallfahrten für die frommen Scharen aus ganz West- und Nordeuropa regelrecht organisiert. Aufnahme und Hilfe fanden sie längs der wichtigen Straßen, wo sich ein Netz von Klöstern, Herbergen und Spitälern spann. In machem Jahr kam eine halbe Million Pilger – teils Sünder, die Buße leisteten, teils auch Abenteurer und fahrendes Volk, Bauern, Bürger, Ritter, selbst große Herren, Geistliche wie Fürsten. Es lag nahe, die streitbaren Herren im Kampf für den Glauben gegen die Moslems einzusetzen. Während die Moslems unter dem Banner des Propheten »Allah il Allah« fochten, hatten die Christen – in sich uneins – geführt von ehrgeizigen, aber unzuverlässigen Adligen gekämpft. Jetzt wurde »Santiago« ihr Schlachtruf. Langsam, wenn auch mit Rückschlägen, gelang es, die Ungläubigen zurückzudrängen.

Der Abt von Cluny stand an der Spitze dieser mächtigen und reichen Organisation, der hunderte von Klöstern unterstanden. Nachrichten, Erfahrungen und Ideen aus der fremden Welt gelangten über die Klöster des heiligen Benedikt in das Abendland: von dem straff geleiteten Kalifenstaat, von der Philosophie eines Averroes, von der Mathematik eines Chwaresmi, der Erdkunde und vielem indischen und chinesischem Kulturgut. Vom Gegner mußte man lernen, wollte man ihn überwinden. Dazu war eine tiefreichende Reform im Klosterleben wie bei der Geistlichkeit und auch im öffentlichen Leben notwendig. Pflichtvergessene Geistliche sollten bestraft werden. Die Ehelosigkeit wurde streng vorgeschrieben. Ämterkauf und Ämterwucher waren verboten. Frömmigkeit, gottwohlgefälliger Lebenswandel, geistliche Vorbildung und Würde sollten maßgebend sein. Auch die Fürsten sollten der Reform unterworfen werden.

Die Kaiser griffen diesen Gedanken zunächst gern auf, bis sich der Eifer auch gegen sie richtete: Das Imperium sollte dem Sacerdotium untergeordnet werden. Darüber kam es zum Kampf. Es gab dramatische Höhepunkte: als Kaiser Heinrich IV. im härenen Gewand barfüßig 1077 auf der Burg Canossa die Vergebung des Papstes Gregor VII. und damit die Lösung vom Kirchenbann erflehte; als derselbe Gregor »arm und verlassen in der Fremde« starb (1085), »weil er das Recht und die Wahrheit geliebt« hatte; die feierliche Krönung Friedrich Barbarossas 1152 und das dramatische Ende Friedrichs II. von Hohenstaufen 1250, nachdem seine Pläne gescheitert waren. Aber in allen diesen Kämpfen, bei denen die Könige von England und Frankreich in Bann gelegt wurden, Königreiche sich dem Papst zu Lehen gaben, formte sich ein neues Abendland. Dort herrschten weiterhin selbstherrliche Fürsten; Bischöfe und Äbte, die aus denselben Familien stammten, widerstrebten ebenfalls der Reform. Sie verteidigten ihre »Rechte«, und sie waren unentbehrlich, um die Grenzen zu schützen.

Die Slawen schüttelten 1056 die deutsche Herrschaft zwischen Elbe und Oder ab, die Liutizen überschritten sogar die Elbe. Mühsam konnte die Lausitz und das Bistum Meißen gehalten werden. Die westliche Ostsee wurde wieder ein slawisches Meer. Im Osten hingegen bauten die Schweden ihre Macht längs der alten Handelswege aus.

Byzanz suchte das Bündnis der Nordmänner gegen die Chasaren, die Wolga-Bulgaren, die Petschenegen und alle die Reiterscharen, die von Aralsee und Mittelasien über die Steppe stürmten. Chwarezmien war außerstande, diesen Scharen einen festen Riegel vorzuschieben, da auch bei ihnen wie in allen islamischen Reichen Asiens die Turkstämme überwogen, die sich durchaus nicht scheuten, mit den Steppenvölkern Bündnisse abzuschließen. Der Islam blieb der große Gegenspieler zum christlichen Byzanz, seitdem sich die Seldschuken zu ihm bekannten.

In der Steppe gibt es keinen Staat mit festen Grenzen, es gibt auch keine Stadt, in der Wirtschaft und Verwaltung verankert wären. An bestimmten Plätzen sitzen die Reiterfürsten, dort finden sich von Zeit zu Zeit Nomaden wie Kaufleute ein. Naht der Feind, bringen sich die Kaufleute samt ihren Vorräten in Sicherheit und die Nomaden verschwinden in der Steppe, so daß den Eroberern meist nur das verlassene Lager bleibt.

Als Svjatoslaw mit einem starken Heer an der Wolga erschien, fielen alle die Handelsplätze in seine Hand, auch die richtigen Städte Itil, Sarkel und Semender, aber ihr alter Glanz – Itil hatte einmal dreißig Moscheen und viele öffentliche Bäder – war längst vergangen. Doch haben die Waräger sich dort nicht halten können. Dann griff Svjatoslaw die Bulgaren südlich der Donau an. Sein Versuch, Konstantinopel zu nehmen und zu plündern, scheiterte. Auf dem Rückzug wurde er 972 von den Petschenegen erschlagen.

Sein Sohn Wladimir ließ sich endgültig in Kiew nieder, das Hauptstadt des Reiches und Ausgangspunkt der Christianisierung wurde. 988 nahm Wladimir der Heilige den christlichen Glauben an. Die Kirche wurde 1037 dem Patriarchen von Konstantinopel unterstellt. Seine wirtschaftliche Stellung beruhte auf dem Handel, schnitten sich dort doch der Nordsüdweg des Dnjepr mit dem West-Ost-Weg durch die Steppe.

Die Waräger haben sich in der Steppe nicht halten können. Zusammen mit den Byzantinern haben sie aber 1016 am Kaukasus das neue

Reich Tmuturakan begründet. Für Konstantinopel schien es von nun an zweckmäßiger, die Steppenvölker gegen die aufsässigen Bulgaren auf dem Balkan unter König Simeon aufzubieten.

Schon längst waren »die Bulgaren« kein türkisch sprechendes Reitervolk mehr, als die sie unter ihrem Khan Krum (802–814) das Erbe der Awaren angetreten hatten. In den endlosen Kämpfen gegen Petschenegen, Kumanen und Ungarn waren ihre Reihen gelichtet; längst hatten sie sich mit der unterworfenen slawischen Bevölkerung vermischt, besonders seit sie Christen waren. Zar Simeon (893–927) faßte die serbischen Landstriche, die noch der griechischen Herrschaft unterstanden, zum Großbulgarischen Reich zusammen, das sogar Anspruch auf Konstantinopel erhob. Die Residenz hatte er von Pliska nach Preslav verlegt.

Nach Simeons Tod zerfiel aber das Reich und Serbien wurde 933 selbständig. Kaiser Basil II., genannt der Bulgarentöter, siegte 1014 über den letzten Bulgarenkönig Samuel. Für mehr als ein Jahrhundert (1018–1186) blieb Bulgarien wieder dem Kaiser in Byzanz untertan. Zwar regte sich Serbien, aber die ersten vorsichtigen Versuche, Hilfe vom Papst und vom Westen zu erhalten, wurden von Byzanz zunächst unterdrückt. Der Balkan schien fest in seiner Hand.

Sorgen machten in Kleinasien die Seldschuken. Ende des 10. Jahrhunderts hatten sich die türkischen Karluki bis zum Oxus vorgeschoben, aber zur Macht stiegen die Türken innerhalb der einzelnen Reiche nicht auf. Das Kalifat war immer schwächer geworden. 899 führte ein Aufstand der schiitischen Sekte der Karmati zu einer schweren Niederlage der Regierungstruppen, denen es erst zwei Jahre später gelang sowohl Syrien wie Ägypten wiederzugewinnen. Die Aufständischen haben 923 Basra, zwei Jahre später Kufa geplündert und selbst Bagdad bedroht. 929 schleppten sie aus Mekka die Kaaba nach al-Hasa, wo sie zwanzig Jahre verblieb. Den Kalifen Al Kahir setzten seine Truppen bald ab; er wurde geblendet. Angesichts dieser Wirren schwand das Ansehen des Kalifats. Tatsächlich hatten die Türken die Macht übernommen. Türkische Gouverneure regierten fast selbständig in Damaskus und in Ägypten; unter türkischem Befehl standen Armenien und Azerbeidschan. Eine Kette selbständiger Fürstentümer zog sich vom Kaspisee zum Persischen Golf.

In Chorassan war der Sklave Sabuktagin zum Herrn aufgestiegen. Sein Sohn Mahmud bemächtigte sich Afghanistans. Vom Kalifen mit hohen Titeln ausgezeichnet, griff er die Ungläubigen in Indien an, im Jahre 1000 bis Peshawar, zwei Jahre später bis Lahore, dann bis Bhera, dann bis Multan. Inzwischen hatte Nasr I., der Khan der mongolischen Ilek, den Oxus überschritten, so daß er umkehren mußte, um den Feind im Rücken zu vertreiben. Wieder in Indien trat ihm ein starkes Heer vieler indischer Fürsten entgegen, aber deren Elefanten wichen vor seinen Feuerpfeilen zurück. Obwohl sich in den nächsten Jahren die Afghanen erhoben; unterwarf Mahmud von Ghazni das Land bis ins Gangestal. 1018 nahm er Muttra am Jumna und Kanauj am Ganges. Den berühmten Hindu-Tempel von Somnath in Gujarat ließ er plündern. Kurz vor seinem Tod unternahm er noch einen Feldzug gegen Persien, der wohl reiche Beute brachte, aber das Land nicht wirklich unterwarf.

Die Wirren im Iran stärkten zwar die Stellung des Kalifen in Bagdad gegenüber seinen östlichen Untertanen, lösten jedoch eine neue Entwicklung aus: die Schiiten gewannen, die Sunniten verloren an Macht. Die Sunniten fanden jedoch Unterstützung bei den Seldschuken, die Chorassan besetzten und unter Tughril Beg die Schiiten im Iran und im Irak angriffen, Azerbeidschan und Armenien eroberten (1048) und 1055 gegen Bagdad zogen. Der schiitische Buyidenfürst streckte die Waffen, der Kalif begrüßte die Seldschuken als seine »Befreier«. Tughril überließ dem Kalifen die Hauptstadt Bagdad, er selber blieb als »Sultan« in Hamadan.

Die Seldschuken brauchten Weiden für ihre Herden, dafür boten sie ihre militärischen Dienste an. Immer wieder brachen sie auf, um Beute zu machen. 1054 suchten sie Armenien und die byzantinischen Grenzländer in Kleinasien heim, 1064 und 1068 wiederholten sie unter Alp Arslan diese Kriegszüge. Nachdem er einen Waffenstillstand mit Byzanz geschlossen hatte, wandte sich Alp Arslan 1070 gegen Syrien. Diese Gelegenheit versuchte Kaiser Romanus IV. zu nutzen, um die Festung Manzikert zurückzugewinnen; er wurde aber von den rasch zurückkehrenden Türken besiegt, gefangengenommen und nur gegen ein Lösegeld wieder freigelassen. Alp Arslan mußte zunächst die Mongolen am Oxus abwehren. Erst sein Sohn Malik Schah hat Antiochia, Damaskus und Palästina erobert.

Die innere Organisation des Reiches sollte der Wesir Nizam ul-Mulk aus Chorassan ausbauen, der aber im Auftrag der Assassinensekte ermordet wurde. Das stürzte das Seldschukenreich für Jahrzehnte in schwere innere Wirren. Dem Westen blieb das alles verborgen. Er sah nur die gewaltige Kriegsmacht an seinen Grenzen und die scheinbar festgefügte Macht des Islam. Es gab einen »Beherrscher der Gläubigen«, der zugleich weltlicher und geistlicher Oberherr war. Was hatten die kleinen Fürsten schon zu sagen?

Das geistige Leben des Islams entfaltete sich in Mittelasien. Chwarezmien, südlich des Aralsees mit Urgentsch und Buchara als glanzvollen Mittelpunkten, zog die Gelehrten an. Dort hatten China und Indien der Wissenschaft bedeutsame Anstöße gegeben. Die führenden

Männer trugen zwar arabisierte Namen, waren jedoch überwiegend türkischer oder iranischer Herkunft, wie der große Avicenna (Ibn Sina 979–1037) Tadschike war – der bedeutendste Philosoph seiner Zeit, zugleich berühmter Arzt, Mathematiker und Physiker. In Buchara, wo er geboren war, schnitten sich die Wege aus dem Westen nach China mit denen von Indien und aus dem Morgenland. Mohammed ibn Musa, genannt al-Choresmi, war einer der großen Mathematiker, dessen Name im Wort Algebra erscheint. Biruni war ein erfolgreicher, berühmter Arzt.

Auch in Afrika stiegen die türkischen Söldner zu Generälen auf, zunächst im Dienste des Kalifen von Bagdad, bald aber beanspruchten sie die Regierung in Syrien für sich. Der Kalif bestätigte 886 Khumaruya aus dem Geschlecht der Tuliniden als Vizekönig in einem Gebiet, das bis zum Euphrat reichte. Als innere Wirren Ägypten schüttelten, versuchte der Kalif erneut (907), das Land zurückzuerobern, worauf sich aber die Fatimiden von Tunesien einmischten.

Ihr erster Versuch, sich Ägyptens zu bemächtigen, scheiterte am Widerstand Bagdads, so daß türkische Generale, die Ikhschiditen, weiterhin im Niltal herrschten. Um von dem unerträglichen Steuerdruck freizukommen, wandte sich die Bevölkerung nach Kairouan, das 969 ein Heer schickte; der Widerstand brach zusammen. Die Fatimiden, Nachkommen des Prophetensohnes Ali, verlegten ihre Residenz nach Kairo. Dort errichteten sie die Al Ashar-Moschee und große Paläste. Ihrem Reich verleibten sie auch Syrien ein. Die Kriege zwischen Kairo und Bagdad führten dazu, daß einmal die eine, ein andermal die andere Stadt vom Feind eingenommen und geplündert wurde.

Deswegen versuchte der Kalif von Bagdad die Berber in Tunesien gegen Kairo aufzubieten. 1049 unterstellte sich ihm auch der Herrscher in Marokko, Nuiss ibn Badis. Gegen die Aufständischen wiederum entbot der Fatimide die aus dem Jemen gekommenen Kamelbeduinen, die in Oberägypten ihre Herden weideten und die seßhaften Ackerbauern arg bedrängten. Sie zogen durch die Wüste nach Nordafrika. »Wie die Heuschrecken« fielen diese wilden Scharen über das Land her. Sie töteten die Berber und brannten die Ortschaften nieder, zogen sich jedoch sofort wieder zurück, wenn sie auf stärkeren Widerstand trafen, um unerwartet an anderer Stelle wieder zu erscheinen. Ihnen gehörte die Wüste. Da ihre unabsehbaren Schaf- und Ziegenherden die Keimlinge der Bäume abfraßen, verwüsteten sie bald den Wald. Regengüsse rissen die Humusschicht herunter, die Berge verkarsteten, die Täler versumpften. Damals gewann Nordafrika jenes Aussehen, daß es teilweise bis in unsere Zeit bewahrt hat. Das zwang die Berber, ihrerseits vom Ackerbau zur Viehzucht überzugehen oder in die Berge zu ziehen. Die Nomaden aber gaben schließlich die eigene Sprache und ihre alte Religion auf. Erst im 11. Jahrhundert wurde also Nordafrika islamisiert und arabisiert.

Bis dahin hatte der Islam unter den Berbern nicht recht Fuß fassen können, zumal sie stets hoffen konnten, bei den Arabern des Ostens Unterstützung gegen die Machthaber zu finden. Ein »Mahdi« entfachte 905 einen Berberaufstand in Constantine und eroberte den Maghreb. Wiederholt erschütterten Aufstände der Berber das Reich – auch deswegen gingen die Fatimiden an den Nil. Aber nun sahen sich die Ackerbauern auf den schmalen Küstenstreifen nördlich des Atlas zurückgedrängt. Auch sie begannen, arabisch zu sprechen und zum Islam überzutreten. Binnen weniger Jahrzehnte gehörten Tunesien und Algerien fest zur arabischen Welt, der sie sogar ihren Glauben aufprägten. Sie haben auch in Spanien Geschichte gemacht.

Eine Stammesgemeinschaft nomadischer Berber, die sich Frontkämpfer des Glaubens – Al Murabitun – Almoraviden – nannten, errichtete ihre Herrschaft über die Schwarzen im Süden wie über die Oasenbewohner Marokkos. Um 1062 unterwarf Ibn Taschin ganz Marokko, 1080 Algerien; 1086 griff er auf den Hilferuf der Mauren in die spanischen Glaubenskämpfe ein. Nach den ersten Erfolgen hatte er sich mit den islamischen Fürsten auseinanderzusetzen; bis 1094 hatte er alle abgesetzt. Vom Kalifen in Bagdad ließ er sich als Feldherr anerkennen und griff nun die überraschten Christen mit dem ganzen Glaubenseifer der Wüste an.

Auch in China spielten die Türken eine große Rolle. Nach dem Sturz der Tang lösten in der Zeit der großen Wirren fünf Dynastien einander ab. In vielen kleinen Herrschaftsbezirken rissen Militärbefehlshaber die Macht an sich. Im Norden erhoben fünf Familien den Anspruch auf den alten Kaisertitel; um ihn durchzusetzen, besorgten sie sich bedenkenlos Söldner aus der Steppe. Am Mittellauf des Yangtse hatte sich 907 das Reich Wu gebildet, das 937 von den »Südlichen Tang« abgelöst wurde. Szetschuan geriet 907 in die Gewalt der Shu, Hunan und Kuangei unter die der Chu, die bis 951 regierten. Die Dynastie in Fukien konnte sich bis 946 halten, die in Che kiang bis 978, die der Süd P'iug bis 963, die der südlichen Han in Kuangtung und Kuanghsi bis 971. Häufig handelte es sich um Emporkömmlinge, die nur den Namen der von ihnen beherrschten Landschaft annahmen und von dort versuchten, auch die Nachbarstaaten ihrer Gewalt zu unterwerfen. Als der »Kaiser« Tsun-hsu von seinem »Reich« in Shansi zusammen mit den örtlichen Machthabern in Hupei 923 gegen das »Reich« Liang vorging, bestand sein Heer überwiegend aus Sha-to, Uiguren und Hsi.

Die Bedeutung dieser Hilfskontingente lag nicht in der Zahl, sondern in ihrer Kampfkraft. Obwohl die Sha-to nur einige Zehntausende an Kriegern zählten, haben sie vorübergehend weite Gebiete beherrscht. Schließlich verschmolzen sie mit der chinesischen Bevölkerung. Bedenklich wurde die Lage erst, als aus der Mandschurei immer mehr Menschen ins Land drängten. Zunächst schätzten viele die Gefahr gering, weil sich die feindlichen Heere durch die enge Pforte zwischen den Bergen von Dschehol und dem Golf von Tschili mühsam durchkämpfen mußten, um in die Ebene von Hupei einzudringen.

Die Kitan, die sich als Liao ein stärkeres Reich aufgebaut hatten, haben sich lange Zeit nicht in die Ebene hinunter gewagt, wenn sie dort auch Vorposten einrichteten. Gegen sie boten die Chinesen ihre Verbündeten aus allen Himmelsrichtungen auf: Tungusen, Dschurtschen, Koreaner und vor allem die neugewonnen Freunde aus der Mongolei, die den alten Türkennamen der Uiguren angenommen hatten.

Der Aufschwung der Kitan beginnt – wie das bei Reitern üblich ist – mit einem Mann, der die umherziehenden Stämme einigt. Apaoki – geboren 872 – konnte sich zum Herrn aller Kitan aufschwingen. 902 begannen seine Angriffe auf China, die damit endeten, daß er sich 907 zum »Himmelssohn« erklärte. Er unterwarf die türkischen Sha-to und Hsi und eroberte das mandschurische-koreanische Reich Pohai. Sein Sohn erbte ein Reich von Dschehol bis Korea, das sechzehn Präfekturen diesseits der Großen Mauer umfaßte. Sein Heer bestand aus einer überwiegend chinesischen Fußtruppe und einer mongolisch-türkischen Reiterei, an deren Spitze wiederum die berittene Leibgarde stand. Die Kitan waren Buddhisten mit vielen schamanistischen Bräuchen und Vorstellungen.

Nach dem Ende der Tang schufen im Ordosgebiet die Tanguten – Hsi Hsia, ein tibetisches Volk – ihr Reich. Gefährlich wurden sie den Chinesen erst, als sie versuchten, die Thai in Südchina zu unterwerfen. Als die Macht der Tang-Kaiser schwand, erstarkten auch die Thai-Völker. Seit dem 7. Jahrhundert bestand das Reich der Thai in Yünnan mit der Hauptstadt Nandschao. Es hatte sich inzwischen bis Indien – Assam – bis Birma – zu den Monstaaten – bis Hinterindien – bis zum Menam und dem Mekong, also zu den Khmerstaaten, ausgedehnt. Das alte Annam und Szetschuan hielt es unter Druck. Zwar stand es in einem gewissen Vasallenverhältnis zu China, aber bei den wechselnden und machtlosen Dynastien bedeutete das kaum etwas. Zunächst erkannten sie die Oberhoheit des Kaisers noch an, dann gründete der örtliche Gouverneur eine eigene Dynastie (937). Die Tai in Yünnan waren wie die Kitan Buddhisten.

Auch Vietnam löste sich aus dem Chinesischen Reich. 968 gründete Dinh-be-Lanh einen eigenen Staat Annam, wobei er die stark unter

Hindu-Einfluß stehenden Cham nach Süden drängte. Sie haben später das Khmer-Reich im heutigen Kambodscha zerschlagen.

In Shansi hatten sich kurz hintereinander mehrere Generale zu Kaisern ausrufen lassen, wobei sie ihren Staat zuerst Han (947) nach einem neuen Putsch Chou nannten, bis sich 960 der General Chao Kuang Yin endgültig durchzusetzen vermochte. Mit ihm beginnt die Sung-Dynastie, die rund drei Jahrhunderte regierte. Er eroberte einen Staat nach dem anderen; 979 war ganz China, soweit es nicht den Kitan und den Tanguten unterstand, geeint. Aber das Reich hatte seinen Charakter weitgehend gewandelt.

Obwohl die Sung-Dynastie durch einen Militärputsch an die Macht gekommen war, dachte sie nicht an Eroberungen. Dagegen haben im Innern die Heere des Kaisers T'aitsu († 976) den lange Zeit unabhängigen Herrscher in Szetschuan, Meng Chang, gewaltsam niedergeworfen. Die Sieger schafften Tee, Seide und Seidenbrokat in riesigen Mengen in die Hauptstadt Kaifeng und verpflanzten auch geschickte Handwerker dorthin. 971 wurde auch Kanton, wo sich ein regelrechtes Piratenreich eingerichtet hatte, der Zentralgewalt unterworfen.

Die Chinesen verachteten die groben ungeschlachten Soldaten, die Söhne der Barbaren, die schon in ihrem Äußeren – groß, helläugig und mit reichem Bartwuchs – von den Einheimischen abwichen. Der Adel zog sich auf seine Landgüter zurück, während viele der Armen in die Orden eintraten. Die Zahl der buddhistischen Mönche wird damals auf 90 000, die der Taoisten in den Klöstern auf 20 000 geschätzt, doch sagen die Zahlen noch nicht genug. Die Klöster verfügten über einen bedeutenden Grundbesitz, über Mühlen, Handwerksbetriebe und Ladengeschäfte.

Die größeren Gutsbezirke waren in der Lage, ihre Ernten dank neuer Geräte, neuer Getreidesorten wie frühreifender Weizen oder Reis im Frühjahr so zu erhöhen, daß größere Überschüsse in der Stadt abgegeben werden konnten. Dazu verbesserte sich die Technik. Wasserkraft wurde zum Dreschen und Mahlen verwendet. Bewässerungsanlagen mit Schaufelrädern führten Wasser auf höher gelegene Felder. Überschwemmungsgebiete wurden trockengelegt.

Damals erlebte der Süden seinen eigentlichen Aufschwung. In den Küstenprovinzen hat sich die Bevölkerung innerhalb eines Jahrhunderts verdoppelt, nicht zuletzt, weil viele Familien aus dem Norden einwanderten. Das Yangtse-Becken war bald dichter besiedelt als das Tal des Hoangho, und vor allem war es reicher und lebenskräftiger. Doch veränderten sich in der Sung-Zeit die sozialen Verhältnisse erheblich.

Der Bauer war gezwungen, sich an den Grundbesitzer anzulehnen, der in den langen Wirren immer mehr Land an sich gerissen hatte.

Dadurch sank der Pächter auf einen Stand herab, der sich dem des schollengebundenen Leibeigenen in Europa näherte. Er durfte sein Land nicht verlassen; wurde das Land verkauft, fiel dem neuen Besitzer auch der »Pächter« zu. Er mußte einen Teil der Ernte abliefern, eine bestimmte Zeit für den Grundbesitzer arbeiten und bei Heirat eines Kindes die Erlaubnis des Gutsherrn erkaufen. Dennoch unterscheidet sich das chinesische System grundsätzlich vom europäischen: Die Bauern, auch wenn sie an die Scholle gebunden waren, unterstanden weiterhin dem Kaiser, der damit die rechtliche und moralische Verantwortung für ihr Schicksal übernahm.

Seit alters her hegte der Kaiser ein tiefes Mißtrauen gegen den Kaufmann. Da er selber sich als Inbegriff des Rechtes und als Herr allen Landes und aller Menschen sah, griffen seine Beamten immer wieder in das Wirtschaftsleben ein. China war und blieb auch unter den Sung ein Beamtenstaat. Zu Beginn der Sung entstammten etwa ein Drittel der Beamten einfachen Volkskreisen. Dann drängten die Söhne der Grundbesitzer in die Staatsstellungen. Um die Steuern einzuziehen, war eine zuverlässige Beamtenschaft notwendig, doch wurden die Klagen über ihre Bestechlichkeit und über Mängel in der Aufsicht auch damals laut. Tatsächlich sollten die Sung nicht zuletzt am Versagen ihrer Beamten zugrunde gehen.

Das Erziehungswesen wurde durch die Kanzler Fan Chang-yen (989–1052) und Wang An shih (1021–1086) umgestellt. Die Beamten sollten nicht nur in den literarischen Schriften ausgebildet, sondern mit den praktischen Belangen von Landwirtschaft, Gewerbe und Verwaltung befaßt werden. Sie sollten »den Staat reich machen«. Drei Kommissionen leiteten die Salz- und Eisenmonopolverwaltung, die Registrierung der steuerpflichtigen Bevölkerung und schließlich das Amt für den Staatshaushalt, das die Gelder auszahlte. Die Steuern wurden allerdings bei der Verwaltung eingezogen. Der Staat kümmerte sich um das Verkehrswesen, die Erschließung der Bodenschätze, die Manufakturen und das Gewerbe, um den Handel, die Lagerung der Waren und um das Bauwesen.

Die Städte wuchsen über den Rahmen selbst der glanzvollen Tang-Zeit hinaus. Dort und insbesondere an den kaiserlichen Höfen bildeten die Beamten die führende Schicht. Die allgemeine Lebensführung wurde prunkvoller. Kunst und Wissenschaft erhielten Anregungen und reiche Unterstützung, so daß die Sungzeit in Literatur wie Malerei einen Höhepunkt erreichte. Kein Wunder, daß die Zeitgenossen ihr China als den Mittelpunkt der Welt ansahen.

Weil seine Wirtschaft aufblühte, weil Handel und Wandel zunahmen, weil sich der Reichtum vermehrte, weil am Hofe und in den Städten der Wohlstand und damit der Luxus wuchsen, zog China wiele

Ausländer an. Fremde Kaufleute aus aller Welt – die Araber, die Inder, die Malaien und die Japaner – suchten die kostbaren chinesischen Porzellane, die sie nach Afrika, nach Neuguinea, nach Persien verkauften. Chinesische Seide gelangte über die Karawanenwege nach Syrien, nach Byzanz und nach Italien. Regelrechte Industrien entstanden, die Textilien, vor allem Seide, Porzellan und Kunstgegenstände – etwa Lackarbeiten – herstellten. Tee wurde zum großen Exportartikel vor allem nach Japan. Über die Grenzen gingen in größerer Menge auch Weizen und Reis, Erzeugnisse des Handwerks – von Waffen, Messern und Hacken bis hin zu Töpfen, Spiegeln und Gürtelschnallen. Die Chinesen bezogen ihrerseits Kriegspferde, Pelze, Wolle, Jade, Gewürze, arabisches Kunstgewerbe und seltene Tiere. Der materielle Wohlstand unter den Sung übertraf den der islamischen und erst recht der europäischen Länder jener Zeit bei weitem.

Ein ansehnliches Geld- und Bankenwesen entwickelte sich. Die Kaufleute ordneten unter sich das Währungswesen. Da sich die Edelmetallvorräte rasch erschöpften und selbst die Kupfermünzen aus dem Verkehr verschwanden, gaben sie einander schriftliche Zahlungsanweisungen, Schuldverschreibungen und Wechsel, die zu allgemeinen Zahlungsmitteln wurden. Das waren die Vorläufer des Papiergeldes, das unbedenklich angenommen wurde. Später allerdings griff der Staat zu diesem Hilfsmittel, um seine zerrütteten Finanzen aufzufrischen. Im Jahre 1209 liefen im Reich Papiernoten im Wert von 117 Millionen Schnüren Kupfermünzen um. 1232 erreichte der Notenumlauf allein aus zwei Ausgaben den Wert von 329 Millionen Schnüren. Doch blieb der Kaufmannsstand nach wie vor mißachtet und gesellschaftlich gemieden. Rechtlich waren die Kaufleute schutzlos, stets der Gefahr amtlichen Druckes und unrechtmäßiger Ausbeutung ausgesetzt, übten aber über das Geld auch nicht unbedeutenden Einfluß aus. Beamte wurden »beteiligt«, bestochen, gekauft.

Das auf der Idee der Pflichterfüllung beruhende Beamtentum paßte sich irgendwie den Gegebenheiten an. Kaufmannsgilden wirkten im Hintergrund, Geheimgesellschaften bezogen ihre finanziellen Mittel aus unbekannten Quellen. Sie deckten den einzelnen – wenn es not tat. Ihre Vermögen steckten die Kaufleute aber häufig in Grundbesitz, um Ansehen zu gewinnen; sie stellten sogar ihre Söhne in den Dienst des Staates, selbst bei geringem Gehalt.

Die Kaiser konnten es sich erlauben, riesige Heere zu unterhalten. Die Zahl ihrer Soldaten stieg von 378 000 beim Tode des ersten Sung Chao Kuang-Yin auf eine Million im 11. Jahrhundert, die allerdings nur von mäßiger Kampfkraft waren. Aus Sorge vor ehrgeizigen Generalen vertrauten die Kaiser ihre Heere gern Zivilbeamten an, die dann im Felde versagten. »Geschenke« sollten die unruhigen Nachbarn beschwichtigen. An die Kitan zahlten die Sung jährlich hunderttausend Unzen Silber und zweihunderttausend Ballen Seide. 1042 wurde der Tribut um weitere hunderttausend Rollen Seide erhöht. Die Tanguten erhielten zweihundertfünfzigtausend Geldschnüre. Diese Politik hatte sicher viel für sich, da sie insgesamt kaum mehr als zwei Prozent des Staatshaushaltes ausmachte, nur gewöhnten sich die Barbaren daran, mehr und mehr zu fordern. Als ihre Wünsche nicht erfüllt wurden, brachen sie mordend und plündernd in das Reich ein.

Die Kreuzzüge

In einer Stadt berührten sich vier Bereiche von Politik, Wirtschaft und Glauben: 1. der afrikanische, der sich längs der Mittelmeerküste bis zum Atlantik, über den Nil südwärts bis Abessinien und Ostafrika hinzog; 2. der asiatische mit Arabien, Syrien, Mesopotamien, der über den Iran bis nach Mittelasien, über das Rote Meer oder den Persischen Golf in den Indischen Ozean und damit nach Indien, ja bis nach Hinterindien und selbst China Verbindungen pflegte; 3. der osteuropäische, der damals noch Kleinasien einschloß und dessen Einflüsse bis Rußland reichten, und schließlich 4. der westeuropäische, der hier Anschluß an den Welthandel suchte, sich als Abendland zugleich aber zu den Quellen seiner Religion hingezogen fühlte. Das war Jerusalem, hoch auf den Bergen Zions gelegen, Wiege zweier Religionen, des Judentums wie des Christentums, zugleich heilige Stadt des Islam.

Noch im 7. Jahrhundert schien Jerusalem unlösbar mit dem Oströmischem Imperium und so mit der christlichen Welt verbunden, bis die Araber die Stadt eroberten und – unlösbar – mit der islamischen Gemeinschaft verknüpften. Trotzdem blieb die Christenheit gefühlsmäßig mit den heiligen Stätten verbunden, wo Jesus Christus gelitten hatte und gestorben war. Fromme Pilger wallfahrten vom Abendland und vom Oströmischen Reich zu den ehrwürdigen Plätzen, um sich im Glauben zu stärken, um Buße zu tun oder Gelübde zu erfüllen. Es kamen demütige Sünder wie schwergerüstete Herren. Meist fanden sie freundliche Aufnahme bei ihren Glaubensbrüdern, die im Heiligen Land wohnten, und gastliche Bewirtung bei den Moslems, die solche Einnahmen zu schätzen wußten.

Die Beziehungen der Pilger zu den Ansässigen verschlechterten sich, als statt der stillen Mönche immer mehr trotzige Ritter kamen, wobei die Normannen aus Nordfrankreich und aus England besonders hochfahrend auftraten. Sie waren gewohnt, ihr »Recht« mit ihrem Schwert durchzusetzen. Auf dem Rückweg vom Heiligen Land hat eine normannische Ritterschar Süditalien gewonnen und von dort das moslemische Sizilien zu erobern begonnen.

Längst waren die abendländischen Christen, die überall zurückgedrängt worden waren, zum Angriff übergegangen. Aus der frommen Pilgerfahrt nach Santiago de Compostela war die »Reconquista« geworden mit dem Ziel, die iberische Halbinsel von den Ungläubigen zu befreien. Inzwischen hatten die Moslems den Nimbus, unbesiegbar zu sein, verloren; Schritt für Schritt mußten sie zurückweichen. Aus den Erfahrungen in Spanien erwuchs der große Gedanke, das Heilige Grab zu befreien.

1095 rief Papst Urban II. die abendländische Christenheit zum Kreuzzug auf. Der Augenblick war insofern günstig, als Konstantinopel sich an den Papst um Hilfe gewandt hatte. Nach der schweren Niederlage bei Manzikert 1071 war Ostanatolien und Armenien verloren gegangen. Wenn die Seldschuken erneut angriffen, war kaum Widerstand zu leisten. Kaiser Romanus IV. konnte nicht wissen, was sich beim Gegner verändert hatte.

Malikschah, der Sohn von Alp Arslan, hatte 1076 den glaubensverwandten Fatimiden Syrien entrissen und Buchara und Samarkand erobert. Nach dem Tode des Sultans zerfiel dieses scheinbar so mächtige Reich in die Sultanate von Iran, Kerman, Aleppo, Damaskus und Iconium. Auch in Nordafrika war die arabische Macht schwer erschüttert, seitdem die Beni Hillal verheerende Einfälle nach Tripolitanien bis Marokko gemacht hatten. Damit war das islamische Spanien von den Kerngebieten des Glaubens abgeschnitten. Jetzt gab es drei, dazu noch untereinander verfeindete Kalifate. Die Verhältnisse hatten sich also umgekehrt.

Wenn auch mit Einschränkungen, stellte der Islam früher eine religiöse Gemeinschaft unter den Kalifen dar, zu der etwa siebzig Millionen Gläubige gehörten. Die Christenheit mit ihren vierzig Millionen zerfiel in eine Unzahl politischer Gebilde, von der einzelnen Stadt über die Grafschaft und das Herzogtum bis zu den Königreichen. Die Bestrebungen, die Christenheit unter einer religiösen Führung – des Papstes – sowie einer politischen – des Kaisers – zusammenzufassen, waren zunächst erfolglos geblieben. Bot ein gemeinsamer Kreuzzug nicht die Möglichkeit, die gesamte Christenheit unter dem Zeichen des Kreuzes zu einer großen Tat zusammenzufügen?

Der Aufruf zum Kreuzzug fand ungeheuren Widerhall. Nun brachen sie auf: die Südfranzosen mit dem Grafen von Toulouse, die Normannen, die damals gerade Sizilien zurückerobert hatten, und die vielen einfachen Leute, die von der Glut des Glaubens durchdrungen waren oder von Fernweh, Abenteuerlust und Beutegier. Sie wußten nicht, was ihnen bevorstand, als sie sich, ungenügend ausgerüstet, angefeuert von bedenkenlosen Predigern, im festen Gottvertrauen auf den Weg machten. Viele wurden in Kleinasien erschlagen oder in die Sklaverei verkauft. Die Ritter hingegen besiegten den Sultan von Iconium, der ja erst wenige Jahrzehnte in seinem Reich saß. Sie eroberten Antiochia, wurden von einem Ersatzheer aus Mossul ihrerseits eingeschlossen, siegten und konnten nach fünf Wochen Belagerung Jerusalem stürmen. Damit war das Ziel des Kreuzzuges erreicht.

Christliche Fürstentümer entstanden zwischen der Wüste und der Küste: Edessa, Antiochia und Tripolis. Balduin von Flandern nahm den Titel eines Königs von Jerusalem an. Mit Hilfe der italienischen Hafenstädte konnten Akkon, Tripolis, Beirut und Sidon erobert werden. Damit änderte sich die Lage im östlichen Mittelmeer gründlich.

Bis dahin hatten die italienischen Kaufleute mit den Moslems auf dem weiten Markt des Ostens zusammengearbeitet, wie umgekehrt die Moslems ihre Erzeugnisse bis nach China vertrieben. Durch die Seldschuken war bereits eine Wandlung eingetreten. Ihre Handelsinteressen liefen über Turkestan und die südrussische Steppe, so daß sie weder von Syrien noch von Ägypten und dem Handel durch das Rote Meer abhingen. Dieser Handel geriet nun in die Hände der italienischen Handelsstädte Venedig und Genua, aber auch Pisa, die dank der Kreuzzüge einen wirtschaftlichen Aufschwung genommen hatten.

So lange es die Abendländer mit einzelnen Fürsten und Städten zu tun hatten, konnten sie beachtliche Siege erfechten. Als aber die Türken, gestützt auf Ägypten, die Führung im Kampf übernahmen, wichen die Christen überall zurück. Dazu trug gewiß bei, daß die Christenheit zersplittert war. Die Könige und die hochfahrenden Fürsten stritten sich. Die katholischen Westeuropäer sahen bald in den orthodoxen Oströmern fast ebenso erbitterte Feinde wie in den Moslems – und umgekehrt. Die alten Gegensätze von Stämmen und Nationalitäten – zwischen Deutschen und Franzosen, zwischen Nord- und Südfranzosen, Normannen und Italienern – alles das brach immer wieder auf. Was als großes gemeinsames Unternehmen begonnen hatte, verstrickte sich in kleinliche Feindschaften.

Eigentlich ist erst damals das Abendland in »Nationen« aufgerissen worden. Das ist umso eigenartiger, als die Kreuzzüge unter der geistigen Leitung des Papstes begonnen hatten, als sie wiederholt von dem anerkannten Kaiser angeführt wurden, als alle Völkerschaften und alle Sprachgemeinschaften mitwirkten, als sie einen gemeinsamen Gegner, jedoch keine widersprechenden Interessen wie etwa umstrittene Grenzen hatten. Gewiß haben einzelne Gruppen versucht, den umfassenden Kreuzzugsgedanken zu ihrem eigenen Vorteil auszunutzen, aber insgesamt brachen Gegensätze auf, die tief in den verschiedenen Charakteren der europäischen Landschaften und Völker lagen.

Es nimmt nicht wunder, daß die Normannen an der Spitze des ersten Kreuzzuges standen: Robert von der Normandie, dessen Vater Wilhelm England erobert hatte, und Bohemund von Tarent, der Sohn Robert Guiscards, des Eroberers von Sizilien. Da sie in den vergangenen Jahrzehnten die Vorherrschaft der Moslems im Mittelmeer gebrochen hatten, schien es durchaus möglich, den Feind im eigenen Land zu treffen.

Bei aller Begeisterung blieben die Ziele des gewaltigen Unternehmens jedoch begrenzt. Die Christen dachten nicht daran, das islamische Weltreich aus den Angeln zu heben; dazu hätten ihre Kräfte gar nicht ausgereicht, dazu fehlte auch der einheitliche politische Wille. Die Könige blieben dem ersten Kreuzzug fern. Er war eine Angelegenheit der Barone und Ritter – vorwiegend aus Frankreich. Sie wollten Jerusalem befreien.

Im Glaubenskrieg erwachte das Selbstbewußtsein der Franzosen. Sie hatten seit Jahrhunderten den Kampf gegen die Moslems in Spanien unterstützt, ja erst ermöglicht. Sie glaubten, ein natürliches Vorrecht auch im Vorderen Orient beanspruchen zu können. Die christlichen Fürstentümer in Syrien waren Feudalherrschaften abendländischer Barone und Ritter, die zwar zu siegen, nicht aber zu verwalten verstanden. So lange die von den Türken beherrschten Reiche Vorderasiens untereinander verstritten waren, konnten sie sich halten. Doch das änderte sich. Die Türken nahmen den Kampf wieder auf, wenn zunächst auch nur vereinzelt.

Lange Zeit war der Kalif in Bagdad zu schwach, um sich gegen die Seldschuken in Persien oder im nördlichen Irak durchzusetzen. Der Kalif Al Muktafi (1136–1160) war nicht einmal imstande, seine Hauptstadt Bagdad zurückzuerobern. Dagegen dehnte der Emir von Mossul seine Macht aus und stürmte das christliche Edessa. Das brachte die Ritter in eine bedrohliche Lage. Sie brauchten Hilfe aus der Heimat. Bernhard von Clairvaux, der bedeutende Prediger, rief die abendländische Christenheit erneut zum Kreuzzug auf (1147). Was den Fürsten und Rittern gelungen war, das sollte den Königen mit ihren starken Heeren, mit einer Seeverbindung von den italienischen zu den syrischen Häfen erst recht glücken, meinte man. Der deutsche König Konrad III. und Ludwig VII. von Frankreich zogen auf dem Landweg, der erste von Regensburg, der zweite von St. Denis die Donau abwärts nach Konstantinopel. Das deutsche Heer – bei Doryläum vom Sultan von Iconium geschlagen – mußte nach Nicäa zurück. Als die Deutschen den Weg die Küste entlang nahmen, wurden sie nochmals bei Laodicea – diesmal vernichtend – geschlagen. Die Franzosen schifften sich von Konstantinopel nach Antiochia ein, scheiterten jedoch im Angriff auf Damaskus. Der Kreuzzug der Könige endete mit einer völligen Niederlage. Das Abendland hatte restlos versagt; und nun begannen die gegenseitigen Vorwürfe.

Der Gedanke des Glaubenskrieges erfüllte auch den Ostseeraum. Die Slawen östlich der Elbe waren längst wieder zu ihren alten Göttern zurückgekehrt. Im Wendenkreuzzug 1147 zwang der Sachsenherzog Heinrich der Löwe den Abotritenherzog zur Bekehrung – und zu Tributzahlungen! Der Herzog Albrecht der Bär jedoch scheiterte vor

Stettin gegenüber dem Herzog von Pommern. Die Schweden führten einen Kreuzzug gegen die heidnischen Finnen, die Deutschen gegen die slawischen Liutizen, die Polen gegen die Litauer. Aber auch an diesen Unternehmen wirkten fast immer Ritter aus dem ganzen Abendland mit, die gern Kriegsdienste im Zeichen des Glaubens nahmen.

Mit den Kreuzzügen verlagerte sich das Schwergewicht in Europa sowohl in Wirtschaft wie in Politik vom Norden in den Mittelmeerraum. Das hatte auch innerpolitische Folgen. Kaiser Friedrich Barbarossa konnte daran denken, in Italien – nicht in Deutschland – eine starke Staatsgewalt aufzurichten. Grundlage sollte das römische Recht sein, wie es in Bologna gelehrt wurde. Zunächst stimmte der Papst zu, denn er hoffte, in einem geordneten Staatswesen zugleich Rückhalt für die weltlichen Aufgaben der Kirche zu finden. Friedrich lieferte dem ihm wohlgesinnten Papst Hadrian den Ketzer Arnold von Brescia aus. Und nun konnte der Kaiser seinen Einfluß auch nördlich der Alpen weit ausdehnen: er heiratete die Erbin von Burgund, ihm unterwarf sich König Boleslaw von Polen, Dänemark erkannte den Kaiser als Lehnsherrn an. In Böhmen setzte der Kaiser seinen Freund Wladislaw II. zum König ein. Auch Ungarn trat in ein Vasallenverhältnis zum Reich.

Dieser Kräftezuwachs hielt sich im Rahmen des Lehnsrechts, war also an die Person gebunden und ohne staatsrechtliche Folgen. Immerhin war der Gewinn an äußerem Ansehen groß genug, um alle Gegner des Kaisers hellhörig werden zu lassen. Im Augenblick, da der Kaiser jedoch versuchte, dieses Reich mit dem Leben des römischen Rechtes zu erfüllen, brach der Aufstand los. Die lombardischen Städte weigerten sich, ihre Rechte, vor allem die Gerichtsbarkeit, das Steuerwesen und den Heerbann einem Podesta, also einem kaiserlichen Beamten, zu übertragen. Sie mußten jedoch nachgeben. Mailand, das Haupt des Widerstandes, wurde völlig zerstört. Das führte jedoch dazu, daß innerhalb der Kurie die kaiserfeindliche Partei Oberhand gewann. Sie setzte den Kandidaten der Sizilianer, Alexander III., bei der nächsten Papstwahl durch, der auch von den lombardischen Städten unterstützt wurde. Selbst Kaiser Manuel von Ostrom lieh ihm seinen Beistand.

Zum Kaiser standen Deutschland, Frankreich und England. Als aber nach einem glänzenden Sieg in Italien die Pest das kaiserliche Heer aufrieb, fiel ganz Italien ab. Ein zweiter Kriegszug endete mit einer schweren Niederlage Barbarossas bei Lignano, weil der Welfenherzog ihm die Heeresfolge versagt hatte. Nun einigte sich der Kaiser zuerst mit dem Papst, dann schloß er einen sechsjährigen Waffenstillstand. Diese Frist nutzte er, um die Macht von Heinrich dem Löwen zu brechen. Anstelle des einen Herzogs traten nun viele kleinere Lehnsleute, die ihrerseits von einem Staat im Sinne des römischen Rechts nichts wissen wollten. Die einstigen Vasallen des Welfen wurden reichsunmittelbar, also Mecklenburg und Pommern, der Osten Sachsens fiel an den Anhaltiner, Lübeck wurde freie Reichsstadt, Westfalen kam als eigenes Herzogtum an das Erzbistum Köln. In Sachsen blieb dem Kaiser als Reichsgut nur Goslar, während er im Elsaß, in Schwaben und Franken das Reichsgut zu vermehren trachtete, das von Ministerialen verwaltet wurde.

Als sein Sohn Heinrich die Erbin von Sizilien heiratete, schien die Macht Friedrichs I. wesentlich gewachsen. Auch der Papst mußte einlenken. Es mochte damals so aussehen, als bilde sich in Europa eine politische Macht unter einem starken Kaiser, der in der Lage war, nun auch in Vorderasien einzugreifen. Das war insofern notwendig, weil die Moslems ihre Kräfte ebenfalls wieder zusammenfaßten.

Die neue Stoßkraft des Islam ging nicht von einem der beiden Kalifate aus, weder von dem rechtgläubigen Bagdad noch von den »ketzerischen« Fatimiden in Kairo, sondern von den kleinen Fürstentümern, die sich aus dem zerbrechenden Seldschukenreich gebildet hatten. Ein General kurdischer Abstammung, Ayyub, sicherte nach dem Tod seines Fürsten Zengi Damaskus für den Erben Jureddin, der nun den Sohn Ayyubs, Saladdin, beauftragte, Ägypten zu erobern. Von Kairo aus, wo er zunächst als Wesir regierte, griff er nach Syrien über, gewann Aleppo und Mossul, so daß er die bisher zerstrittenen arabischen Fürstentümer in seiner Hand vereinigte. Der Kalif in Bagdad blieb geistliches Oberhaupt. Auch der Sultan von Iconium erkannte die Oberhoheit Saladdins an.

Nun stand der Islam wieder geeinigt gegen die Christenheit; im ersten Anlauf eroberte Saladdin Jerusalem, ja das ganze Heilige Land bis auf die Festung Tyrus (1187). Verzweifelt bat der Papst die abendländischen Könige um Hilfe. Friedrich Barbarossa brach als erster zum dritten Kreuzzug (1189–1192) auf; er siegte auch bei Iconium über die Seldschuken. Als er jedoch im Kalykadnus-Fluß ertrank, kehrten viele Pilger um. Sein Sohn Friedrich führte das Heer nach Palästina, starb jedoch während der Belagerung von Akkon.

Die Könige von Frankreich – Philipp II. August – und von England – Richard Löwenherz – fuhren zu Schiff nach Palästina, unterstützt von Venedig, Genua und Pisa; sie eroberten zwar Akkon, vermochten jedoch nicht, Jerusalem zu gewinnen. Ein Waffenstillstand sicherte aber 1192 den Pilgern den freien Zugang zum Grabe des Herrn. Nur ein schmaler Küstenstreifen blieb den Christen, die die Festung Akkon schleifen mußten; sie waren also auf das Wohlwollen Saladdins angewiesen. Damit war die Herrschaft der Christen an der syrischen Küste gebrochen, wenn sie auch in weiteren Kreuzzügen versucht haben, das Heilige Land zurückzugewinnen. Doch war die Macht des Islam eindeutig stärker als die des Christentums.

Zu Beginn des 13. Jahrhunderts rief Innozenz III. erneut zum Krieg gegen den Islam auf. Nie war die Stellung eines Papstes so stark wie damals. König Philipp II. August hatte sich ihm in seinem Ehestreit gebeugt, König Johann von England und König Alphons IV. von Spanien hatten ihr Land vom Papst als Lehen genommen. Sancho von Portugal und Ladislaus von Polen unterstellten sich ihm. Der Fürst von Bulgarien empfing die Königsinsignien von seiner Hand. Der Erbe der Hohenstaufen in Sizilien, Friedrich II., war sein Mündel. In Scharen folgten die Ritter dem päpstlichen Aufruf, ließen sich jedoch von Venedig überreden, zunächst Zara in Dalmatien, 1203 Konstantinopel zu erobern. 1204 setzten sie ihren Führer, Balduin von Flandern, dort als »lateinischen« Kaiser ein. Aber damit war die einstige Macht Ostroms endgültig gebrochen.

Zwar gewann Kaiser Friedrich II. durch einen friedlich ausgehandelten Vertrag mit dem Sultan von Ägypten Jerusalem (5. Kreuzzug 1228/29), aber 1244 eroberten die Moslems Jerusalem – diesmal endgültig – zurück. Daran konnten die beiden Kreuzzüge von Ludwig IX., dem Heiligen von Frankreich, nichts ändern; im ersten, 1254, geriet er in ägyptische Gefangenschaft, im zweiten – dem siebten Kreuzzug – scheiterte er mit seinem Herr vor Tunis. 1291 fielt als letztes christliches Bollwerk Akkon in Feindeshand; die syrische Küste wurde von den Kreuzfahrern preisgegeben.

Die Wirkung der Kreuzzüge auf die gesamte alte Welt war nachhaltig. Das Tor nach Osten war aufgestoßen, und es blieb auch offen, als alle christlichen Festungen in Syrien geräumt waren. Der Handel lief weiter, sowohl über Ägypten und das Rote Meer als auch über Syrien und Mesopotamien nach Persien, nach China wie nach Indien. Pisa, Venedig und Genua wurden reich; bald beteiligten sich auch die Franzosen – Marseille – und die Spanier – Katalanen in Barcelona – an diesem Handel. Von den lombardischen Städten entfaltete sich vor allem Mailand; aber auch Flandern verdiente am Handel mit flandrischer und englischer Wolle, die ihrerseits das Handwerk in Florenz zum Blühen brachte. Damals entfaltete sich auch der Ostseehandel bis Bergen und Nowgorod, der die Städte der deutschen Hanse zu selbstbewußten politischen Gemeinwesen aufsteigen ließ.

Das tägliche Leben in Europa änderte sich. Das Gewerbe blühte auf, zunächst die Wollweberei, dann die Metallverarbeitung und das Kunstgewerbe. Der Luxus nahm zu. Dank einer weitgehenden

Arbeitsteilung vermochten die Handwerker ihre Leistungen zu verbessern, mußten gleichzeitig aber Abnehmer suchen. Das stärkte den Stand der Kaufleute, die in den italienischen Städten, bald auch in den norddeutschen Hansestädten, an der Spitze des Gemeinwesens standen. Der Adel verlor die ausschließliche Führung.

Bedeutsamer noch als die wirtschaftlichen und sozialen Änderungen waren die geistigen. Unzählige Ritter und Geistliche hatten die Welt des Islam gesehen. Kehrten sie aus dem Orient in ihre Heimat zurück, so brachten sie neue gefährliche Erkenntnisse mit. Kaiser Friedrich II. war freien Gedanken – sehr zur Empörung des Papstes – weit aufgeschlossen. Viele sahen in ihm den »Antichristen«.

Über die Bogumilen auf dem Balkan waren die Lehren des Mani bis Südfrankreich vorgedrungen, wo sich die Albigenser, die sich Katharer nannten, vom Papst lösten. Der Sekte hingen selbst Fürsten an. Die katholische Kirche selber erlebte eine tiefreichende Umwandlung, die von neuen Mönchsorden ausging, den Franziskanern und den Dominikanern. Der Benediktinerorden, der seit dem 6. Jahrhundert das geistige Leben im Abendland nachhaltig prägte, war vorwiegend vom Adel getragen, so daß die Benediktiner den weltlichen Fürsten einen starken Rückhalt gewähren konnten – sowohl materiell wie geistig. Sie waren die Lehrer für Klerus und Adel; sie brachten die Reform von Cluny, sie trugen die Pilgerfahrten und den Glaubenskrieg in Spanien.

Die »Bettelorden« von Franziskanern und Dominikanern stützten sich dagegen auf das breite Volk, dem sie predigten und dem sie bei Hunger und in Gewissensnot halfen. Dem Spanier Dominikus war es um den rechten Glauben gegangen – im Ringen mit den Moslems. Dominikaner und Franziskaner vereinigten ihre Anstrengungen, als es galt, die ketzerischen Albigenser wieder in den Schoß der heiligen Kirche zurückzuführen, ob durch Überredung oder mit Feuer und Schwert.

An der Universität Paris stellten die beiden Orden, teilweise im schroffen Gegensatz zueinander, die meisten Lehrer. Paris überflügelte bald die alten Universitäten in Italien, vor allem Bologna und Palermo, aber auch die islamischen in Spanien, von denen in den vorangegangenen Jahrhunderten nachhaltige Anstöße auf das geistige Leben des Abendlandes ausgegangen waren. Jetzt erst beginnt Europa mit dem Orient Schritt zu halten. Was Westeuropa damals erlebte, war kein jäher Umbruch, sondern eine langsame, tiefreichende Veränderung des wissenschaftlichen, politischen und sozialen Lebens.

Der Glanz von Bagdad und Córdoba war längst verblaßt. In Kleinstaaten hatten sich die weitgespannten Reiche aufgelöst. Obwohl die

Kreuzfahrer nie in die Kerngebiete des Islam vorgedrungen sind, schnitten sie die Moslems vom Mittelmeer gegen den Westen und damit von den alten hellenistischen Überlieferungen ab, zugleich entfachten sie eine tiefreichende Abwehrhaltung. Hatte die islamische Philosophie auf der griechischen Antike aufgebaut, so galten die großen griechischen Denker nun als Gegner des wahren Glaubens wie er im Koran niedergelegt war. Während die Kreuzzüge dem Abendland orientalisches Denken erschließen – wie etwa die arabischen Zahlen – schirmt sich der Orient stärker denn je gegen westliche Einflüsse ab.

An der Nordgrenze des Iran bildeten sich eigene Reiche, und in Bagdad trennten sich weltliche und geistliche Macht, je mehr die fremden Söldner die Herrschaft an sich rissen. Der Islam verlor die Kraft zu einer einheitlichen Politik; der Heilige Krieg fand kein Echo mehr. An allen Fronten, auch in Spanien, erlitt er Rückschläge.

Noch einmal schien es, als könnte die spanische Nation zu einer Einheit zusammenwachsen: als Alphons VII. (1126–1157) die christlichen Königreiche und die Grafschaften Gascogne und Provence als Kaiser zusammenfaßte. Aber ebenso wenig wie in Italien und im Reich gelang das auf der iberischen Halbinsel. Auch die Glaubensfreiheit der drei Religionen ließ sich nicht verwirklichen. Kaiser Alphons mußte das Versprechen an seine islamischen Untertanen – den Mudejares – und die Juden zurücknehmen. Die Eiferer gingen noch weiter. Die mozarabische Messe der spanischen Christen, die einst im islamisch besetzten Gebiet ausgeharrt hatten, wurde durch die römische ersetzt, selbst die landesübliche Schrift der Westgoten mußte den karolingischen Zeichen weichen.

Auch bei den Moslems schwand die Toleranz. Nicht zuletzt unter dem Eindruck der militärischen Rückschläge gewannen fremde Kriegerscharen und Fanatiker – was bei Neubekehrten häufig zusammentraf – die Oberhand. In Spanien waren es zuerst die Almoraviden südlich der Sahara, dann die berberischen Almohaden aus Tunesien, die jede Zusammenarbeit mit den verhaßten Christen vereitelten. Sie predigten den Krieg. Bezeichnenderweise sind beide Bewegungen nicht von Arabern ausgegangen. Zunächst hatten sie Erfolg. Die Reconquista, die so rasch fortgeschritten war, verharrte anderthalb Jahrhunderte auf der Stelle. Die Grenze fiel vorübergehend sogar weit zurück. Zunächst gewannen die Almoraviden Valencia, dann Madrid, Saragossa, Lissabon und Oporto zurück. Beim Tode Jussufs (1121) ließ die Kraft des Reiches nach, das von der Ebromündung bis Algier reichte und die Balearen umfaßte.

Eine neue Glaubenslehre, noch fanatischer, fand ihren Weg aus dem marokkanischen Hochland zuerst nach Nordafrika und dann nach Spanien. Die Almohaden zertrümmerten 1147 die Macht der Almoraviden; Yakub dem Siegreichen – Mansur – gelang es, die Christen 1195 zu besiegen, aber seinen Nachfolger traf bei Navas de Tolosa 1212 eine entscheidende Niederlage. Vierundzwanzig Jahre später eroberte Ferdinand III., der Heilige, Córdoba. Das war der Wendepunkt für die maurische Macht in Spanien. Zugleich trat aber auch das christliche Spanien den Weg in die Unduldsamkeit und den Fanatismus an, der von da an seine Geschichte prägen sollte.

In Afrika ging die Wirtschaft zurück, seit Äcker und Wälder von den Kamelbeduinen verwüstet waren, so daß nur die schmale Küstenzone die seßhafte Bevölkerung ernährte. Die Kriegszüge von Almoraviden und Almohaden gegen die Christen in Spanien haben den Handel über die Sahara hinweg mit den Goldländern an Niger und Senegal nicht behindert. Zwischen den beiden Flüssen hatten die Soninke-Neger ein Reich – Ghana – gebildet; in der Hauptstadt Kumbi erwarteten Händler die Karawanen, die aus Marokko über die Oase Sidschilmasa oder aus der Oase Wargla, dem Sitz der Mozabiten, über Taghaza und Walata kamen, um Gold, Sklaven, Elfenbein und Straußenfedern gegen Salz zu tauschen. Salz – unentbehrlich im Sudan – konnte kaum durch die feuchtheißen Wälder vom Süden herangeschafft werden.

Kaufleute und Herrscher am Nigerbogen wurden an den beträchtlichen Gewinnspannen reich, die sich aus den Preisunterschieden nördlich und südlich der großen Wüste ergaben. Im Süden wurde Salz manchmal gegen das gleiche Gewicht von Gold getauscht. Es galt die Regel, daß Waren auf der einen Seite der Sahara dreimal soviel wert waren wie auf der anderen Seite: sowohl Waffen und Glaswaren aus dem Norden wie Sklaven und Elfenbein aus dem Süden. Das erregte den Neid des Nordens. Im Jahre 1076 gelang es dem Almoraviden Abu Bekr, Kumbi zu erobern, die Einwohner niederzumetzeln und das ganze Land gewaltsam zum Islam zu bekehren. Aber zum Ausgang des Jahrhunderts gewannen die Soninke ihre Unabhängigkeit zurück. 1203 eroberte der Stamm der Susu die alte Hauptstadt Kumbi, so daß es die arabischen Händler und die wohlhabenden Soninke-Kaufleute vorzogen, sich zweihundert Kilometer weiter nördlich nach Walata abzusetzen, das nun seinerseits Mittelpunkt des Handels wurde. Kumbi verschwindet aus der Geschichte des Sudan.

Zu dieser Zeit bilden sich zwei neue Reiche: Takrur der heidnischen Tucolon und Mali der Mandingo. Sudiata, der König von Mali, konnte seine Macht bis zum Gambia ausdehnen und die Sümpfe von Takrur erobern. Es gelang ihm jedoch nicht, das ganze Gold der Wangara in seine Kassen zu leiten, da die Schwarzen einfach jede Arbeit in den Minen einstellten, als sie gezwungen werden sollten, das Gold als Tribut abzuliefern, ohne Salz dafür zu bekommen. Das alte Tauschgeschäft Gold gegen Salz spielte sich wieder ein; es war ja vorteilhaft genug. Die Herrscher in Jeriba – Reich Mali – oder Timbuktu und später Gao – Songhai – schöpften so viel von diesen Gewinnen ab, daß der Ruf ihres Reichtums weithin drang. Noch 1324, als König Mansa Musa zur Pilgerfahrt nach Mekka aufbrach, nahm er einen riesigen Goldschatz mit.

Beruhte der Handel mit dem westlichen Sudan vorwiegend auf dem Gold, so der mit Ostafrika auf dem Eisen. Der ganze Vordere Orient und auch Indien sind arm an Eisen; in den Gruben Südafrikas aber gab es ein besonders wertvolles, weil mit Chrom und Mangan angereichertes Eisenerz. Als die Bantu langsam von Norden kommend die Gebiete des unteren Sambesi erreichten, beuteten sie diese Vorräte aus. In der Regel wurde Roheisen an die Küste gebracht, um von den arabischen Kaufleuten nach Indien verschifft zu werden. Von dort wurde es – aufbereitet – nach Damaskus weiterverkauft, wo kunstfertige Handwerker die berühmten Damaszener Klingen herstellten.

Der Afrikahandel stellte nur einen Teil der großen überseeischen Verbindungen Indiens dar. Vom bengalischen Hafen Tamralpiti fuhren die Kaufleute die Küste von Arakan und Burma entlang zur malaischen Halbinsel oder gar zu den Sundainseln, oder sie fuhren vom Chola-Reich Südindiens über das Meer nach Hinterindien. Dort war, unter indischem Kultureinfluß, bereits im 9. Jahrhundert das Khmer-Reich mit der prunkvollen Hauptstadt Angkor entstanden, das auch das Land »Fu-nan« eingliederte. Ihm erwuchs im Reich der Tschampa im heutigen Vietnam ein ernster Gegner. 1177 zerstörten dessen Heere Angkor.

Wenn Indien kulturell und wirtschaftlich weit nach Osten wirkte, so verdankte es das den Cholas, die an der Mündung des Kaveri-Flusses eine Seemacht aufgebaut hatten. Bereits 959 hatten sie Ceylon erobert, mußten jedoch 1070 einem Aufstand weichen. Der letzte große Chola-Kaiser Kulottunga III. (1178–1218) unternahm noch einmal den Versuch, die Insel zu erobern, wurde jedoch durch den bedeutendsten Herrscher, den Ceylon gehabt hat, Parakrama Bahu (1153–1186) zurückgewiesen.

Die Cholas konnten sich deswegen wieder dem Meer zuwenden, weil die Gefahr aus dem Dekhan gerade damals nachgelassen hatte. Von Norden waren plündernde Scharen der Kalachuris, einem Wandervolk in das Reich eingefallen. Die Yadavas erhoben sich gegen den letzten Chalukyaherrscher, und wenn es auch vorübergehend gelang, sie zurückzuschlagen, so wurde 1189 Somesvara IV. abgesetzt. Das einst mächtige Dekhanreich zerfiel in kleine Teilstaaten.

Um diese Zeit begannen die Moslems erneut, im Norden vorzudringen, nachdem die Seldschuken das Reich von Ghasni zerschlagen hatten. 1150 zerstörte Ala-addin die Stadt Ghazna. Die Dynastie der Ghoriden, nach der Landschaft zwischen Herat und Hilmand genannt dehnte in der Folgezeit ihre Macht weit in das Gangestal aus. Die Rajputen erlagen ihnen in der Schlacht 1192. Im folgenden Jahr wird Delhi die muselmanische Hauptstadt in Indien; nun fallen den Moslems Benares, Gujarat und schließlich auch Bihar, Haupt- und Tempelstadt der Pala-Dynastie anheim. 1199 erobern sie noch das bengalische Reich der Sena-Dynastie. Bei diesen Kriegszügen haben die Moslems die buddhistischen Klöster in Nordindien schrecklich verwüstet, ein Schlag, von dem der Buddhismus sich nicht mehr erholen sollte. Er hat sich nur in Burma halten können – außerhalb der türkischen Macht.

Die nomadischen Dschurdschen, ein kleiner Stamm aus dem Sungari-Amur-Gebiet, schüttelten 1122 die Oberhoheit der Kitan ab. Zunächst sahen die Sung in ihnen einen Bundesgenossen, mit dem sie gemeinsam gegen Peking – damals Yen ching – zogen. 1125 hatten die Dschurdschen schon das ganze Kitan-Reich erobert. Aber wenn der Sung-Kaiser gehofft hatte, er könnte bei dieser Gelegenheit die Südpräfekturen der Kitan, einst chinesisches Land, zurückgewinnen, dann hatte er sich bitter getäuscht. In ihrem Siegeszug stießen die Dschurdschen sogar über die alte chinesische Grenze vor und eroberten 1127 nach schweren Kämpfen die Sung Hauptstadt Pien (Kaifeng) in Honan. Der Kaiser wurde gefangengenommen, das ganze Gebiet bis zum Huai Fluß, also das chinesische Kernland, fiel an die Barbaren.

Daraufhin errichtete Kao tsung (1127–1162), ein Sung aus einer Nebenlinie, ein eigenes Reich im Süden mit der Hauptstadt Hang tschau. An die Herren im Norden, deren Oberhoheit sie regelrecht anerkannten, mußten die Süd-Sung (1127–1279) riesige Tribute zahlen: 25000 Tael Silber und 250000 Rollen Seide.

China dürfte damals ungefähr siebzig Millionen Einwohner gehabt haben, von denen nun etwa zehn Millionen im Nordreich »Chin« lebten. Dschurdschen und Kitan zählten wohl kaum mehr als eine Million Menschen.

Militärisch schwach waren die Chinesen, weil die Sung-Kaiser die eigenen Truppen mehr fürchteten als die barbarischen Feinde. Jedes Heer, das siegreich aus dem Felde zurückkehrte, stellte eine innenpolitische Gefahr dar, und das wußten die Zivilbeamten ebenfalls. Ihnen schien es richtiger, zunächst nachzugeben, um dann Bundesgenossen weit draußen zu werben, die die Bedrücker vom Rücken her in Schach hielten. Diese Politik barg gewiß Risiken, aber es war die gleiche Politik, die Konstantinopel laufend gegenüber Hunnen und Bulgaren, Ungarn, Petschenegen, Warägern und Kumanen betrieben hatte.

Zahlenmäßig begrenzte Reiterscharen konnten immer wieder große und volkreiche Staaten überrennen und unterwerfen. Im Gegensatz zu den Besiegten hatten sie wenig zu verlieren. Bald bildeten sie eine Gefahr auch für ihre weiteren Nachbarn. Je mehr sie gefürchtet waren, umso mehr Gruppen schlossen sich ihnen an. Nun suchten sie noch mehr Land an sich zu reißen. Die Macht der Chin, wie die Dschurdschen sich nach ihrem Sieg nannten, setzte weitere Kräfte in Asien frei.

Die besiegten Liao hatten sich in das Tarim-Becken geflüchtet, wo sie als Karakitai ein eigenes Reich begründeten, eines unter den vielen türkischen und tibetischen. Da waren die Tanguten, die Hsia-Hsia, wie die Chinesen sie nannten, Buddhisten aus Tibet mit eigener Schrift und Sprache. Westlich davon wohnten die Uiguren – ein Turkvolk, das in den alten Städten vorwiegend vom Handel lebte. Um den Baikalsee herum, der Urheimat der Türken, herrschten die Kirgisenkhane, die die Mongolen im 10. Jahrhundert aus der Mongolei vertrieben hatten, alles Stämme aus türkisch-mongolischen Splittergruppen und Großfamilien.

Immer wieder schloß sich eine Anzahl solcher Familien zu einem »ulus« zusammen. Solche aus freiem Willen gebildeten Einheiten waren etwa die Naiman und die Kereyid. Einer der Kereyid-Herrscher, unter dessen Gefolgsleuten es viele Nestorianerchristen gab, war Tegheril-Wang. Sein Name, kaum verstanden, erinnerte irgendwie an Johann, so daß er zum »Priesterkönig Johannes« wurde, von dem eigenartige Berichte bis nach Europa drangen. Er, der Christ, hieß es, sei auf dem Marsch nach Westen, um seinen Glaubensbrüdern gegen die Moslems zu Hilfe zu kommen.

Die außenpolitische Schwäche Chinas unter den Sung gewährte den Nachbarn eine größere Eigenständigkeit – kulturell wie politisch. Der Hof in Kaesong, der Hauptstadt des koreanischen Reiches Koryo, förderte Künstler und Gelehrte; in den Klöstern blühte das Handwerk vor allem die Keramik. Gegenüber den unruhigen Kitan sollten Werke nationaler Denker die geistigen Kräfte stärken. Damals wurden diese Bücher in Blockdruck vervielfältigt. Aus dem regen Seeverkehr mit China und mit Japan zog Korea reichen Gewinn.

Im Krieg gegen die Ainus haben die Heerführer – Shogune – im 9. und 10. Jahrhundert in Japan großen Einfluß gewonnen. Unter ihnen ragte die Familie Fujiwara hervor, die als Shogune allmächtig waren. Michinega Fujiwara (966–1027) regierte rund dreißig Jahre; er verheiratete seine Töchter mit drei Kaisern und wurde Großvater von weiteren vier. Da häufig Minderjährige den Kaisertitel erbten, übte nach japanischem Recht der mütterliche Großvater die Regentschaft aus. Unter den Fujiwara gewann Kyoto – die »Friedenshauptstadt« – an Größe und Reichtum. Prächtige buddhistische Klöster entstanden – wie Hieizan. Viele Japaner besuchten zwar China, aber die amtlichen Beziehungen der Kaiserreiche hatten seit den Tang aufgehört.

Inzwischen waren in den Provinzen aber auch andere Familien erstarkt – wie die Taira und die Minamoto – die nun ihrerseits Ansprüche beim Tenno anmeldeten. In der Hauptstadt Kyoto kam es zu Unruhen, in die bewaffnete Scharen der großen buddhistischen Klöster, des Anryaku, des Mii und des Kofuku-Klosters eingriffen. Bei diesen Wirren siegten die Minamoto in der Seeschlacht von Dannouro 1185 über die Taira. Mit dem neuen Shogun Minamoto Yoritomo (1147–1199) setzte sich als neues Regierungssystem die Militärdiktatur durch, in der die Krieger die wirtschaftlichen und geistigen Fragen entschieden.

Hatte sich die vergangene Heian-Zeit durch ihre kulturellen Leistungen ausgezeichnet, so schlossen sich nun die Japaner von der Umwelt ab, was der chinesischen Zurückhaltung unter den Sung zur gleichen Zeit entsprach. Der Mittelpunkt des Reiches lag in Kyoto, während die übrigen Landesteile kaum zählten. Erst unter Minamoto Yoritomo gewinnen auch die anderen Provinzen an Bedeutung, die der chinesischen Kultur und dem Buddhismus in Nara und Kyoto ferner standen. Als Minamoto Yoritomo 1199 starb, löste sich die straffe Zentralgewalt auf. Nichts wußten die Japaner vom Weltmeer im Osten.

Auf vielen Inseln in dem unermeßlich großen Pazifik haben damals bereits Menschen gelebt. Wann sie dorthin gekommen sind, weiß man nicht, doch dürften sie einzeln oder in kleinen Gruppen über das Meer gesegelt sein. Noch war das angesteuerte Ziel unbekannt, unbekannt die Lage der Inseln, unbekannt Meeresströmungen und Winde. Was im Laufe der Zeit zu gesichertem Wissen wurde, mußte anfangs mühsam erarbeitet und erlitten werden. Die ersten Fahrten der Polynesier waren wohl mehr abenteuerliche Reisen und bestenfalls Handelsunternehmen. Dann aber begannen sie fast planmäßig, die weitgestreute Inselwelt zu besiedeln.

Flotten mit Tausenden von Einbäumen und Auslegerbooten segelten in die Ferne. Die Polynesier erzählen, daß ihre Vorfahren von der Insel Hawaiki stammen, womit sicher nicht Hawai gemeint war, sondern die Heilige Insel ihrer Sagen. Ihre Königslisten reichen über fünfzig, siebzig und mehr Geschlechter. Der Häuptling Tafai soll Tahiti um das Jahr 725 erobert und die ansässigen Manahune, die »Götterlosen«, unterworfen haben. Aber auch die Manahune waren Polynesier, die unter ihrem Anführer Hawai-loa um 450 über drei Meere gefahren sein sollen. Sie stammen wohl von den Gesellschaftsinseln.

In der zweiten großen Welle kamen vom 7. Jahrhundert an die Ariki. Sie brachten Schwein und Huhn mit und pflanzten Kokospalmen, doch kannten sie weder Töpferei noch Schrift. Haben sie einmal mehr besessen und »unterwegs verloren«, vielleicht weil bei den Tieren die Aufzucht mißlang oder weil bei der Töpferei die notwendigen Grundstoffe fehlten? Oder wurden gewisse Gaben von den Menschen, zu denen sie gelangten, einfach angelehnt und verworfen? Sprachlich stellt das Polynesische eine abgeschliffene Form des Uraustronesischen dar, zu dem das Melanesische, das Mikronesische und Indonesische gehören.

Schiffbau und Segelkunst hatten sich im Laufe der Jahrhunderte erheblich verbessert. Ausgehöhlte Baumstämme, zu zweien durch eine Plattform miteinander verbunden – Doppelboote – oder mit einem Schwimmbalken gegen das Kentern geschützt – Auslegerboote – trugen ein bis drei Masten mit dreieckigen Segeln aus geflochtenen Matten. Bei Windstille benutzte man Paddel. Sechs bis zehn Seemeilen, bei günstigem Wind sogar fünfzehn bis sechzehn legte ein gutes Boot zurück, das zwischen sechzig und einhundertvierzig Personen faßte. Proviant wurde für vier bis fünf Wochen mitgenommen. Wanderte ein Fürstensohn aus, nahm er den schweren Stein, mit, der im heimischen Tempel als Rückenlehne gedient hatte.

Den Höhepunkt erreichte die polynesische Wanderung im 11. Jahrhundert. Unter Te Erui haben die Polynesier gegen 1050 die Insel Aitukaki erreicht, hundert Jahre später unter dem Häuptling Hotumatua die Oster-Inseln. Zu ihnen stießen Siedler, wahrscheinlich von den Marquesas-Inseln, die den Ruf hatten, gute Steinbildner zu sein. Beide Gruppen lagen Jahrhunderte lang in Streit, bis die zuerst angekommenen »Langohren« ausgerottet waren.

Im 12. Jahrhundert ist auch Neuseeland durch Toi von Rarotonga erobert worden, wo eine Urbevölkerung, die Moriori, lebte, die um 1175 nach den Chatham-Inseln auswanderten, wo sie als einfache Fischer und Jäger bis ins 20. Jahrhundert lebte. Der große Seeheld des 13. Jahrhunderts war der Häuptling Hiro, der als erster auch Plankenboote benutzte. Die größte Unternehmung der Polynesier war wohl die Fahrt nach Neuseeland um das Jahr 1350. Mit ihnen kamen die Maori dorthin.

Ein zentrales Heiligtum der Polynesier entstand in Opoa und Raiatea, aber die Schiffsbaukunst ließ nach, der Verkehr der Inseln untereinander hörte auf, jede Insel isolierte sich. Die einzelnen Häuptlinge führten untereinander Krieg. Manche Insel wurde von der Bevölkerung verlassen.

Waren die Polynesier vielleicht Erben von wesentlich älteren Seefahrern? Etwa jener, die einmal von Südostasien bis Japan und sogar nach Amerika gefahren sind? Über tausende von Kilometern hinweg waren die Polynesier bis zu den Oster-Inseln vorgestoßen; bis zum amerikanischen Festland scheinen sie nun nicht mehr gekommen zu sein.

In Amerika brachte die Wende zum 2. nachchristlichen Jahrtausend einen eigentümlichen Umbruch. Die alten Kulturen verharren oder fallen sogar zurück, ohne daß sich irgendwelche zukunftsträchtigen Anstöße bemerkbar machen. Der Grund ist wohl, daß neue Völker in die alten Kulturbereiche eindringen, denen sie nun ein neues Gesicht geben. In Amerika haben sich die erstaunlichen Hochkulturen in verhältnismäßig kleinen Räumen entfaltet, häufig um einen oder mehrere Kultstätten herum, während oft das Umland weiterhin auf der Stufe der Jäger und Sammler verharrte.

Es hat lange gedauert, bis kulturelle Anstöße auch die Landstriche der frühen Jäger erfaßten. Heute noch gibt es Jägervölker in den dichten Urwäldern. Sie füllten zum Ausgang des 1. Jahrtausends nach Christus wohl zu vier Fünftel den Erdteil, obwohl Tauschwaren von Mexiko bis zu den Oberen Seen Nordamerikas wanderten und Lebensmittel, vor allem Mais, dort gegen Kupfer eingehandelt wurden. Langsam verbreitete sich, zuerst als Nebenerwerb, die Landwirtschaft in das Mississippi-Becken und von der peruanischen Küste bis nach Chile.

Aber immer wieder brachen die Jäger in verschiedenen Wellen in die Anbaugebiete ein. Sie nahmen zwar die überlegene Kultur der Unterworfenen an, blieben aber vielfach bei ihren alten Glaubensvorstellungen. Statt der Priester stellten die Krieger die führende Schicht: hart, grausam, politisch aber hochbegabt. Hatte viele Jahrhunderte lang Teotihuacán in Mexiko den Mittelpunkt einer auf religiösen Vorstellungen beruhenden und von Priestern geführten Kultur gebildet, hatten die Tolteken Tollan – Tula – zu ihrer religiösen Hauptstadt gemacht, so brachen jetzt neue Kriegerscharen ein, die Tollan 1156 zerstörten – die »Chichimeken« wie seit langem alle die wilden Jägervölker aus dem Norden genannt wurden.

Die Bewohner der mexikanischen Hochfläche wurden seit eh und je von einer lähmenden Weltenangst gepeinigt. Alles Leben auf der Erde hängt vom Lauf der Sonne, des Mondes und der Gestirne ab. Die Götter führen sie im Osten herauf, über die Himmelsbahn hinweg nach Westen, wo sie untergehen. Was aber, wenn die Götter sie eines Tages nicht wieder im Osten heraufholen? Haben sie überhaupt die Kraft dazu, die Welt Tag für Tag neu zu beleben? Könnten sie nicht einmal erlahmen? Nach alten Vorstellungen, die dann von den Azteken eifrig weitergesponnen wurden, ziehen die Götter ihre Kraft einzig und allein aus Opfergaben, vor allem aus dem Blut von geopferten Menschen. Schon der letzte König von Tollan, Huemac (1098–1174), ging dazu über, die Menschenopfer vermehrt darzubringen. Alles half ihm nichts. Er wurde vertrieben.

Am Titicaca-See war Tiahuanaco seit jeher ein religiöser und kultureller Mittelpunkt, kaum jedoch die Hauptstadt eines Reiches. Die Kunstformen von Tiahuanaco haben sich noch im 1. Jahrtausend bis zur Küste des Pazifik verbreitet, wahrscheinlich dank friedlicher Verbindungen und nicht über kriegerische Eroberungen. Vielleicht strahlte das religiöse Zentrum aus. Dann schwindet der Einfluß. In seiner größten Zeit bedeckte der bebaute Bezirk von Tiahuanaco eine Fläche von 450 000 Quadratmetern; es lassen sich auch zwei Bauperioden unterscheiden, aber weder Überlieferung noch Funde lassen die Geschichte des Heiligtums festlegen.

Anders verhält es sich mit dem Chimú-Reich an der Küste, das sich zeitweise von Tumbez bis fast nach Lima über tausend Kilometer weit vom 3. bis zum 11. Grad südlicher Breite erstreckte. Nach alten Sagen sollen die Vorfahren der Chimú auf Flößen aus dem Norden gekommen sein. Sie ließen sich in den Flußtälern an der Küste nieder, wo schon vorher die Mochica und die Nazca – ursprünglich Fischervölker – eine hochstehende Kultur entwickelt hatten. Über weite Entfernungen leiteten die Chimú das Schmelzwasser der Berge in Kanälen zu den Feldern an den Flußläufen. Die dichte Besiedlung hat die Hauptstadt Chanchan bei Trujillo so wachsen lassen, daß sie im 12. Jahrhundert fast hunderttausend Bewohner gezählt haben soll. Damals gab es nicht viele Städte dieser Größe in der Welt, keine in Europa.

Die Chimú waren hervorragende Handwerker; sie haben eine reichbemalte Keramik und herrliche Gewebe geschaffen, die sich an dem trockenen Boden erstaunlich gut erhalten haben. Auch als Goldschmiede waren sie berühmt. Das meiste Gold, das die Spanier in Peru erbeuteten, stammte von den Chimú, denen es die Inkas abgenommen hatten, wie überhaupt ein großer Teil der politischen, wirtschaftlichen und künstlerischen Leistungen der Inka auf die Yunka – die Küstenbewohner – zurückzuführen ist. Aber während die Inka später dem Sonnenkult huldigten, verehrten die Chimú vor allem den Mond. Die Malereien auf der Keramik, die den Toten mitgegeben wurden, zeigen die Götter und Dämonen. Da die Chimú, wie alle südamerikanischen Indianer, keine Schrift kannten, lassen sich die eindrucksvollen Malereien nur teilweise deuten. Von der eigentlichen Geschichte der Chimú wissen wir nur wenig, und ihre Überwinder, die Inkas, haben die Erinnerung an sie bewußt ausgelöscht.

Der Mongolensturm

Immer wieder wurden die Chinesen von den Reitern bedrängt, immer wieder wurden Dynastien von ihnen gestürzt und neue eingesetzt. Aber immer hatte es sich nur um wenige Stämme gehandelt, die unter tatkräftigen Führern die militärische Macht an sich zu reißen vermochten. Daher zielte die chinesische Politik – wie die Ostroms – seit jeher darauf ab, die Stämme gegeneinander auszuspielen. Bedrohlich mußte die Gefahr aus dem Norden aber werden, wenn sich die untereinander zerstrittenen Stämme zusammenfanden. Das gelang den Mongolen.

Wie die Chinesen haben auch die Dschurdschen der Chin-Dynastie sich mit den Tataren gegen die Manghol verbündet. Ursprünglich hatten die Manghol – oder die Mongolen, wie sie später hießen – am Buir-nor und Kulun-nor gesessen, dann hatten sie ihre Weideplätze zwischen den Flüssen Kerulen und Onon eingenommen. Ihr Anführer Khabul-Khan wurde von den Tataren gefangengenommen und an den chinesischen Kaiser ausgeliefert. Der Enkel dieses Gefangenen hieß Temüdschin. Er wurde der große Tschingis Khan.

Immer noch bestand Nordasien aus zwei verschiedenen Lebens- und Wirtschaftsbereichen. In den unendlichen Wäldern des Nordens schweiften nach wie vor wenige Jäger und Sammler; in der Steppe jedoch weideten die riesigen Herden: Pferde, Rinder, Schafe, Ziegen und auch Kamele. Diese Nomaden bezogen aus China viele Geräte, insbesondere Waffen, aber auch Luxuswaren wie die begehrte Seide und Lebensmittel, insbesondere Getreide und Tee. Offenbar haben sie in jener Zeit auch Ackerbau getrieben. Diese Völker suchten Anschluß an China, und umgekehrt hofften die Chinesen, durch Geschenke und Warenaustausch die Reitervölker an sich zu binden.

Beiderseits der Grenze waren die Menschen nahe verwandt. Viele Söhne der Reiter waren »Chinesen« geworden, viele Chinesen lebten als Händler oder als Handwerker in der Steppe. Von überall her kamen die Missionare: nestorianische Christen, Manichäer, Buddhisten, chinesische Konfuzianer; doch meist blieben die Schamanen Herren der Geister. Vorübergehend schwankten die Mongolen, ob sie sich zum Christentum bekennen sollten, doch entschieden sie sich für den Buddhismus in der Form des Lamaismus, der viele Züge des Schamanenglaubens bewahrte.

In ununterbrochenem Zuge strömten die Bewohner des Lena- und Amur-Beckens in die Steppe. Sie kamen aus den ostsibirischen Wäldern, wo das Klima mit gewaltigen Temperaturschwankungen noch härter war, und sie hielten – stärker als die Turkvölker – an ihren ursprünglichen Gebräuchen und Glaubensvorstellungen fest. So lange die Stämme im Walde blieben, waren sie harmlos; sobald sie jedoch auf dem Pferd über die Steppe brausten, erwiesen sie sich als harte Krieger und Häuptlinge von besonderem Schlag. Unerbittlich sowohl gegen sich selbst wie gegen ihre Feinde, begannen die Mongolen Weltgeschichte zu machen.

Die Nomaden lebten als Großfamilien in Zeltdörfern, Auls, die sich zuweilen zu größeren Verbänden, Ulus, zusammenschlossen wie etwa die Naiman und die Kereyid, die Urbewohner und Zugezogene umfaßten und zeitweise sogar einen eigenen Staat unter dem Namen Karakitay bildeten. In diesen Stämmen herrschte eine kleine Adelsschicht über das einfache Volk und die Sklaven – meist Kriegsgefangene. Die Herden gehörten wenigen Großen, die ihre Macht rücksichtslos ausnützten. Sie unternahmen Kriegszüge, teils, um die Weidegründe zu verteidigen, teils, um sie zu verlagern. Die Liao wie die aus dem Jenisej eingebrochenen Kirgisen haben sie zurückgetrieben. Trotz ihrer geringen Zahl und ihrem geringen wirtschaftlichen Gewicht haben diese Stämme eine erstaunliche, ungeheure Stoßkraft entfaltet.

Nach dem Sieg der Tataren wechselten die Ch'in ihre Politik. Aus Sorge vor einer neuen Gefahr unterstützten sie die christlichen Kereyid, die mit den Mongolen verbunden waren.

Als Vasall und Bundesgenosse der Chinesen begann Temüdschin nacheinander zuerst die verschiedenen Tatarenstämme, dann die Kereyid, die Naiman und die Merkid seinem starken Willen zu unterwerfen. 1205 war er der unbeschränkte Herrscher über die Völker, »die in Filzzelten lebten«. Als Tschingis Khan nahm er den Kaisertitel an. Wie so häufig in der Steppe, war fast aus dem Nichts ein starkes Machtzentrum entstanden, das auch alle Nachbarn anlockte.

Die türkischen Uiguren in den Städten des Tarim-Beckens beeilten sich, seine Oberhoheit freiwillig anzuerkennen. Seit Jahrhunderten standen sie in engem wirtschaftlichen und geistigen Austausch mit den Moslems, also mit der gesamten arabischen Welt, von der sie die hohen mathematischen Kenntnisse wie die Waffentechnik übernommen hatten. Dann unterwarf Tschingis Khan die Oiraten und Kirgisen im nördlichen Wald, dann die Tanguten im Reich Hsia-hsia, die von Tibet aus bis zur Seidenstraße und bis zum Ordos-Knie des Hoangho vorgedrungen waren. Ihr Kaiser Li-An-chüan mußte im Frieden alle Kamele, dazu Wolltücher, Seidenstoffe und Beizvögel abliefern. Damit hatten die Mongolen die Basis gewonnen, um das Reich Chin zu erobern.

1211 unterstand ihnen bereits alles Land entlang der Großen Mauer, als die Kitan-Truppen in der Mandschurei meuterten. 1215 war auch Peking genommen. Furchtbar wüteten die Mongolen in dem unglücklichen Land. Tschingis Khan ließ alle festen Plätze zerstören, alle Mauern schleifen und – anders als frühere Eroberer – die Menschen scharenweise niedermetzeln. Der Schrecken lähmte jeden Widerstandswillen. Nordchina verödete.

Dann ging es westwärts – zum Altai und nach Ostturkestan, denn schon begannen die Maiman und die Merkit sich aufzulehnen. In Karakorum am oberen Orthon-Fluß errichtete Tschingis Khan seine neue Residenz, zunächst wohl nur eine umwallte Zeltstadt, die als Mittelpunkt der neuen Macht Kaufleute, Abenteurer und Handwerker anlockte. Von Mauern umgeben, wurde Karakorum eine Stadt. Die Ruhe dauerte nicht lange.

Südlich des Aralsees hatte Chwarezmien seine Macht weit ausgedehnt. Schon lange zogen seine Haupstadt Urgentsch und Buchara die geistig bedeutenden Männer nicht nur Westasiens an. Schah Muhammed II. (1200–1220) eroberte Samarkand, gewann Ghazni, Westpersien, Aserbeidschan und Kasachstan. Schon hielt er sich für einen zweiten Alexander, als ihn der Stoß Tschingis Khans traf. Obwohl er angeblich über dreihunderttausend Krieger gegen wohl nur hunderttausend Mann der Mongolen verfügte, erlag er der raschen mongolischen Angriffstaktik. Furchtbar wüteten die Sieger. Wieder zerstörten sie die Städte, metzelten die Bevölkerung grausam hin, vor allem vernichteten sie auch das kunstvolle Bewässerungssystem. Ohne die Kanäle vertrocknete das fruchtbare Land. Chwaresmien hat sich von diesem Schlag bis in unsere Zeit nicht mehr erholt.

Und weiter brausten die Reiterheere. 1221 fiel auch Balkh. Ein mongolisches Heer stieß siegreich bis zum Indus vor. Zwei Jahre später vernichteten mongolische Truppen ein russisches Heer an der Kalka bei Taganrog. Nachdem sie die Krim verheert hatten, zogen sie sich aber nach Asien zurück.

Inzwischen hatten andere mongolische Streitkräfte die Liaotung-Halbinsel und Korea unterworfen. Dann rechnete Tschingis Khan mit den treulosen Tanguten im Reich Hsia-hsia ab, die ihre »Verpflichtung« nicht eingehalten hatten. Sie wurden 1226 erbarmungslos niedergemacht. Mitten in diesen Kriegshandlungen starb Tschingis Khan, zweiundsiebzig Jahre alt.

Sein Sohn Ögödei plante von Karakorum aus einen Feldzug, um das Chin Reich endgültig zu erobern und einen zweiten, um Rußland und Europa zu gewinnen. Für beide wurden bedeutende Vorbereitungen getroffen. Zusammen mit ihren chinesischen Untertanen und den verbündeten Uiguren und Tanguten leisteten die Chin erbitterten Widerstand. Zur Verteidigung ihrer Hauptstadt Kaifeng setzten sie sogar Schießpulver ein, wobei sie eine Art von Kanonen verwendeten. Aber als die Süd-Sung törichterweise den Mongolen ein Hilfsheer von zwanzigtausend Mann schickten, fiel die Stadt – und damit das Reich Chin. Doch gab es nun Streit zwischen den Mongolen und den Sung, wobei die einen den anderen des Vertragsbruchs beschuldigten. Die mongolischen Reiter brannten weite Teile der Provinzen Szetschuan und Hupei nieder, angeblich als Strafexpeditionen!

Auch im Westen errangen die Mongolen große Siege. Batu, Enkel des Tschingis Khan – unterwarf zuerst die Wolga-Bulgaren bei Kasan, dann die Kiptschak in der Steppe an der Wolga, um schließlich noch in das russische Waldgebiet vorzustoßen. Viele Kiptschaks flohen über die Karpaten hinweg zu den stammverwandten Ungarn, wo sie als »Kumanen« angesiedelt wurden. Im Dezember 1237 überschritten die Mongolen die zugefrorene Wolga, stürmten die befestigten russischen Städte Rjasan, Susdal, Rostow am Don und Jaroslaw. Moskau ging in Flammen auf. Bis Nowgorod kamen sie zwar nicht, weil ihre Pferde im Walde nicht weiden konnten. Aber sie zerstörten 1240 Kiew.

Einzelne Scharen gelangten bis Sandomir, andere brannten Krakau nieder. Bis zur Ostsee ging der Schrecken. Fischer von Gotland und Bornholm wagten nicht mehr, zum Heringsfang auszulaufen, da ungewiß war, ob er Feind nicht inzwischen die Südküste besetzt hätte. 1241 schlugen die Mongolen das vereinigte Heer von Polen und deutschen Rittern bei Liegnitz, bevor die Böhmen zur Hilfe heranrücken konnten. Ungehindert ritten die Mongolen nach Ungarn, bis zu den Alpen und bis zur Adria, und überall verbreiteten sie Grauen und Schrecken. Da traf die Nachricht vom Tode des Großkhans ein. Besorgt kehrte Batu sofort nach Karakorum zurück, um bei der Thronfolge mitzusprechen. Europa war vor den Mongolen gerettet – für immer!

Das Abendland selber hat wenig zu dieser Wende beigetragen. Erbittert rangen immer noch Kaiser und Papst um die Vorherrschaft, die Städte und Fürsten um ihre Unabhängigkeit. Friedrich II. von Hohenstaufen rieb sich im Kampf um seine innerpolitischen Feinde auf, er hatte keine Hand frei, um den äußeren Feind abzuwehren. Immer enger zog sich das Netz um ihn zusammen, das die Gegner um ihn gespannt hatten. Als er 1250 starb, zerbrach sein Reich. Die Anjou haben im Auftrag des Papstes seinen Erben besiegt und hingerichtet.

Einige tausend mongolische Reiter hatten jeden Widerstand zwischen Adria und Korea, zwischen Nowgorod und der Indusmündung niedergeworfen. Und immer noch gingen die Eroberungszüge weiter. Neuer Großkhan wurde Möngke. Ein Heer unter seinem Bruder Hülagu zog nach Mittelasien, eroberte Persien, brannte 1258 Bagdad nieder und nahm Aleppo und Damaskus ein. Dann erlitt er jedoch eine so schwere Niederlage durch die ägyptischen Mamelucken, daß er sich aus Syrien zurückzog. Die Grenze blieb weiterhin da, wo sie jahrtausendelang gelegen hatte: am Euphrat.

Kubilai, der andere Bruder, der 1260 zum Großkhan gewählt wurde, führte sein Heer gegen China. Während des zehnjährigen Krieges kam es vorübergehend zu einer Krise, als eine aufständische mongolische Armee gegen Karakorum vorrückte. Aber trotz der materiellen und kulturellen Überlegenheit des Südreiches waren die Mongolen nicht aufzuhalten. Ihr harter Wille errang den Sieg.

Die Mongolen haben auch den Südwesten Chinas unterworfen. Seit sechs Jahrhunderten bestand in Yünnan das Reich der Thai, Nandschao, dessen Macht bis an die Yangtsemündung und nach Burma heranreichte. In ihren Bergen waren sie gegen Angriffe weitgehend gefeit. Die Eroberungen der Han wie der Tang beschränkten sich darauf, deren Oberhoheit anerkennen zu lassen, die an den Zuständen im riesigen Waldgürtel zwischen der Gangesebene und der Yangtsemündung kaum etwas änderte. Dort blieb alles, wie es war. In den feuchten Flußtälern bauten die Thai ihren Reis an, die Berghöhen und den Urwald überließen sie den Miao, Yao und Lo. Den mongolischen Heeren aber schien nichts unerreichbar.

Sie zerschlugen Nandschao, sie eroberten Burma und Indochina, sie unterwarfen Tongking und Annam. Zwischen 1285 und 1288 wurde auch Kambodscha besetzt. Zweimal versuchte Kubilai, Japan niederzuwerfen, wobei die Koreaner die Flotte stellten. Zweimal landeten seine Truppen auf der Insel, doch Kamikaze, der »göttliche Wind«, hat die Flotte zerschlagen. Zu einem neuen Unternehmen gegen Japan kam es nicht mehr, auch nicht zu dem geplanten Kriegszug gegen Java.

Überall herrschten die mongolischen Krieger über eine unterworfene Bevölkerung, die in den verschiedenen Teilen des Reiches völkisch recht unterschiedlich zusammengesetzt war, was wiederum dazu führte, daß sich die Teilreiche unter den Nachkommen des Tschingis Khan recht verschieden entwickelten.

Die Hauptstadt dieses Weltreiches wurde von Karakorum zuerst an die Chinesische Mauer, dann nach Cambaluc – Peking – verlegt. Damit war ein mongolisches China entstanden. Schon manche Eroberer hatte China überdauert, doch vermochte es stets, die neuen Herren umzuformen. China blieb China auch unter der Fremdherrschaft. Die Mongolen aber waren und blieben den Chinesen fremd.

China war zwar der wohlhabendste Teil ihres riesigen Reiches, aber eben nur ein Teil. Kubilai fühlte sich als Großkhan, dem die »Goldene Horde« in Europa ebenso wie die Ilkhane im Iran unterstanden. Er herrschte zwar wie ein chinesischer Kaiser, seine Dynastie nahm den chinesischen Namen Yüan an, aber die Chinesen sahen in ihr nur die Barbaren. Sie wurden in dem Land nie heimisch. Obwohl die mongolische Herrschaft hundertfünfzig Jahre dauerte, haben die Chinesen verhältnismäßig wenig von den »Barbaren« angenommen; als sie die Mongolen 1368 vertreiben konnten, kehrten sie zu ihrer alten Lebensweise zurück. Ihr Respekt vor mongolischen Regierungsmethoden war gering.

In der »verbotenen Stadt« in Cambaluc, die den Chinesen versperrt war, residierte der Großkhan mit seinen mongolischen Kriegern. Dort gingen auch die Fremden ein und aus, wenn sie sein Vertrauen genossen. Weiterhin blieb er aber auch Herr der Steppe und der riesigen Nomadenheere, in denen die Mongolen zwar überwogen, in denen aber auch die unterworfenen Völker dienten. Schon Tschingis Khan hatte chinesische Beamte übernommen. Kubilai-Khan baute sorgfältig einen umfassenden Verwaltungsstab nach chinesischem Vorbild auf, vielfach aus Chinesen, doch stellte er auch viele Fremde in seinen Dienst. Marco Polo stieg als junger Mann zu hohen Stellungen auf.

Waren die Kaiser auch Mongolen, so blieb die Regierung in ihrer Form und teilweise auch in ihren Beamten chinesisch; wie früher gliederte sie sich in zwei Spitzen, die Kanzlei und das Kriegsministerium. Dem Kanzler unterstanden die sechs Ministerien. Obwohl immer noch das alte Prüfungssystem galt, hatte sich das Reich im Kern geändert, denn jetzt überlagerten sich mehrere Schichten.

Die oberste Klasse bildeten die Mongolen, denen die stammverwandten Völker wie die Türken und Tungusen unterstanden. Die dritte Schicht bildeten die Nordchinesen und die tiefste die Südchinesen. Aber gerade sie waren zahlenmäßig wie kulturell und wirtschaftlich führend. Mongolen und Zentralasiaten zählten wohl kaum fünf Millionen, die Nordchinesen vielleicht zehn bis fünfzehn Millionen, während die Südchinesen, verächtlich Mau-tzu, Südbarbaren, genannt, auf etwa sechzig Millionen geschätzt werden. Nach den furchtbaren Kriegen zu Beginn des 14. Jahrhunderts wohnten über achtzig Prozent der Chinesen im Südreich. Von ihnen lebte das Reich.

Seine chinesischen Berater hatten es verstanden, dem neuen Machthaber klarzumachen, daß er von einem blühenden und steuerzahlenden China mehr haben würde als von einer verwüsteten Steppenlandschaft, auf der nur die Herden weideten. Zunächst hatten die Steppenreiter gedacht, das Land auszuplündern und die hohen Abgaben von chinesischen Verwaltungsbeamten einziehen zu lassen. So haben sie es ja auch in Rußland gehalten. Marco Polo staunte über die ungeheuren Summen, die die Chinesen zahlen mußten und zahlen konnten. Das Geld, auf das die Mongolen besonderen Wert legten, floß erst in die Kassen des Khans, dann zu den treuen Kriegern am Hof und in der Steppe, und von dort ins Ausland – für die viel bewunderten ausländischen Güter.

Der Welthandel blühte auf. Von der Steppe kamen die Pferde für den Hof und für die Truppen, aus dem arabischen Raum Gewürze, aus Nordeuropa vor allem die Felle; Wollstoffe und Metalle aus Westeuropa und dem Balkan. Die Mongolenkaiser sorgten dafür, daß die uralten Handelsstraßen für die Karawanen durch Zentralasien gesichert wurden.

Chinesische Dschunken fuhren bis Indochina, zu den Philippinen, nach Indonesien und durch die Sundastraße hindurch nach Indien. Ihnen kamen Schiffe aus den von Hindus geleiteten Handelsniederlassungen entgegen, von Ankor in Kambodscha bis Java, Borneo und den Philippinen. Endpunkt des Handels war meist Hangtschau, die größte und reichste Stadt der Welt zu jener Zeit. Die Dhaus der Araber schafften chinesische Waren nach Ostafrika, über das Rote Meer zum Mittelmeerraum. Überall gab es chinesisches Porzellan und chinesische Seide.

Über die endlosen Wege Asiens wanderten Kaufleute, Missionare, Abgesandte von Königen, Kaisern und Päpsten, Abenteurer, Siedler und Flüchtlinge, die eine neue Heimat suchten. Wie schwierig die weite Reise war, wissen wir von Marco Polo, der selber fünf Jahre unterwegs war; monatelang lag er krank in einem einsamen Gebirgstal. Sein Begleiter, Abgesandter des Mongolenkhans, erlag den Strapazen. Dennoch haben sich große Heere über diese Strecken bewegt; wenn die Zahl von Hunderttausenden von Kriegern auch übertrieben ist, so waren sie – weit entfernt wie bei Liegnitz – noch stark genug, ihre Feinde niederzuwerfen.

Unendlich groß war der Bereich, der dem Großkhan unterstand: vom Chinesischen Meer bis zur Adria, von Nowgorod bis Syrien, bis Indien, Burma und Indochina. Aber gerade in seiner staunenswerten Größe lag die Schwäche dieses Reiches. Um die weit vorgeschobenen Besitzungen zu halten, mußten Truppen dorthin verlegt werden, deren Befehlshaber mit der Zeit so selbstherrlich wurden, daß sie sich sogar von dem eigenen Herrscher jenseits des Horizontes nichts sagen ließen.

Tschingis Khan hatte deswegen seine Söhne an die Spitze der fernen Heere gestellt, die jeweils den Großkhan wählen sollten. In der ersten Wahl vollzog sich die Übergabe der Macht noch reibungslos, aber schon die Enkel huldigten Kubilai-Khan nur noch in der Form. In Wahrheit fühlten sie sich als unabhängige Herrscher. Reiche bildeten sich, stark genug, um der Macht des Großkhans, selbst eines Kubilai-

Khans, zu trotzen. In der südrussischen Steppe saß die »Goldene Horde«, die Erben Batus, im Tarimbecken herrschten die Erben Tschagatais, in Persien und Mittelasien die »Ilkhane«, die Nachkommen Hülagus.

Nur China war ein Staat mit geordneten Finanzen, einem geschulten Beamtenstab, mit einheitlicher Rechtsprechung. Nur dort wurde für die Bevölkerung gesorgt, wurde Kunst und Wissenschaft gefördert, genossen Landwirtschaft und Handwerk den Schutz der Behörden. In den anderen Gebieten hatten sich Reiche herausgebildet, wie sie den Nomaden in der Steppe seit den Tagen Attilas eigentümlich sind: in seiner Residenz versammelte der Herrscher seine Krieger um sich, verteilte Land, Menschen und Tribute unter seine Günstlinge und die verbündeten Fürsten der Unterworfenen. Sein Machtwort galt, weil sonst ein strafender Kriegszug drohte.

Da beeilten sich die russischen Fürsten wie die islamischen in Mesopotamien und Persien oder Indien, alles zu tun, was der unerbittliche Khan forderte, mochte es noch so hart sein. Wer sich fügte, wurde verschont, konnte sogar aus seiner Vertrauensstellung Nutzen ziehen, indem er die anderen ausplünderte. Wer sich widersetzte, wer auch nur murrte, bekam das zu spüren. Aber gerade diese Selbstherrlichkeit verführte dazu, auch gegenüber dem Oberherrn im fernen Cambaluc eigenwillig aufzutreten. Das riesige mongolische Weltreich löste sich in seine Bestandteile auf, auch ohne Bedrohung von außen.

Unter den furchtbaren Schlägen der Mongolen flüchteten viele Slawen in die schwer zugänglichen Wälder, wo ugro-finnische Stämme wie die Tscheremissen und die Mordwinen lebten, mit denen sie langsam zusammenwuchsen. Sie wurden »Russen«. Jährlich einmal hatten sich die russischen Fürsten nach Sarai zu begeben, um die recht hohen Tribute abzuliefern und weiterhin Treue und Unterwürfigkeit zu versprechen. Auch der stolze Alexander Newski, der Sieger über die Schweden (1240) und die deutschen Ritter (1242), mußte sich diesem demütigenden Befehl beugen; andernfalls drohte einer jener entsetzlichen »Strafexpeditionen«, die das Land verwüsteten und die Menschen umbrachten, woraufhin die Eingeschüchterten pünktlich bezahlten.

In der Regel brauchten die Mongolen nicht einmal selber einzugreifen. Es genügte, die russischen Fürsten gegeneinander auszuspielen. Jeder bemühte sich um die Gunst des mächtigen Khans in Sarai. Errang er sie, so wurde er damit beauftragt, die Steuern auch in den Nachbarländern einzuziehen. Irgend etwas fiel immer für ihn selber ab, zudem bewahrte ihn das Vertrauen vor dem Zorn der Mongolen, wenn die Tribute einmal nicht voll gezahlt werden konnten. Am besten verstand es der Großfürst von Moskau, als Günstling der Mongolen langsam sein Gebiet auszudehnen und seine Macht zu stärken.

Aus dem elenden Moskau – 1147 kaum mehr als eine Kirche im Walde – wurde der Sitz des Großfürsten, dem bald Tula, Susdal, Wladimir und Nischni-Nowgorod zufielen. Als Twer sich wegen eines allzuhohen Tributes erhob, besiegte Iwan von Moskau die Stadt. Dafür verschafften die Tataren ihm 1328 die Großfürstenwürde für ganz Rußland, was allerdings nicht viel bedeutete, da alle wichtigen Entscheidungen bei dem Herrn der Goldenen Horde lagen. Selbst Testamente der Fürsten mußten von ihm bestätigt werden. 1317 hatte der Metropolit von Kiew seinen Sitz nach Moskau verlegt, was der Macht des Großfürsten zugute kam, da die Kirche die einzige Institution war, die – von den Tataren anerkannt – in dem ganzen russischen Gebiet bis weit nach Litauen hinein galt. Doch führte diese Abwanderung des Metropoliten andererseits dazu, daß sich größere Teile aus dem Machtbereich der russischen Fürstentümer lösten und Anschluß an Litauen-Polen suchten.

Dmitrij Donskoi nannte sich stolz Großfürst aller Reußen. Und schließlich fühlte er sich stark genug, auch dem allmächtigen Khan Mamai entgegenzutreten, den er in der Ebene von Kulikovo 1380 besiegte. Aber zwei Jahre später kam die Rache. Der Mongole Toktamisch brannte Moskau nieder. Es sollten noch mehr als hundert Jahre vergehen, bis die mongolische Herrschaft gebrochen wurde.

An den Küsten des Schwarzen Meeres blühte wie eh und je der Handel. Auch die Mongolen der Goldenen Horde erlaubten den Italienern, anfangs den Venezianern, dann – nach dem Sturz des Lateinischen Kaiserreiches – den Genuesen Niederlassungen zu gründen. Vom Schwarzen Meer sind die Polo nach Peking gereist, das erste Mal nördlich des Kaspisees, dann wegen der Unruhen in Turkestan über die Südroute und den Pamir. Nun strömten Waren, aber auch Gedanken von Ost nach West und von West nach Ost. Mochte das Mongolenreich auch politisch zerfallen sein, wirtschaftlich und geistig bildete es weiterhin eine Einheit. Menschen zogen hin und her.

Über Reisende, Abenteurer, Mönche und Kaufleute lernte Westeuropa vom 13. Jahrhundert an die geistige und technische Welt des Fernen Ostens kennen. Was Marco Polo über China berichtete, haben die Venezianer nicht geglaubt; sie lachten über den »messer millione«. Dennoch haben seine Berichte weiter gewirkt. In den Klöstern sammelte sich ein beträchtliches Wissen an, das Franziskaner und Dominikaner anregte, sich mit eigenartigen Lehren oder gar mit Erfindungen zu beschäftigen. Vieles mußte neu erarbeitet werden, weil man es nicht recht verstand, manches wurde weiterentwickelt wie das Schießpulver, das Bruder Schwarz »erfand«.

Zwischen der Goldenen Horde und dem Reich der Ilkhane war die Grenze am Kaukasus umstritten; beide beanspruchten Armenien für sich. Die Goldene Horde schloß ein Bündnis mit den ägyptischen Mamelucken, die gerade die Mongolen aus Persien in offener Schlacht besiegt hatten, nicht zuletzt dank dem mongolischen Hilfskorps aus der südrussischen Steppe. Im Geist dieses Bündnisses trat Berka, der Herr der Goldenen Horde, zum Islam über. Bald folgten die Herren Mittelasiens, die Nachkommen Dschagatais, ihrem Beispiel. Im Iran war der Ilkhan Argun, der 1283 die Regierung antrat, noch überzeugter Buddhist. Erst sein Sohn Ghazan (1295–1304) trat zum Islam über.

In diesen Bekehrungen spiegelt sich der alte Unterschied zwischen Mongolen und Türken wider. Zwar hatten die Mongolen auch im Westen die Macht an sich gerissen, aber sie waren von türkischen Untertanen und Kriegern umgeben, an die sie sich anpaßten. Mongolen gab es nur wenige westlich des Baikalsees; war die Goldene Horde vorwiegend türkisch, so bildeten im Reich der Ilkhane die Iraner die Mehrheit der Bevölkerung. Während die Mamelucken sich an die Goldene Horde wandten, suchten die Ilkhane Unterstützung im Abendland, dem sie wiederholt versprachen, in die Kriege gegen die Mamelucken einzugreifen; aber dazu ist es wegen der Goldenen Horde nie gekommen.

Nach seinem Sieg über die Ilkhane wandte sich der Mameluck Baibar gegen die Christen, eroberte 1268 Jaffa und Antiochia, 1291 auch Akkon, worauf die Kreuzfahrer die Städte Tyrus, Beirut und Sidon räumten. Armenien hielt sich bis 1375. Eigentlich hat sich die arabische Welt nie wieder von der Zerstörung Bagdads erholt; fortan war der Islam türkisch – nicht mehr arabisch. Es blieb zwar arabisch die Sprache des Koran und Mekka der religiöse Mittelpunkt, es blieb das gemeinsame Recht, aber die große kulturelle Kraft war geschwunden. die fruchtbaren Landstriche Mesopotamiens, aber auch Chwarezmiens, lagen verödet da, nachdem die mongolischen Eroberer die wasserführenden Kanäle zerstört hatten. Nur im fernen Westen, wohin die Mongolen nicht gekommen waren, wahrte die Universität Fez den Ruf islamischen Wissens.

In Indien rissen die türkischen Söldner die Macht an sich. Als 1206 der Sultan Mohammed von einem Fanatiker ermordet wurde, gründete Baibak die Mamelucken-Dynastie (1206–1290), die sich heftig gegen die Mongolen zu wehren hatte; sie belagerten – allerdings vergeblich – sogar Delhi. Fähige Generäle trieben die Mongolen zurück. Während dieser ganzen Zeit ging aber der erbitterte Krieg gegen die einheimischen Hindus weiter. Hatten die islamischen Türken bis dahin vorwiegend Plünderungszüge unternommen, die Schätze weggeführt, das Land verwüstet, so gingen sie nun dazu über, große Teile Indiens ihrem Reich einzugliedern. 1305 wurde Malva erobert, nachdem die Stadt Ujjain bereits 1234 ausgiebig geplündert worden war. Bengalen mußte dreimal erobert werden, da es sich immer wieder gegen Delhi erhob. Es gehörte daher 1231–1279, 1324–1338 und seit 1359 zu Delhi. Hart wurde um Rajasthan gerungen. Die Festung Ranthabor wechselte wiederholt den Besitzer, und erst 1303 gelang es den Moslems, den festen Platz Chitor einzunehmen. Noch öfters wogte der erbitterte Kampf um die stärkste Festung im Gangestal, Gwalior, hin und her.

Im Süden erpreßte ein kühner Raubzug eine enorme Beute von den Yavada, als deren Hauptstadt Devagiri sich 1294 freikaufen mußte. Ein Reiterheer unter Malik Kafur drang 1309 gegen den Staat Kakatiya mit der Hauptstadt Warangel, im folgenden Jahr gegen die Hoysalas und dann gegen die Pandhyas vor, deren Hauptstadt Madura 1311 fiel. Der in Madura eingesetzte Statthalter machte sich bald (1335) selbständig. Sein Reich blieb islamisch bis es 1377 von dem Herrn von Vijayanagar zerstört wurde. Weil die indischen Staaten meist für sich standen, selten einander zu Hilfe kamen, gelang es kleinen, aber entschlossenen Heeren, nahezu ganz Indien zu erobern.

Rücksichtslos setzten sich die Türken gegenüber der einheimischen Bevölkerung durch, obwohl sie nur eine verschwindende Minderheit darstellten. Allerdings beherrschten die Sultane von Delhi nur die Städte und die festen Plätze, während das flache Land in offenem Aufruhr stand. Nur mit bewaffneter Begleitung konnten die Karawanen über die Straßen ziehen, und selbst dann wurden sie überfallen. Erbarmungslos trieben die Soldaten die Tribute ein. Der Reichtum kam aber nur den Beamten und den Kaufleuten zugute und dem Sultanshof.

Das stärkste Bollwerk gegen die Moslems und ihren Glauben bildeten der Hinduismus und die festverwurzelten Vorstellungen von der in sich geschlossenen unabänderlichen Kaste. Nur dort, wo die Kastenlosen, die Paria, überwogen, kam es zu umfangreichen Bekehrungen. Die von den Hindus Verachteten flüchteten in den Glauben, daß alle Menschen vor Allah gleich seien. Bei den Hindus jedoch gewannen die furchterregenden Götter wie Shiva, vor allem aber die blutdürstige Kali wieder an Anhängern. Ihnen wurden die Menschenopfer gebracht, und zwar teilweise bis ins 20. Jahrhundert hinein. Der Buddhismus, der bereits seit dem Jahr 700 immer mehr zurückgedrängt worden war, wurde von den Moslems nun ganz aus Indien getilgt. Die friedliche Religion war den schrecklichen Kämpfen mit allen ihren Greueln nicht gewachsen.

Die Mongolen haben zwar Burma überrannt, sie haben auch Annam gewonnen, aber es gelang ihnen nicht, über das Kap Varella, die alte Kulturgrenze, hinaus nach Angkor vorzustoßen. Aber da nun die Chinesen auf Annam und auf das Reich Tschampa drückten, wurden die Thai weiter nach Süden gedrängt. In Kambodscha hatte die Reiskultur eine beträchtliche Zunahme der Bevölkerung und einen beachtlichen Wohlstand zur Folge, der sich nun in den großartigen Bauten von Angkor kundtat. Eine starke Königsgewalt erlaubte es, die künstliche Bewässerung einzurichten, auf der die Fruchtbarkeit der Reisfelder beruhte. Dieser Reis wiederum erlaubte es dem König, starke Heere zu unterhalten, und schließlich kam die indische Kultur den eindrucksvollen Tempeln und Palästen zugute. So entstand Angkor. Die große Macht der Khmer in Kambodscha schwand Mitte des 14. Jahrhunderts, als die Thai zum Gegenangriff übergingen. In Indonesien hatte sich seit langem der indische Einfluß durchgesetzt, zuerst in Ostjava, während die Malaien sich in den Bergen Sumatras hartnäckig hielten. Die Sunda-Inseln wurden Mittelpunkt eines weitgestreckten Handels zwischen dem Roten Meer, der afrikanischen Ostküste und China, wo Tausende von Fahrzeugen aller Nationen durch die Sundastraße liefen. Aber der ungeheure Druck, der vom riesigen Mongolenreich ausging, hat den Nachschub aus den arabischen Ländern und aus Indien gelähmt. Die großartigen Anfänge eigener Schöpfungen verkümmerten. Auf eine ungewöhnliche Blüte im 13. Jahrhundert folgte auch in Indonesien die Zeit des Stillstandes.

Während auf Osteuropa und auf Vorderasien die Hand der Mongolen lastete, entwickelte sich in Westeuropa die Stadt zum tragenden Pfeiler des wirtschaftlichen und öffentlichen Lebens. Noch um 1150 mußte sie sich mühsam gegen die Landesherren wehren, gegen den feudalen Adel wie gegen die mächtigen Kirchenfürsten, die als Bischöfe die Rechtsprechung und vielfach die politische Verwaltung »ihrer« Stadt beanspruchten. Hundert Jahre später hatten die Kaufleute als Ratsherren in den meisten Städten die Freiheit der Städte durchgesetzt.

Immer noch stellen die Städter nur einen verschwindenden Anteil an der Bevölkerung, noch im 14. Jahrhundert werden es weniger als ein Zehntel gewesen sein. Aber in den Städten sammelte sich der Reichtum, zum mindesten das jederzeit verfügbare Geld. Mochte der Feudalherr sich rühmen, wieviel Grund und Boden ihm gehörte, über wie viele Hintersassen und schollengebundene Bauern er verfügte –, beliebig verwenden konnte er sein Eigentum kaum.

Kriegführen war teuer geworden, seitdem die Truppen besoldet, ausgerüstet und verpflegt werden wollten. Selbst die Ritter zogen nicht länger auf eigene Faust in den Kampf, da die finanziellen Anforderungen ihre Leistungsfähigkeit überstiegen. Sie suchten Geldgeber, bei denen sie Darlehen aufnehmen konnten. Die Banken und die Handelsherren saßen jedoch in den Städten.

In den Städten spielte sich auch das kulturelle Leben ab. Noch zu Beginn des 12. Jahrhunderts haben die ländlichen Klöster das geistige Erbe gehütet. In Klöstern wie Hirsau oder in Gorze blühte die Wissenschaft. Noch besaß der Klerus das Bildungsmonopol. Wer im Abendland lesen und schreiben konnte, hatte das bei Mönchen gelernt. Auch das Rechnen und damit die gesamte öffentliche Verwaltung lag in Händen des Klerus. Er besetzte sämtliche höheren Beamtenstellen am Hof.

In der Stadt verbreitete sich rasch die Kenntnis der »Schwarzen Kunst« schon deswegen, weil das sich immer mehr verfeinernde Wirtschaftsleben das erforderte. Im 11. Jahrhundert hatten selbst Kaiser und Könige statt ihres Namens ein Kreuz unter eine Urkunde setzen müssen. Durch die Vermittlung der Araber, zuerst über Spanien, im Verlauf der Kreuzzüge unmittelbar aus Syrien, gelangten die neuen Ziffern ins Abendland.

Auch die Orden zogen in die Stadt. Die Benediktiner hatten noch ihre wichtigsten Klöster in abgelegener Landschaft gebaut. Franziskaner und Dominikaner hingegen wohnten in den Städten, wo sie hauptsächlich wirkten. Sie widmeten sich der sozialen Fürsorge, der Krankenpflege, der Versorgung von Heimatlosen und der Armen. Auch dabei war das arabische Vorbild maßgebend. Im Heiligen Land entstanden die Siechenhäuser und die Unterkünfte für die Mittellosen. Die Mönche, und dazu gehörten auch viele Kreuzfahrer ritterlichen Standes, lernten von den Ungläubigen die Arzneikunst und die Medizin.

Jede Stadt hatte den Ehrgeiz, in der Kunst und in der Wissenschaft, aber auch in der Sozialfürsorge und in der Krankenpflege eine angesehene, vielleicht sogar führende Rolle zu spielen. Darin spiegelte sich nicht nur der neue Reichtum, sondern auch das neue Zusammengehörigkeitsgefühl der Städter wider.

Friedrich Barbarossa hatte 1188 den Kaufleuten von Lübeck die Stadtrechte verliehen. Wenige Jahrzehnte später spannte sich ein Netz deutscher Niederlassungen an den Gestaden der Ostsee. Ein Handelsraum entstand, der von Flandern bis Norwegen, bis Schweden und Nowgorod am Ilmensee reichte. Die Städte schlossen sich zur Hanse zusammen, deren Schiffe nach London, nach Brouage und sogar nach Lissabon segelten. Seine Waren konnte der deutsche Kaufmann mit Engländern, Franzosen, Aragonesen und Italienern auf den großen Messen in Brügge, in Nürnberg, in der Champagne, in Krakau und in Breslau tauschen. Bei allen politischen Grenzen, bei den dauernden

Kriegen der Könige, den Fehden der Grafen und Ritter, den Kämpfen der Städte untereinander gab es damals einen einheitlichen Wirtschaftsraum Europa.

Dank ihres finanziellen Rückhaltes konnten die Städte große und zudem gut ausgerüstete Truppen aufbieten, so daß selbst Könige, wie die von Dänemark oder Schweden, sich den hansischen Kriegsflotten beugen mußten. Bei einem verschwindenden Anteil an der Bevölkerung konnten die nordeuropäischen Städte schließlich die politische Führung an sich reißen. Das Schwergewicht des städtischen Gewerbes lag in Flandern. Dort wurden die Wollstoffe hergestellt, die bis Nowgorod verkauft wurden. Der Handel jedoch lag in den Händen der deutschen Hansekaufleute. Die Wolle aus England, soweit sie nicht in Flandern verarbeitet wurde, ging nach Italien, vor allem nach Florenz.

Die bedeutendste Stadt Frankreichs, ja Nordeuropas überhaupt, war Paris mit seiner Universität. Vier Kulturbereiche berührten sich an der Seine: der normannische, zu dem England gehörte, der flandrisch-norddeutsche, der von Aquitanien, zu dem Spanien zu rechnen war, und der burgundische, dessen Einfluß tief nach Italien hinein reichte. Diese vier geistigen Welten mit ihren besonderen Wurzeln und Beziehungen rieben sich aneinander, befruchteten sich gegenseitig, stritten in heftigen Wortgefechten und führten nach erbitterten Auseinandersetzungen zu neuen Einsichten.

An der Pariser Universität – später Sorbonne genannt – rangen die Franziskaner mit den Dominikanern, die Ordensleute mit dem weltlichen Klerus, das neue Bürgertum mit den Söhnen des Adels, die aufgeweckten Bauernkinder, die durch Stipendien oder als fahrende Gesellen studierten, mit jenen, die eine Pfründe innerhalb der Kirche suchten, wie mit denjenigen, die dem König dienen wollten. Da prallten innerhalb der Scholastik die Richtungen der Realisten und der Nominalisten aufeinander, und aus diesen Wortgefechten, die manchem Außenstehenden als sinnloses Geschwätz erscheinen mochten, erwuchs eine neue europäische Geistigkeit.

Hier wurde das königliche Beamtentum geschult, das für die nächsten Jahrhunderte das öffentliche Leben prägen sollte. Mit dem Kampf König Philipps des Schönen (1285–1314) gegen den Templerorden wurde eine wichtige Verbindung Frankreichs zum Orient gründlich zerschlagen. Von nun an laufen die Verbindungen vom Abendland zum Morgenland fast ausschließlich über die italienischen Handelsstädte.

Venedig, Genua und Pisa hatten von den Kreuzzügen den größten Vorteil gezogen, einmal durch die Seefahrt, sodann durch den Handel mit dem Orient. Den größten kriegerischen Erfolg errang Venedig, als es ihm gelang, die Kreuzfahrer gegen Konstantinopel zu senden. Im »Lateinischen Kaiserreich« sicherte sich Venedig einzigartige Handelsvorrechte, die ihm eine unanfechtbare Stellung nicht nur im östlichen Mittelmeer, sondern auch im Schwarzen Meer verschafften.

Florenz entfaltete sich dank seines Textilgewerbes. Seine Wollstoffe wurden in den Orient und nach Nordafrika verkauft. Obwohl sich Florenz später auch einen Hafen in Pisa anlegte, blieb seine Macht weiterhin in seinem Bankwesen. Florentiner Banken erlaubten der Kurie, die kirchlichen Einnahmen aus England und Norddeutschland nach Rom zu bringen, indem sie an Ort und Stelle Wolle kauften, nach Florenz schafften, und den Erlös an den Papst weiterleiteten. Weil die Florentiner vorwiegend als friedliche Kaufleute und Bankherren auftraten, hatten sie nicht – wie Venezianer und Genuesen – unter den dauernden politischen Unruhen zu leiden.

Der Sieg der Venezianer in Konstantinopel brachte die Stadt bald in Gegensatz zu den Mächten, die sich auf dem Balkan, am Gestade des Schwarzen Meeres und in Kleinasien gebildet hatten. Serbien hatte schon 1171 die byzantinische Oberhoheit abgeschüttelt, Bulgarien dann 1185. Der erste »lateinische« Kaiser Balduin I. erlag bereits 1205 dem bulgarischen Ansturm bei Adrianopel, da nun auch die Petschenegen aus der Steppe eingriffen. Der Siegeszug der Mongolen brachte zunächst eine Erleichterung. 1261 stürzte zwar Michael III. Palaelogos den lateinischen Kaiser. Zu der alten Stellung ist Konstantinopel allerdings nicht mehr aufgestiegen. Auf dem Balkan dehnte sich das Großserbische Reich, in Kleinasien die Macht der türkischen Seldschuken aus.

Erstaunlich ist immer wieder die kulturelle Fruchtbarkeit und Kraft in Amerika. Neue Völker tauchen auf; wir wissen nicht, woher sie kommen, was sie früher gewesen sind. Sie schaffen sich neue Kulturstätten von eindrucksvoller Pracht. Manche haben sich noch in den nächsten Jahrhunderten gehalten, die meisten wurden von der nächsten Völkerwoge hinweggeschwemmt.

Vom 11. Jahrhundert an drängen die Mixteken in die Täler um Oaxaka vor, um 1300 besetzten sie die alte Kultstätte von Monte Alban. Mittelpunkt des Mixtekenreiches wurde Mitla, das sich bis zu den Spaniern gehalten hat. Zur Zeit seiner Blüte im 13. Jahrhundert war die ganze Ebene von Palästen und Tempeln bedeckt, die dem Gott des Todes geweiht waren –, Mictlan bedeutet Ort der Toten. Im Palast der Säulen residierte als »großer Seher« der höchste Priester des Reiches, zu dem selbst der weltliche Herrscher nur durch eine Hintertür eintreten durfte. Mitla ist gleichzeitig eine Festung wie ein Gräberfeld, wie ein Heiligtum gewesen. Aus dem Totenkult scheinen die Kultur und die weltliche Ordnung der Mixteken erwachsen zu sein.

Um 1200 gründeten die Totonaken die Stadt Cempoala, die Cortez als erste Stadt im Mexiko betrat. Vorangegangen war das Reich der Totonaken mit der Hauptstadt Tajin, neben Teotihuacán und Monte Alban der dritte große Kultplatz Mesoamerikas. Was hat zu dieser Verlagerung geführt? Immer wieder drangen neue Völker aus dem bisher von der Kultur nur am Rande erfaßten Gebiet in die Ackerbauländer.

In Südamerika hielt sich an der Küste das Reich der Chimú mit ihren großen Städten und ihrer hohen Kunst. Aber im nördlichen Chile haben die Chincha, aus dem Norden kommend, zu Beginn des 12. Jahrhunderts die Atacameños überrannt, sich mit den Besiegten vermischt und eine neue Kultur begründet, die erst nach 1300 von den Inkas zerstört wurde. Es gab bei den Chinchas Festungen auf schwer zugänglichen Felsen. Das Gebiet wurde künstlich bewässert und mit Vogelmist gedüngt. Auf seine Bewohner gehen manche Kulturpflanzen zurück.

Die Ming und die Renaissance

Wie so häufig in seiner Geschichte, suchte im Jahre 1325 eine schreckliche Hungersnot China heim. Acht Millionen Menschen sollen umgekommen sein. Schon vorher herrschten Unzufriedenheit und Unruhen. Sie begannen beim Tode von Timur, chinesisch Tscheng-Yüen (1320), dem fähigsten der Nachfolger Kubilai Khans. Vier Kaiser folgten kurz hintereinander. Als es zu Mißernten kam, war das Elend unabsehbar. Das erschütterte auch die Staatsfinanzen, die durch das Heer und die vielen Kriege überfordert waren. Daraufhin wurde mehr Papiergeld ausgegeben, was die Wirtschaft vollends ruinierte.

Das führte zu den ersten größeren Aufständen, bezeichnenderweise in der Provinz Tschekiang. Unter dem letzten Yüan Kaiser Toghan Temür (1333–1368) versuchte der Mongole Bayan noch einmal, mit eiserner Strenge den Staat zusammenzuhalten. Er wurde gestürzt. Sein Nachfolger, der gebildete Minister Toqto, versuchte, die Chinesen durch Entgegenkommen zu gewinnen. Da war es schon zu spät. Es zeigte sich, daß die Mongolen nicht mehr imstande waren, die großen Massen der chinesischen Bauern niederzuhalten, die durch die Fremdherrschaft auch ein neues Verhältnis zur Macht und zum Kriegsdienst gewonnen hatten.

Erneut erhoben sich die unteren Volksschichten in Tschekiang. Überschwemmungen am Hoangho erschwerten die Lage; als der Bau der Deiche hastig vorangetrieben werden sollte, breitete sich der Aufstand gefährlich aus. Das Papiergeld trieb die Preise erschreckend in die Höhe, die Lebensmittelzufuhren hörten auf. Selbst viele Beamte gingen zu den Aufständischen über. Ihr Anführer Chu Yüan-tschang (1328–1398), Sohn eines verarmten Bauern, eroberte im Aufstand der »Roten Turbane« vom Huai-Gebiet aus 1396 Nanking. Nachdem er alle Nebenbuhler beseitigt hatte, vertrieb er die Mongolen zuerst aus dem Yangtse-Tal und dann auch aus Nordchina. Mit ihm beginnt die Ming-Dynastie (1368–1644).

Bei den Mongolen galten die Krieger als führende Schicht; sie waren gewohnt, bewaffnet zu gehen, das Schwert umgehängt und das Pferd in erreichbarer Nähe zu haben. Bei den Chinesen jedoch war es seit alters her üblich, daß die zivilen Gewalten, das Gesetz und die Beamten, regierten. War der Begründer der Ming-Dynastie, der als Waisenknabe in einem buddhistischen Kloster erzogen worden war, imstande, das alte chinesische Reich zu erneuern?

Er gründete Schulen und eine Nationalakademie und führte die regelmäßigen Prüfungen der Sung-Zeit wieder ein. Aber er wollte eben keine Gelehrte, die auf ihr Wissen pochten, sondern Beamte, und das hieß für diesen einfachen Krieger: Diener. Hier wirkte sich die Mongolenzeit aus. Der Kaiser saß auf dem Thron; die Beamten und alle Hofleute hatten tiefe Unterwürfigkeit zu zeigen, sie hatten zu knien. Das hatte es weder unter den Han noch unter den Tang und den Sung gegeben. Da hatten die Beamten gestanden, wie es der Respekt vor der geistigen Leistung gebot. Die Mongolen hatten den Kotau von den Erben der Sassaniden, von Byzanz und Chwarezmien übernommen und den Chinesen hinterlassen.

Je höher ein Beamter am Hofe stieg, um so gefährdeter war er. Es ist erstaunlich, daß die chinesische Verwaltung trotzdem recht gut arbeitete. Die chinesischen Gelehrten betrachteten den Staat der Ming als ihren eigenen. Mußten sie sich auch dem strengen Zeremoniell beugen, hatten sie auch den Befehlen der Zeremonienmeister – meist Eunuchen – nachzukommen, so bildeten sie doch wieder den anerkannt maßgebenden Stand. Schon der Nachfolger – und Enkel – des Dynastiegründers Hung-wu nahm zum Leitspruch: »Das Zivile in seine Rechte setzen«. Sein Onkel Tscheng-tsu sah das als Schwäche an. Nach kurzem Aufstand eroberte er Nanking und vertrieb seinen Neffen. Er führte verschiedene Kriegszüge weit in die Mongolei hinein und eroberte Annam zurück. Aber er zog aus seiner Erfahrung die Lehre, keine mächtigen Heere unter eigenen Führern an den Grenzen stehen zu lassen.

Ihre Kriege in der Steppe haben die Ming-Kaiser hauptsächlich mit mongolischen Söldnern geführt, die sich von ihren Stammverwandten gelöst hatten. Doch stießen sie auf heftigen Widerstand, bis es Kaiser Yung-lo (1403–1424) gelang, die Mongolen am Onon-Fluß (1410) zu schlagen und die alte Khan-Residenz Karakorum zu zerstören. Waren die Chinesen anfangs mit den Westmongolen verbündet, so kam es nun zu einem Kurswechsel. Mit den Ostmongolen schlugen sie 1414 die Westtataren – Oiraten. Gebrochen wurde die Macht der Oiraten über die Mongolei, aber erst 1468 bei Tas-bürtü, allerdings nicht durch die Chinesen, sondern durch die Ostmongolen selber.

Zweieinhalb Jahrhunderte lang haben die Chinesen keinen weiteren Versuch mehr unternommen, in die Steppe vorzustoßen. Zwar haben die Mongolen noch manchen Kampf siegreich bestanden, aber es fehlte ihnen der Mann, der ihre Kräfte hätte zusammenfassen können – bis eine Persönlichkeit auftrat, die an Schrecken kaum dem Tschingis Khan nachstand: Timur Lenk, auch Tamerlan genannt.

War in der Mongolenzeit die Große Mauer – weil überflüssig – vernachlässigt worden, so ließ Kaiser Yung-lo sie wieder herstellen. 1421 wurde die Hauptstadt von Nanking wieder nach Peking – dem mongolischen Cambaluc – verlegt. Daraus ergab sich jedoch ein eigenartiges Gefälle: politisches – und militärisches – Schwergewicht im Norden, geistiges und wirtschaftliches im Süden. Der Baumwollanbau – bis dahin nur in den südlichen Küstenstreifen betrieben – breitete sich im 15. Jahrhundert in das Innere aus – mit der Zeit dreihundert Kilometer nördlich des Yangtsekiang, begünstigt durch die neuen Verkehrswege, die Kanäle, vor allem den Kaiserkanal zum Hoangho.

Nun entfaltete sich eine rege Industrie mit Vorrichtungen für Entkörnen, Krempeln, Spinnen, Weben und Färben. Steppdecken wurden industriell hergestellt und ausgeführt. Zu den Exportartikeln gehörte das Porzellan, dessen Herstellung unter den Ming verfeinert wurde und mengenmäßig zunahm. Im Süden wurden Tee und Reis angebaut. Dort blühten Kunst und Wissenschaft, dort lebten bedeutende Gelehrte und Künstler. Es bildete sich jedoch kein Bürgertum im westeuropäischen Sinn.

Niemals vermochten die Städte in China auch politisch eine eigene Entwicklung zu nehmen. Immer blieben sie der kaiserlichen Verwaltung eng verhaftet; ihr verdankten sie ihr Leben, nicht der Wirtschaft. Der tiefste Grund lag wohl darin, daß sich nirgends die Gelehrten und Beamten mit den Bürgern verbanden, sondern immer zum Hof und damit zur politischen Macht im Lande hielten.

Da die Kämpfe in Zentralasien den Landweg behinderten und den Handel einschränkten, bemühten sich die chinesischen Kaufleute von 1405 ab, teilweise unter kaiserlichem Schutz, die Verbindung zur See nach Indochina, Indonesien und Ceylon, nach Indien und Arabien und selbst nach Afrika auszubauen. Ein Fürst aus Ceylon, der gefangen nach China gebracht wurde, verpflichtete sich zu regelmäßigen Tributzahlungen, wodurch Ceylon als »eingegliedert« galt.

Mitte des 15. Jahrhunderts gaben die Khmer-Könige ihre glanzvolle Hauptstadt Angkor auf. Der Urwald wuchs über die großartigen Bauten hinweg, die Kanäle versiegten, die Reisfelder verödeten.

Das Reich der Ilkhane in Persien löste sich langsam auf. Die herrschende Mongolenschicht – längst zum Islam übergetreten – war in innere Streitigkeiten verstrickt. Einzelne Fürstentümer machten sich selbständig, im Irak und in Aserbeidschan, in Fars und in Herat, in Luristan und in Chorassan. Aus dieser Verwirrung versuchten die Nachbarn, Nutzen zu ziehen. Die Goldene Horde griff – wenn auch erfolglos – 1357 Aserbeidschan an, die Mongolen des Tarim-Beckens überschritten den Oxus. Über allen diesen Kämpfen ging die Wirtschaft zugrunde. Das Land verdorrte. Da ergriff ein Abenteurer in Transoxanien die Macht.

Timur – genannt Tamerlan – führte seinen Stammbaum zwar auf Tschingis Khan zurück; aber tatsächlich hat er sich in den Wirren zum Heerführer aufgeschwungen. Nach seinem Sieg über Balkh 1370 ließ er sich in Samarkand zum Khan ausrufen mit dem Ziel, das mongolische Weltreich zu erneuern. Er gewann Choresmien und 1380 Kaschgar. Mit seiner Hilfe siegte die Goldene Horde über Moskowiter und Litauer. Im Orient fiel ein Fürstentum nach dem anderen Tamerlan zu: Chorassan, Fars, Iraq, Asserbeidschan, Armenien, Mesopotamien und Georgien. Als sein einstiger Bundesgenosse Toktamisch – Herr der Goldenen Horde – glaubte, nun seinerseits südlich des Kaukasus ein größeres Gebiet gewinnen zu können, zog Timur siegreich gegen ihn. Dabei drang er bis Moskau vor, das seine Truppen ein volles Jahr besetzt hielten.

Dann richtete er den Stoß gegen die türkischen Herren in Indien. Das Heer, das ihm entgegentrat, wurde vernichtet, Delhi so gründlich zerstört, daß es noch nach einem Jahrhundert in Trümmern lag. Den schwersten Schlag jedoch führte Tamerlan gegen die Osmanen, die er 1402 bei Ankara vernichtend schlug. Sultan Bayasid fiel als Gefangener in seine Hand. Die mongolischen Reiter schwärmten bis zur Ägäis und vor die Tore Konstantinopels. Bevor er aufbrechen konnte, um China zu erobern, ist Tamerlan 1405 am Syr Darja gestorben. Sein Reich löste sich bald auf; Kleinasien, Mesopotamien und Indien gingen verloren.

Vom glanzvollen Reich, das von der Wolga bis zum Ganges reichte, blieb Samarkand mit seinen Palästen, Moscheen, Medressen und Grabmälern in der farbigen Pracht der bunten Fliesen wahrlich ein Prunkstück der islamischen Kultur. Wenn der Name Samarkand für Jahrhunderte als Inbegriff orientalischer Pracht und Herrlichkeit galt, dann verdankte es diesen Ruf nicht zuletzt dem großen Timur und seinen Nachfolgern, die sich der Wissenschaft, vor allem der Astronomie, widmeten. Samarkand blieb bewunderter Schnittpunkt von Völkern und Kulturen wie seit den Tagen des großen Alexander.

Noch einmal hatte der Türkensultan von Delhi, Muhammed Tughluq (1325–1351) versucht, seine Macht weit nach Süden auszudehnen. 1326 verlegte er seine Hauptstadt in die uneinnehmbare Bergfestung Devagiri im Dekhan, aber als er wegen der dauernden Unruhen im Norden an den Ganges zurückkehren mußte, brach sein Reich auseinander. Im ganzen Land wütete der Partisanenkrieg. Die wenigen Moslems beherrschten kaum die Städte und die wichtigsten Straßen, die Dörfer blieben in der Gewalt bewaffneter Banden. Grausame Strafen schürten nur noch den Haß gegen die Fremdherrschaft. Unruhen brachen an der Ostküste aus. Die Telugu-Cholas erhoben sich.

Der Sultan entsandte zwei Inder in den Süden, die während ihrer Gefangenschaft zum Islam übergetreten waren, dann jedoch zum Hinduismus zurückkehrten und sich an die Spitze des Unabhängigkeitskrieges stellten: Harihara und Bukka. Sie gründeten 1336 ein neues Reich mit der Hauptstadt Vijayanagar, das sich nacheinander die alten Hindureiche eingliederte, Hoysala und Badami, die frühere Hauptstadt der Chalukya. Der neue Großstaat umfaßte den tamilischen Süden wie den kanaresisch sprechenden Südwesten und die Telugu-Gebiete im Osten. Zum erstenmal war ein drawidisches Imperium entstanden.

Da die Moslems im Norden immer noch eine Gefahr bildeten, mußte die Hälfte des Staatshaushalts für die Rüstung ausgegeben werden, ein in der indischen Geschichte einmaliger Vorgang, der Vijayanagar zu einer ausgeprägten Militärmacht seiner Zeit machte. Dabei hatte es das Glück, keine unmittelbare Grenze mit Delhi zu haben, da der Gouverneur von Devagiri ein eigenes, naturgemäß sehr viel schwächeres Reich begründet hatte, einen Pufferstaat, der selbst an zwei Fronten bedroht war. Orissa suchte sich nach Süden auszudehnen, die Tamilen blieben zurückhaltend, aber immer wieder gelang es den Herrschern in Vijayanagar, nicht zuletzt mit dem Hinweis auf die gemeinsame islamische Gefahr, die einzelnen Landschaften zusammenzuhalten und die Einheit zu sichern, so dem Kaiser Devaraja II. (1406–1422).

Nach dem Tode Mohammed Tughluqs zerfiel das Sultanat von Delhi, aber der Rassen- und Religionskrieg zwischen Moslems und Hindus ging weiter. Es war zugleich der Kampf der Bauern gegen eine rohe Kriegerkaste, die glaubte, von gewaltsam erpreßten Tributen leben zu können. Sultan Mohammed I. (1358–1377) von Devagiri, der sein Reich nach dem altpersischen Nationalhelden Bahmani nannte, rühmte sich, vierhunderttausend Hindus getötet zu haben. Die Moslems versuchten auch, zur Küste vorzustoßen, aber die Hindus behielten die Häfen der Westküste, Dabhil, Chaul und Goa. Das war deswegen so wichtig, als über See die Pferde für den Krieg eingeführt werden mußten. Die Hindus vermochten zwar weit größere Heere aufzustellen als die Moslems, waren diesen jedoch in der Reiterei, den Bogenschützen und der aufkommenden Artillerie unterlegen. Die Moslems kannten die Kriegstechnik der Mongolen und der Türken in Mittelasien.

Von den indischen Häfen liefen wie eh und je Handelsschiffe nach allen Meeren aus, indische wie arabische. Die Moslems folgten den Routen der Malaien, die bis Madagaskar und zur ostafrikanischen Küste gefahren waren. Kaufleute aus Gujarat brachten den Islam nach

Java; aber auch der Hinduismus breitete sich aus, weil viele Hindus vor den Moslems geflüchtet waren. Aus Ostafrika bezogen die Araber Eisen. Damals entstanden die Bauwerke von Simbabwe im Sambesi-Becken. Die Moslems ließen sich an der ostafrikanischen Küste nieder. Ihr Handelsreich erstreckte sich über Sansibar hinaus bis Sofala. Sie ließen Gold aus den Minen graben, das sie mit chinesischem Porzellan bezahlten. Aufgrund dieses Handels hatten sich bedeutende Reiche in Ostafrika herausgebildet.

Von Ruanda bis Uganda, über weite Gebiete Kenias und Tanganjikas hinweg hatte sich wohl zum Ausgang des 1. Jahrtausends ein Reich gebildet, das vor allem auf der Eisengewinnung beruhte. Seine Herren, die Cwezi, waren hellhäutig, das Staats- und Hofwesen zeigte manche Verwandtschaft mit denen im Lande »Kusch«, also Nubien. Lange haben sich jedoch die Cwezi im fremden Land nicht halten können, dann setzte sich die dunklere Unterschicht der Bantu wieder durch. Als die nilotischen Stämme der Bito, der Nima und der Tutsi die Macht übernahmen, haben sie jedoch die vorgefundenen Einrichtungen und die königlichen Bräuche weitgehend beibehalten und vielfach bis ins 19. Jahrhundert gepflegt. Die Dynastie der Bito läßt sich bis zum Ende des 14. Jahrhunderts zurückführen. Zu der Zeit, da die Cwezi von ihren Sitzen verdrängt wurden, gab es noch eine andere Völkerbewegung.

Unter Führung der Kalanga zogen die Songe-Luba von Uganda zuerst nach Süden, umgingen das Kunda-Reich zwischen Kasai und Katanga und gründeten im Kongobecken das erste Luba-Reich. Anfang des 14. Jahrhunderts, vielleicht etwas früher, drang eine Kriegerschar aus dem Norden über den oberen Kwango nach Nordangola ein und gründete ein weiteres Großreich im Kongo-Becken. Im Nordosten des Kongo-Beckens hatte sich das Reich des Makoko gebildet, das ein weiteres Vordringen der Luba verhinderte. In Rhodesien wurde ein noch bedeutsameres Reich gegründet, und zwar von Monomotapa, dem Herrn der Bergwerke.

Es kann kaum ein Zweifel sein, daß alle diese Reiche von den Metallen lebten, von Kupfer wie Gold und vor allem von Eisenerz. Sie können diese Metalle selber gar nicht verwendet haben, sie tauschten sie über den Ozean nach Indien und Ostasien. Mittler waren die Kaufleute an der Küste, wo bedeutsame Handelsplätze aufblühten, die Stützpunkte eines weiten arabischen Handelsreiches waren. Diesen Staaten im Süden Afrikas entsprachen andere hart südlich der Sahara.

In der zweiten Hälfte des 14. Jahrhunderts eroberten die Bulala, die sich als Nachkommen der einstigen Persertruppen ansahen, Kanem und herrschten in dem weiten Reich vom Nordwesten des Tschad bis an die Grenzen Nubiens. Sie eroberten auch das westlich des unteren Niger gelegene Borgu: sie haben dort allen Versuchen widerstanden, gewaltsam zum Islam bekehrt zu werden. Bedeutsamer jedoch waren die Staaten am mittleren Niger. Im Mittelalter galt die Stadt Timbuktu dank ihres Goldhandels als eine der reichsten der Welt. 1324–26 unternahm der König von Mali, Mansa Musa, eine Pilgerfahrt nach Mekka, wobei er solche Goldmengen mitnahm, daß der Goldkurs in Kairo beträchtlich sank.

Timbuktu genoß damals als Sitz der Wissenschaften in der weiten islamischen Welt einen besonderen Ruf. Der Reichtum lockte immer wieder räuberische Nachbarn an. Aus dem südlich gelegenen Steppengürtel kamen die dunkelhäutigen Mosi, die Timbuktu eroberten, aus der Sahara die nomadischen Tuareg, die Timbuktu ebenfalls besetzten. Bei diesen Wirren litten die Handelsbeziehungen sowohl mit dem Niltal wie zum Mittelmeer.

Nun versuchten unternehmungslustige Kaufleute der Mande vom oberen Niger, den Goldhandel unmittelbar durch die Wüste nach Marokko, also westlich von Timbuktu, zu verlagern. Sie entdeckten neue Goldfundstätten nahe der Elfenbeinküste am mittleren Volta. Durch die Wüste Sahara hindurch zogen die Karawanen vom reichen Goldland der Aschanti und den Quellen von Senegal und Niger. Gold und Sklaven brachten sie, Salz holten sie zurück. Im Zuge dieses Warenaustausches entstand ein neues Reich auf den Trümmern des alten Songhai-Reiches. Sonni Ali (1465–1492) konnte schließlich Timbuktu und Massina einnehmen und seine Macht über den ganzen Nigerbogen ausdehnen. So reichte das islamisch-arabische Handelsreich von der westafrikanischen Küste über den Indischen Ozean bis Indonesien, ja bis zum Gelben Meer. Überall hin brachte der Kaufmann seine Güter, seinen Glauben und seine Technik.

Weite Gebiete scheinen von allem unberührt geblieben zu sein. Was ging in Südafrika, in Indonesien, im Pazifik und in Amerika vor sich? In diesen weiten Räumen gab es ein eigenartiges Gemenge primitiver Naturvölker und hochentwickelter Kulturen, manchmal unmittelbar nebeneinander. Das Kulturgefälle scheint unerklärlich. Warum waren Menschen, die doch offensichtlich miteinander verwandt waren, die unter ähnlichen geographischen Bedingungen lebten, einmal zu beachtlicher Kulturhöhe emporgestiegen und ein andermal in der Steinzeit stehengeblieben?

Da lebten in der afrikanischen Steppe die Buschmänner und in den Urwäldern die Pygmäen von der Jagd und vom Sammeln. Die Hottentotten – eine Mischrasse – lebten schon von der Viehzucht – nicht vom Ackerbau. In Amerika hausten primitive Naturvölker in steinzeitlicher Lebensweise in den Urwäldern, Jägerstämme in den Prärien, und nicht weit davon entfernt erhoben sich gleichzeitig die eindrucksvollen Tempel. Da darf es nicht wundernehmen, daß die Tupi Indianer des brasilianischen Urwaldes und die Kariben des Orinoko-Beckens weiterhin als Jäger lebten. Sie hatten zwar Kenntnis von dem wundersamen Reich im Westen des Erdteiles, aber ein Austausch oder gar ein Wandel fand nicht statt. Am Urwaldsaum trennten sich Welten.

Auf den pazifischen Inseln standen kunstvolle Häuser, man baute schnittige Auslegerboote, aber es fehlten – bis auf die Osterinsel, und auch das ist ein Geheimnis – die Schrift, das Kupfer, die Bronze, erst recht das Eisen, ja selbst die Töpferkunst, die doch fast überall auf der Welt zu finden ist.

Alle Versuche, die geschichtliche Entwicklung in den abseitigen Räumen aus sich heraus zu erklären, sind gescheitert. Je mehr die Wissenschaft die Leistungen der Vorzeit freilegt, desto dunkler wird die Frage nach dem Woher. Kennzeichnend sind die großen Sprünge, mit der Kulturen auftreten, mit denen sie neue Stufen erklimmen, die anscheinend ohne Zusammenhang irgendwo auftauchen, manchmal in einer Vollendung, wie sie später nie wieder erreicht wird. Unsere bisherige Geschichtsbetrachtung muß überprüft werden, ob nicht auch die Entwicklung in den abseitigen Räumen auf die großen Linien der Weltgeschichte zurückgehen. Vorläufig fehlen noch viele Zwischenglieder; daher kann man nur die Gleichzeitigkeit geschichtlicher Vorgänge beachten und sodann nach Leitmotiven suchen, die unser aller gemeinsamen Geschichte entsprechen.

Die Naturvölker bewahren in ihren Sitten und Gebräuchen Zustände, die alle innerhalb der Gesamtentwicklung einmal haben durchlaufen müssen. Warum haben die einen sich weitergebildet, warum verharren die anderen in der ursprünglichen Lebensweise? Vielleicht fehlten die Anregungen von außen, einfach weil der Urwald, das Meer oder die Wüste sie abriegelten. Manchmal gab es durchaus Verbindungen zu höheren Kulturen, doch die Naturvölker sperrten sich gegen die fremden Einflüsse, die ihren eigenen Lebensformen zu entfremden drohten. Althergebrachte Glaubensvorstellungen waren mächtiger als der »technische Fortschritt«.

Die Jäger und auch die Nomaden verachten die ansässigen Bauern, die sich im Schweiße ihres Angesichts abmühen, dem Boden die Frucht abzuringen, während sie selber »frei« und ungebunden bleiben. Pygmäen und Buschmänner werden sich in Notzeiten bei den benachbarten Bauern verdingen; sobald sie können, kehren sie in ihre Jagdgründe zurück. Aus uralten Mythen formt der Schamane oder der Medizinmann ein Weltbild, in dem die überlieferte Jagd im Mittelpunkt steht. Daran halten die Naturvölker fest.

Aber unaufhaltsam breiten sich Ackerbau und Viehzucht aus. Sie bringen meist die Töpferei und die Kenntnis der Metallverarbeitung mit. Zugleich locken die Kulturreiche die kriegerischen Jäger an. Mit Todesverachtung und Kampfeslust überrennen sie die friedfertigen Ackerbauern und errichten auf deren Rücken ihre Reiche, sobald sie sich erst die überlegenen Waffen der Kulturvölker angeeignet haben. Und das geht zuweilen recht schnell. Im 14. Jahrhundert erobern Jägervölker die amerikanischen Kulturreiche in Mesoamerika und in Peru.

Unter den Nahua sprechenden Chichimeken oder Barbaren-Völkern sollten die Azteken für zwei Jahrhunderte die Geschichte Mittelamerikas bestimmen. Mindestens sprachlich sind die Azteken mit den Schoschonen und Comanchen verwandt, die noch im 19. Jahrhundert über die Prärien Nordamerikas streifen. Nach ihrem Stammesheros Mexitli nannten sich die Azteken auch Mexica. Auf ihrer Wanderung von dem sagenhaften Azatlan nach Tenochtitlan hatten sie schwere Zeiten durchzumachen. Auf der Hochfläche wurden sie von den Culhuas, den Nachfolgern der Tolteken, besiegt und versklavt, wegen ihrer kriegerischen Gaben dann aber als Söldner angestellt.

Sie wanderten weiter und ließen sich 1258–1298 bei Chapultepec nieder. Ihre wichtigste Stadt in dieser Periode war Colhuacan. Um 1300 gründeten sie Tetzocos und Tlaxcala, 1370 ihre neue Hauptstadt Tenochtitlan mitten in einem großen, wenn auch flachen Inlandsee. Sechs Jahre später erklärte sich der Häuptling Acamapich zum Nachfolger des sagenhaften Quetzalcoatl aus dem 10. Jahrhundert. Während der Krönungszeremonie sprach der Priester: »Bedenke, daß dies nicht dein Thron ist, sondern dir nur geliehen wurde und dereinst Quetzalcoatl zurückgegeben wird, dem er gebührt!« Diese Formel sollte später weltgeschichtliche Folgen haben.

Die drei ersten Aztekenkönige waren noch Vasallen der Könige von Tlatelolco – also der Tolteken; erst der vierte König »Obsidianschlange« Itzcoatl, der 1428–1440 regierte, schuf die aztekische Großmacht, indem er zusammen mit Tetzcoco das Reich der Tepaneken vernichtete. Er begründete den Kampfbund der drei Städte Tenochtitlan, Tezcoco und Tlacopan. Auch damals kann die Zahl der Azteken nur gering gewesen sein, doch hatten sie einen Kriegeradel, der entschlossen war, die politische Macht um jeden Preis zu erkämpfen.

Nur der Krieger zählte bei den Azteken. Ihm kamen alle Ehren zu; fiel er im Kampf, durfte er die Sonne auf ihrem Weg über den Himmel begleiten. Die Priester waren darauf angewiesen, daß ihnen Kriegsgefangene gebracht wurden, die sie den Göttern opfern konnten – sonst stand die Welt still. Gebete allein waren ohnmächtig. Kein Wunder, daß das aztekische Heer eine Stoßkraft entwickelte, die alle Feinde niederwarf.

Die Sklaven, die die Arbeit auf dem Lande und an den Bauten zu verrichten hatten, standen unter dem besonderen Schutz des Gottes Tezacatlipoca. Häufig werden diese Sklaven die Nachfahren der älteren Bevölkerungsschicht gewesen sein, doch begaben sich viele auch freiwillig in die Sklaverei – aus Armut, aus Schuld oder um den Schutz des Mächtigen zu genießen.

Moctezuma I. (1440–1469) gelang es, das ganze Tal von Mexiko in seine Hand zu bringen, insbesondere auch Chalco und die alte Karawanenstraße, die über die Handelsstadt Cholula zum Golf führte. Auch die Maya mußten sich beugen. 1448 setzten sich aztekische Krieger im Solde der Cocom in Chichén Itzá fest, zwei Jahre später zerstörten sie unter Führung der Xiu Mayapan, das inzwischen zur Hauptstadt von ganz Yucatán aufgestiegen war. Es bildeten sich viele Kleinstaaten, deren wirtschaftlicher Zerfall rasch fortschritt.

Das weit ausgedehnte Reich des Moctezuma war jedoch kein einheitliches politisches Gebilde. Eigentlich herrschte er nur in Tenochtitlan. Überall gab es noch eigene Reiche, die allerdings dem Aztekenkaiser unterworfen waren. In manchen Städten saßen aztekische Beamte, in anderen genügte die Furcht vor Vergeltung, damit der geforderte Tribut, auch an Menschen, geliefert wurde. Außerdem gab es vor allem im Süden recht unabhängige Völker, die sich jedem Befehl des Kaisers widersetzen konnten. Sie galten als »Bundesgenossen« mit großen Freiheiten. Die Zapoteken in Oaxaca wurden erst spät unterworfen. Insgesamt bestand das Aztekenreich aus achtunddreißig Provinzen, richtiger: achtunddreißig Tributbezirken unterschiedlichen Rechts, zwischen ihnen aber auch Landstriche, die entweder ganz unabhängig waren oder nur vorübergehend besetzt werden konnten, besiedelt von den gelehrten Maya und den kunstfertigen Mixteken, von den fleißigen Zapoteken und den kriegslustigen Azteken. Sie alle unter einem einzigen Herrscher zu vereinen mit den drückenden Lasten für den Staat und die Götter war eine Aufgabe, der die Azteken nicht gewachsen waren.

Wie vor ihnen die Tolteken waren die Azteken von der panischen Angst beherrscht, die Gestirne könnten eines Tages nicht wieder auftauchen, so daß die Welt unterginge. Sie sei überhaupt schon viermal untergegangen. Dabei spielen Kalenderberechnungen eine gefährliche Rolle. Die Azteken kannten zwei Jahresrechnungen, wohl aus dem Zusammenwachsen zweier Weltvorstellungen. Ein Jahr zählte 260 Tage, das Sonnenjahr 365 Tage. Alle zweiundfünfzig Jahre fiel der Jahresbeginn in beiden Zeitrechnungen zusammen. Bei dem großen

Fest der »Jahresverknüpfung« wurden alle Feuer im Lande gelöscht, um an dem heiligen Feuer des Tempels wieder neu entfacht zu werden. Zum letzten Mal wurde das »neue Feuer« 1507 entfacht – zwölf Jahre bevor die Spanier kamen.

Die Götter müssen vergehen, wenn sie nicht immer wieder gestärkt werden, glaubte man. Um den Gestirnen – oder den Göttern – die Kraft zu verleihen, die Welt weiterhin in Bewegung zu halten, opferten die Azteken Menschen – Tausende, Zehntausende, meist Kriegsgefangene – in grausigem Zeremoniell, indem der Priester das noch zuckende Herz als Gabe darbrachte.

Auf den guten Straßen, die – wie überall auf der Welt – auch strategische Bedeutung hatten, konnten die Kaufleute mit ihren Karawanen in die entfernten Landesteile und sogar ins »feindliche Ausland« ziehen, um Waren zu holen. Die aztekischen »Kaufleute« waren zugleich auch Krieger und meist bewaffnet. Sie haben an den Eroberungen, vor allem im Mayaland, eifrig mitgewirkt. Sie haben zwar den Warenaustausch geleitet, aber wohl mit der Macht des Kaisers im Rücken.

Zwischen dem Land der Maya und Südamerika dehnt sich eine große Landbrücke bis Südamerika mit Naturvölkern in den dichten Wäldern, die nur unklar Nachrichten von einem mächtigen Goldland weit im Süden durchließen.

Nach alter Überlieferung ist ein Geschwisterpaar – die Inka – um 1200 vom Titicacasee nach Norden ausgewandert, wo sie Cuzco in 3400 Meter Höhe gründeten. Die Geschichte nennt dreizehn Herrscher bis 1533. Um den Titicacasee sprachen die Bewohner Aymara, aber das Volk der Inka sprach Quetschua. Der große Aufschwung kam um 1430 mit Viracocha, der im Bündnis mit den Lupaca bis zum Titicacasee vorstieß. Aber dieses Unternehmen drohte in einer Niederlage zu enden, als der Stamm der Chanca die Gelegenheit benutzte, Cuzco anzugreifen. Nur der jüngere Königssohn Pachacutic Yupanki (1438–1471) hat durch seinen Mut die Stadt gerettet.

In Nordwest-Argentinien mußten auch die Diaguita die Oberhoheit der Inka anerkennen. Ein Versuch allerdings, nach Osten in das heiße Tiefland von Santa Cruz vorzustoßen, scheiterte einmal am Widerstand der Bewohner, zum anderen am Klima, dem die Andenbewohner damals ebensowenig gewachsen waren wie später. Die Inka sperrten daraufhin die Wege, die vom Urwald in die Berge führen konnten, mit starken Festungen ab.

Die Inka haben einen bis ins letzte geplanten Staat geschaffen, in dem der einzelne sich völlig dem Willen des Herrschers zu unterwerfen hatte. Dafür sorgte er in patriarchalischer Weise für das Wohlbefinden der Untertanen. Sie erhielten Grund und Boden, Arbeit, Saat und Geräte und Wohnung; sie waren aber zur Arbeit und zum Heeresdienst verpflichtet. Auch dieser Staat war dem Sturm nicht gewachsen, der ein Jahrhundert später über ihn hereinbrach. Europa wurde ihm zum Schicksal.

Bereits Gedimin von Litauen (1316–1341) konnte seine Herrschaft über die schwachen, vor den Tataren zitternden Fürsten von Polozk, Witebsk, Turow und Wolhynien ausdehnen. Der Fürst von Kiew war seit 1331 von ihm abhängig, und als sich Nowgorod von den Schweden bedroht fühlte, wandte es sich zum Schutz an Litauen und nicht an Moskau. Bis zu den sechziger Jahren hatten sich die Fürstentümer an der oberen Oka und zwischen Kiew und Briansk den Litauern unterstellt. Olgerd von Litauen (1345–1377) gelang es sogar, Einfluß auf die Moskau wenig freundlich gesinnten Fürsten von Twer und Susdal zu nehmen. Es konnte so aussehen, als würde das immer mächtiger werdende Litauen die Oberhoheit in ganz Nordosteuropa gewinnen, sofern die russischen Fürsten es nicht vorzogen, sich den Mongolen zu unterstellen.

Olgerds Nachfolger Jagiello hatte sich durch Annahme des katholischen Glaubens den Weg zum polnischen Königsthron eröffnet. Durch die Union mit Polen (1386), die Litauen allerdings als selbständiges Großfürstentum beließ, war ein Reich entstanden, das stark genug war, den Deutschen Ritterorden bei Tannenberg (1410) entscheidend zu schlagen und tief in die südrussische Steppe hineinzustoßen.

Nach dem Tode Iwans II. von Moskau übertrugen die Mongolen noch die Großfürstenwürde einem Fürsten von Susdal. Aber da Twer sich Litauen anzuschließen drohte, bestimmten sie 1363 Dimitri von Moskau (1358–1386) zum Großfürsten. Twer mußte Moskaus Oberhoheit anerkennen, sich den Tataren unterstellen und von Litauen lösen. Moskau glaubte nun, fester auftreten zu können. Dmitrij Donskoi blieb der Ruhm, die gefürchteten Tataren zum erstenmal besiegt zu haben: auf dem Wachtelfeld 1380. Aber zwei Jahre später folgte die Rache: Toktamysch verbrannte Moskau.

Doch mit Tamerlan änderten sich die Verhältnisse von Grund auf – in Osteuropa wie in dem weiten Raum bis nach Mittelasien hinein. Die »Goldene Horde« konnte sich von dem Schlag nicht wieder erholen, den ihr Tamerlan zugefügt hatte; sie zerfiel in drei Khanate: das der Krim mit der Hauptstadt Bakhschisarai (1425), das von Khasan, wo Ulu Mahmed 1438 seine neue Hauptstadt aufschlug, und – seit 1466 – das an der unteren Wolga mit Astrachan. Der Druck auf die Slawen und damit auf Moskau ließ jedoch nicht nach.

Im 14. Jahrhundert haben die von Osten kommenden Kenntnisse, die häufig auf indische oder chinesische Errungenschaften zurückgingen, den europäischen Mittelmeerraum umgestaltet. Sie gipfelten in der italienischen Renaissance, erfaßten dann aber auch Portugal, Frankreich, England und Deutschland, wo die Anregungen nicht nur aufgenommen, sondern neugeformt und umgestaltet wurden. Die Chinesen haben den Buchdruck wahrscheinlich bereits in der Tang-Zeit entwickelt. Gutenberg in Mainz gab ihr mit den beweglichen Buchstaben die ungeheure Breitenwirkung. Seit der Erfindung des Papiers – ursprünglich aus China stammend – konnte man Bücher billiger und leichter herstellen als aus Pergament. Das Pulver – ebenfalls eine chinesische Erfindung – gab den reichen Städten eine Waffe in die Hand, die Burgen der Raubritter zu brechen. Geld brauchte man auch, um Söldner aufzubieten und auszurüsten. Als Fußvolk haben die Schweizer Bauern bald auf allen Schlachtfeldern gesiegt, wodurch die Zeit der adligen Ritter zu Ende ging.

Mit der Renaissance begann eine Neubelebung, richtiger künstlerische Neugestaltung der Antike. Zugleich löste sich das neue Denken aus den Bindungen der Scholastik. In den Städten, an den zahlreichen Fürstenhöfen wie im päpstlichen Rom blühten Kunst und Wissenschaft – getragen von dem neuen Reichtum, der sich nicht mehr auf den Grundbesitz beschränkte. Weltliche wie geistliche Fürsten, aber auch die Bürger in den Städten, besaßen genügend Mittel, um die geistigen und die künstlerischen Werte zu pflegen. Denker, Dichter und Maler verarbeiteten nun den gewaltigen Stoff an wissenschaftlichen und künstlerischen Anregungen, der sowohl aus den alten, jetzt eifrig studierten Schriften wie aus den farbigen Schilderungen von Reisenden aus aller Welt zum Abendland gelangten.

Selbstbewußte Menschen schüttelten die geistigen Fesseln ab, die Jahrhunderte hindurch alles Wissen auf die Heilige Schrift gründen wollten. Man beobachtete die Natur, studierte ihre Gesetze, man kam zu neuen Einsichten und zog daraus Folgerungen. Die Welt sah anders aus als im Mittelalter. Einen besonderen Auftrieb erhielt die Renaissance dadurch, daß aus dem Oströmischen Reich zahlreiche Gelehrte flüchteten, die sich von den Osmanen bedroht sahen.

Die Italiener, die ein eindrucksvolles Handelsimperium aufgebaut hatten, brachten die Güter des Orients nach Italien und über die Alpen nach Frankreich, Deutschland und England. Dort kauften die Florentiner die Wolle für ihre Textilindustrie, deren Stoffe nach Asien und Nordafrika geliefert wurden. Italienische Kaufleute reisten überall hin, nach Asien, an die Küsten Afrikas oder zum Indischen Ozean, mindestens aber nach Mesopotamien, sie tauschten ihre Waren in Brügge gegen die Güter des Nordens. Im westlichen Mittelmeer entwickelten die Katalanen einen eigenen Einkaufs- und Absatzmarkt. Die Ravensburger aus Süddeutschland schlugen die Brücke zwischen Spanien und Mitteleuropa, erwarben Safran und lieferten Leinen.

Europa war der wichtigste Abnehmer für die Kostbarkeiten des Orients und Afrikas, für Seide, Gewürze, hochwertige Baumwollstoffe und selbst Rohbaumwolle, Zucker und Erzeugnisse des Kunstgewerbes. Vom Abendland kamen Wollstoffe, Waffen, Eisenwaren, Kupfer und Silber, Holz zum Schiffbau. Dieser Überseehandel hat der gesamten Wirtschaft Westeuropas ein neues Gesicht gegeben.

Florenz lieferte nun Wollstoffe in guter Qualität und in großen Mengen. Seine Textilindustrie war bereits »kapitalistisch« und nicht genossenschaftlich aufgebaut. Bankiers gaben Kredit, sie übernahmen den Verkauf oder bevorschußten ihn, wobei sie sich — was damals neu war — »sicherten«, nämlich »versicherten«. Galt der Handel in Venedig und Genua noch als ein Abenteuer, so wurde er nun in Florenz ein »solides«, bürgerliches Geschäft. Da der größere Teil der Wolle, die in Florenz verarbeitet wurde, von England kam, hieß es, sie zu transportieren und zu finanzieren. Dazu war eine neue, nach rechnerischen Gesichtspunkten arbeitende Bank notwendig, wodurch der moderne »Kapitalismus« geboren wurde. Obwohl die Kirche damals noch am Zinsverbot festhielt, hat sie mitgeholfen, das neue Wirtschaftssystem zu schaffen, indem sie die Banken beauftragte, die Einnahmen aus Sporteln und milden Gaben nach Rom zu bringen.

An die Stelle des kleinen Handwerkers, der meist nur auf Bestellung für die nächste Umgebung arbeitete, traten Genossenschaften, die feste Verträge mit den Fernkaufleuten abschlossen. Flandern hatte schon früh diesen Weg gewiesen, sowohl die Kaufleute der deutschen Hanse wie die Italiener und Franzosen bezogen dort Wollstoffe. Wenn die Produktionsmittel in Florenz auch nur unwesentlich verbessert wurden – die Handarbeit blieb vorherrschend – so ließ sich die Arbeit jetzt gleichmäßig über das ganze Jahr verteilen.

In Frankreich baute der Kaufmann Jacques Cœur ein eigenes Handelsimperium auf; während des Hundertjährigen Krieges streckte er seinem König die Gelder vor, erntete wie üblich wenig Dank. Er wurde enteignet.

Weit offen standen die Tore in aller Welt. Der deutsche Kaufmann konnte bis Frankreich und Portugal fahren, um Wein oder später Salz – in Setubal – zu erwerben. In England bildete der Stalhof in London die feste Stütze des deutschen Wollhandels. Die Hanseschiffe fuhren nach Bergen, nach Stockholm und nach Nowgorod. Überall trafen sie Landsleute, die in den festen Niederlassungen ein Eigenleben führten – und führen durften. Über Leipzig, Breslau und Lemberg reichte der Handel an die russische Steppe heran.

Wenn Fürsten eingriffen, so schlugen die selbstbewußten Fernkaufleute zurück, sei es mit wirtschaftlichen Waffen, dem Boykott – der »Verhansung« oder gar in ihren Städtebünden mit kriegerischer

Macht. Allerorten kam es zu Streit. Der König von England plünderte seine Florentiner Bankiers aus, indem er jede Zahlung wider alles Recht verweigerte. Der König von Frankreich beschlagnahmte die Güter der italienischen Kaufleute, die durch sein Land zogen. Der Graf von Flandern erhob übermäßige Steuern, der König von Dänemark verlangte Gebühren für die Durchfahrt durch den Sund. Aber solche Sorgen hat der Kaufmann immer, ob mit dem eigenen oder dem fremden Machthaber. Da gilt es, fest zusammenzuhalten.

Die Kirche war in eigene Wirren verstrickt. Im Jahre 1378 wurde in Rom wie in Fondi je ein Papst gewählt; als sie starben, erhielten sie jeweils einen eigenen Nachfolger, so daß die Kirchenspaltung – das Schisma – fortgesetzt wurde. Um dem abzuhelfen, setzte das Konzil zu Pisa (1409) beide Päpste ab und wählte einen dritten, ohne jedoch die beiden anderen zwingen zu können, zurückzutreten, so daß jedes Land wählen konnte, welchem Papst es folgen wollte. Das Konzil von Konstanz 1410 überwand endlich das Schisma der drei Päpste, wobei die Lehre anerkannt wurde, das Konzil stünde über den Päpsten.

Aber auch in Glaubensfragen schien die Einheit der Kirche gefährdet. In England hatte Wicliff (1320–1384) den Papst angegriffen, in Böhmen verwarf Hus den Heilscharakter der Kirche, lehnte Ohrenbeichte und Ablaß ab, indem er sich auf die Heilige Schrift berief. Die Gläubigen sollten unmittelbar zu Gott sprechen, nicht durch Vermittlung eines Priesters. Damit war doch der gesamte Aufbau der Kirche in Frage gestellt. Einzige Richtlinie für den Glauben sollte die Bibel sein. Hus von Prag wurde auf dem Konzil von Konstanz der Irrlehre überführt und verbrannt. Sein Landesherr, Sigismund von Böhmen, zugleich römischer Kaiser, trat nicht für ihn ein. Seine Anhänger – die Hussiten – verwüsteten in raschen Kriegszügen weite Teile des Reichs (1419–1436). Eine große Reform der Kirche »an Haupt und Gliedern« sollte dann auf dem Konzil von Basel herbeigeführt werden (1431–1449).

Im Reich hatte der Luxemburger Karl IV. – gestützt auf sein Erbland Böhmen – eine starke Königsgewalt aufgebaut, indem er außer Luxemburg und Burgund noch Brandenburg, Schlesien, die Lausitz und Mähren, später auch Ungarn seiner Familie gewann. Nach seinem Tode fiel Böhmen an seinen Sohn Wenzel, die Mark Brandenburg an Sigismund und Görlitz an Johann. Die Goldene Bulle (1356) hatte im Reich die sieben Kurfürsten derart gestärkt, daß sie die eigentliche Macht erhielten.

Daneben gab es die Städtebünde, die Hanse, den schwäbischen Städtebund mit dem Vorort Ulm und den rheinischen Städtebund, der von Frankfurt bis Straßburg reichte. Ihnen wiederum traten die Ritterbünde entgegen. In der Schweiz wehrten sich die Bauerngemeinden von den Vierwaldstätten gegen das Ritterheer der Habsburger, dem sie vernichtende Niederlagen beibrachten. König Wenzel wurde von den Kurfürsten abgesetzt, Ruprecht von der Pfalz gewählt. Als dieser jedoch einen Kriegszug nach Italien unternahm, erlitt er bei Brescia eine empfindliche Niederlage. Nun erhielt König Sigismund von Ungarn die Kaiserwürde.

Verworren waren auch die politischen Verhältnisse in England und Frankreich, die in ein Ringen verstrickt waren, das über hundert Jahre (1339–1453) andauern sollte, unterbrochen durch Waffenstillstand oder kurzfristigen Frieden. Mit Unterstützung von Burgund gewannen die Engländer nach ihrem Sieg von Azincourt ganz Nordfrankreich. Vor Orléans wurden sie jedoch geschlagen, vor allem dank der »Jungfrau« Jeanne d'Arc, einem Bauernmädchen aus Lothringen.

In der Zone zwischen den drei Reichen der Goldenen Horde, der Ilkhane in Persien und der Mamelucken in Ägypten und Syrien konnten sich türkische Kriegerscharen in Kleinasien zu Glaubenskämpfern aufschwingen und Einfälle in das Oströmische Reich unternehmen. Eine bedeutende Gruppe waren die »Ghazis«, Gefolgsleute von Osman (1281–1326), der sich geschickt einmal an die Seldschuken, dann wieder an die Mongolen anlehnte.

Für sein »Volk« – die Osmanen – gilt wohl, was eine Felsinschrift des 7. Jahrhunderts aus der Orchongegend sagt: »Mein Vater, der Kagan, zog aus mit siebzehn Mann. Als die Kunde von seiner Kriegsfahrt sich verbreitete, da stieg, wer in der Stadt wohnte, bergan, und wer in den Bergen hauste, stieg herab. Und als sie versammelt waren, da waren sie siebzig. Da der Himmel ihnen Kraft verlieh, war die Schar meines Vaters, des Kagan, gleich den Wölfen und die Gegner gleich den Schafen. Nach Osten wie nach Westen unternahm er Kriegszüge, sammelte Leute und hielt sie zusammen. Siebenhundert Mann zählten sie nun insgesamt. Und als sie siebenhundert geworden waren, da ordnete er nach den Gesetzen der Ahnen das Volk, das seine Ordnung und seinen Kagan verloren hatte – das zu Sklaven und Sklavinnen geworden war – dessen türkische Einrichtungen verschwunden waren und goß Mut in seine Adern.«

Wie alle Steppenleute besaßen die Osmanen eine energische Stoßkraft. Osmans Sohn Urkhan (1354–1362) eroberte nach elfjähriger Belagerung die Stadt Brussa und dann Nicäa. 1340 hatten die Osmanen nahezu ganz Kleinasien – bis auf einen schmalen Küstenstreifen um Konstantinopel – gewonnen. Ein Thronprätendent in Byzanz rief sie zu Hilfe, die dafür Gallipoli und die Festung Chimpe erhielten. Als der Kaiser Johann Paläologos 1355 den Thron zurückgewann, gestand auch er den Osmanen »Rumelien« als Besitz zu.

1354 setzten sie nach Europa über, 1366 nahmen sie Adrianopel ein, das sie bald zu ihrer Hauptstadt machten. Nun unterwarfen sie die slawischen Balkanreiche. Die Serben hatten nach ihrem Sieg bei Küstendil (1330) über die Bulgaren das Großserbische Reich begründet, das sich von der Donau bis Korinth, von der Adria bis zur Struma erstreckt, so daß Stefan Duschan (1331–1355) sich zum »Kaiser der Serben und Griechen« krönen ließ.

Sultan Murad I. (1362–1389) zerschlug dieses Reich auf dem Amselfeld 1389, wurde aber am Abend der Schlacht getötet. Sein Nachfolger Bayasid I. (1389–1403) mußte sich zunächst gegen die Seldschuken in Kleinasien wenden. Ein starkes abendländisches Heer unter Sigismund von Ungarn schlug er 1396 vernichtend bei Nikopolis. Er selber erlag jedoch 1402 Tamerlan bei Ankara. Das Abendland war – für kurze Zeit! – gerettet.

Diesen für die Osmanen so gefährlichen Augenblick haben weder Byzanz noch die christlichen Völker auf dem Balkan, noch die alten Gegner in Westeuropa genutzt. Und dann war es zu spät. Mechmed I. (1413–1421) gewann Kleinasien weitgehend zurück. Der tatkräftige Sultan Murad II. konnte ein christliches Heer unter dem Ungarn Johann Hunyadi 1444 bei Warna schlagen. Sein Sohn Mehmed II. (1451–1481) hat 1453 nach kurzer Belagerung Konstantinopel genommen.

Längst hatte Byzanz seine bedeutende politische und wirtschaftliche Rolle eingebüßt. Seine Einwohnerzahl war auf fünfzigtausend gesunken. Ausländer, vor allem Genuesen und katalanische Söldner, haben jahrelang die islamischen Feinde abgewehrt. Jetzt vermochten sie nichts mehr auszurichten. Mehmed II. hatte sich aus Westeuropa die besten Geschützgießer kommen lassen, deren Kanonen die einst unbezwingbaren Mauern erschütterten. Dann stürmten die Janitscharen die unglückliche Stadt. Konstantinopel, über mehr als ein Jahrtausend das glanzvolle Bauwerk des Christentums, war fortan die Hauptstadt des Osmanischen Reiches: Stambul!

Die große Zeit der Entdeckungen

In seinem Zeltlager vor dem umkämpften Ceuta hörte der portugiesische Prinz Heinrich (1394–1460) von einem mächtigen Strom – dem Senegal –, der weit im Süden in den Atlantik münde. Von dort kamen die Karawanen beladen mit Gold, begleitet von Negersklaven. Seitdem setzte der Prinz alles daran, den Weg unmittelbar über See zu jenen reichen Ländern zu finden, um dem muselmanischen Feind eine wichtige Einnahmequelle abzuschneiden. Noch im gleichen Jahr schickte er ein Schiff aus, die Inseln der Seligen zu suchen – die Kanarischen Inseln –, die der Genuese Lanzarote Malochello bereits 1312 wiederentdeckt hatte.

Dem mittelalterlichen Europa war die marokkanische Atlantikküste jenseits des sagenumwitterten Kap Bojador unbekannt geblieben; die Kapitäne fürchteten nicht nur das Riff, sondern die »kochende See«. Erst 1433 umschiffte eine Barcha des »Seefahrers«, der selbst nie zur See gefahren ist, das unheimliche Kap; 1441 erreichte Nuno Tristam mit seiner Karavelle das Kap Blanco. Im folgenden Jahr fand er noch weiter im Süden endlich Menschen an der Küste, die er einfing und als Sklaven verkaufte. Diese bisher nutzlosen Fahrten lohnten sich also. Nun stürzten sich Abenteurer ins verlockende Geschäft. Stück um Stück lernte man die afrikanische Westküste kennen: Kap Verde, Sierra Leone, 1488 endlich die Südspitze des dunklen Erdteils, das Kap der Guten Hoffnung.

Diese Fahrten beschäftigten die Phantasie der Zeitgenossen, die weitgespannte Erwartungen an den Erfolg knüpften. Vor allem erhoffte sich das Abendland unmittelbaren Zugang zur Handelswelt des Indischen Ozeans, um den Sperriegel der Osmanen zu sprengen oder zu umgehen, die dabei waren, zur beherrschenden Macht zwischen Schwarzem Meer und Rotem Meer aufzusteigen.

Die alte Verbindung durch den Bosporus zur Krim wie nach Syrien und dem Iran war schon vor dem Fall von Konstantinopel entwertet. Auch der Umgehungsweg über Lemberg oder über die Donau war in türkischer Hand. Was aber, wenn – wie vorauszusehen – auch Syrien und Ägypten den Osmanen zufielen? Das mußte den Mittelmeerhandel von Venedig, Genua und Florenz und im Gefolge auch die süddeutschen Städte wie Augsburg. Ulm, Nürnberg, aber auch Prag und Warschau arg treffen. Gab es nicht noch einen anderen Weg nach Asien?

Die Wissenschaft bemächtigte sich dieser Frage. Eifrig verglichen die Geographen die Angaben des Ptolemäus mit den Reiseberichten des Marco Polo. Weltkarten entstanden; mit viel Fleiß und viel Phantasie wurden Küstenlinien nicht nur auf Karten, sondern auch auf regelrechten Erdkugeln gezogen. Was war einigermaßen gesichert, was einfach Wahngebilde? Prinz Heinrich hatte in Sagres einen Kreis von Gelehrten, Technikern, Schiffbauern, Astronomen und Seefahrern um sich versammelt – von überall her! Martin Behaim zeichnete den ersten Erdglobus, der Kompaß wurde weiterentwickelt, die Karavelle verbessert. Alle Vorbereitungen waren getroffen, um Afrika herum in den Indischen Ozean zu fahren, als der Genuese Kolumbus den Plan entwickelte, unmittelbar nach Westen zu segeln, um nach »Indien« zu gelangen. Ungewiß war, wie weit sich Asien nach Osten erstreckte. Wenn seine Schätzungen stimmten, mußte man etwa sechzig Längengrade weiter westlich Land finden. Portugal lehnte sein Angebot ab, aber Spanien griff zu.

Kolumbus erhielt die Mittel für seine abenteuerliche Reise. 1492 konnten die Spanier die letzten Moslems aus Granada vertreiben. Damit war die Reconquista auf der Iberischen Halbinsel abgeschlossen. Im Geist des Kreuzzuges willigte Isabella von Kastilien ein, nun auch den Menschen jenseits des Meeres den Glauben zu bringen. Und welch Wunder! Genau dort, wo nach seinen Karten Asien beginnen sollte, fand Kolumbus 1492 tatsächlich Land. Er nannte es Indien. Aber es war Amerika.

Wie ein Lauffeuer eilte diese Nachricht durch das Abendland. Aber als sich herausstellte, daß es sich »nur« um einige Inseln im weiten Weltmeer handelte, arm, vor allem ohne Gewürze, ließ die Begeisterung rasch nach. Nichts von Asien.

Dazu kam, daß gerade damals die erste portugiesische Flotte unter Vasco da Gama gut vorbereitet und ausgerüstet die Küsten des wahren Indiens erreicht hatte und vollbeladen mit den kostbarsten Gewürzen heimkehrte. Damit war wirklich der langgesuchte Seeweg gefunden. Kolumbus hat starr an seiner Meinung festgehalten, er habe »Asien« entdeckt, obwohl bei seinem Tod eigentlich schon feststand, daß diese Annahme unhaltbar war. Erst als man südlich des Äquators Land entdeckte, das unmöglich Asien sein konnte, wurde zur Gewißheit, daß Amerigo Vespucci einen neuen Erdteil gefunden hatte.

Da Kastilien im Friedensvertrag von 1479 ausdrücklich auf jeden Landerwerb »in Richtung auf Guinea und Indien« verzichtet hatte, erhob Portugal Anspruch auf alle Entdeckungen im Atlantik. Der Papst als Schiedsrichter angerufen, zog eine Grenzlinie, die Portugal jedoch niemals anerkannte. Erst der Vertrag von Tordesillas 1494 wies den Portugiesen den Ostteil des heutigen Brasilien zu, den Spaniern andererseits die Philippinen und die Inselwelt im Pazifik. Umstritten blieb bei den mangelhaften geographischen Kenntnissen Nordamerika.

Beherrscht von dem Wunsch, den Handel mit Indien an sich zu reißen, kümmerten sich die Portugiesen kaum um das Innere Afrikas. Zwar errichteten sie einzelne Stützpunkte an der Küste, etwa El Mina 1482 am Golf von Guinea, teils als Rückhalt für die vorüberfahrenden Schiffe, teils als Stapelplatz, aber sie setzten weder Menschen noch Kapital ein, um sich größere Landstriche anzueignen.

Für die Portugiesen war es ein Wagnis, in das Herz des Indienhandels – einer Domäne der Araber – einzubrechen und den Strom der indischen und indonesischen Waren, insbesondere von Gewürzen, feinen Baumwollstoffen und Edelsteinen vom althergebrachten Weg über das Mittelmeer wegzuleiten. Sie haben sicherheitshalber und wohl auch, weil es notwendig war, den arabischen Seeverkehr von Südindien zum Persischen Golf wie zum Roten Meer völlig abgeschnitten, was ihnen dank der Kriegsschiffe mit ihren schweren Geschützen gelang, die sowohl die flinken Dhaus wie die schwerfälligen Dschunken zusammenschossen. Sie besetzten die Insel Sokotra am Ausgang des Roten Meeres und Ormuz inmitten des Persischen Golfes; sie eroberten 1511 Malakka an der Straße zum Südchinesischen Meer.

Sie drangen in einen friedlichen Handelsbereich ein. Die arabischen Kaufleute dachten nicht daran, Gewinne mit Waffen in der Hand zu erzielen, zumal sie dazu gar nicht stark genug waren; aber sie waren wohl auch zu klug, denn sie verdienten am Warenaustausch, und der vollzog sich ohne Gewalt. Im Warenaustausch mußten die Portugiesen scheitern. Sie hatten – außer Kupfer und Leinen – nur Edelmetall anzubieten. So sahen sie sich von Anfang an gezwungen, Waffengewalt anzuwenden, um ein Handelsmonopol zu errichten. Sie plünderten die Hafenstädte, sie verlangten hohe Abgaben von den Landesherren und sie unterdrückten jeden Wettbewerb. Solange die portugiesischen Kriegsschiffe Eroberungen und reiche Beute machten, gab es wenig Sorgen, als aber die Plünderung aufhörte, mußte in Silber bezahlt werden. Portugal träumte zwar davon, von Lissabon her einen weitgespannten Absatzmarkt in Nordeuropa aufzubauen, dessen Mittelpunkt Antwerpen werden sollte, aber womit hätte Europa bezahlen sollen? Galten Böhmen und Tirol noch vor wenigen Jahrzehnten als »Silberland«, Deutschland und Ungarn als »Kupferland«, so war das längst vorbei. Die Lagerstätten erschöpften sich, Ungarn erlitt eine vernichtende Niederlage bei Mohács (1526) durch die Osmanen. Erst amerikanisches Silber erlaubte einen friedlichen Gütertausch.

Die indischen Landesherren hatten den Seehandel seit langem den arabischen Kaufleuten überlassen, von denen sie entsprechend hohe Abgaben bezogen. Deswegen fanden die Portugiesen im 16. Jahrhundert an der indischen Küste kaum ernstlichen Widerstand. Im Dekhan hatte das islamische Königreich der Bahmani sich in fünf selbständige Sultanate aufgelöst: Ahmadur, Bijapur, Golconda, Bidar und Berar, während das Hindu-Reich Vijayanagar seinen Höhepunkt unter Krischna Deva Raya (1509–1529) erreichte.

Daher waren die Hindu-Fürsten bemüht, die Portugiesen gegen die arabischen Händler an der Küste zu fördern, die im Verdacht standen, mit den Glaubensbrüdern im Dekhan zusammenzuarbeiten. Die Portugiesen aber wollten nur Handelsstützpunkte gewinnen, um mit den Indern Waren tauschen zu können: Calicut, dann wegen des Streits mit dem Hindu-Fürsten, dem Comorin, im benachbarten Cochin, die Insel Socotra, Chaul, Goa, Bombay und vor allem das befestigte Diu. Die Portugiesen verstanden es, die Fürsten gegeneinander auszuspielen, den Samorin von Kalikut, einen Hindu, gegen den Radscha von Cochin, den Hindukaiser von Vijayanagar gegen die islamischen Könige des Dekhan. Mit ihren überlegenen europäischen Waffen unternahmen sie weitgespannte Raub- und Eroberungszüge im ganzen Indischen Ozean.

Mit Malakka hatten sie praktisch den Gewürzhandel mit den Molukken in der Hand, mit Amboina den der Gewürznelken. 1516 erschienen die ersten portugiesischen Schiffe in Kanton, vier Jahre später trafen portugiesische Kaufleute in Peking ein. 1542 knüpften sie Beziehungen zu Japan an.

Den neuen Schiffstypen, den leichten Karavellen oder den massigen Galeonen waren weder die breiten Dschunken der Chinesen noch die schwerfälligen Dhaus der Araber gewachsen. Wo sie auftauchten, war der Sieg den Europäern – mindestens zur See – sicher. Damit änderte sich auch die Lage am Indischen Ozean wie im Pazifik, wo so gut wie alle Inseln bereits besiedelt waren. In Südostasien rangen Indien und China um die Vorherrschaft. Nun fiel sie den Europäern zu.

Alle diese Eroberungen in Indonesien wie in Hinterindien erfolgten nahezu ohne Gegenwehr, obwohl den wenigen Europäern viele Millionen gegenüberstanden. Doch fehlte jede politische Macht, die sich gegen die Weißen hätte wehren können, zumal die europäischen Waffen dermaßen überlegen waren, daß jeder Kampf im voraus entschieden war. Ein Volk von einer Million Menschen hatte ein Kolonialreich geschaffen, das – von der Ostküste Brasiliens bis in den Fernen Osten – die Hälfte des Erdballs umfaßte. War Portugal den vielen Nebenbuhlern und Neidern und seinen mächtigen Feinden auf die Dauer gewachsen?

Obwohl die Europäer die politische Herrschaft zur See gewannen, hat es auch asiatische Seemächte im 16. Jahrhundert gegeben. Als die Portugiesen 1511 Malakka an sich rissen, verlagerte sich der islamische Handel nach Atschin im Nordwesten von Sumatra, das nun Mittelpunkt eines mächtigen Reiches wurde und weite Gebiete auf Sumatra eroberte. Im Jahre 1568 hat Atschin eine Kriegsflotte von dreihundert Schiffen mit fünfzehntausend Mann bemannt, darunter vierhundertachtzig türkischen Artilleristen, gegen Malakka entsandt.

Die Schußwaffen gaben den Europäern eine unbestrittene Überlegenheit. Spanien hatte Geschütze aus Frankreich und Deutschland bezogen, um Granada sturmreif zu schießen. Die Breitseiten, die Vasco da Gama gegen die arabischen Schiffe losließ, stammten aus britischen Werkstätten. Wenn das kleine Europa damals aufstieg, so nicht zuletzt wegen der neuen Waffentechnik und der Eisenindustrie in Frankreich, England, Deutschland und Schweden. Als die Portugiesen im Indischen Ozean erschienen, schnitten sie den Indern und damit dem ganzen islamischen Orient das Eisen für die Waffenherstellung ab, das aus Afrika gekommen war.

Damit sah sich Afrika im 16. Jahrhundert fast schlagartig von jedem Weltverkehr abgeriegelt. Für die Europäer war der Handel am Indischen Ozean eine Angelegenheit der Araber und nicht der Afrikaner, aber aus dem afrikanischen Hinterland kam das Eisen, auf dessen Ausfuhr die Staaten wie Monomotape, der Cwezi in Uganda, Kenia und Tanganyika, der Bito in Uganda doch beruhten. Auch die Reiche im Kongobecken zogen einen beträchtlichen Teil ihres Reichtums aus dem Handel, der von der Ostküste Afrikas zum Atlantik reichte. Niemals machten die Portugiesen einen ernsthaften Versuch, die Goldquellen am oberen Senegal oder jenseits der Wälder im Lande der Aschanti zu erobern.

Während die Portugiesen in Ostindien in ein altes Kulturgebiet mit einem lebhaften Handel eindrangen, fanden die Spanier in Westindien – Amerika – eine andere Welt vor, ohne Handel und ohne Kultur – so schien es. Einmal sah Kolumbus an der Küste von Honduras ein indianisches Handelsfloß, das er aber nicht weiter beachtete. Er wußte nicht, daß hinter den hohen Bergen des Festlandes das mächtige Reich der Azteken lag.

Der Nachfolger von Moctezuma I. (1440–1469), »Wassergesicht« – Axayacatl – (1469–1483) eroberte Tlatelolce und tötete dessen letzten König auf der Tempelpyramide. Er ist mit dreißig Jahren an einer Kriegsverletzung gestorben. Seine Brüder vollendeten den Ausbau des Reiches mit der Hauptstadt Tenochtitlan. 1487 wurde dort der große Tempel eingeweiht, mit den schrecklichen Riten der Azteken.

Ahuitzotl – Wassergespenst – (1486–1502) blieb dem Auftrag seiner Vorfahren treu, die Welt zu erobern. Seine Heere zogen in alle Himmelsrichtungen aus. Sie unterwarfen die Landschaften am Pazifischen Ozean bis Acapulco, dann zogen sie als Expedition der Kaufleute getarnt vom Tal von Oaxaca durch zapotekisches Gebiet bis in die Gegend von Tehuantepec, und schließlich gelangten sie bis zur Küste des heutigen Staates Chiapas, wo die reichen Kakaobäume wuchsen. Damit hatten sie die Grenze zum Land der Huaxteken erreicht, wo damals die beste Baumwolle wuchs.

Nachfolger wurde sein Sohn Moctezuma (1502–1520), der von besonderer Hingabe an die Götter beseelt war, deren Zeichen und Offenbarungen er sich demütig unterwarf. Das wurde ihm zum Verhängnis, da er in der Ankunft der weißen Menschen die versprochene Wiederkehr des Gottes Quetzalcoatl zu erblicken glaubte. Gegen ihn zog Cortez mit einem kleinen Heer von vierhundert Mann Infanterie und fünfzehn Reitern und eroberte Tenochtitlan. Allerdings hatte Cortez in den unterworfenen Stämmen, etwa in den Totonaken aus Cempoala Bundesgenossen gefunden. Die Tlaxcalteken blieben sogar nach der »noche triste«, die mit dem Rückzug aus Tenochtitlan endete, den Spaniern treu, die Eroberung von Mexiko bildete das Vorbild für die Eroberung Perus durch Pizarro.

In Südamerika unterwarfen die Inka-Heere unter Pachacutic Yupanki (1438–1471) rasch das Hochland bis zum mittleren Ekuador und mit Cajamarca in den Bergen auch das Küstenland der Chimú. Sein Sohn Tupac Yupanki (1471–1493) dehnte die Grenzen des Reiches über das Hochland von Bolivien hinweg bis zum Maulefluß in Chile aus. Waina Capak (1493–1527), der noch das Reich nach Norden auszudehnen versuchte, starb vielleicht an einer Krankheit, die von den ersten Spaniern stammte.

Pizarro, einer jener harten, in Jahren der Entbehrungen inmitten der Wildnis erprobten Abenteurer aus Estremadura, griff das mächtige Inka-Reich an. Wieder drang ein kleines Heer von dreihundert Soldaten und vierzig Pferden über fast unüberwindliche Berge in ein unbekanntes Land ein. Jenseits des Passes lagerte bei Cajamarca der Inka Atahualpa mit einem Heer von dreißigtausend Mann, aber beim überraschenden Angriff der Spanier auf den arglos sie besuchenden Herrscher stob dieses Heer in wildem Entsetzen auseinander. Die Schußwaffen, die Stahlpanzer und die unbekannten Reiter lähmten jeden Widerstand. Weiter zogen die Spanier. Von drei Seiten erstiegen sie die Hochfläche von Bogota. Nach Chile stießen sie durch das ganze Längstal bis Valdivia vor.

Die weltgeschichtliche Bedeutung der spanischen Eroberung Amerikas lag zunächst darin, daß zwei scheinbar so mächtige Reiche beim ersten Ansturm zusammenbrachen, sodann aber in der gründlichen Umgestaltung des Erdteils. Europäische Lebensformen, die europäische Landwirtschaft, die spanische Sprache und das Christentum setzten sich in weiten Bereichen durch. Die Spanier haben einen sehr viel fester organisierten Staat in Mexiko und Peru aufgebaut als das Azteken und Inka möglich gewesen war. Eine geordnete Verwaltung reichte bis in das letzte Indianerdorf hinein. Die geistliche Hierarchie erstreckte sich vom Erzbischof bis in die einzelnen Pfarreien hinunter. Die Landwirtschaft gliederte sich in große Rittergüter – Encomiendas. Mit dem Getreide kam der Pflug, mit den Pferden der Wagen. Als die reichen Silberminen von Potosí und Guanajuato – Mexiko – entdeckt wurden, begann der Bergbau.

Dabei blieb die Zahl der Spanier zunächst gering. Rund hunderttausend Menschen sollen in den ersten hundert Jahren von Spanien nach Amerika gefahren sein, und die Zahl der Portugiesen ist damals sicher noch niedriger gewesen. Mit den Seekriegen hörte die Auswanderung von Spanien in die Neue Welt nahezu auf. Die Erschließung des weiten Erdteils und die Bekehrung der Indianer war einmal der Kirche zu verdanken, vor allem der nimmermüden Hingabe der Mönche, sodann den freien Unternehmern, die sowohl die Kriegszüge wie die wirtschaftliche Entwicklung des riesigen Gebietes auf eigene Rechnung unternahmen.

Die spanische Krone widerrief die großen Zugeständnisse an Kolumbus, der sich als unfähig erwiesen hatte, das weite Land zu erschließen und zu verwalten. Auch die Beamten waren zunächst dazu nicht imstande; sie machten Fehler und Mißgriffe. Rohe Kriegsleute stiegen aufgrund ihrer militärischen Leistungen zu stolzen Marquis und zu Konquistadoren auf, die Grund und Boden untereinander aufteilten. Aber nur Unternehmer, Händler oder Bergwerkseigentümer haben die unerschöpflichen, doch erst zu erschließenden Reichtümer gehoben.

Siedler haben die ersten Pflanzungen angelegt, die Viehherden gezüchtet, die Bergwerke in Betrieb genommen und schließlich die Expeditionen ausgerüstet, die immer neues Land suchten. Die Konquistadoren waren rauhe Gesellen, aber auch nicht härter als die christlichen Adligen damals gegenüber ihren Bauern in Europa, und als Osmanen, Mongolen oder Türken in Mittelasien und in Indien. Die schlimmsten Opfer kosteten die eingeschleppten Krankheiten: Pocken und andere Seuchen rafften häufig ein Drittel der Bevölkerung hinweg. Da bei den kurzen Kriegen der Widerstand bald zusammenbrach, blieben ihre Verluste an Toten begrenzt.

Dagegen hörten die entsetzlichen Kriege auf, die vorher das Hochland von Mexiko verwüstet und Zehntausende zum Opferstein gebracht hatten, die wilden Überfälle der Kariben auf die friedlichen Bewohner der Antilleninseln, aber auch die Kämpfe im südamerikanischen Bergland, den Urwäldern oder den Ebenen.

Der größere Teil der indianischen Bevölkerung atmete erleichtert auf, und er dankte es den neuen Herren durch Treue in mancher Stunde der Not. Es hat in Spanisch-Amerika bis tief ins 18. Jahrhundert hinein keinen größeren Aufstand gegeben, wie er in allen anderen Weltreichen immer wieder aufflammte. Den Schutz der Indianer, die nicht versklavt werden durften, übernahm die Kirche, die laut Klage erhob, wenn gegen die Gesetze verstoßen wurde.

Umsonst waren jedoch alle Anstrengungen, im Norden Gold zu finden. Ponce de León durchzog die Halbinsel Florida gegen heftigen Widerstand der Indianer. Eine andere Expedition unter Córdoba hatte ebenfalls keinen Erfolg. Dem Panfilo de Narvaez, der einmal ein Heer gegen Cortez geführt hatte, ging es nicht besser. Das alles hielt Hernando de Soto nicht davon ab, an der Spitze von sechshundert Soldaten und zweihundert Pferden, mehr als Cortez und Pizarro befehligt hatten, von der Westküste Floridas, durch Georgia, Karolina und Alabama zum Mississippi und weiter zum Missouri zu ziehen. Er fand nur Jäger und Sammler, die erzählten, weiter im Norden würden riesige Büffelherden alle Felder zertrampeln. Nach vier Jahren kehrten schließlich dreihundertelf Spanier nach Mexiko zurück. Auch eine Expedition, die der Vizekönig von Mexiko unter Coronado entsandte, konnte nur von endlosen Wüsten berichten, die keine Besiedlung lohnten. Daraufhin haben die Spanier Nordamerika als nutzlos aufgegeben.

Ganz Europa wollte an den märchenhaften Gewinnen des Indienhandels teilnehmen, die Franzosen, die Engländer und selbst die Russen. Den Weg um Afrika herum sperrten die Portugiesen. Der Weg über Amerika gehörte den Spaniern, die rücksichtslos jeden Wettbewerber ausschalteten. Aber gab es vielleicht eine Nordwestpassage um Amerika und die Nordostpassage um Asien herum?

Die Suche des Franzosen Cartier 1534 nach der Nordwest-Passage führte schließlich zu einem französischen Kanada, obwohl das Land abschreckend genug schien. Der Versuch Sebastian Cabots, Amerika weiter im Norden zu umsegeln, endete in der Hudsonbay (1517). Hingegen entwickelte sich sehr bald ein Fischfang, der mehr Gewinn abwarf als das ganze übrige Amerika. Dort sollten sich im folgenden Jahrhundert die neuen Seemächte bilden.

Die Briten schickten Kapitän Chancellor ostwärts um das Nordkap herum, die Nordost-Passage zu suchen. In Archangelsk hörte zwar die Seefahrt angesichts der drohenden Eismassen auf; aber die Engländer reisten nun zu Lande – zweitausendvierhundert Kilometer nach Moskau. Auf diesem weiten Weg war es also tatsächlich gelungen, jeden Sperriegel zwischen England und Moskau zu umgehen, so daß ein Güteraustausch durchaus möglich schien.

Von Moskau richteten sich die Blicke die Wolga abwärts zum Kaspisee über Persien nach Indien; die Grundzüge der späteren russischen Politik zeichneten sich damals in den ersten Umrissen ab. Die Hanse hatte inzwischen ihren festen Stützpunkt in Osteuropa verloren. Als Konstantinopel an die Osmanen fiel, nahm der Fürst von Moskau den Kaisertitel an. Iwan III. (1462–1505) eroberte 1478 die Republik Nowgorod und leitete den Pelzhandel zum Schwarzen Meer.

In Mittelasien war das Reich Tamerlans in mehrere selbständige Fürstentümer zerfallen. Abenteurer versuchten wiederholt, sich gegenüber den Nachbarn durchzusetzen, um den Ruhm des großen Eroberers wiederzubeleben. In Kabul herrschte seit 1504 ein Nachkomme Tamerlans. Babur (1494–1530), der wiederholt vergeblich versucht hatte, sein väterliches Erbe Ferghana zurückzugewinnen und Samarkand zu erobern, griff von Herat über die Ameisenstraße den Sultan von Delhi, Ibrahim Lodi, an und besiegte ihn 1526 bei Panipat. Er konnte die Radschputen sowie die afghanischen Herren von Bengalen und Bihar unterwerfen, so daß ihm Nordindien unterstand. Sein Sohn Humayun war jedoch außerstande, dieses Reich zu verteidigen. Ein afghanischer Heerführer, Scher Schah, vertrieb ihn 1540 aus Indien, doch nach dessen Tod kehrte er ins Gangestal zurück.

Von nun an herrschte die Mogul-Dynastie in Delhi. Scher Schah hatte eine neue Verwaltung mit einem Steuerwesen geschaffen, das den Grund und Boden zum ersten Mal nach dem Wert einschätzte. Ein Netz neuer Straßen entstand, eine feste Währung erleichterte sowohl den Handel wie die Festsetzung der Steuern. Erst auf dieser Grundlage ist der spätere Aufstieg des Mogulreiches zu verstehen, wobei die Mogulkaiser teils mongolische, also chinesische, teils iranische, teils osmanische und damit griechische Anregungen übernahmen.

In Konstantinopel waren den Osmanen leistungsfähige Werften in die Hände gefallen, auf denen sie Kriegsschiffe bauen ließen. Während der nächsten hundert Jahre haben sie mit dieser Flotte eine Eroberung nach der anderen gemacht: Mytilene, Rhodos, Zypern. Venedig mußte Tribut zahlen; die Krim wurde 1475 osmanisch; Otranto wurde gestürmt – wenn auch nur kurze Zeit gehalten –, Algier erobert. Unter Bayasid II. (1481–1512) drangen osmanische Truppen bis Kärnten und zur Moldau vor. 1499 siegten die Osmanen auch zur See über die Venezianer.

Sultan Selim (1512–1520) hatte 1516/17 Syrien und Ägypten, Soliman der Prächtige (1520–1566) Ungarn gewonnen (1526). Drei Jahre später belagerten die Türken Wien. 1534 gewannen sie mit Bagdad ganz Persien. Damit waren die Osmanen im Besitz jener arabischen Länder, die bisher vorwiegend vom Asienhandel Nutzen gezogen hatten. Sie wurden durch den Seeweg nach Indien am stärksten getroffen. Die Sultane in Stambul haben die Folgen nicht ganz erkannt, weil sie sich vorwiegend als Landmacht sahen.

Das Osmanische Reich stand auf dem Heer. In ihm überwogen nun die Fremden: die Reiterei – die Spahis – waren zum Islam übergetretene Krieger von überallher. Die Gardetruppe zu Fuß – die Janitscharen – wurde von Christenknaben gebildet, die im Kadettenkorps als Moslems erzogen waren. Dieses Heer lebte im Geiste der Ghazis – Glaubenskämpfer. Es erwartete vom Sultan Kriege, um das Reich zu erweitern und um lohnende Beute zu machen. Sultane, die in dieser Hinsicht versagten, die also den Frieden und das Wohlleben liebten, wurden kurzerhand abgesetzt, wenn nicht umgebracht. Mit den besten Feuerwaffen ihrer Zeit ausgerüstet, hat diese kriegsgewohnte und schlagkräftige Truppe ein gewaltiges Reich erobert und für fünf Jahrhunderte zusammengehalten.

Während es dem türkischen Admiral Khair ud din Barbarossa 1538 gelang, die vereinigten Flotten von Kaiser, Papst und Venedig bei Prevesa zu schlagen, versagte die türkische Seemacht im Indischen Ozean völlig (1537). Der Eingang zum Roten Meer wie der zum Persischen Golf blieben weiterhin in portugiesischer Hand. Der türkische Admiral konnte sich weder mit den Arabern noch mit den indischen Moslems über ein gemeinsames Vorgehen einigen; verärgert über die Bundesgenossen, verließ er den Indischen Ozean. Im Mittelmeer hingegen waren die türkischen Kriegsschiffe den christlichen durchaus ebenbürtig, wenn nicht sogar überlegen. Hier konnte der osmanische Staat die Macht der zentralen Verwaltung voll einsetzen.

Mehmed der Eroberer hat sich gründlich mit der Frage beschäftigt, warum Bayasid dem Tamerlan unterlag. Nach eingehenden Beratungen beschloß er, den mongolischen Staatsgedanken weitgehend nachzuahmen, während sich seine Vorfahren in Adrianopel vorwiegend an das byzantinische Vorbild gehalten hatten. Bisher hatten alle Barbaren die Grundzüge der von ihnen eroberten Reiche übernommen – auch die Mongolen in China. Jetzt bauten die Osmanen ihren Staat nach dem Vorbild von China auf. Einheimische Beamte und Gelehrte zogen sie zum Staatsdienst heran. An der Spitze der Verwaltung standen oft Griechen, Slawen und Albaner. Türkisch war die Sprache des Sultans, Arabisch die Sprache der Religion, Griechisch – neben Italienisch – die des Handels und Slawisch die der meisten Untertanen.

Es war für die Europäer ein besonderer Glücksfall, daß die Chinesen sich gerade dann von den Meeren zurückzogen, als sie selbst ihren Welthandel aufbauten. Die Ming-Kaiser verboten jede Seefahrt, untersagten sogar den Bau von hochseegängigen Schiffen. Diese Politik der Dynastie stand in schroffem Gegensatz zu der Weltoffenheit ihrer ersten Jahrzehnte, da der Handel eine bedeutende Rolle spielte. Der Grund lag in der Unsicherheit an den Küsten, wo der Handel die Seeräuber – zumal die Japaner – anlockte, deren man nicht Herr werden konnte.

Noch zu Beginn des 15. Jahrhunderts fuhr eine chinesische Flotte mit zweiundsechzig Schiffen und siebenunddreißigtausend Mann Besatzung bis zur ostafrikanischen Küste. Führer waren vielfach Moslems, am bekanntesten wurde ein Eunuch aus Yünnan. Für den politischen Wandel in China war die geistige Erneuerung im 15. Jahrhundert maßgebend, die auf der Lehre des Konfuzius fußte. Sein führender Kopf war Wang Yang-min (1472–1529), der die Prinzipien – das li –, auf denen die Welt beruhte, suchte, äußerliche Dinge jedoch verachtete. Er hielt sich an Meng tsu: »Die Seele ist selber Vernunft, nichts liegt außerhalb der Seele.« Seine Gedanken haben das China der folgenden Jahrhunderte geformt, haben die Forschung zugunsten der Klassiker zurückgedrängt. Zu diesem Denken paßte es, sich vom Ausland abzuschließen.

Die Japaner, obwohl seit jeher Fischer, traten erst im 16. Jahrhundert als Seemacht auf. Als der chinesische Außenhandel nachließ, blühte der japanische auf. Die Daimyo-Krieger hatten sich immer mehr von der Vorherrschaft des hohen Adels, der Großgrundbesitzerkaste, gelöst. Bald waren sie vom Shogun unabhängig und bauten eigene Burgen. Der größte Aufstand der Daimyo (1467–1477) dauerte elf Jahre. Er endete damit, daß dem Kaiser und dem Hofadel nur noch eine äußere Würde blieb. Die wirtschaftliche Macht war gebrochen. Aber nun drängten die Bauern nach oben. Waren die Schlachten des 15. Jahrhunderts fast ausschließlich von Reitern entschieden worden, so lag nun die Entscheidung beim Fußvolk. Die Bauern drängten, wo sie konnten, die Krieger aus ihren Landstrichen heraus. So mußten 1485 alle Krieger einen Teil der heutigen Provinz Kyoto verlassen.

Manche heimatlosen Krieger warfen sich auf die Schiffahrt, viele auf die Seeräuberei. Neben den Burgenstädten der Daimyo wuchsen nun reine Handelsstädte empor, die sich von der Vormacht der Daimyo zu befreien suchten. In Sakai und Ujiyamada errangen die Bürger sogar die Selbstverwaltung. Als sich der Ashikaga Yoshimitsu an China wandte, um Handelsbeziehungen anzuknüpfen, gab der Ming-Kaiser dazu die Erlaubnis nur unter der Bedingung, daß Japan die Piraterie unterband. Allerdings hörte die Seeräuberei erst auf, als sich in Japan selber nach der Zeit der »Wirren« wieder feste geordnete politische Verhältnisse durchsetzten. Dazu haben die Portugiesen beigetragen, die 1543 in Japan eintrafen. Mit ihren Feuerwaffen konnte das Fußvolk die Macht der Daimyo brechen.

Als sich die Warenströme des Außenhandels vom Mittelmeer zum Atlantik verlagerten, änderte sich in Europa nicht nur das wirtschaftliche, sondern auch das politische und gesellschaftliche Leben von Grund auf. Bereits im 15. Jahrhundert hatte sich die politische Macht vom Mittelmeerraum nach Norden verlagert. Der Hundertjährige Krieg hatte Frankreich gelähmt; nun konnte der König von Paris aus die Zügel fester in die Hand nehmen. Ludwig XI. warf seinen gefährlichsten Widersacher, Karl den Kühnen, Herzog von Burgund, nieder (1474). Allerdings erbte das Haus Habsburg die spanische Krone und gewann dazu die deutsche Kaiserwürde. Karl VIII. von Frankreich zog mit einem starken Heer nach Italien; ihm trat jedoch Habsburg entgegen, was zu endlosen Kriegen führte. Nun setzten sich in Nordeuropa Entwicklungen durch, die schon seit langem vorbereitet waren.

Aus den Feudalstaaten, in denen selbstherrliche Fürsten über begrenzte Landstriche geboten, wurden die Territorialstaaten, die unter einem König den Anspruch erhoben, eine Nation und eine Sprachgemeinschaft zu verkörpern. War im Mittelalter das Abendland in den sozialen Schichten von unten nach oben gegliedert, so trennten von nun an politische Grenzen die in sich geschlossenen Stände.

Stellte bis ins 16. Jahrhundert hinein die Kirche eine übernationale Einheit unter dem Papst dar, so zerbrach auch sie nun in staatlich abgegrenzte Organisationen. Das galt nicht nur für die Protestanten, in denen die weltliche Obrigkeit die geistliche Führung errang. Auch die gallikanische Kirche Frankreichs löste sich als Institution von Rom. In Spanien übernahm die Inquisition zugleich die Aufgabe, den Staat gegen politische Unruhen zu verteidigen. Sie verfolgte die Staatsfeinde als Ketzer. Fortan konnten katholische Priester nicht länger ungeachtet ihrer Nationalität führende Stellungen in allen christlichen Ländern einnehmen. Die Völker riegelten sich ab.

Dabei war keine der Nationen einheitlich in sprachlicher, völkischer, wirtschaftlicher und kultureller Hinsicht; alle waren sie geschichtlich gewachsen. Das galt für das »Reich« wie für Polen, Litauen und Spanien. Das galt auch für Frankreich und England. Der Kaufmann konnte nicht länger über alle politischen Grenzen hinweg vom Atlantik bis zur Ostsee frei verkehren.

Nun begannen die Territorialherren die Vorrechte des fremden Handelsherrn zu beschneiden. Der Stalhof der deutschen Hanse in London wird aufgelöst, der Schwede beschränkte die Hanserechte in

Stockholm. In Lissabon waren die Genuesen nicht mehr geduldet. Karl V. hatte den Handel in seinem Weltreich noch großzügig den Ausländern geöffnet, in Sevilla, in Amerika, in Ostasien betätigten sich die deutschen Fugger und Welser, aber auch Italiener, Niederländer und selbst Engländer. Jetzt wurde der Handel »national«.

Zwar konnten Fürstensöhne ihre Dienste weiterhin allerorten anbieten, aber der Ritter pochte stolz auf seine Nation. In den Kreuzzügen hatte sich der europäische Adel noch als geschlossenen Stand gesehen, dessen Güter weit verstreut lagen. So saßen die Nassauer auch im französischen Orange, aber nun sollten sie sich entscheiden, zu welchem »Volk« sie gehörten. Die Niederländer wollten nicht länger von »dem Spanier« regiert werden, der ihnen das Recht auf freien Handel verwehrte.

Der neue Staatsgedanke hatte drei Wurzeln: das römische Recht, das dem Imperator die entscheidende Stellung zuwies, den Islam, der dem Kalifen sowohl die geistliche wie die weltliche Funktion übertrug, und schließlich das Vorbild der Osmanen, da ein einziger Wille das Reich lenkte. Doch war der Weg zum »Absolutismus« noch weit. Gegenspieler waren zunächst die Stände, die ihre besonderen »Vorrechte« in Parlamenten und Reichstagen durchsetzten. In England hatten die Barone dem schwachen König Johann ohne Land 1215 die Magna Charta abgetrotzt. In Frankreich hatte Ludwig IV. der Krone die maßgebende Stellung zu sichern gewußt. Am wenigsten vermochten die Habsburger sich gegen die Stände durchzusetzen. Alle großen Reformen scheiterten am Reichstag.

Wurde bisher der Anspruch des Papstes, die Christenheit zu leiten, nie ernstlich bestritten, so begannen die Völker des Nordens nun, sich dagegen aufzulehnen, daß immer größere Summen nach Rom flossen. Am »Ablaß« entlud sich der Zorn über das päpstliche Finanzgebaren, über das Haus Fugger, das die Gelder eintrieb, und schließlich über die reichen Handelshäuser insgesamt. Erfaßt wurden auch die unteren sozialen Schichten – die Bauern wie die dienenden Knechte in den Städten – von einer tiefen religiösen Bewegung, der Reformation.

Die Medici bauten Rom zur großen Kunststadt aus. Vergeblich wetterten einzelne Eiferer wie der Dominikanerprediger Savonarola in Florenz gegen den Prunk der Kirchenfürsten. Der Territorialfürst glaubte sich nun stark genug, seinen »Untertanen« den Glauben vorschreiben zu können, aber dagegen erhoben sich die unteren Volksschichten wie die Stände. Immer noch stellten die Bauern etwa achtzig Prozent der Bevölkerung. Immer noch waren sie vom politischen Leben so gut wie ausgeschaltet. Alle Bauernaufstände waren blutig niedergeworfen worden, zuletzt in Deutschland (1525).

Die politischen Entscheidungen blieben bei den Monarchen, dem grundbesitzenden Adel und den führenden Kaufleuten und Handwerkern in den Städten. Seit jedoch die Schlachten vom Fußvolk entschieden wurden, verlor der schwergepanzerte Adel die militärische Überlegenheit. Zuerst hatten die geschlossenen Gewalthaufen der Schweizer die Ritterheere besiegt, dann stellten die Fürsten große mit Spießen bewaffnete Söldnerheere aus Landsknechten auf. Aber wegen des Soldes und des Aufwandes für Geschütze und Gewehre erforderten die Kriege immer mehr Geld, das nur noch große Territorialstaaten aufbringen konnten.

Deutschland erlebte in den ersten Jahrzehnten des 16. Jahrhunderts eine besondere Blüte. Seine Theologen wie seine Humanisten galten als führend, ebenso seine Maler – Dürer, Holbein, Cranach – wie seine Wissenschaftler – Kopernikus; seine Handelshäuser waren die reichsten in Europa. Zwar konnte nur eine verschwindende Minderheit der Bevölkerung lesen und schreiben, so daß auch die Buchdruckerkunst nur die gebildete Oberschicht, also sicher weniger als ein Zehntel der Menschen, erreichte, aber wenigstens konnten die Prediger die Gemeinde mit dem Wissen erreichen, das sie selber aus den vielen Kampfschriften schürften.

Als Luther seine Thesen an der Schloßkirche in Wittenberg anschlug (1517), glaubte er noch, im Rahmen der theologischen Streitgespräche zu wirken, doch entfesselte er eine Volksbewegung, die viele kirchliche Widerstände wegfegte und schließlich die Kirche selber bis in die Grundfesten erschütterte. In ganz Europa beginnt die Reformation in den freiheitlich gesinnten Städten, wird dann von den Schwarmgeistern aufgegriffen, die nun ihrerseits aufs Land ziehen und die Bauern aufrühren und erfaßt auch Hofkreise. Die Könige wittern die Gelegenheit, den jahrhundertealten Streit mit der Kurie zu ihren Gunsten zu entscheiden und das Kirchengut an sich zu bringen. Die Territorialherren erkannten aber auch bald, welche starke Unterstützung sie im Kampf gegen die Stände damit gewannen. In England, in Schweden und in vielen deutschen Fürstentümern haben gerade die Monarchen dem neuen Glauben zum Sieg verholfen, wobei ihnen das große Kirchenvermögen zufiel.

Kaiser Karl V. versuchte vergeblich, auf dem Reichstag zu Worms 1521 die Einheit der Kirche wiederherzustellen, doch war die große Glaubensbewegung nicht mehr aufzuhalten. Als Kaiser des Römischen Reiches, als Herr der habsburgischen Besitzungen in Deutschland, als König von Spanien und Herzog von Burgund, Erbe Aragons in Italien und so König von Neapel, besaß Karl V. in Europa eine Macht wie kein Monarch vor ihm, besonders wenn man dazu noch die riesigen Besitzungen in Amerika und die Philippinen hinzurechnet.

Durchdrungen von dem Gedanken, als Kaiser dem Abendland politisch und religiös verpflichtet zu sein und den Frieden im Innern zu sichern wie die Feinde – etwa die Osmanen – abzuwehren, hoffte er auch, das verlorene Erbe der Herzöge von Burgund zurückgewinnen zu können. Dadurch rief er den Widerspruch des Königs von Frankreich hervor, der sich sowohl mit den deutschen Gegenspielern des Kaisers – den Protestanten – wie mit den Osmanen verbündete. Die Kämpfe wogten lange hin und her; meuternde kaiserliche Truppen brandschatzten Rom. Im Sacco di Roma ist die hohe Kultur der Renaissance zerbrochen. Karl V. legte die Krone nieder – alle seine weitgespannten Pläne waren gescheitert.

Im 16. Jahrhundert ersteht ein neues Europa. Es bilden sich die Nationalstaaten, die die Geschicke des Abendlandes wie die der überseeischen Gebiete gestaltet haben. Zunächst sind es die iberischen Länder Spanien und Portugal, dann steigen Landschaften auf, die in der europäischen Geschichte bisher nur eine untergeordnete Rolle gespielt haben, England und die Niederlande. Anfangs hat der Gedanke des Nationalstaates das Römische Reich und Frankreich in schwere Kriege verwickelt, die beide Staaten gelähmt haben, dann wurden sie von Glaubensstreitigkeiten erschüttert, aber diese Wirren führten eigentlich dazu, daß sie innerlich und äußerlich gestärkt aus ihnen hervorgingen. Europa, lange Zeit nur ein unbedeutender Teil des riesigen Eurasiens, steigt zur führenden Stellung in der Welt auf.

Die Kolonialmächte

Aus seinen eigenen Provinzen – aus den Niederlanden – sollte König Philipp II. der Gegner erwachsen, der Spaniens Weltmacht erschütterte. Karl V. vererbte zwar 1556 seinem Sohn Philipp die Niederlande, doch erhielten sie damit keineswegs Zugang zu den überseeischen Besitzungen ihres Monarchen, wie auch die Aragonesen ausgeschlossen blieben. Mit Amerika Handel zu treiben war das Vorrecht Kastiliens. Zu diesen wirtschaftlichen Beschwerden kamen die politischen. Die Niederländer – pochend auf die Vorrechte ihrer Stände – lehnten den allgewaltigen spanischen Beamtenstaat ab, in dem die Einheit des Glaubens die Einheit des Staates sichern sollte. Die spanische Inquisition sollte auch die aufrührerischen Stände in den Niederlanden bändigen und überwachen. Das war jedoch im europäischen Norden nicht mehr möglich.

Die Niederlande erhoben sich, um ihre Freiheit und ihre Freiheiten zu verteidigen. Wilhelm von Nassau-Oranien, der die finsteren Pläne des Tyrannen in Flugblättern anprangerte, fand Bundesgenossen bei den glaubensverwandten Niederdeutschen wie bei den – anglikanischen – Engländern. Das kehrte die einstigen Bündnisse um. Spanien mußte nachgeben. Der größere Teil der Niederlande, das spanisch sprechende Wallonien und die flandrischen Textilgebiete, blieben bei Spanien. Das kleine, wirtschaftlich kaum entwickelte Holland jedoch fand den Weg zum Welthandel und zur Seeherrschaft. Ohne Hinterland, ohne nennenswerte Industrie, zogen die holländischen Unternehmer ihren Reichtum und ihre militärische Kraft aus den Ländern in Übersee.

Immer noch lag über dem Orient-Handel der Glanz von Juwelen und Seide, der Duft von Ambra und Moschus. Fabelhaft waren die Gewinne aus den Gewürzen, die hauptsächlich in Mitteleuropa Absatz fanden. Umschlaghafen war anfangs Lissabon, später Antwerpen. Als während der Religionskämpfe meuternde spanische Truppen Antwerpen plünderten (1576) und die Holländer die Zufuhr über die Schelde sperrten, übernahm Amsterdam seine Stelle. Bald hatten die Niederlande den gesamten Gewürzhandel an der Nordsee in Mitteleuropa bis nach Krakau, Lemberg und Prag in ihrer Hand.

Da die Niederlande im Krieg mit Spanien lagen, mußten sie den gesamten Seeverkehr bewaffnet durchführen, jederzeit bereit, Angriffe nicht nur von Spaniern und Portugiesen, sondern auch der zahllosen

»befreundeten« Seemächte, etwa der Franzosen aus St. Malo oder englischer Piraten abzuwehren. Bald verfügten sie über die stärksten und schnellsten Kriegsschiffe und die am besten bestückten Kauffahrteischiffe.

Die Holländer rissen das Frachtgeschäft und damit den Handel zwischen Südasien und Europa an sich, sie entsendeten auch Kriegsflotte auf Kriegsflotte in den Indischen Ozean unmittelbar an die Quellen der Gewürze und Rohstoffe. Als Stützpunkte errichteten sie an der afrikanischen Westküste Gorée (1617), St. Tomé und Loanda (1641), Kapstadt (1652). Das eigentliche Ziel waren die Gewürzinseln von Indonesien. Wie vor ihnen die arabischen Händler hatten die Portugiesen in Vorderindien und an der Malakkastraße die Waren von den Inseln bezogen; ungewiß war nämlich, wo die politische Grenze gemäß dem Vertrag von Tordesillas überhaupt verlief. Da die Holländer darauf keine Rücksicht zu nehmen brauchten, setzten sie sich in dem umstrittenen Grenzstreifen fest.

Die Vereinigte Ostindien-Kompagnie – 1602 gegründet – erhielt 1609 das Recht, sich ungehindert in Ostasien zu betätigen. Batavia – Djakarta –, 1619 gegründet, wurde zum Ausgangspunkt für das einträglichste Kolonialreich jener Zeit, das den Neid nicht nur der iberischen Mächte, sondern auch der Briten erregte. Englische Kaufleute, die sich auf Amboina niederzulassen wagten, wurden von den eifersüchtigen Holländern kurzerhand hingerichtet.

Die Kolonialgesellschaften schlossen mit den einheimischen Fürsten Bündnisse und Verträge ab. Verhältnismäßig einfach hatten es dabei die Holländer auf den Sunda-Inseln, wo die Fürsten – als Hindu – wenig Rückhalt bei der malaiischen Bevölkerung hatten. Sie verpflichteten sich zu Lieferungen an die Holländer, die jeden Wettbewerber, der die Preise steigern konnte, rücksichtslos verdrängten. Auch auf Ceylon, von wo die Holländer 1609 die Portugiesen auswiesen, gab es keine starke einheimische Macht.

Das an Menschen, Rohstoffen und Industrie arme Holland stieg innerhalb weniger Jahrzehnte zur führenden Wirtschaftsmacht in Europa auf – nur durch Schiffahrt und Handel! 1579 hatten sich die »Sieben Provinzen« zu Utrecht von Spanien losgesagt. 1609 hatte Spanien einen zwölfjährigen Waffenstillstand abgeschlossen, der die Niederlande praktisch anerkannte; aber erst im Westfälischen Frieden (1648) wurden sie auch völkerrechtlich unabhängig.

Zugleich mit dem wirtschaftlichen Aufschwung blühten Kunst und Wissenschaft mit Malern wie Rembrandt (gest. 1669), Frans Hals (gest. 1666), Ruysdael (gest. 1682) und Hobbema (gest. 1709). In den spanischen Niederlanden wirkten Rubens (gest. 1640), van Dyck (gest. 1641), Teniers der Ältere (gest. 1649), während in Deutschland kein überragender Meister mehr am Werk war. Die Universität Leyden, gegründet als Dank für den Widerstand der Stadt gegen die Spanier, hat mit dem Juristen Hugo Grotius und dem Philosophen Baruch Spinoza eine führende Rolle gespielt.

Vier von fünf Schiffen auf allen Weltmeeren segelten zeitweise unter holländischer Flagge, und die übrigen mußten aufpassen, um nicht von holländischen Freibeutern aufgegriffen zu werden. Einmal gelang es den Holländern sogar, die schwerbewaffneten und von Kriegsschiffen begleiteten Silbergaleonen aus Amerika zu kapern. Seiner Schiffahrt und nicht seinen Kolonien verdankte Holland seinen Reichtum. Im Frachtgeschäft verdienten die Holländer das spanische Silber aus Amerika, mit dem sie sich alles kaufen konnten. Und die privaten Kaufleute wußten zu kalkulieren; politische Macht diente nur dem wirtschaftlichen Nutzen.

Der Vorteil des Monopols war aber eines Tages vorbei. Der Gewürzhandel ließ kaum noch Gewinn, wegen der hohen Unkosten und des harten Wettbewerbs sogar empfindliche Verluste. Gewürze kamen in solcher Menge, daß die Preise sanken, während die Unkosten stiegen. Die Holländer hatten gehofft, sie könnten besondere Vorteile erzielen, indem sie den Plantagenanbau in ihre Hand nahmen, womit sie zwar die Ernten steigerten, aber den Preis drückten. Dadurch schrumpfte die Verdienstspanne. In unruhigen Zeiten erreichten nur wagemutige Blockadebrecher die Heimat, im Frieden überstieg das Angebot die Nachfrage. Auch hatte sich die europäische Landwirtschaft umgestellt. Dank der Stallfütterung im Winter konnte man frisches Fleisch nahezu das ganze Jahr hindurch haben, so daß man das gesalzene Fleisch nicht mehr so scharf würzen mußte, um es schmackhaft zu machen. Dafür stieg die Nachfrage nach Zucker.

Weitschauende, aber hochgespannte Pläne hatte der holländische Gouverneur Moritz von Nassau in Brasilien. Er versuchte, der Kolonie bei Pernambuco durch Zuckerplantagen einen wirtschaftlichen Rückhalt zu geben, was zwar wenig Siedler erforderte, aber viel Kapital, um Sklaven in Afrika zu kaufen. Das zu geben war die reiche holländische Westindien-Kompagnie nicht bereit. Die Aktionäre riefen ihren Gouverneur nach sechs Jahren 1643 zurück. Portugiesen zusammen mit Indianern und Schwarzen warfen nun die Holländer aus Brasilien hinaus. 1654 fiel deren letzter Stützpunkt Recife. Brasilien war wieder portugiesisch. Aber was besagte das schon?

Die Portugiesen blieben an der Küste, wo sie zwei oder drei Anlegestellen für ihre Ostindienfahrer einrichteten. Zwar hatte König Johann III. das Land in riesige »Kapitanias« eingeteilt, wobei an der Küste alle fünfzig Meilen ein Grenzstein aufgestellt wurde, während das Inland offen blieb. Die Großunternehmer waren verpflichtet, Menschen anzusiedeln, doch das geschah nur unzureichend. 1548 widerrief der König alle diese Vollmachten. In Bahia ließ er eine Hauptstadt errichten.

1552 errichteten die Jesuiten ihre Niederlassung in São Paulo, achtzig Kilometer vom Meer entfernt, auf der siebenhundert Meter hohen Ebene, die scharf zum Meer abfällt. Von dort bekehrten sie die Indianer des Hinterlandes, gründeten größere Siedlungen – Reduktionen –, in denen sie ihre Schützlinge Ackerbau, Handwerk und Musik lehrten. Sie fühlten sich im Schutz des Königs von Portugal sicher. Hingegen ließen sich die Bewohner der Kolonien, vor allem die des Hinterlandes, von der Regierung in Portugal nichts sagen. Es gab keine Macht, die im Inland etwas durchsetzen konnte. Das zeigte sich besonders in São Paulo.

Die Paulistaner, häufig Abkömmlinge portugiesischer Väter und indianischer Mütter, die meist Guarani-Tupi sprachen, erschienen 1628 unerwartet in den Reduktionen am Paraná, die die Jesuiten jenseits der Linie von Tordesillas eingerichtet hatten, und schleppten die unglücklichen Indianer zur Küste – in die Sklaverei. Da half kein Protest der verzweifelten Jesuiten, kein Appell an den König von Madrid, der seit 1580 auch König von Portugal war, kein Befehl des Gouverneurs von Bahia. Die Bandeirantes lachten über die nutzlosen Einsprüche. Sie taten, was sie wollten. Daraufhin zogen die Jesuiten mit ihren Schützlingen den Paraná abwärts, weg von São Paulo; die Bandeirantes folgten. Schließlich fiel die letzte Reduktion in Rio Grande do Sul.

Als sich Portugal 1640 von Spanien löste, schien den Paulistanern der Augenblick gekommen, Paraguay, wie das ganze Land östlich der Anden hieß, zu erobern. Vierhundert Paulistaner und zweitausend Tupi-Indianer auf sechshundert Booten stießen jedoch 1641 auf energischen Widerstand. Der Indienrat in Sevilla hatte angesichts der Gefahr die Indianer mit Schußwaffen ausgerüstet und militärisch zu drillen erlaubt. Die Bandeirantes wurden vernichtend geschlagen. Paraguay war gerettet, aber die Grenzen Brasiliens verliefen wesentlich weiter im Westen, als es dem Vertrag von Tordesillas entsprochen hätte, ungefähr dort, wo sie heute noch liegen.

Spanien und Portugal rangen verbissen darum, ihre überragende Stellung gegen alle Feinde, Wettbewerber und Neider, Soldaten, Seeräuber und Meuterer zu verteidigen. Wie sollten sie jedoch die Schiffahrtswege über die unendlichen Weltmeere abschirmen? Wie die weiten Gebiete erschließen? Wie den überlegenen Nachbarn Respekt beibringen? Die eigene Grundlage war recht schmal: sieben Millionen Menschen in Spanien, eine Million in Portugal.

Die Könige von Spanien, Kaiser Karl V. und sein Sohn König Philipp II. waren stolz, daß in ihrem Reich die Sonne nicht unterging. Ihnen gehörte – bis auf einen schmalen Küstenstreifen in Brasilien – der ganze amerikanische Erdteil und viele Inseln im Pazifik. Das portugiesische Kolonialreich, das 1580 in Personalunion mit dem spanischen vereinigt wurde, umfaßte Brasilien, die afrikanischen Küsten, Vorder- und Hinterindien und die Gewürzinseln in Südostasien. Der Zusammenschluß brachte Spanien jedoch nicht den erwarteten Machtzuwachs, sondern neue Belastungen.

Die Ausdehnung des Herrschaftsbereichs täuschte nur zu leicht darüber hinweg, wie gering die Macht war, die hinter diesem ungeheuren Anspruch stand. Das galt sowohl in Europa als auch für Übersee. Spanien war weder finanziell noch militärisch seinen Gegnern Frankreich oder den Osmanen auf die Dauer gewachsen. Frankreichs Bevölkerung war dreimal so groß, sein Volkseinkommen mindestens viermal so hoch wie das spanische. Die spanische Krone besaß weder genügend Menschen noch das Geld, den neuen Erdteil zu erschließen.

Wenige freie Siedler brachten den Mut, die Ausdauer und die Anstrengungen auf, um sich in dem unentwickelten Land niederzulassen und außerdem immer neue Expeditionen auszurüsten. Aber die spanische Regierung hat eine eigene Verwaltung im Geiste des Rechtsstaates aufgebaut, der neben politischen und wirtschaftlichen Pflichten auch weitgespannte geistige und religiöse Aufgaben oblagen. Die Eingeborenen sollten zum christlichen Glauben bekehrt werden, womit sie den Schutz der katholischen Kirche genossen. Das führte zwar zu Reibungen und Streitigkeiten zwischen Krone, Kirche und Siedlern, aber Krone und Kirche haben sich durchgesetzt, obwohl sie sich nur auf die moralische Autorität stützen konnten.

Es kann kein Zweifel sein, daß das Sozialprodukt in den spanischen Kolonien erheblich anstieg. Der Pflug erwies sich dem alten Hackbau weit überlegen. Mit Pferd und Maultier war ein Verkehr über weite Strecken möglich, so daß entfernte Gebiete erschlossen werden konnten. Die Haustiere vermehrten sich hier recht schnell. Bald erfüllten riesige Herden von teilweise wieder verwilderten Tieren die endlosen Steppen. Gewürze gab es kaum; Tabak, Kakao und Tomaten waren zunächst keine Exportartikel. Die Kosten der Kolonialverwaltung wurden ausschließlich von der Silberausfuhr gedeckt.

Amerika wäre wirtschaftlich für das Mutterland wohl unbedeutend geblieben, wenn man nicht unerwarteterweise Edelmetall – vor allem Silber – in großer Menge gefunden hätte. Potosí in Bolivien und Guanajuato in Mexiko lieferten binnen eines halben Jahrhunderts mehr Silber als alle Bergwerke der alten Welt. Doch haben die spanischen Beamten Ertrag und Kosten der Minen nicht gegeneinander aufgerechnet, so lange die Flotten mit den Silberbarren in Sevilla ankamen. Dabei stellte sich die Gewinnung so teuer, daß der Staat bei jedem Pfund Silber beträchtlich zusetzte. Spanien verblutete an seinem »Reichtum«. Nach Potosí – auf einer Höhe von viertausend Metern – mußte alles gebracht werden, was in den Bergwerken gebraucht wurde: Lebensmittel für die Bewohner, Brennmaterial zum Ausschmelzen der Erze, Quecksilber zum Aussondern des Silbers aus Almaden in Spanien. Die Versorgung der Stadt mit annähernd hunderttausend Einwohnern mußte aus weiter Ferne, teilweise aus Nordargentinien, sichergestellt werden – gewaltige Transportleistungen!

Dann mußte das Silber auf Maultieren an die Küste geschafft werden, Segler brachten es zur Landenge von Panama, dort ging es mit Maultieren durch den Urwald zum Karibischen Meer und dann im Konvoi nach Spanien. Was kostete das alles! Seeräuber aller Länder machten auf die Silberflotte Jagd, so daß ein riesiger Apparat von Festungen, Geleitschiffen, Spähern aufgezogen werden mußte. Nur zweimal im Jahr, später sogar nur einmal durften die Silberflotten das Wagnis laufen. Spanien ging an diesen Kosten zugrunde.

In Spanien brach eine Silberinflation aus. Angesichts des Überangebotes verlor das Silber seine Kaufkraft; die Preise stiegen. Ein Fünftel des Silbers fiel an die Krone, der größere Teil gehörte jedoch den Spaniern in Amerika, die Luxusgüter kaufen wollten: Spitzen und Samt aus Flandern oder teure Waffen aus Deutschland, sodann aber auch gute Wollstoffe. Während sich die Getreidepreise hielten, stiegen die Wollpreise rasch an.

Daraufhin gaben die Landwirte den Ackerbau auf, um Schafe zu züchten. Die Schafe fraßen die Bauern auf, meinte ein Zeitgenosse. Das scheinbar so reiche Spanien mußte einen Staatsbankrott nach dem anderen erklären. Vergeblich versuchte König Philipp II., dem Unheil durch Höchstpreise, Ausfuhrverbote, Anbaubeschränkungen oder Anbauvorschriften, durch erhöhte Zölle und Steuern entgegenzuwirken. Das verschärfte die Spannungen.

Die Kolonien ließen sich nur halten, so lange die Überlegenheit zur See gesichert war. Die Flotte brauchte nicht überall zu sein, es genügte, wenn sie an entscheidenden Punkten stark genug war, um die Weltmeere zu beherrschen. Umgekehrt konnte selbst eine überragende Seemacht kaum den Feind am Land treffen. Zwar waren plötzliche Überfälle möglich, aber wenn die befestigten Plätze rechtzeitig gewarnt waren, standen starke Abwehrkräfte bereit.

Im 17. Jahrhundert spielt sich Weltgeschichte in zwei voneinander getrennten Bereichen ab: zur See und auf dem Lande. Einige tausend Schiffe bewegten sich über ein unabsehbar weites Gebiet. Sie beherrschen nahezu alle Küsten, den gesamten Welthandel, ja ganze Erdteile, soweit sie vom Handel lebten: Amerika, Afrika und weite Teile Asiens. Aber was heißt das schon – »beherrschen«? Seemächte, die sich auf dem Festland niederlassen, können nur gerade die Küste in Besitz nehmen. Im Hinterland geht das Leben meist nach anderen, den überlieferten Formen weiter.

Ein wie ungewisses und gefährdetes Gebilde Seeherrschaft damals war, zeigte die rasche Zunahme der Seeräuberei. Eine Handvoll bedenkenloser Abenteurer tat sich zusammen, erbeutete oder erwarb Schiffe, um auf Kaperfahrt zu gehen. »Nur mit zwei Schiffen ging es fort. Mit zwanzig sind wir nun im Port«, heißt es im Faust. Bereitwillig stellten die Regierungen Kaperbriefe aus. Wer sollte die Kauffahrteischiffe schützen? Obwohl Drake mit einem einzigen Schiff durch die Maghellanstraße in den Stillen Ozean gelangt ist, hat er die amerikanischen Gestade bis Kalifornien unsicher gemacht. Franzosen, Holländer und Briten haben den Atlantik, den Indischen und den Pazifischen Ozean heimgesucht.

Seehandel und Seeraub warfen erstaunliche Gewinne ab, und diese Gewinne ließen sich wieder in die Ausrüstung von Kauffahrtei- und Kaperschiffen verwenden, die sich mit ihren Waffen auf allen Meeren durchzusetzen vermochten. Die Risiken waren zwar groß, noch größer aber die Erträge. So konnten kleine Fischergemeinden wie St. Malo an der bretonischen Küste regelrechte Flotten ausrüsten, vor denen mächtige Könige wie die von Spanien und England zitterten.

Neben dem Seeraub trieben sie Schleichhandel und vor allem Sklavenhandel, der wenig Vorbereitung bedurfte und wegen des hohen Risikos riesige Gewinne abwarf. Die Seeräuber besaßen einzelne Schlupfwinkel, sorgsam getarnte Buchten abseits der großen Handelsstraßen, weit von allen Siedlungen entfernt, die sie jederzeit wechseln konnten: die Piratensiedlungen auf den Westindischen Inseln, die Nester der asiatischen Seeräuber von Ostindien über Indonesien bis zu den Philippinen und die Faktoreien in Afrika.

Der gutmeinende Bischof von Chiapas, Bartolomeo de las Casas, hatte zum Schutz der ihm anvertrauten Indianer vorgeschlagen, Negersklaven als Arbeitskräfte nach Mittelamerika einzuführen. Die Folgen waren für Afrika verheerend. Wenn der Menschenhandel auch erst in den nächsten Jahrhunderten seinen Höchststand erreichte, so begann seine beschämende Geschichte um diese Zeit an der »Sklavenküste«. In Afrika tauschten die Engländer minderwertige Ware gegen Negersklaven ein, die in Amerika gegen Zucker und Rum eingewechselt wurden. Die spanischen Siedler und Pflanzer, anfangs auch die örtlichen Beamten, begrüßten diese Händler, die Waren billig anboten und für die eigenen Produkte gute Preise bewilligten.

Aber da dieser Schleichhandel weder Zölle noch Steuern zahlte und das mühsam aufgebaute System der Überwachung und Gängelung durchbrach, wurden strenge Anweisungen gegen »Ketzer und Schmuggler« erlassen. Die Engländer schlugen zurück. Bald griff der ungeregelte Krieg auf das hohe Meer über. Elisabeth I. von England (1558–1609) entschied sich, den friedlichen Handel ihrer Kaufleute in Sevilla aufs Spiel zu setzen und die unternehmungslustigen »sea dogs« zu decken. Daraufhin schickte Spanien die »Unbesiegbare Armada« gen England, die auch den niederländischen Aufstand niederwerfen sollte. Doch scheiterte sie im Sturm.

Der junge König Sebastian von Portugal (1557–1578) glaubte im Kreuzzugseifer, 1578 gegen Marokko ziehen zu müssen, doch wurde er besiegt und erschlagen. Achttausend Mann, fast der ganze portugiesische Adel, fielen; fünfzehntausend gerieten in Gefangenschaft. Den Thron erbte König Philipp II., Portugal blieb bis 1640 mit Spanien vereinigt.

Dieser überwältigende Sieg hat den jungen Sultan von Marokko, Mansur, zu weitgreifenden Plänen verführt. Ein zwar kleines, aber schlagkräftiges Heer, das er mit seinen Kriegsgefangenen auffüllte, sollte jenseits der Wüste das reiche Goldland Westafrikas, insbesondere die sagenhafte Stadt Timbuktu, erobern. Dieses abenteuerliche Unternehmen gelang tatsächlich; aber zugleich trat ein, was kluge Kaufleute in Fez vorausgesagt hatten: der Handel, an dem Marokko gut verdient hatte, hörte in all den Wirren auf. Wenn bei der Plünderung von Timbuktu und anderer Städte am Niger auch eine ansehnliche Beute abfiel, so erwies sich die berühmte Stadt als armselige Siedlung am Rande der Wüste. Kein »Peru«, kein Mexiko!

Zwar vermochten sich die marokkanischen Soldaten, darunter europäische Renegaten, noch lange Zeit im Süden zu halten, aber der Sultan mußte zu ihrem Schutz bald neue Truppen entsenden und wohl mehr aufwenden, als er gewonnen hatte. Marokko jedoch, das bis dahin vom Gold aus Westafrika gelebt hatte, versank nicht nur wirtschaftlich, sondern auch geistig. Vom einstigen Glanz blieb kaum etwas übrig. Von nun an floß das Gold südwärts durch den Urwald zur »Goldküste«. Auch das trug dazu bei, den Welthandel zum Atlantik zu verlagern.

Philipp III. von Spanien (1598–1621) überließ Jakob I. von England (1603–1625) die Küste Nordamerikas bis auf die Halbinsel Florida, die als Flankenschutz für die Silberflotte strategisch unentbehrlich war: Seekrieg und Freibeuterei sollten aufhören. Walter Raleigh, der sich verführt durch märchenhafte Berichte über das Goldland des Dorado nicht daran hielt, büßte das mit dem Leben. Nun konnten sich britische und bald auch holländische Siedler an der Ostküste ungestört niederlassen. Vor den Wirren daheim – Religionsverfolgungen, Bürgerkrieg und Wirtschaftsnöte – flüchteten Tausende in die Neue Welt, um ohne jede Bindung, ohne jede Grundlage ein neues Leben zu beginnen.

Die britische Regierung überließ den Siedlern volle Freiheit, den puritanischen Hinterwäldlern des Nordens ebenso wie den feudalen Plantagenbesitzern im Süden und den Unternehmern, Händlern, Bankiers und Reedern in den Hafenstädten. Während die wohlmeinenden Regierungen Spaniens und Frankreichs für das leibliche Wohl wie das Seelenheil ihrer Untertanen sorgten, kümmerte sich die englische um nichts, und dennoch – oder gerade deswegen! – zogen immer mehr Menschen in das britische Amerika. Obwohl dort keine Bodenschätze lockten, weder Edelmetall noch Kupfer, obwohl dort Zucker, Tabak und Baumwolle schlechter gediehen als in Spanisch-Amerika, nahm die Zahl der Bewohner ständig zu. Aber eines war richtig: England beherrschte die See.

Seit langem fuhren bretonische Fischer an die Labrador-Küste. Erkundungsfahrten den St.-Lorenz-Strom hinauf enttäuschten die Hoffnungen auf reiche Goldfunde. Statt dessen haben die Abenteurer in dem unendlich weiten nordamerikanischen Land Pelze im Überfluß gefunden. Bald stießen die »Waldläufer« die Flüsse entlang über Seen und Wasserscheiden hinweg zum Ohio und Mississippi bis zum Golf von Mexiko vor. Die Franzosen richteten Pelzsammelstellen ein, in denen sie mit den Indianern Handel trieben.

Feste Siedlungen entstanden nur in Quebec und Montreal, von wo aus die Missionare die umherstreifenden Huronen bekehren sollten. Bereits um 1600 waren die Indianer südlich dieser reinen Jäger- und Sammlervölker zum Ackerbau – vorwiegend Mais – übergegangen. Die Scheidelinie verlief etwa längs dem 44. Breitengrad. Was den Spaniern im 16. Jahrhundert nicht gelungen war, Nordamerika zu durchdringen, schafften im 17. Jahrhundert die Franzosen. Aber die Heimat versagte.

Zwischen 1562–1598 verwüsteten die Hugenottenkriege weite Teile Frankreichs, lähmten die Schlagkraft nach außen, zehrten an Handel und Wandel und spalteten die Nation. In der Bartholomäusnacht (24. August 1572) wurden die Führer der Hugenotten ermordet. Die Wirren jedoch hielten an. An ihnen zerbrach auch der Ansatz in der Bucht von Guanabara, bei Rio de Janeiro eine französische Kolonie zu errichten, wo sich Hugenotten niederlassen wollten. Der protestantische König von Navarra trat zum katholischen Glauben über, um als Heinrich IV. den Thron zu besteigen. Das Toleranzedikt von Nantes (1598) gewährte zunächst den protestantischen Städten große

Freiheiten, aber Kardinal Richelieu, der allmächtige Staatsminister, hat La Rochelle 1628 erobert. Er hat den straff regierten Staat aufgebaut.

Nun begann auch Frankreich sich für Übersee zu interessieren, unter Führung des Staates und mit Beteiligung der Kirche über Missionen und Jesuitenorden. Richelieu gründete halbstaatliche Gesellschaften, die im Laufe der Zeit zu Kolonien in Nordamerika – Kanada 1608 – an der afrikanischen Westküste (1612) und in Mittelamerika – Guadelupe 1635 – führten. 1632 kaufte Frankreich seine bereits von den Briten wie den Holländern eroberten nordamerikanischen Besitzungen zurück. Frankreich und England verbanden sich gegen die holländische Übermacht zur See. Damit wurde das Ringen um die Vorherrschaft im Welthandel weltweit. Mit Madagaskar 1642 und Pondicherry in Ostindien 1664 wurde Frankreich Kolonialmacht. Die Europäer beherrschten die See.

Dabei wurde Europa selbst während des 16. und 17. Jahrhunderts von Kriegen und Krisen geschüttelt. Das waren einmal die Religionswirren, die nicht nur Deutschland, sondern auch Frankreich und England heimsuchten. Untereinander führten die neuen Nationalstaaten Krieg: Spanien-Habsburg gegen Frankreich, gegen die Niederlande, gegen England. Der Dreißigjährige Krieg (1618–1648) begann als innerdeutscher Religionskampf, dann mischten sich Frankreich, Dänemark, Schweden und Holland ein, während der Kaiser Spanien und den Papst um Hilfe anrief. Der Frieden löste das Römische Reich auf; die Niederlande und die Schweiz gewannen ihre Unabhängigkeit. Mitteleuropa war verwüstet, die Bevölkerung des Reiches ging auf ein Drittel zurück.

Der politische Friede ließ noch nicht die religiösen Gegensätze schwinden. Die Kluft zwischen der römischen Kirche und den Protestanten konnte nicht überbrückt werden. Immer noch wurden Ketzer verbrannt, Papisten verfolgt. Das Trientiner Konzil (1545–1563) hatte der Kirche eine straffe Ordnung gegeben. Erst die Spanier haben auf dem Konzil die Reformen durchgesetzt, die der katholischen Kirche zur »Gegenreformation« verhalfen. Sie wiederum war das Werk eines neuen Ordens: die Gesellschaft Jesu – Jesuiten – hat der Baske Ignaz von Loyola gegründet. Aber die Gegensätze der beiden christlichen Bekenntnisse wurden eher verschärft. Die lang gehegten Hoffnungen, die Christenheit zu einer geistigen Einheit zurückzuführen, mußten damals jedenfalls aufgegeben werden.

Nach der Reformation haben die Engländer in den säkularisierten Zisterzienserklöstern Tuchfabriken eingerichtet und die bisher ausgeführte Wolle selber verarbeitet. An den deutschen Vermittlern – der

Hanse – und an den flämischen Verarbeitern vorbei lieferten die Engländer jetzt unmittelbar an die Verbraucher. Britische Kaufleute richteten ihre Stapellager in Emden, später in Hamburg ein. Sie fuhren um Jütland herum nach Schweden und Polen. Sie suchten Anschluß an den russischen Markt auf dem weiten Weg um Skandinavien herum über Archangelsk (1553). Sie streckten ihre Fühler von Moskau aus über den Wolgaweg und Persien nach Indien und schauten sich in Indien und Indonesien nach günstigen Einkaufsquellen und Absatz um.

Im Ostseeraum war Schweden zur führenden Macht aufgestiegen. Gustav I. Wasa (1523–1560) hatte die dänische Vorherrschaft 1523 abgeschüttelt. Die Reformation gab dem König die reichen Kirchengüter in die Hand, so daß sein Sohn Erich XIV. (1560–1568) auf der Südküste der Ostsee festen Fuß fassen konnte. Er gewann Estland, sein Bruder und Nachfolger Johann III. noch Narva und Ingermanland, und sein Sohn Sigismund (1592–1604) sogar die polnische Krone. Da Sigismund katholisch geworden war und die Macht der protestantischen Stände bedrohte, wurde er durch seinen Oheim Karl IX. abgesetzt. Dessen Sohn Gustav II. Adolf begründete dann die Vormachtstellung Schwedens zuerst im Krieg gegen Rußland – Erwerb Ostkareliens –, dann gegen Polen – Erwerb Livlands.

Polen-Litauen, seinem Umfang nach ein gewaltiges Reich, das von der Ostsee zum Schwarzen Meer, von der Oder bis zum Dnjepr reichte, war durch den Gegensatz zwischen Magnaten und Schwertadel – der Szlachta – zwischen den Katholiken und den Orthodoxen, zwischen Polen und Litauern gelähmt. Im Reichstag galt der Grundsatz, daß nur einstimmige Beschlüsse Gesetz wurden. So gewannen die Nachbarn langsam die Übermacht. Zunächst war Polen-Litauen überlegen. Seine Truppen besetzten nach dem Tod des Zaren Boris Godunow (1598–1605) sogar Moskau. Erst unter den Romanows (1613–1917) konnten die Russen ihre Grenzen gegen die Polen behaupten.

Im Süden litt Polen unter dem Druck des wachsenden Osmanischen Reiches, das 1475 die Schwarzmeerküste den Krimtataren wegnahm. Von Norden her strebte Schweden die Herrschaft über die Ostsee an. Dazu hat Gustav Adolf auch die deutschen Küstengebiete erobert. Er griff in das große Ringen Habsburgs mit den protestantischen Fürsten und mit Frankreich ein. Obwohl er selber bei Lützen fiel, hielten sich seine siegreichen Heere bis zum Frieden von Münster und Osnabrück in Deutschland. Die deutschen Küsten, Bremen und Vorpommern fielen ihm zu. Das Baltische Meer war schwedisch, zumal Estland seit 1561, Ingermanland seit 1617 und Livland seit 1629 zu Schweden gehörten. Aber Rußland, vom Zugang zum Meer abgeschnitten, sollte eines Tages gegen diese Sperre ankämpfen.

Zunächst dachte Moskau an andere Ziele. Basilius III. hatte »russisches Land gesammelt«, indem er nacheinander die Fürstentümer Pskow (1510) und Rjazan und schließlich die Grenzstadt Smolensk seinem Reich eingliederte. Dem energischen Zaren Iwan IV., dem Schrecklichen, (1533–1584) war es 1553 gelungen, Kasan zu erobern und den Weg nach Asien wie die Wolga abwärts bis Astrachan zu öffnen. Damit war die Gefahr, die Moskau von dort her stets bedrohte, endgültig beseitigt. Bis 1584 – Iwans Todesjahr – war das gesamte Wolgabecken in Moskaus Hand sowie das Land beiderseits des Ural bis zum Ob und die südrussische Steppe am Don. Die Mündung allerdings gehörte zum Osmanischen Reich. Nur in der Kirgisensteppe schweiften noch freie Scharen, die sich niemand unterordneten. Allerdings erwies sich die Hoffnung, über den Kaspisee Handel mit Indien aufnehmen zu können, als Illusion.

Iwan IV. der Schreckliche legte die Grundlagen für den späteren Aufstieg, indem er den Staat – nach tatarischem Vorbild – auf der Befehlsgewalt des Zaren begründete. Die selbstherrlichen Bojaren hat er hart verfolgt. Auch Iwan IV. stützte sich ihnen gegenüber auf seine mit Flinten bewaffneten »Strelitzen« und auf die westeuropäischen Söldner, die ihm die neue Taktik vermittelten. Dagegen mußten die Bauernaufgebote der Bojaren versagen.

Inzwischen war jedoch gerade das Waldgebiet dichter besiedelt worden, obwohl Tausende, ja Hunderttausende von Waldbewohnern in die Steppe drängten, wo sie sich mit den Reitern zu »Kosaken« verbanden. Die wachsende Landwirtschaft suchte nach Absatz im Ausland. Zunächst haben Schweden und Türken die Waren aufgekauft, aber das schien den Russen auf die Dauer unerträglich, zumal auch die Handelspartner den unmittelbaren Austausch suchten. Vor allem britische Schiffe liefen die Ostseehäfen an, um Gewürze, Zucker, Kaffee und Baumwolle gegen Honig, Pelze, Tauwerk, Teer und Leinen für Segel umzutauschen. Die Macht Englands auf den Weltmeeren war stark genug, um diesen Handel gegen Schweden zu verteidigen.

Zugleich setzten die Russen ihren Vormarsch in Nordasien fort. 1607–1610 wehrten sich noch die Tungusen, mußten sich jedoch 1623 unterwerfen. Fünf Jahre später erreichten die Russen die Lena; 1637 gründeten sie Jakutsk und zwei Jahre danach gelangten sie an das Ochotskische Meer. 1643 ruderte Pojarsky den Amur hinunter und 1649–1650 besetzte Chabarow das Amurufer.

In dem kurzen Zeitraum von fünfzig Jahren hatten die Russen ganz Nordasien in ihre Hand bekommen, was weder die Chinesen noch Mongolen erreicht hatten – allerdings unter Umgehung der Steppe, auf der sich bisher der Verkehr wie jede militärische und politische Operation abgespielt hatte. Die Russen drangen als Pelzhändler durch das weite Waldgebiet, sie errichteten ihre Ostrogs – die Pelzhandelsstationen – längs der Flüsse, bis 1630 an Ob und Jenisej bis 1640 an der Lena, bis 1660 bei den Tschuktschen und am Amur. Danach setzten sie sich am südlichen Waldsaum fest, bei den Tataren und Kalmükken.

Auch in Europa haben die Russen ihre Herrschaft nur langsam und zögernd in die Steppe vorgeschoben, wobei die Uralkosaken praktisch frei und unabhängig blieben; einzelne russische Forts schützten sie gegen die Kirgisen. So großartig sich das Zarenreich auf der Karte ausnahm, so war Sibirien wirtschaftlich und politisch damals für den Staat recht unbedeutend. In dem weiten Gebiet wohnten fremde Völker, gering an Zahl; ugrofinnisch sprechende Tscheremissen, Mordwinen oder türkisch sprechende Tataren, Baschkiren, in Asien die Tungusen, Jakuten und Tschuktschen. Der Zar war weit. Der Weg nach Indien allerdings, an den Iwan IV. gedacht hatte, blieb verschlossen.

Humayuns Sohn Akbar (1556–1605) unterwarf mit seinen kampferprobten Truppen in zahlreichen Kriegszügen Kaschmir, Belutschistan, Kandahar, Berar und Teile von Ahmadnagar und Orissa. Zum ersten Mal in der indischen Geschichte bildete der Norden zusammen mit dem Dekhan eine politische Einheit. Im Unterschied zu seinen Vorgängern, die sich nur auf ihre Moslems stützten, versuchte Akbar mit den Hindus eine Zusammenarbeit. Er erließ ihnen die Sondersteuern (1563) und ordnete 1579 das gesamte Steuerwesen neu. Ein Drittel des bäuerlichen Ertrages sollte dem Staat zufließen.

Hand in Hand damit ging die Politik religiöser Duldung (Toleranzedikt 1583). Das Erziehungswesen wurde reformiert, Bibliotheken entstanden, Hochschulen wurden geschaffen, großartige Bauten errichtet. Damals entfaltete sich auch – nach persischem Vorbild – eine indische Miniaturmalerei, die entgegen den Verboten des Koran auch Menschen darstellte. Den Europäern war Akbar wohlgesinnt. Die Jesuiten unterhielten drei Missionen an seinem Hof, die fremden Kaufleute förderte er.

Das Entgegenkommen, das Akbar seinen Hindu-Untertanen zeigte, rief den Widerstand der Moslems, insbesondere der Armee hervor; daß Hindus zu führenden Beamten, selbst zu Ministern ernannt wurden, machte böses Blut. Mehrere Aufstände, an denen auch bewährte Generäle beteiligt waren, warf Akbar nieder. Sein Sohn Jahangir (1605–1627) war in seiner Außenpolitik weniger glücklich. Im Dekhan stockte der Krieg gegen Ahmadnagar, und zur See plünderten die Portugiesen indische Schiffe. Unter dem Mogulkaiser Schahjahan (1628–1658) setzte sich die islamische Orthodoxie wieder durch. Der Kaiser, der mütterlicherseits von den Rajputen abstammte, wollte Timurs einstiges Reich zurückerobern. Als er jedoch mit großem, wenn auch schwerfälligem Heer gegen Samarkand zog, wurde er von der usbekischen Reiterei eingekreist, seine Truppen meuterten; Kandahar ging an Persien verloren.

Für die Portugiesen bedeutete das einen schweren Schlag, als die Moslems das Reich Vijayanagar 1558 vernichteten; denn es war der wichtigste Abnehmer ihrer Güter. Goas Handel ging zurück. Aber erst als der Mogulkaiser Schahjahan ihre Station Hugli bei Kalkutta 1632 stürmte, war ihre Vormachtstellung gebrochen. Fortan störten die Portugiesen den Handel im Golf von Bengalen durch Piraterie. Andere Wettbewerber waren aufgetaucht, die ihnen viel gefährlicher wurden als die Mogulherrscher.

Die Briten hatten es als Spätankömmlinge nicht leicht, sich neben den Portugiesen, die den Handel in Vorderindien immer noch beherrschten, und den Holländern, die Indonesien in der Hand hielten, zu behaupten. Ihre erste Flotte stieß 1611 auf heftige Abwehr der überlegenen Portugiesen in Surat. Die Engländer machten zunächst nur Handelsgeschäfte; ihr erstes mit Gewürzen beladenes Schiff kehrte 1615 aus Indien zurück. Damals traf auch der erste britische Botschafter am Hofe des Mogulkaisers ein, der den Briten als Wettbewerbern der Portugiesen gern Handelsvergünstigungen gewährte. Allerdings lief der Gewürzhandel längst nicht mehr über Indien, sondern unmittelbar von Indonesien um Afrika herum. Dort saßen jedoch die Holländer. Mit Handel allein ließ sich in Indien auf die Dauer nicht viel verdienen. Die großen Aktiengesellschaften dachten an Kolonien, Engländer, Franzosen und Holländer.

Seit europäische Schiffe an Chinas Küste aufkreuzten, ließ der Verkehr über die alte Seidenstraße erheblich nach. Zugleich – und in engem Zusammenhang – schwand allerdings auch der Druck der Reiter aus der Steppe auf die chinesische Grenze. Immer wichtiger wurde der Pazifik. Den Fremden standen nur wenige Häfen offen. Amoy gegenüber Formosa (Portugal), auf Macao gegenüber von Hongkong (Spanien). Dann versuchten Holländer und Briten, in China festen Fuß zu fassen, um vor allem Seide, Tee und Porzellan zu holen. Aber was vermochten sie anzubieten? In China konnte man weder plündern noch Tribute erheben. Heer und Verwaltung waren noch intakt, jeder Angriff endete mit einer Niederlage der Eindringlinge, da die Chinesen ihnen zu Lande gewachsen waren. Nur zur See hatte sich das Reich der Mitte durch seine eigene Gesetzgebung selber ausgeschaltet. Aber gerade auf der Flotte beruhte die Macht der Kolonialstaaten. Eine neue tatkräftige Dynastie übernahm 1644 die Regierung in China.

Zu Beginn des 17. Jahrhunderts gelang es dem Häuptling der Tungusen Nurhachi (1583–1628), einige Stämme der südlichen Mandschurei militärisch und politisch in den »Acht Bannern« zu einigen, zu denen später noch je acht Mongolen- und Chinesenbanner hinzukamen. Die Krieger erhielten Land zugewiesen, wofür sie im Kriegsfall mit einem ausgerüsteten Aufgebot zu folgen hatten. Die Macht der Mandschu beruhte ausschließlich auf der Schlagkraft ihrer Militärorganisation; die Zahl ihrer Menschen blieb immer gering. Seit 1616 nannte Nurhachi sich Kaiser. 1620 eroberte er Mukden. Die Mandschu selber kamen aus den Waldgebieten, wo sie im Laufe der Zeit viel von der chinesischen Kultur und ihrer Verwaltung übernommen hatten.

In China herrschten wieder einmal Wirren. Ein Aufstand brach in Szetschuan aus, das sich 1644 praktisch unabhängig machte. Ein anderer unter Li Tsu Ch'eng erfaßte Honan, Shansi und Hupei. Sie wurden von der Steppe unterstützt, so daß die Chinesen sich zunächst bemühten, die Große Mauer zu halten. Da die Ming sich der inneren Aufstände kaum erwehren konnten, riefen sie nach uraltem Brauch die Nordbarbaren zu Hilfe. Die Mandschu kamen, rückten 1644 in Peking ein, setzten den Ming-Kaiser ab und übernahmen die Macht. Der letzte Ming-Kaiser hatte Selbstmord begangen.

Truppen und Beamte blieben teilweise der Ming-Dynastie treu, andere jedoch unterstellten sich freiwillig den energischen Mandschu, die für Ruhe und Ordnung zu sorgen schienen. Mandschurische Heere rückten gen Süden, wo sie jeden Widerstand brachen. Von Taiwan aus versuchte noch ein Anhänger vergeblich, den Ming wieder auf den Thron zu verhelfen. Noch in den siebziger Jahren bedrohten schwere Unruhen im Süden und Südwesten die Mandschuherrschaft. Den energischen Kaisern gelang es ziemlich mühelos, die Grenze gegen Tibet zu sichern.

Hinter den hohen Gebirgsmauern gelegen, vermochte Tibet seine Unabhängigkeit auch gegenüber den gefürchteten Mongolen zu behaupten, obwohl Kublai Khan den Osten vorübergehend erobert hatte. Herren waren die mächtigen Klöster, von denen die ersten 1409 bei Lhasa gegründet wurden. Zwar war der Buddhismus bereits 632 über Nepal ins Land gekommen, war jedoch wieder verdrängt worden, so daß er im 11. Jahrhundert erneut eingeführt werden mußte. Die eigentliche Bekehrung aber gelang erst dem Reformer Tsong Kapa (geb. 1358), der im Lamaismus buddhistische mit animistischen Glaubenszügen verband. Sein Nachfolger Gan-dem Truppa (gest. 1474) gründete das angesehene Kloster Tashi Lhumpo, das zum Sitz des immer wieder geborenen Dalai Lama wurde, ein Titel, den die Mongolen dem dritten Nachfolger Tsong Kapas als Führer der »Gelben Hüte« verliehen. Seit 1568 erkannten ihn auch die inzwischen bekehrten

Mongolen in der Steppe an. Mit diesem Rückhalt bei ihren Glaubensbrüdern konnten die Tibetaner sich vor chinesischen Angriffen sicher fühlen.

Energisch traten die Mandschu in Korea auf, das die Ming ziemlich vernachlässigt hatten. 1592 hatten sogar die Japaner Korea für sieben Jahre besetzt. Noch bevor sie China eroberten, zwangen die Mandschu die Koreaner, sie als Oberherren anzuerkennen. Als Kaiser begnügten sie sich jedoch mit regelmäßigen Tributen, ohne sich weiter in Korea einzumischen. Dabei war die Rücksicht auf den gefährlichen Nachbarn im Osten entscheidend.

Japan wurde unter fester Führung wieder geeinigt. Nabunaga und sein Feldherr Hideyoshi hatten geplant, mit dem starken Heer Korea, vielleicht sogar China zu erobern. Obwohl es den Japanern gelungen war, Seoul und Pjöngjang einzunehmen (1592), mußten sie sich wieder zurückziehen. Das führte zu neuen inneren Kämpfen, aus denen das Adelsgeschlecht der Tokugawa als einflußreichste Familie hervorging. Sie hatten sich mit der veränderten Lage auf den Weltmeeren und mit den Europäern abzufinden.

1595 gab es 137 Jesuiten im Lande und dreihunderttausend bekehrte Christen. Zwei Jahre vorher waren spanische Franziskaner von den Philippinen eingetroffen, die in Streit mit den Jesuiten gerieten. Als 1600 die ersten Holländer, 1613 die ersten Engländer in Japan landeten, flammte der Gegensatz zwischen Katholiken und Protestanten auch in Ostasien auf. Das wäre nicht so bedeutungsvoll geworden, wenn der Kaiser damals nicht gegen starken Widerstand der Daimyos zu kämpfen gehabt hätte und befürchten mußte, seine Feinde würden sich mit den Fremden verbinden. 1616 ließ der Shogun Iyeyasu die christlichen Priester ausweisen, zugleich drohte er allen Japanern, die zum Christentum übertraten, schwere Strafen an. Wie viele Personen in den Verfolgungen von 1617 und 1638 umkamen, steht nicht fest, doch blieben nur wenige Christen übrig. Damit war das Christentum in Japan praktisch ausgerottet.

Das Gesetz von 1636 verbot allen Japanern, ins Ausland zu reisen, ja überhaupt jeden Verkehr mit Ausländern. Es durfte kein hochseegängiges Schiff mehr in Japan gebaut werden. Noch zu Beginn des 17. Jahrhunderts waren mehr als dreihundert japanische Handelsschiffe mit einer Durchschnittsgröße von über achthundert Tonnen von Nagasaki und anderen Häfen nach Luzon, Macao, Tonking, Annam, Siam, Malakka, Batavia, Amboina gefahren, wo sie Silber, Kupfer, Schwerter und Getreide gegen Rohseide, Textilerzeugnisse, Farbstoffe, Zucker und Medizinartikel tauschten.

Ein hervorragender Verwaltungsapparat und eine allgegenwärtige Polizei sorgten von nun an dafür, daß auch die wenigen chinesischen und holländischen Schiffe, die besondere Pätze anlaufen durften keine Verbindung mit der einheimischen Bevölkerung aufnahmen. Die Engländer hatten ihre Faktorei in Hirado schon 1623 geschlossen, weil sie sich vom japanischen Geschäft nichts versprachen. Die Portugiesen behielten auf der Insel Deshima gegenüber von Nagasaki zwar noch einen Landeplatz, aber als sie immer mehr Missionare entsandten, wurde jedes aufgegriffene portugiesische Schiff verbrannt. Aufstände – aus religiösen und sozialen Gründen – folgten. Als sich die Bauern in Kyushu dann auch in Nagasaki 1637 erhoben, griffen holländische Kriegsschiffe zugunsten des Shoguns ein.

Als Dank erhielten sie Deshima als Handelsplatz zugewiesen, doch durften sie nur einmal im Jahr über die Brücke das japanische Festland besuchen, um dem Kaiser zum Neujahr Geschenke zu überbringen. Japan riegelte sich für mehr als zwei Jahrhunderte von aller Welt ab – bis 1853!

Das Zeitalter des Merkantilismus

Über den karibischen Golf floß Spaniens gesamter Handel mit seinen amerikanischen Besitzungen. Da sein König außerstande war, den Verkehr über den Südatlantik zu schützen, verbot er kurzerhand jede Fahrt nach der La-Plata-Mündung und richtete sicherheitshalber in Argentinien noch eine Zollkontrolle ein, die alle europäischen Waren – also auch die spanischen – in Buenos Aires beschlagnahmte. So fuhren alljährlich zunächst zweimal, dann einmal, gelegentlich sogar mit längeren Unterbrechungen die »Silberflotten« von Panama über Havanna nach Sevilla. Welch lockende Beute für die Korsaren!

In Mittelamerika sammelten sich die Piratenschiffe aus der ganzen Welt, um auf die kostbare Fracht Jagd zu machen. Es gelang zwar nur einmal – 1628 dem Holländer Pieter Heyn – eine Silberflotte zu erbeuten, aber die Hoffnung auf riesigen Gewinn zog Scharen von Abenteurern an. Sie brauchten sich nur im Hafen anheuern zu lassen, in Plymouth, in Dünkirchen oder St.-Malo, bei den Holländern oder bei den Dänen; jeder waffenfähige Mann wurde genommen. Die wilden Kämpfe rissen viele Lücken. In Kriegszeiten – und wann gab es die nicht? – stellten Könige und Republiken anstandslos »Kaperbriefe« aus, die die Räuber als ehrenwerte Krieger auswiesen, ohne etwas zu kosten.

Bald lauerten tausende von Freibeutern in versteckten Buchten und Flußmündungen. Lebensmittel lieferten die Siedler, die ihnen gefolgt waren. Gezahlt wurde mit erbeutetem Gold. Aus den kargen Feldern wurden mit der Zeit riesige Pflanzungen mit zahllosen Negersklaven.

Vor den gefürchteten Kariben hatte Spanien die Inseln praktisch aufgegeben. Daraufhin besetzten die Engländer 1624 St. Christopher, wo sie zusammen mit französischen Siedlern Tabak bauten. Schon 1639 brachte allein die Tabaksteuer zwölftausend Pfund Sterling ein. Auf Barbados legten englische Unternehmer Plantagen an für Tabak, Baumwolle und später vor allem für Zucker. 1635 begannen die Franzosen mit der Besiedelung von Guadeloupe und Martinique. Damals saßen die Holländer noch fest in Nordostbrasilien, später nur noch auf Curaçao. Die Spanier vertrieben die Fremden erst, als sie sich unmittelbar vor der Küste von Nicaragua festzusetzen versuchten, da sie den Silbertransport gefährdeten. Nun schickte Cromwell seine mächtige Flotte, die allerdings nur Jamaica gewann. Dort trafen sich alle rauhen Gesellen, die von Schleichhandel und Seeraub lebten. Ohne sich darum zu kümmern, ob ihre Monarchen Frieden schlossen oder Krieg führten, lauerten sie auf Beute; sie brannten sogar Panama nieder. Erst der Frieden von Utrecht 1714 brachte diesem Wetterwinkel Ruhe, so daß nun der große wirtschaftliche Aufschwung begann.

Jetzt zeigte sich, wie weit in den vorangegangenen Jahrzehnten alle Wirren, Plünderungen und Brandschatzungen zum Trotz die Plantagen in Mittelamerika gediehen waren. Die ansehnlichen Gewinne glichen vorübergehende Verluste aus. Und selbst die Beute der Seeräuber floß vielfach wieder in die Pflanzungen hinein, teils als Beteiligung in Geld, teils durch die hohen Preise für die Erzeugnisse, die gerade dank der schönen Beute im Kaperwesen auch leicht bezahlt werden konnten. So dehnten sich die Plantagen rasch aus; sie griffen von Mittelamerika bald auf das nordamerikanische Festland über.

In Virginia wurde Tabak angebaut. 1671 lebten hier vierzigtausend Weiße und zweitausend Neger. Erst als in Carolina Zucker angepflanzt wurde, stieg die Zahl der Sklaven. Aber wie armselig waren die britischen Besitzungen in Nordamerika verglichen mit den spanischen. Hier die großen Städte, die guten Straßen, die Universitäten, die reichen Silbergruben! In Nordamerika gab es nichts davon. Der Hauptort von Virginia, Jamestown, bestand noch 1671 aus ganzen achtzehn Häusern, in denen zwölf Familien wohnten.

Doch waren es selbstbewußte Pioniere, die auf eigenem Recht standen. Sie führten den Krieg gegen die Indianer nach ihren Plänen, und wenn ein Gouverneur ihnen dreinreden wollte, zwangen sie ihn bewaffnet, nachzugeben. Zwischen Neu-England und Virginia hatten die Holländer eine eigene Kolonie am Hudson eingeschoben: Neu-Amsterdam, wo sich reiche Kaufmannsfamilien wahre Herrschaftssitze errichtet hatten, die von den ärmlichen Blockhäusern der Hinterwäldler deutlich abstachen. 1664 eroberte eine britische Flotte die Stadt, die in New York umbenannt wurde.

Im Süden hatte ein Menschenfreund, William Penn, weite Landstriche, von den Indianern erworben, um Verfolgte aus allen Teilen Europas aufzunehmen. Wie bei den anderen Besitzungen und ähnlich wie im portugisischen Brasilien wurden die Grenzen mit dem Linar weit ins Innere gezogen. Doch mußten die Siedler bald mit dem Widerstand der Franzosen rechnen, die von der St. Lorenz-Mündung weit umfassend zu den Großen Seen und die Flüsse abwärts bis zur Mississippi-Mündung vorgestoßen waren. Sie stützten sich auf die Indianer, um jedes Vorrücken der Briten über die Berge hinweg zu verhindern. Die nächsten hundert Jahre waren von erbitterten Indianerkriegen erfüllt.

Mit der Plantagenwirtschaft in Mittelamerika, sodann in Karolina, wandelte sich auch die Gesellschaft und die Wirtschaft in Neu-Eng-

and. Es lohnte sich bald, Lebensmittel dorthin auszuführen, und mit dem Erlös Industrie-Artikel, insbesondere Waffen und Schneidwaren aus England einzuführen. Mit dem wachsenden Handel entfalteten sich die Hafenstädte. Damit rückte auch Nordamerika stärker ins Blickfeld der europäischen Mächte, die es Jahrhunderte hindurch vernachlässigt hatten. Um die tropischen Pflanzen in großem Umfange anzubauen, bedurfte es jedoch der Negersklaven.

Um die Küsten Afrikas lag im 17. Jahrhundert eine Kette von fremden Stützpunkten, die den Erdteil von allem Welthandel absperrten. Im Mittelmeer hatten sich die Osmanen festgesetzt; in Wirklichkeit herrschten regelrechte Seeräuber dort, wie der Bey von Algier und der Dey von Tunis, die ihre Einkünfte daraus zogen, daß sie die christlichen Seefahrer brandschatzten. Auch der Dichter Cervantes fiel in ihre Hand. Um das Hinterland kümmerten sie sich kaum. Die Landwirtschaft ging weiter zurück, je mehr die Erosion fortschritt. Marokko lebte unangefochten hinter seinen hohen Bergen.

Die Osmanen beherrschten zwar die Küsten des Roten Meeres, aber das Bab el Mandeb war durch die Portugiesen gesperrt, die auch den Außenhandel Abessiniens lahmlegten. Portugiesische Siedlungen zogen sich die gesamte Küste entlang vom Senegal nach Süden, um das Kap der Guten Hoffnung herum bis Mombasa. Sie unterbanden jeden Handel mit dem Inneren. Wo sich dennoch Ansätze zeigten, erschienen fremde Seeräuber, Franzosen, Briten, Holländer oder Skandinavier, vereinzelt auch Deutsche, um zu plündern und zu kapern.

Die Negerreiche im Innern verkümmerten. Das galt für Benin im Benue-Becken, für die Fulbestaaten südlich des Tschad-Sees, für das Reich Kongo, für Monomotape am Sambesi. Als die Portugiesen zum ersten Mal an jenen Küsten erschienen, hörten sie von diesen Reichen im Innern, doch hasteten sie damals nach Indien. Jetzt lohnte es sich nicht mehr, ins Innere vorzustoßen, weil wirtschaftlich wenig zu gewinnen war.

Nur an einer Stelle hatte die Sperre rund um Afrika ein Loch, an der Guinea-Küste. Gegen das Innere schirmte der tropische Urwald jeden Vorstoß der Europäer ab. So konnten sich im Walde und nördlich davon unabhängige Königreiche kriegerischer Stämme bilden und halten, wie das der Aschanti. Untereinander führten sie Krieg, wobei sie Gefangene machten, die als Sklaven verkauft wurden. Bald erkannten sie, welche Vorteile ihnen dabei die Küste bot.

Von dort bezogen sie nicht nur Schwerter, sondern auch Feuerwaffen, mit denen sie wiederum ihren Gegnern im Innern überlegen waren. Dadurch konnten sie mehr Sklaven rauben, was ihnen erlaubte, wiederum mehr und mehr bessere Waffen zu tauschen. Der traurige

Menschenhandel nahm erschreckend zu, weil der Bedarf an schwarzer Arbeitskraft mit den Pflanzungen wuchs: in Jamaica, auf den Kleinen Antillen, im Süden Nordamerikas. Nahezu alle Sklaven kamen von der Guineaküste. Durch diese offene Wunde floß fast zwei Jahrhunderte lang das Blut Afrikas, in die weite Welt – wenn es nicht auf elenden Frachtschiffen, in den Sklavenlagern, auf den Pflanzungen der Neuen Welt verkam.

Alle wollten an diesem schmutzigen Geschäft verdienen; nicht nur die Seemächte, sondern auch Dänemark, der Kurfürst von Brandenburg und Österreich errichteten Forts am Golf von Guinea. In den Seekriegen gingen die meisten allerdings zu Grunde. Den größten Vorteil hatten jedoch die Staaten, die selber Kolonien mit Pflanzungen besaßen, das waren die Portugiesen in Brasilien, die Briten auf Jamaica und in Nordamerika oder die Franzosen auf Martinique und Guadeloupe und die Dänen auf den Jungferninseln. Im spanischen Amerika boten sich Kuba, San Domingo und die Küsten von Neugranada für Pflanzungen an.

Alle Versuche der spanischen Krone, die eigenen Gebiete zu fördern, scheiterten jedoch. Die Sklaven gingen in jene Landstriche, die Spanien als zu armselig hatte liegen lassen. Tatkräftige Unternehmer eigneten sich so viel Land an, wie ihnen paßte, um mit Hilfe der unglücklichen Afrikaner Plantagen anzulegen. Sie hatten erkannt, was daran zu gewinnen war. Eine neue Menschengruppe setzte sich durch.

In dem Kampf um die spanische Erbfolge (1701–1714) ging es in hohem Maße zugleich um das Recht auf den Sklavenhandel, den »Asiento«. Als England siegte, gewann es dieses Recht. An Gewürzen ließ sich nicht mehr viel verdienen, seit das Angebot bei weitem die Nachfrage überstieg. Dafür begehrten immer breitere Bevölkerungsschichten in Europa die Güter, die auf den Plantagen angebaut wurden: Zucker, Tabak, später auch Kaffee und Baumwolle.

In Asien – wie in den meisten Teilen der Erde – hatte sich eine Gesellschaftsordnung herausgebildet, wobei der Grund und Boden den feudalen, häufig aus dem Kriegerstand stammenden Adligen gehörte, die zwar Nutzen aus ihrem Besitz zogen, sich aber sonst nur wenig darum kümmerten. Sie erhoben eigene Abgaben und trieben meist auch die Steuern für die Fürsten ein, richteten sich also nach dem Herrscher, dem sie dienten, zumal ihr Schicksal weitgehend von dem Monarchen abhing.

Die Europäer hingegen kamen als Unternehmer. Sie wollten möglichst rasch reich werden, um wieder in die Heimat zurückzukehren. Deswegen planten sie einen Anbau, der auf den Weltmärkten abgesetzt werden konnte: sie legten Pflanzungen nach wirtschaftlichen

Grundsätzen an, sie brachten dafür »Kapital« auf, erwarben Sklaven und führten ohne Rücksicht auf althergebrachte Bräuche neue Anbaumethoden ein. Allerorten erschien der Geist des Kapitalismus an den Küsten. Ihm waren die einfachen Bauern ebensowenig wie die groß auftretenden Feudalherren gewachsen. Die Welt veränderte sich.

Die holländischen »Pfeffersäcke« sträubten sich lange Zeit, den großen Wandel anzuerkennen. Pflanzungen verlangen einen längeren Atem als der Handel. Man muß viel Kapital aufbringen und auf Dividenden verzichten, bevor die Felder überhaupt Nutzen bringe. Und welcher Anteilseigner wartet schon gern? Die Wandlung in Übersee wirkte auch auf die Heimat zurück.

Wenn die Gutsbesitzer auch starr an den alten Produktionsmethoden festhielten, so begrüßten die Städter den Fortschritt. Sie kauften die tropischen Erzeugnisse. Da aber europäische Industriegüter kaum verkäuflich waren, gewann Amerika eine überragende Rolle. Von dort kam das Silber, mit dem Europa die asiatischen Waren bezahlen konnte.

Der Dreißigjährige Krieg hatte die politischen, die wirtschaftlichen und auch die geistigen Zustände in Europa tiefreichend umgestaltet. Die Mitte hatte entsetzlich gelitten und ein Drittel ihrer Bevölkerung verloren. Dafür waren die Flügelmächte aufgestiegen: Frankreich, die Niederlande, England und Schweden. Da die Seemächte wenig Druck von den Festlandstaaten zu befürchten hatten, konnten sie sich stärker als bisher ihren fernen Besitzungen zuwenden. Es begann das große Ringen der Kolonialmächte untereinander – in der Heimat wie in Übersee.

In strengen Vorschriften hatte Kardinal Richelieu alle Verantwortung dem Staat und der Kirche zugesprochen, aber Kanada verkümmerte. Nur in der Wildnis waren die Waldläufer frei. Ludwig XIV. setzte die Politik des Kardinals fort, Habsburg niederzuwerfen. Er wollte Holland erobern. Als die Franzosen versuchten, ebenfalls am Welthandel teilzunehmen, zerbrachen die alten Bündnisse.

Frankreich verfügte über die stärkste Landmacht, es besaß eine leistungsfähige Industrie, und es stellte den größten Binnenmarkt. So boten sich dem jungen König Ludwig XIV. drei Wege an; er konnte mit Waffengewalt seine Wettbewerber niederwerfen, er konnte die Weltmärkte über seine Industrieerzeugnisse gewinnen, und er konnte schließlich die fremden Kaufleute durch hohe Einfuhrzölle in die Knie zwingen. Nur widersprach jeweils die eine Politik der anderen. Statt sich zu entscheiden, glaubte Ludwig, alle drei gleichzeitig verfolgen zu können.

Minister Colbert strebte den wirtschaftlichen Ausbau an – und damit die Entwicklung der Kolonien, während Kriegsminister Louvois starke Armeen gegen die europäischen Nachbarn führen wollte, um den Feinden ihre überseeischen Besitzungen in der Heimat zu entreißen. Zunächst arbeiteten beide Politiker zusammen. Colbert schuf eine leistungsfähige Kriegsflotte, ansehnliche Werften in Toulon und Rochefort, Seemannsschulen in Rochefort, Dieppe und St. Malo.

Französische Niederlassungen entstanden in Surat, Pondicherry, Masulipatam, 1701 auch in Calicut und 1721 in Mahe. Aber diese Gesellschaften litten zuerst unter den bürokratischen Vorschriften, dann unter den dauernden Kriegen, die Ludwig XIV. führte: gegen Spanien, gegen Holland, gegen das Reich, gegen die italienischen Fürsten, gegen England.

Das Edikt von Nantes hob Ludwig XIV. 1685 auf, so daß Hunderttausende von Hugenotten auswanderten: Nach Holland, nach Deutschland und nach England, wo sie neue aufstrebende Industrien gründeten, so daß Frankreich seine wirtschaftliche Überlegenheit verlor – ähnlich wie einst Spanien, als es Juden und Mauren vertrieb. Immer das gleiche Lied!

Dabei stützte sich Frankreich auf eine ausgewogene Volkswirtschaft, die nahezu alles im eigenen Land erzeugte, die mit ihren Überschüssen an Getreide, Wein und industriellen Gütern – insbesondere Luxuswaren – genügend Silber auch für tropische Erzeugnisse einbrachte. Um das Handelsmonopol seiner politischen Gegner England und Holland zu brechen, gründete Colbert 1664 zwei Handelsgesellschaften für Ostindien und für Westindien. Sie sollten eine neue Wirtschaftspolitik durchsetzen.

Dem Außenhandel schrieb man die entscheidende Rolle in der nationalen Wirtschaft, in der Weltpolitik und in den Staatsfinanzen zu. Nur der Handel, so glaubte man, könne die Beträge aufbringen, die für die Kriegführung notwendig waren. Nur die Edelmetalle füllten den Staatsschatz, aus dem die stehenden Heere unterhalten werden könnten. Am Edelmetall hingen Macht und Ansehen des Monarchen, also des Staates.

Die neue Staatsauffassung gipfelte im Absolutismus des Monarchen, die Wirtschaftspolitik im Merkantilismus. Das Vorbild zunächst Spaniens, dann Portugals und schließlich Hollands hatte den Eindruck erweckt, als stammte der neue Reichtum der Staaten vorwiegend vom Außenhandel. Da brachten Schiffe ohne allzu große Kosten einen ungeheuren Gewinn, wenn sie mit Gewürzen und anderen Schätzen aus Übersee heimkehrten. Ungebildete Eingeborene tauschten ihre hochwertigen Güter gegen Tand! Die Silberminen brachten dem glücklichen König von Spanien unerschöpfliche Schätze. Hollands Handelsgesellschaften warfen das Vielfache des aufgewendeten Kapitals ab, so daß sie Kriegsschiffe ausrüsten konnten, die allen Feinden überlegen waren. Welch Irrtum!

Da alle europäischen Regierungen vom Handel Wunderdinge erwarteten, suchten sie möglichst große Mengen Edelmetall in die Hand zu bekommen, um die gewünschten Güter kaufen zu können. Sie förderten die eigene Ausfuhr, lähmten andererseits aber die Einfuhr jener Artikel, die sie selber herstellen konnten und hofften, den Unterschied in Silber oder Gold einzustecken. Diese Politik traf am härtesten Spanien, das zwar als einziges Land über Silber in größerem Umfang verfügte, aber auf die Ausfuhr seiner Landeserzeugnisse angewiesen war.

Da das amerikanische Silber eine zusätzliche Kaufkraft nach Europa schwemmte, dem vorläufig zu wenig Güter gegenüberstanden, stiegen die Preise. Die Staaten verzweifelten, die Teuerung im Innern durch eine größere Produktion beheben zu können. Sie wandten sich fast ohne Ausnahme dem Außenhandel zu. Das wirkte auf die Außenpolitik zurück. In der ganzen Welt zeigten sich die Folgen. Die Rolle der verschiedenen Erdteile wandelte sich.

Mit seinen gut ausgebildeten und bewaffneten Truppen war Ludwig XIV. lange Zeit seinen Feinden überlegen, aber gerade deswegen schloß sich Europa gegen ihn zusammen. Die endgültige Wende brachte 1689 die »Glorreiche Revolution« in England. Als Wilhelm III. von Holland den Thron bestieg, als Ludwigs XIV., Enkel Philipp V., den spanischen Thron erbte, siegte im Spanischen Erbfolgekrieg ein umfassendes Bündnis über die vereinigten Franzosen und Spanier. Der Frieden von Utrecht 1714 besiegelte die britische Seeherrschaft. Die britische Flotte vermochte zwar nirgends die Kämpfe im Inneren der Erdteile zu entscheiden, aber sie sperrte dem Gegner die Zufuhr an Menschen, Waffen und Waren. Das sollte sich allerdings erst im 18. Jahrhundert voll auswirken.

Im großen Ringen der Kolonialmächte standen sich nicht nur zwei Staatengruppen, Frankreich-Spanien auf der einen, England-Holland auf der anderen Seite gegenüber, sondern zwei voneinander grundverschiedene Staatsauffassungen und Lebensweisen, zwei miteinander unvereinbare politische Welten. Frankreich und Spanien besaßen straff zentral geleitete Verwaltungsapparate, die sich in alle Bereiche des öffentlichen Lebens, auch in wirtschaftliche, religiöse und kulturelle einmischten. Die Beamten hatten für das Wohl der Bevölkerung zu sorgen, ganz gleich, was die Bevölkerung selber dachte.

Demgegenüber wurzelte der holländische Staat in den mittelalterlichen Städtebünden mit der eigenständigen Ratsverfassung und den Rechten der Fernkaufleute. In England standen sich lange Zeit die

Londoner Kaufleute zusammen mit den selbstherrlichen Seefahrern dem Hof und dem Hochadel gegenüber. In den wechselvollen Kämpfen um die Kontrolle des Außenhandels verbot Cromwell den fremden Schiffen, England anzulaufen. (Navigationsakte). Der Stuartkönig Karl II. näherte sich zwar wieder den Franzosen, aber der Sturz seines Nachfolgers Jakob II. brachte den Sieg der »niederländischen« Partei. England hat den Krieg gegen Ludwig XIV. entschieden.

Um die Mitte des 17. Jahrhunderts erreichte die Silberausbeute in Potosí ihren Höhepunkt. Damals zählte die Stadt an die zweihunderttausend Einwohner. Großartige Kirchen und Paläste entstanden. Bei einer festlichen Gelegenheit wurde das Straßenpflaster vorübergehend durch Silberbarren ersetzt. Potosí war eine Stadt des Luxus, an dessen Rand für alle etwas abfiel.

Der vielbewunderte Berg ragte noch sechshundert Meter über der Stadt – auf viertausend Metern Höhe – empor. Tausende von Gängen erschlossen die Silberadern. Die Arbeit in den Bergwerken war hart. Mit Hilfe von Quecksilber, dessen Dämpfe giftig waren, mußte das Silber gewonnen werden. Von ausgebeuteten Sklaven kann man aber nicht sprechen. An schwere Arbeit waren die Hochlandindianer gewöhnt, niemand anderes wäre überhaupt dazu imstande gewesen. Sie wurden teils vom indianischen Dorfältesten abgestellt, viele aber kamen freiwillig, denn der Lohn lockte.

Von Potosí liefen neue Straßen nach Argentinien, auf der die Lebensmittel herangeschafft wurden, die von der La-Plata-Mündung bis Bolivien eigens für die Silberstadt bestimmt waren. Rinder, Schaf- und Ziegenherden, schwere Ochsenkarren mit Getreide und Maultiere zogen über die schwindelnden Gebirgspässe. Auch in Mexiko setzten die Silberminen von Guanajuato Landwirtschaft und städtisches Handwerk in Gang, von dem die spanische Verwaltung, aber auch Kunst und Wissenschaft reichen Nutzen zogen. Universitäten entstanden, Druckereien wurden gegründet, mächtige Dome und reich ausgestattete Kirchen wurden gebaut. Von Buenos Aires ging eine andere Straße – wieder über die Berge hinweg – nach Chile.

Der Seeverkehr vom La Plata nach Spanien hörte jedoch ganz auf, zunächst wegen der Blockade, sodann, weil die spanische Regierung ihn verbot (1623). Eine Zollstelle in Córdoba verhinderte, daß europäische Waren über den Südatlantik eingeführt wurden. Nun mußten die Spanier in Amerika sehen, wie sie allein durchkamen. Im Sommer saßen sie auf ihren Landgütern, im Winter zogen sie in die Stadt, wo es ein »europäisches«, ein geistiges Leben gab. Die Einheimischen nahmen regen Anteil am öffentlichen Leben, das sich allerdings auf die großen religiösen Feste beschränkte.

Die katholische Kirche hatte viele Bräuche der alten indianischen Religionen von den Tarasken bis zu den Diaguita übernommen, so daß es den Indianern nicht schwer fiel, den neuen Gott und die vielen Heiligen mit den Gestalten ihres alten Glaubens gleichzusetzen. Der Medizinmann – curandero – betete sowohl zu den eigenen Göttern wie zu Christus, wenn er einen Kranken heilen oder böse Geister beschwören wollte. Jedenfalls war auf diese Weise die breite Masse zum Christentum – wie sie es verstand! – bekehrt, selbst da, wo sie nicht spanisch sprach.

Immer noch bildete die Kirche den stärksten politischen und sozialen Rückhalt der Indianer, die erfolgreich dagegen kämpfte, ihre Schützlinge auf den Stand von schollengebundenen Leibeigenen oder gar von Sklaven heranzurücken. Ihre rechtliche Lage war insgesamt günstiger als die der europäischen Bauern, insbesondere als der im Zarenreich; und den Indern ging es noch wesentlich schlechter.

Dennoch lastete ein schwerer Druck auf ihnen. Die Indianer mußten sich im 17. Jahrhundert völlig umstellen, von dem althergebrachten Hackbau auf den Pflug, von Mais, Bohnen und Kartoffeln auf Getreide. Durch den plötzlichen Einbruch der europäischen Zivilisation verloren sie weitgehend ihre eigene Kultur, so daß sie als traurige Menschen auf einem beklagenswert niedrigen Stand zurückgeworfen wurden. Aber den Indianern verdanken wir viele Pflanzen, Kräuter, Heilsäfte und Gifte: Maniok, Tabak, Chinin, Kakao und Tomaten. Die Gesellschaftsordnung im Dorf blieb erhalten. Nur der Dorfälteste gab Weisungen aus, allerdings war er dem Gutsherrn – Encomendero – verantwortlich, der eigentlich kein Eigentümer war, sondern nur Beauftragter der Krone. Darüber kam es laufend zu Streit.

Die stolzen Konquistadoren, die sich als Sieger und damit als Herren über die Indianer und als Besitzer »ihrer« Güter empfanden, stritten sowohl mit den Beamten vom Vizekönig abwärts wie mit der Kirche als auch mit ihren indianischen Landbewohnern. Dennoch ist es in den fast drei Jahrhunderten spanischer Herrschaft nur selten zu einem Aufstand gekommen. Weiße wie Indianer, aber auch die schwarzen Afrikaner haben gemeinsam die Sklaven jagenden Paulistaner wie die Portugiesen abgewehrt, die die La-Plata-Mündung zu erobern suchten.

Nachdem Portugal im Dreißigjährigen Krieg die Herrschaft der Habsburger abgeschüttelt hatte, genoß es wieder den Schutz der Seemächte, die gegen Spanien fochten. Portugal zahlte für die britische Hilfe mit Bombay. Als jedoch eine portugiesische Flotte am La Plata die Festung Sacramento anlegte, erhob sich ganz Spanisch-Südamerika. Von Potosí kam Geld, von Peru kamen Feuerwaffen, aus Tucuman und Asuncion strömten waffenfähige Männer herbei, um die Portugiesen hinauszuwerfen. Aber der Frieden von Utrecht 1714 gab Colonia de Sacramento an Portugal zurück.

Der Vizekönig von Mexiko hatte den Handel mit den spanischen Philippinen, den schon Cortez angeregt hatte, weiter ausgebaut. Die schwerfälligen Galleonen brachten ihm asiatische Luxusgüter, Gewürze und Seide, die sie gegen Silber tauschten. Der Pazifik war im Gegensatz zu Atlantik und Indischem Ozean, wo die Kriege kaum abrissen und Piraten den Handel lahmlegten, kaum gefährdet. Manchmal wagte sich allerdings ein tollkühner Freibeuter um das Kap Horn herum an die amerikanische Westküste; meist wurde er von den Spaniern gefaßt.

Obwohl die Philippinen länger bei der spanischen Krone blieben als die amerikanischen Besitzungen – außer Kuba – gelang es jedoch nicht, sie so mit spanischer Lebensweise zu durchdringen wie Südamerika. Der Islam und die asiatische Kultur hatten dort eine feste Stellung errungen. Aber daß sich die Spanier überhaupt so lange zu halten vermochten, hängt mit dem Entschluß der Japaner zusammen, sich vom Weltverkehr abzuschließen.

In der Sorge, mit ausländischer Hilfe von ihren innenpolitischen Gegnern gestürzt zu werden, nahmen die Tokugawa in Kauf, daß die Staatsfinanzen unter der Handelssperre litten. Unter dem Schogun Tsunayoschi (1680–1709) verschlechterte sich die Wirtschaftslage derart, daß Gold- und Silbergehalt der Münzen herabgesetzt werden mußten, was – wie üblich – wenig nützte. Erst als die Nachfolger scharfe Sparmaßnahmen einführten, ließ sich die Lage – wenn auch auf einem niederen Stand – einigermaßen wiederherstellen.

Als die Mandschu die Ming vertrieben, waren deren Anhänger nach Formosa geflüchtet, von wo sie die Holländer vertrieben, die dort einen Stützpunkt errichtet hatten. Aber die Autorität des Kaisers war inzwischen derart gewachsen, daß die Chinesen auf Formosa sich ihm freiwillig wieder unterstellten. Offenbar hatten die Chinesen gehofft, sie könnten auch unter den Mandschu-Kaisern eine größere Selbständigkeit bewahren, doch wurden ihre Rechte erheblich eingeschränkt. Dennoch erlebte China unter dieser Dynastie eine bemerkenswerte wirtschaftliche und kulturelle Blüte.

Die Mandschu hatten das Glück, in Kang-hsi (1661–1722) einen besonders bedeutenden Monarchen zu haben, der die Staatsgewalt energisch zusammenhielt. Stets drohte in China die Gefahr, daß Provinzen unter ehrgeizigen Generalen oder unbotmäßigen Gouverneuren auseinanderstrebten. Das haben die Mandschu erfolgreich verhindert. 1673 unterdrückte Kang-hsi einen Aufstand der Militärbefehlshaber, die aufgrund ihrer Verdienste besondere Ansprüche stellten.

Den einheitlichen Staat zu stärken, sahen die Mandschu-Kaiser als ihre wichtigste Aufgabe an, wodurch sie die loyale Mitarbeit auch national bewußter Chinesen gewannen. Sie fügten sich einer Regierung, die sich auf eine geordnete, nach chinesischem Vorbild aufgebaute, von Chinesen geleitete Verwaltung stützte. Der Kaiser, stets auf das Wohl seines Staates bedacht, reiste durch alle Teile seines weiten Reiches, besuchte Schulen und Behörden, prüfte und entschied rechtliche und wirtschaftliche Fragen. Den Chinesen galt er als »weiser« Kaiser, der sparsam wirtschaftete, gegenüber den Religionen duldsam war, gewissenhaft in seinem hohen Amt, mutig und klug. Er unterhielt sich mit den Gelehrten, aber er liebte es auch, den gefährlichen Mandschu-Tiger in den Wäldern zu jagen. Er übte sich im Schönschreiben und in der Dichtkunst, womit er seine tiefe Hochachtung vor der klassischen chinesischen Literatur bekundete.

Kang-hsi eroberte die Mongolei und sogar Tibet, so daß China kaum noch Angriffe zu fürchten brauchte. Die Überlegenheit der Reiter war mit den Feuerwaffen ohnehin geschwunden, sie kehrte nie wieder zurück. Daher haben auch die Kriege, die die Mandschu-Kaiser gegen ihre schwachen Nachbarn führten, keine besonderen Anstrengungen verlangt, weder finanziell noch im Menschenaufgebot. Wirtschaftlich blühte der Süden auf. Straßen, Brücken und Kanäle wurden verbessert und gebaut, insbesondere der große Kaiser-Kanal, der den Verkehr von Hoangho zum Yangtsekiang erlaubte.

Im Laufe der langen chinesischen Geschichte sind viele Bewohner des Nordens in den Süden gezogen. Meist flohen sie vor den Steppenreitern in Landstriche, die geschützt schienen – bis der Feind auch dorthin vordrang. Dann zogen die Bedrohten die Flüsse aufwärts ins Innere und ließen sich in den Tälern nieder, während die ursprüngliche Bevölkerung in unwegsame Höhen auswich, wo sie ihre alte Lebensweise beibehielt. Nun erst wurde das Becken von Szetschuan und Yünnan wirklich »chinesisch«.

Durch Zuzug und Geburten verschob sich das Zahlenverhältnis zwischen Nord und Süd zugunsten des Südens. Aus der Verbindung der Neuankömmlinge mit den Ansässigen, die bisher als Barbaren galten, entstand eine neue Bevölkerung, die die kulturellen Errungenschaften des Nordens, die Schrift, die Sprache und Lehren des Konfuzius übernahm. Bei den Prüfungen der Beamten zeigte sich, daß die Südländer den Nordländern geistig überlegen waren; doch sorgten die Mandschu durch entsprechende Verfügungen dafür, daß die Nordleute nicht ganz abfielen.

Getragen wurde die innere Kolonisation von der chinesischen Großfamilie unter ihrem Ältesten, der zugleich für die ehrwürdigen Ahnen sprach und somit ein religiöses Ansehen besaß. Diese Familie stellte ein weitschichtiges Netz von Bindungen, Verpflichtungen, Rechten und Befehlsgewalt dar, in das der Einzelne fest eingefügt war, so daß ihm nicht viel Raum für persönliche Entscheidungen blieb. Mit aus diesem Grunde pflegte die Mandschu die Lehren des Konfuzius, der die Familie als Zelle des Staates ansah.

Die Familie sollte für alle sorgen, je nach ihrem Vermögen. Niemand durfte sich darüber beklagen, was er zu leisten hatte. Er mußte eben alles daran setzen, daß auch der Ärmste der Familiengemeinschaft einigermaßen auskam, die Blutsverwandten wie die sozial Abhängigen. Soziale Ungerechtigkeit konnte es in einem solchen System nur zwischen einer Familie und der anderen, nicht innerhalb einer Familie geben, mochten die Lebensverhältnisse selber auch kraß voneinander abweichen.

Diese Gesellschaftsordnung hat sich so lange gut bewährt, als noch genug Raum offenstand, um die wachsende Bevölkerung zu ernähren. Von der Mitte des 17. bis zum Ende des 18. Jahrhunderts aber hat sich die chinesische Bevölkerung von 100 auf 400 Millionen Menschen vervierfacht. Unter der übermäßigen Last der sozialen Fürsorge brach auch die Großfamilie zusammen. Doch das wurde erst später sichtbar.

Im 17. Jahrhundert führte China sein ganz in sich gekehrtes Eigenleben. Dabei haben die Mandschu durchaus Kenntnis von dem genommen, was auf den Weltmeeren und an den Küsten vor sich ging. Sie waren auch für fremde Kulturen zugänglich. Gastlich empfingen sie die christlichen Missionare – wie die Jesuiten –, um sich von der europäischen Wissenschaft berichten zu lassen; insbesondere bewunderten sie die abendländische Mathematik und Astronomie. Inzwischen hatte der Westen die Chinesen auf einem Gebiet überflügelt, in dem Asien Jahrhunderte hindurch führend gewesen war.

Die Jesuiten haben zunächst viele Chinesen bekehrt, dann erkannten sie, daß sie eine breitere Wirkung nur haben könnten, wenn sie ihren Glauben den chinesischen Vorstellungen und Gebräuchen anpassen würden. Auf diese Weise war es doch in Amerika gelungen, die Indianer zu »Christen« zu machen. In China allerdings mit seiner hohen, altehrwürdigen Kultur waren wesentlich größere Zugeständnisse in der äußeren Form wie in einzelnen Lehrsätzen notwendig. Aber Dominikaner und Franziskaner setzten beim Papst durch, daß den Jesuiten ihre »Mischreligion« untersagt wurde.

Nur wenige Kaufleute aus dem Abendland zogen in das riesige Reich. Was sollten sie auch damals aus China holen? »Kolonialwaren« fanden sie dort nicht; Seide wurde an der Küste gehandelt, Tee wurde erst später gefragter Ausfuhrartikel. In den Hafenstädten bildete sich eine neue Kaufmannsschicht, die der »Kompradores«, wie die Portugiesen sagten. Das europäische Vorgehen in Ostindien und in Indonesien war wenig dazu angetan, die Fremden hereinzulassen. Abseits des Welthandels bildete sich so eine geistige und wirtschaftliche Großmacht heraus, die eigenartigerweise auf Weltpolitik wie Welthandel kaum eingewirkt hat. China war sich selbst genug.

Als die mohammedanischen Kaufleute Malakka vor den Portugiesen räumen mußten, zogen sie nach Atjeh auf Sumatra, das nun zum Mittelpunkt des Islams in Indonesien wurde. Von dort fuhren die Mekkapilger aus ganz Südostasien ab. Vorübergehend reichte das Atjeh-Reich bis zur Westküste Sumatras und umfaßte weite Teile der Malakka-Halbinsel. Unter vier aufeinander folgenden Herrscherinnen (1641–1691) verlor es jedoch seinen Einfluß.

Seit die holländische Ostindien-Kompanie 1641 Malakka erobert hatte, hörte der Warenaustausch der Moslems von Java aus mit Hinterindien auf. 1677 stand bereits ganz Java – bis auf den östlichsten Teil – unter der Herrschaft der Niederländer, die Handel trieben, aber keine Schritte gegen den Islam unternahmen. Sie bezogen von den einheimischen Fürsten regelmäßig ihre Waren, die sie nach Europa schafften. Dadurch wurde jedoch Indonesien von Indien und China abgesondert, mit denen es bisher wirtschaftlich und kulturell verbunden war.

Noch zu Lebzeiten ihres Vaters stritten sich die Söhne von Schahjahan um den Thron, den schließlich sein jüngster und begabtester Sohn Aurangzeb (1638–1707) gewann. Unter ihm erreichte das Mogulreich seine größte Ausdehnung. Im Dekhan fielen Bijapur (1686) und Golkonda (1687), mogulische Reiter streiften bis zur Südspitze Indiens. Aber in den Westghats leisteten die Mahratten erbitterten Widerstand. Zwar gelang es Aurangzeb, in dem unzugänglichen Gebirgsland Festung auf Festung zu erobern, aber im Rücken des Heeres entfesselten die kampfgewohnten Mahratten den erbarmungslosen Partisanenkrieg. Sie verheerten den Dekhan und plünderten die Stadt Surat, über die die Moguls mit den Arabern am Indischen Ozean Handel trieben. Aurangzeb ging scharf gegen die Hindus vor. Sie wurden von allen höheren öffentlichen Ämtern ausgeschlossen. Hindu-Tempel wurden zerstört oder in Moscheen umgewandelt. Schulen geschlossen. Sondersteuern auf die »Ungläubigen« schürten nur die Unruhe.

Da sich die Sikhs im Pandschab nicht dem Islam beugten, wurden strenge Strafen über sie verhängt. Bald standen weite Gebiete in hellem Aufruhr. Waren die Sikhs bis dahin eine geduldige Sekte, so entwickelten sie sich nun zu der fanatischen Kriegergemeinschaft, als die sie später berühmt geworden sind. Selbst die Radschputen blieben nicht verschont. Da die Nordwestgrenze nun nicht mehr gesichert war, erlitten die Moguls auch in Afghanistan vernichtende Niederlagen. Als Aurangzeb die Steuer auf die Hälfte der bäuerlichen Einkünfte erhöhte, brach die Landwirtschaft zusammen; ganze Landstriche wurden verlassen, die Felder blieben brach. Die Verwaltung versagte vollends.

Wie unter den Türkensultanen konnte sich die Staatsgewalt nur in den großen Städten und festen Plätzen durchsetzen, während das flache Land in wildem Aufruhr stand. Da halfen weder Drohungen noch schreckliche Vergeltung. Als Aurangzeb 1707 starb, war das Mogulreich verwüstet, der Staat bankrott.

Alle die Kriege verschlangen Riesensummen. Zudem erwies es sich für die zahlenmäßig geringen Moslemkrieger als unmöglich, die hundert Millionen Inder niederzuhalten. Auch Bahdur Schah (1707-1712) konnte nichts mehr retten. Die Kriege dauerten an. Bei dem Tod des Kaisers löste sich das Reich gänzlich auf. Das war die Zeit, da die Europäer in Indien vordrangen.

Indien schien immer noch unendlich reich. Die Maharadschas ritten auf buntgeschmückten Elefanten; in ihren Thronsälen entfalteten sie eine wahrhaft orientalische Pracht; Tempel und Grabstätten wurden fürstlich ausgestattet. Doch was besagte das schon? Wahrscheinlich besaßen die indischen Fürsten 1947 ein Vielfaches von dem, was ihre Vorfahren im 18. Jahrhundert an Juwelen, Perlen, Gold und anderen Kostbarkeiten in ihren Schatzkammern aufgehäuft hatten, und wir wissen, wie arm Indien ist.

Fernab von den Städten lebten die Millionen Inder wie eh und je in ihrem Dorf, wo man – wie überall in der Welt – an den Anbaumethoden der vergangenen Jahrhunderte, wenn nicht Jahrtausende festhielt. Fast nichts hatte sich an den Geräten, an den Saaten und der Bebauung geändert. Mindestens achtzig, wenn nicht neunzig Prozent der Bevölkerung mußte in allen Erdteilen auf den Feldern arbeiten, um die Ernährung sicherzustellen.

Was konnte man für die Edelsteine – meist Gelegenheitsfunde einiger weniger – oder für das Gold tatsächlich kaufen? Lebensmittel waren häufig knapp, wenn auch Jahre der Fülle mit solchen des Hungers wechselten. Wahrscheinlich hat sich die Zahl der Bewohner Indiens insgesamt nur wenig verändert; sie bewegte sich seit langem um die hundert bis hundertzwanzig Millionen herum, allerdings verschob sich das Schwergewicht vom Gangestal nach Südindien und umgekehrt, je nachdem, ob Feinde schreckliche Einfälle machten, ob Seuchen und Hungersnöte ganze Provinzen heimsuchten.

Weil der Handel bei den politischen Wirren erlahmte, reifte bei den fremden Kaufleuten der Gedanke, sich eigene befestigte Plätze an der

Küste zu sichern, um von dort aus in die inneren Streitigkeiten der indischen Fürsten einzugreifen und daran zu verdienen. Bei Aurangzebs Tod umgab bereits ein ganzer Kranz solcher Stützpunkte die indischen Küsten. Dabei stritten sich die Europäer noch untereinander, wobei sich auch die Kriege in der Heimat auswirkten. Sodann standen die verschiedenen Handelsgesellschaften im schärfsten Wettbewerb miteinander, sowohl im Einkauf in Übersee wie auf den europäischen Absatzmärkten.

Die Europäer brachten ein besondere Element in die indische Geschichte wie überall auf der Erde, wo sie hinkamen: sie lebten vom Handel über See. Hinzu kamen noch die Seeräuber; die unterwegs Jagd auf »feindliche« Handelsschiffe machten. Einige kühne Abenteurer träumten von großer Beute, von Macht und Ehre. Die Zeit der Konquistadoren schien nun in Ostindien anzubrechen.

Bombay fiel 1661 als Mitgift der Braganza-Prinzessin an England, so daß die Ostindien-Kompagnie ihren Sitz von Surat dorthin verlegen konnte. Die Briten setzten sich an der Koromandel-Küste, in Orissa und schließlich auch in Bengalen – Hugli – fest. Als das Mogul-Reich zerfiel, kam es wiederholt zu Kämpfen mit einzelnen Provinzmachthabern, die glaubten, leichte Beute bei den Fremden zu finden. In der Heimat entstanden neue Unternehmen, aber 1702 wurden die wettstreitenden Kompagnien zu einer einheitlichen Gesellschaft zusammengeschlossen. Engländer und Holländer hatten sich auf verschiedene Artikel spezialisiert. Handelten die Niederländer vor allem mit Gewürzen, so die Briten hauptsächlich mit Seide und Baumwolle, sowohl als Rohstoff wie verarbeitet.

Um vom Handel zur Plantagenwirtschaft überzugehen, fehlte es zunächst an Kapital. Die Ostindien-Gesellschaften mußten immer neue Aktien ausgeben und die Dividenden mußten immer hoch genug sein, um das große Risiko bei den Kriegsläuften auszugleichen. Für weitgespannte Entwicklungspläne hatten die Direktoren wenig Sinn.

Auf Abbas I. waren in Persien schwächliche Monarchen gefolgt, so daß Bagdad 1638 an die Türken fiel. Aber Abbas II. hat noch einmal das Reich gefestigt und Kandahar zurückgewonnen. Zwar bildete sich unter den Abbasiden langsam ein persisches Reichsverständnis, allerdings kaum auf nationaler Ebene – Türken und Iraner waren gar zu unterschiedlich – als vielmehr auf religiösem Gebiet. In Persien wurde der Islam in seiner schiitischen Form zur Staatsreligion. Schah Safi II., der sich später Soleiman nannte, (1669–1694) verfolgte die Sunniten in seinem Reich härter als die Christen. Persien konnte jedoch weder gegenüber den Osmanen noch gegenüber den Russen in Mittelasien fest auftreten, weil an seiner Ostgrenze die Mogul-Kaiser drohten.

Immer noch war das Osmanische Reich eine Großmacht, das von den Grenzen Marokkos bis zum Iran, von der Donau zum Sudan und zum Jemen reichte. Es vermochte jedoch finanziell nicht, mit den neuen Kolonialmächten zu wetteifern. Die Einnahmen aus dem Handel zwischen dem Mittelmeerraum und Asien waren weitgehend geschwunden. Zwar erhöhten die Sultane die Steuern, aber das entfachte den Widerstand der Bevölkerung. Die selbstbewußten Janitscharen wurden aufsässig. Es gelang auch nicht mehr, sie in einen Eroberungskrieg mit reicher Beute abzulenken. Die Elite-Truppe verlotterte.

Nach dem Niedergang unter dem schwachen Sultan Ibrahim (1640–1648) kam es zu einem erstaunlichen Wiederaufstieg, als der Albaner Köprülü – zum Großwesir ernannt – Heer, Verwaltung und Hof reformierte. Nacheinander haben fünf Mitglieder dieser Familie das höchste Staatsamt innegehabt und dem Osmanischen Reich – wenn auch nur vorübergehend – seine Großmachtstellung wiedergegeben. Sie entrissen den Venezianern Kreta und Morea – die Peloponnes – sie belagerten 1683 Wien. Wenn sie auch geschlagen wurden, so konnten sie in Ungarn ein Gleichgewicht wiederherstellen und Belgrad zurückgewinnen.

Im Gegenstoß eroberte Prinz Eugen Belgrad (1717), aber damit war auch die Kraft der Christen erlahmt. Es gelang ihnen nicht, die christlichen Bewohner der Balkanhalbinsel zum Krieg gegen die Osmanen aufzurufen. Die Grenze zwischen römisch-katholischer und orthodoxer Christenheit erwies sich als fest verwurzelt, selbst gegenüber dem Islam. Podolien allerdings fiel 1699 an Polen, Ungarn und Siebenbürgen an Habsburg.

Während die westeuropäischen Kolonialmächte auf den Weltmeeren um die Seeherrschaft rangen, waren die russischen Bauern in die weiten Steppen vorgestoßen, seit der Waffenstillstand von Andrussowo (1667) Smolensk und die Ukraine östlich des Dnjepr einschließlich Kiew dem Zaren überlassen hatte. Unter dem zweiten Romanow Alexej (1645–1676) hatte sich die Lage der Bauern bedenklich verschlechtert, da das »Statut« von 1649 ihnen den Rest an Freizügigkeit nahm. Gebunden an die Scholle waren sie Leibeigene geworden. Daraufhin suchte ein Bauernkrieg die Landstriche an Wolga und Don heim. Zu den sozialen Beschwerden kamen religiöse Kämpfe. Der Patriarch Nikon (1652–1666) versuchte, die bestehende Vorrangstellung des weltlichen Herrschers zugunsten der Kirche umzukehren, wobei er sich auf die griechischen Theologen stützte, die »Altgläubigen« aber lehnten jedes Zugeständnis an die Griechen ab.

Zu den Bauern stießen noch die Kosaken, die sich im Grenzraum zwischen den Reichen des Zaren, der Osmanen und der Perser große

Freiheiten erworben hatten, die sie nun bedroht sahen. Unter Stenka Rasin zogen sie, vereint mit Tataren, Mordwinen und Tschuwaschen aus den einstigen Chanaten von Astrachan und Kasan die Wolga entlang, eroberten Saratow und Samara, so daß die Zarenmacht an Wolga und Don zusammenbrach. Aber als Rasin vor Nischnij-Nowgorod geschlagen wurde, brach sein Aufstand zusammen.

Um den Zugang zur Ostsee – und damit nach Nordeuropa – und zum Schwarzen Meer – und damit zum Mittelmeerraum wie zum Balkan – zu gewinnen, haben die Zaren innen- und außenpolitisch gerungen. Daraus ergaben sich für Rußland drei Gegner: Schweden, Polen und das Osmanische Reich. Peter I. (1682–1725) benutzte einen Thronwechsel in Schweden, um an die Ostsee vorzustoßen, wo er allerdings zunächst eine schwere Niederlage durch den jugendlichen König Karl XII. erlitt. Daraufhin stellte Peter I. ein neues besser gedrilltes und bewaffnetes Heer auf, mit dem er bei Poltawa siegte. Kosakenhetman Mazeppa, der dem Schweden Hilfe versprochen hatte, kam mit seinen Steppenreitern nicht.

Damit fiel das weite Niemandsland zwischen den Reichen an die Russen. Ein Versuch, bei dieser Gelegenheit auch die Macht Istanbuls zu brechen, schlug fehl. Peter I. mußte sich aus einer fast hoffnungslosen Lage am Pruth 1711 freikaufen. Asow mußte an die Türkei zurückgegeben werden.

Nachdem Rußland endlich den Weg zu der Ostseeküste gewonnen hatte, verlegte Peter seine Hauptstadt in das 1701 gegründete St. Petersburg, womit er seinem Reich »ein Fenster zum Westen« öffnete, sowohl wirtschaftlich wie staatlich und gesellschaftlich. In St. Petersburg entwickelte sich ein wirklich städtisches Leben, während Moskau immer eine Stadt der Bojaren und des Hofes blieb.

Schweden war nicht in der Lage gewesen, seine Stellung zu halten, die ihm der Frieden von Münster und Osnabrück 1648 verschafft hatte, als es nahezu die gesamte Ostseeküste beherrschte und durch das Herzogtum Bremen einen festen Stützpunkt an Elbe und Wesermündug besaß. In den Kämpfen um die Ostseeküsten gelang es Schweden lange Zeit immer wieder, seine Gegner gegeneinander auszuspielen: Brandenburg-Preußen gegen Polen und umgekehrt, Polen gegen Rußland, deutsche Staaten gegen Dänemark. Als König Karl XII. 1697 mit fünfzehn Jahren den schwedischen Thron bestieg, schlossen sich jedoch Dänemark, Sachsen-Polen und Rußland zum Angriff zusammen.

Im Nordischen Krieg (1700–1720) gelang es dem Schwedenkönig zunächst, seine Feinde einzeln zu besiegen, Peter I. von Rußland bei Narwa und später noch einmal bei Pultusk, die Polen-Sachsen bei Klissew, aber in der Steppe erlag er der Übermacht. Die Russen eroberten Wiborg, Riga und Reval. 1713/14 fielen auch Finnland wie die schwedischen Besitzungen in Norddeutschland in ihre Hand. Vergeblich verteidigte der inzwischen auf abenteuerlichem Ritt heimgekehrte Karl XII. Stralsund. Als er 1718 vor dem belagerten Frederikshald fiel, war Schwedens große Zeit endgültig vorbei. Rußland war europäische Großmacht geworden – in wenig mehr als zwei Jahrhunderten!

Ende des 18. Jahrhunderts lebten in Rußland etwa achtzehn Millionen Menschen, in Polen und Litauen sieben Millionen. Zur gleichen Zeit gab es wohl hundert Millionen Chinesen und mehr als hundert Millionen Inder, von denen über zwei Drittel unter der Mogulherrschaft standen. Persien wird an die vierzig Millionen Einwohner gezählt haben. Zum Vergleich: Frankreich hatte zwanzig Millionen und Deutschland fünfzehn Millionen Einwohner. Noch eindrücklicher wird die Bevölkerungszahl Asiens, wenn man zum Vergleich England mit fünfeinhalb Millionen, Spanien mit siebeneinhalb Millionen oder Portugal mit anderhalb Millionen heranzieht.

Diese Handvoll Menschen hat in der zweiten Häfte des 17. Jahrhunderts die Grundlagen gelegt, auf denen Europa in den folgenden Jahrhunderten zur führenden Weltmacht, ja zur Weltherrschaft schlechthin aufgestiegen ist.

Die Industrielle Revolution

Die alten Handelsstraßen Mittelasiens waren verödet seit der Seeweg vom Gelben Meer über den Indischen Ozean gefunden war. Die einstigen Mittelpunkte islamischer Kunst und Wissenschaft sanken zu unbedeutenden Provinzstädten herab. Ihren Emiren fehlte die politische Tatkraft der Timuriden. Sie mußten sehen, wie sie mit den vier benachbarten Reichen auskamen, die das ohnmächtige Gebiet bedrängten: Rußland, Persien, Afghanistan-Indien und China. Von ihnen war China damals sicher das stärkste, sowohl der Bevölkerungszahl nach wie der Wirtschaft und der straffen politischen Führung. Kaiser Yung-Cheng besetzte das Gebiet von Ili und das Tarimbecken, als die Öloten mit Krieg drohten. Unter den Mandschu gewann China seine größte Ausdehnung. Seine Grenzen zu sichern und das weite Reich zu entwickeln, war die Aufgabe der neuen Dynastie. Unter Kaiser Chien-Lung (1736–1796) gewann China den Höhepunkt seiner Macht. Seine Heere kämpften überall. Gegen die Türken in der Dsungarei dauerte der Krieg drei Jahrzehnte. Als von Indien her die Gurkha 1760 in Nepal eingefallen waren, zogen die Chinesen über den Himalaya. 1767–1769 zwang ein chinesisches Heer Burma, die Oberhoheit des Kaisers anzuerkennen. Für die rasch zunehmende Bevölkerung suchten die Chinesen Land.

China hatte um 1700 etwa hundert Millionen Einwohner. In der ersten Hälfte des 18. Jahrhunderts stieg die Bevölkerung auf 250 Millionen an. Bis zum Tode des Kaisers Chien-Lung war sie – jedenfalls nach den amtlichen Zählungen – auf vierhundert Millionen angewachsen; sie hatte sich also vervierfacht. Eine solche Entwicklung blieb bis in unsere Zeit beispiellos – ohne daß sich die Medizin wesentlich verbessert oder die Wirtschaft durch die Industrie gewandelt hätte.

Dieser erstaunliche Aufschwung wurde möglich, weil sich dem chinesischen Bauern damals in den fruchtbaren Flußtälern des Südens neues, fast schien es: unbegrenztes Siedlungsland, öffnete. Sie brachten verbesserte Anbaumethoden mit, die auf engstem Raum und durch zähen Fleiß größere, weil mehrere Ernten hervorbrachten. Der Hunger, all die Jahrhunderte hindurch die Geisel Chinas, schien gebannt. Die Zahl der Kinder stieg an, da sie auf den Feldern mitarbeiteten. Gesunde Ernährung ließ wiederum die Todesfälle zurückgehen. Dann füllte sich jedoch der Raum – bis zum Überlaufen. Der neuen Lage war die Verwaltung nicht gewachsen.

Kaiser Yung-Cheng (1722–1735) hatte den »Großen Staatsrat« der Mongolenzeit erneuert, der sich aus Mitgliedern und Vertrauensleuten des kaiserlichen Hauses zusammensetzte, die – ohne der Regierung anzugehören – die Aufgabe hatten, Mißstände abzubauen und die Beamten zu größerem Eifer anzutreiben. Der alte Fehler der chinesischen Bürokratie, vor allem ihre Schwerfälligkeit und das Ausweichen vor jeder Entscheidung, sollten behoben werden. Doch hat der stets mißtrauische Kaiser selber dazu beigetragen, freie Entschlüsse seiner Beamten zu erschweren, obwohl er nur selten in einen Verwaltungsvorgang eingriff, etwa um einen Korruptionsfall aufzuklären, ein Erbübel nicht nur der chinesischen Verwaltung. Zweifellos wurde sie dadurch gestrafft, zugleich aber auch unsicher gemacht und gelähmt.

In der langen Regierungszeit des klugen Kaisers Chien-Lung (1736–1796) wurde sichtbar, daß sich China technisch oder kulturell kaum weiterentwickelt hatte. Die großen Erfindungen lagen weit zurück, Neues kam nicht hinzu. Eifrig widmete sich der Kaiser kulturellen Aufgaben, er verfaßte sogar selber Gedichte; er ließ Paläste, Kanäle und Straßen bauen. Vielleicht hätte sich das alles auch langsam weiterentfalten können, wenn nicht gleichzeitig in Europa eine neue Entwicklung in ungeheurem Tempo eingesetzt hätte.

Der alternde Kaiser Chien-Lung war nicht imstande, Wirtschaft und Gesellschaft in seinem Reich umzustellen. Erschreckend war der Niedergang der einst so hochstehenden Wissenschaft und Technik. Im 18. Jahrhundert hat China kaum einen nennenswerten Fortschritt mehr gemacht. Es ruhte auf den Lorbeeren seiner Vergangenheit aus, deren Schriften die Jugend zu studieren, teils auswendig zu lernen hatte. Es fehlte der freie Wettbewerb im Ringen um neue Erkenntnisse. Die Examensordnung legte mehr Wert auf Wissen als auf Denken und schon gar nicht auf kühne Fragestellungen. So mußte der Rückschlag kommen.

Da die Feldbestellung nicht verbessert wurde, reichten Grund und Boden für die rasch wachsende Bevölkerung nicht mehr aus, so daß der Hunger unversehens wieder in die Dörfer einkehrte. In erschreckendem Umfang suchten die Menschen Vergessen im Opium. Zwar hatte China den Anbau von Mohn verboten, daraufhin kam das Opium jedoch aus Indien. Nun untersagte die Regierung den Opiumgenuß, sie schränkte den britischen Handel ein, aber nun kam das Gift auf Schleichwegen ins Land. Womit sonst sollten die englischen Kaufleute auch den chinesischen Tee bezahlen?

Ursprünglich hatten sich auch die Briten um den Grundsatz von Portugiesen, Holländern und Franzosen in Asien gehalten, nur wenige aber wichtige Handelsstützpunkte zu besetzen, zumal die Fürsten und erst recht die Mogulkaiser viel zu stark waren, um – wie in Mexiko und Peru – unterworfen zu werden. Doch änderte sich diese Politik mit der Zeit. Einmal waren die Gesellschaften immer mehr auf direkte Steuern angewiesen, um auch nur ihre Verwaltungskosten zu decken, sodann konnten sie mit den Feuerwaffen selbst zahlenmäßig überlegene Heere niederwerfen. Das brauchte mehr als der Warenverkehr. Die wichtigsten »indischen« Handelsgüter kamen aus Indonesien und Ostasien, wurden daher von den Holländern entweder an der Sunda- oder an der Malakka-Straße abgefangen.

Indien hatte bereits seit langem die überragende Stellung im Welthandel eingebüßt, als die Engländer sich entschlossen, energisch das ganze Land ihrer Herrschaft zu unterwerfen. Dabei haben die Direktoren der Ostindien-Kompagnie in London dauernd vor militärischen Eroberungen gewarnt. Aber die örtlichen Machthaber glaubten, nur durch Waffengewalt ihre Stellung halten zu können. Als sie daran gingen, Land zu erwerben, stießen sie auf den heftigen Widerstand der dort eingenisteten Franzosen.

Um die Mitte des 8. Jahrhunderts saß erst eine Handvoll Engländer in Madras, die ein Gebiet beherrschten, in dem 250 000 Inder wohnten. Demgegenüber hatten sich die Franzosen in Pondicherry die Herrschaft im Carnatico, dem Südteil des Reiches, gesichert, das dem Nizam von Haiderabad unterstand. Das war immerhin ein Gebiet mit dreißig Millionen Einwohnern. Eine britische Flotte schlug zuerst zwar die französische 1744 aus dem Felde; die französischen Truppen unter Dupleix eroberten Madras, mußten es jedoch im Frieden von Aachen 1748 gegen das inzwischen von den Engländern eroberte Louisburg in Nordamerika herausgeben.

Als bald darauf Wirren in Haiderabad ausbrachen, mischten sich beide europäische Kompagnien ein. Robert Clive gelang es, mit zweihundert Europäern und dreihundert Sepoys den Parteigänger der Briten durchzusetzen. Die Ostindien-Kompagnien mußten den Kampf abblasen. Er flammte jedoch sofort wieder auf, als in Europa der Siebenjährige Krieg entbrannte. Diesmal hatten die Briten die Initiative. 1756 hat Clive das Piratennest der Mahratten nahe bei Bombay ausgeräumt. Dann mischten sich die Engländer in Bengalen ein.

Die britische Ostindien-Gesellschaft hatte sich 1717 besondere Rechte in Bengalen einräumen lassen. Als die Macht der Mogulkaiser zerfiel, machte sich der Nawab von Bengalen selbständig: er eroberte die britische Niederlassung bei Kalkutta, wohl weil er aus dem britischen Vorgehen im Dekhan geschlossen hatte, die Fremden würden ihm ihren Willen aufzwingen. Clive nahm diesen Schlag auch nicht einfach hin. Mit einer Flotte erschien er in Kalkutta, um die Vorrechte der Briten eben zu erzwingen. Als der Nawab Schwierigkeiten machte, wurde er kurzerhand abgesetzt, sein Herr vernichtend bei Plassey geschlagen (1757). Damit gehörte der reichste Teil Indiens der britischen Ostindien-Kompagnie.

Nun wurden die Franzosen aus Südindien vertrieben. Auch eine holländische Flotte erlag den Briten, die damit Chinsura gewannen (1759). Den europäischen Wettbewerbern blieben nur einige Stützpunkte: Goa den Portugiesen, Pondicherry den Franzosen. Verschiedentlich haben die Inder selber noch versucht, die Engländer zu vertreiben – vergeblich! Die militärische Überlegenheit der Europäer war größer denn je zuvor, weil sich inzwischen sowohl die Ausbildung der Truppen wie deren Bewaffnung verbessert hatte.

Clive hatte sich noch auf den schwachen Kaiser in Delhi gestützt. Als sich jedoch Delhi den mächtigen Mahratten anschloß und mit dem Nizam von Haiderabad und dem Maharadscha von Mysore verband, fühlte sich die britische Ostindien-Kompagnie bedroht. Warren Hastings, der britische Gouverneur, rettete die Lage, indem er die Mahratten mit einem Sonderfrieden aus der feindlichen Koalition herausbrach. Das war umso notwendiger, als eine französische Flotte im Indischen Ozean vorübergehend sogar die Überlegenheit zur See errang. Erst der Frieden von Versailles wendete die Gefahr ab.

Nach seinen Siegen 1782 und 1784 hatte sich Hastings noch mit den schmalen Küsten begnügt; erst 1792 ließ sich die siegreiche Ostindien-Kompagnie vom Sultan Tippu von Maisur große Gebiete abtreten. Während der napoleonischen Kriege nahmen die Engländer den Holländern Ceylon ab (1796). Lord Wellesley eroberte 1799 Maisur. Sultan Tippu fiel bei der Erstürmung seiner Hauptstadt Seringapatam (1799). Der Nizam von Haiderabad mußte weite Teile seines Reiches abtreten. 1802 gerieten auch die kriegerischen Mahratten in britische Abhängigkeit, da sie in innere Kämpfe verstrickt waren. 1802 unterstellte sich auch der Peshwa von Jasvant den Engländern.

Wellesleys Bruder, der spätere Herzog von Wellington, schlug die Sinhia im Dekhan; Süd-Orissa und die gesamte Ostküste wurden englisch. 1803 fiel auch der letzte schwache, von seinen Feinden geblendete Mogulkaiser in englische Hand. Zwar gab der Frieden von 1805 noch einmal die Radschputenstaaten den Mahratten zurück, aber die britische Herrschaft war gesichert.

Diese stolzen Siege erfochten eine Handvoll europäischer Truppen unterstützt von einheimischen Sepoys. Vom wirtschaftlichen Standpunkt aus waren diese kostspieligen Unternehmungen ziemlich sinnlos. Zwar erbeuteten die Briten an manchen Plätzen reiche Schätze, aber sie gehörten eben Soldaten, wenn nicht gar dem General. Die märchenhafte Beute in Kalkutta schätzte Clive auf anderthalb Millionen Pfund. Dagegen standen die Verluste.

Wie immer litt der Handel unter den Kriegen. Er deckte längst nicht mehr die Selbstkosten. Indien produzierte kaum noch Waren, die sich in Europa absetzen ließen, und es war zu arm, um europäische Güter aufzunehmen. Woher sollte der Verdienst da kommen? Die Ostindien-Kompagnie erhielt zwar eine jährliche Abgabe von hunderttausend Pfund; aber was besagen diese Zahlen? Als die Briten versuchten, aus dem »reichen« Bengalen höhere Tribute herauszupressen, verarmte die Bevölkerung in erschreckender Weise; was die Ostindien-Kompagnie an sich nahm, fehlte gegen Ende des Erntejahres dem Volk. Das Ergebnis zeigten die Bilanzen der großen Kolonialgesellschaften. Sie gingen alle bankrott und mußten von den Regierungen auf Kosten der Steuerzahler durchgehalten werden. Die kaufmännische Buchführung wies offen einen Verlust auf.

Hastings hat die gesamte Verwaltung Indiens neu geordnet. Die Bauern, die auf Staatseigentum saßen, mußten jetzt Steuern zahlen, denn es galt, den durcheinander geratenen Staatshaushalt der Kolonie wieder in Ordnung zu bringen. Aber was konnten diese armen Pächter denn zahlen? Als 1770 eine schreckliche Hungersnot Indien heimsuchte, starb fast ein Drittel der Bevölkerung. Mit Verwaltungsmaßnahmen allein ließ sich aus diesem Land nichts mehr herausholen. Hastings hat daher verschiedene staatliche Monopole eingeführt, das folgenschwerste war das für Mohn, den die englischen Kaufleute gegen Tee in China tauschten. Diesen Tee brachten sie nach Europa und Nordamerika. Das war schließlich das einzige Geschäft geblieben, das wieder Gewinn brachte.

So großartig sich auf der Karte auch die weltweiten Eroberungen ausnahmen, dahinter stand eigentlich nur wenig Reichtum. In Indien herrschte eine solche Anarchie, daß es immer wieder zu Kämpfen zwischen den einzelnen Fürsten kam. So rückte der Maharadscha von Maisur in Carnatic ein und bedrohte sogar Madras. Die Mahratten zogen 1795 gegen Haiderabad. Von Nepal fielen die Gurkhas wiederholt in Indien ein. Solange die Briten – auf Befehl aus London – neutral blieben, schwankten die Kämpfe hin und her. Als die Fürsten sich nach fremder Hilfe umsahen, boten sich zunächst die Franzosen an.

Napoleon träumte davon, er könne Englands Weltmacht aus den Angeln heben, wenn es ihm nur gelänge, Indien zu erobern – über Ägypten oder über Rußland. Als ob vom Seeweg nach Indien die Weltherrschaft abhinge! Um sich das Sprungbrett nach Südasien zu sichern, zog Napoleon zum Nil. Er nahm diplomatische Beziehungen mit Persien auf, dem er Unterstützung auch gegen Rußland versprach. Solche Pläne veranlaßten die Briten während der langen Kriege, als sie die unbedingte Überlegenheit über See genossen, möglichst viele Inseln – darunter etwa Mauritius – und Stützpunkte – etwa Kapstadt

– zu besetzen. Noch in den Plänen der Bagdadbahn vor dem Ersten Weltkrieg spiegelt sich die Überschätzung Indiens für die Weltwirtschaft wider. Welch eine Verkennung der weltgeschichtlichen Zusammenhänge!

Um die Wende zum 17. Jahrhundert fanden Abenteurer Gold in Minas Gerais. Von Sao Paulo, der einzigen größeren Siedlung im Innern von Brasilien, stießen die kühnen Bandeirantes landeinwärts dem Golde nach. Seine meist trügerische Zaubermacht ließ die Menschen unendliche Mühen und Entbehrungen ertragen, weil sie hofften, rasch reich zu werden. In Portugal verkauften Zehntausende Haus und Hof, um in Brasilien ihr Glück zu machen. Mit dem gefundenen Gold kauften die Siedler Negersklaven, die in den Bergwerken und auf den Feldern arbeiteten. Vergeblich versuchten die Paulistaner, den Zuzug aus Europa zu stoppen. Sie wurden niedergeworfen. Es zeigte sich, welch ungeahnte Möglichkeiten im Innern Südamerikas schlummerten, das die Regierungen bisher neidlos den frommen Missionaren überlassen hatten. Immer weiter schoben die Brasilianer ihre Grenzen nach Westen wie nach Süden vor. Uruguay lag fast menschenleer da; es bot sich als leichte Beute an.

Spanien verzichtete auf das weite Inland und behielt im Vertrag von 1750 nur Sacramento – bei Montevideo. Die Jesuiten, die in Rio Grande do Sul ihre indianischen Schützlinge vor den Angriffen der Paulistaner in Sicherheit gebracht zu haben glaubten, wichen über den neuen Grenzfluß Uruguay in das heutige argentinische Missiones aus.

Die Spanier waren gezwungen, ihre Wirtschaft vom Bergbau auf die Landwirtschaft umzustellen. Zwar hatte die indianische Bevölkerung gelernt, europäische Saaten zu verwenden und Herden von Rindern, Schafen und Pferden auf der argentinischen Pampa sowie auf den Llanos von Venezuela zu halten; aber in Mexiko und Peru überwog noch der uralte, mühselige Hackbau von Mais und Kartoffeln. Darauf ließ sich kein Überseehandel aufbauen.

So lange die Kolonialmächte untereinander Seekriege führten, konnten sich die westindischen Pflanzungen nicht entfalten, aber in dem langen Frieden von 1714–1740 blühten sie auf. Jetzt nahm auch der schreckliche Sklavenhandel an der afrikanischen Westküste erheblich zu, der ebenfalls nach wirtschaftlichen Gesichtspunkten aufgezogen wurde. Die unglücklichen Sklaven wurden von den Kriegerstämmen an der Küste gegen europäische Waren eingetauscht. England hatte den Negersklavenhandel in die Hand genommen, weil es den Häuptlingen – kriegerischen und selbstbewußten Herren – das lieferte, was sie begehrten: Stoffe, Schneidwaren, Waffen. Diesen

Handel besorgten die Liverpooler Kaufleute als Unternehmer, ohne Monopole und ohne bewaffnete Macht, die nur Geld kostete; sie boten Handelsvorteile. Die alten Kolonialgesellschaften machten den Wettbewerb für die schwindenden Gewinne verantwortlich; neben den Holländern, Engländern und Franzosen waren die Dänen, die Schweden, die Österreicher über die Ostende-Gesellschaft daran beteiligt. Aber an ihnen lag es nicht, daß Verluste entstanden.

Ohne daß es den Zeitgenossen bewußt geworden war, hatte sich das Schwergewicht des Welthandels nach Mittelamerika verlagert. Ein lohnender Warenaustausch war auf die Dauer nämlich nur möglich, wenn etwas produziert würde, was ausgeführt werden konnte. Auf den neuen Plantagen wuchsen Zuckerrohr, Baumwolle, Tabak, Kaffee und Kakao – und praktisch nur dort! Im 20. Jahrhundert haben sich die Entwicklungsländer vielfach über die »Monokulturen« der Kolonialmächte beklagt, die im 18. Jahrhundert begannen. Aber blieb den Kolonialherren damals etwas anderes übrig?

Die Holländer hatten versucht, auf ihren indonesischen Besitzungen Kaffee und Zucker anzubauen, doch erwies sich das als ein Fehlschlag, einmal weil Südostasien dem Wettbewerb mit Amerika nicht gewachsen war, sodann weil Krankheiten die Kaffeepflanzungen heimsuchten. Diese tropischen Massengüter waren nicht die Frucht von wagemutigen Händlern, sondern vom zähen Fleiß tatkräftiger Unternehmer. Sie mußten angebaut – und dann bezahlt werden. Kein Gebiet der Erde lag so verkehrsgünstig zum Abnehmer Europa wie zum Lieferland für Sklaven, zu Afrika wie eben Mittelamerika.

Erster Nutznießer war Frankreich. Nantes und Bordeaux, wo Zucker eingeführt und zu Rum verarbeitet wurde, erholte sich schnell von den Kriegsfolgen. Bald war der Verkehr doppelt so groß wie vor dem Krieg. Nun setzte der Aufschwung von Santo Domingo – vor allem mit Tabak –, Guadeloupe und Martinique ein. Europa forderte immer mehr Zucker, Rum, Kaffee, Tabak und Baumwolle. Die Nachfrage schien unersättlich.

Auf den Inseln sammelte sich ein neuer Reichtum. Bis auf Kuba und Puerto Rico, die weiterhin spanisch blieben, waren sie in den langen Kriegen fast alle in fremde Hände gefallen. Die Briten saßen in Jamaika, auf den Jungfern-Inseln und den meisten Inseln »über dem Wind«, die Niederländer in Curaçao, auf St. Eustatius und einigen anderen kleineren Inseln, die Dänen auf St. Thomas und St. Johann. Mögen das auf der Karte auch nur winzige Flecken gewesen sein, sie brachten ihren Herren weit mehr ein als das riesengroße Kolonialreich auf dem amerikanischen Festland den Spaniern.

Immer noch kamen beträchtliche Silbermengen nach Europa, die zu transportieren billiger und einfacher war, seitdem die britische Kriegsmarine die Seeräuber von den Weltmeeren verscheucht hatte. Noch nie waren spanische Handelsschiffe so sicher über den Atlantik gefahren wie jetzt. Dennoch krankte das Weltreich. Reformen taten not. 1759 bestieg der König von Neapel als Karl III. den spanischen Thron. Er hob sechs Jahre später das Außenhandelsmonopol von Sevilla auf. Als überzeugter Anhänger der Aufklärung wies er den Jesuitenorden aus Spanien aus. Auch in Amerika sollte nun der einzelne Unternehmer frei schalten und walten dürfen, nicht durch einen geistlichen Orden beengt. Eine Verwaltungsreform sollte ihnen dazu auch die gesetzlichen Freiheiten verschaffen. Sogar die Steuern sollten durch Selbstverwaltungskörperschaften eingezogen werden. Die spanischen Besitzungen wurden damit weitgehend auf eigene Füße gestellt.

John Law hatte als französischer Minister die Erschließung Nordamerikas vom Mississippi-Becken und zugleich vom St. Lorenz-Strom aus versucht. Er hatte den Handel für Louisiana und Kanada freigegeben, er bemühte sich, Menschen nach Amerika zu locken, er stellte Geldmittel bereit – aber alle diese Pläne scheiterten, als seine Bank zusammenbrach.

Auch in Nordamerika haben zielbewußte Unternehmer Plantagen angelegt, zuerst Tabak, dann Zuckerrohr und schließlich Baumwolle. Von der aufblühenden Plantagenkultur in Mittelamerika zogen auch die Siedler im Norden Nutzen. Sie lieferten Lebensmittel – getrockneten Fisch, Weizen und das Holz für den Schiffbau, sodann beteiligten sie sich am Sklavenhandel. Für den Erlös verschafften sie sich Industriegüter, aber auch Waffen, die sie gegen Pelze bei den Indianern tauschten. Dabei gerieten die Briten in Wettstreit mit den Franzosen in Kanada.

Siedler in größerer Zahl nach Kanada zu ziehen, gelang den Franzosen nicht; nur der Pelzhandel lohnte, und den besorgten die wenigen Waldläufer. Die Abneigung zwischen britischen und französischen Siedlern wurde noch verstärkt durch die mit ihnen jeweils befreundeten, aber ihrerseits untereinander verfeindeten Indianerstämme. Die Franzosen hatten in Kanada Freundschaft mit den Huronen geschlossen, die eifersüchtig darüber wachten, daß nur über sie die Pelze gegen europäische Waffen und Stoffe getauscht wurden. Mit ihren Feinden und Rivalen, den Irokesen, lagen sie ständig im Kampf.

Den Huronen gelang es, den Franzosen Champlain in diese Streitigkeiten hineinzuziehen, während die Irokesen in den Briten Verbündete fanden. Waren das anfangs Feindseligkeiten, die in Scharmützel ausarteten, so kam es zum offenen Kampf, als die langjährige französisch-britische Freundschaft in Europa zerbrach. Die britischen Siedler eroberten während des europäischen Krieges die französische

Festung Louisburg am Kap Breton, doch waren sie tief enttäuscht, als London sie gegen Madras eintauschte.

Unentwegt zogen Siedler in die Wildnis, wo sie ihr Leben zwar kümmerlich genug fristeten, ständig bedroht von indianischen Jägern, aber frei von jedem staatlichen und religiösen Zwang. Während sich die französischen »Waldläufer«, die als Pelzjäger und Aufkäufer weit ins Innere vorstießen, vielfach indianische Frauen nahmen, hielten die »Hinterwäldler« streng an ihren puritanischen Grundsätzen fest. Sie drangen über die Grenze zum französischen Amerika, die auf dem Rücken der Alleghanies verlief. Die dort lebenden Irokesen sahen in den Briten zunächst die geeigneten Verbündeten gegen die Franzosen, die ihrerseits entschlossen waren, das große Pelzgebiet zu verteidigen. Einige Forts in den Bergen – wie Duquenes – sollten die Siedler abwehren. Vergebens!

Während des Siebenjährigen Krieges schickten die Engländer ein stattliches Heer in die Neue Welt, das Louisburg, die Grenzfestungen und schließlich Quebec eroberte. Im Frieden von Paris (1763) erhielt England ganz Kanada, Louisiana bis zum Mississippi und in Afrika Senegal. Nur kleine Inseln als Stützpunkte für den Fischfang blieben den Franzosen. Eine weltweite Entscheidung war gefallen. England beherrschte die See und damit den Welthandel; ihm gehörte Nordamerika.

War das tatsächlich von Wert? Voltaire spottete über die unsinnigen Anstrengungen um die »Schneewüsten« Kanadas. Was konnte Nordamerika damals an Europa liefern? Und wer übernahm die ungeheuren finanziellen Lasten für Krieg, Verwaltung und Erschließung des Landes? England sollte seines Erfolges nicht froh werden.

Durch den Krieg war die Staatsschuld auf hundertvierzig Millionen Pfund gestiegen. Und sie stieg weiter. Die neue Grenze mußte gegen die Indianer verteidigt werden, die unmittelbar nach Friedensschluß einen Aufstand machten. Das stehende Heer kostete jährlich vierhundertfünfzigtausend Pfund Sterling Wer wollte das alles bezahlen? Die Regierung in London verlangte, daß die Untertanen in Nordamerika mindestens ein Drittel davon aufbrachten. Sollte eine Kolonie nur Lasten bringen?

Aber die freien Siedler waren nicht in die Neue Welt gezogen, um für den britischen König zu arbeiten. Sie verweigerten jede Zahlung. Über unmittelbare Abgaben, dann über Stempelsteuern und Zölle – vor allem auf Tee – sollte das Geld aufgebracht werden. Empört warf in Boston eine als Indianer verkleidete Schar den eben angekommenen Tee ins Meer. Der Aufstand war da.

In den Städen waren Kaufleute und Handwerker und Kapitalisten – als Bürger – zu Selbstbewußtsein gelangt. Gestützt auf den neu errungenen Wohlstand bestanden sie auch auf politischer Selbstbestimmung. Ihnen – mindestens ihren Wortführern – ging es nicht so sehr um die Steuern, sondern um »Freiheit«, die politisch verstanden wurde. Zwar war das Kräfteverhältnis zwischen der Kolonie und dem Mutterland recht ungleich, zumal viele Siedler noch königstreu waren; aber als die europäischen Mächte eingriffen, war alles entschieden.

Frankreich und Spanien, die nur unwillig die britische Seeherrschaft ertragen hatten, entsandten Flotten; Holland erklärte England selber den Krieg, als es sich der »bewaffneten Seeneutralität« der meisten Europäer, selbst des Zarenreiches anschloß. Mit französischer Hilfe zu Wasser und zu Land zwang George Washington das letzte britische Heer in Yorktown, die Waffen zu strecken. England erkannte 1783 die Unabhängigkeit seiner Kolonien an; nur Kanada blieb britisch.

Die militärische Niederlage Ludwig XIV. hatte in Frankreich eine tiefreichende geistige Krise ausgelöst. Nach dem Tode des Sonnenkönigs setzte sich unter der Regentschaft des Herzogs von Orleans die Reformpartei am Hofe von Versailles durch, der England als das große Vorbild auf politischem, wirtschaftlichem, wie geistigem Gebiet galt. Junge Franzosen, die England besuchten, entwarfen ein Idealbild von dem Land der Freiheit, der Duldsamkeit und des nüchternen Verstandes. Keine Autorität sollte gelten. Zwischen wahr und falsch konnte der scharfe, logische Verstand unterscheiden. »Tatsachen« ließen sich durch Beobachtungen und Experimente erweisen. Das Zeitalter der Vernunft brach an.

Die Welt für sich betrachtet unterstand unbeugsamen Naturgesetzen so lehrte Newton. Einem allmächtigen Gott war der Eingriff in die Naturgesetze verwehrt, sagte Voltaire. Das Denken entsprach nicht einem göttlichen Sein, sondern erwuchs langsam aus der Erfahrung, lehrte Locke. Die Welt war nicht willkürlich und geheimnisvoll, sie war nach mathematischen Regeln aufgebaut, lehrte Spinoza. Der Staat war nicht durch Gott geschaffen; er entsprang dem freien Willen der Menschen selber, einem »sozialen Vertrag«, der den Einzelnen in seinem Interesse an die übergeordnete Gemeinschaft band, so lehrte Rousseau.

Die neue Formel, die auch von den geistigen Führern aufgenommen wurde, hieß, der absolute Monarch müsse so weit »aufgeklärt« sein, um selbst die notwendigen Reformen in seinem Lande durchzuführen. Als Vorbild, das auch die anderen Monarchen bewunderten, galt Friedrich II. von Preußen, der ein starkes, schlagkräftiges Heer, einen gut ausgebildeten, zuverlässigen Beamtenstab und unabhängige Richter besaß. Dem Bürger sollte freistehen, so viel zu leisten wie er vermochte. Ein neues Zeitalter brach an.

In dem großen europäischen Krieg, in dessen Mittelpunkt Preußen stand, hatte sich Wien 1757 mit Paris und St. Petersburg verbündet, um Schlesien zurückzugewinnen. Friedrich II. hingegen lehnte sich an England an und damit wurde aus einem innereuropäischen Konflikt ein weltweiter Krieg. Frankreichs militärische Anstrengungen auf dem Festland waren unzureichend, auch zur See vermochte es nicht, den Briten die Überlegenheit streitig zu machen. Wegen der drückenden Schulden aus dem Siebenjährigen Krieg verlor jedoch England seine nordamerikanischen Besitzungen. Die Wirtschaft wurde zum Schicksal.

Westeuropa drohte im 18. Jahrhundert das Schicksal Chinas der gleichen Zeit: in seiner Menschenfülle zu ersticken. In allen Ländern war die Bevölkerung kräftig angestiegen. Seit Ausgang des Mittelalters gab es kaum noch freien Grund und Boden; die Rodungen hatten aufgehört. Allerdings waren Anbaumethoden und Viehhaltung wesentlich verbessert worden. Mit Mergel hatte Lord Towshend die Rübenernten nahezu verdoppelt. In Preußen hatte die Kartoffel den schrecklichen Hunger der sieben Kriegsjahre überwunden. Das Gewicht der Schlachtschafe konnte in England verdoppelt werden. Zunächst konnte die angewachsene Bevölkerung durch vermehrte Ernten ernährt werden.

War England noch zu Beginn des 18. Jahrhunderts auf Getreideeinfuhr angewiesen, so überstieg am Ende des Jahrhunderts die Ausfuhr sogar die Einfuhr. Diese glückliche Entwicklung beruhte – im Unterschied zu China – darauf, daß beträchtliche Beträge in den Ausbau der Landwirtschaft gesteckt wurden. Man erntete mehr, nicht weil man fleißiger war oder Grund und Boden besser verteilte, sondern weil man »Kapital« in die Landwirtschaft hineinsteckte. In der Regel wurden die hohen Gewinne aus Übersee in Grundbesitz angelegt. Als sich jedoch der Außenhandel nach Westindien verlagerte, verlangte die gesteigerte Einfuhr eine erhöhte Warenausfuhr. Es fehlte jedoch an Menschen wie an Rohstoffen, um entsprechend mehr Waren herzustellen.

In der industriellen Technik hatte sich seit Jahrhunderten kaum etwas verändert. Das alte Spinnrad war den Anforderungen nicht mehr gewachsen. Die Webstühle klapperten Tag und Nacht, aber alles das reichte nicht aus, um jene Mengen zu produzieren, die gebraucht wurden, obwohl ganze Familien: Männer, Frauen und Kinder, mit allen Kräften werkelten.

Auch die Eisenerzeugung reichte nicht mehr für alle die Messer, Schwerter und Gewehre, die verlangt wurden. Bis dahin wurde das Eisenerz mit Holzkohle geschmolzen und mit Wasserkraft geschmiedet. Daher lagen die europäischen Eisenschmelzen seit früher Zeit an waldreichen Gebirgsbächen, wo es auch Eisenerz gab. Dann wurden die Wälder gelichtet; die Eisenhütten fraßen sich am Wasserlauf hinauf, wo es noch genügend Brennstoff gab, aber es war abzusehen, wann England dem Wettbewerb mit Schweden und Rußland unterliegen würde. England mußte Eisen aus Rußland einführen. Nur dort gab es noch die riesigen Wälder, die mächtigen Wasserläufe, die großen Erzvorkommen. Selbst das so klug verwaltete China der Mandschu-Kaiser versagte.

In England hingegen haben einige einfallsreiche Erfinder und wagemutigen Unternehmer die Probleme gelöst. Das »System der Natur«, wie es die Philosophen des 18. Jahrhunderts schufen, führte zu Erkenntnissen von den »Naturkräften« und von den Zusammenhängen mechanischer Vorgänge, zugleich aber auch dazu, wirtschaftlich neue Methoden und Verfahren anzuwenden. Eigenartigerweise gingen diese Anstöße von dem armen Schottland aus. In Edinburgh trafen sich in wissenschaftlicher Gesellschaft außerordentliche Männer, die sich mit Mathematik, Naturwissenschaften und Technik beschäftigten und bahnbrechende Erfindungen anregten oder machten.

Dank der Dampfmaschine des James Watt ließ sich Holz durch Kohle ersetzen, die aus tieferen Gruben gefördert werden konnte, weil die Maschine diese trocken legte. In den Textilfabriken sparten die Dampfmaschinen Menschenkraft. Die »Spinning Jenny« zwirnte den Faden fester, drehte ihn härter als die menschliche Hand, und sie ergänzte die Spinnmaschine Arkwrights. Mit der Mulemaschien von Crompton (1779) konnte auch in England Baumwolle verarbeitet werden. Waren bis 1775 die Baumwollwaren fertig verarbeitet aus Bengalen eingeführt – neben zweitausend Tonnen Baumwolle aus Westindien – so blühte jetzt die Baumwollindustrie in Manchester. Sie wurde von privaten Unternehmern geführt.

Voller Interesse hatten sich die chinesischen Kaiser die »Spielereien« ihrer Hofmechaniker angesehen; aufmerksam verfolgte der sächsische König die Versuche seiner Alchimisten, Gold zu machen – wobei sie das Porzellan fanden. Wohlwollend betrachteten die Monarchen in Preußen, Rußland und Österreich die Anstrengungen ihrer Unternehmer, neue leistungsfähige Fabriken zu schaffen. Solche Förderung hielt sich jedoch in engen Grenzen. Die Soldaten wußten zwar die Technik zu schätzen, doch waren sie den Problemen geistig nur selten gewachsen. Selbst Napoleon hat den Wert einer grundlegenden technischen Neuerung wie die des Dampfschiffes nicht erkannt.

Die industrielle Revolution konnte sich erst durchsetzen, als viele Rädchen ineinandergriffen, und das mußte sich erst einspielen. Nur eine Weltwirtschaft konnte die Mängel des »Kapitalismus« überwinden, doch das setzte auch weltweite politische Zusammenarbeit voraus. Tatsächlich verschlechterte sich die soziale Lage der Arbeiter; Tausende und aber Tausende lungerten auf den Straßen herum. Sollte man die »Eisernen Engel« nicht lieber zerschlagen? Sie brachten die Arbeiter um Lohn und Brot. Unerfahren in der Fabrikation ließen sich viele Unternehmer von den neuen Möglichkeiten blenden. Aber was nutzte eine Maschine, wenn sie nur wenige Stunden am Tag eingesetzt wurde. Was da an Kosten auflief, rechneten sie nicht.

Auch in Indien scheint die Bevölkerung um diese Zeit wieder zugenommen zu haben. Rechnet man die gesamte Bevölkerung Europas zum Ausgang des 18. Jahrhunderts auf hundertachtzig Millionen, davon ein Drittel germanisch, ein Drittel romanisch und ein Drittel slawisch oder andere Sprachen sprechend, so lebte die Hälfte der Erdbevölkerung damals in China und ein Siebentel in Indien.

Der Kaiser in Peking hat sich zu recht als mächtiger Herr im Reich der Mitte angesehen. Dessen gewaltig angestiegene Bevölkerung aber ließ sich auf dem vorhandenen Boden nicht mehr ernähren. Auf den einzelnen Bauern entfiel ein immer kleineres Stück Land, immer weniger Vieh, immer ärmerer Boden. Eine Zeitlang mochte man Raubbau treiben, doch führte das zu immer härteren Rückschlägen. Weil die Bevölkerung so rasch wuchs, verarmte der einzelne, und damit setzte die Schrumpfung ein. Der Staat erhielt weniger Steuern, weil die Überschüsse verschwunden waren. Die Grundbesitzer suchten mehr aus den Bauern herauszupressen, die einzelnen Provinzen wichen dem Druck so weit wie möglich aus. Das Beamtenwesen geriet ins Wanken, weil die finanziellen Mittel versagten.

Die fleißigen chinesischen Bauern aus dem Norden zogen in den Süden, wo die Miao, die Lo und die Thai – die unter chinesischer Oberhoheit ihr Sonderleben geführt hatten – nun ihrerseits unter Druck gerieten. Das führte zu heftigem Widerstand. Die ganze Regierungszeit des Kaisers Chien-Lung ist von Aufständen erfüllt, insbesondere der Miao. Sie beriefen sich auf ihre Autonomie, die jedoch nun abgebaut werden sollte, um das Land den Zuwanderern zu öffnen. Besonders heftig waren die Aufstände 1747/48, 1766/76 und 1795/98.

Auch die Eroberungskriege gegen die Dsungarei, das Ili-Gebiet, Tibet, Nepal und Burma werden mit dem Bevölkerungsdruck zusammenhängen. Auch sie hatten Aufstände zur Folge. So erhoben sich die Moslems in Kansu 1765 und 1781. Sogar Formosa machte einen Aufstand 1786/87.

Liverpool stieg deswegen zum Handelsplatz für die tropischen Erzeugnisse aus Westindien auf, weil sein Hinterland Wollstoffe, Eisenwaren und Waffen lieferte, die sich an der afrikanischen Westküste bei den Häuptlingen gegen Sklaven tauschen ließen, die mit eben diesen Waffen »erbeutet« wurden – dann wurden die Unglücklichen in Amerika gegen Kolonialwaren und Baumwolle getauscht. Dieser Dreieckshandel hat zuerst das Gesicht Englands, dann der ganzen Welt umgestaltet; er wurde ergänzt durch den Dreieckshandel Nordamerika-Mittelamerika und England, wobei wiederum Liverpool und nicht London der wichtigste Hafenplatz wurde.

Während in der zweiten Hälfte des 18. Jahrhunderts alle großen ostindischen Handelsgesellschaften bankrott gingen – die britische, die holländische und die französische – blühte das Hinterland von Liverpool auf, die Grafschaft Lancashire mit seiner Textilindustrie, Warwick mit Birmingham und seiner Metallindustrie. Vorderindien – seit der Antike das große Baumwollausfuhrland – führte seinerseits Baumwollwaren ein, was sein heimisches Handwerk und damit die Wirtschaft insgesamt vollends zugrunde richtete.

Wege und Straßen in England wurden verbessert. Auf den neuen Macadamstraßen hat das Lastfuhrwerk das Packpferd ersetzt. Kanäle durchzogen das ganze Land. Eines griff in das andere: mehr Eisen, mehr Maschinen, mehr Kohle, mehr Textilien, mehr Einfuhr, mehr Ausfuhr, größerer Handel, höhere Einkünfte, größere Möglichkeiten, die technischen Anlagen weiterzuentwickeln. Das Maschinenzeitalter hatte begonnen. London nahm davon recht wenig Notiz, und das europäische Festland verstand erst recht nicht, was vorging.

Seine Industrieerzeugnisse und die Kolonialwaren konnte England – mit gutem Gewinn – in Mittel- und Osteuropa absetzen und gegen Getreide und Wein eintauschen. An diesem Handel hing sein wirtschaftliches Leben. Rußland lieferte an die Engländer alle Güter, die zum Bau der Schiffe für den Handel wie für den Krieg notwendig waren, also Holz, Teer, Leinen, Hanf und seit der Mitte des 18. Jahrhunderts auch Eisen. Es stieg zum stärksten Eisenerzeuger Europas auf. Ein Drittel des englischen Eisenverbrauchs kam aus dem Ausland, vorwiegend aus Rußland. Dafür bezog das Zarenreich Wollstoffe und Maschinen aller Art.

Rußland trat im 18. Jahrhundert an die Stelle Schwedens sowohl als Macht wie als Handelspartner. Schwere Pestepedemien – besonders die von 1737 – suchten das Land heim, aber dann schwoll die Zahl der Menschen im europäischen Rußland von siebzehn wohl auf dreißig Millionen um 1800 an. Zunächst blieben die Russen im Wald. Polen im Norden und das Osmanische Reich im Süden riegelten den Zugang zu den eisfreien Meeren ab.

Unter Katharina II. (1729–1796) sind die Russen in die Steppe vorgestoßen, sie haben die Kalmücken, Kirgisen und Tataren unterworfen und planmäßig das Land erschlossen. Widerstand leisteten die selbstbewußten Kosaken, die Nachkommen von Russen, die aus dem

Waldgebiet geflüchtet waren, vermischt mit den vielen Völkern, die über die unendliche Weite geschweift sind. Sie waren ein besonderer Schlag: frei, rasch von Entschluß, unabhängig und unternehmungslustig, wie es sich für Steppenmenschen geziemt. Nun aber galt das russische Recht und das russische Gesellschaftssystem. Damit änderte sich die uralte Lebensweise in der Steppe. Die Zeit der Reitervölker war endgültig vorbei.

Aus dem Waldgebiet brachten die Bauern den Ackerbau dorthin, wo bisher nur die großen Herden über die Steppe gezogen waren. Feste Grenzforts, dann größere Garnisonen, zaristische Infanterieregimenter, bewegliche Kosakensotnien sowie kalmückische und kirgisische Hilfstruppen unter eigenem Ataman sicherten das Land gegen feindliche Einfälle. Ohne diese Hilfsvölker hätten die Zaren im 18. Jahrhundert nicht die Osmanen vom Schwarzen Meer, nicht von der Halbinsel Krim vertreiben können. Damit gerieten die »freien« Steppenvölker unter russische Herrschaft.

Die Kosaken erhoben sich 1773 unter Pugatschew und besiegten mehrere russische Regimenter, bis sie 1775 selber vernichtend geschlagen wurden. Viele Steppenbewohner flohen nach Osten. Einmal ist sogar ein ganzes Volk – die mongolischen Kalmücken – unter unsäglichen Leiden und Verlusten in die ursprüngliche Heimat am Ili zurückgekehrt, um im chinesischen Reich Schutz zu suchen.

In Osteuropa spiegelte sich die Spannung der Kolonialmächte in der Einstellung von Rußland, Polen und der Türkei wider. Während Rußland schon aufgrund seiner wirtschaftlichen Bindungen zu England neigte, hielten Polen und Osmanen zu Frankreich. Aber Polen mußte mit drei gewichtigen Gegnern rechnen: Schweden, Preußen und der Türkei, dann – als Schweden und das Osmanische Reich zusammenbrachen – Rußland, Preußen und Österreich. Lange Zeit hielten diese Mächte einander die Waage. Der soziale Umbruch in Westeuropa brachte auch in Polen die Wende.

Die großen Mächte gingen daran, Polen aufzuteilen. Die erste Teilung 1791 brachte zwar gewisse Reformen, veranlaßte Rußland aber – über die Oppositionsparteien – einzugreifen, was im Einvernehmen mit Preußen zur zweiten Teilung führte (1792). Da die Verhältnisse in Polen weiterhin verworren blieben, kam 1795 das Ende des Reiches, in das sich Rußland, Preußen und Österreich teilten. Mit Polen fiel aber jenes Reich aus, das über vier Jahrhunderte das Kräftespiel zwischen den Ostseemächten, dem Großfürstentum Moskau, den Tataren, den Osmanen und den Ungarn bestimmt hatte. Rußland rückte unmittelbar an die Grenzen Preußens, Österreichs und des Osmanischen Reiches heran. Von nun an haben die Russen Anspruch erhoben, an allen Entscheidungen Mitteleuropas mitzuwirken.

Der große Anlauf der jungen Franzosen, ihr Vaterland nach dem Vorbild eines freien England umzugestalten, war politisch gescheitert. Die geistigen Kräfte jedoch, die damals aufbrachen und die Aufklärung durchsetzten, wandelten die gesellschaftlichen Verhältnisse tiefreichend. Die bürgerliche Schicht, vor allem in Paris, gewann an Ansehen, die Kaufleute, besonders aus den Kolonien wurden reich, die Beamten erhielten in den »Parlamenten« größere Rechte, die Literaten spielten auch in den adligen Kreisen eine beträchtliche Rolle. Aufgeweckte Söhne des Adels griffen eifrig die neuen Lehren von der Freiheit des Menschen, von den Bürgerrechten und vom Staat als freiwilligem Zusammenschluß aller Bürger auf.

Aufklärung und beginnender Kapitalismus, gesellschaftliche Wandlungen und wirtschaftliche Not führten aber zu Spannungen, die sich entluden, als von außen her der Funke fiel. Frankreich hatte aus politischen Gründen mitgewirkt, den Briten ihre Kolonien in Nordamerika zu entreißen. Damit war jedoch ein Beispiel gesetzt, das innerpolitisch wie ein Spaltpilz wirkte.

In den Vereinigten Staaten herrschte »das Volk«. Es gab keine »Stände«, alle waren »gleich«, so stand es wenigstens in der Verfassung: alle waren »frei«. Das war das große Vorbild nicht nur für das Bürgertum, sondern auch für die reformbegeisterte Jugend des Adels. Unter dem Gewicht dieses Gegenbildes geriet die Krone, dann der Staat und schließlich die gesamte gesellschaftliche Ordnung in den Strudel.

Der Handel allein vermochte die hohen Staatsausgaben nicht zu tragen, Adel und Kirche, die von direkten Steuern befreit waren, durchkreuzten alle Reformpläne des Finanzministers Turgot. Sein Nachfolger Necker hat den Krieg in Nordamerika mit Anleihen finanziert. Als der Geldmangel immer bedrohlicher wurde, berief der König die Generalstände, die bald als »Nationalversammlung« die ganze Nation zu vertreten meinten. Als Hofkreise die Entlassung Neckers durchsetzten, da sie ihn der Reformideen verdächtigten, stürmten die Massen die Pariser Bastille.

Die Revolution hat zuerst Frankreich, dann ganz Europa und schließlich die Welt verändert. Das Bürgertum errang die Macht unter dem unrichtigen Hinweis, die Mehrheit der Bevölkerung auszumachen, was nur galt, wenn man alle sozialen und gesellschaftlichen Unterschiede innerhalb des dritten Standes übersah. Bauern und Arbeiter, die Armen und Enterbten rechnete man einfach zum »Bürgertum«. Auch hier war das Vorbild Nordamerika.

Dort gab es weder Adel noch Kirche; daher war der »dritte« Stand wirklich die Nation. Zugleich waren die sozialen Unterschiede zwischen Bürgern, Unternehmern, Bauern, Farmern und Arbeitern verwischt. Jeder hatte als Farmer angefangen, ob reich oder arm. Jedem stand der Weg nach oben offen. Es gab kaum gesellschaftliche Hemmungen. Allerdings störten die Negersklaven in den Südstaaten dieses Bild, aber sie wurden beiseite geschoben, zumal sie im entscheidenden Norden kaum vertreten waren. Stolz konnte die Verfassung erklären: Alle Menschen sind frei und gleich!

Vom Welthandel zur Weltwirtschaft

Indien ist immer wieder besiegt und unterworfen worden. In der Regel wechselten dann nur die führenden Schichten, während die sozialen Zustände weitgehend bestehen blieben. Die Bauern arbeiteten mit den überlieferten Geräten nach den altgewohnten Methoden – weiterhin abhängig vom allmächtigen Gutsbesitzer. Der Lebensstandard besserte sich kaum; vielfach wurde er noch dadurch gedrückt, daß der Grund und Boden für die wachsende Bevölkerung nicht mehr ausreichten oder daß Kriege und Unruhen das Land heimsuchten. In fürchterlicher Regelmäßigkeit brachen Hungersnöte über die unglückliche Bevölkerung herein, wenn der heißersehnte Monsun ausblieb oder wenn Überschwemmungen die Felder verheerten.

Auf dem Dorfe wie in den Städten wirkten die Handwerker meist ähnlich gedrückt. All ihre Kunstfertigkeit erlöste sie nicht aus ihrer Abhängigkeit von einigen wenigen Abnehmern, den Fürsten oder den Kaufleuten, die Vorschüsse gaben und keinen Schuldner aus ihren harten Fängen entließen. Die Eroberer, die in den Städten saßen, wollten die Früchte ihres Sieges genießen; um ihre Untertanen kümmerten sie sich kaum.

Als die Briten jedoch begannen, sich in die politischen Verhältnisse einzumischen und ein Gebiet nach dem anderen zu unterwerfen, wurden sie immer tiefer in die inneren Probleme hineingezogen, so daß sie schließlich die Verantwortung in ihrem Gebiet übernehmen mußten. Da unruhige Nachbarn die Grenzen bedrohten, besetzten britische Truppen immer mehr Land; dank ihrer überlegenen Waffen warfen sie jeden Widerstand nieder. Die Besiegten standen fürderhin unter dem »Schutz« Englands.

In harten Kämpfen wurden die Gurkhas (1814–1816) in Nepal besiegt. Die Mahratten mußten sich nach einem blutigen Krieg (1817–1819) beugen. Nachdem die Burmesen den britischen Heeren unterlegen waren, mußten sie die Landstriche am Indischen Ozean abtreten und einen britischen Residenten anerkennen. 1852 eroberten die Engländer Unterburma und 1888 ganz Burma. Der ganze indische Subkontinent stand unter britischer Oberhoheit. Daraus ergaben sich vielfältige Aufgaben im Inneren.

Zunächst mußten die Briten die zahlreichen Banden unterdrücken, die mordend und plündernd das Land durchzogen, teilweise als Opfer für die unbarmherzige Göttin Kali – wie die Thags (1831–1837). Sodann räumten die Europäer mit dem geheiligten Brauch auf, daß die Witwen mit dem toten Gatten verbrannt wurden. Mühe kostete es, zu verhindern, daß die unerwünschten Mädchen gleich nach der Geburt umgebracht wurden. 1833 setzte ein Gesetz alle Sklaven frei. Die englische Sprache wurde anstelle des Persischen 1837 Amtssprache. Damit drang die westliche Erziehung in immer weitere Kreis ein, wenn es auch noch weit bis dahin war, daß Englisch wirklich in der ausgedehnten Kolonie verstanden wurde.

Schwieriger war es, die Wirtschaft auf moderne Bedürfnisse umzustellen. Konnte Indien noch im 18. Jahrhundert Baumwolle und Baumwollwaren an England liefern, so hatten sich die Verhältnisse jetzt umgekehrt. Die Maschinen lieferten billige Baumwollwaren, wobei die Baumwolle überwiegend aus Nordamerika eingeführt wurde, während Indien kaum mehr etwas anzubieten hatte. Zwar rechnete sich die britische Industrie einen unbegrenzten Absatz bei den hundertfünfzig, später sogar hundertfünfundsiebzig Millionen Indern aus, dachte aber wenig daran, wie diese Einfuhr zu bezahlen war. Was nützten die vielen Einwohner, wenn deren Kaufkraft erschütternd gering blieb?

Das indische Baumwollgewerbe, das noch mit Spinnrad und Webstuhl arbeitete, brach unter der europäischen Konkurrenz zusammen. Hunger und Verzweiflung zogen in die indischen Dörfer ein. Not und Elend kam jedoch auch über die Handwerker in Europa, als anstelle von Leinen und Wolle die billigen Massenerzeugnisse aus Baumwolle traten. Ausführen konnte Indien bloß noch Opium, allerdings nicht nach Europa, sondern nur nach China, und zwar unter dem Schutz britischer Kriegsschiffe gegen das ausdrückliche Verbot der chinesischen Regierung.

Die Spannung der wirtschaftlichen Not entlud sich bei einem – an sich unbedeutenden – Anlaß bei den Truppen – Sapoys – der Ostindien-Gesellschaft. Die neu eingeführte Gewehrpatrone mußte beim Laden abgebissen werden. Da sie eingefettet war, fürchteten die Moslems, auf Schweinefett, die Hindus auf Rindertalg beißen zu müssen. Bald stand das ganze Land zwischen Bengalen und dem Pandschab in Flammen, doch konnte der Aufstand rasch zusammengeschlagen werden, zumal die indischen Fürsten von Sindhis und Holkar den Briten treu blieben, während viele ihrer Einheiten zu den Aufständischen übergingen.

Die britische Regierung entzog 1858 der Ostindien-Gesellschaft die alten Rechte und übernahm selber die Verwaltung. Königin Victoria mit dem Titel »Kaiserin von Indien« regierte das stolze »Empire«. Indien war der Diamant in der britischen Krone! In Kalkutta residierte der Vizekönig. Er sollte mit der drückenden Schuldenlast fertigwerden, die aus den Verwüstungen der Meuterei stammten, er sollte die darniederliegende Wirtschaft beleben und die erschütternde Not beheben. Eine fast unlösbare Aufgabe!

Die inneren Zollschranken wurden aufgehoben, etwa der riesige Kaktuswall, der abwechselnd mit Steinmauern und Gräben von Arrok bis Berar reichte, um das Salz aus Radschuputana nur mit Zöllen in das übrige Indien hereinzulassen. Hauptsorge der britischen Verwaltung waren jedoch die schrecklichen Hungersnöte, die das Land von Zeit zu Zeit heimsuchten. Eisenbahnen, die es 1859 noch nicht in Indien gab, wurden gebaut, Plantagen, vor allem von Tee, angelegt. Während des nordamerikanischen Bürgerkrieges (1861–1865) förderten die Engländer den Baumwollanbau in Indien, um ihre heimischen Fabriken zu versorgen. Als aber die Nordamerikaner ihre Ausfuhr wieder aufnahmen, erwiesen sich die meisten indischen Baumwollpflanzungen als unrentabel. Nur langsam gelang es Indien – mit Abstand – den zweiten Platz als Baumwolle erzeugendes Land zurückzugewinnen.

Indien blieb trotz aller Prachtentfaltung ein armes Land. Und dennoch kreiste die gesamte britische Politik des 19. Jahrhunderts um Indien. Während der napoleonischen Kriege hatten die Briten viele Kolonien der anderen europäischen Staaten besetzt, gaben die meisten allerdings beim Friedensschluß wieder zurück. Sie behielten nur jene, die den Seeweg nach Indien schützten: Kapstadt (1806), Mauritius (1814), Ceylon (1802), Tasmanien (1803). Im Jahre 1811 hatten die Briten Batavia – damals in den Händen der Franzosen –, Java und Sumatra besetzt. Der Gouverneur von Sumatra, Raffles, gründete 1819 aus eigenem Antrieb – und gegen den Widerstand der Ostindien-Kompagnie, die bereits 1809 Malakka hatte räumen wollen – die Stadt Singapore, Eckpfeiler der britischen Seeherrschaft.

Auch in den anderen Erdteilen hat die Seeverbindung mit Südasien im Vordergrund der Politik gestanden. In Afrika kümmerten sich die Europäer noch in der ersten Hälfte des 19. Jahrhunderts kaum um das weite, zumeist unbekannte Hinterland. Was dort geschah, erschien ihnen belanglos.

Als die Briten daran gingen, von Kapstadt aus das Hinterland an sich zu reißen, stießen sie mit den holländischen Siedlern zusammen. Da sich die »Buren« nicht fügen wollten, wichen sie mit all ihrer Habe auf großen Ochsenkarren ins Innere aus. Dort stieß ihr Treck auf die kriegerischen Zulus, die unter dem begabten Anführer Chaka von Norden nach Süden drängten. Dank ihrer neuen Stoßtaktik gelang es den Zulus, die Bevölkerung südlich vom Sambesi teils zu unterwerfen, teils zu vertreiben. Natal eroberten sie 1821. Das war der Ausläufer der großen Bantu-Bewegung, die um die Zeitenwende von Kamerun her ganz Ost- und Südafrika durchdrang. An der Spitze von fünfzigtausend Menschen weitete Chaka sein Reich nach allen Seiten aus. Er fiel einer Verschwörung seines Halbbruders Dingaan zum Opfer, der 1837 noch einen Vortrupp der Buren niedermetzelte, im folgenden Jahr jedoch von dem Burenführer Pretorius besiegt wurde. Nun übernahmen die Engländer Natal. Die Buren ließen sich zwischen Oranje-Fluß und Limpopo nieder; Großbritannien sicherte ihnen die Unabhängigkeit im Oranje-Freistaat und in Transvaal zu.

Der Handel an der westafrikanischen Küste änderte völlig sein Gesicht, als England 1807 die Sklaverei verbot, so daß die britische Marine alle Sklavenschiffe aufgriff, deren sie habhaft werden konnte. Noch 1790 waren fünfundsiebzigtausend Unglückliche allein von europäischen, davon mehr als die Hälfte von britischen Menschenhändlern nach Amerika geschafft worden; aber die Empörung wuchs – vor allem in England, wo Livingstone von den Greueln berichtete. Erst in der zweiten Hälfte des Jahrhunderts wurde die Sklaverei in Nordamerika (1863) und in Brasilien (1888) gesetzlich abgeschafft.

Ganz Afrika, insbesondere Westafrika hatte der Sklavenhandel unheilbare Wunden geschlagen. Als er aufhörte, atmeten die Stämme im Innern auf; aber sie fanden – geschwächt wie sie waren – nicht die Kraft zur Erneuerung. Nirgends vermochten die Afrikaner den Wettbewerb auszuhalten. Baumwolle, Zucker, Tabak und Kaffee wurden in Amerika billiger gewonnen als in Afrika. Da die afrikanische Wirtschaft nur noch den Eigenbedarf deckte, sank sie noch weiter herab.

Die Französische Revolution hat Europa in seiner Gesellschaftsordnung, in seiner Wirtschaft und in seinen geistigen Grundlagen erschüttert und verändert. Siegreich waren die französischen Massenheere unter Führung junger genialer Feldherren ausgezogen, mit den zündenden Parolen von Freiheit, Gleichheit und Brüderlichkeit, erfüllt vom Willen, alle Völker vom Joch der feudalen Tyrannei zu befreien, unter den mitreißenden Klängen der Marseillaise, mit der Trikolore als dem Symbol der Volksherrschaft! Sie waren schließlich bis Lissabon und Moskau vorgedrungen, hatten ehrwürdige Dynastien weggefegt, die Vorrechte des Adels gebrochen und den Bauern die Freiheit gebracht.

Aber während die Revolutionsheere von Sieg zu Sieg eilten, wandelte sich »die Revolution« selber. Aus dem jugendlichen Feldherrn Bonaparte wurde der Kaiser Napoleon, aus der Befreiung der unterdrückten Völker wurde die französische Fremdherrschaft. Gegen sie lehnten sich die »Nationen« auf.

Der Volkskrieg in Spanien kostete die Franzosen größere Opfer als alle die Schlachten jener Jahre. Rußland widerstand sogar, als Moskau

1812 in Brand aufging. In den Eiswüsten Rußlands verkam die »Große Armee«. Am Ende schlossen sich fast alle Staaten zu einem Bündnis zusammen, dem Napoleon 1813 bei Leipzig erlag.

Entscheidend für das Ringen erwies sich die englische Überlegenheit zur See. Die britische Flotte vernichtete die französisch-spanischen Schiffe bei Kap Trafalgar 1805, riegelte die Franzosen von den Weltmärkten ab und besetzte nahezu alle Kolonien. Dagegen sperrte Napoleon den Kontinent für alle britischen Waren, also auch für die »Kolonialwaren«. Als Napoleon versuchte, noch einmal das Waffenglück an sich zu ziehen, scheiterte er bei Waterloo. Verbannt starb er auf St. Helena.

Auf dem Wiener Kongreß gelang es 1815, eine Friedensordnung zu finden, die fast ein Jahrhundert galt – unterbrochen nur durch örtliche Kriege. Kaiser und Könige verhandelten in Wien, Talleyrand vertrat als Botschafter die Bourbonen. Aber mochte es auch scheinen, als sei das alte »europäische Konzert« wiederhergestellt, so waren die Völker doch erwacht und auch die Monarchen waren von dem Zeitgeist berührt. Selbst der Zar von Rußland gestand seinen polnischen Untertanen eine Verfassung zu, um das Unrecht, das die Großmächte dem polnischen Volk durch die während der Revolutionskriege verfügte Teilung Polens angetan hatten, wenigstens etwas auszugleichen.

Bald brachen Unruhen, ja Revolutionen aus. In Spanien, in Frankreich, in Polen, in der Türkei und schließlich – nach der Februarrevolution in Paris – auch in Deutschland, in Österreich-Ungarn und in Italien. Von revolutionärem Schwung erfüllt war das städtische Bürgertum, das seine wirtschaftliche und damit auch seine gesellschaftliche Stellung beträchtlich verbessert hatte. Nun forderte es einen entsprechenden Anteil an der politischen Entscheidung. Nur in Paris versuchte auch das »städtische Proletariat«, die Macht zu erringen, scheiterte jedoch am Heer. Ein Neffe des Korsen, Napoleon III., wurde zum Kaiser gewählt.

Die industrielle Umwälzung erfaßte ein Land nach dem anderen. Zum Ausgang der Napoleonischen Kriege noch ausschließlich auf Großbritannien beschränkt, setzte sie sich in der ersten Hälfte des Jahrhunderts in Frankreich, nach 1848 auch in Deutschland durch. Da die Handwerker dem Wettbewerb der Fabriken nicht gewachsen waren, mußten sie aufgeben, was unendliches Elend nach sich zog. Bald geriet auch die Landwirtschaft in den Sog der Preiskämpfe, vor allem durch die Güter aus Übersee.

Zu Beginn des 19. Jahrhunderts schien das amerikanische Kolonialreich noch fest in der Hand Spaniens zu liegen. Während der Kriege hatte die britische Kriegsflotte zweimal versucht, Buenos Aires zu besetzen, aber die Einheimischen schlugen zurück – der unfähige Vizekönig wurde abgesetzt. Als Napoleon statt des Bourbonen Ferdinand VII. seinen eigenen Bruder Joseph auf den Thron in Madrid setzte, standen die Untertanen in der Neuen Welt natürlich zu ihrem angestammten König. Da die Heimat jedoch von den Franzosen besetzt war, erklärten sie sich unabhängig. Aber als im Mutterland die Liberalen, die den Kampf gegen die Franzosen getragen hatten, von den Konservativen abgelöst werden sollten, lehnten sich die Südamerikaner auf.

Die adligen Großgrundbesitzer bildeten in den verschiedenen Vizekönigreichen eigene Vertretungen und erklärten sich für unabhängig. In Venezuela übernahm Bolivar, Sohn des Marquis von Aragua, in Buenos Aires General San Martin, der noch in Europa gegen die Franzosen gekämpft hatte, in Chile O'Higgings, Sohn des früheren Vizekönigs, die Führung. In Mexiko erhoben junge Geistliche, wie der Pfarrer Hidalgo, das Banner der Erhebung. Nur Peru blieb ruhig, da die Kirche die Indianer des Hochlandes zurückhielt und die Großgrundbesitzer der Küste nicht wagten, sich aufzulehnen.

Gegen den siegreichen Landadel riefen die Spanier die breiten Volksmassen auf, die in wenigen Jahren fast überall die Aufgebote der »Patrioten« wegfegten. Als jedoch nach den Napoleonischen Kriegen spanische Truppen aus Europa eintrafen, die eine Militärdiktatur einzurichten versuchten, gingen die unteren Volksmassen zur »Revolution« über. Die spanische Sache war verloren, als im Mutterland ein liberal eingestellter Militärputsch den König zu einer Verfassung zwingen wollte, worauf auch die katholische Kirche Spanien preisgab. Die Unabhängigkeit hatte kaum noch Gegner.

Freie Republiken bildeten sich in den Grenzen der früheren spanischen Verwaltungsbezirke. An den überlieferten gesellschaftlichen und wirtschaftlichen Verhältnissen änderte sich kaum etwas. Die ausgedehnten Güter gehörten weiterhin den Abkömmlingen der Konquistadoren; die indianischen Bauern bestellten unter ihren Befehlen das Land gegen mäßigen, vielfach unzureichenden Lohn. Obwohl die Kirche immer noch fast die Hälfte des städtischen wie ländlichen Grundbesitzes besaß, fehlte ihr nun der starke Rückhalt im Indienrat zu Sevilla. Dafür hatte sich als neue Kraft das stehende Heer gebildet, das es vor der Unabhängigkeit eigentlich nur an der südchilenischen Indianergrenze am Biobio gegeben hatte. Soldaten hatten die Unabhängigkeit erfochten; jetzt beanspruchten sie selbstbewußt die Führung im Staat.

Große Aufgaben lagen vor ihnen. Die langen Kriege hatten die Landwirtschaft schwer getroffen, insbesondere waren die einst für die Ausfuhr angelegten Kaffee- und Zuckerpflanzungen in Venezuela zerstört. Die Silbergruben in Bolivien und Mexiko lagen – weil unrentabel – meist still. Das städtische Handwerk, das sich vorsichtig entwickelt hatte, bekam nach Friedensschluß den Wettbewerb zu spüren, nachdem die zwar drückende, aber insgesamt wohlwollende Schutzpolitik Spaniens aufgehört hatte. Das mächtige England aber bestand auf Freihandel, um seine Industriewaren auch in der Neuen Welt abzusetzen.

Die Geschichte der lateinamerikanischen Republiken schien fortan aus dem Streit einzelner Generäle untereinander oder dem Ringen zwischen Militärs und Großgrundbesitz zu bestehen. Das einfache Volk kam nicht zu Wort. Venezuela trennte sich von Kolumbien. Der Freiheitsheld Bolivar starb 1830 verlassen. Bolivien riß sich von Peru los. Chile führte Krieg gegen Peru, Argentinien gegen Uruguay. Am La Plata stürmten die Reiter der Pampa, die Gauchos, gegen die Hauptstadt. Der Diktator Rosas scheute nicht davor zurück, sich mit England und Frankreich anzulegen, die daraufhin für Jahrzehnte jeden Seeverkehr sperrten, bis Rosas 1852 durch eine Militärerhebung gestürzt wurde.

Vor den napoleonischen Truppen war der Prinzregent Johann 1807 nach Brasilien entwichen. Um ihn scharte sich in Rio de Janeiro anfangs der Landadel, doch blieb der Hof dann europäisch. Als die französischen Besatzungstruppen vertrieben waren, bestand Portugal darauf, daß der König Johann VI. nach Lissabon zurückkehren sollte. Der hoffte zunächst noch, seinen Sohn Peter in Rio de Janeiro zurücklassen zu können, aber die Cortez forderten auch seine Rückkehr. Jetzt entschloß sich der Prinz, Brasilien für unabhängig und sich zum Kaiser zu erklären, wobei er sich auf das Hochland von São Paulo stützte, während an der Küste die Anhänger der liberalen Regierung Portugals zunächst überwogen.

Unter Kaiser Pedro I. wurden die weiten, bisher kaum erschlossenen Landstriche zwischen Sao Paulo und der Grenze von Uruguay besiedelt. Deutsche kamen nach Santa Catarina, Italiener nach Rio Grande do Sul, Portugiesen nach Paraná. Da in diesen Gebieten tropische Ausfuhrgüter kaum gedeihen – auch Kaffee wurde erst später in Paraná angebaut – lohnten sich große Pflanzungen mit vielen Sklaven kaum. Mühsam wurde der Urwald gelichtet. Auf den weiten Flächen von Rio Grande do Sul grasten Rinder- und Pferdeherden – ähnlich wie in der argentinischen Pampa.

Das Schwergewicht der brasilianischen Wirtschaft lag noch lange in dem recht schmalen Küstenstreifen von Santos und São Paulo bis Recife – Pernambuco. War bisher das Zuckerrohr das wichtigste Erzeugnis so überwog nun der Kaffee- und Tabakanbau, der weiterhin mit Negersklaven betrieben wurde. Entgegen allem britischen Bemühen, den Menschenhandel aus Afrika zu unterbinden, kamen bis zur Jahrhundertmitte Zehntausende von Unglücklichen Jahr für Jahr nach Brasilien, so daß der Anteil der schwarzen Bevölkerung anstieg, während der indianische rasch abnahm.

Die Großgrundbesitzer Brasiliens, vor allem die alten Bandeirantes in São Paulo und die Erben der Goldsucher in Minas Gerais gaben auch am Hofe des liberal eingestellten Kaisers den Ton an, unter Pedro I. wie unter seinem Sohn Pedro II., der ihm 1831 folgte, als Portugal auf der Rückkehr des Thronerben bestand. Das waren nicht mehr wehrlose Einwanderer, sondern selbstbewußte Landeskinder, die auf ihre Rechte – und auf die Macht ihres Geldes pochten. Wenn die portugiesischen Siedler im brasilianischen Minas Gerais nicht einen unabhängigen Staat ausriefen, so nur, weil sie für den Handel auf die Küste angewiesen waren. Aber sie setzten Grenzen für die Machtfülle ihrer Regierung. Unter dem Druck von England mußte Brasilien seine Häfen den europäischen Waren öffnen, wodurch zwar die Ausfuhr der »Kolonialwaren« beträchtlich stieg, aber ein Handwerk oder gar eine Industrie nicht aufkommen konnte. Brasilien blieb auch als unabhängiges Kaiserreich wirtschaftlich eine Kolonie.

Auch Mittelamerika konnte nur wenig Vorteile aus seiner neu errungenen politischen Freiheit ziehen. Die Sklaven hatten sich im französischen Haiti erhoben und ihre weißen Herren verjagt. Ein französisches Heer, das Napoleon entsandte, ging am Gelben Fieber zugrunde. Der Präsident Pétion hat durch seine Hilfe wesentlich zum Sieg im Befreiungskampf beigetragen, wobei er durchsetzte, daß Simon Bolivar die Sklaverei in den spanisch sprechenden Republiken aufhob. Aber die Zuckerpflanzungen Mittelamerikas gingen während dieser Zeit zurück, wenn nicht zugrunde, in den »befreiten« Gebieten ebenso wie in den Kolonien, die weiterhin unter europäischer Herrschaft verblieben, wie Jamaica – Großbritannien – oder Martinique und Guadeloupe – Frankreich. Lateinamerika, noch im 18. Jahrhundert an Zahl der Bevölkerung, an Straßen, Palästen und Universitäten, auch an Leistungsfähigkeit seiner Wirtschaft den Vereinigten Staaten weit überlegen, blieb auf dem Stand der Kolonialzeit stehen und sank schließlich zurück.

Wie überall in Amerika lebte auch in den neu gegründeten Vereinigten Staaten zu Beginn des Jahrhunderts der überwiegende Teil der Bevölkerung auf einem schmalen Streifen am Meer, fast die Hälfte in den Pflanzerstaaten des Südens, ein kleinerer Teil nördlich des Potomac. Wirtschafts- und Sozialverhältnisse in beiden Bereichen waren grundverschieden. In England stieg die Nachfrage nach Baumwolle, seitdem die Maschinen fast unbegrenzt Waren ausstießen. Dank der

Baumwollentkörnmaschine konnte man den Anbau von an härteres Klima gebundener Sorten weit ins Innere der Südstaaten vorantreiben.

Der Frieden mit England stieß im Norden das Tor ins Innere weit auf. Über die Berge – zwei Jahrhunderte lang die unüberwindliche Grenze – zogen immer mehr Farmer, Unternehmer und Abenteurer in das Ohio-Becken und weiter zum Mississippi. Um einen Bundesgenossen gegen England zu gewinnen, hatte Napoleon 1803 Louisiana für fünfzehn Millionen Dollar an die Vereinigten Staaten verkauft, die damit unmittelbar an das spanische und – seit 1821 – an das unabhängige Mexiko grenzten. Der Grenzvertrag von 1819 zog eine Linie, um die sich die vorrückenden Siedler aber nicht scherten. Als es zum Kampf kam, siegten die Siedler. Texas wurde 1845 in die Vereinigten Staaten angenommen, Oregon 1846, Kalifornien 1848. Zwei Jahre später fand man hier Gold, dessen Glanz Abertausende anzog.

1821 haben die Vereinigten Staaten die neuen südamerikanischen Republiken anerkannt. 1823 gab der Präsident eine Erklärung ab, die als »Monroe-Doktrin« lange die amerikanische Außenpolitik bestimmte. Jeder Kolonialerwerb auf amerikanischem Boden wird abgelehnt, ebenso jeder Versuch, ein fremdes Regierungssystem einführen zu wollen. Dagegen wollten die Vereinigten Staaten weder in die Angelegenheiten bestehender europäischer Kolonien in Amerika noch in politische Streitigkeiten außerhalb Amerikas eingreifen. Erst später, vor allem angesichts der französischen Bestrebungen während des Bürgerkrieges, eine Monarchie in Mexiko zu errichten, erhielt diese Botschaft die Bedeutung eines völkerrechtlichen Grundsatzes, ja eines politischen Glaubenssatzes.

Während die Südstaaten ihre Rohstoffe nach Europa ausführten, das dafür industrielle Fertigwaren – vorwiegend an den Norden – lieferte, gingen die Unternehmer der Nordstaaten daran, eine eigene Industrie aufzubauen. Da sie dem Wettbewerb mit der alten Welt zunächst nicht gewachsen waren, sollten Einfuhrzölle sie schützen. Sie aber trafen den Süden, der auf die Ausfuhr angewiesen war. Diese Spannungen wurden dadurch verschärft, daß im Norden die Freiheit herrschte, im Süden aber weiterhin die Sklaverei geduldet wurde. Der Bürgerkrieg (1861–1865) endete mit dem vollen Sieg des Nordens. Nun beschleunigte sich der Aufstieg Nordamerikas zur Industriemacht. Und ohne Amerika – und das hieß vorwiegend Nordamerika – hätte sich die Industrie in der Alten Welt nicht dermaßen entfalten können.

Was halfen noch so leistungsfähige Maschinen, wenn es nicht genügend Rohstoffe gab? Wolle war knapp, einfach weil nicht genügend Flächen für größere Schafherden gab. Baumwolle, die aus Indien und dem Orient eingeführt worden war, reichte nicht mehr aus, so daß die Textilindustrie vor einer ernsten Krise stand. Noch schwieriger war es, die rasch anwachsende Bevölkerung zu ernähren. Zählte England noch um die Jahrhundertwende elf Millionen Bewohner, so stieg deren Zahl zwanzig Jahre später trotz der langen Kriege auf über vierzehn und weitere zwanzig Jahre später auf neunzehn Millionen. Wo sollte das tägliche Brot für diese Menschenmassen herkommen? Aus Amerika!

Auf den weiten baumlosen Flächen des mittleren Westens wuchsen jene reichen Ernten, die das hungernde Europa dringend brauchte. 1850 hatten die Siedler den Pazifik erreicht – dreitausendfünfhundert Kilometer von der Ostküste entfernt. Das ungeheure Gebiet von Ozean zu Ozean, ohne Weg und Steg, dabei fruchtbar und reich an Bodenschätzen, brauchte schlechthin alles. Straßen, Brücken, Kanäle, Wohnungen, Krankenhäuser und Schulen – alles mußte neu geschaffen werden.

Ganz Europa hat daran mitgewirkt: britisches und französisches Kapital, deutsche Farmer und Unternehmer, italienische, polnische und skandinavische Arbeiter, jüdische Kaufleute. Aber alles das hätte nicht ausgereicht, wenn nicht geniale Erfinder der Technik neue Wege gewiesen hätten. Die Amerikaner kauften Eisenbahnschienen Lokomotiven, Wagen, Maschinen und Signalgerät in ungeheuren Mengen – bei den Briten aber auch bei den Deutschen. Europa finanzierte diesen beispiellosen Aufstieg, gewann daran aber auch. Krupp ist erst durch die Stahlschienen, die er nach Nordamerika geliefert hat, groß geworden.

Ein neuer Geist erfüllte die Neue Welt: Man ging ein hohes Wagnis ein, um groß zu verdienen. Der amerikanische Unternehmer nahm Kredite auf, bebaute mit den neuesten Maschinen immer mehr Land, um an die Weltmärkte zu liefern, allen Gefahren der ungewissen Preise zum Trotz. Die Landwirte der Alten Welt arbeiteten wie bisher, sowohl was sie Ackerfläche – meist ererbt seit vielen Geschlechtern – als auch die Saaten, die Anbaumethoden und die Abnehmer betraf, und sie erwarteten jederzeit einen »gerechten« Preis. Mit den unternehmerischen Farmern vermochten sie nicht mitzuhalten.

Die Briten begrüßten es, aus Amerika billige Lebensmittel und Rohstoffe zu beziehen, zumal sie zunächst auch keinen Wettberwerb auf dem Festland zu fürchten brauchten. Sie schafften 1846 Getreidezölle ab, damit die Arbeiter billiges Brot bekamen. Als auch Frankreich 1861 die Zölle auf Lebensmittel aufhob, schien die Zeit des Freihandels angebrochen zu sein. Sie hat allerdings nicht lange gedauert.

Beängstigend schwoll der Warenstrom aus Übersee an. Gegen die Farm mit ihren leistungsfähigen Geräten, später mit den großen

Maschinen auf den weiten Flächen, die nach kaufmännischen Gesichtspunkten bestellt und abgeerntet wurden, kamen weder die kleinen Bauern, die selber hinter dem Pflug einhergingen, noch die Junker Ostelbiens an. Die Landwirte riefen nach Schutz, dann auch die Fabrikherren und die Inhaber von Kohlenbergwerken und Stahlwerken. Aus der weltweiten Zusammenarbeit wurde ein erbitterte Kampf um die Märkte.

Zunächst sollte der Binnenmarkt den heimischen Erzeugern, den Landwirten wie den Fabrikherren vorbehalten bleiben. Sodann drängten alle Industrien in die noch freien Märkte nach Übersee, wo die Staaten versuchten, ihren Landeskindern günstige Bedingungen zu verschaffen, teils durch Verträge, teils dadurch, daß sie weite Gebiete unter ihre Hoheit stellten. Der Handel folgt der Flagge! Damit begann das Zeitalter des Imperialismus.

Aber der Welthandel hatte sich längst zur Weltwirtschaft entwickelt, die nach ganz anderen Gesetzen verlief und weit mehr Zusammenarbeit voraussetzte als die »Imperialisten« es sich auch nur erträumten. Doch war den meisten Politikern, die noch in machtpolitischen Kategorien dachten, Weltwirtschaft ohnehin unbegreiflich. Zwar ist am Welthandel gut verdient worden, aber nirgends war er für das Ergehen von Volk und Wirtschaft entscheidend gewesen. Was er an Gütern ins Land brachte, verbesserte Ernährung und Kleidung der Bevölkerung, bestimmte aber nicht ihr Wohl und Wehe.

Von der Mitte des 19. Jahrhunderts nahm die gegenseitige Verflechtung dermaßen zu, daß von der Weltwirtschaft das eigene Schicksal abhing. Europa konnte seine rasch wachsende Bevölkerung nicht mehr aus eigener Scholle ernähren. Die Industrien brauchten Rohstoffe, die nicht aus eigener Erzeugung stammten. Es fehlten Wolle und Baumwolle, Kupfer und Zinn; es fehlten häufig auch Kohle und Eisenerz, und selbst da, wo es Naturschätze im eigenen Land gab, kam der Abbau so teuer, daß sich die Fabriken unter dem Druck des weltweiten Wettbewerbs gezwungen sahen, die Rohstoffe – weil es weitaus billiger war – einzuführen. Vielleicht fiel noch mehr ins Gewicht, daß die Industriestaaten auf den Absatz im Ausland angewiesen waren. Da die Maschinen Güter in schier unbegrenzter Menge ausstießen, wurden die Märkte für den Absatz ebenso wichtig wie die für Rohstoffe.

Ein zusammenhängendes Wirtschaftsgebilde umspannte die ganze Erde. Mittelpunkt war die Londoner City. Dort wurden nahezu sämtliche Geschäfte nach Übersee abgewickelt: Kauf und Verkauf von Lebensmitteln, Rohstoffen, industriellen Produktionsmitteln und Verbrauchsgütern, die meisten Frachtgeschäfte, die Versicherung gegen Gefahren zur See und zu Lande, sowie der gesamte Geldverkehr, die Kredite im Warenverkehr wie der Finanzen und Anleihen, der Privaten wie der Staaten. London war die Börse schlechthin dür die ganze Welt. Und jedes Geschäft ließ Gewinn. Schiffahrtsverbindungen, zuerst lose Trampfahrten, bald regelmäßige Linien, verknüpften auch entlegene Gebiete mit dem Weltverkehr – über London!

Die Eisenbahnen stießen in bisher unerreichbare Gebiete vor. In Rußland ist die erste Strecke 1837 gebaut worden, also etwa zur gleichen Zeit wie in Deutschland und Frankreich, 1851 die von St. Petersburg nach Moskau; dicht wurde das Eisenbahnnetz nach 1868. Die Bahnen verwandelten das fruchtbare Schwarzerdegebiet der südrussischen Steppe in eine der großen Kornkammern der Welt. Auf den reichen Kohlevorkommen im Donezbecken konnte eine leistungsfähige Schwerindustrie aufgebaut werden – dank der Eisenbahnen!

Aus der weiten argentinischen Pampa, auf der noch in den achtziger Jahren nur wilde Pferde- und Rinderherden weideten, wurde ein Land, das Weizen und Mais ausführen konnte. Bis dahin hatte Argentinien Getreide einführen müssen. Der Reisbauer in Burma, der Teepflanzer in China wie in Indien, der Schafzüchter in Südafrika und in Australien, der Baumwolle anbauende Fellache in Ägypten und im Sudan, der Kaffeepflanzer in Brasilien – alle arbeiteten für den großen Weltmarkt, auf dem sie ihrerseits Geräte und Maschinen und Verkehrsmittel erwarben.

Die Industrie in dem Raum zwischen Liverpool, Paris, Frankfurt am Main und Hamburg barg jahrzehntelang zwei Drittel der gesamten Erzeugung der Welt; dort ballte sich nahezu vier Fünftel des Reichtums dieser Erde zusammen. Bald gewannen die Randgebiete an Eigengewicht. Die Vereinigten Staaten bauten eine eigene und sehr mächtige Industrie auf. Die Überseegebiete steigerten ihre Produktion in Landwirtschaft und Bergbau. Überall halfen europäisches Kapital, europäische Technik, häufig auch europäische Menschen mit, die Leistungsfähigkeit der Volkswirtschaft und damit das Sozialprodukt kräftig zu erhöhen.

Die wirtschaftliche Entwicklung stürzte alle die sozialen Verhältnisse, die Lebensformen wie die altgewohnten Vorstellungen auf Erden um. Das langsam gewachsene Gleichgewicht der Länder untereinander wie der Erzeugung und des Verbrauchs begann zu wanken.

In diese allumfassende Weltwirtschaft wirkten nun politische Bestrebungen hinein, dem eigenen Volk eine bevorzugte Stellung zu verschaffen – gestützt auf den großen Binnenmarkt oder auf die militärische Stärke. Alle waren sie Nutznießer der Weltwirtschaft, aber nur zu gern wollte sich jeder Staat einen »Platz an der Sonne« sichern.

Um 1850 lag noch Großbritannien eindeutig an der Spitze dank seiner Industrie und des weltweiten Imperiums. Frankreich folgte in gemessenem Abstand. Dann rückte das Deutsche Reich nach vorn. Nimmt man die Stahlerzeugung als Maßstab, so stieg das Reich vom dritten Platz bis zum Ende des Jahrhunderts auf den ersten Platz der Welterzeugung, wurde dann allerdings von den Vereinigten Staaten überrundet.

Lange Zeit hat England die Welt regiert. Wo seine Kriegsschiffe auftraten, setzten sie ihre Forderungen durch. Lord Palmerstone hat diese Macht rücksichtslos eingesetzt. Als russische Truppen in das Osmanische Reich einrückten, schickte England im Bündnis mit dem Kaiser Napoleon III. von Frankreich eine Kriegsflotte ins Schwarze Meer und Truppen auf die Krim. Da auch Österreich sich den Westmächten anschloß, mußte der Zar nachgeben. Entschieden wurde der Krim-Krieg (1853–1856) durch die wirtschaftliche und technische Überlegenheit von England und Frankreich.

Das auf dem Wiener Kongreß mühsam hergestellte Gleichgewicht der Großmächte begann abzubröckeln. Mit russischer Rückendeckung gelang es Bismarck, zuerst Österreich aus dem Deutschen Bund auszuschalten, dann – unter Führung Preußens – Deutschland im Kaiserreich zu einigen, das bald seinerseits den Anspruch erhob, Kolonien zu erwerben.

Ganz Nordafrika unterstand staatsrechtlich dem Sultan von Istanbul. In Wirklichkeit aber hatten sich Tunis wie Ägypten längst unabhängig gemacht. Fast vierzig Jahre (1811–1849) hatte ein türkischer Offizier albanischer Herkunft am Nil geherrscht. Seine Truppen hatten bereits Syrien, Arabien und den Sudan besetzt, als ihm die Westmächte 1833 Einhalt geboten.

Unter dem Khediven Ismail baute der Franzose Lesseps den Suezkanal (1869), der den Seeweg nach Indien und Ostasien erheblich verkürzte, an den britischen Stützpunkten Gibraltar, Malta, Zypern und Aden vorbei. Inzwischen hatten sich die Dampfschiffe durchgesetzt, die sich für diese windstille Route besonders eigneten. Die Zeit der schnellen Segler, der »Clipper«, in der die Vereinigten Staaten vorübergehend den Briten die Überlegenheit in der Handelsschiffahrt zu entreißen schienen, war vorüber.

Im Ringen um die Vorherrschaft am Nil setzten sich die Engländer durch, die mit Waffengewalt einen Aufstand des Arabi Pascha niederschlugen und auch versuchten, den Sudan unter ägyptische Macht zu zwingen. Dort hatte ein religiöser Fanatiker, ein Mahdi, eine Revolution ausgelöst. Nachdem die ersten Feldzüge – schlecht vorbereitet – mit Niederlagen endeten, eroberte Kitschener 1889 Khartum.

Immer noch spukte die Meinung in den Köpfen der Politiker, der

Kaufleute wie der Gelehrten, daß England über die Kolonien eine Weltmacht geworden sei. Dabei übersahen sie alle, daß die Voraussetzungen vorangegangener Jahrhunderte längst nicht mehr stimmten. Die wirtschaftliche Bedeutung der Kolonien war gering; politisch stellten sie nur eine Last dar. Aber wer wußte das schon? Die »Bürde des weißen Mannes« begann erst im 20. Jahrhundert zu drücken. Voll Neid schauten viele auf das kleine Holland, das aus seinem indonesischen Besitz ein beträchtliches Einkommen zog. Alle Welt riß sich um Kolonien.

Jetzt erst drangen die Europäer in das Innere Afrikas vor, die Franzosen von Algerien (1830) aus, nachdem sie erst Tunesien, dann Marokko unter ihren »Einfluß« gestellt hatten, dann von Westafrika durch den Urwald von Kap Blanco bis zur Kongomündung. Tatkräftige Offiziere hofften, über den Savannengürtel bis zum Nil vorzudringen, wo sie aber auf die Engländer stießen. Die Briten unterwarfen im Hinterland der Goldküste die Aschanti, im Hinterland der Nigermündung den König von Benin (1897). Belgien gewann das Kongo-Becken. Deutsche Kaufleute erwarben weite Gebiete in Afrika, die sie dem Schutz des Reiches unterstellten – Togo, Kamerun, Südwest- und Ostafrika und sogar im Pazifischen Ozean.

Australien, im 17. Jahrhundert entdeckt, nach dem Verlust von Nordamerika von den Briten als Strafkolonie eingerichtet (1788), wird erst im 19. Jahrhundert in seinem Innern erforscht, besiedelt und in einer Reihe von Kolonien dem Mutterland unterstellt. 1901 wird Australien dem britischen Empire einverleibt.

Am großen Wettlauf um Kolonien beteiligten sich auch die Italiener, die 1885 Massaua am Roten Meer besetzten, diesen Besitz zur Kolonie Eritrea ausweiteten, Somaliland gewannen und 1894 den Krieg gegen Abessinien begannen. In der Schlacht von Adua unterlagen sie jedoch dem Kaiser Menelik II. (1896). Ihr Kolonialtraum stürzte Italien in eine schwere innere Krise.

Die Russen besetzten 1861 Westturkestan, 1868 Buchara und Samarkand, 1873 Chiwa, 1876 Andishan und Ferghana, 1885 Merw und 1891/95 das Pamir-Gebiet, womit sie den Grenzen Indiens recht nah gekommen waren, was durch einen Vertrag geregelt wurde. 1891 begannen die Russen, die Transsibirische Eisenbahn von Samara an der Wolga quer durch die Mandschurei nach Wladiwostok voranzutreiben. 1898 schlossen sie mit China einen »Pachtvertrag« über Port Arthur, besetzten während des berühmten »Boxeraufstandes« die Mandschurei.

Was suchten die Russen eigentlich in Asien? Um 1900 wohnten von seinen hundertdreißig Millionen Bewohnern hundertdreizehn Millionen im europäischen Teil und nur siebzehn Millionen in Asien. Für den

Welthandel war der Weg durch Nordasien zu weit. Es waren politische Ziele: Rußland wollte im Kreise der Weltmächte ein entscheidendes Wort mitreden.

Aber die sozialen und politischen Verhältnisse im Lande selber hemmten doch sehr. Die schmale Bürgerschicht war politisch ausgeschaltet, die Landbevölkerung – leibeigen – erst recht. Hier setzten die Reformen ein. Als Zar Alexander II. die Leibeigenschaft (1861) aufhob, wurden vierzig Millionen Bauern frei; seit der Städteordnung von 1870 lag die Selbstverwaltung in den Händen des Bürgertums, doch scheiterte das große Reformwerk, weil zu spät begonnen. 1881 wurde der Zar ermordet.

Unter Alexander III., der wieder autokratisch regierte, sollte die Geheimpolizei – die gefürchtete Ochrana – die soziale wie die geistige Unruhe niederhalten. Unzufrieden waren nicht nur Arbeiter und Bauern, sondern vor allem die Jugendlichen aus der führenden Schicht. Den politischen Widerstand trugen die Sozialdemokraten, die der Lehre von Karl Marx anhingen, die Sozialrevolutionäre, die anarchistisch gesinnt waren, und die Bürger, die als Konstitutionelle Demokraten, abgekürzt Kadetten, zusammengeschlossen waren.

Sie alle strebten eine Verfassung mit Parlament nach westlichem Vorbild an. Der Hof allerdings glaubte, er könne die aufkeimende Revolution niederhalten. Doch im selben Jahr, in dem die Russen bei Tsushima von den Japanern geschlagen wurden, brach in St. Petersburg der Aufstand aus (1905).

Um den chinesischen Markt rangen die Fremden. China wehrte sich, so gut es konnte, gegen die illegale Einfuhr von Opium. 1839 ließ der Beamte für den Außenhandel in Kanton kurzerhand alle Opiumvorräte vernichten. Daraufhin schickte England Truppen, die im Opium-Krieg (1839–1844) den Chinesen am Yangtsekiang schwere Niederlagen beibrachten. Als die Briten Hongkong zugestanden bekommen hatten, verlangten auch Frankreich und die Vereinigten Staaten entsprechende Handelsfreiheiten. 1857 nahmen britische und französische Kriegsschiffe Kanton; der Vertrag von Tientsin im folgenden Jahr bestätigte die freie Einfuhr von Opium und den Handel im Inland. Als es erneut zu Kämpfen kam, nahmen sich die Briten Kowloon gegenüber von Hongkong, die Russen das Gebiet von Wladiwostok. Der Vertrag von 1858 legte den Amur als Grenze fest, zwei Jahre später mußte China in Peking die »Ussuri-Provinz« an Rußland abtreten. Dieser »ungleiche Vertrag« belastet das russisch-chinesische Verhältnis noch heute.

Voll Grimm sahen die Chinesen, wie die verhaßten Fremden dem »Reich der Mitte« ein demütigendes Zugeständnis nach dem anderen abverlangten. Unruhen brachen aus. Im Taiping-Aufstand (1850–1866) gelang es den Rebellen 1853 sogar, Nanking einzunehmen, wo sie ein halb christliches, halb taoistisches »Himmelsreich« begründeten. Erst die Kaiserin Tsu Hsi konnte mit Truppen, die von Ausländern bewaffnet und geführt wurden, die Aufständischen niederwerfen (1864). Weite Provinzen waren verwüstet, die Finanzen zerrüttet, Millionen Tote zu beklagen.

China war zu schwach, sich gegenüber den fremden Mächten zu behaupten. Es mußte 1881 die Riukiu-Inseln an Japan, 1885 Annam an Frankreich, 1886 Burma an England abtreten. Immer wieder kam es zu Unruhen und Aufständen, die sich zum Teil gegen die Mandschuherrschaft, zum Teil aber auch offen gegen die Fremden wandten. Am chinesischen Leben selbst änderte sich eigentlich so gut wie nichts. Viele Tausende von Arbeitern wurden zwar – teilweise unter entwürdigenden Bedingungen – ins Ausland verpflichtet, viele Kaufleute und Studenten besuchten fremde Länder, aber es schien hoffnungslos, China aus seinen alten, starren Lebensformen zu reißen. Damit blieb es auch gegenüber seinem als kulturlos verspotteten Nachbarn Japan technisch weit zurück. Noch 1894 beanspruchte China die Oberhoheit über Korea.

Japanische Heere besiegten ihre chinesischen Gegner in der Mandschurei und auf der Schantung-Halbinsel; aber als es im Frieden von Shimonoseki 1896 die Mandschurei, die Schantung-Halbinsel, Formosa und große Geldzahlungen für sich durchsetzte, griffen die Europäer ein; sie zwangen Japan – damals noch ohne ausreichende Seemacht – nachzugeben. Nun forderten die Großmächte vom unglücklichen China immer größerer Ländereien; die Russen legten die Eisenbahn quer durch die Mandschurei, die Deutschen erwarben Tsingtau, die Franzosen Konzessionen in Kwangtung und die Briten Weiheiwei.

Auf dem flachen Land hatte sich der Geheimbund der »Boxer« gebildet, der die Fremden vertreiben und China in seiner alten Herrlichkeit wieder aufrichten wollte – durch Terror und Mord. Daraufhin schlossen sich die Großmächte und Japan zusammen, ihre Truppen rückten in Peking ein; China gab nach.

Japan, seit 1638 nach außen abgesperrt, verharrte unter dem immer schwächer werdenden Shogunat in Lebensformen, die jeden Fortschritt unterbanden. Zwar gab es aufgeklärte Männer, die sich bemühten, die Kluft einigermaßen zu unterbrücken, aber alle Versuche der Holländer, Briten und Russen, wenigstens den Handel zu beleben, scheiterten. 1853 erschien ein amerikanisches Geschwader mit vier Schiffen vor Uraga, um einen Vertrag auszuhandeln – vergeblich! Als Admiral Perry im folgenden Jahr mit sieben Schiffen zurückkehrte, mußte Japan nachgeben. Staatsminister Ili Nasuoke, der sich gegen den schwachen Kaiser Komei (1847–1867) wie gegen den unfähigen Shogun Jyesada durchgesetzt hatte, wurde bei einem Aufstand der fremdenfeindlichen Ronin, den Samurei von Mito umgebracht.

Bewußt und entschlossen wandten sich die Japaner nun dem Westen zu, dessen technische Überlegenheit sie bewunderten und weitgehend übernahmen. Dabei haben es die Japaner wie kein anderes asiatisches Volk verstanden, ihre alte Überlieferung zu bewahren. Die großen Reformen standen unter dem Schutz des Kaisers Meji. Er machte aus Japan einen modernen Staat – mit einem modernen Heer und einer schlagkräftigen Flotte.

Trotz des russisch-japanischen Abkommens über Korea fühlten sich die Japaner bedroht. Sie machten 1904 einen überraschenden Angriff auf die russische Flotte in Port Arthur, besiegten das Landheer und 1906 bei Tsushima das Ostseegeschwader, das um die halbe Welt herum gefahren war. Japan erhielt Port Arthur und den Süden von Sachalin.

Auch die Vereinigten Staaten, die sich gegen die europäische Kolonialpolitik ausgesprochen hatten, erwarben Kolonien. Nach kurzem Krieg zwangen sie 1898 Spanien, Kuba freizugeben und ihnen die Philippinen, Puertorico sowie die Südseeinseln abzutreten, wobei sie allerdings hoch und heilig versprachen, der Bevölkerung so bald wie möglich die Unabhängigkeit zu gewähren – was sich bis nach dem 2. Weltkrieg hinauszögerte. 1867 hatten die Russen Alaska an die Vereinigten Staaten verkauft.

Italien versuchte, in Afrika Gebiete zu erwerben, wurde jedoch auf der Hochfläche Abessiniens bei Adua von den Amharen besiegt. Die Großmächte dachten sogar daran, den schwächeren Teile ihres Kolonialbesitzes abzunehmen, etwa die portugiesischen in Afrika untereinander aufzuteilen oder gar den Nachbarn Land zu entreißen. Alle waren von dem Gedanken geblendet, die »Zukunft läge auf dem Wasser«, dabei hatte sich der Welthandel längst von den Kolonien zu den unabhängigen Staaten verlagert.

Die Industriestaaten tauschten in wachsendem Umfang Güter unter sich: England bezog sein Roheisen aus Belgien, die französischen Stahlwerke erhielten Kohle aus Deutschland, die Deutschen Eisenerze aus Frankreich; Rußland lieferte Weizen, Flachs und Holz nach Westeuropa und bezog von dort Maschinen. In Übersee überstieg der Anteil am Welthandel bei weitem den der Kolonialgebiete.

Erstaunlich war der Aufschwung Südamerikas. Erst nach dem Sturz des Diktators Rosas (1852) hörte die Blockade der La Plata-Mündung auf. Der neue Präsident Sarmiento begann, Ausländer ins Land zu ziehen. Die endlose Pampa verwandelte sich in die Kornkammer und den wichtigsten Fleischzulieferer für Europa. Riesige Schafherden brachten Wolle für die Ausfuhr. Rasch stieg die Zahl der Bewohner auf zehn Millionen. Damit änderten sich auch die sozialen Verhältnisse.

Aus Italien kamen Jahr für Jahr zuerst Zehntausende, dann Hunderttausende von Landarbeitern. Sie begannen im Norden mit der Weizenernte, folgten dann den reifenden Saaten nach Süden, kehrten nach Norden zurück, um Mais abzuernten und zogen zum zweiten Mal nach Süden. Bei ihrer schweren Arbeit verdienten sie gutes Geld; viele blieben im Land, nachdem der Arbeitsvertrag abgelaufen war. Sie ließen sich vom Großgrundbesitzer Land, Saat und Gerät vorstrecken, lieferten dafür die Hälfte der Ernte ab und legten mit der Zeit so viel beiseite, um den Boden erwerben zu können. Vor allem in Paraná entstand ein leistungsfähiger Mittelstand.

Jetzt forderten die Einwanderer auch Anteil am politischen Leben. Die Radikale Partei, deren erster Anlauf, durch bewaffnete Erhebung die Macht zu erringen, zwar scheiterte, verband sich mit den Ackerbauern gegen die Viehzüchter. Sie setzte die Reform des Wahlrechts durch und errang die Macht über den Stimmzettel.

Solange die Sklaverei den Lohn niedrig hielt, sahen die freien Arbeiter kaum einen Anreiz, nach Brasilien zu gehen; aber als sie 1888 aufgehoben wurde, setzte der rasche Aufschwung ein. Die Paulistaner legten ausgedehnte Kaffeepflanzungen an, so daß innerhalb von wenigen Jahrzehnten Santos der bedeutendste Ausfuhrhafen für Kaffee wurde. Aber der riesige Nordosten mit seinen verheerenden Dürrejahren veränderte sich kaum; auch das Innere blieb wie bisher nahezu menschenleer. Nur im alten Goldland Minas Gerais nahm die Bevölkerung zu. Brasilien war weiterhin auf den schmalen Küstenstreifen beschränkt.

Nach Chile brachten deutsche Einwanderer einen bemerkenswerten Aufschwung. Sie machten den Süden zwischen dem Biobio-Fluß und der Insel Chiloe urbar. Noch wichtiger war, daß Chilenen, Engländer und Deutsche begannen, in der Atacamawüste Salpeter zu gewinnen. Noch gehörte das Land zu Bolivien und zu Peru; 1878 entrissen ihnen in einem Krieg die Chilenen jedoch diese trostlosen Landstriche. Damit wurde Chile ein wichtiges Bergbauland der Erde. Erst später konnte Bolivien durch seine Zinnvorräte diesen Verlust wirtschaftlich einigermaßen ausgleichen.

Damals beschränkten sich die Nordamerikaner noch darauf, Kapital am Karibischen Meer anzulegen, Pflanzungen tropischer Erzeugnisse, wie Bananen in Mittelamerika, Zucker auf Kuba und Puertorico. Noch versorgten sie sich vorwiegend aus eigenen Quellen, noch waren sie kaum auf Absatzmärkte bedacht, da ihr eigenes Land ihnen unbegrenzte Möglichkeiten bot. Was sollten sie auch Weizen, Mais oder Fleisch aus Argentinien, Kupfer aus Chile einführen? Im Unterschied zum übervölkerten Europa brauchten sie noch kein Salpeter für ihre jungfräulichen Böden. Mißtrauisch verfolgten sie aber jedes politische Auftreten der Europäer in Amerika.

Zwei Weltkriege und ihre Folgen

Müde schleppten zwei Kaiserreiche das schwere Erbe einer großen Vergangenheit mit sich: das Osmanische Reich und das Reich der Mandschu. Sie hatten den Anschluß an die technische Entwicklung verpaßt, ihre Gesellschaft verharrte in erstarrten Formen. Das lähmte die militärische Kraft gegenüber äußeren Feinden, und schürte im Innern die Unzufriedenheit. Unruhen brachen aus. 1912 setzte eine Militärerhebung in Peking, der sich bald das ganze Land anschloß, den Kaiser, einen Knaben, ab und rief die Republik aus.

Vom alten Osmanischen Reich bröckelte Stück für Stück ab. Die »Jungtürken«, Offiziere und fortschrittliche Jugend, riefen nach sozialen und wirtschaftlichen Reformen. Sie erzwangen eine Verfassung und setzten 1909 den Sultan Abdul Hamid I. ab. Bevor sie jedoch ihrem Land einen neuen Rückhalt zu geben vermochten, rissen die Großmächte und die Nachbarn weite Provinzen an sich. Österreich-Ungarn annektierte 1908 Bosnien und die Herzegowina, 1911 nahm sich Italien Tripolitanien und 1912 besiegten die verbündeten Balkanstaaten die türkischen Truppen. Dann allerdings verstritten sich die Sieger; Bulgarien unterlag den verbündeten Serben, Griechen und Rumänen. Es mußte seine Eroberungen wieder zurückgeben, auch an die Türkei, die Adrianopel behielt. Serbien stieg zum führenden Balkanstaat auf. Hinter ihm stand das Zarenreich.

Was die Politiker in Berlin zunehmend bedrückte, war das Anwachsen der russischen Macht. Die Bevölkerung dieses Riesenreiches hatte bis 1914 auf hundertzweiundvierzig Millionen zugenommen. 1916 sollte das Zarenheer zwei Millionen Mann zählen. Und zur gleichen Zeit schwand die Kraft Habsburgs – nicht zuletzt wegen der unruhigen Nationalitäten, die von Rußland, dem Wortführer aller Slawen, unterstützt wurden. Als serbische Terroristen 1914 den österreichischen Thronfolger ermordeten, geriet das Räderwerk der Bündnisverträge in Gang – der Erste Weltkrieg begann.

Zwei Bündnissysteme hatten sich gebildet: Die Tripel-Allianz England-Frankreich-Rußland und der Dreibund Deutschland-Österreich-Italien. Zunehmende Rüstungen hielten die Heere und Kriegsflotten einigermaßen im Gleichgewicht. Doch für wie lange? Das Deutsche Reich baute eine den Briten bedrohlich erscheinende Kriegsflotte; französisches Gold rüstete das russische Heer auf; Eisenbahnen verkürzten die Zeit der Mobilmachung.

Nach und nach traten nahezu alle Mächte in den Krieg ein. Japan besetzte 1914 kurzerhand die deutsche Pachtung Tsingtau, 1917 erklärten die Vereinigten Staaten den Krieg, unter ihrem Druck auch die lateinamerikanischen Republiken – bis auf Argentinien und Chile – und 1917 sogar China.

Vier Jahre lang hat der kleine Mann die Last des Krieges getragen, im Schützengraben wie in der Heimat. Mehr denn je hing der Abwehrkampf von den Lieferungen der heimischen Industrie ab; wo sie versagte, brach die Front zusammen. Die Entscheidung brachten die USA durch ungeheure Mengen an Material, die sie den Alliierten lieferten: Stahl, Lastkraftwagen, Erdöl und Lebensmittel.

Als erste gaben die Russen den Kampf auf. 1917 brach eine Revolution aus, die Duma übernahm die Macht; dann fegte ein bolschewistischer Aufstand alles weg. Unter den schweren Niederlagen in Mesopotamien und Palästina sank das Osmanische Reich zusammen. Österreich-Ungarn löste sich in einzelne Nationen auf. Als die deutsche Reichsregierung um Waffenstillstand bitten mußte, loderte auch da die Revolution auf. Im November 1918 gab es in Europa keines der vier altehrwürdigen Kaiserreiche mehr: Das deutsche Reich, die Habsburger Monarchie, das Osmanische Reich und das Zarenreich waren vergangen.

Versailles zeigte, daß die Grundgedanken des Imperialismus immer noch lebten: die Welt wurde unter den Siegern aufgeteilt. Die deutschen Kolonien fielen an England und Frankreich, weite Teile des Osmanischen Reiches wurden ihnen ebenfalls unterstellt. Westanatolien sollte an Griechenland fallen. Da sich die USA aus Europa zurückzogen und Rußland mit sich selbst beschäftigt war, mochte es scheinen, als verfügten England und Frankreich über die gesamte Macht auf Erden. Lloyd George und Clemenceau glaubten – wie das 19. Jahrhundert –, die Stärke hinge von den Rohstoffquellen ab.

In Sibirien kämpften die Weißen und die Roten. Als das Zarenreich zusammenbrach, schickten die Japaner Truppen bis zum Baikalsee, denen jedoch die inzwischen erstarkten Bolschewisten entgegentraten. Das Anwachsen der japanischen Macht wurde Großbritannien und den Vereinigten Staaten unheimlich, so daß die Washingtoner Abrüstungskonferenz 1922 Japan zwang, in China den Grundsatz der »Offenen Tür« anzuerkennen. Die russischen Gebiete mußten an die Sowjetrepublik und die Schantung-Halbinsel an China zurückgegeben werden. Zugleich wurde Japans Flotte zugunsten der USA und Großbritanniens begrenzt. 1923 warf ein schweres Erdbeben, das Tokio zerstörte, das Inselreich auch wirtschaftlich zurück.

In Rußland tobte der Bürgerkrieg bis 1922. Ausländische Truppen kämpften zusammen mit Kosaken, Monarchisten und freigelassenen

Kriegsgefangenen gegen die Bolschewisten, die sich schließlich überall durchsetzten. Sowohl an der Front am Weißen wie am Schwarzen Meer als auch in Sibirien lösten sich die Invasionstruppen allmählich auf. Ein Versuch der Bolschewisten allerdings, in Polen einzurücken, mißlang; auch die Baltischen Republiken konnten ihre Unabhängigkeit behaupten.

Die Sowjetunion ging daran, mit Riesenschritten den technischen Rückstand gegenüber dem Ausland aufzuholen. »Kommunismus«, verkündete Lenin, »heißt Sowjetmacht plus Elektrizität.« Nachdem Stalin alle Nebenbuhler um die Macht ausgeschaltet hatte, begann er, das Land zu industrialisieren, die Landwirtschaft zu motorisieren, die Städte zu elektrifizieren. In einem Fünfjahresplan (1928–1932) wurden mit Hilfe ausländischer Kredite und Lieferungen Kohlengruben abgeteuft, Stahlwerke errichtet, Walzwerke und Traktorenfabriken gebaut. Bezahlt wurde das alles durch die Ausfuhr landwirtschaftlicher Erzeugnisse; dafür mußten Hunderttausende verhungern. Mit den großen sowjetischen Weizenlieferungen brachen die Börsenpreise auf den Weltmärkten zusammen.

Nirgendwo trat Ruhe ein. In der Türkei schlug Kemal Pascha – später Atatürk genannt – die Griechen bei Eski Schehir (1922), wodurch er ganz Kleinasien zurückgewann; die griechischen Bewohner wurden vertrieben. Alle europäischen Länder gerieten in eine ernste Krise, die soziale wie wirtschaftliche Ursachen hatte. Abzulesen war sie an den schwankenden Währungen, an der hohen Arbeitslosigkeit und an der politischen Unrast. In Italien ging eine Welle des Nationalismus durch das Land, deren Sprecher Mussolini wurde, der nach einem Marsch auf Rom 1921 die Macht übernahm.

Während die Erzeugung in Europa noch weit unter den Vorkriegssätzen lag, war sie in den USA derart gewachsen, daß sowohl ihre Landwirtschaft als auch ihre Industrie, insbesondere aber die neue Autoindustrie, die Weltmärkte beherrschte. Zwei Drittel aller Kraftwagen auf der Welt waren nordamerikanischer Herkunft. Das Jahrzehnt zwischen 1920 und 1930 hat die Motorisierung in der Welt eigentlich durchgesetzt. Der Kraftwagen änderte nicht nur das wirtschaftliche Bild, sondern auch die sozialen und politischen Verhältnisse. Auch abgelegene Gebiete ließ der billige Kraftwagen aufsteigen.

Vor 1914 ein Schuldnerland, waren die Vereinigten Staaten nun zum größten Gläubigerland der Erde geworden. Im Vertrauen auf die Zukunft legten die Amerikaner wohl an die zwanzig Milliarden Dollar ins Ausland, die der nordamerikanischen Industrie Absatz verschafften, zugleich aber auch neue Rohstoffquellen erschließen sollten. Allen Völkern, so meinten sie, stand der Weg zu ungeahntem Wohlstand offen. Als Ergebnis der nordamerikanischen Kapitalanlagen erholte sich Europa rasch von den Kriegsfolgen, aber auch die überseeischen Gebiete nahmen am Aufschwung teil.

1915 war der Panama-Kanal eröffnet worden, der die Ostküste mit dem Pazifik verband und zugleich mit der südamerikanischen Westküste wie mit Asien. Nordamerikanisches Kapital beteiligte sich an den Kupfer-, Zinn- und Eisenerzgruben in Peru, Bolivien und Chile. Riesige Zucker-Pflanzungen wurden in Peru angelegt. Straßen wurden gebaut, damit Kraftwagen verkauft werden konnten. Fast vierzig Prozent der nordamerikanischen Ausfuhr nach Lateinamerika entfiel auf Lieferungen für den Kraftverkehr.

Da während des Krieges die Zufuhr aus Mitteleuropa und schließlich auch aus den USA unterbrochen war, begannen die Südamerikaner vorsichtig, selber herzustellen was sie brauchten. Die junge Industrie, die sich besonders in Argentinien, Brasilien und Chile entfaltet hatte, erlitt jedoch einen schweren Rückschlag, als die ausländischen Lieferungen wieder eintrafen. Mit den amerikanischen Milliarden waren nicht nur Bergwerke, sondern auch Industrie-Unternehmen gebaut und die Landwirtschaft motorisiert worden. Große Überschüsse drängten auf den Markt. Der Absatz vor allem in Europa hing jedoch vom allgemeinen Wohlstand ab.

Deswegen griffen die Amerikaner in die Reparationsverhandlungen ein. Da die Alliierten vom Krieg her den Vereinigten Staaten hohe Summen schuldeten, sollten die besiegten Deutschen »Reparationen« zahlen, wobei hundertzweiunddreißig Milliarden Mark genannt wurden. Bei diesen Forderungen überschnitten sich jedoch politische, militärische und wirtschaftliche Ziele. Deutschland konnte doch nur zahlen, wenn seine Exportindustrie arbeitete; der aber fehlte das Kapital. Dank der Dawes- und Young-Abkommen floß nordamerikanisches Kapital in beträchtlicher Höhe nach Europa, was die industrielle Erzeugung nachhaltig ankurbelte. Es zeigte sich, was die schier unbegrenzte amerikanische Kapitalkraft vermochte – Europa blühte auf. Aber dieser Aufschwung beruhte auf geliehenem Geld. Der Rückschlag kam.

In den USA brach 1929 eine Wirtschaftskrise aus, die Europas Industrie wie die Rohstoffländer in Übersee gleich hart traf. Alle waren mangels Devisen gezwungen, mit der heimischen Erzeugung auszukommen. Angesichts des Überangebotes sanken die Weltmarktpreise unter die Gestehungskosten, so daß Länder ohne Kolonien die Rohstoffe billiger bezogen als die Erzeuger selber. Durch Vorzugs- oder Schutzzölle riegelten alle Staaten ihren Binnenmarkt ab, aber auch dessen Kaufkraft schrumpfte, weil der Export abnahm. Die Zahl der

Arbeitslosen stieg in die Millionen. Nun brachen auch die Staatsfinanzen allerorten zusammen. Politische Unruhen waren die Folge. 1930 und 1931 stürzten fast alle Regierungen in Lateinamerika durch Revolutionen. Wegen der Schutzzölle gingen die Rohstoffländer zur Eigenproduktion über.

Sie stellten selbst Maschinen einfacher Art her. Europa schickte technische Anlagen und Fachkräfte herüber, froh überhaupt Aufträge und Arbeit zu erhalten. Nutznießer der Entwicklung waren die Staaten ohne Rohstoffreserven wie das Deutsche Reich und Italien. Daß das Deutsche Reich als Kunde ein unentbehrliches Glied der Weltwirtschaft war, sahen die Siegermächte allerdings erst spät ein, so daß diejenigen die Macht gewannen, die entschlossen waren, gewaltsam ihre Ziele zu erreichen.

Hitler setzte sich rücksichtslos über alle Verpflichtungen finanzieller, politischer und militärischer Art hinweg. Reparationen und amerikanische Anleihen wurden nicht bezahlt, auch alle privaten Schulden wurden »eingefroren«. Aus dem Außenhandel wurde ein zweiseitiger Warenaustausch. Die Rohstofferzeuger waren froh, für ihre Überschüsse deutsche Erzeugnisse der Chemie, der Elektrotechnik und des Maschinenbaus zu erhalten. Dank diesem Warentausch baute Hitler die Rüstung auf. Während die »reichen« Rohstoffländer noch von der wirtschaftlichen Krise geschüttelt wurde, erholten sich die »Habenichtse« überraschend schnell.

In den Vereinigten Staaten hatte Präsident Roosevelt mit dem »New Deal« zwar die schlimmsten Auswirkungen der Krise gebannt, aber den Stand vor 1929 nicht wieder erreicht. In Frankreich rannten die Kommunisten 1934 in blutigen Unruhen gegen die Regierung Sturm, zwei Jahre später kam es zur »Volksfront«. Die Krise dauerte noch bis 1938. So waren die Westmächte geschwächt, als Hitler 1938 mit dem »Anschluß« Österreichs begann.

Mitten in der Krise 1931 begann mit der Textilindustrie der wirtschaftliche Aufstieg Japans. Ohne Bodenschätze, ohne Ackerflächen, ohne Baumwollfelder konnten die Japaner ihre Fasern billiger einkaufen als irgendein Wettbewerber, so daß die Zahl der Spindeln bis 1933, die in den USA und selbst in Großbritannien übertraf. Mit Kohle und Erdöl aus den USA und Erzen aus der Mandschurei konnten die Japaner auch eine Schwerindustrie aufziehen. Der Bau von großen Schlachtschiffen begann. Das Selbstbewußtsein stieg.

Nach der Auffassung jener Zeit hingen Wohlstand, militärische und politische Stärke eines Volkes von seiner Rohstoff- und Ernährungsbasis ab. Die »Habenichtse« forderten also Kolonien. Schon 1931 besetzten die Japaner Mukden, womit ohne offene Erklärung das Ringen in Ostasien begann. Aus der Mandschurei machten sie den neuen Staat

Mandschukuo. 1937 gab ein Zwischenfall an der Marco-Polo-Brücke bei Peking den Vorwand, Chinas Küsten zu besetzen. Dieses Vorgehen entfesselte einen Krieg von acht Jahren. 1936 marschierten die Italiener in Abessinien ein. Ein Militärputsch löste 1937 in Spanien einen Bürgerkrieg aus, der 1939 mit dem Sieg von General Franco endete.

Ohne ernste Gegenwehr hatten die Westmächte und der von ihnen geführte Völkerbund zugesehen, wie der Versailler Vertrag Stück um Stück abgebaut wurde. Die deutsche Wiederaufrüstung nahmen sie hin; England schloß einen Flottenvertrag, der eine – wenn auch begrenzte – deutsche Seemacht erlaubte; gegen den Bruch des Locarno-Abkommens gab es nur Proteste; den Anschluß Österreichs ließen sie zu, die verbündete Tschechoslowakei opferten sie im Münchner Abkommen 1938. So fühlte sich Hitler stark genug, gegen alle Warnungen auch Polen anzugreifen, nachdem er sich die Zustimmung Stalins gesichert hatte. Jetzt handelten jedoch die Westmächte. Sie erklärten den Krieg. Der Zweite Weltkrieg brach aus (1939).

Die deutschen Heere überrannten Polen, Belgien und Holland, Dänemark und Norwegen, sie besetzten die französische Küste bis zu den Pyrenäen, warfen Griechenland nieder. 1940 griff Hitler die Sowjetunion an. Wieder rückten seine Truppen rasch vor, bis dicht vor Leningrad und Moskau. Aber im harten Winter 1941 kam der Rückschlag. Von Stalingrad zogen die sowjetischen Heere siegreich bis zur Elbe, sie nahmen Berlin, nachdem amerikanische und britische Truppen an der französischen Küste gelandet waren und jeden deutschen Widerstand gebrochen hatten.

Die Vereinigten Staaten waren durch Japan in den Krieg hineingezogen worden. Zunächst hatte Amerika sich damit begnügt, den japanischen Vormarsch in China durch eine Fernblockade, vor allem die Sperre für Erdöl, aufzuhalten. Ein überraschender Angriff auf US-Kriegsschiffe in Pearl Harbour löste am Pazifik den Krieg aus.

Wie im Ersten Weltkrieg flossen schier unbegrenzte Mengen an Waffen und Material aus Amerika nach Europa, während die Flotte im Pazifik unter dem Schutz der Luftwaffe von Insel zu Insel bis nach Japan selbst vorstieß. Im Mai 1945 kapitulierte Deutschland, nach Abwurf von zwei Atombomben im August 1945 auch Japan.

Vier Jahre lang hatte die Kriegsfurie Fabriken zerstört, Städte zerbombt und teilweise dem Erdboden gleich gemacht sowie Felder verwüstet – von der Wolga bis zu den Pyrenäen, in Japan, in der Mandschurei, in Südostasien. Fünfzig Millionen Menschen waren umgekommen, Millionen waren verwundet und verstümmelt. Millionen waren von Haus und Heimat vertrieben.

Die japanische Kapitulation befreite China zwar vom militärischen Druck des auswärtigen Feindes, verminderte aber nicht die innerpolitischen Nöte. Die Geldentwertung aufgrund der übermäßigen Anstrengungen löste mit allen ihren wirtschaftlichen und sittlichen Folgen den Zusammenbruch der Kuomintang-Herrschaft aus. Die Kommunisten hatten sich unter Mao-Tsetung nach dem »langen Marsch« (1934–1938) von Südchina zum äußersten Nordosten in Yenan festgesetzt, wo sie den Partisanenkrieg gegen die japanischen Eindringlinge führten. Von der Mandschurei aus griffen sie Tschiang-Kaischek an, besiegten ihn und vertrieben ihn nach Taiwan. Mao-Tse-tung übernahm die Macht (1949).

Der kommunistische Block, der sich von der Elbe bis zum Gelben Meer ausdehnte, umfaßte mit einer Milliarde Menschen rund vierzig Prozent der Weltbevölkerung. Bis zu Stalins Tod (1953) war er straff geführt. Zwar standen nach dem Zweiten Weltkrieg England und Frankreich als »Sieger« da, denen immer noch ein Drittel der Erdoberfläche »gehörten«, aber Weltmächte waren sie längst nicht mehr – eigentlich schon seit 1918 nicht mehr. Die Vereinigten Staaten und die Sowjetunion bestimmten von nun an die Weltpolitik.

Um der Menschheit den Frieden zu sichern, war noch während des Krieges (1945) die Organisation der Vereinten Nationen – UNO – gegründet worden, die alle Länder – zuerst ohne die Besiegten – in sich vereinen sollte. Gemeinsam sollten die Vereinigten Staaten und die Sowjetunion die Verantwortung für die Weltpolitik tragen, wobei sie von Großbritannien, Frankreich und China unterstützt wurden. Nur diesen »ständigen« Mitgliedern des Sicherheitsrates stand das Veto zu; ihr Einspruch hob also jeden Beschluß auf, wenn ein Angreifer verurteilt und zurückzuweisen war.

Vier andere »nicht-ständige« Mitglieder des Sicherheitsrates sollten aus den beiden entgegengesetzten politischen Richtungen stammen. Dieser Aufbau der Vereinten Nationen entsprach den Gegebenheiten am Ende des Krieges, als man auf einen »Ewigen Frieden« hoffte. Doch hatte sich die Welt bereits damals tiefreichend verändert, und sie sollte sich in den folgenden Jahrzehnten in ungewöhnlicher Weise noch weiter wandeln.

Zunächst gab die wirtschaftliche Stärke den Vereinigten Staaten das Übergewicht. Amerika hatte im Krieg seine Wirtschaft beträchtlich ausgebaut. 1945 brachte die nordamerikanische Industrie wohl die Hälfte aller auf Erden erzeugten Güter hervor. Amerikas Landwirtschaft ernährte die meisten Völker. Militärisch verfügten die Vereinigten Staaten als einzige über die Atombombe; ihre Truppen standen in Deutschland, in Japan und in Korea; sie hielten Stützpunkte in allen Erdteilen; ihre Flotte kreuzte auf allen Weltmeeren.

War bei Kriegsende das Wohngebiet von zwei Dritteln der Bevölkerung in der Sowjetunion verwüstet, so vernarbten die Wunden schnell dank der Fünfjahrespläne Stalins, der Unterstützung durch Amerika und der Kriegsbeute aus dem besetzten Deutschland. Die Sowjetunion schickte sich an, die zweite Industriemacht auf Erden zu werden.

Die amerikanisch-sowjetische Freundschaft zerbrach, seitdem sie keinen gemeinsamen Feind mehr hatte. Da sie zwei widersprechende Wirtschafts- und Gesellschaftssysteme verkörperten, tafen sie in allen Erdteilen als Gegner aufeinander. Im Laufe der Weltgeschichte hat es meist ein Mittelreich zwischen Ost und West gegeben – in Mittelasien, in Persien, am Bosporus oder in Ostmitteleuropa –, um das die Nachbarn einerseits rangen, das ihnen andererseits jedoch als Puffer einen gewissen Schutz gewährte. Nun hatten die beiden Weltmächte ihre Truppen bis zur Elbe vorgeschoben. Würde sich die Sowjetunion in ihrer militärischen Stärke und ihrem kommunistischen Sendungsbewußtsein mit dem Errungenen begnügen? Dachte sie, ganz Europa für den Sozialismus zu gewinnen?

Um zu verhindern, daß die ausgelaugten Länder Westeuropas in Hunger und Elend versanken und damit dem Kommunismus anheimfielen, gaben die Amerikaner 1947 im Marshall-Plan Milliardenbeträge für den Wiederaufbau nach Europa – zu Lasten des eigenen Steuerzahlers – als Geschenk. Was hätten die riesigen Forderungen nach dem Ersten Weltkrieg genutzt? Nachträglich waren sie gestrichen worden, aber sie hatten die nordamerikanische Volkswirtschaft in die schwere Weltwirtschaftskrise gerissen. Das sollte sich nicht wiederholen. Im Ringen um die politische Vorherrschaft wurden die »silbernen Kugeln« eingesetzt. Als sich die bürgerliche Regierung in Prag um nordamerikanische Kredite bemühte, machten die Kommunisten 1948 einen Staatsstreich in der Tschechoslowakei. Um Berlin rangen sie seit 1948 in einem »Kalten Krieg«.

Deutschland erholte sich erstaunlich schnell von den Zerstörungen des Krieges. Nach zehn Jahren stand die deutsche Industrie an dritter Stelle in der Welt, hatte also die britische wie die französische überflügelt, obwohl die Bundesrepublik erst 1948 die volle Unabhängigkeit gewann und die Sieger bis in die fünfziger Jahre hinein Maschinen »demontierten«. Die Erfahrung nach dem Ersten Weltkrieg wiederholte sich also nach dem Zweiten: die Besiegten überwanden die Folgen der Niederlage und überholten die Sieger. Dem deutschen »Wirtschaftswunder« folgten andere – die Italiener, die Franzosen, die Japaner.

Kommunistische Truppen Nordkoreas überschritten die Demarkationslinie am 38. Breitengrad. Im Auftrag der Vereinten Nationen warfen nordamerikanische Truppen die Eindringlinge bis zum Jalu-Fluß zurück, doch zwangen chinesische »Freiwillige« die Amerikaner, zum 38. Breitengrad zurückzuweichen. 1952 kam es endlich zu einem Waffenstillstand.

Im französischen Indochina brach 1950 ein kommunistischer Aufstand los, der mit der Einnahme von Dien Bien Phu durch die Kommunisten endete. Der Frieden sollte die Neutralität der neugegründeten Republiken in Hinterindien unter dem Schutz der Großmächte sichern. Aber der Krieg flammte bald wieder auf, als die Kommunisten die Regierung in Südvietnam angriffen. Gegen die aus Nordvietnam einsickernden Freischaren warfen die Amerikaner nahezu eine halbe Millionen Soldaten nach Hinterindien.

1952 loderte der von den kommunistischen Mächten offen unterstützte Freiheitskrieg in Algerien auf, den General de Gaulle beendete, indem er der Kolonie die Unabhängigkeit zuerkannte (1962). Damit hatten die Algerier allen Kolonialgebieten den Weg zur Freiheit gebahnt. Dieser Erfolg wurde im Schatten des Ost-West-Gegensatzes erreicht. Sowjetische und chinesische Waffen stärkten die revolutionären Truppen in Vietnam und Algerien.

Nun wurde es allen klar: die Kolonialzeit war endgültig vorüber. Der Sieg der Algerier war nur der Abschluß eines Prozesses, der bereits während des Zweiten Weltkrieges begonnen hatte. Die Alliierten, insbesondere die Nordamerikaner, hatten allen Völkern die Freiheit versprochen, womit sie überall große Hoffnungen geweckt hatten. Die Briten erkannten 1947 die Unabhängigkeit Indiens und Pakistans an, die Niederländer mußten 1949 Indonesien räumen; die Franzosen gaben ihre Besitzungen zuerst in Afrika, dann in allen Teilen der Welt frei; Belgien mußte im Kongo folgen; die Protektorate in den arabisch sprechenden Ländern erloschen; die Mandate über die einstigen deutschen Kolonien wurden den Vereinten Nationen übertragen.

In den folgenden Jahren erhielten schrittweise alle Kolonien Asiens und Afrikas ihre Unabhängigkeit, auch solche Gebiete, die bisher noch nie in einem Staat vereinigt waren. Vielfach wurden die Grenzen übernommen, die die Kolonialmächte entweder untereinander oder innerhalb ihrer Besitzungen eingerichtet hatten, woraus sich neue Spannungen und Reibungen ergaben. Nur Portugal, das seine »Kolonien« als gleichberechtigte Provinzen ansah, behielt seine Besitzungen. Es zeigte sich jedoch bald, daß die politische Freiheit zugleich eine wirtschaftliche und soziale Umwälzung nach sich ziehen mußte.

Seit 1945 wuchsen in den Entwicklungsländern Unzufriedenheit und Empörung über so viel Ungerechtigkeit in der Welt. Die einen erstickten fast in der Überfülle, die anderen hungerten und verkamen.

Das eigene Elend führten viele junge Völker auf die vorangegangene Kolonialherrschaft zurück. Die fremden Herren hatten am Land viel verdient, aber nichts getan, um es zu entwickeln. Nach der Unabhängigkeit hieß es vielerorts, wurde die wirtschaftliche Ausbeutung fortgesetzt. Von »Neokolonialismus« sprach man sogar in Lateinamerika, das seit anderthalb Jahrhunderten unabhängig war. Die multinationalen Gesellschaften holten Schätze bedenkenlos aus dem Land und hinterließen »nur ein großes Loch im Boden«.

Dieses Gefühl, entrechtet zu sein und ausgebeutet zu werden, bestimmte das politische wie auch das gesellschaftliche Leben in der dritten Welt seit 1950. Es wurde aus zwei Quellen gespeist: einmal aus dem nordamerikanischen Demokratie-Verständnis. Nach der Verfassung der USA waren alle Menschen gleich, alle frei. Gerechtigkeit sollte herrschen, jeder staatliche Zwang, jede Gewalt waren abzulehnen. In diesem Sinne hatte Roosevelt den Zweiten Weltkrieg gegen die Diktatoren geführt.

Die zweite Quelle war die kommunistische Heilslehre, hinter der die Sowjets standen. Die Weltgeschichte war nach Marx der Kampf der unterdrückten Klasse gegen die Ausbeuter, wobei die Arbeiter allein schon wegen ihrer zahlenmäßigen Übermacht schließlich den Sieg davontragen mußten. Marx – ebenso wie Lenin und Stalin – hatte beim Proletariat an die Industriearbeiter gedacht.

Vielleicht noch bedeutsamer waren die wachsenden gesellschaftlichen Spannungen innerhalb der Entwicklungsländer. Als Kolonialherren hatten die Europäer die sozialen Verhältnisse weitgehend so belassen wie sie waren. Als sie das Land verließen, hatten sich die Produktionsbedingungen überall tiefreichend verändert.

Die moderne Technik durchdrang nicht nur die Industrie, sondern auch die Landwirtschaft, den Verkehr, das tägliche Leben. Die ganze Welt geriet in ihren Bann, spürte ihren Segen wie ihren Fluch. Überall hat sich das Gesicht der Erde stark verändert. Millionenstädte ballen sich zusammen, die Hochbauten wachsen, die Schlote der Fabriken qualmen, Straßen durchziehen die Landschaften. Immer mehr ähneln sich die Erdteile, vorläufig noch vorwiegend in Küstennähe, wie es der Abhängigkeit von Seeverkehr und Weltwirtschaft entspricht, aber mit dem Drang ins Innere der Kontinente. Werden eines Tages alle Städte einander gleichen? Wohl kaum.

Die Menschheitsgeschichte zeigt, daß immer wieder neue Anstöße ausgingen, die jeweils neue Entwicklungen auslösten. Die Kraft des menschlichen Geistes ist unerschöpflich.

Dank den Maschinen, den hochgezüchteten Saaten, den neuen Arbeitsmethoden brachte eine einzige Arbeitsstunde nun das Doppelte von dem hervor, was sie noch vor zwanzig, sogar vor zehn Jahren geleistet hatte. Das verschob die Gewichte innerhalb jeder Volkswirtschaft. Da der Mensch nur begrenzt Nahrung zu sich nehmen kann, da gleichzeitig immer mehr natürliche Rohstoffe – Wolle, Baumwolle, Holz – durch chemische Erzeugnisse ersetzt werden konnten, mußte der Anteil der Landwirtschaft am Sozialprodukt scharf zurückgehen. Da aber immer weniger Menschen für die ständig wachsenden Ernten benötigt wurden, mußte auch der Anteil der landwirtschaftlichen Bevölkerung schmelzen. Er fiel in den Vereinigten Staaten auf fünf Prozent zurück.

Waren auch alle Länder diesem Prozeß unterworfen, so vollzog er sich in den Entwicklungsländern besonders schmerzhaft. Gegen den Großgrundbesitz und die Pflanzungen, die mit Maschinen betrieben wurden, konnte der armselige Bauer in seinem rückständigen Dorf nicht bestehen; gegen die moderne Fabrik war der kleine Handwerker machtlos. Ausländische Güter wurden so billig angeboten, daß selbst bei Hungerlöhnen die eigenen Preise nicht Schritt hielten. Der Zorn der in ihrem Lebensbereich Bedrohten richtete sich gegen den »Kapitalismus« schlechthin, gegen den »Bananentrust« in Mittel- und Südamerika, gegen die Kupfergesellschaften in Chile oder die Ölgesellschaften in Afrika und Arabien. Wer den Kampf aufgab, zog in die Stadt.

Überall sind die großen Städte gewachsen, am eindrucksvollsten wohl in Südamerika. Millionen und aber Millionen leben in Mexiko City, São Paulo, Rio de Janeiro und Buenos Aires. Daran zerbrachen die alten Feudalgesellschaften vollends. Da der Landwirtschaft nicht länger jene Rolle zukam, als sie noch den überwältigenden Anteil der Bevölkerung, des Sozialproduktes und des Reichtums stellte, schrumpfte auch ihre Bedeutung im öffentlichen Leben.

Zuerst trat das reich gewordene »Gewerbe« an ihre Stelle, dann drängten die industriellen Massen nach oben. Die Arbeiter übernahmen in den meisten Ländern die politische Macht. Dort wo sich noch kein Mittelstand hatte bilden können, wo die Volkswirtschaft fast unvermittelt aus dem agrarischen Großgrundbesitz zur städtischen Industriegesellschaft überging, mußten sich Spannungen ergeben, die durch die Bevölkerungsexplosion noch verschärft wurden.

Die Bevölkerung wuchs in den alten Industriestaaten langsam, in den jungen Entwicklungsländern sprunghaft, teilweise um dreieinhalb Prozent im Jahr an, verdoppelte sich etwa in zwei Jahrzehnten. Die großen Umwälzungen, die sich allein daraus ergeben, daß sich das Schwergewicht der Bevölkerungszahlen verschiebt, vermögen wir nur zu ahnen. Ende unseres Jahrtausends wird es wohl an die sieben Milliarden Menschen geben, davon werden wohl anderthalb Milliarden in

China, eine Milliarde in Indien, eine weitere Milliarde in Südamerika leben. Gerade diese Länder stehen jedoch gleichzeitig unter dem Druck, einen großen Teil ihrer Bevölkerung aus der Landwirtschaft in die moderne Industrie überführen zu müssen.

Stadtluft macht frei, hieß es im Mittelalter. In den Städten sammelten sich die Aufrührerischen, die soziale Gerechtigkeit forderten und alle Schranken sprengen wollten. Dem mußte die Politik Rechnung tragen. In den Städten fielen die Entscheidungen. Eine bessere Zukunft versprachen alle Parteien, aber zwei revolutionäre Bewegungen boten sich vor allem an: einmal der Kommunismus nach Moskauer Prägung, der alle Produktionsmittel dem Staat übereignen wollte, sodann der Nationalismus, der alles Heil im »starken Mann« suchte. Der Diktator sollte mit harter Hand Ordnung schaffen, jedem seinen Anteil am Sozialprodukt sichern, die Produktion ankurbeln, alle Böswilligen, die Wucherer und die Spekulanten ausmerzen, kurz: er sollte die Gerechtigkeit auf Erden verwirklichen. Der Argentinier Peron nannte seine Bewegung den »Justitionalismus«.

Alle früheren Kolonialgebiete gerieten in den Sog dieser beiden Reformbewegungen. Den Begriff »Demokratie« legte jedes Land anders aus, einig waren sich aber alle in der Ablehnung der Vergangenheit, ob sie als Kolonialismus, Feudalismus oder Kapitalismus bezeichnet wurde. Die alte Großgrundbesitzerschicht wurde in fast allen Ländern überrannt; nachdem sie ihre finanzielle Vormacht und ihr gesellschaftliches Ansehen verloren hatte, zeigte sich, wie gering sie der Zahl nach gewesen war. Die ausländischen Kapitalgesellschaften wurden weitgehend enteignet, wie die Kupfergruben in Sambia oder in Zaire (Katanga).

In den meisten Entwicklungsländern sprachen die Soldaten das entscheidende Wort, in Ägypten unter Nasser, in Algerien unter Boumedienne, in Indonesien unter Suharto und in Pakistan unter Ayub Khan. Nur die Armee bot die Leiter zum politischen Aufstieg für die Begabten der unteren Volksschichten. Das Heer trug die Reformideen. Aber die Diktatoren versagten, als es darum ging, die landwirtschaftlichen Erträge so zu steigern, daß die Nahrung gesichert war, und eine städtische Industrie aufzubauen, die den Arbeitswilligen Beschäftigung und Brot verschaffte und noch solche Überschüsse abwarf, daß die Einfuhren bezahlt werden konnten. Zunächst stand die Landreform im Vordergrund, die verhältnismäßig leicht durchzusetzen war.

Wenn Grund und Boden »gerecht«, und das hieß gleichmäßiger verteilt würde, würden die besitzenden Bauern mehr aus dem Acker herausholen, hieß es. Das Gegenteil war der Fall. Ein großes Gut, das nach modernen Gesichtspunkten mit modernen Maschinen arbeitet, ist dem kleinen Landwirt überlegen. Also war der Grund und Boden dem Staat zuzuführen, der nach besten Grundsätzen das Land bestellen könne. Das war der Leitgedanke der sowjetischen Kolchosen.

Der Staat – die Kommunistische Partei oder ein Diktator – übernahm den wirtschaftlichen Aufbau. In Südamerika sind viele gescheitert, Ibanez in Chile, Peron in Argentinien, Rojas Pinillas in Kolumbien und Perez Jimenez in Venezuela. Dann übernahmen »Demokraten« die Verantwortung. Auch sie konnten sich nicht halten, und wieder kehrten Militärs an die Macht zurück – in Brasilien, in Bolivien, in Ekuador.

Auch der Kommunismus war außerstande, der Bevölkerung einen Lebensstandard zu verschaffen, der dem westlichen entsprach. Als Vorbild galt zwar die Sowjetunion, die zur zweiten Industriemacht aufgestiegen war und hohe wissenschaftliche Leistungen vollbrachte – wie den Sputnik – aber ihrer Bevölkerung kein besseres Auskommen zu gewähren vermochte. Als Chruschtschow versuchte, den inneren Verbrauch zu erhöhen, wurde er gestürzt.

Nehru hatte Indien in einem »sozialistischen Rahmen« aufzubauen versprochen. An den alten gesellschaftlichen Verhältnissen auf dem Dorf, in dem drei Viertel aller Inder leben, hat er nur wenig geändert. Die gewaltigen Stahlwerke blieben verschwindende Flecken im riesigen Subkontinent.

Die militärische Überlegenheit der Vereinigten Staaten schwand, seitdem auch die Sowjetunion über die Atombombe verfügte, so daß sich langsam ein gewisses Gleichgewicht einpendelte. Da ein Atomkrieg als Mittel der Politik ausschied, wurden die politischen Spannungen – lokal begrenzt – mit konventionellen Waffen ausgetragen. Fidel Castro, der 1959 in Kuba die Macht übernahm, konnte sich – wenn auch nur dank der nachhaltigen sowjetischen Unterstützung – halten.

Die Völker, die sich im Strudel der wirtschaftlichen Umwälzungen verloren sahen, griffen mit Eifer die Lehre von Mao Tsetung auf. Auch sie ging auf Karl Marx zurück, kam jedoch zu anderen Schlußfolgerungen. Nicht das städtische Proletariat, sondern Bauern und Landarbeiter sollten für die Weltrevolution kämpfen. Nicht der Verbrauch sollte der Motor des Fortschritts sein, – sie verachteten die Revisionisten – sondern die elementare Kraft der arbeitenden Bevölkerung, die bereit war, große Entbehrungen auf sich zu nehmen und strenge Disziplin zu üben, um die klassenlose Gesellschaft auf Erden zu verwirklichen.

Vorläufig blieb der Lebensstandard in China allerdings noch weiter hinter dem der alten Industriestaaten zurück. Immer noch sind fünfundsiebzig Prozent seiner Bevölkerung in der Landwirtschaft tätig (in den Vereinigten Staaten fünf Prozent), immer noch liegt der Kopfanteil am Sozialprodukt unter dreihundert Dollar! Ein überstürzter Versuch, durch einen »Großen Sprung nach vorn« 1958 voranzukommen, mußte abgebrochen werden. Die Sowjetunion brach mit Peking (1960). Dann ging Mao Tsetung daran, in großen Kommunen den Sozialismus durch einen wirklichen Kommunismus zu überwinden; doch auch das Ergebnis entsprach nicht den Erwartungen. Die innerpolitischen Auseinandersetzungen gipfelten in der Kulturrevolution.

Dennoch hat China in tiefem Mißtrauen gegenüber dem sowjetischen Nachbarn seine militärische Stellung in Ostasien sorgfältig ausgebaut. Das stehende Heer von mehreren Millionen Mann ist zwar nicht so modern ausgerüstet wie das sowjetische, verfügt aber immerhin über Atomwaffen, die den meisten europäischen Staaten fehlen, wozu noch eine auf Hunderte von Millionen geschätzte Miliz kommt.

In seiner Sorge vor einem Mehrfrontenkrieg änderte Mao Tsetung 1972 seine Politik. Den letzten Ausschlag gab wohl die Tatsache, daß Moskau im Ringen um Bangladesch offen auf die Seite Indiens trat. Wollten die Sowjets mit Hilfe Indiens ein großes gegen China gerichtetes Bündnis in Südostasien aufziehen? Der Außenminister Tschou En-lai lud den amerikanischen Präsidenten Nixon ein. Im Sicherheitsrat der Vereinten Nationen erhielt die Volksrepublik China den ständigen Sitz, den bis dahin Taiwan eingenommen hatte. Sie trieb Politik auf lange Sicht. China bemühte sich um die Führungsrolle in der farbigen Welt. Doch ist die Überlegenheit der beiden Weltmächte USA und Sowjetunion nicht erschüttert worden. Daher rief die neue Politik von Nixon, den Gegensatz zu Moskau abzubauen, die Besorgnis hervor, die Weltmächte könnten sich auf Kosten aller anderen Staaten, auch der eigenen Verbündeten, einigen.

Heute sind die gesellschaftlichen Gegensätze zwischen Amerika und der Sowjetunion noch zu groß, als daß es zu einer derartigen Politik kommen könnte. Es laufen zwar Verhandlungen über eine allgemeine Abrüstung, eine europäische Sicherheitskonferenz soll den Gegensatz Ost-West mindestens in Europa entschärfen, aber die Sowjets haben nirgends gezeigt, daß sie auf die Machtstellung verzichten wollen, die sie durch den Zweiten Weltkrieg in Mitteleuropa errungen haben. Sie haben von der Bundesrepublik Deutschland die Grenzen anerkannt bekommen. Sie haben in der Breschnew-Doktrin festgelegt, daß ein Staat, der zum kommunistischen Block gehört, nicht ausscheiden darf. Als die Tschechoslowakei 1958 schwankend wurde, besetzten Truppen des Warschauer Paktes das Land.

In Chile wurde der Marxist Allende 1970 zum Präsidenten gewählt. Er hoffte, eine bessere Gesellschaftsordnung auf sozialistischer Grundlage errichten zu können. Als die Preissteigerungen unerträglich wurden, stürzte das Militär Allende. Chile kehrte zur Militärdiktatur zurück.

Die Afrikaner sahen ihre wichtigste Aufgabe immer noch darin, die letzten Spuren des »Kolonialismus« in ihrem Erdteil auszumerzen, und zwar in den portugiesischen Besitzungen Angola und Mozambique sowie in den »weißen« Ländern Rhodesien und Südafrika, wo eine Minderheit den Schwarzen ihre politischen Rechte auf Mitsprache verwehrt.

In Ägypten rüsteten die Offiziere mit sowjetischer Hilfe ihr Heer auf, wodurch sich Israel bedroht fühlte. Als die Vereinigten Staaten sich weigerten, Kredite für den Bau eines Staudammes bei Assuan zu gewähren, enteignete Ägypten den Suezkanal. Als England zusammen mit Frankreich und Israel gegen den Suezkanal vorrückte, zwang Nordamerika die Angreifer, zurückzuweichen (1957). Als Ägypten die Seeverbindung zum Golf von Akaba sperrte, schlug Israel zu und eroberte die westliche Sinai-Halbinsel und das westliche Jordan-Ufer (1967). Sechs Jahre schwelte der Krieg trotz eines Waffenstillstandes weiter, bis 1973 ägyptische Truppen unvermutet den Suezkanal überschritten und syrische Einheiten die Golanhöhen angriffen. Beim Gegenangriff der Israelis drohte die Sowjetunion, mit eigenen streitkräften einzugreifen, doch gelang es dem amerikanischen Außenminister Kissinger, eine Ausweitung des Konfliktes zu verhindern. In seinem Erfolg spiegelt sich die veränderte weltpolitische Lage, die auf neue wirtschaftliche und soziologische Verhältnisse zurückging.

In den beiden ersten Jahrzehnten nach dem Kriege schien die wirtschaftliche Entwicklung ausschließlich den Industriestaaten zugutezukommen, die immer reicher und reicher wurden. Gewaltige Werke stießen unabsehbar Güter aus, der Absatz schien unbegrenzt. Je tausend Einwohner hatten hundert, dreihundert, in den Vereinigten Staaten teilweise sogar fünfhundert Kraftwagen. Die anderen zogen nach. Rundfunk, Fernsehen, elektrische Herde und Waschmaschinen gehörten in jedes Haus. Der Luftverkehr überspannte die ganze Erde. Die Nordamerikaner und die Sowjets griffen in den Weltraum, sie erreichten den Mond, sie schickten Raumkörper zum Mars und zur Venus.

Rohstoffe und Arbeitskräfte schienen ausreichend vorhanden; sobald irgendwo ein Mangel auftrat, ließen sich mit Kapital neue Bergwerke erschließen, Pflanzungen anlegen, Neuland erschließen, vor allem den alten Feldern durch bessere Maschinen, künstlichen Dünger und neuen Saaten weit größere Erträge abgewinnen. Der Aufstieg der Industrieländer schien unbegrenzt und gesichert.

Der Absatz landwirtschaftlicher Güter hingegen war begrenzt. Als immer größere Ernten auf den Weltmarkt drängten, vor allem aus der hochgezüchteten nordamerikanischen Landwirtschaft, drückte das die Preise. Während die Agrarländer für die industriellen Fertigwaren höhere Preise zahlen mußten, erhielten sie für ihre eigenen Ausfuhren im allgemeinen noch die Preise der fünfziger Jahre. Zudem waren sie häufig dem Wettbewerb der mechanisierten und rationalisierten Landwirtschaft in anderen Ländern nicht gewachsen. Dazu kamen weitere Hemmungen.

Sogar die Industrieländer versuchten, ihre Versorgung aus eigener Scholle zu decken, was ihnen mit Kapital, Technik und Wissenschaft auch weitgehend gelang, zumal sie sich durch Schutzzölle gegen den weltweiten Wettbewerb abriegelten. Die europäischen Staaten schlossen sich zu einer Wirtschaftsgemeinschaft zusammen, deren einzelne Teile sich so weit ergänzten, daß sie von der Einfuhr aus dritten Ländern unabhängig wurden. Diese großen Binnenmärkte blieben dem Welthandel teilweise verschlossen.

Aus den traurigen Erfahrungen der beiden Weltkriege hatten die Europäer gelernt, daß jeder Krieg alle – Sieger und Besiegte – schwer schädigte. Ein vereinigtes Europa sollte ihnen den Frieden sichern, sollte sie nach außen stark machen, zunächst wirtschaftlich, später auch politisch. Neben der Sowjetunion und den Vereinigten Staaten sollte ein neues Gebilde entstehen. Die Nutznießer des Marshall-Plans schlossen sich im Europarat zusammen, der in Straßburg tagte. Eine europäische Verteidigungsgemeinschaft zu schaffen, mißlang zwar dem Franzosen Schuman, aber sechs Staaten gründeten die Europäiche Montanunion, die zu der Europäischen Wirtschaftsgemeinschaft ausgebaut wurde. Mit England an der Spitze schlossen sich sieben andere Staaten zu einer Freihandelszone zusammen, von denen jedoch Briten, Iren und Dänen 1973 der EG beitraten.

Die politische Einigung Europas ist nicht erreicht worden. Da der Druck aus dem Osten nachgelassen hatte, gewannen die Befürworter der »Koexistenz« an Boden. Europas Landwirtschaft vermochte die eigenen Bedürfnisse weitgehend selbst zu decken, so daß der europäische Markt, der noch im 19. Jahrhundert den Aufschwung der Vereinigten Staaten, der meisten britischen Dominions und Südamerikas durch seine Käufe eingeleitet und getragen hatte, als Abnehmer weitgehend ausschied. Rohstoffe und Ernten weiter zu steigern, lohnte sich nicht, da sie nur schwer zu verkaufen waren. Daher schlossen sich die Rohstoffländer zusammen, um Anbau und Ausfuhr von Zucker, Kaffee, Zinn, Kakao und Gummi einzuschränken. Ein internationales Weizenabkommen sollte wenigstens die Mindestpreise stützen.

Das genügte nicht. Die jungen Völker gingen daran, eigene Industrien aufzubauen, um ihrerseits von der Einfuhr freizukommen. Das begann mit den Stahlwerken. In ihren Fünf-Jahres-Plänen hatte die Sowjetunion den Weg gewiesen, der sie an die zweite Stelle der Stahlerzeuger gebracht hatte. Indien, Indonesien, der Iran und viele südamerikanische Republiken bestellten Stahlwerke. Japan, ohne eigene Kohlevorkommen und Eisenerze, schuf in den sechziger Jahren eine Stahlindustrie, die 1974 an der dritten Stelle stand. Ließ sich auf diese Weise der wirtschaftliche Rückstand aufholen? Er war groß genug.

Am Sozialprodukt kann man den Unterschied von arm und reich gut ablesen. Im Jahre 1973 entfielen auf jeden Nordamerikaner sechstausend Dollar, auf die reichen Europäer viertausend bis fünftausend Dollar, auf die Entwicklungsländer zwischen hundert und dreihundert Dollar. Dabei schien es, als seien alle Anstrengungen, diese Kluft zu schließen, vergeblich. Die Reichen wurden immer reicher.

Der Ost-West-Gegensatz »Kapitalismus« gegen »Sozialismus« wurde vom Nord-Süd-Gegensatz industrialisierte gegen unterentwickelte Länder abgelöst. In den Vereinigten Staaten stieg das Sozialprodukt zwischen 1938 und 1973 von achtzig auf eintausenddreihundert Milliarden Dollar. Selbst wenn man berücksichtigt, daß die Bevölkerung angewachsen ist und daß sich die Preise beträchtlich erhöht haben, so bleibt der Aufstieg doch einmalig in der Geschichte.

Aber dieser Aufstieg ist den Industrienationen keineswegs in den Schoß gefallen, sondern im geistigen Ringen durch unzählige Erfindungen, wissenschaftliche Erkenntnisse, organisatorische Verbesserungen, durch Schulung der Facharbeiter und durch das Zusammenspiel aller Teile einer hochentwickelten Volkswirtschaft zustande gekommen. Der technische Fortschritt ist beispiellos.

Alles Pochen auf Gerechtigkeit, auf den moralischen Anspruch der Armen, unterhalten zu werden, die unausgesprochene Drohung, notfalls zu Gewalt zu greifen, alles das verfängt in der Wirtschaft nicht. Entscheidend ist, ob auch in den Entwicklungsländern das Sozialprodukt gesteigert werden kann, und das heißt, ob auch dort die moderne Technik übernommen und die Menschen in ihrem Dienst geschult werden. Ein langwieriger Prozeß!

Dennoch hat sich auch in den Entwicklungsländern während der fünfziger und sechziger Jahre Wesentliches verändert. Politisch haben sie die große Mehrheit der Stimmen in der UNO erhalten, weil der Grundsatz galt: jedem Mitglied eine Stimme, unabhängig von der Zahl seiner Bevölkerung. So besitzt Indien, obwohl es mehr Menschen zählt als ganz Afrika, nur einen Vertreter in der Vollversammlung. Das ist die Lage heute.

Und wie wird die Welt am Ende unseres Jahrtausends aussehen? Von den dann annähernd sieben Milliarden Menschen werden wohl fünf Milliarden in jenen Ländern leben, die heute als Entwicklungsländer gelten; aber es werden nicht länger Länder in der Entwicklung sein.

Sie werden bis dahin ihre eigenen Industrien aufgebaut, ihre Volkswirtschaft leistungsfähig gestaltet haben. Beispiele wie Japan, Taiwan, Südkorea zeigen, wie rasch das möglich ist. Und ist nicht auch die Sowjetunion innerhalb von wenigen Jahrzehnten zur zweiten Industriemacht auf Erden aufgestiegen?

Nordamerika, Westeuropa und Rußland bauten ihre Industrie auf eigener Kohle und eigenen Eisenerzen auf. Seit dem Ersten, noch mehr seit dem Zweiten Weltkrieg aber, hat das Erdöl zunehmend an der Energieversorgung teil: für den Kraftwagen, für den Schiffsverkehr, für die Elektrizitätsgewinnung und für den Hausbrand. Da das Erdöl hauptsächlich in den Wüstengebieten von der algerischen und der libyschen Sahara bis zum Persischen Golf zu finden ist, verlagern sich die Schwergewichte von Wirtschaft und Politik.

Jahr für Jahr fließen den Erdölländern steigende Summen zu; in wenigen Jahren werden es fünfzig, vielleicht bald schon hundert Milliarden sein, für die sie sich alles kaufen können: Waffen, Industrieanlagen, moderne Hochschulen. Aus den armen Ländern sind reiche geworden, die über Beträge verfügen mit denen sie die Weltwirtschaft ins Wanken bringen können. Das Selbstbewußtsein dieser Völker ist gewachsen. Das zeigte sich im Jahre 1973.

Die Vereinigten Staaten zogen sich 1973 aus Südostasien zurück – nicht zuletzt aus innerpolitischen Gründen. Nixon gelang es, einen immerhin noch ehrenvollen Rückzug anzutreten. Im Oktober 1973 griffen die Araber wieder Israel an. Sie errangen, wie Präsident Sadat von Ägypten erklärte, den ersten Sieg seit fünfhundert Jahren. Zusammen mit Moskau gelang es den Amerikanern, den Frieden wiederherzustellen. Bei dieser Gelegenheit haben die Araber zum ersten Mal die ungeheure Macht ausgenutzt, die ihnen allein aus dem Besitz des Erdöls zugeflossen ist. Sie drosselten die Lieferungen, da ihre politische Forderung – Druck auf Israel – nicht erfüllt wurde. Als das Erdöl knapp und teuer wurde – die Preise wurden verdreifacht – begannen die Industriestaaten um ihre Wirtschaft und um ihre eingespielte Lebensweise zu bangen. Am meisten sah sich Japan bedroht. Die Vereinigten Staaten wollen sich in den nächsten Jahren mit großen Anstrengungen von jeder Zufuhr an Erdöl freimachen.

Die Erdölkrise traf die Industrieländer in einem Augenblick, da sie allerorten in Schwierigkeiten geraten waren. Die Umwelt wurde durch die rasche Zunahme von Fabriken, Kraftwagen und Abfallstoffen verschmutzt. Die notwendigen Rohstoffe, nicht nur für die Energiegewinnung, wurden knapp. In dem Bestreben, die Lebensqualität zu verbessern, waren die Ausgaben Jahr für Jahr gestiegen, weit über das Maß dessen hinaus, was tatsächlich mehr erzeugt wurde. Eine Inflation trieb die Preise weltweit in die Höhe. Arbeitskräfte wurden knapp.

Gastarbeiter aus den industriell rückständigen europäischen Nachbarländern, dann auch aus den weiten Entwicklungsländern wie Algerien schlossen die Lücke.

Die Industrie begann dorthin zu ziehen, wo Arbeitskräfte reichlich und billig waren. Damit verschieben sich jedoch die Voraussetzungen für die Standortwahl der Industrie. Nicht mehr die Bodenschätze sind entscheidend, sondern die Menschen. Riesenschiffe erlauben es, Erdöl, Eisenerz, vielleicht auch Kohle um den halben Erdball zu verfrachten, womit aber die Vorteile entfallen, die Nordwesteuropa im 19. Jahrhundert den ungeheuren Aufschwung überhaupt erst ermöglicht haben.

Die Weltgeschichte muß neu überdacht werden. Welches waren die Gründe, warum manche Völker hohe Kulturen hervorbrachten, die dann zurücksanken und vergingen? Wir stehen an einer Wende. Das Zeitalter Europas ist vorbei. Beginnt mit den Entwicklungsländern ein neues Kapitel der Weltgeschichte? Das liegt an ihnen. Neu Spiel hebt an. Sie haben die Szene. Sie sind dran.

Register

Abbas I., pers. Schah 373
Abbas II., pers. Schah 373
Abd ar-Rahman III., Omajjadenkalif 265
Abdruckkeramiker 36
Ablaß 339
Abrüstung, allgemeine 426
Absolutismus 364
Abu Simbel, Tempel 90
Achämeniden 146, 191
Ackerbau 25–28, 35, 41, 52, 53, 92, 135, 199, 208, 228, 254, 260, 318
–, amerikanischer 208
–, Ausbreitung 26–28, 53
–, chinesischer 92, 228
–, griechischer 135
–, sumerischer 41
Ackerbaukultur, erste 208
Adadnirari II., assyr. König 111
Adadnirari III., assyr. König 122
Adel 95, 118, 168, 258
–, Abschaffung 168
–, Begründung 95
–, chinesischer 118, 168
–, fränkischer 258
–, Reformen 168
Afghanistan 268, 269
Afrika 54, 55, 107–111, 180, 239, 244, 245, 252, 270, 271, 286, 287, 315, 316, 327, 361, 396, 397, 407, 427
–, Eisen 287
–, Erkundungsfahrten 327
–, Gold 286, 287
–, Handel 287, 315, 316
–, Kolonien 407
–, Nok-Kultur 109
–, Reichsgründungen 315, 316
–, Religionen 54, 55, 316
–, Stämme 315, 316
–, Völkerwanderung 315
Ägäische Inseln 102
Aghlabiten 244, 245, 264
Agora 136, 139
Agrarländer, Wandel 427, 428

Ägypten 53, 55–60, 64, 65, 74–77, 83, 86–90, 98, 99, 103, 124, 427
–, Bewässerung 53–56, 76
–, Handel 76, 86, 88
–, Militär 76, 87, 88
–, Mittleres Reich 74–77
–, Religion 56–59, 89, 90
–, Verwaltung 88, 89
Ainu, japan. Urbewohner 233, 234, 289
Akbar, ind. Mogulkaiser 354
Akkader siehe Semiten
Akkon, Festung 282
Akmose, oberägypt. Vasallenfürst 84
Akropolis 96, 101, 136, 139
Alanen 201, 203, 219, 222
Alarich, Westgotenkönig 220, 222, 223
Alaska, Verkauf 410
Albrecht der Bär, sächs. Herzog 280
Alchimisten 388
Alemannen 203, 219
Alexander, Makedonenkönig 143, 144, 145
Alexander II., russ. Zar 408
Alexander III., russ. Zar 408
Alexandrien 149, 174
Algerien 244, 421
–, Freiheitskrieg 421
Allende, Salvador 426
Almohaden 285, 286
Almoraviden, Kriegszüge 285, 286, 271
Alp Arslan, Seldschukensultan 269
Alphons IV., span. König 283
Alphons VII., span. König 285
–, Glaubensfreiheit 285
Amenemhet I., ägypt. König 75, 76

Amenemhet II., ägypt. König 76
Amenophis II., ägypt. König 105
Amenophis III., ägypt. König 88–90, 105
Amenophis IV., ägypt. König 89, 90, 106
Amerika 207–210, 212, 213, 262, 292, 308, 309, 316, 317, 320, 328, 331, 334, 346, 350, 360, 366, 367, 382, 399, 400, 410, 411, 425
–, Ackerbau 208
–, Entdeckung 328
–, Goldsuche 334
–, Handel 292
–, Kolonien 360
–, Kultur 210, 308
–, Religion 210
–, Städte 207–209
–, Völkerwanderung 308
Andhra-Reich 183, 193
Angola 427
Annam 272, 298, 305
Anten 235, 257
Antiochus III., Seleukidenkönig 158
Araber 159, 193, 240–244, 248, 251, 253
–, Ausbreitung 242
–, Bekämpfung 251
–, Siegeszug 240–244
–, Widerstand 241–244
Arabien 238–243, 252, 427, 428
–, Kriege 240–242, 427, 428
Aramäer 105, 111
Arbeiter 389, 423
Arbeitslohn, Anfänge 45
Arbeitslose 417
Arbeitsteilung 40, 118
–, chinesische 118
–, sumerische 40
Arbogast, fränk. Heerführer 220
Ardaschir I., iran. Großkönig 191, 213

Argischti I., urartäischer König 120
Arier 94, 126, 127
Armenien 179
Arminius, Cheruskerfürst 173
Arnulf, deutscher Kaiser 256
Arpad 122
Arsaces, Skythenfürst 156
Arsakiden 179
Artabanos II., Partherkönig 159
Artabanos III., Partherkönig 160
Artananes III., Partherkönig 179
Asien 114, 130, 149, 150, 177, 182, 192, 289, 298, 303–305, 325, 327, 328, 421
–, Bildung 149
–, Gold 130
–, Handel 182, 192
–, Kultur 289
–, Nomadeneinfälle 192
–, Weg nach 327, 328
Assarhaddon, assyr. König 124
Assassinensekte 269
Assur 111, 123
Assurbanipal I., assyr. König 46, 124, 149
Assureschischi I., assyr. König 111
Assurnasirpal II., assyr. König 121
Assyrer 110, 119, 121–124
–, Eisen 110
–, Kriege 122
Assyrien, 121–123, 125
Astronomie, Anfänge 45, 54, 55
Atahualpa, Inkaherrscher 332
Atatürk, Kemal 415
Athanarich, Westgotenkönig 220
Athen 101, 140
Äthiopier 238
Atombomben 418, 425
Attila, Hunnenkönig 219, 226
Attischer Seebund 139, 140
Auguren 126, 134
Augustus, röm. Kaiser 167, 173
Aunjetitzer Kultur 79

Aurangzeb, ind. Großmogul 371, 372
Außenhandel 364, 365
Außenpolitik, amerik. 402
Australien, Kolonien 407
Avicenna siehe Ibn Sina
Awaren 235, 238, 256, 257
Axum 109, 128
Azteken 209, 260, 263, 318–320, 331, 332
–, Eroberungen 318–320
–, Kriegeradel 318, 332
–, Religion 318–320, 332
–, Sprache 318
–, Städte 318
–, Völkerwanderung 318

Babur, ind. Mogulkaiser 335
Babylon 73, 74, 110, 111, 122–125
–, Recht 74
–, Staat 74
Bagdad 243, 246
Baibar, Mameluck 303
Baktrien 158
Balduin von Flandern 283
Balkan 308
Bananentrust 423
Bandkeramiker 36, 201
Banken 275, 308
–, chinesische 275
–, florentinische 308
Bantu 180, 287
Barbados, Tabakplantagen 359
Barbaren 198, 199, 217, 218, 220, 223
Barbarossa siehe Friedrich I.
Bartholomäusnacht 350
Basel, Konzil von 324
Basil II., Kaiser 268
Basken 164
Bauern 147, 184, 189, 197, 227, 249, 374
–, chinesische 184, 189, 197, 227, 249, 374
–, griechische 147
–, russische 374
Bauernaufstände 184, 297, 339
–, chinesische 184, 197
–, europäische 339
Bauernkrieg, russ. 374
Baumwollanbau 263, 312
Baumwolle 28, 263, 312, 359, 384, 388, 395
Baumwollindustrie, Manchester 388

Baumwollplantagen 359, 384
Beamte, chin. 186, 227, 231, 301, 311
Beamtenstaat 274, 342
–, chinesischer 274
–, spanischer 342
Beamtentum, chin. 274, 275
Beduinen 177
Benediktiner 266, 284, 306
Bengalen 250, 251
Berber 162, 242, 270, 271
Bernhard von Clairvaux 280
Bernstein 138
Berufsheer 166, 169
–, Ausrüstung 166
–, chinesisches 169
–, römisches 166
Bettelorden 284
Bevölkerung, amerik. 401, 403
Bevölkerungsexplosion, Welt 423, 424
Bevölkerungszahlen, Vergleich 376
–, vorgeschichtl. 37
Bevölkerungszunahme 389
Bewässerung, Peru 210
Bewässerungstechnik 196, 197
Bibliotheken 149, 150
Bildung, chin. 185, 231
Binnenmärkte, Abriegelung 416
Bismarck, Otto von 406
Bojarenverfolgung 353
Boleslaw, poln. König 281
Bolivar, Simon 399, 400, 401
Bolivien 411
Bolschewisten 414, 415
Bonifatius 258
Bootsbau 29, 30, 60
Boxeraufstand 407
Boxer-Geheimbund 409
Brahmanen 128, 151, 152, 185, 194
Brasilien 328, 344, 400, 401
–, Handel 401
–, Kaiserreich 400, 401
–, Kolonien 344
Bronze 83, 93, 94, 99, 181
Bronzegegenstände, erste 93
Bronzeguß, chin. 93, 94

Buchdruck 322
—, chin. 322
—, Gutenberg 322
Buchstaben, phönizische 96
Buchstabenschrift, Ursprung 96
Buddha 126, 128, 195
—, Lehre 126, 128
Buddhismus 126, 128, 152, 153, 183, 186, 215–217, 230–232, 234, 250, 252, 255, 304, 356
—, Ausbreitung 216
—, China 153, 216
—, Indien 152, 153
Buddhisten 226, 272, 294
Bulgaren 235, 256, 267, 268
Bundesgenossenkrieg, röm. 167
Bundesrepublik 420
Buntschmiede 100, 110
Buren 396
Bürgerkrieg 167, 402, 414, 418
—, amerikanischer 402
—, römischer 167
—, russischer 414
—, spanischer 418
Bürgerrecht, röm. 161, 167
Burgunder 203, 219
Burma 298, 305
Bürokratie, chin. 378
Byzanz 222, 241, 267, 268

Caesar, röm. Kaiser 132, 163, 164, 167
Cajamarca 332
Cannae, Schlacht 163
Canossagang 266
Càpua, röm. Bürgerrecht 160
Caracalla 178, 202
Castro, Fidel 425
Ceacatl, Toltekenherrscher 261
Ceylon 253, 343
—, holländisch 343
Chaka, Zuluführer 396, 397
Chang-an, chin. Hauptstadt 170, 229, 249
Chao Kuang Yin, General 273
Chasaren 246, 256, 257
Chatten, germ. Stamm 177
Chatti 84, 86

Chavin-Kultur 209
Chichén Itzá 213, 261, 262, 319
Chichimeken 210, 292, 318
Chien-Lung, chin. Kaiser 377, 378, 389
Chile 309, 411, 426
Chimú-Reich 293, 309, 332
—, Kultur 293
Ch'in 155, 168, 199, 295
China 92–94, 116–120, 129, 132, 154, 167–173, 179, 184–191, 196, 198, 199, 216–218, 224, 226–233, 243, 248–252, 271–276, 288, 294, 298–302, 305, 310–312, 322, 337, 355, 356, 368–370, 377, 408, 409, 419, 425, 426
—, Bauern 184, 249
—, Beamte 186, 187, 311
—, Bevölkerungszahlen 288, 299
—, Binnenwanderung 227
—, Buchdruck 322
—, Handel 172, 312
—, Industrie 312
—, innere Unruhen 189, 198, 199, 271, 310, 311, 356, 409
—, Kriege 129, 168, 169, 184, 271, 272, 310, 311, 356, 369, 377
—, Kultur 92, 184–186, 217, 312, 368, 369
—, Lehnswesen 116, 117, 132
—, Militär 184, 288
—, Religion 117, 129, 186, 216
—, Schrift 93, 94, 118
—, Sowjetunion 425, 426
—, Staatssozialismus 187, 188
—, Steuern 184, 218, 249, 301
—, Technik 217, 378
—, Verwaltung 169, 171, 311
—, Volksrepublik 426
Chinesen 92, 93, 94, 167, 216, 224, 227, 243, 305
Chinesische Mauer siehe Große Mauer

Chlodwig, Frankenkönig 223
Chola, ind. Volk 187, 251, 253
Chosroes I., pers. Herrscher 237
Chosroes II., pers. Herrscher 237
Chou-Dynastie, China 116, 118, 119, 129, 154
—, Reichsauflösung 129
Christentum 205, 277
Christenverfolgung 205
Christianisierung 267
Chruschtschow, Nikita 425
Chwarezmien 247, 267, 269, 296
Cluny 266, 284
Colbert, franz. Minister 364
Copán, Maya-Bauten 254
Córdoba 265
Cortez, Hernando 309, 368
Crassus 159, 167
Cro-Magnon-Mensch 12
Cuicuilco, Pyramide 209

Dalai Lama 356
Damaskus 242, 243, 246
Dampfmaschine 388
Darius I., pers. König 138, 140–142
Darius II., pers. König 139
Darius III., pers. König 143
David, israel. König 105
Dawes-Abkommen 416
Decius, röm. Kaiser 202
Dekhan 251, 371
Demetrios II. 158
Demokratie, Auslegung 424
Deutscher Bund 406
Deutsches Reich 406, 417
Deutschland 323, 340, 406, 418, 420
—, Blütezeit 340
—, Hanse 323
—, Kaiserreich 406
—, Kapitulation 418
—, Wiederaufbau 420
—, Wollhandel 323
Diadochenreiche 148
Diokletian, röm. Kaiser 192, 204
Dominikaner 284, 306
Donskoi, Dmitrij 321

REGISTER

Dorer 101, 102, 135, 136
–, Wanderung 101, 135
Dreieckshandel 390
Dreißigjähriger Krieg 351, 363
Dritte Welt 422
Dschurdschen 288, 294
Dur-Schahrukin, Sargonstadt 123
Duschan, Stefan 326
Dynastien 56, 59, 64, 74–76, 116, 288
–, ägyptische 56, 59, 64, 74–76
–, chinesische 116
–, indische 288

Eannatum, sumer. König 48, 49
Echnaton siehe Amenophis IV.
EG 428
Einbruch, Barbaren 207–224
Eisen 98–111, 119, 128, 131–133, 168, 181, 274, 287, 387
–, Afrika 109, 128, 181, 287
–, Assyrien 110
–, China 119, 168
–, Etrurien 133
–, Europa 111, 132
–, Indien 128
–, Persien 128
Eisenbearbeitung 99, 100, 109
Eisenhalden, vorchristl. 109
Eisenhandel 133
Eisenschmiedekunst, vorchristl. 110
Eiszeitalter 11
Eiszeiten 11–13, 22, 23
–, Lebensbedingungen 12
–, Morphologie 12, 22, 23
–, Tiere 12, 13
Elam 50, 51, 85
–, Kunst 50
Elisabeth I., engl. Königin 349
Empire, engl. 395
England 325, 351, 379, 380, 382, 383, 385, 394, 395
–, ind. Kolonien 379, 380
–, Negersklavenhandel 382, 383
Entdeckungen 327–341

Entwicklungsländer 421–424, 429, 430
–, Armee 434
–, Zukunft 430
Erbfolgekrieg, span. 365
Erdöl, Bedeutung 430
Erdölkrise 430
Erdölländer, Erträge 430
Erdteile, Rollenwechsel 365
Erfindungen 21, 388
Eridu 46–48
Ermanarich, Gotenkönig 201
Eroberungen, span. 331–333
Erster Weltkrieg 413, 414, 418
Etrusker 103, 121, 133, 134, 149
–, Handel 133
–, Herkunft 121
–, Eisen 133
Eugen, Prinz von Savoyen 374
Eunuchen, chin. 248, 249
–, Macht 249
Europa 258, 263, 283, 284, 297, 305, 306, 321, 323, 324, 329, 330, 338, 341, 351, 387–394, 406, 414, 415, 420, 428
–, Eroberungen 329, 330
–, Handel 323, 324
–, Krise 415
–, Mongolen 297
–, Nationalstaaten 341
–, Veränderungen 284, 414
–, vereinigtes 428
Europarat 428

Farm, amerik. 403, 404
Fatimiden, Tunesien 244, 270, 271
–, Kriege 270
Fatimiden-Dynastie 264
Ferdinand III., span. König 286
Feudalwirtschaft, ind. 194
Finanzwesen, oström. 236
Flotte 240, 245, 365, 398
–, britische 365, 398
–, byzantinische 245
–, islamische 240
Flottenvertrag, engl. 418
Frachtgeschäft 343
Franco, Francisco 418

Franken 203, 223, 245, 257, 258
Frankreich 307, 325, 350, 351, 363, 364, 392
Franziskaner 284, 306
Franzosen 280, 350, 379, 380, 384
–, Glaubenskrieg 280
–, Indien 379, 380
–, Kanada 384
–, Nordamerika 350
Französische Revolution 397, 398
Freihandel 400, 403
–, England 400
Freihandelszone 428
Freiheitsbegriff 392, 393
Frieden, röm. 174
Friedrich I. Barbarossa, dt. Kaiser 266, 281, 282, 306
–, dritter Kreuzzug 282
–, Kriege 281
Friedrich II., dt. Kaiser 266, 283, 284, 297
Friedrich II., preuß. König 386, 387
Fruchtbarer Halbmond 25, 27, 28, 31, 35, 38, 77, 78
Fugger 339, 340
Fujiwara, japan. Adelsfamilie 255, 289, 290
Fünfjahrespläne, russ. 420, 428

Galater 155
Gallier 160, 163
–, Poebene 160
Gama, Vasco da 328
Gandhara 149, 182
Gastarbeiter 431
Gaulle, Charles de 421
Gedimin, lit. Großfürst 321
Gegenreformation 351
Geister 17–19, 21, 32, 33
Geisterglauben, chin. 189
Geisterwelt 15, 16
Geld, Anfänge 44
Geldwesen, chin. 275
Geldwesen, röm. 203, 204
Genossenschaften, erste 323
Genua 307
Gepiden 220, 235
Germanen 131, 133, 144, 166, 167, 173, 174, 177, 201, 202, 220, 258
–, Ausbreitung 166

Germanen, Caesar 167
–, Kriege 173
–, Kriegsführung 144
–, Lebensstil 166
Germania inferior 174
Germania superior 174
Germanicus, röm. Befehlshaber 173
Geschäftsverkehr, Anfänge 44, 45
Geschichtsschreibung, chin. 92
Geschichtsschreibung, griech. 101
Gesellschaften, multinationale 422
Gesellschaftsinseln 290
Gesellschaftsordnung 14, 39, 44, 54, 72, 370
–, chinesische 370
Gesellschaftssysteme 420
Gesetze, weltliche 72
Gewürzhandel 330, 342, 344
–, niederländischer 342
–, Wende 344
Gewürzinseln, Indonesien 343
Ghazan, Ilkhan 303
Gilgamesch, sum. König 48
Gilgamesch-Epos 46
Glasherstellung 173, 230
–, chin. 230
–, Niederrhein 173
Glaubensbewegung 340
Glaubenskrieg 280
Glockenbecherleute 70
Gold 130, 286, 287, 334, 382
–, Afrika 286, 287
–, Amerika 334
–, Asien 130
–, Brasilien 382
Goldene Bulle 324
Goldene Horde 301, 302, 303, 312
Goldhandel 316
Goliath, Riese 105
Goldminen 163
Goldschmiede, Chimú 293
Gordion 120
Goten 201, 202, 203, 223, 237, 241, 244
–, Aufstand 202
–, Kriege 201
Götter 45, 56, 59, 62, 72, 74, 106
–, ägyptische 56, 59
–, sumerische 45, 62, 74

Götterglaube 45, 47, 49, 50
Götter und Staat 72
Götterwelt 34, 85
–, kassitische 85
Grabkammern, vorchristl. 66
Gracchus, Tiberius Sempronius 165
Gregor VII., Papst 266
Grenzbefestigungen, röm. 177
Grenzsicherung, ägypt. 76, 77
Griechen 95–98–101, 102–134–139, 145, 161, 163
–, Ackerbau 135
–, Ausbreitung 134
–, Auswanderer 135
–, Handel 134–137
–, Handelswege 134
–, Kaufleute 135
–, Metallsuche 134
–, Sklaven 136
–, Sozialordnung 136
–, Verteidigung 139
Griechenland 96, 101, 102, 127, 134–136, 139
–, Bevölkerung 101, 102
–, Gegensätze 101, 102
–, Häfen 136
–, Kriegeradel 96
–, Perser 139
Griechenstädte, süditalien. 161
Griechisch, Volkssprache 148
Großbulgarisches Reich 268
Große Mauer, China 168, 200, 296, 311, 356
Großgrundbesitz, nordchin. 197
Großgrundbesitzer, amerik. 399
Großmacht, aztek. 318
Großmährisches Reich 257
Großreiche, Zeitenwende 179
Großsteinbauten siehe Megalithbauten
Großsteingräber siehe Megalithgräber
Großsteinleute siehe Megalithleute
Guanchen 30, 70
Guineaküste, Sklavenhandel 362

Gupta-Dynastie, Indien 193, 195, 215
Gupta-Reich, Indien 250
Gustav I. Wasa, schwed. König 352
Gustav II. Adolf, schwed. König 352
Gutäer 71
Gutenberg, Johannes 322
Gurkhas 381, 394
Gutshöfe 147
Gyges, lyd. König 121

Habsburg 338
Hadrian, Papst 281
Hadrian, röm. Kaiser 176, 177
Häfen 136, 355
–, chinesische 355
–, griechische 136
Hafenstädte 136
Halbnomaden 239
Hallstatt-Zeit 111, 131
Hamilkar Barkas 163
Hammurapi, babylon. König 73, 74
Handel 51, 52, 60, 61, 63, 68, 76–79, 107, 108, 130, 131, 133–138, 147, 148, 153–155, 159, 163, 174, 175, 177–179, 181–183, 192, 193, 201, 204, 210, 214, 215, 222, 229, 231, 237, 238, 244, 245, 249–253, 256, 267, 275, 279, 283, 286, 287, 300, 302, 305–307, 312, 315, 316, 320, 322–324, 327–331, 335, 337–340, 342–344, 354, 355, 357, 359, 364, 365, 368, 373, 377, 379, 381, 390, 401
–, afrikanischer 286, 287, 315, 316
–, ägyptischer 76, 86
–, arabischer 253
–, aztekischer 320
–, brasilianischer 401
–, chinesischer 229, 231, 253, 249, 250, 275, 312, 337
–, etruskischer 134
–, europäischer 138, 323, 324, 337, 364, 365, 390
–, französischer 364

Handel, griechischer 134–137, 147, 154
–, indischer 215, 251–253, 287, 381
–, Indischer Ozean 331
–, islamischer 331
–, italienischer 279, 307, 322
–, japanischer 357
–, jemenitischer 253
–, keltischer 133
–, Kreta 77
–, Madagaskar 181
–, Megalithzeit 68
–, mexikanischer 368
–, mongolischer 300
–, niederländischer 342–344
–, oströmischer 256
–, parthischer 159
–, peruanischer 210
–, phönizischer 107
–, portugiesischer 329, 330
–, römischer 204, 256
–, russischer 335, 353, 354
–, skythischer 130
–, spanischer 359
–, Steppenbewohner 201
–, vorderindischer 355
–, Wende 338, 339
Handelsfaktoreien, erste 107
Handelsgüter 107, 108, 130, 174, 175, 286, 322, 323, 328, 329, 364, 373, 379
–, afrikanische 286
–, europäische 322, 323
–, indische 373, 379
–, phönizische 107
–, skythische 130
Handelshäuser, deutsche 340
Handelsimperium, phöniz. 107
Handelsraum, europ. 306
Handelsstädte 108, 307
Handelsstraßen 108, 300, 377
–, Afrika 108
–, Mittelasien 377
Handelsvölker 137, 155
–, Kämpfe 155
Handelswege 51, 52, 60, 63, 79, 134, 148, 175, 182, 238, 327
–, asiatische 182
–, griechische 134
–, vorchristliche 51, 52, 60, 63, 79

Han-Dynastie, China 169, 170–173, 184, 185, 189, 190, 196, 217, 227
Hannibal 163
Hanse 306, 307, 323, 324, 338, 352
Hapiru 105
Harappa 52, 91
–, Keramik 52
Haremhab, ägypt. General 90
Harscha, ind. König 250
Harún al-Raschid, Abassidenkalif 245, 246
Hasdrubal 163
Hastings, Warren 380, 381
Hatschepsut, ägypt. Königin 86
Hattusa, Zerstörung 100
Hattuscha, Chattihauptstadt 86
Hattusil III., ägypt. König 91
Haüan tung, chin. Kaiser 248
Hebräer 105
Heere siehe Militär
Heian-Zeit 255, 290
Heidenverfolgung 205
Heiliges Grab, Befreiung 278
Heiliges Land 277, 306
Heinrich IV., dt. Kaiser 266
Heinrich IV., franz. König 350
Heinrich der Löwe, Sachsenherzog 280, 281
Hellas 101
Hellenen 137, 155
Hellenisierung 148, 149
Hellweg 201
Heloten 101
Hephtaliten siehe Weiße Hunnen
Heraklides, Karerfürst 137
Heraklius, ström. Kaiser 225
Herihor, ägypt. König 104
Herodes, Palästina 173
Heruler 201, 220
Herzynische Wälder 131
Hesiod, griech. Dichter 136
Hethiter 85, 100, 102
Hinayana 215, 252
Hinduismus 126, 127, 151, 152, 304, 315
–, Indien 152

Hindus 127, 304, 305, 314, 354, 371
Hinterindien 215, 252, 253
–, Tempelbauten 253
Hiram I., phöniz. König 107
Hiro, polynes. Häuptling 291
Hirten, berittene 114
Hiskia von Juda 123
Hitler, Adolf 417, 418
Hiung-nu 155, 157, 167, 171, 172, 188, 198, 199
–, Herkunft 167
–, Mongolei 155
–, Schamanenglauben 167
Hoangho 119
Hochkulturen, südamerik. 292
Hochseeschiffahrt 208
Höhlenmalereien 19
Holland 342, 343, 344
–, Seeherrschaft 342
–, Unabhängigkeit 343
–, Wirtschaftsmacht 343
Holländer, Brasilien 344
Homer 101, 102, 137
homo sapiens 12
Hongkong, brit. 408
Honorius, röm. Kaiser 220, 223
Hsien 218
Hsien-pei 197, 198
Hsien-yün 116
Hsia, chin. Dynastie 92
Hsia-hsia 296
Hsüan, chin. König 116
Huari 262
Hügelgräber 79
Hugenotten 350, 364
–, Auswanderung 364
–, Kriege 350
Hunnen 200–202, 213, 215, 219, 220
–, Auflösung 220
–, Kriege 200–202, 215
Huronen 350, 384
Hus, tschech. Kirchenreformer 324
Hyksos 82, 83, 87

Ibn Sina 270
Ibn Taschin 271
Ikshavaku, ind. Dynastie 196
Ilkhane 303, 312
Illyrer 111, 145, 173, 221
Illyrien, Aufstand 173
Imperialismus 404, 414

Imperien, große 173
Imperium 265, 266
Inder 127
Indianer 208, 260, 334, 345, 360, 367, 382, 384
–, Kriege 360
–, nordamerikanische 208
–, Stämme 384
–, südamerikanische 334, 345, 367, 382
Indien 126–128, 150–153, 175, 193–197, 214, 215, 239, 250–253, 287, 288, 303, 304, 313, 314, 328, 330, 354, 355, 371–373, 379–381, 394–396, 425
–, Ausdehnung 215
–, britisch 380, 394–396
–, da Gama 328
–, Einfluß 215
–, Europäer 373
–, gesellschaftliche Ordnung 152
–, Handel 175, 215, 287, 314, 355
–, Innenpolitik 354
–, Kolonialisierung 355, 379, 380
–, Lebensstandard 372
–, Megalithgräber 128
–, Rassenkrieg 314
–, Reformen 395
–, Religionskriege 314
–, Seeweg 328
–, sozialer Aufbau 195
–, Unabhängigkeitskrieg 314
–, Unruhen 313
Indienhandel, Gewinne 334
Indienhandel, portugies. 329
Indischer Ozean, Handel 331
Indochina 298, 421
–, kommunistischer Aufstand 421
Indoeuropäer, Industal 91
Indonesien 253, 305, 316, 343, 371
–, ind. Einfluß 305
Induskultur 52, 80, 91, 94
Industrialisierung, russ. 415
Industrie 312, 351, 352, 364, 395, 402, 404, 405, 415, 416

Industrie, amerikanische 402, 405, 415, 416
–, britische 395
–, chinesische 312
–, englische 351, 352
–, europäische 404, 405
Industriegesellschaft, städt. 423
Industrielle Revolution 377–394
Industriestaaten 402, 404, 410, 420, 425, 427, 429, 430
Inka 262, 293, 320, 332
Innozenz III., Papst 283
Inquisition 338, 342
–, spanische 338
Inseln, ägäische 102
–, Bevölkerung 102
–, pazifische 317
Inselwelt, Pazifik 290
Ionier 101, 102, 136
Ipsos, Schlacht 145
Iran 243, 269, 285
Iren, Seefahrt 263
Irokesen 384
Isabella, kastil. Königin 328
Islam 240, 267, 269, 271, 277, 278, 282, 286, 303, 314, 371
Israel 123, 427
–, Kriege 427
Italien 307, 322, 415
–, Handel 322
–, Kaufleute 322
–, Nationalismus 415
Itil 267
Iwan IV., russ. Zar 353
–, Kriege 353
Iwan von Moskau 302

Jäger 11–25, 29, 32, 39, 207, 210, 260, 292, 318
–, amerikanische 207, 210, 292
–, frühe 11–25, 29
–, indianische 207
–, mexikanische 260
–, religiöse Vorstellungen 14–22, 32
Jagiello, lit. Großfürst 321
Jaina 126
Jakob I., engl. König 349
Janitscharen 222, 374
Japan 233–235, 255, 256, 289, 290, 337, 357, 358, 409, 410, 417–419
–, Atombomben 418
–, Ausdehnung 235

Japan, chin. Einflüsse 255
–, Kapitulation 418, 419
–, Kriege 357, 409, 410, 417, 418
–, Reichsgründung 234
–, wirtschaftl. Aufstieg 417
Java 253, 371
Jeanne d'Arc 325
Jemen 238
Jerez de la Frontera 241
Jericho, Einwohnerzahl 25
Jerusalem 277, 282
Jesuiten 345, 351, 370, 382
Johann, engl. König 283
Johann VI., bras. Kaiser 400
Jomonkultur, Japan 255
Jomon-Zeit 32
Juden 105, 106, 122, 125, 179, 244, 277
Jungsteinzeit 24, 35, 36
–, Kultur 35, 36
–, Wanderungen 36
Justin I., byzantin. Kaiser 222
Justin II., byzantin. Kaiser 237
Justinian, byzantin. Kaiser 235, 236
Justitionalismus, Peron 424

Kaaba 240
Kairo 270
Kairouan 264
Kaiserhof, chin. 187, 189, 248
Kalachuris 287
Kalender 54, 254
–, Maya 254
Kalidasa, ind. Dichter 194
Kalmükken 354, 390, 391
Kalter Krieg 420
Kambodscha 198, 273, 305
Kanaan, Kreuzpunkt 105
Kanada 363, 384, 386
–, britisch 386
–, französisch 384
Kanarische Inseln 108, 109, 327
Kang-hsi, Mandschu-Kaiser 368, 369
–, Kriege 368
Kanischka I., Kushánkönig 182
Kaperschiffe 348
Kapitalismus 323, 363, 392, 429

Kapitalkraft, amerik. 416
Kapitulation, jap. 418, 419
Karaindasch, Kassitenkönig 84
Karakitai siehe Liao
Karawanen 214
Karawanenhandel 177
Karawanenwege 183, 192, 319
Karer 121
Karl III., span. König 384
Karl IV., böhm. König 324
Karl V., dt. Kaiser 340, 342, 346
–, Machtausdehnung 340, 346
Karl XII., schwed. König 375
Karl der Große 245, 257–259
–, Kaiserkrönung 258
–, Bündnis 258
–, Kriege 257, 258
Karluki 268
Karmati, schiit. Sekte 268
–, Aufstand 268
Karthago 108, 137, 161–164
–, Handel 108, 162
–, Söldner 162
–, Untergang 163, 164
–, Zinnmonopol 137
Kaschmir 250, 251
–, Araberbekämpfung 251
Kassander 145
Kassiten 84, 85, 86
Kastenwesen, ind. 126, 127, 151, 152, 194, 195
Kastilien 328
Katalaunische Felder 219
Katharina II., russ. Zarin 390
Kaufleute 135, 147, 174, 274, 275, 279, 284, 306, 312, 322, 371
–, chinesische 274, 275, 312
–, deutsche 306
–, griechische 135, 147
–, Handelsgebiete 174
–, italienische 279, 322
–, mohammedanische 371
–, römische 174
–, Stadtrechte 306
Kaufmannsgilden, chin. 275
Kaukasus 267

Kelten 131–133, 143, 144, 155, 160, 163, 164, 177, 223, 258
–, Handel 133
–, Kriege 133, 155
–, Sozialordnung 131
–, Spanien 164
–, Städte 132
Keltenherrschaft, Nordeuropa 163
Keramik 31, 32, 36, 50, 52, 93
–, chinesische 93
–, elamitische 50
–, Harappa 52
–, japanische 32
Khabul-Khan, Mongolenführer 294
Khmer 252, 305
Khmer-Reich 273, 287
Kielschiffe, erste 69
Kiew 267
Kimbern, Ausbreitung 166
Kimmerer 116, 119–121, 123, 130
Kirche 265, 334, 351, 367
Kirchenreformen 324, 338, 340
Kirchenspaltung 324
Kirgisen 224, 289, 295, 354, 390
Kissinger, amerik. Außenminister 427
Kleinasien 120, 121, 268, 308
Klimaverhältnisse, vorgeschichtl. 11
Klöster 217, 230, 249, 258, 266, 273, 290, 306, 356
– Benediktiner- 266
–, buddhistische 217, 290
–, chinesische 230, 249, 273
–, indische 217
–, irische 258
–, tibetische 356
–, westeuropäische 306
Klosterleben, Reform 266
Knossos, Palast 77
Kolchiskultur, Armenien 79
Kolchosen, sowj. 425
Kolonialgesellschaften 343
Kolonialmächte 342–359, 363, 382
Kolonialpolitik, europ. 407, 410

Kolonialreich, portugies. 330, 346
Kolonialreich, span. 346
Kolonialzeit, Ende 421
Kolonien 406, 407
–, amerik. 360
–, brit. 385, 386, 396
–, franz. 350, 351
–, Indien 355
–, span. 346
–, Unabhängigkeit 421
Kolumbus, Christoph 328, 331
Kommunen, chin. 426
Kommunismus 415, 420, 424, 425, 426
Kommunistische Partei 425
Kompaß, Weiterentwicklung 328
Konfuzius 129, 168, 189, 190, 216, 255, 337
–, Lehre 129, 168, 190, 255, 337
Konquistadoren 367
Konrad I., fränk. König 264
Konstantinopel 220, 221, 238, 259, 267, 268, 278, 308, 335
Konstanz, Konzil von 324
Köprülü, osman. Großwesir 374
–, Kriege 374
–, Reformen 374
Korea 233, 357
Korinth 136
Kosaken 353, 374, 375, 390, 391
–, Aufstand 391
Kriegeradel 234, 235, 244, 318, 332
–, aztekischer 318, 332
–, germanischer 244
–, japanischer 234, 235
Kriegerkaste, germ. 257
Krim-Krieg 406
Kreta 66, 73, 77, 91, 95
–, Aufstieg 73
–, Handel 77
–, Schrift 66
Kreuzzüge 277–286
Krösos, lyd. König 121, 140
Ktesiphon, antike Stadt 158, 179
Kubilai, mongol. Großkhan 298, 299, 300

Kultur 35, 36, 66–68, 70, 79, 80, 92, 95, 139, 140, 148, 149, 152, 170, 171, 184–186, 194, 195, 199, 202, 210, 212–217, 227, 229, 230, 233, 246, 254, 262, 264, 265, 269, 270, 274, 292, 293, 308, 309, 312, 313, 343, 344, 367
–, amerikanische 210, 308
–, arische 152
–, Aunjetitzer 79
–, Chimú 293
–, Chincha 309
–, chinesische 92, 170, 171, 184–186, 199, 217, 227, 229, 230, 233, 274, 312
–, griechische 148, 149
–, holländische 343, 344
–, indische 80, 194, 195, 214, 215, 305
–, iranische 246
–, islamische 313
–, Jungsteinzeit 35, 36
–, Kolchis 79
–, La Venta 69, 208, 209
–, Maya 212, 213, 261
–, Megalithzeit 66–68, 70
–, mexikanisch 209, 212
–, mittelasiatische 269, 270
–, mittelhelladische 95
–, peruanische 209, 210, 262
–, spanische 265
–, Stentinello 36
–, südamerikanische 209, 292, 293
–, Tripolje 79
Kulturverlust, südamerik. 367
Kumaragupta I. 215
Kung-tse siehe Konfuzius
Kuomintang 419
Kupferabbau 79
Kupfergeld, röm. 203
Kupfergesellschaften 423
Kushán 179, 182–184, 192, 193, 213, 214
Kutluk, Türkenfürst 248
Kwammu, jap. Kaiser 234, 235
Kyaxares, Mederkönig 124
Kyoto 290
Kyros, pers. König 125, 140

Lagalzaggesi 49
Lagasch 46–49
Lamaismus 294, 356
Landhandel 245
Landkultivierung, Anfänge 45, 46, 48
Landreform 424
Landwirtschaft 53, 92, 118, 165, 273, 274, 333, 344, 353, 372, 387, 415, 423–425
–, ägyptische 53
–, chinesische 92, 118, 273, 274
–, europäische 344, 387
–, indische 372
–, römische 165
–, russische 353, 415
–, südamerikanische 333
–, USA 415
Langobarden 177, 235, 237, 257
Lao-tse 129
Lappen 174
Lastfuhrwerk, erstes 390
Latein 175, 219
La Tène 111, 132
La Venta, Mexiko 69, 208, 209
Lebensmittelzölle, Aufhebung 403
Lebensstandard, ind. 394
Lehnswesen, chin. 132
Leibeigenschaft, russ. 408
Leipzig, Völkerschlacht 398
Lenin 415, 422
Leo III., Papst 258
Leviathan 97
Leyden, Universität 344
Libyer 104
Li Kuang, chin. Feldherr 172
Litauen 321
Liu Pei, Shu-Kaiser 197
Liutizen 267
Liverpool, Handelsplatz 389
Locke, John 386
London, Bedeutung 404, 405
Lo-Völker 118
Loyola, Ignaz von 351
Ludwig IX., franz. König 283
Ludwig XIV., franz. König 363, 364, 386
Lugalzaggesi, König von Uruk 63
Luristanbronzen 122

Lusitaner 164
Luther, Martin, dt. Reformator 340
Lyder 121, 122
Lyker 121

Madagaskar 181
Madai siehe Meder
Magier 142
Magna Charta 339
Magyaren siehe Ungarn
Mahabharata 92
Maharadschas, ind. 372
Maharashtri-Sanskrit, Literatursprache 183
Mahayana 182, 215, 252
Mahmud, Kriegszüge 268, 269
Mahratten 371, 379, 380, 381, 394
–, Partisanenkrieg 371
Mähren 257
Mailand 281, 283
Mais 261, 263
Makedonen 143, 144, 145
Malaien 92
Malakka 371
Malayen, Ausbreitung 253
Mamelucken 303
Mandarine 118
Mandschu 356, 357, 368, 369
Mandschurei, Besiedlung 129, 130
Mani, babylon. Religionsstifter 191, 192, 284
Mansur, marok. Sultan 349
Mao Tsetung 419, 425, 426
Marbod, Markomannenkönig 173
Marc Anton 167
Marc Aurel, Verteidigungskriege 177
Marco Polo 299, 300, 302
Marduk, babylon. Stadtgott 74
Marius, röm. General 166
Markomannen 177
Märkte 404, 408
Marokko 244, 349
Marshall-Plan 420
Martell, Karl 242
Marx, Karl 408, 422, 425
Maschinenzeitalter, Beginn 389, 390
Massai 180
Mathematik, Maya 213, 254

Maurya-Dynastie, Indien 150, 151, 153
Maya 212, 213, 253, 254, 261–263
Meder 119, 122, 125
Medici 339
Medina 242, 243
Medizinmänner 15
Meeresfahrten, erste 207, 208
Megalithbauten 66–70, 108, 128
Megalithgräber 128
Megalithkultur 66–68, 70
–, Datierung 67
Megalithleute 66–81
Mekka 238, 240, 242, 243
Melanesische Inseln 190
Menhire 69
Menschen, erste 11, 12
Menschenhandel 348, 362
Menschenopfer, aztek. 320
Mentuhotep I., ägypt. König 75
Menua, urartäischer König 120
Mérida, Ruinenfeld 254
Merkantilismus 359–377
Meroë, Eisenhalden 109
Merowinger 258
Metallverarbeitung 78, 119, 209–211, 263
Metöken 136
Mexiko 208, 209, 212, 260, 332, 368
–, Eroberungen 332
Miao, chin. Volk 92, 118, 227
Midas, phryg. König 120
Militär 47, 62, 76, 168, 169, 176, 240, 242, 275, 288, 340, 356, 365, 377, 386, 413, 425, 426
–, arabisches 240, 242
–, britisches 386
–, chinesisches 168, 169, 275, 288, 356, 377, 426
–, französisches 365
–, römisches 176
–, russisches 413
–, südamerikanisches 425
Militärdiktatur, Chile 426
Militärorganisation, chin. 356
Minamoto Yoritomo 290
Ming, chin. Dynastie 310–313, 327, 356
Minichäer 294
mir 236

Missionare 151, 294
Mitanni 85, 86, 87
Mithridates I., Partherkönig 158
Mithridates II., Partherkönig 158, 159
Mittelamerika 210
Mittelasien 269, 335
Mittelmeer, Zivilisation 106, 107, 137, 165, 257
–, Krise 106, 107
–, langobard. Seeherrschaft 257
–, röm. Herrschaft 165
–, Teilung 137
Mixteken 308, 309, 319
Mochica-Kultur, peruan. 210, 255, 293
Mohács, Niederlage bei 329
Mohammed, Lehre 240
Mohendscho-Daro 91, 94
Mönche 216, 217, 230, 273
Möngke, mongol. Großkhan 297
Mongolen 198, 218, 225, 247, 269, 294–311, 357
–, Handel 300
–, Kriege 247, 296–298
–, Lebensweise 295
Monotheismus 106
Monroe-Doktrin 402
Montanunion 428
Monte Alban 212, 308
–, Kultur 212
Moritz von Nassau 344
Morphologie, Eiszeit 12, 22, 23
Moses 106
Moskau 302, 353, 426
Moslems 241, 266, 277, 285, 287, 288, 304, 314, 315, 354, 372
–, Kriegszüge 288, 355
Mozambique 181, 427
Münchner Abkommen 418
Mursilis I., hethit. König 84, 86
Mursilis II., hethit. König 100
Mussolini, Benito 415
Muwatalli, hethit. König 91
Mykale, Sieg bei 139
Mykene 95, 96, 101
Mylä, Seeschlacht 162

Nabchumischkun, babylon. König 111
Nabonassar, babylon. König 122
Nabonid, babylon. König 125
–, Kriege 125
Nabupolassar, babylon. König 125
Nahostkrise 430
Nahua-Sprache 260
Nahua-Völker 260
Nanking 197
Nantes, Edikt von 350, 364
Napoleon I., franz. Kaiser 381, 397
Napoleon III., franz. Kaiser 398
Naramsin 63, 64
Narmer, ägypt. König 55, 56
Nasr I., mongol. Khan 268, 269
Nationalstaaten, europ. 341, 351
–, Kriege 351
Naturschätze, vorchristl. 78
Nazca-Kultur 210, 211, 255, 293
–, Scharrbilder 211
Neandertaler 12
Nebukadnezar I., babylon. König 110
Nebukadnezar II., babylon. König 125
Negerreiche, Krise 361
Negersklaven 348, 359, 361, 382, 383
–, Arbeitskräfte 348
Negersklavenhandel, engl. 382, 383
Nehru 425
Neolithikum 24
Nepal 356
Nero, röm. Kaiser 175
Neuseeland 291
New Deal 417
Newton, Isaac 386
Niederlande 342, 343
Nikon, russ. Patriarch 374
Ninive 123
Nippur 46–48
Nirwana 195
Nixon, Richard 426, 430
Nok-Kultur, Afrika 109
Nomaden 105, 192, 193, 199, 239
–, Kriege 192, 193

Nordafrika 244, 245, 270, 271
–, Arabisierung 271
–, Verwüstungen 270
Nordamerika 207, 208, 334, 350, 384, 385, 402, 403, 411, 412
–, Aufschwung 402, 403
–, Bevölkerungszahlen 403
–, England 385
–, Entdeckung 334
–, Industriemacht 402
–, Plantagenkultur 384
Nordasien 294, 353
Nordchina 170, 175, 227, 296, 312
Nordeuropa 166
Nordindien 195, 250, 251
Nordischer Krieg 375
Nordkorea 420, 421
Nordstaaten, amerik. 402
–, Freiheit 402
Nordvietnam 421
Normannen 263–265
–, Kriegszüge 264, 265
–, Seefahrt 263
Nubien 104, 124

Oasenstädte 214
Odysseus 102
Oktavian 167
Olgerd, lit. Großfürst 321
Ölgesellschaften 423
Olmeken 209, 212
Olympische Spiele, erste 136, 137
Omajjaden 243
Omajjaden-Dynastie 244
Onager 81
Opium 378, 408
–, China 378
–, Einfuhr 408
–, Indien 378
–, Krieg 408
Ordnung, gesellschaftl. 14, 39, 44, 54
Orienthandel 222, 342
Osman, türk. Sultan 325
Osmanen 325, 326, 329, 335, 336, 361
–, Kriege 325, 326, 335
Osmanisches Reich 336, 374, 413, 414
–, Verfassung 413
–, Zusammenbruch 414
Ostafrika 253
Ostasien 167
Oster-Inseln 291
Österreich-Ungarn, Auflösung 414

Osteuropa 391
Ostgoten 219, 220, 237
Ostindien, Portugiesen 331
Ostindien-Gesellschaften 373
Ostindien-Kompagnie 379–381
Ostrom 220, 221, 235, 236, 238, 256, 283
Oströmisches Reich 225, 236, 237
–, Finanzwesen 236
–, Kriege 237, 238
Ostseehandel, Beginn 283
Osttürken 226
Otto I., dt. Kaiser 265

Pallava 196, 251
Panama-Kanal, Eröffnung 416
Papier, Verbreitung 243
Papiergeld 228, 275
–, chinesisches 275
Papsttum 283
Parakrama Bahu, ceylones. Herrscher 287
Paraná 411
Paria 152, 304
Paris 284, 307, 385
–, Frieden von 385
–, geistiges Zentrum 307
–, Universität 284, 307
Parsua siehe Perser
Partei, kommunistische 425
Parther 158–160, 177–179, 184, 191
Paulistaner 345, 367, 382
Pazifik 316
Pazifikinseln 290
Pearl Harbour 418
Pebbles 11
Pedro I., bras. Kaiser 400, 401
Peking 288, 413
Pelzhandel 335, 353, 354, 384
Pergamon 149
Peron 424
Perser 119, 122, 138–140, 143–146
Perseus 164
Persien 141, 142, 191, 312, 373, 377
–, Verwaltung 141
Peru 208, 210, 255, 262
–, Ackerbaukultur 208
–, Kulturen 210, 262
Peter I., russ. Zar 375

Petschenegen 256, 257, 267
Pferde 80, 81, 86, 112, 113
Pflanzenzucht, Anfänge 207
Pharao 53–66, 88, 89
Pharaonenreich, Zerfall 102, 103
Philipp II., makedon. König 144
Philipp II., span. König 342, 346
Philipp II., August, franz. König 282, 283
Philipp III., span. König 349
Philipp IV., franz. König 307
Philipp V., makedon. König 166
Philippinen, span. 368
Philister 103, 105
Philosophie 149, 285
–, griechische 149
–, islamische 285
Phönizier 107
Phrastes II., Partherkönig 158, 160
Phryger 120, 121
Pilger, Jerusalem 277
Pimiko, japan. Priesterkönig 234
Pioniere, amerik. 360
Piratenschiffe 359
Piratensiedlungen 348
Piräus, Handelsplatz 139
Pisa 307, 308, 324
–, Konzil von 324
Pizarro, Francisco, span. Konquistador 332
Plantagen 344, 359, 360, 362, 383, 384
–, amerikanische 362, 384
–, Gewinne 383
–, holländische 344
–, Mittelamerika 359, 360
–, Verbreitung 360, 383
Polen 321, 352, 391
–, Litauen 352
–, Teilungen 391
Polynesier 208, 253, 290–292
–, Herkunft 291
–, Inselbesiedlungen 290
–, Seefahrt 190, 208, 290
–, Schiffsbau 291
Pompejus 159, 167

Portugal 328–331, 344, 349, 367, 368
–, Handel 329, 330
–, Kolonialreich 330
–, Kriege 329, 330
–, Ostindien 331
Porzellan, chin. 300
Potosí 366
Prakrit-Literatur 183
Prasenajit, ind. König 128
Prätorianer 222
Pretorius, Burenführer 397
Preußen 387
Priester, ägypt. 56, 59
Priesterschaft, semit. 63
Protestanten 351
Psammetich I., ägypt. König 121
Psammetich II., ägypt. König 121
Punier 162, 163
Punt, Weihrauchland 86
Pygmäen 180
Pylos 101
Pyramiden 59, 60, 209
–, ägyptische 59, 60
–, südamerikanische 209
Pyrrhus I. von Epirus 156, 161
Pytheas, griech. Geograph 138

Quaden 177, 222
Quetzalcoatl, siehe Ceacatl

Radschputen 194
Ramayana, Epos 92, 152, 253
Ramses I., ägypt. König 90
Ramses II., ägypt. König 90
Ramses III., ägypt. König 98, 103
Ramses IV., ägypt. König 105
Ramses XI., ägypt. König 103, 105
Rasin, Stenka 375
Ras Schamra siehe Ugarit
Rassenkrieg, ind. 314
Rastislaus, mähr. Herzog 257
Recht 41, 44, 74, 281
–, babylonisches 74
–, römisches 281
–, sumerisches 41, 44, 74
Reconquista 277, 285, 328
–, Ende 328
Reformation 340

Reformen, Indien 395
Reichsstädte, freie 282
Reichstag 339
Reichsteilung, karoling. 259
Reichsteilung, röm 220
Reis 197, 216
Reiten, Anfänge 112
Reiter, Sozialordnung 114
Reiterheere 154, 168
Reiterscharen, Eroberungen 289
Reitervölker 112–126, 130, 154, 181, 182, 218, 219, 294
Religionen 14–23, 32, 33, 39–41, 54–59, 62, 64, 89, 90, 105, 126–129, 186, 191, 195, 196, 204, 205, 210, 214, 216, 234, 240, 241, 254, 255, 262, 263, 272, 277, 292, 293, 304, 314, 316, 318–320, 332, 342, 351, 367
–, afrikanische 54, 55, 316
–, ägyptische 56–59, 62, 64, 89, 90
–, arabische 240, 241
–, aztekische 318–320, 332
–, chinesische 129, 186, 216
–, frühe Jäger 14–22, 33
–, indische 126, 127, 195, 196, 304, 314
–, japanische 234, 255
–, Kitan 272
–, Maya 254
–, mesoamerikanische 263
–, mexikanische 292, 293
–, sassanidische 191
–, semitische 62
–, Steinzeit 23, 33
–, südamerikanische 262, 263, 293, 367
Religionskämpfe 342
Religionswirren, europ. 351
Renaissance, europ. 322, 341
–, Kultur 322, 341
Reparationsverhandlungen 416
Revolutionen 377–394, 397, 398
–, französische 397, 398
–, industrielle 377–394
Rheinprovinzen, röm. 174

Rhodesien 427
Richard Löwenherz, engl. König 282
Richelieu, Kardinal 351, 363
Ritter, deutsche 301
Ritter, Jerusalem 277
Ritterbünde 324
Roderich, Gotenkönig 241
Roheisen, Afrika 253
Rohstoffe 404
–, Mangel 404
Rohstoffmangel 404
Rohstoffquellen, vorchristl. 75, 76, 78
–, Ägypten 76, 78
–, Mesopotamien 78
Rom 134, 137, 160–168, 179, 339
–, Aufstieg 134, 137, 155
–, Außenhandel 165
–, Berufsheer 166
–, Kriegsflotte 162
–, Kunst 339
–, Reichtum 165
–, Stände 161
–, Zerstörung 160
Romanus IV., byzant. Kaiser 269, 278
Römisches Reich 160–168, 173–180, 202, 203, 223
–, Angriffe 176
–, Auflösung 223, 351
–, Aufstände 179
–, Besetzungen 162, 173
–, Bundesgenossen 160, 161, 164
–, Grenzen 173, 174
–, Handel 174, 175
–, innere Auflösung 177, 178
–, Machtverteilung 175, 176
–, Soldatenkaiser 202, 203
–, Teilung 220
–, Völkereinfälle 202, 203
Romolus Augustulus, röm. Kaiser 223
Roosevelt, amerik. Präsident 417, 422
Rousseau, Jean Jacques 386
Russische Revolution 414
Rußland 297, 301, 302, 313, 335, 353, 354, 374–377, 390, 391, 407, 408, 413, 414
–, Ausdehnung 391
–, Eroberungen 353
–, Handel 335

Rußland, Kolonien 407
–, Kriege 302, 353, 374–376, 390
–, Machtanstieg 413
–, Mongolen 297
Rüstung, dt. 417

Sacerdotium 265, 266
Sachsen 257, 258
Saken, Skythenstamm 158, 181, 194
Saladdin 282
Salamis, Niederlage 139
Saleukia 148
Salmanassar III., assyr. König 121
Salomon, israel. König 105
Salpetergewinnung 411
Salz 111, 163, 274, 286
Salzgewinnung, Europa 111
Salzhandel, Europa 111
Salzminen 163
Salzmonopolverwaltung 274
Samarkand 313
Samniterkrieg, dritter 160
Samson 105
Samuel, Bulgarenkönig 268
Samurai 256
Sanherib, assyr. König 123, 124
Sanskrit, 92, 126, 127, 195, 253
Sanskritliteratur 194
Santiago de Compostela 265, 266, 277
Sarazenen 245, 263, 264
–, Raubzüge 263, 264
Sardur I., urartäischer König 120
Sargon I., akkad. König 63, 64, 85
Sargon II., assyr. König 120, 123
Sassaniden 191–193, 213, 221, 237, 238
Satrapen 138, 193
–, persische 138
–, sassanidische 193
Satrapien, pers. 141, 145
Saul, israel. König 105
Savonarola, Dominikanerprediger 339
Schachtgräber 95
Schahjahan, ind. Mogulkaiser 354, 355, 371
–, Kriege 355

Schamanen 15–19, 21, 32, 41, 167, 210, 294
Schamanenglauben, Hiung-nu 167
Schamaschmudammiq, babyl. König 111
Schamschi-Addu V., assyr. König 121
Schapur I., Sassanidenkönig 191
Schapur II., Sassanidenkönig 192
Scharrbilder, Nazca-Kultur 211, 255
Schießpulver 297, 302
Schiffahrt 30, 60, 69, 77, 229, 344, 347, 348
Schiffbau 68, 290, 291, 330
–, Megalithzeit 68
–, polynesische 290, 291
Schiffsverkehr 183
Schiiten 269
Schmiede 100, 110
–, afrikanische 110
Schmiedekunst, La Tène 132
Schmiedetechnik, vorchristl. 111
Schoschenk I., libyischer Herrscher 104
Schottland 388
Schrift 42–44, 62, 66, 88, 89, 94, 96, 97, 118, 122, 181, 185, 209, 213, 263
–, chinesische 94, 118, 185
–, erste 42
–, griechische 96
–, kretische 66
–, lateinische 96
–, Maya 213, 263
–, sumerische 42, 62
Schußwaffen, europ. 331
Schutzgeister, ägypt. 57
Schutzwälle 428
Schwarzschmiede 100
Schweden 375
Schweiz 324, 325
Schwerindustrie 405
Scipio 163
Seefahrt 190, 253, 327
–, Polynesier 190, 253
Seehandel 229, 251, 330, 348, 373
Seeherrschaft 342, 348, 365
–, britische 365
–, holländische 342

Seekriege, Kolonialmächte 382
Seemächte 252, 287, 331, 337
–, asiatische 331
–, Chola 287
–, japanische 337
–, südindische 252
Seeräuber 98, 337, 348, 360, 361, 373
Seeverbindungen 207, 208
Seevölker 98, 100–103, 105–107
–, Ausbreitung 102
Seewege 138, 183, 188
Segelkunst, Polynesier 290, 291
Seher, große 126–143
Seide, chin. 172, 300
Seidenhandel, chin. 172
Seidenstraße 183, 214, 226
Sekenenre, oberägypt. Vasallenfürst 84
Seldschuken 247, 267, 268, 269, 278, 280, 282, 287
–, Kriege 269
Seldschukenreich, innere Wirren 269
Seleukos, syr. König 151
Semenchka-Re, ägypt. König 90
Semiten 61–63, 71
–, Religion 62, 63
–, Streitkräfte 62
Sennaherib siehe Sanherib
Sesostris II., ägypt. Pharao 76
Seßhaftigkeit, Anfänge 25
Severus, röm. Kaiser 177–179
Shang-Dynastie, China 92–94, 116, 118
Shintoismus 234
Shinto-Kult, jap. 255
Sicherheitskonferenz, europ. 426
Sidon 107
Siebenjähriger Krieg 379, 385
Siedler 36, 37, 350, 384, 385, 401, 402
–, Amerika 350, 385, 402
–, britische 384
–, portugiesische 401
Siedlungsgemeinschaft, vorchristl. 39

Siedlungen 25, 53
—, erste 25
—, größere 53
—, portugiesische 361
Sigismund, ungar. König 325
Sikhs 371
Silber 346, 347, 359, 365, 366, 383, 384, 400
Silberausbeute 366
Silberbergwerke 366
Silberflotten 347, 359
Silbergewinnung, Amerika 347
Silbergruben, südamerik. 400
Silberinflation, span. 347
Silberminen 346
Simbabwe, Mozambique 180
Simeon, bulgar. König 268
Sippenverbände, jap. 233, 234
Sizilien 245, 264, 277
—, Eroberung 277
Skandragupta (455–467), ind. 215
Sklaven 136, 165, 175, 264, 286, 345, 348, 360, 361, 382
Sklavenhandel 348, 362, 382, 384, 389, 390
Sklavenwirtschaft, röm. 165
Sklaverei 127, 397, 402
—, amerikanische 402
—, griechische 127
—, Verbot 397
Skythen 119, 130, 132, 143, 144, 154, 158, 159
—, Ausbreitung 144
—, Handel 130
Slawen 235, 236, 238, 257, 258, 265, 267, 301
Soga, jap. Feudalfamilie 234
Soldaten, Stellung 424
Soldatenkaiser 203
Sorben-Wall 258
Soto, Hernando de, span. Konquistador 334
Sowjetunion 415, 419, 420, 425, 426
Sozialismus 420, 426, 429
Soziallehre, Konfuzius 190
Sozialordnung 114, 131, 136
—, griechische 136
—, keltische 131
—, Reiter 114

Sozialordnung, Streitwagenleute 114
Sozialprodukt 405, 425, 429
—, Erhöhung 405
Spanien 164, 244, 263, 265, 266, 271, 285, 286, 342, 346, 382, 397
—, Glaubenskämpfe 271
—, Kelten 164
—, röm. Provinz 164
—, Volkskrieg 397
Spanier, Südamerika 331–334, 399, 400
Spanischer Erbfolgekrieg 365
Sparta 101, 136, 139, 140
—, Bevölkerung 101
—, Gründung 101
—, Landmacht 140
Spinning Jenny 388
Spinnmaschinen 388
Spinoza, Baruch 386
Sprachen 122, 132, 175, 195, 214, 235, 244, 318
—, Arabisch 244
—, Aztekisch 318
—, Hephtalitisch 214
—, Indisch 195
—, Lateinisch 175, 219
—, Litauisch 235
—, Prutzisch 235
Sprachgruppen 115, 116, 122, 132, 235
—, asiatische 115, 116, 122
—, indoeuropäische 132
—, osteuropäische 235
Staat 62, 63, 72, 74, 161, 240, 247, 336, 425
—, arabischer 240
—, babylonischer 74
—, islamischer 247
—, osmanischer 336
—, römischer 161
—, semitischer 62, 63
Stadtbefestigungen, röm. 203
Städte 38–53, 57, 71, 107, 132, 148, 175, 178, 208–210, 214, 218, 241, 254, 260, 274, 281, 307, 312, 318, 422–424
—, arabische 241
—, aztekische 318
—, Bedeutung 424
—, chinesische 218, 274, 312
—, europäische 305–307
—, hellenistische 148

Städte, Maya 254
—, moderne 422
—, Nordeuropa 132
—, Oasen 214
—, peruanische 210
—, phönizische 107
—, römische 175, 178
—, südamerikanische 208, 209
—, sumerische 40, 57, 71
—, Wachstum 423
—, wirtschaftl. Rolle 148
Städtebünde 324
—, rheinischer 324
—, schwäbischer 324
Stadtkultur 51, 53, 106, 213
—, Ausbreitung 53
—, Industal 53
—, Krise 106
—, Monte Alban 213
—, Teotihuacán 213
Stahlerzeugung 406
Stahlindustrie, jap. 429
Stahlwerke 428, 429
Stalin, Josif 415, 419, 422
Stammesleben, vorchristl. 16, 17, 29
Steinplattengräber, Kultur 129
Steinzeit 13, 14, 23, 33, 39
—, Herrschaftsformen 39
—, religiöse Vorstellungen 23, 33
—, Werkzeuge 13, 14
Stentinello-Kultur 36
Steppe 113–115, 154, 181, 191–207, 224, 267, 311
Steppenkriege, ständige 168
Steppenreiter 159, 181, 183, 228, 257
Steppenvölker 120, 132, 194, 201, 256, 269
Steuern 235, 236, 241, 249, 274
—, Arabien 241
—, China 249, 274
—, Ostrom 235, 236
Stilicho, weström. Heermeister 222
Streitkräfte siehe Militär
Streitwagen 81–97, 121, 154
Streitwagenkämpfer 98
Streitwagenleute, Sozialordnung 114

Streitwagenstraße, Afrika 91
Südafrika 316, 427
Südamerika 207, 208, 262, 309, 332–334, 345, 366, 382, 399, 400, 410, 411, 425
–, Indianer 334
–, Spanier 331–334, 399, 400
Sudan 286
Südchina 171, 185, 227, 312, 369
Sudita, König von Mali 286
Süditalien, Griechenstädte 161
Südstaaten, amerik. 402
Südvietnam 421
Suezkanal 406, 427
–, Bau 406
–, Enteignung 427
Sui-Dynastie, China 226, 228
Suiko, jap. Kaiserin 234
Sui Wen-ti, chin. Kaiser 226
Sumatra 253, 371
Sumerer 38–52, 62, 63, 71, 72
–, gesellschaftl. Ordnung 39, 40
–, Schrift 42, 62
–, Städte 40, 57, 71
–, Tempelgüter 62
–, Wirtschaft 40, 41
Sunda-Inseln 305, 343
Sung-Dynastie, China 273, 274, 288, 297
Sunniten 269
Suppiluliuma, hethit. König 100
Susa, Zerstörung 124
Swatopluk von Mähren 256, 257
Syrakus 245
Syrer 122, 123

Tacitus, röm. Geschichtsschreiber 131
T'aitsu, chin. Kaiser 273
Taika-Reform, Japan 234
Taiwan 426
Tamerlan 310, 311, 313, 321
Tang 226, 227, 229, 231–233, 249, 256, 271, 272
–, Dynastie 226, 232, 233
–, Kaiser 229, 249
Tanguten 272, 286, 289
Tannenberg, Schlacht 321
Tao, Lehre 216
Taoismus 187, 189
Taoisten 186, 226
Tarik 241
Tartessos, Erzminen 138
Tataren 294, 295, 302, 354, 390
Tauschgeschäft, Afrika 286, 287
Tauschhandel, vorgeschichtl. 37, 79
Technik 217, 228, 378, 387–389, 403, 422
–, Ausbreitung 422
–, Auswirkungen 403
–, chinesische 217, 378
–, Fortschritt 388, 389
–, industrielle 387
Tee 199, 381, 396
Teje, ägypt. Königin 89
Tempel, Bedeutung 40, 45
Tempelbauten, Amerika 253
Tempelgüter 55, 62
–, ägyptische 55
–, sumerische 62
Tempelorden 307
Tempelschulen, ägypt. 83
Tempelstädte, Maya 254
Tempeltürme 49
Temüdschin siehe Tschingis Khan
Tenno, jap. Kaiser 255
Teotihuacán, mexikan. Kultstätte 212, 260, 261, 292
Teutoburger Wald, Schlacht 173
Teutonen, Ausbreitung 166
Textilindustrie, engl. 390
Thai 170, 197, 227, 272, 298, 305
Thaisprache 170
Theben 83, 84, 89, 90, 124, 145
–, Dynastie 84
–, Zerstörung 145
Theoderich 223
Theodosius, röm. Kaiser 202, 220
Thraker 144, 177, 221
Thutmosis II., ägypt. König 86
Thutmosis III., ägypt. König 86, 87
Tiahuanaco, südamerik. Kultstätte 211, 255, 262
Tiberius, röm. Kaiser 173
Tibet 198, 232, 233, 251, 289, 356
Ticoman-Kultur 209
Tierdarstellungen 19
Tierjagd, Eiszeit 13–15
Tiglatpileser I., assyr. König 111, 120
Tiglatpileser III., assyr. König 120, 122
Tikal, südamerik. Ruinenstätte 213
Timbuktu 316, 349
Timur Lenk siehe Tamerlan
Tlatilco, Gräber 209
Tokugawa, jap. Adelsgeschlecht 357, 368
Tollan, toltek. Hauptstadt 261, 292
Tolteken 209, 260, 261, 263, 292, 319
Tongefäße 31, 33
Töpferei, Anfänge 31, 32
Tordesillas, Vertrag von 328, 343, 345
Toromana, Hunnenkönig 215
Totenkult, Afrika 54, 55
Totenbestattung, ägypt. 58, 59
Trafalgar, Schlacht 398
Trajan, röm. Kaiser 176, 179
Trense, Erfindung 112
Trichterbecherleute 36, 68
Trient, Konzil von 351
Tripoljekultur 79
Triumvirat, Rom 167
Troja 95, 96, 107
Tschandragupta I., ind. König 194
Tschandragupta II., ind. König 194
Tschechoslowakei, Besetzung 426
Tscheng-Yüen siehe Tamerlan
Tschingis Khan 294, 295, 296
Tschou En-lai 426
Tudhalija II., Hethiterkönig 86
Tughril Beg, Kriegszüge 269

Tukulti-Ninurta II., assyr. König 110, 111
Tunesien 264, 270
–, Fatimiden 270
Türken 224–226, 242, 246–248, 256, 268, 271, 280, 303, 304, 336
–, Aufstieg 224
–, Ausdehnung 225
–, China 271
–, Kriege 226, 304, 336
–, Wienbelagerung 336
Turkvölker 157, 225, 244–260
Turm von Babel 125
Tursi siehe Etrusker
Tutanchamun, ägypt. König 90, 99
Tutanchaton siehe Tutanchamun
Tyrus 107, 143

Überseehandel 231, 323
Ugarit 96, 97
Ugro-Finnen 115
Uiguren 235, 245, 248, 289, 295, 296
Umwälzungen, wirtschaftl. 425
Unabhängigkeitskrieg, ind. 314
Ungarn 256, 257, 263–265, 329
–, Kriege 257
–, Mohács 329
–, Raubzüge 263, 264
Universitäten 284
UNO 419, 429
Untasch-Huban, Kassitenkönig 85
Unternehmer 362, 363, 403
–, amerik. 403
–, europ. 362, 363
Ur 46–49
Uralkosaken 354
Urartäer 120
Urartu 120, 123
Urban II., Papst 278
Uruk 46–49
Urukagina, sumer. König 49
Urzeitmenschen 11
USA 401, 402, 405, 419, 425–427
Utrecht, Frieden von 360, 365, 368

Valens, röm. Kaiser 202
Valentinian II., röm. Kaiser 220
Vandalen 203, 222, 223
Veden 92
Venedig 307, 308
Vercellä, Schlacht 166
Verdun, Vertrag 159
Vereinigte Ostindien-Kompagnie 343
Vereinigte Staaten 401, 402, 405, 419, 425, 426, 427
–, Bevölkerung 401
Vereinte Nationen 419, 426
Verfassung, amerik. 392, 393
Verkehrswesen, chin. 274
Versailler Vertrag 418
Versailles 414
Versailles, Frieden v. 380
Verwaltung 169–171, 241, 299, 311, 335, 336, 357, 358, 372, 381
–, arabische 241
–, chinesische 169, 170, 171, 311
–, japanische 357, 358
–, mongolische 299
–, osmanische 336
Verwaltung, ind. 335, 372, 381
–, Neuordnung 381
–, Versagen 372
Vespucci, Amerigo, ital. Seefahrer 328
Victoria, engl. Königin 395
Viehherden 113, 114
Viehzucht, vorgeschichtl. 25–28, 52, 53, 68
–, Ausbreitung 26–28
–, Entwicklung 26, 27
–, Megalithzeit 68
Vietnam 272, 273, 421
Vietnamkrieg 421
Villanovakultur 103
Volageses III., Partherkönig 179
Völkerbund 418
Völkerstraße, afrik. 239
Völkersturm siehe Völkerwanderungen
Völkerwanderungen 13, 23–25, 36, 61, 100, 101, 103, 105, 114, 133, 135, 166, 181, 200, 201, 214, 222, 224, 257, 291

–, afrikanische 315
–, amerikanische 308
–, aztekische 318
–, dorische 101, 135
–, eurasische 200
–, griechische 146, 147
–, Hunnen 200
–, Jungsteinzeit 36
–, Maya 213
–, polynesische 291
–, semitische 61
Völkerwege, vorgeschichtl. 23–25
Volksrepublik China 426
Voltaire 386
Vorderasien, Machtkämpfe 119

Wagenrennen 86
Wallanlagen, griech. 96
Wang Mang, chin. Kaiser 187, 188, 189
–, Staatssozialismus 187, 188
Waräger 256, 257, 259, 267
Warenaustausch 252, 329
–, arabischer 329
–, portugiesischer 329
Washington, George 386
Waterloo, Schlacht 398
Watt, James 388
Weihrauchstraße 253
Weiße Hunnen 213, 214, 225
Weizenabkommen, internationales 428
Welt, hellenistische 143–157
Weltgeschichte, Wende 431
Welthandel 106, 107, 222, 300, 337, 342, 348, 351, 363, 383, 385, 404
–, England 385
–, Europa 337
–, Konstantinopel 222
–, Krise 106, 107
–, Mittelamerika 383
–, Mongolei 300
–, Ringen um 351
–, Schwierigkeiten 363
–, Wandel 404
Weltkrieg, Erster 413, 414, 418
Weltkrieg, Zweiter 418, 421, 422
Weltraumfahrt 427
Weltreich, mongol. 295–302

Weltrevolution, Kampf 425
Weltverkehr 405
Weltwirtschaft, 404–413, 416, 417
–, Krise 416, 417
Wendenkreuzzug 280
Wenzel, böhm. König 325
Werkzeuge 11, 13, 14, 21–23
–, erste 11, 13
–, Fertigung 21
–, mesolithische 23
–, steinzeitliche 13, 14, 23
–, Verbreitung 21
Westeuropa 258, 284, 305, 387–394, 420
–, Bevölkerung 387
–, sozialer Umbruch 388–394
–, Veränderung 284
Westgoten 202, 223, 237, 244
Westtürken 225, 226
Wicliff, engl. Kirchenreformer 324
Wiederaufrüstung, dt. 418

Wiener Kongreß 398, 406
Wikinger, Kriege 258
Wilhelm von Nassau-Oranien 342
Wirtschaft 148, 175–179, 188, 189, 192, 199, 343, 368, 369, 392, 395, 397, 400, 401
–, afrikanische 397
–, amerikanische 401
–, brasilianische 400
–, chinesische 188, 189, 199, 368, 369
–, holländische 343
–, indische 395
–, Neuordnung 177
–, römische 175–178, 192
Wirtschaftsgemeinschaft, europ. 428
Wirtschaftskrise, USA 416
Wirtschaftswunder, dt. 420
Worms, Reichstag 340
Wu, chin. Kaiser 171, 172, 197

Xerxes I. 138, 139

Yang Chien, siehe Sui Wen-ti
Young-Abkommen 416
Yung-Cheng, chin. Kaiser 377, 378
Yung-lo, chin. Kaiser 311

Zapoteken 212, 319
Zarathustra siehe Zoroaster
Zarenreich, Zusammenbruch 414
Zentralgewalt, chin. 196
Zentralgewalt, pers. 146
Zikkurat siehe Tempeltürme
Zinn 138
Zoroaster, Lehre 141, 142, 191, 192
Züchtungen, erste 25, 28
Zugtiere, erste 81
Zulus 396
Zwangsarbeit, vorchristl. 100
Zweiter Weltkrieg 418, 421, 422